Gotteslob

Alles, was atmet, lobe den Herrn!
Psalm 150,6

Michelangelo Buonarroti (1475–1564)
„Erschaffung des Adam" (ca. 1508–1512), Ausschnitt
Sixtinische Kapelle, Rom

Gotteslob

Gotteslob

Katholisches Gebet- und Gesangbuch
Ausgabe für die Diözese Augsburg

Herausgegeben
von den (Erz-)Bischöfen Deutschlands und
Österreichs und dem Bischof von Bozen-Brixen

Sankt Ulrich Verlag

978-3-86744-235-0   Gotteslob Dienstausgabe hellgrau
978-3-86744-236-7   Gotteslob Normalausgabe dunkelgrau
978-3-86744-237-4   Gotteslob Kunstleder weiß
978-3-86744-238-1   Gotteslob Kunstleder schwarz
978-3-86744-239-8   Gotteslob Lederausgabe weiß
978-3-86744-240-4   Gotteslob Lederausgabe weinrot
978-3-86744-241-1   Gotteslob Lederausgabe schwarz
978-3-86744-242-8   Gotteslob Großdruckausgabe schwarz

Impressum

Zum ausschließlich kirchlichen Gebrauch.
Mit kirchlicher Druckerlaubnis des Bischöflichen Ordinariates Augsburg,
Nr. 9557 vom 20.12.2012, Msgr. Harald Heinrich, Generalvikar

Alle Rechte sind den Herausgebern vorbehalten.
2. Auflage 2014
Nachdrucke und Vervielfältigungen von Einzelwerken
sind nur mit Genehmigung der Rechtsinhaber gestattet.

Für den Stammteil (Nr. 1–684):
© 2013 Katholische Bibelanstalt GmbH, Stuttgart
Gestaltung und Satz: Matthias Bumiller, Finken & Bumiller, Stuttgart
Notensatz: Nikolaus Veeser, Schallstadt
Zeichnungen: Monika Bartholomé

Für den Eigenteil (ab Nr. 700):
© 2013 Sankt Ulrich Verlag GmbH, Augsburg
Notensatz: Notengrafik Werner Eickhoff-Maschitzki, Freiburg
Zeichnungen: Monika Bartholomé

Gesamtherstellung: Druckerei C.H. Beck, Nördlingen

Ein Wort zuvor ...

Liebe Schwestern und Brüder im Herrn,

bereits der Apostel Paulus mahnt die Gläubigen, die sich in der Erwartung der Wiederkunft ihres Herrn versammeln, miteinander Psalmen, Hymnen und geistliche Lieder zu singen (vgl. Kol 3,16). Der Gesang ist ja Ausdruck der Herzensfreude (vgl. Apg 2,46). Augustinus sagt mit Recht: „Den Liebenden drängt es zum Singen" (Sermo 336,1).[1]

Musik und Gesang begleiten die Menschen in ihrem Glauben und Vertrauen, in ihren Freuden und Klagen, ihren Sehnsüchten und Hoffnungen. Sie sind Mittler des Wortes Gottes und schließen die irdische und die himmlische Gemeinde zur Einheit des ewigen Lobpreises zusammen.

All dem hat das bisherige GOTTESLOB in über dreißig Jahren in den Pfarrgemeinden unserer Diözesen gedient. Nun geben die Bischöfe der deutschen und österreichischen Diözesen sowie der Bischof von Bozen-Brixen ein neues Gebet- und Gesangbuch heraus. Denn so manches hat sich in den Jahren geändert, in denen das GOTTESLOB in Gebrauch war: Die Lebensbedingungen der Menschen und die pastoralen Strukturen haben sich gewandelt, neue Lieder, Gebete und Gottesdienstformen sind entstanden.

Das vorliegende Gebet- und Gesangbuch möchte dieser Entwicklung Rechnung tragen. Aus diesem Grund enthält es neben Bewährtem auch Neues. Die Intention des Buches ist jedoch dieselbe geblieben. Allein die Beibehaltung des Namens GOTTESLOB macht dies deutlich: Es will allen Menschen hilfreich zur Seite stehen, die in unseren Pfarrgemeinden Gott suchen und ihn in Gesang und Gebet anrufen, loben und preisen. Es soll die gemeinsame Feier des Gottesdienstes unterstützen und den Gläubigen helfen, tätig daran teilzunehmen (vgl. SC 14).

Doch das Buch ist nicht nur für den Gebrauch im Gottesdienst gedacht, sondern soll auch als Hausbuch das persönliche Gebet wie das Beten in der Familie bereichern. Katechetische Texte wollen Auskunft über den kostbaren Inhalt unseres Glaubens geben und Wege zur Gestaltung des Alltags aufzeigen.

Leider kann das neue Buch - allein schon aus Platzgründen - nicht jede Erwartung erfüllen, und sicherlich wird es nicht immer leicht sein, sich mit Neuem vertraut zu machen. Doch es lohnt sich! Denn wir sollten nicht vergessen: Im Letzten geht es in unserem Beten und Singen, ja in der Feier der Liturgie insgesamt, um nichts Wesentlicheres als um das „sursum corda" („Erhebet die Herzen"), zu dem wir zu Beginn des Hochgebetes aufgefordert werden: Dass unser Herz und damit wir selbst in jene Höhe erhoben werden, „die Gott ist und die in Christus die Erde berührt, an sich zieht und zu sich hinaufzieht"[2] (Papst Benedikt XVI.).

Augsburg, November 2012

Dr. Konrad Zdarsa
Bischof von Augsburg

Abkürzungsverzeichnis

A, B …	in der Randspalte: Kennzeichnung alternativer Auswahlelemente	Jak	Der Brief des Jakobus
		Jdt	Buch Judith
		Jer	Buch Jeremia
A	Alle	Jes	Buch Jesaja
AÖL	Arbeitsgemeinschaft für ökumenisches Liedgut im deutschen Sprachbereich	Jh.	Jahrhundert
		Joël	Buch Joël
		Joh	Evangelium nach Johannes
Apg	Apostelgeschichte		
AzS	Antiphonale zum Stundenbuch	K	Kantorin, Kantor
		KKK	Katechismus der katholischen Kirche
B	Bischof	Klgl	Klagelieder
Be	Beichtende, Beichtender	Kol	Der Brief an die Kolosser
bzw.	beziehungsweise	Kor	Der Brief an die Korinther
		Kv	Kehrvers
Ch	Chor		
		L	Lektorin, Lektor
D	Diakon	lat.	lateinisch
Dan	Buch Daniel	Lev	Buch Leviticus
Dt.	deutsch(e)	LG	Lumen Gentium (II. Vaticanum)
Dtn	Buch Deuteronomium		
		Li	Die Gesänge dieses Abschnitts sind zur Feier der Liturgie geeignet
E	Erklärung		
EGB	Einheitsgesangbuch		
Eph	Der Brief an die Epheser		
Ex	Buch Exodus	Lk	Evangelium nach Lukas
Ez	Buch Ezechiel	Lt	Leitung
f/ff	folgende Nummer(n)	M	Melodie
		Makk	Buch der Makkabäer
Gal	Der Brief an die Galater	Mal	Buch Maleachi
Gen	Buch Genesis	Mi	Buch Micha
GGB	Gemeinsames Gebet- und Gesangbuch	Mk	Evangelium nach Markus
		Mt	Evangelium nach Matthäus
ggf.	gegebenenfalls		
GL	Gotteslob, 1. Auflage 1975	N.	Nennung des jeweiligen Namens
GS	Gaudium et Spes (II. Vaticanum)		
		Neh	Buch Nehemia
		Nr.	Nummer
Hl.	Heilige	Num	Buch Numeri
Hos	Buch Hosea		

ABKÜRZUNGSVERZEICHNIS

ö	ökumenisches Liedgut	T	Text
Offb	Offenbarung des Johannes	Thess	Der Brief an die Thessalonicher
P	Priester	Tim	Der Brief an Timotheus
Petr	Der Brief des Petrus	Tit	Der Brief an Titus
Phil	Der Brief an die Philipper	Tob	Buch Tobit
Ps	Psalm		
		u.	und
Röm	Der Brief an die Römer	u. a.	und andere
		Ü	Übertragung/Übersetzung
S	mehrstimmiger Satz		
s.	siehe	V	Vorbeterin, Vorbeter
Sam	Buch Samuel	V1, V2	1. bzw. 2. Vorbeterin, Vorbeter
SC	Sacrosanctum Concilium (II. Vaticanum)	Vat.	Editio Vaticana
Sir	Buch Jesus Sirach	vgl.	vergleiche
Str.	Strophe		
		z. B.	zum Beispiel
		Zef	Buch Zefanja

ZEICHENERKLÄRUNG

A, B …	in der Randspalte: Kennzeichnung alternativer Auswahlelemente
Ia, IVh, …	rechts oberhalb der Kehrversmelodie: Psalm- und Rezitationstonangabe zum Kehrvers
[…]	in eckige Klammern gesetzte Überschriften geben mögliches zusätzliches Gestaltungselement an
↘	Fortsetzung auf nächster Seite
→	Verweisung auf angegebenen Inhalt
*	gibt in der Mitte eines Psalmverses kurzes Innehalten an
♩́	betonte Noten mit Wortakzent
♩́→	Hauptakzent kann auf die nachfolgende Note rücken
♩̄	Dehnung der Note
⟨♩⟩	wiederholbare Noten
Be_i_spiel	Melodieänderung bei unterstrichener Silbe
Be_i_spiel	mehrere Silben werden auf demselben Ton gesungen
Be͜ispiel	eine Silbe wird auf 2 Noten gesungen

Inhalt

Ein Wort zuvor .... S. 5
Abkürzungsverzeichnis .... S. 7
Zeichenerklärung .... S. 8
Inhaltsverzeichnis .... S. 9
Was bedeutet…? .... S. 15

1. Geistliche Impulse für das tägliche Leben

Gottes Wort hören – Umgang mit der Heiligen Schrift   Nr. 1

Schriftlesung im Gottesdienst 1,2
Persönliche Schriftlesung 1,3
Bibellesen in Gemeinschaft 1,4

Im Gebet antworten   2

Unser Beten 2,2
Grundgebete und Glaubenstexte 3
Im Haus Gottes 5
Vor Gottes Angesicht 6
In Gemeinschaft mit Maria, den Engeln und Heiligen ... 10
Meine Zeit in Gottes Händen 11
Mein Leben vor Gott bringen 14
Die Welt vor Gott bringen 19
In den Anliegen der Kirche 21

	NR.
IN DER FAMILIE FEIERN	23
Segnung des Adventskranzes	24
Hausgebet im Advent	25
Feier am Heiligen Abend	26
Dank- und Segensfeier	27
Hausgebet für Verstorbene	28
DEN GLAUBEN LEBEN	29
Das Hauptgebot der Liebe	29,1
Die Seligpreisungen	29,2
Die Werke der Barmherzigkeit	29,3
Die Gaben des Heiligen Geistes	29,4
Die drei göttlichen Tugenden und die vier Kardinaltugenden	29,5
Die Zehn Gebote (Dekalog)	29,6
Die Gebote der Kirche	29,7

II. PSALMEN, GESÄNGE UND LITANEIEN

PSALMEN 30

GESÄNGE
Tag	81
Woche	103
Jahr	217
Leben	352

LITANEIEN
Allerheiligen-Litanei	556
Litanei von der Gegenwart Gottes	557
Litanei vom Heilswirken Gottes	558
Sonnengesang des Hl. Franziskus	559
Christus-Rufe	560
Jesus-Litanei	561
Litanei von der Anbetung Jesu Christi	562

NR.

Litanei vom Leiden Jesu	563
Herz Jesu-Litanei	564
Heilig Geist-Litanei	565
Lauretanische Litanei	566
Marienlob-Litanei	567
Grüssauer Marienrufe	568
Litanei für die Verstorbenen	569

III. GOTTESDIENSTLICHE FEIERN

DIE FEIER DER SAKRAMENTE … 570

Die Taufe	571
Die Firmung	577
Die Eucharistie	580
Die Buße	593
Die Krankensalbung und weitere Feiern mit Kranken	602
Die Weihe	603
Die Ehe	604

DIE FEIER DER SAKRAMENTALIEN … 605

Beauftragung zu einem Dienst in der Kirche	606
Leben nach den Evangelischen Räten	607
Im Angesicht des Todes	608

DIE TAGZEITENLITURGIE … 613

Laudes	614
Morgenlob	618
Elemente für die Feier der Laudes und des Morgenlobs	620
Statio während des Tages	626
Vesper	627
Vespern für bestimmte Zeiten und Anlässe	633
Abendlob	659
Komplet	662
Nachtgebet	667

Die Wort-Gottes-Feier 668
Die Feier 669

Andachten 672
Eröffnung 673
Andachtsabschnitte 675
Abschluss 681
Kreuzwegandacht 683

Eigenteil der Diözese

I. Das Bistum Augsburg

Geschichte des Bistums Augsburg .. 700

Heilige und Selige im Bistum Augsburg 701

II. Geistliche Impulse für das tägliche Leben

Wessobrunner Gebet 702

Hausgebet beim Ostermahl 703

NR.

III. GESÄNGE

TAG

Morgen 704
Abend 705

WOCHE

Sonntag 707
Messgesänge 709

JAHR

Advent 741
Weihnachten 750
Jahresschluss – Neujahr 755
Erscheinung des Herrn 756
Darstellung des Herrn 758,5
Österliche Bußzeit 759
Palmsonntag 765
Passion 767
Ostern 774
Christi Himmelfahrt 780
Pfingsten – Heiliger Geist 781

LEBEN

Leben in Gott 786
Leben in der Welt 823
Leben in der Kirche 837

IV. GOTTESDIENSTLICHE FEIERN

LOBPREIS GOTTES 891

EUCHARISTISCHE ANBETUNG 894

INHALT

	NR.
FEIER UND VEREHRUNG DER EUCHARISTIE MIT KINDERN	895
HERZ-JESU-ANDACHT	896
ÖLBERGANDACHT	897
ANDACHT VON DEN SIEBEN WORTEN JESU AM KREUZ	898
MARIENANDACHT IN DER OSTERZEIT	899
MARIENLOB	900
LITANEI VOM HEILIGEN JOSEF	904
BISTUMSPATRONE ULRICH – AFRA – SIMPERT	905
TAIZÉ-GEBET	911
GEBETE ZUM SCHULGOTTESDIENST	912
BEI EINER WALLFAHRT	914
TOTEN-ROSENKRANZ	915

REGISTER UND RECHTE

Alphabetisches Verzeichnis der Gesänge	S. 1251
Verzeichnis biblischer Gesänge	S. 1274
Verzeichnis biblischer Texte	S. 1275
Verzeichnis der geistlichen Impulse	S. 1279
Rechte	S. 1280

Was bedeutet...?

Unter den angegebenen Randnummern werden die nachfolgenden Begriffe erläutert:

Absolution 593,7
Abstinenz 29,7
Advent 217,4 u. 2
Advents...
 – ...zeit 25,1 · 217,4
 – ...kranz 24,1
Allerheiligen 612
Allerseelen 612
Allgemeines Schuldbekenntnis 582,3–4
Ambo 584
Amen 583,2
Amt (dreistufig) 603,2
Anamnese 588,1
Anbetung 5 · 592
Andacht
 – allgemein 672
 – Eucharistische Andacht 672,1
 – Maiandacht 519
Angelus 3,6
Antiphon 30
Antwortpsalm (→ Psalmen) 584,3

Aschermittwoch 217,2
Auferstehung 278 · 303 · 311
Ave-Läuten (→ Engel des Herrn) 519

Beauftragung zu einem Dienst 606
Begräbnis 610,1
Beichte (→ Bußsakrament)
 – für Erwachsene 594
 – für Kinder 597
Berufung 678,2
Bestattung
 – Begräbnisfeier 610
 – Urnenbestattung 611
Beten
 – allgemein 2,2
 – mit Kindern 14,1
Bibel (→ Heilige Schrift)
 – allgemein 1,3 u. 1,1
 – lesen 1,3–4
 – teilen 1,4

Brotbrechen (Brechung des Brotes) 589,8
Buße 593,1
Buß…
– …gottesdienst 596,2
– …sakrament 593,2
– …werk 593,8

Charismen (Geistesgaben) 29,4 · 606 · 678,1
Chrisam (→ Heilige Woche)
– allgemein 579,4
– Chrisam-Messe 278
Christi Himmelfahrt 317
Credo (→ Glaubensbekenntnis) 573,8 · 586,1

Dekalog 29,6
Doxologie 588,1
Drei Österliche Tage
– allgemein 278 · 303
– Gründonnerstag 304
– Karfreitag 306
– Karsamstag 309

Ehe
– allgemein 604 · 678,4
– Ehering 604,4
– Feier der Trauung 604,1–9
– Vermählung(sspruch) 604,6–7

Engel 538 · 676,5
Engel des Herrn (Angelus)
– allgemein 3,6
– Ave-Läuten 519
Epiklese 588,1
Epiphanie (→ Erscheinung des Herrn) 235
Erscheinung des Herrn (Epiphanie) 235
Erstbeichte für Kinder (→ Buße) 597–598
Erzengel → Engel
Eucharistie
– allgemein 580,1
– Anbetung 592,1–4
– Einsetzung der E. 304
– …feier 581
– …leben 580,3
– Eucharistische Andacht 672,1
– Eucharistisches Hochgebet 588
– Eucharistische Prozession 592,5–6
– Eucharistischer Segen 592,3 · 682
– Messfeier 581–591
– Verehrung der E. 592
– Wandlung 580,2
Evangelische Räte 607
Evangelium 585
Ewiges Licht 5,4
Exsultet 312

Fasten
- Aschermittwoch 265,2
- Fasttage 29,7
- Österl. Bußzeit 265,2
Fastenzeit → Österliche Bußzeit
Festkreise
- Ostern 265 · 217,2
- Weihnachten 217,2
Firmung 577,1
Firm…
- …feier 578
- …paten, …patinnen 577,3
- …spender 577,2
Fronleichnam 592,6
Fürbitten
- allgemein 586,3
- Vorlagen 586,4 · 617,3 · 632 u.a.

Gaben…
- …bereitung 587,2
- …prozession 579,7
Gaben des Heiligen Geistes 29,4 · 579,2
Gebet (→ Beten) 2,2
Gebet des Herrn (→ Vaterunser) 3,2 · 589,2
Gebot
- christl. Doppelgebot 593,1
- Gebote der Kirche 29,7
- Hauptgebot der Liebe 29,1
- Zehn Gebote 29,6 · 601
Gegrüßet seist du, Maria 3,5
Geheimnisse (→ Rosenkranz) 4,1 u. 4,4–8

Geistesgaben 29,4 · 579,2
Gesätze (→ Rosenkranz) 4,1 u. 4,4–8
Gewissenserforschung 593,4
- Hilfen für Kinder 598,3
- für Jugendliche, Erwachsene 600–601
Glaube 29 · 608,1 · 677,3
Glaubensbekenntnis (Credo)
- allgemein 573,8
- großes G. 586,1
- Apostolisches G. 3,4
Gloria 583,1
Göttliche Tugenden 29,5
Gottes Wort → Heilige Schrift
Gründonnerstag (→ Drei österliche Tage) 304
Grundsakrament 570,1

Halleluja 317 · 584,7
Händewaschung 587,4
Heilige 541
- allgemein 541 · 573,4 · 676,6
- Heiligenlitanei 573,4
Heilige Messe (→ Eucharistie)
- Aufbau 581
- Feier 582–591
Heilige Schrift
- allgemein 1,3
- Gottes Wort / Wort Gottes 1
- Lesen 1,3–4
- Verehrung 670,1
- Verkündigung 584–585

Heilige Woche
- allgemein 278
- Chrisam-Messe 278
- Drei Österliche Tage 278 · 303 · 304 · 306 · 309
- Palmsonntag 302,1

Heiliger Abend 26,1

Heiliger Geist
- allgemein 29,4 · 577,1 · 603,1 · 675,5
- Gaben des Hl. Geistes 29,4 · 579,2

Heilig-Ruf (Sanctus)
- allgemein 588,1
- Heilig-Ruf 588,4

Herrenfeste 217,3

Herz Jesu 676,3

Hochgebet 588

Hoffnung 677,4

Homilie 585,4

Horen 613,1

Hosanna 302,1

Initiationssakramente 570,1

Inzens(ieren) 587,4

Jahreskreis 217,3

Jesus Christus
- allgemein 356 · 4,1 · 668,1
- Herz Jesu 676,3
- Wiederkunft 680,9

Kardinaltugenden 29,5

Karfreitag (→ Drei österliche Tage) 306

Karsamstag (→ Drei österliche Tage) 309

Karwoche (→ Heilige Woche) 278

Katechumenat 570,2 · 570,1

Kerubim 538

Kindertaufe (→ Taufe) 572–574

Kirche
- allgemein 476 · 603,1 · 677,8–678,1
- Leib und Glieder der Kirche 476 · 577,1
- Grundsakrament 570,1

Kirchenjahr 217

Kollekte 587,2

Kommunion
- allgemein 589 · 590
- Krankenkommunion 602,6
- Spendung der Kommunion 590,3
- Wegzehrung 602,7

Komplet 613,2 · 662

Kranke/Krankheit
- Krankenbesuch 602,5
- Krankenkommunion (Feier) 602,6
- Krankensalbung 602,1 u. 2
- Krankensegen 602,5

Krankensalbung 602
— allgemein 602,1
— Die Feier der K. 602,2–4
Kreuzweg 5,8 · 683–684
Kreuzzeichen 3,1 · 5,1 · 582,1
Kyrie 582,8

Laudes 613,2 · 614 ff
Lesehore 613,2
Lesung → Schriftlesung
Letztes Abendmahl 304 · 587,1
Lichtritus 641,2–4 · 659–661,1
Liebe
— allgemein 604,1 · 677,6
— christl. Doppelgebot 593,1
— Hauptgebot der Liebe 29,1
— Nächstenliebe 29,1
Liturgische Farben
— grün 217,3
— rot 317
— violett 217,4
— weiß 235 · 317
Lossprechung 593,7 · 594,4

Maiandacht 519
Maria
— allgemein 519 · 676,4
— Marienandachten 519
— Marienfeste 519
Marianische Antiphonen 666
Martyrologium 541
Menschwerdung 675,2
Messfeier → Heilige Messe
Monstranz 592,6

Nächstenliebe 29,1
Non 613,2
Nottaufe 575

Ökumene 476
Ölbergandacht 304
Ordination → Weihe
Österliche Bußzeit
— allgemein 265,1
— Auferstehung 278 · 303 · 311
— Brauchtum 265,1
— Drei Österl. Tage 303
— Heilige Woche 278
— liturgische Farbe 265,1
Ostern 265 · 311
Oster...
— ...festkreis 265
— ...kerze 312
— ...lob (Exsultet) 312
— ...oktav 317
— ...vesper 316 · 641

Palmsonntag (→ Heilige Woche) 302,1
Pascha 311
Paten
— Firmpaten 577,3
— Taufpaten 572,4
Pater noster (Vaterunser) 3,2 · 589,3
Pfingsten
— allgemein 265,1 · 317 · 677,9
— liturgische Farbe 317
— Osterfestkreis 265
— Pfingstnovene 317

Präfation 588,1 u. 3
Predigt 585,4
Presbyter → Priester
Priester 603
Priestertum
 – besonderes P. 603,1–2
 – gemeinsames P. 603,1 · 606
Prozession
 – Eucharistische P. 592,5
 – Fronleichnams-P. 592,6
 – Gaben-P. 579,7
Psalmen
 – allgemein 30 · 584,3
 – Antwortpsalm 584,3
Psalter (→ Psalmen) 30

Reue 593,5
Rorate (-Gottesdienst) 217,4
Rosenkranz… 4
 – …gebet 4
 – …geheimnisse 4,1 u. 4,4–8
 – …gesätze 4,1 u. 4,4–8

Sakrament
 – allgemein 570,1
 – Buße und Versöhnung 593
 – Ehe 604
 – Eingliederungssakramente 311 · 570
 – Eucharistie 580
 – Firmung 577
 – Grundsakrament 570,1
 – Initiationssakramente 570,1 · 311
 – Krankensalbung 602
 – Taufe 571 · 570,1
 – Ursakrament 570,1
 – Weihe 603
Salbung (mit Öl) 579,4
Sanctus (→ Heilig-Ruf) 588,1 u. 4
Schöpfung 680,4
Schriftlesung 1,2
Schuld 593,2 · 677,1–2
Schuldbekenntnis 582,3
 – allgemeines S. 582,3–4 (weitere Formen 582,5 u. 6)
 – Beichte 594 (593)
 – Bekenntnis der Sünden 593,6 · 594,3
Schutzengel → Engel
Segen, Segnung
 – allgemein 13 · 591
 – Dank- und Segensfeier 27,1
 – des Adventskranzes 24,1
 – Eucharistischer Segen 592,3
 – in der Wort-Gottes-Feier 671,3
 – Krankensegen 602,5
 – Segensbitte 671,3
 – Segensformel 591,2–3
 – Trauungssegen 604,9
 – von Andachtsgegenständen 27,1 u. 7 C
 – von Kindern 14,7
 – von Verstorbenen 28,9
Seligpreisungen 29,2
Sext 613,2
Sonntag 217,1 · 580,1

Sterben und Tod
- allgemein 608
- Bestattung 610–611
- Hausgebet für Verstorbene 28
- Segnung von Verstorbenen 28,9
- Sterbegebete 608,2–3
- Totengedenken 612 · 28
- Totenwache 609
- Urnenbestattung 611

Stundengebet → Tagzeitenliturgie

Sünde
- allgemein 593,1–2
- schwere S. 593,2
- alltägliche S. 593,2
- lässliche S. 593,2
- Sündenbekenntnis 594,3

Tabernakel 5,4
Tag des Herrn → Sonntag
Tagzeitenliturgie
- allgemein 613,1–2
- Gestaltung der T. 613,3
- Komplet 613,2 · 662
- Laudes 613,2 · 614 ff
- Ordnung der T. 613,2
- Vesper 613,2 · 627 ff

Taufe
- allgemein 571
- Nottaufe 575
- Taufe in der Osterzeit 317
- Weißer Sonntag 317

Tauf…
- …bekenntnis 578,5
- …feier 573
- …feier in der Osternacht 313
- …formel 573,9
- …gedächtnis 576
- …paten, …patinnen 572,4
- …sakrament 570,1 · 571 · 676,7–8
- …spender 572,2
- …vorbereitung 265,2
- …wasser 313
- …zeugen 572,4

Taufgedächtnis
- allgemein 576
- (allgemeines) T. 576
- sonntägliches T. 582,7
- Anlässe zum T. 576,5

Terz 613,2
Tod → Sterben und Tod
Totengedenken 28 · 612 · 609
Totenwache 609
Trauermette
- allgemein 306
- Karfreitag 307
- Karsamstag 310

Tugenden
- göttl. Tugenden 29,5
- Kardinaltugenden 29,5

Umkehr 593,1 · 677,1
Urnenbestattung 611
Ursakrament 570,1

Vaterunser 3,2 · 589,2
Vergebung 593,1 u. 7
Verkündigung 584
Vermählung (→ Ehe) 604
Versöhnung
 – Schritte zur V. 593,3
 – Die Feier der Versöhnung für Einzelne 594
 – weitere Wege zur Versöhnung 596
Vesper 613,2 · 627 ff

Wallfahren 22,4
Wandlung 580,2
Wegzehrung 602,7 · 608,1
Weihe
 – allgemein 603,1 u. 2
 – zur Feier 603,3
Weihnachten
 – allgemein 235
 – Brauchtum 235
 – Festkreis 217,2
 – Heiliger Abend (Feier) 26,1
 – liturgische Farbe 235
 – Weihnachtsevangelium 26,4
Weihrauch 587,4 · 592,3
Weihwasser 5,1 · 576,4
Weißer Sonntag (→ Taufe) 317
Werke der Barmherzigkeit 29,3
Wiederkunft 680,9
Wort Gottes → Heilige Schrift
Wortgottesdienst 584

Wort-Gottes-Feier
 – allgemein 668
 – Feier 669–671

Zehn Gebote 29,6 · 601
Ziborium 592,1

1. Geistliche Impulse für das tägliche Leben

Gottes Wort hören –
Umgang mit der Heiligen Schrift 1
Im Gebet antworten 2
In der Familie feiern 23
Den Glauben leben 29

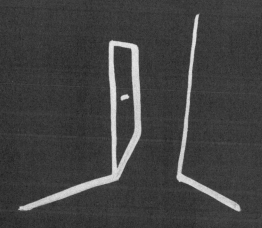

Gottes Wort hören –
Umgang mit der Heiligen Schrift

(Einführung) 1,1
Schriftlesung im Gottesdienst 1,2
Persönliche Schriftlesung 1,3
Bibellesen in Gemeinschaft 1,4

> Selig sind die, die das
> Wort Gottes hören und es befolgen
> Lk 11,28

Gottes Wort hören – Umgang mit der Heiligen Schrift

Gott spricht zu den Menschen. Über die Zeiten hinweg haben sie auf sein Wort gehört und sich von ihm leiten lassen. Die Heilige Schrift gibt in einzigartiger Weise Zeugnis vom Sprechen Gottes und von der Antwort der Menschen. Die Kirche als Gemeinschaft der Glaubenden empfängt ihr Leben vom Tisch des Wortes und des Brotes. Wie sie auf das Wort Gottes hört und es auslegt, ist beeinflusst durch die jeweilige Zeit und Kultur. Deshalb muss die Botschaft der Schrift den Menschen immer wieder neu erschlossen werden. In vielfältigen Formen der Schriftlesung entfaltet Gottes Wort seine Kraft. Im Folgenden werden Anregungen für einen lebendigen Umgang mit dem Wort Gottes gegeben.

Schriftlesung im Gottesdienst

Christus ist in seiner Kirche gegenwärtig, besonders in der Feier der Liturgie. Er selbst spricht, wenn die heiligen Schriften in der Kirche gelesen werden (vgl. SC 7). Daher wird Gottes Wort in jeder liturgischen Feier verkündet. Dieses Wort versteht tiefer, wer sich auf die gottesdienstlichen Lesungen vorbereitet und sie in ihrem biblischen Zusammenhang kennen lernt.

Persönliche Schriftlesung

Wer sich regelmäßig mit der Heiligen Schrift (Bibel) auseinandersetzt, gewinnt einen persönlicheren Zugang zum

13 Wort Gottes. Im Schweigen und Hören wird es lebendig und zum Begleiter durch Höhen und Tiefen des Lebens. Wo das Leben im Licht der Schrift gedeutet wird, führt die Schriftlesung zum Gebet. Dazu helfen feste Zeiten der Ruhe und Stille. Folgende Schritte können auf dem Weg dahin hilfreich sein:

… Sich Gottes Geist öffnen, z. B. mit folgenden Worten:
„Öffne mich, Gott, für deinen Heiligen Geist,
damit ich verstehe, was du mir heute sagen willst."

… Meditierendes Lesen
Das Lesen der Heiligen Schrift braucht Zeit und Ruhe. Es geht nicht darum, möglichst viel zu lesen, sondern Gott zu begegnen.

… Verweilen bei einem Wort oder Satz
Was unmittelbar anspricht, hat mit dem eigenen Leben zu tun. Was will mir Gott mit diesem Wort sagen? Nicht immer gibt es sofort eine Antwort auf diese Frage. Vielleicht ergibt sie sich im Laufe des Tages, vielleicht auch erst nach langem Warten.

… Antwort
Wo Gott zu Menschen spricht, verlangt sein Wort eine Antwort – in eigenen Worten, formulierten Gebeten und im Handeln.

4 BIBELLESEN IN GEMEINSCHAFT
Neben der persönlichen Schriftlesung ist das Bibellesen in Gemeinschaft bedeutsam für das Leben der Kirche. Menschen, die miteinander die Heilige Schrift bedenken, helfen sich gegenseitig, Gottes Wort zu verstehen und für ihr

Leben fruchtbar zu machen. Ein Weg, der zu Meditation und Gebet führt, ist das *Bibel-Teilen*:

… Gebet / Lied
Ein Gebet oder Lied (z. B. Nr. 7,1; 7,2; 7,4) öffnet die Gemeinschaft für die Gegenwart Gottes und für das Wirken des Heiligen Geistes.

… Lesen des Textes
Ein Mitglied der Gruppe liest den Schrifttext vor, der allen vorliegen soll.

… Verweilen beim Text
Die Teilnehmenden wiederholen einzelne Worte oder Aussagen, von denen sie besonders angesprochen sind.

… Schweigen
Nachdem der Text noch einmal vorgelesen wurde, wird er in einer Zeit der Stille bedacht und mit dem eigenen Leben in Beziehung gebracht.

… Miteinander Teilen
Alle teilen einander mit, was Gottes Wort in ihnen ausgelöst hat, und achten die Verschiedenheit ihrer Gedanken.

… Gottes Auftrag
Die Teilnehmenden besprechen konkrete Schritte zur Gestaltung ihres Alltags, die sich aus dem Schrifttext ergeben.

… Gebet / Lied
Ein Gebet oder Lied (z. B. Nr. 6,5; 7,5; 7,6) beschließt das Bibelteilen.

Im Gebet antworten

(EINFÜHRUNG) 2,1

GRUNDGEBETE UND GLAUBENSTEXTE 3
   Das Kreuzzeichen 3,1
   Das Gebet des Herrn (Vaterunser) 3,2
   Der Lobpreis des dreieinigen Gottes 3,3
   Das Apostolische Glaubensbekenntnis 3,4
   Das „Gegrüßet seist du, Maria" 3,5
   Der „Engel des Herrn" (Angelus) 3,6
   Der Rosenkranz 4
   Weitere Grundgebete

IM HAUS GOTTES 5
   Beim Betreten der Kirche 5
   Das Kreuzzeichen mit Weihwasser 5,1
   Gebete vor dem Kreuz 5,2
   Verweilen vor dem Tabernakel 5,4
   Gebet vor einem Marienbild 5,7
   Kreuzweg 5,8
   Entzünden einer Kerze 5,9

VOR GOTTES ANGESICHT 6
   Gott Vater 6,1
   Jesus Christus 6,4
   Heiliger Geist 7
   Anbetung des dreifaltigen Gottes 7,6
   Zur Kommunion 8
   Vertrauen 8,5
   Lobpreis 8,8
   Klage 8,9
   Bitte und Dank 9
   Hingabe 9,4
   Umkehr und Buße 9,7

In Gemeinschaft mit Maria, den Engeln und Heiligen ... 10
- Maria ... 10,1
- Engel ... 10,4
- Heilige ... 10,5

Meine Zeit in Gottes Händen ... 11
- Am Morgen ... 11,2
- Am Mittag
- Am Abend ... 11,5
- Tischgebete ... 12
- Segensbitten ... 13
- Vor einer Reise ... 13,4

Mein Leben vor Gott bringen ... 14
- Beten mit Kindern ... 14,1
- Segen und Bitte der Eltern für ihre Kinder ... 14,7
- Gebete für Jugendliche ... 15
- In Ehe und Partnerschaft ... 16
- Im Arbeitsalltag ... 16,3
- Im Alter ... 16,5
- In Leid und Not ... 17
- In Krankheit ... 17,3
- Im Angesicht des Todes ... 18

Die Welt vor Gott bringen ... 19
- Schöpfung ... 19,1
- Frieden und Gerechtigkeit ... 19,4
- Verantwortung für die Welt ... 20
- Dialog zwischen den Religionen ... 20,3

In den Anliegen der Kirche ... 21
- Für die Einheit der Kirche ... 21,1
- Um geistliche Berufe ... 21,3
- Für das pilgernde Volk Gottes ... 22

> Herr, lehre uns beten!
> LK 11,1

IM GEBET ANTWORTEN

Der Meister versammelt seine Jünger und fragt sie: „Wo ist der Anfang des Gebetes?" Der Erste antwortet: „In der Not. Denn wenn ich Not empfinde, dann wende ich mich wie von selbst an Gott." Der Zweite antwortet: „Im Jubel. Denn wenn ich juble, dann hebt sich die Seele aus dem engen Gehäuse meiner Ängste und Sorgen und schwingt sich auf zu Gott." Der Dritte: „In der Stille. Denn wenn alles in mir schweigend geworden ist, dann kann Gott sprechen." Der Vierte: „Im Stammeln eines Kindes. Denn erst wenn ich wieder werde wie ein Kind, wenn ich mich nicht schäme, vor Gott zu stammeln, ist er ganz groß und ich bin ganz klein, und dann ist alles gut." Der Meister antwortet: „Ihr habt alle gut geantwortet. Aber es gibt noch einen Anfang, und der ist früher als alle jene, die ihr genannt habt. Das Gebet fängt bei Gott selbst an. Er fängt an, nicht wir."
KLAUS HEMMERLE (1929–1994)

UNSER BETEN

Gott macht den Anfang. Auch wenn wir nicht beten, ist er für uns da. Beten wir, sind wir vor Gott. Er lässt sich in allen Situationen ansprechen. Ihm dürfen wir unbefangen sagen, was uns bewegt. „Denn wovon das Herz voll ist, davon spricht der Mund" (Mt 12,34).

Wir können auch mit leerem Herzen vor Gott verharren. Wir müssen nicht viele Worte machen. Bisweilen werden wir still bleiben. Manchmal braucht das Sprechen zu Gott Überwindung innerer und äußerer Widerstände. Dennoch bleibt unser Beten immer Gnade und Geschenk.

Ein solches Geschenk ist das Vaterunser, das Jesus uns gelehrt hat. Die großen Gebete der christlichen Tradition bringen unsere Anliegen oft besser zur Sprache, als wir es selbst vermögen. Wir sind in ihnen aufgehoben, finden Raum und Halt und spüren die tragende Hand Gottes. Biblisch geprägte Gebete wie das „Gegrüßet seist du, Maria" oder „Der Engel des Herrn" sind ein großer Schatz, die Bibel selbst ein gottgeschenktes Gebetbuch. Darin finden sich die Psalmen, das Magnificat, das Stoßgebet des Petrus „Herr, rette mich!" (Mt 14,30). Ein aus vollem Herzen gesungenes Halleluja – Lobt den Herren – stellt uns in die Gemeinschaft mit allen Menschen und mit der ganzen Schöpfung: „Alles, was atmet, lobe den Herrn!" (Ps 150,6).

Neben dem gemeinsamen Gebet in der Kirche gibt es viele Formen des Betens im Alltag: das Kreuzzeichen am Morgen, das Entzünden einer Kerze, ein kurzes Innehalten zwischendurch oder das Tischgebet. Was tagsüber alles einströmt, wird abends in der Gewissenserforschung rückblickend betrachtet: Wie hätte Jesus gehandelt?
Ob im großen feierlichen Gebet oder im stummen Verharren – jeder kann beten. Gott nimmt mich in seiner Liebe an, wie ich bin.

3 GRUNDGEBETE UND GLAUBENSTEXTE

1 DAS KREUZZEICHEN

Beim ‚großen Kreuzzeichen' berühren Fingerspitzen der rechten Hand die Stirn, die Leibmitte, dann die linke und rechte Schulter. Beim ‚kleinen Kreuzzeichen' – etwa vor Beginn des Evangeliums in der Heiligen Messe – wird mit dem Daumen ein Kreuz auf Stirn, Lippen und Brust gezeichnet: mit dem Verstand erkennen, mit dem Mund bekennen, im Herzen bewahren.

Im Namen des Vaters	In nómine Patris,
und des Sohnes	et Fílii,
und des Heiligen Geistes.	et Spíritus Sancti.
Amen.	Amen.

DAS GEBET DES HERRN (VATERUNSER)

Vater unser im Himmel,	Pater noster, qui es in caelis:
geheiligt werde dein Name.	sanctificétur nomen tuum;
Dein Reich komme.	advéniat regnum tuum;
Dein Wille geschehe,	fiat volúntas tua,
wie im Himmel	sicut in caelo,
so auf Erden.	et in terra.
Unser tägliches Brot	Panem nostrum cotidiánum
gib uns heute.	da nobis hódie;
Und vergib uns	et dimítte nobis
unsere Schuld,	débita nostra,
wie auch wir vergeben	sicut et nos dimíttimus
unsern Schuldigern.	debitóribus nostris;
Und führe uns nicht	et ne nos indúcas
in Versuchung,	in tentatiónem;
sondern erlöse uns	sed líbera nos
von dem Bösen.	a malo.

Es kann hinzugefügt werden:

Denn dein ist das Reich	Quia tuum est regnum,
und die Kraft	et potéstas,
und die Herrlichkeit	et glória
in Ewigkeit. Amen.	in sáecula. Amen.

DER LOBPREIS DES DREIEINIGEN GOTTES

Ehre sei dem Vater	Glória Patri,
und dem Sohn	et Fílio,
und dem Heiligen Geist.	et Spirítui Sancto.
Wie im Anfang,	Sicut erat in princípio,
so auch jetzt und allezeit	et nunc et semper,
und in Ewigkeit.	et in sáecula saeculórum.
Amen.	Amen.

3 DAS APOSTOLISCHE GLAUBENSBEKENNTNIS

4 Ich glaube an Gott, / den Vater, den Allmächtigen, / den Schöpfer des Himmels und der Erde, / und an Jesus Christus, / seinen eingeborenen Sohn, unsern Herrn, / empfangen durch den Heiligen Geist, / geboren von der Jungfrau Maria, / gelitten unter Pontius Pilatus, / gekreuzigt, gestorben und begraben, / hinabgestiegen in das Reich des Todes, / am dritten Tage auferstanden von den Toten, / aufgefahren in den Himmel; / er sitzt zur Rechten Gottes, des allmächtigen Vaters; / von dort wird er kommen, zu richten die Lebenden und die Toten. / Ich glaube an den Heiligen Geist, / die heilige katholische Kirche, / Gemeinschaft der Heiligen, / Vergebung der Sünden, / Auferstehung der Toten / und das ewige Leben. / Amen.

→ *Das große Glaubensbekenntnis (Nr. 586,2)*

5 DAS „GEGRÜßET SEIST DU, MARIA"

Gegrüßet seist du, Maria,	Ave María,
voll der Gnade,	grátia plena,
der Herr ist mit dir.	Dóminus tecum;
Du bist gebenedeit	benedícta tu
unter den Frauen,	in muliéribus,
und gebenedeit ist die Frucht	et benedíctus fructus
deines Leibes, Jesus.	ventris tui, Iesus.
Heilige Maria, Mutter Gottes,	Sancta María, Mater Dei,
bitte für uns Sünder	ora pro nobis peccatóribus
jetzt und in der Stunde	nunc et in hora
unseres Todes. Amen.	mortis nostrae. Amen.

6 DER „ENGEL DES HERRN" (ANGELUS)

Der „Engel des Herrn" ist eine bewährte Weise, den Tag zu heiligen. Viele Christen beten am Morgen, am Mittag und am Abend (zum Läuten der Angelusglocke) dieses Gebet.

V Der Engel des Herrn brachte Maria die Botschaft,
A und sie empfing vom Heiligen Geist.

Gegrüßet seist du, Maria …

V Maria sprach: Siehe, ich bin die Magd des Herrn;
A mir geschehe nach deinem Wort.

Gegrüßet seist du, Maria …

V Und das Wort ist Fleisch geworden
A und hat unter uns gewohnt.

Gegrüßet seist du, Maria …

V Bitte für uns, heilige Gottesmutter,
A dass wir würdig werden der Verheißungen Christi.

V Lasset uns beten. – Allmächtiger Gott, gieße deine Gnade in unsere Herzen ein. Durch die Botschaft des Engels haben wir die Menschwerdung Christi, deines Sohnes, erkannt. Lass uns durch sein Leiden und Kreuz zur Herrlichkeit der Auferstehung gelangen. Darum bitten wir durch Christus, unseren Herrn.
A Amen.

In der Osterzeit tritt an die Stelle des „Engel des Herrn":

FREU DICH, DU HIMMELSKÖNIGIN
Freu dich, du Himmelskönigin, Halleluja! Den du zu tragen würdig warst, Halleluja, er ist auferstanden, wie er gesagt hat, Halleluja. Bitt Gott für uns, Halleluja.

V Freu dich und frohlocke, Jungfrau Maria, Halleluja,
A denn der Herr ist wahrhaft auferstanden, Halleluja.

V Lasset uns beten. – Allmächtiger Gott, durch die Auferstehung deines Sohnes, unseres Herrn Jesus Christus, hast du die Welt mit Jubel erfüllt. Lass uns durch seine jungfräuliche Mutter Maria zur unvergänglichen Osterfreude gelangen. Darum bitten wir durch Christus, unsern Herrn. A Amen.

4 DER ROSENKRANZ

1 Mitte und Ziel des Rosenkranzgebetes ist Jesus Christus, Gottes Sohn. Mit Maria schauen wir auf sein Leben. Sie hat Jesus gekannt wie kein anderer Mensch; sie hat ihn begleitet auf allen wichtigen Stationen seines Lebens – bis unter das Kreuz. An ihr wurde die Macht der Auferstehung sichtbar: Sie wurde aufgenommen in die Herrlichkeit Gottes – Zeichen der Hoffnung für die Kirche und für alle Menschen.

In den Gesätzen des Rosenkranzes – Sätze, die das „Gegrüßet seist du, Maria" erweitern – betrachten wir die Geheimnisse des Glaubens. Die Wiederholung derselben Sätze schenkt innere Ruhe. Die Perlen des Rosenkranzes sind eine Hilfe zum Beten:

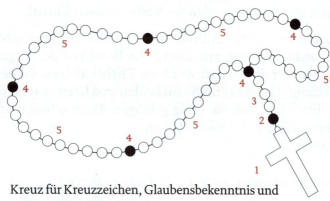

1 Kreuz für Kreuzzeichen, Glaubensbekenntnis und „Ehre sei dem Vater" ...
2 Perle für „Vater unser"
3 Perlen für drei „Gegrüßet seist du, Maria" mit den Einfügungen „Glaube" / „Hoffnung" / „Liebe" und „Ehre sei dem Vater"
4 Perle für „Vater unser"
5 Jeweils zehn Perlen für „Gegrüßet seist du, Maria"

2 *Das Gebet des Rosenkranzes beginnt mit dem Kreuzzeichen:*
Im Namen des Vaters ...

Es folgt das Glaubensbekenntnis:
Ich glaube an Gott, den Vater, den Allmächtigen ... *(Nr. 3,4)*

Ehre sei dem Vater ...

Es folgt das Gebet des Herrn:
Vater unser …

Nun werden drei „Gegrüßet seist du, Maria" gebetet, die um folgende Bitten ergänzt werden:
… und gebenedeit ist die Frucht deines Leibes, Jesus,
   der in uns den Glauben vermehre

… und gebenedeit ist die Frucht deines Leibes, Jesus,
   der in uns die Hoffnung stärke

… und gebenedeit ist die Frucht deines Leibes, Jesus,
   der in uns die Liebe entzünde

Ehre sei dem Vater …

Nun beginnen die Betrachtungen der Rosenkranzgeheimnisse: Eingeleitet werden sie mit einem „Vater unser".
Ihm folgen jeweils zehn „Gegrüßet seist du, Maria" mit der Einfügung eines Geheimnisses (… und gebenedeit ist die Frucht deines Leibes, Jesus, den du, o Jungfrau, vom Heiligen Geist empfangen hast). Abgeschlossen wird jedes Gesätz mit dem „Ehre sei dem Vater …"
Die Betrachtung des nächsten Geheimnisses wird erneut mit einem „Vater unser" eröffnet.

Die freudenreichen Geheimnisse
1. den du, o Jungfrau, vom Heiligen Geist empfangen hast
2. den du, o Jungfrau, zu Elisabet getragen hast
3. den du, o Jungfrau, zu Betlehem geboren hast
4. den du, o Jungfrau, im Tempel aufgeopfert hast
5. den du, o Jungfrau, im Tempel wiedergefunden hast

Die lichtreichen Geheimnisse
1. der von Johannes getauft worden ist
2. der sich bei der Hochzeit in Kana offenbart hat
3. der uns das Reich Gottes verkündet hat
4. der auf dem Berg verklärt worden ist
5. der uns die Eucharistie geschenkt hat

4
C
6

Die schmerzhaften Geheimnisse
1. der für uns Blut geschwitzt hat
2. der für uns gegeißelt worden ist
3. der für uns mit Dornen gekrönt worden ist
4. der für uns das schwere Kreuz getragen hat
5. der für uns gekreuzigt worden ist

D
7

Die glorreichen Geheimnisse
1. der von den Toten auferstanden ist
2. der in den Himmel aufgefahren ist
3. der uns den Heiligen Geist gesandt hat
4. der dich, o Jungfrau, in den Himmel aufgenommen hat
5. der dich, o Jungfrau, im Himmel gekrönt hat

E
8

Die trostreichen Geheimnisse
1. der als König herrscht
2. der in seiner Kirche lebt und wirkt
3. der wiederkommen wird in Herrlichkeit
4. der richten wird die Lebenden und die Toten
5. der alles vollenden wird

WEITERE GRUNDGEBETE

Weitere Texte aus der Liturgie der Kirche empfehlen sich für das persönliche Gebet wie für das gemeinsame Beten:

→ *Das Schuldbekenntnis (Nr. 582,4)*
→ *Das „Gloria" (Nr. 583,1)*
→ *Das „Sanctus" (Nr. 588,4)*
→ *Das „Te Deum" (Nr. 679,2 u. 5 u. 7)*
→ *Das „Magnificat": deutsch (Nr. 631,4), lateinisch (Nr. 631,8)*
→ *Das „Salve Regina": deutsch (Nr. 10,1), lateinisch (Nr. 666,4)*

Die Eucharistie ist unser tägliches Brot.   **5**
Seine innere Kraft ist die Einheit: **6**
Wir werden aufgenommen in seinen Leib,
werden seine Glieder
und sind so das, was wir empfangen.
AUGUSTINUS (354–430)

→ *„Gottheit tief verborgen" (Nr. 497)*
→ *Gebetsabschnitt „Anbetung des dreifaltigen Gottes" (Nr. 7,6–7)*

GEBET VOR EINEM MARIENBILD
Maria, die Mutter Jesu, ist unsere Fürsprecherin bei Gott. Ihr können wir unsere Bitten anvertrauen.

Unter deinen Schutz und Schirm fliehen wir,   **7**
o heilige Gottesmutter,
verschmähe nicht unser Gebet in unseren Nöten,
sondern erlöse uns jederzeit von allen Gefahren.
O du glorreiche und gebenedeite Jungfrau,
unsere Frau, unsere Mittlerin, unsere Fürsprecherin,
versöhne uns mit deinem Sohne,
empfiehl uns deinem Sohne,
stelle uns vor deinem Sohne.
ÄLTESTES MARIENGEBET

→ *„Gegrüßet seist du, Maria" (Nr. 3,5)*
→ *Gebetsabschnitt „Maria" (Nr. 10,1–3)*

KREUZWEG   **8**
Der Kreuzweg erinnert in 14 Stationen an das Leiden und Sterben Jesu Christi.

→ *Kreuzwegandacht (Nr. 683)*
→ *Gesänge (z. B. Nr. 279–301)*

5   Entzünden einer Kerze

9   Das Entzünden einer Kerze begleitet unser Gebet für andere Menschen und für uns selbst. Dabei bitten wir Maria und andere heilige Frauen und Männer um ihre Fürsprache bei Gott. Sie sind uns im Glauben vorangegangen und geben unserem Leben Orientierung.

→ *Grundgebete und Glaubenstexte (Nr. 3)*

6   Vor Gottes Angesicht

Gott, du mein Gott, dich suche ich! Ps 63,2

Bei Gott allein kommt meine Seele zur Ruhe! Ps 62,2

Gott Vater

1   Noch bevor wir dich suchen, bist du bei uns.
Bevor wir deinen Namen kennen,
bist du schon unser Gott.
Öffne unser Herz für das Geheimnis,
in das wir aufgenommen sind:
dass du uns zuerst geliebt hast
und dass wir glücklich sein dürfen mit dir.
Nicht weil wir gut sind, dürfen wir uns dir nähern,
sondern weil du Gott bist.
F. Cromphout, A. von Laere, L. Geyseis, R. Lenaers

2   Groß bist du, Herr, und über alles Lob erhaben. Und da will der Mensch dich preisen, dieser winzige Teil deiner Schöpfung. Du selbst regst ihn dazu an; denn du hast uns zu dir hin geschaffen, und unruhig ist unser Herz, bis es ruht in dir. Sag mir in der Fülle deiner Erbarmung, mein Herr und mein Gott, was du mir bist! Sag zu meiner Seele: Dein Heil bin ich. Sag es so, dass ich es höre!
Augustinus (354–430)

Du, Herr, gibst mir immer wieder **6**
Augenblicke der Stille, 3
eine Atempause,
in der ich zu mir komme.
Du stellst mir Bilder vor die Seele,
die mich sammeln
und mir Gelassenheit geben:
Oft lässt du mir mühelos
irgendetwas gelingen,
und es überrascht mich selbst,
wie zuversichtlich ich sein kann.
Ich merke,
wenn man sich dir anvertraut,
bleibt das Herz ruhig.
AUS JAPAN

→ *„Vaterunser" (Nr. 3,2)*

JESUS CHRISTUS

Seele Christi, heilige mich. 4
Leib Christi, rette mich.
Blut Christi, tränke mich.
Wasser der Seite Christi, wasche mich.
Leiden Christi, stärke mich.
O guter Jesus, erhöre mich.
Birg in deinen Wunden mich.
Von dir lass nimmer scheiden mich.
Vor dem bösen Feind beschütze mich.
In meiner Todesstunde rufe mich,
zu dir zu kommen, heiße mich,
mit deinen Heiligen zu loben dich
in deinem Reiche ewiglich.

6 Wachse, Jesus, wachse in mir,
in meinem Geist,
in meinem Herzen,
in meiner Vorstellung,
in meinen Sinnen.

Wachse in mir in deiner Milde,
in deiner Reinheit,
in deiner Demut,
deinem Eifer,
deiner Liebe.

Wachse in mir mit deiner Gnade,
deinem Licht und deinem Frieden.
Wachse in mir
zur Verherrlichung deines Vaters,
zur größeren Ehre Gottes.
PIERRE OLIVAINT (1816–1871)

6 Herr Jesus Christus,
Sohn des lebendigen Gottes,
du bist das Herz der Welt.
Wir preisen dich. –
Rette uns durch deinen Tod
und deine Auferstehung
für die Ewigkeit in Gott.
JOHANNES BOURS (1913–1988)

7 Jesus, dir leb ich,
Jesus, dir sterb ich,
Jesus, dein bin ich
im Leben und im Tod.
AUS LIEGNITZ, SCHLESIEN (1828)

Herr Jesus Christus, Sohn des lebendigen Gottes, **6**
erbarme dich meiner. 8
Die ständige Wiederholung dieses Jesusgebetes ist ein bewährter Weg, um in der Gegenwart Christi leben zu lernen und zu einer tieferen Verbundenheit mit ihm zu gelangen.

→ *Jesus-Christus-Lieder (Nr. 357–378)*

Heiliger Geist 7

Komm, Heiliger Geist, 1
erfülle die Herzen deiner Gläubigen
und entzünde in ihnen das Feuer deiner Liebe.

Atme in mir, du Heiliger Geist, dass ich Heiliges denke. 2
Treibe mich, du Heiliger Geist, dass ich Heiliges tue.
Locke mich, du Heiliger Geist, dass ich Heiliges liebe.
Stärke mich, du Heiliger Geist, dass ich Heiliges hüte.
Hüte mich, du Heiliger Geist, dass ich das Heilige nimmer verliere.

Himmlischer König, 3
Tröster, Du Geist der Wahrheit,
überall bist Du zugegen und alles erfüllst Du.
Hort der Güter und Spender des Lebens,
komm und nimm Wohnung in uns,
mach uns rein von jedem Makel,
und rette, Du Gütiger, unsere Seelen.
AUS DEM BYZANTINISCHEN STUNDENGEBET
Ü: PETER PLANK

7   Ich glaube an den Heiligen Geist,
4   ich glaube,
     ... dass er meine Vorurteile abbauen kann,
     ... dass er meine Gewohnheiten ändern kann,
     ... dass er meine Gleichgültigkeit überwinden kann,
     ... dass er mir Phantasie zur Liebe geben kann,
     ... dass er mir Warnung vor dem Bösen geben kann,
     ... dass er mir Mut für das Gute geben kann,
     ... dass er meine Traurigkeit besiegen kann,
     ... dass er mir Liebe zu Gottes Wort geben kann,
     ... dass er mir Minderwertigkeitsgefühle nehmen kann,
     ... dass er mir Kraft in meinem Leid geben kann,
     ... dass er mir einen Bruder an die Seite geben kann,
     ... dass er mein Wesen durchdringen kann.

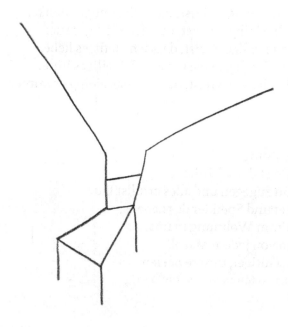

Sende uns, Herr, deinen Geist, 7
denn nur er kann die Erde erneuern,
nur er kann die Selbstsucht aufbrechen,
nur er kann uns helfen,
eine menschlichere,
eine christliche Welt aufzubauen.
HELDER CAMARA (1909–1999)
Ü: MARIO VON GALLI

→ *Pfingstsequenz: deutsch (Nr. 344), lateinisch (Nr. 343)*
→ *„Komm, Heiliger Geist" (Nr. 342) mit Oration (Nr. 342,7)*
→ *GGB-Liedteil (Nr. 341–351)*
→ *Andachtsteil (Nr. 675,5) und Tagzeitenliturgie (Nr. 645)*

ANBETUNG DES DREIFALTIGEN GOTTES

O Gott, ich bete dich an: 6
du Weisheit, die mich erdacht,
du Wille, der mich gewollt,
du Macht, die mich geschaffen,
du Gnade, die mich erhoben,
du Stimme, die mich ruft,
du Wort, das zu mir spricht,
du Güte, die mich beschenkt,
du Vorsehung, die mich leitet,
du Barmherzigkeit, die mir vergibt,
du Liebe, die mich umfängt,
du Geist, der mich belebt,
du Ruhe, die mich erfüllt,
du Heiligkeit, die mich wandelt,
dass ich nimmer ruhe,
bis ich dich schaue:
O Gott, ich bete dich an.
KLEMENS TILMANN (1904–1984)

7 Du bist heilig, Herr, unser Gott.
7 Du bist der alleinige Gott,
der Eine, der Wundertaten vollbringt.
Du bist der Starke,
du bist der Große,
du bist der Höchste,
du bist allmächtig,
du bist heilig,
der Vater und König des Himmels und der Erde.
Du bist der Dreifaltige und der Eine,
Gott, der Herr.
Du bist der Gute, das höchste Gut,
der lebendige und wahre Gott.
Du bist die Güte, die Liebe,
du bist die Weisheit, du bist die Demut,
du bist die Geduld.
Du bist die Geborgenheit,
die Ruhe, die Fröhlichkeit und die Freude.
Du bist die Gerechtigkeit und das Maß.
Du bist aller Reichtum, du bist die Milde,
du bist unsere Zuflucht und Stärke,
du unser Glaube, unsere Hoffnung und unsere Liebe,
unsere große Glückseligkeit.
Du bist die unendliche Güte,
großer und wunderbarer Herr,
Gott, allmächtig, liebreich,
erbarmend und heilbringend.
FRANZ VON ASSISI (1181/82–1226)
Ü: OTTO KARRER

→ *Gebetsabschnitte „Gott Vater" (Nr. 6,1–3)*
→ *„Jesus Christus" (Nr. 6,4–8)*
→ *Lobgesang der drei Jünglinge im Feuerofen (Nr. 619,2)*

Zur Kommunion 8

Ich bin das lebendige Brot, das vom Himmel herabgekommen ist. Wer von diesem Brot isst, wird in Ewigkeit leben.
Joh 6,51

Ist der Kelch des Segens, über den wir den Segen sprechen, nicht Teilhabe am Blut Christi? Ist das Brot, das wir brechen, nicht Teilhabe am Leib Christi? 1 Kor 10,16

Denn sooft ihr von diesem Brot esst und aus dem Kelch trinkt, verkündet ihr den Tod des Herrn, bis er kommt. 1 Kor 11,26

Herr Jesus Christus, 1
du bist unter uns gegenwärtig
in den Zeichen von Brot und Wein.
Du gibst dich uns zur Speise.
Du schenkst uns Leben von deinem Leben.
Bereite uns für diese Begegnung mit dir.

8 Mein Gott,
mein Erlöser,
bleibe bei mir.
Fern von dir
müsste ich welken und verdorren.
Zeigst du dich mir wieder,
blühe ich auf in neuem Leben.
Du bist das Licht,
das nie verlöscht,
die Flamme,
die immer lodert.
Vom Glanz deines Lichtes beschienen,
werde ich selber Licht,
um anderen zu leuchten.
Ich bin nur wie ein Glas,
durch das du den anderen scheinst.
Lass mich zu deinem Ruhm
deine Wahrheit und deinen Willen verkünden,
– nicht durch viele Worte,
sondern durch die stille Kraft der tätigen Liebe –
wie deine Heiligen –
durch meines Herzens aufrichtige Liebe zu dir.
JOHN HENRY NEWMAN (1801–1890)

Da werden wir feiern und schauen,
schauen und lieben,
lieben und preisen.
Ja, so wird es am Ende endlos sein.
Denn was für ein Ziel haben wir,
wenn nicht das, zum Reich zu gelangen,
das kein Ende haben wird?
AUGUSTINUS

Du, Herrscher, Allmächtiger,   **8**
hast alles geschaffen um deines Namens willen,   3
Speise und Trank den Menschen zum Genuss gegeben;
uns aber hast du geistliche Speise und Trank geschenkt
und ewiges Leben durch Jesus, deinen Knecht.
Für alles danken wir dir, weil du mächtig bist.
Dir die Herrlichkeit in Ewigkeit.
ZWÖLFAPOSTELLEHRE (2. JH.)
Ü: KLAUS WENGST

Barmherziger Gott, gib,   4
dass ich nicht nur äußerlich
das Sakrament des Leibes und Blutes des Herrn empfange,
sondern auch innerlich dessen Wesen und Kraft,
dass ich verdiene,
seinem geheimnisvollen Leib einverleibt zu werden.
Liebreichster Vater,
lass mich deinen geliebten Sohn,
den ich jetzt auf dem Weg dieses Lebens verhüllt empfange,
einst mit unverhülltem Angesicht ewig schauen.
THOMAS VON AQUIN (1225–1274)

Weitere Gebete:
→ *„Seele Christi, heilige mich" (Nr. 6,4)*
→ *„Wachse, Jesus, wachse in mir" (Nr. 6,5)*
→ *„Jesus, dir leb ich" (Nr. 6,7)*
→ *„Herr Jesus Christus, bleibe bei uns" (Nr. 5,5)*
→ *Gebetsabschnitte „Anbetung des dreifaltigen Gottes" (Nr. 7,6–7)*
   und „Hingabe" (Nr. 9,4–6)
→ *Anbetungslieder (z. B. Nr. 492–498)*
→ *eucharistische Andachtsabschnitte (Nr. 675,6–9 und 676,1–3)*

8 VERTRAUEN

5 Nichts soll dich verwirren,
nichts soll dich beirren,
alles vergeht.

Gott wird sich stets gleichen,
Geduld kann erreichen,
was nicht verweht.

Wer Gott kann erwählen,
nichts wird solchem fehlen:
Gott nur besteht.
TERESA VON AVILA (1515–1582)
Ü: ERIKA LORENZ (1923–2003)

6 Wer bist du, Licht, das mich erfüllt
und meines Herzens Dunkelheit erleuchtet?
Du leitest mich gleich einer Mutter Hand,
und ließest du mich los,
so wüsste keinen Schritt ich mehr zu gehen.
Du bist der Raum,
der rund mein Sein umschließt und in sich birgt.
Aus dir entlassen
sänk' es in den Abgrund des Nichts,
aus dem du es zum Sein erhobst.
Du, näher mir als ich mir selbst
und innerlicher als mein Innerstes –
und doch ungreifbar und unfassbar
und jeden Namen sprengend:
Heiliger Geist – ewige Liebe.
THERESIA BENEDICTA A CRUCE (EDITH STEIN, 1891–1942)

7 Mein Vater, ich überlasse mich dir; mach mit mir, was dir
gefällt. Was du auch mit mir tun magst, ich danke dir.
Zu allem bin ich bereit, alles nehme ich an. Wenn nur dein

Wille sich an mir erfüllt und an allen deinen Geschöpfen, so ersehne ich weiter nichts, mein Gott.
In deine Hände lege ich meine Seele. Ich gebe sie dir, mein Gott, mit der ganzen Liebe meines Herzens, weil ich dich liebe und weil diese Liebe mich treibt, mich dir hinzugeben, mich in deine Hände zu legen, ohne Maß, mit einem grenzenlosen Vertrauen. Denn du bist mein Vater.
CHARLES DE FOUCAULD (1858–1916)

→ *„Wer unterm Schutz des Höchsten steht" (Nr. 423)*
→ *Psalm 23 (Nr. 37)*

LOBPREIS

Ehre Gott in der Höhe.
Ehre dem Vater, der der Ursprung ist.
Ehre dem Sohn, der in die Welt kommt.
Ehre dem Geist. Er macht uns frei.

Ehre Gott in der Höhe
und Friede auf Erden:
Die Sünder finden Gnade.
Die Kranken werden geheilt.
Die Mächtigen werden beschämt.
Die Armen hören die Frohe Botschaft.

Ehre Gott in der Höhe,
Friede auf Erden
und unter den Menschen Liebe,
die den Tod überwindet,
die Tränen wegwischt aus unseren Augen;
und siehe: Sie macht alles neu!

→ *„Te Deum" (Nr. 679,2 u. 5 u. 7), „Gloria" (Nr. 583,1)*
→ *Lobgesang der drei Jünglinge im Feuerofen (Nr. 619,2)*
→ *Benedictus (Nr. 617,2)*
→ *Canticum Eph 1,3–10 (Nr. 649,8)*

8 KLAGE

Mein Gott, mein Gott, warum hast du mich verlassen? Ps 22, 2

9 Gott, was um mich her
– mit mir – geschieht,
ich sehe keinen Sinn darin.
Warum muss ich gerade hier
an diesem Platz im Leben sein?
Gedanken bewegen sich im Nebel.
Meine Blicke tasten.
Ich seh nicht bis zu dir.

Mein Herz!
Mit Bitternis ist es gefüllt.
Worte, meine Gebete,
so ist es mir,
prallen ab von deinem Thron –
fallen ins Leere.
Mein Hoffen ist verloren!
Ich gehe verloren!
Gott, wie hältst du das aus?
Meine Wirklichkeit
deckst du mit Schweigen zu.

In meiner Seele
ist tiefes Erschrecken.
Sie schreit – kämpft – lauscht –
dem Morgen entgegen.
Wo bist du?

IRMGARD POWIERSKI (*1931)

→ *Klagepsalmen Ps 22 (Nr. 36), Ps 130 (Nr. 639,4) und Ps 142 (Nr. 75)*

BITTE UND DANK

9

1
Herr, unser Gott!
Wenn wir Angst haben,
dann lass uns nicht verzweifeln!
Wenn wir enttäuscht sind,
dann lass uns nicht bitter werden!
Wenn wir gefallen sind,
dann lass uns nicht liegen bleiben!
Wenn es mit unserem Verstehen
und unseren Kräften zu Ende ist,
dann lass uns nicht umkommen!
Nein, dann lass uns deine Nähe und deine Liebe spüren!

2
Gott gebe mir die Gelassenheit,
Dinge hinzunehmen, die ich nicht ändern kann;
den Mut, Dinge zu ändern, die ich ändern kann;
und die Weisheit,
das eine vom anderen zu unterscheiden.
REINHOLD NIEBUHR (1892–1971)
Ü: HARTMUT VON HENTIG

3
Lieber Gott,
du hast uns als deine Kinder geschaffen.
Du hast uns Augen geschenkt,
mit denen wir viele wunderbare Dinge
jeden Tag neu entdecken können.
Du hast uns Ohren geschenkt,
mit denen wir von dir hören können.
Du hast uns einen Mund geschenkt,
mit dem wir von dir erzählen können.
Du hast uns Füße geschenkt,
mit denen wir auf andere zugehen können.
Danke, dass wir deine Kinder sein dürfen.
KLAUS, BRITTA, LUKAS, THOMAS, HANNAH UND EVA DIESEN
(36, 31, 9, 7, 5 UND 1 JAHRE)

→ *Psalmen (z. B. Nr. 41) sowie Gesänge (z. B. Nr. 379 f und 436 f)*

9   Hingabe

4   Gib mir einen reinen Sinn, dass ich dich erblicke;
einen demütigen Sinn, dass ich dich höre;
einen liebenden Sinn, dass ich dir diene;
einen gläubigen Sinn, dass ich in dir bleibe.
Dag Hammarskjöld (1905–1961)
Ü: Anton Knyphausen, bearbeitet von Manuel Fröhlich

5   Mein Herr und mein Gott,
nimm alles von mir, was mich hindert zu dir.
Mein Herr und mein Gott,
gib alles mir, was mich fördert zu dir.
Mein Herr und mein Gott,
nimm mich mir und gib mich ganz zu Eigen dir.
Niklaus von Flüe (1417–1487)

6   Nimm, Herr, und empfange
meine ganze Freiheit, mein Gedächtnis,
meinen Verstand und meinen ganzen Willen,
all mein Haben und Besitzen.
Du hast es mir gegeben; dir, Herr, gebe ich es zurück.
Alles ist dein, verfüge nach deinem ganzen Willen.
Gib mir deine Liebe und Gnade,
denn diese genügt mir.
Ignatius von Loyola (1491–1556)
Ü: Gundikar Hock

Umkehr und Buße

7   Ich bin da vor dir, mein Gott.
Ich versuche, mein Leben zu verstehen.
Du kennst und verstehst mich besser,
als ich mich kenne und verstehe.
Vor dir darf ich ans Licht bringen, was in mir dunkel ist.
Vor dir darf ich zulassen,

was ich vor meinen Mitmenschen zu verbergen versuche.
Vor dir darf ich annehmen,
was ich sonst nicht an mir wahrhaben will.
Gott,
durch Christus hast du mich und mein Leben angenommen –
und du hast mich mit all meinen Schwächen und Fehlern
angenommen.
Komm mir mit deinem Heiligen Geist zu Hilfe,
damit ich es wage, in das Dunkel meines Lebens zu schauen.
Hilf mir, mich zu verstehen.

Schenk mir das Vertrauen und die Hoffnung,
dass sich das Dunkel in mir in Licht und Leben verwandelt.
Befreie mich in Jesus Christus und durch die Kraft des
Heiligen Geistes zu neuem Leben. Amen.

ERICH GUNTLI (*1953)

→ *Buße und Versöhnung (Nr. 601,9)*

IN GEMEINSCHAFT MIT MARIA, DEN ENGELN UND HEILIGEN

MARIA

Sei gegrüßt, o Königin,
Mutter der Barmherzigkeit;
unser Leben, unsre Wonne, unsre Hoffnung,
sei gegrüßt!
Zu dir rufen wir verbannte Kinder Evas;
zu dir seufzen wir trauernd und weinend
in diesem Tal der Tränen.
Wohlan denn, unsre Fürsprecherin,
wende deine barmherzigen Augen uns zu,
und nach diesem Elend zeige uns Jesus,
die gebenedeite Frucht deines Leibes.
O gütige, o milde, o süße Jungfrau Maria.

10
2
Maria, ich nenne dich Schwester
ich sehe dein junges Gesicht
ich spüre dein Sehnen und Träumen
wir trauen gemeinsam dem Licht
wir tragen gemeinsam das Wort der Verheißung
wir bringen es zur Welt

Maria, ich nenne dich Schwester
ich sehe dein Frauengesicht
ich spüre dein Fragen und Handeln
wir trauen gemeinsam dem Licht
wir tragen gemeinsam das Wort der Befreiung
wir bringen es zur Welt

Maria, ich nenne dich Schwester
ich sehe dein müdes Gesicht
ich spüre dein Dienen und Leiden
wir trauen gemeinsam dem Licht
wir tragen gemeinsam den Preis der Befreiung
wir bringen ihn in die Welt

Maria, ich nenne dich Schwester
ich sehe in deinem Gesicht
die Würde und Hoffnung der Frauen
wir trauen gemeinsam dem Licht
wir singen gemeinsam das Lied der Befreiung
wir tragen es in die Welt

CHRISTA PEIKERT-FLASPÖHLER (*1927)

3
O du selige Jungfrau und Mutter Gottes,
wie bist du so gar nichts
und gering geachtet gewesen,
und Gott hat dich dennoch so überaus gnädig
und reichlich angesehen
und große Dinge an dir gewirkt.
Du bist ja deren keines wert gewesen.
Und weit und hoch über all dein Verdienst hinaus

ist die reiche, überschwängliche
Gnade Gottes in dir.
O wohl dir, selig bist du
von der Stund an bis in Ewigkeit,
die du einen solchen Gott gefunden hast!
MARTIN LUTHER (1483–1546)

→ *„Gegrüßet seist du, Maria" (Nr. 3,5)*
→ *„Engel des Herrn" (Nr. 3,6)*
→ *Magnificat: deutsch (Nr. 631,4), lateinisch (Nr. 631,8)*
→ *„Sei gegrüßt, o Königin" (Nr. 10,1); „Regina caeli" (Nr. 666,3)*
→ *Marienlieder (Nr. 520–537)*
→ *„Unter deinen Schutz" (Nr. 5,7)*

ENGEL

Engel Gottes,
du bist mein Schutz.
Ich vertraue mich dir an,
schütze und leite mich.
Komm mir immer zu Hilfe
und bringe vor Gott meine Bitten.
FRANZ XAVER (1506–1552), Ü: GUNDIKAR HOCK

→ *„Von guten Mächten" (Nr. 430)*
→ *„Heiliger Schutzengel mein" (Nr. 14,4)*
→ *Psalm 91 (Nr. 664,6)*

HEILIGE (GEBET ZUM NAMENSPATRON)

Heilige(r) N., wir tragen den gleichen Namen,
deshalb fühle ich mich mit dir verbunden.
Bitte für mich bei Gott um die Kraft des Glaubens,
die Größe der Hoffnung und die Fülle seiner Liebe.
Dein Vorbild ermutige mich,
mein Leben täglich neu im Licht des Evangeliums anzu-
schauen und meinen Alltag aus der Verbundenheit mit
Jesus Christus zu gestalten.

11 Meine Zeit in Gottes Händen

Wach auf, meine Seele! Wacht auf, Harfe und Saitenspiel!
Ich will das Morgenrot wecken. Ps 57,9

In Frieden leg ich mich nieder und schlafe ein;
denn du allein, Herr, lässt mich sorglos ruhen. Ps 4,9

1   Herr meiner Stunden und meiner Jahre.
Du hast mir viel Zeit gegeben.
Sie liegt hinter mir
und sie liegt vor mir.
Sie war mein und sie wird mein,
und ich habe sie von dir.

Ich danke dir für jeden Schlag der Uhr
und für jeden Morgen, den ich sehe.
Ich bitte dich nicht, mir mehr Zeit zu geben.
Ich bitte dich aber um viel Gelassenheit,
sie zu füllen, jede Stunde,
mit deinen Gedanken über mich.

Ich bitte dich um Sorgfalt,
dass ich meine Zeit nicht töte,
nicht vertreibe, nicht verderbe.
Segne du meinen Tag.
Jörg Zink (*1922)

Am Morgen

2

Beim aufgehenden Morgenlicht
preisen wir dich, Herr;
denn du bist der Erlöser
der ganzen Schöpfung.
Schenk uns in deiner Barmherzigkeit einen guten Tag,
erfüllt mit deinem Frieden.
Lass unsre Hoffnung nicht scheitern.
Verbirg dich nicht vor uns.
In deiner sorgenden Liebe trägst du uns;
lass nicht ab von uns.
Du allein kennst unsre Schwäche.
O Gott, verlass uns nicht.
OSTSYRISCHES GEBET

3

Segne mich,
guter Gott,
und alles, was ich heute in die Hand nehme.
Segne meine Arbeit,
damit sie gelingt und auch anderen zum Segen wird.

Segne meine Gedanken,
damit ich heute gut über die Menschen denke.
Segne meine Worte,
damit sie in ihnen Leben wecken.
Segne mein Leben,
damit ich immer mehr das einmalige Bild verwirkliche,
das du dir von mir gemacht hast.

Segne alle Menschen,
die ich in meinem Herzen trage,
du, der gütige und barmherzige Gott,
der Vater, der Sohn und der Heilige Geist.
ANSELM GRÜN (*1945)

11 Du hast das Leben allen gegeben,
4 gib uns heute dein gutes Wort.
So geht dein Segen auf unsern Wegen,
bis die Sonne sinkt, mit uns fort.
Du bist der Anfang, dem wir vertrauen,
du bist das Ende, auf das wir schauen.

Was immer kommen mag,
du bist uns nah.
Wir aber gehen,
von dir gesehen,
in dir geborgen
durch Nacht und Morgen
und singen ewig dir:
Halleluja.
Jörg Zink (*1922)

↬ *Laudes (Nr. 614) und Morgenlob (Nr. 618)*

Am Mittag
↬ *Statio während des Tages (Nr. 626)*
↬ *„Der Engel des Herrn" (Nr. 3,6)*

Am Abend
Am Abend ist eine Gewissenserforschung (↬ Nachtgebet, Nr. 667,2) sinnvoll.

5 Bleibe bei uns, Herr,
denn es will Abend werden
und der Tag hat sich geneigt.
Bleibe bei uns
und bei deiner ganzen Kirche. ↘

Bleibe bei uns **5**
am Abend des Tages,
am Abend des Lebens,
am Abend der Welt.
Bleibe bei uns
mit deiner Gnade und Güte,
mit deinem heiligen Wort und Sakrament,
mit deinem Trost und Segen.
Bleibe bei uns,
wenn über uns kommt
die Nacht der Trübsal und Angst,
die Nacht des Zweifels und der Anfechtung,
die Nacht des bitteren Todes.
Bleibe bei uns
und bei allen deinen Gläubigen in Zeit und Ewigkeit.
GEORG CHRISTIAN DIEFFENBACH (1822–1901)

Wache du, Herr, **6**
mit denen,
die wachen oder weinen in dieser Nacht.
Hüte deine Kranken,
lass deine Müden ruhen,
segne deine Sterbenden.
Tröste deine Leidenden.
Erbarme dich deiner Betrübten
und sei mit deinen Fröhlichen.
AUGUSTINUS (354–430)

→ *Vesper (Nr. 627); Abendlob (Nr. 659)*
→ *Komplet (Nr. 662); Nachtgebet (Nr. 667)*
→ *Segensbitten (Nr. 13,1–3)*

12 TISCHGEBETE
VOR DEM ESSEN

1 Aller Augen warten auf dich, o Herr;
du gibst ihnen Speise zur rechten Zeit.
Du öffnest deine Hand
und erfüllst alles, was lebt, mit Segen.
NACH PS 145,15–16

2 Komm, Herr Jesus, sei unser Gast,
und segne, was du uns bescheret hast.

3 Alle guten Gaben,
alles, was wir haben,
kommt, o Gott, von dir;
Dank sei dir dafür.

4 O Gott, von dem wir alles haben,
wir danken dir für diese Gaben.
Du speisest uns, weil du uns liebst.
O segne auch, was du uns gibst.

5 Wir wollen danken für unser Brot.
Wir wollen helfen in aller Not.
Wir wollen schaffen; die Kraft gibst du.
Wir wollen lieben; Herr, hilf dazu.

6 Herr, segne uns und diese Gaben,
die wir von deiner Güte empfangen,
durch Christus, unseren Herrn.

→ *Kanon: „Segne, Vater, diese Gaben" (Nr. 88,1)*

Nach dem Essen 12

Dir sei, o Gott, für Speis und Trank, 7
für alles Gute Lob und Dank.
Du gabst, du wirst auch künftig geben.
Dich preise unser ganzes Leben.

Wir danken dir, Herr, Gott, himmlischer Vater, 8
dass du uns Speise und Trank gegeben hast.
Lass uns teilhaben am ewigen Gastmahl.

Herr und Vater, wir danken dir für dieses Mahl. 9
Du hast uns heute neu gestärkt.
Hilf uns in deiner Kraft,
dir und unseren Mitmenschen zu dienen.

→ *Kanon: „Dank dir, Vater, für die Gaben" (Nr. 88,2)*

Segensbitten 13

Segnen heißt ‚Gutes zusagen'. Wenn wir um den Segen Gottes bitten, danken wir für seine Güte und stellen uns unter seinen Schutz. Wir tun das in der Gewissheit, dass Gott in allen Situationen unseres Lebens bei uns ist. Christliche Segenszeichen sind vor allem das Kreuzzeichen, aber auch das Auflegen der Hände und der Gebrauch von Weihwasser.

Der Herr segne dich und behüte dich. 1
Der Herr lasse sein Angesicht über dich leuchten
und sei dir gnädig.
Der Herr wende sein Angesicht dir zu
und schenke dir Heil.
Num 6,24–26

13 Der Herr sei vor dir,
um dir den rechten Weg zu zeigen.

Der Herr sei neben dir,
um dich in die Arme zu schließen
und dich zu schützen vor Gefahren.

Der Herr sei hinter dir,
um dich zu bewahren
vor der Heimtücke des Bösen.

Der Herr sei unter dir,
um dich aufzufangen, wenn du fällst.

Der Herr sei in dir,
um dich zu trösten, wenn du traurig bist.

Der Herr sei um dich herum,
um dich zu verteidigen,
wenn andere über dich herfallen.

Der Herr sei über dir,
um dich zu segnen.
AUS IRLAND

Herr, segne meine Hände, dass sie behutsam seien,
dass sie halten können, ohne zur Fessel zu werden,
dass sie geben können ohne Berechnung,
dass ihnen innewohne die Kraft, zu trösten und zu segnen.

Herr, segne meine Augen, dass sie Bedürftigkeit wahrnehmen, dass sie das Unscheinbare nicht übersehen, dass sie hindurchschauen durch das Vordergründige, dass andere sich wohl fühlen können unter meinem Blick.

Herr, segne meine Ohren, dass sie deine Stimme zu erhorchen vermögen, dass sie hellhörig seien für die Stimme in der Not,

dass sie verschlossen seien für den Lärm und das Geschwätz,
dass sie das Unbequeme nicht überhören.

Herr, segne meinen Mund, dass ich dich bezeuge,
dass nichts von ihm ausgehe, was verletzt und zerstört,
dass er heilende Worte spreche, dass er Anvertrautes
bewahre.

Herr, segne mein Herz, dass es Wohnstatt sei deinem
Geist, dass es Wärme schenken und bergen kann,
dass es reich sei an Verzeihung,
dass es Leid und Freude teilen kann.
ANTJE SABINE NAEGELI (*1948)

→ *Segen und Bitte der Eltern für ihre Kinder (Nr. 14,7–8)*

VOR EINER REISE

Segne, o Gott, die vor uns liegende Reise.
Segne die Fahrt und die Ankunft.
Segne die, die uns willkommen heißen,
und uns, die wir ihre Gastfreundschaft annehmen,
damit Christus in unsere Mitte komme
beim Reisen und beim Ausruhen.
KATE MCILHAGGA, Ü: BETTINA STIPPICH

Du Gott des Aufbruchs,
segne uns,
wenn wir dein Rufen vernehmen,
wenn deine Stimme lockt,
wenn dein Geist uns bewegt
zum Aufbrechen und Weitergehen.

Du Gott des Aufbruchs,
begleite und behüte uns,
wenn wir aus Abhängigkeiten entfliehen, ↘

13

wenn wir uns von Gewohnheiten verabschieden,
wenn wir festgetretene Wege verlassen,
wenn wir dankbar zurückschauen
und doch neue Wege wagen.

Du Gott des Aufbruchs,
wende uns dein Angesicht zu,
wenn wir Irrwege nicht erkennen,
wenn uns Angst befällt,
wenn Umwege uns ermüden,
wenn wir Orientierung suchen
in den Stürmen der Unsicherheit.

Du Gott des Aufbruchs,
sei mit uns unterwegs zu uns selbst,
zu den Menschen, zu dir.
So segne uns mit deiner Güte,
und zeige uns dein freundliches Angesicht.
Begegne uns mit deinem Erbarmen,
und leuchte uns mit dem Licht deines Friedens
auf allen unseren Wegen.

MICHAEL KESSLER (*1944)

→ *Wallfahren (Nr. 22,4)*
→ *Psalm 121 (Nr. 67)*
→ *Gesänge (z. B. Nr. 451 u. 450)*

14 MEIN LEBEN VOR GOTT BRINGEN

Bittet, dann wird euch gegeben;
sucht, dann werdet ihr finden;
klopft an, dann wird euch geöffnet. LK 11,9

Alles, um was ihr in meinem Namen bittet,
werde ich tun. JOH 14,13

BETEN MIT KINDERN

Für das Familiengebet ist es hilfreich, wenn man eine ruhige, gesammelte Atmosphäre schafft und eine sich wiederholende Form findet, die den Kindern zur Gewohnheit wird und Sicherheit gibt. Mit einem gemeinsamen Morgengebet bitten die Eltern mit ihren Kindern Gott um seinen Segen für den neuen Tag. Einen festen Bestandteil im Tageslauf bilden die Tischgebete. Vor dem Schlafengehen der Kinder bietet sich eine Form an, bei der neben feststehenden Gebeten auch das ganz persönliche Gespräch mit Gott seinen Platz hat.

Man kann mit einem Loblied beginnen und ein kurzes, einprägsames Gebet sprechen. Danach können die Kinder ihre Erlebnisse, ihren Dank und ihre Bitten in freien Worten vor Gott bringen. Im gemeinsamen „Vaterunser" und einem „Gegrüßet seist du, Maria" lassen sich die Anliegen zusammenfassen. Auch ein Gebet zum Schutzengel und die Anrufung der Namenspatrone der Kinder und Eltern können das Abendlob beschließen. Dann segnen die Eltern die Kinder „im Namen des Vaters und des Sohnes und des Heiligen Geistes" mit dem Kreuzzeichen auf die Stirn.

Das regelmäßige gemeinsame Gebet ist auch in der Familie eine kraftvolle Hilfe – nicht nur für das Leben des Einzelnen, sondern für das Gelingen des Familienlebens überhaupt. Im Gebet begegnen wir Gott und öffnen uns für den Sinn und das Ziel unseres Lebens.

Die Regelmäßigkeit ist wesentlich für Gebet und Gottesdienst. So bleibt das ganze Leben auf Gott hin ausgerichtet.

AM MORGEN

In Gottes Namen steh ich auf,
Herr Jesus, leite meinen Lauf,
begleite mich mit deinem Segen,
behüte mich auf allen Wegen!

14 Guten Morgen, lieber Gott,
3 gib uns heute unser Brot,
lass uns lachen und nicht weinen,
lasse deine Sonne scheinen,
bis in unser Herz hinein.
Lass uns immer bei dir sein.
REINHARD ABELN

4 Heiliger Schutzengel mein,
lass mich dir empfohlen sein;
in allen Nöten steh mir bei,
und halte mich von Sünde frei.
An diesem Tag, ich bitte dich,
beschütze und bewahre mich.

AM ABEND

5 Guter Gott!
Danke für diesen Tag
– für viele Menschen war er nicht so schön!
Danke für das Essen heute
– viele Menschen haben noch Hunger!
Danke für meine Freunde heute
– viele Menschen sind sehr einsam!
Danke für die schönen Augenblicke heute
– viele Menschen sind so traurig!
Danke, dass ich gesund geblieben bin
– viele Menschen sind sehr krank!

Heute denke ich besonders an alle Menschen,
denen es nicht so gut geht wie mir.
Guter Gott,
steh ihnen bei in ihren Sorgen und Nöten
und schenke ihnen einen kleinen Sonnenstrahl,
der ihnen Licht im Dunkeln gibt.
KLAUDIA UND JANNIK VOLKERT (40 UND 10 JAHRE)

Müde bin ich, geh zur Ruh', schließe meine Augen zu: **14**
Vater, lass die Augen dein über meinem Bette sein!   6

Alle, die mir sind verwandt, Gott, lass ruhn in deiner Hand!
Alle Menschen, Groß und Klein, sollen dir befohlen sein.
<small>LUISE HENSEL (1798–1876)</small>

SEGEN UND BITTE DER ELTERN FÜR IHRE KINDER

7

Die Kinder zu segnen ist ein guter alter Brauch. Durch den Segen stellen die Eltern ihr Kind unter den Schutz Gottes. Sie bezeichnen die Stirn des Kindes mit dem Kreuzzeichen (gegebenenfalls mit Weihwasser) und sprechen:

✢ Es segne dich der allmächtige Gott,   **A**
der Vater und der Sohn und der Heilige Geist.

✢ Der liebe Gott sei mit dir!   **B**

✢ Gott segne dich!   **C**

✢ Der Herr segne und behüte dich.   **D**
Er schaue dich in Liebe an und schenke dir einen guten Tag
(Schlaf, Klassenfahrt, Klassenarbeit …).

Gott,   **8**
wir danken dir für unsere Kinder.
Du hast sie uns geschenkt.
Sie machen uns Freude, aber auch Sorgen.
Darum bitten wir dich:
Herr, segne unsere Kinder.
Schenke ihnen Selbstständigkeit,
dass sie ihr Leben zu meistern lernen.
Stelle ihnen treue Freunde zur Seite,
die sie unterstützen und begleiten.
Sei du ihnen verlässlicher Halt,
und leite ihr Denken und Tun.
Bleibe bei uns, wir vertrauen auf dich.

15 Gebete für Jugendliche

1   Gott …
    … Du bist die Hoffnung, wenn ich ratlos bin.
    … Du bist mein Licht an grauen Tagen.
    … Du bist mein Halt, wenn ich gefallen bin.
    … Du bist die Quelle für meine Lebensenergie.
    … Du bist mein Begleiter in schweren Situationen.
    … Du bist meine Kraft, wenn ich mich schwach fühle.
    Denn ich spüre, du bist da, wenn ich dich brauche.
    Katharina Melcher (18 Jahre) und Myriam Korn (18 Jahre)

2   Gott, stärke, was in mir wachsen will,
    schütze, was mich lebendig macht,
    behüte, was ich weitertrage,
    bewahre, was ich freigebe,
    und segne mich, wenn ich aufbreche zu dir.
    Heidi Rosenstock (*1932)

3   herr
    stehe meinen freunden bei
    dass sie mich ertragen
    ohne mich zu verleugnen
    dass sie mich lieben wegen meiner schwächen
    und mich ermahnen
    wenn ich mich stark fühle
    und stehe ihnen bei
    dass sie das eine vom andern unterscheiden.
    Said (*1947)

4   Gott,
    wo kann ich dich eigentlich finden?
    Kannst du mir nicht mal antworten, wenn ich dir eine Frage stelle? Oder muss ich einfach nach dir suchen? Aber wo dann? Bist du eigentlich ein Mann oder eine Frau und wie alt bist du? Ich werde auf deine Antwort warten!
    Lara Walterskötter (13 Jahre)

In Ehe und Partnerschaft 16

Guter Gott, ich bin glücklich. 1
Es gibt einen Menschen, der mich liebt.
Er kommt mir entgegen.
Er sieht mich an.
Er nimmt mich in die Arme.
Er hört mir zu.
Er antwortet mir.
Er spricht zu mir.

Guter Gott, ich bin glücklich.
Es gibt einen Menschen, den ich liebe.
Langsam entsteht sein Bild vor mir
mit Licht und Schatten.
Ich habe viele Namen für ihn.
Ich vertraue ihm,
ich fühle mich bei ihm geborgen,
ich überlasse mich ihm.

Guter Gott, ich danke,
dass wir miteinander glücklich sind.
Ich bitte dich,
lass uns in unserer Liebe nicht allein!
Wir können nur unbeschwert glücklich sein,
wenn die Verantwortung für uns bei dir liegt.
Bewahre du uns.

16   Vom geliebten Menschen enttäuscht

2   Gott, du weißt, warum er mir das angetan hat.
Warum hat er mich so behandelt?
Warum hat er mich so zutiefst verletzt?
Er weiß doch genau, wie ich mich jetzt fühle.
Ich kann an gar nichts anderes mehr denken.
Ich bin zutiefst traurig und enttäuscht.
Und ich dachte immer,
wir wären durch so etwas wie
Freundschaft verbunden.
Das Schlimmste ist, dass sich meine
Trauer und Enttäuschung
auch auf meine Mitmenschen auswirkt.
Gott, du bist ein Gott der Liebe und des Friedens.
Hilf uns beiden, dass wir wieder
aufeinander zugehen und miteinander reden,
dass wir wieder in Frieden und
Freundschaft miteinander umgehen können.
Zeige uns den Weg zu einem neuen Miteinander.
Du weißt, es liegt mir wirklich sehr viel daran.
Margarita Gröting (*1966)

Im Arbeitsalltag

3   Herr, unser Gott,
komm unserem Beten und Arbeiten
mit deiner Gnade zuvor
und begleite es, damit alles, was wir beginnen,
bei dir seinen Anfang nehme
und durch dich vollendet werde.

Arbeitslos 16

Sie haben mir die Arbeit aus der Hand geschlagen, Herr. 4
Gebrochen fühle ich mich, schwankend zwischen Zorn und
Ohnmacht. Am frühen Morgen starre ich durchs Fenster
hinaus auf die Straße. Mürrische Gesichter hinter den Windschutzscheiben. Die Menschen ahnen gar nicht, wie glücklich
sie sind, denn sie haben Arbeit. Sie war auch Teil meines Lebens. Nun bin ich ausgeschlossen. Meine Kenntnisse, meine
Fähigkeiten, mein Fleiß sind nicht mehr gefragt. Ich falle der
Gesellschaft eigentlich nur noch zur Last. Ich bin eine Zumutung für alle um mich herum. Ich spüre, wie die Angst in mir
hoch kriecht – jeden Morgen.
Daher bitte ich dich, Herr, lass mich nicht in Mutlosigkeit
versinken. Hilf mir, das zu tun, was heute zu tun ist – für die
Meinen und für mich. Lass mich spüren, dass du zu mir stehst
in dieser Not, dass ich von dir geliebt bin auch ohne Erwerbsarbeit, dass dieses Leben einmalig, schön und kostbar ist.
Paul Schobel (*1939)

Im Alter

Guter Gott, 5
ich schaue zurück auf meinen Lebensweg. Viele Schritte
haben mich zu dem Menschen gemacht, der ich geworden
bin. Du hast mich begleitet. Du hast mir Mut gemacht,
auch wenn mein Pfad durchs Dunkel ging.

Ich schaue nach vorne, auf das, was kommen wird – sorgenvoll und zuversichtlich; ängstlich und gelassen; mutlos
und voller Neugier. Sei du meine Hoffnung. Bleibe bei mir,
wenn es Abend wird.
Und ich schaue auf den heutigen Tag und sehe den göttlichen Glanz, der auf ihm liegt. Jede Stunde und jede Begegnung sind kostbare Geschenke von dir. Du bist Licht
über meinem Weg. Du machst mein Leben hell und froh.
Bernhard Kraus (*1953)

16
6
Guter und treuer Gott,
ich danke dir, dass ich heute Morgen aufstehen konnte
und dass ich diesen Tag erleben darf.
Ich danke dir für all das Schöne bisher in meinem Leben,
aber ich danke dir auch für das Schwere,
denn es hat mich wachsen und reifen lassen.

Ich danke dir, dass ich mein Alter annehmen kann
und dass ich so alt werden durfte, wie ich jetzt bin.
Ich danke dir für alle Gaben und Fähigkeiten,
mit denen ich noch viel Gutes tun kann.
Ich danke dir, dass du mich geschaffen hast – so einmalig
und einzigartig.

Ich weiß, dass ich mich annehmen kann
mit allen meinen Fehlern und Schwächen,
weil du mich annimmst und liebst.
Ich danke dir für dein unwiderrufliches „Ja" zu mir.
Du schenkst mir meine Würde.

Ich bin wertvoll vor dir. Danke.
VOLKMAR FRANZ (*1960)

17 IN LEID UND NOT

Gott ist uns Zuflucht und Stärke,
ein bewährter Helfer in allen Nöten. Ps 46,2

Wie lange noch muss ich Schmerzen ertragen in meiner
Seele, in meinem Herzen Kummer Tag für Tag? Ps 13,3

17

Herr,
alles zerbricht
meine Pläne
meine Hoffnung
meine Wünsche
nichts ist mehr
wie es vor Tagen war
nichts läuft mehr
wie es noch gestern lief

wenn du der Weg bist
zeige dich
wenn du die Wahrheit bist
versteck dich nicht
wenn du das Leben bist
lauf mir nicht davon.

Rudi Weiß (*1957)

Ich habe keinen anderen Helfer als dich,
keinen anderen Erlöser, keinen anderen Halt.
Zu dir bete ich. Nur du kannst mir helfen.
Die Not ist zu groß, in der ich jetzt stehe.
Die Verzweiflung packt mich an,
und ich weiß nicht mehr ein noch aus.
Ich bin ganz unten
und komme allein nicht mehr hoch, nicht heraus.
Wenn es dein Wille ist, dann befreie mich aus dieser Not.
Lass mich wissen,
dass du stärker bist als alle Not.

Aus Afrika

17 IN KRANKHEIT

3 Ich bitte dich, Herr,
um die große Kraft,
diesen kleinen Tag zu bestehen,
um auf dem großen Wege zu dir
einen kleinen Schritt weiterzugehen.
ERNST GINSBERG (1904–1964)

4 Herr Jesus Christus,
du hast deine Liebe und Barmherzigkeit
den Kranken und Schwachen gezeigt.
In deiner Nähe konnten sie atmen
und neue Hoffnung schöpfen.
Durch dich haben sie Heilung,
Frieden und Versöhnung gefunden.

Herr, wir bitten dich,
sei auch hier bei uns.
Lass uns deine segnende Hand spüren
und schenke uns dein Heil.
Gib uns Geduld und Kraft,
diese Zeit zu bestehen.
Lass uns nicht verzagen.
Hilf uns, die Zeit zu nützen
für gute Worte und Gesten der Liebe.
Öffne unsere Augen und unser Herz für deine Wunder.

So segne und bewahre uns der Herr, unser Gott,
durch seinen Sohn, Jesus Christus,
in der Kraft des Heiligen Geistes.
MARGRET SCHÄFER-KREBS (*1958)

5 Herr,
ich kann nichts mehr ausrichten
doch du richtest mich auf ↘

17

Ich kann nichts mehr bewegen
jetzt bist du der Weg
Ich kann nichts mehr geben
du gibst dich her für mich
Ich kann nichts mehr tun
du tust alles für mich
Bleibe bei mir
am Abend dieses Tages
am Abend des Lebens
am Abend der Welt.
RUDI WEIß (*1957)

→ *Gebetsabschnitte „Anbetung des dreifaltigen Gottes" (Nr. 7,6–7), „Klage" (Nr. 8,9)*

IM ANGESICHT DES TODES   18

Vater, in deine Hände lege ich meinen Geist. LK 23,46

1

Heilige Maria, Mutter Gottes,
bitte für uns Sünder,
jetzt und in der Stunde unsres Todes. Amen.

2

Herr,
mitten im Leben
treffen wir auf den Tod

Gib uns
die Hoffnung
das Vertrauen
und die Zuversicht
dass wir auch
mitten im Tod
auf das Leben treffen.
RUDI WEIß (*1957)

18 Herr,

3 N. ist tot.
Ich muss es ganz begreifen, was das ist, Herr.
Sein (ihr) Blick wird mich nie mehr treffen;
seine (ihre) Hand meine Hand nie mehr halten,
er (sie) ist tot; er (sie) ist nicht mehr hier.

Du bist die Auferstehung und das Leben.
Wer an dich glaubt, wird leben,
auch wenn er gestorben ist.
Lass ihn (sie) aufwachen bei dir, Herr,
gib ihm (ihr) das nie verrinnende Leben,
nach dem wir uns sehnen, Herr.
Kann unsere Sehnsucht uns täuschen?

Herr, du hast es versprochen.
Für ihn (sie), der (die) tot ist, erinnere ich dich an dein Wort:
„Wer an mich glaubt, wird leben." (JOH 11,25)

4 Gott – wir verstehen dich nicht. Du hast diesen kleinen Menschen ins Leben gerufen – und bevor er richtig leben konnte, hast du ihn heimgeholt zu dir. Wir hatten uns auf dieses kleine Kind gefreut, es hat unser Leben schon mitgestaltet und geprägt – und mitten in diese Freude hinein der Schock, die entsetzliche Nachricht, schließlich die Gewissheit – unser Kind ist tot. Und jetzt ist da unsere Traurigkeit und eine große Leere. Ja, Gott – wir begreifen dich nicht. Und doch kommen wir jetzt in dieser Situation zu dir. Denn wem sonst sollten wir unser kleines Kind geben, wem sonst unser Klagen, unseren Protest? Auch wenn du ein Gott bist, der sich unserem Begreifen entzieht, so sagst du uns doch Hoffnung zu. Alles Leben kommt von dir – und zu dir geht alles Leben hin. In aller Trauer ist dies unser einziger Trost: dass unser Kind jetzt aufgehoben ist bei dir, dass du es in deine Arme genommen hast, da unsere Arme es nicht mehr halten können.
ANDREA SCHWARZ (*1955)

18 Herr, gib ihm (ihr) die ewige Ruhe.
Und das ewige Licht leuchte ihm (ihr).
Lass ihn (sie) ruhen in Frieden.

→ *„Herr, alles zerbricht" (Nr. 17,1)*
→ *„Herr Jesus Christus" (Nr. 17,4)*
→ *Gebete aus „Hausgebet für Verstorbene" (Nr. 28)*
→ *„Wenn ich einmal soll scheiden" (289,7)*
→ *Andachtsabschnitte zum Totengedenken (Nr. 675,3–4 sowie 677,4 und 680,7–9)*
→ *Sterbegebete (Nr. 608,2–4)*

Die Welt vor Gott bringen   19

Lobt den Herrn, all seine Werke, an jedem Ort seiner Herrschaft! Ps 103,22

Bringt in jeder Lage betend und flehend eure Bitten mit Dank vor Gott. Phil 4,6

Schöpfung

1 Immerfort empfange ich mich aus deiner Hand.
So ist es und so soll es sein.
Das ist meine Wahrheit und meine Freude.
Immerfort blickt dein Auge mich an,
und ich lebe aus deinem Blick,
du mein Schöpfer und mein Heil.
Lehre mich in der Stille deiner Gegenwart,
das Geheimnis zu verstehen, dass ich bin.
Und dass ich bin durch dich und vor dir und für dich.
Amen.
Romano Guardini (1885–1968)

19 SONNENGESANG

2 *Rahmenvers (Kv) und Ruf zum Sonnengesang* → *Nr. 559*

[Kv]
Höchster, allmächtiger, guter Herr,
dein ist das Lob, die Herrlichkeit und Ehre und jeglicher Segen.
Dir allein, Höchster, gebühren sie
und kein Mensch ist würdig, dich zu nennen. [Ruf]

Gelobt seist du, mein Herr,
mit allen deinen Geschöpfen,
besonders dem Herrn Bruder Sonne,
der uns den Tag schenkt und durch den du uns leuchtest.
Und schön ist er und strahlend mit großem Glanz:
von dir, Höchster, ein Sinnbild.

Gelobt seist du, mein Herr,
für Schwester Mond und die Sterne.
Am Himmel hast du sie geformt,
klar und kostbar und schön. [Ruf]

Gelobt seist du, mein Herr,
für Bruder Wind,
für Luft und Wolken und heiteres und jegliches Wetter,
durch das du deine Geschöpfe am Leben erhältst.

Gelobt seist du, mein Herr,
für Schwester Wasser.
Sehr nützlich ist sie
und demütig und kostbar und keusch. [Ruf]

Gelobt seist du, mein Herr,
für Bruder Feuer,
durch den du die Nacht erhellst.
Und schön ist er und fröhlich und kraftvoll und stark.

Gelobt seist du, mein Herr,
für unsere Schwester Mutter Erde,
die uns erhält und lenkt und vielfältige Früchte hervorbringt,
mit bunten Blumen und Kräutern. [Ruf] ↘

19

Gelobt seist du, mein Herr,
für jene, die verzeihen um deiner Liebe willen
und Krankheit ertragen und Not.
Selig, die ausharren in Frieden,
denn du, Höchster, wirst sie einst krönen.

Gelobt seist du, mein Herr,
für unsere Schwester, den leiblichen Tod;
kein lebender Mensch kann ihm entrinnen.
Wehe jenen, die in tödlicher Sünde sterben.
Selig, die er finden wird in deinem heiligsten Willen,
denn der zweite Tod wird ihnen kein Leid antun. [Ruf]

Lobet und preiset meinen Herrn
und dankt und dient ihm mit großer Demut. [Kv]

Franz von Assisi (1181/1182–1226)
Ü: Leonhard Lehmann

3

Öffne meine Augen, Gott,
deine Herrlichkeit in der Vielfalt
von Pflanzen und Blumen zu sehen.

Öffne meine Ohren, Gott,
deine Stimme im Vogelgesang
und im Rauschen der Blätter zu hören.

Öffne mein Herz, Gott,
deine Liebe in der Fülle
von Früchten und Samen zu erahnen.

Öffne meine Hände, Gott,
deine Schöpfung
zu pflegen und zu bewahren.

Öffne mein Leben, Gott,
und mach mich fähig,
dich in allem zu erkennen.

Andrea Rehn-Laryea (*1963)

→ *Psalmen Ps 8 (Nr. 33); Ps 104 (Nr. 58); Ps 147–149 (Nr. 78–80), Ps 150 (Nr. 616,5–6)*
→ *Andachtsabschnitt „Schöpfung" (Nr. 680,4)*

19 FRIEDEN UND GERECHTIGKEIT

4   Herr, mach mich zu einem Werkzeug deines Friedens,
dass ich liebe, wo man hasst;
dass ich verzeihe, wo man beleidigt;
dass ich verbinde, wo Streit ist;
dass ich die Wahrheit sage, wo Irrtum ist;
dass ich Glauben bringe, wo Zweifel droht;
dass ich Hoffnung wecke, wo Verzweiflung quält;
dass ich Licht entzünde, wo Finsternis regiert;
dass ich Freude bringe, wo der Kummer wohnt.

Herr, lass mich trachten,
nicht, dass ich getröstet werde,
sondern dass ich tröste;
nicht, dass ich verstanden werde,
sondern dass ich verstehe;
nicht, dass ich geliebt werde,
sondern dass ich liebe.
Denn wer sich hingibt, der empfängt;
wer sich selbst vergisst, der findet;
wer verzeiht, dem wird verziehen;
und wer stirbt, der erwacht zum ewigen Leben.

AUS FRANKREICH (1913)

5   Gott, unser Schöpfer.
Die Gegensätze in der Welt klagen uns an:
Reichtum und Not,
Hunger und Überfluss,
Sorglosigkeit und Leid stehen gegeneinander.
Hilf du uns allen,
dass wir aufhören, die Gegensätze zu verschärfen,
und anfangen, einander Brüder und Schwestern zu sein.

19,6

O Gott, Vater aller Menschen, du bittest jeden von uns,
Liebe dorthin zu tragen, wo Arme erniedrigt werden,
Freude dorthin, wo die Kirche entmutigt ist,
und Versöhnung dorthin,
wo Menschen voneinander getrennt sind,
der Vater vom Sohn, die Mutter von der Tochter,
der Mann von seiner Frau,
der Glaubende von dem, der nicht glauben kann,
der Christ von seinem nichtgeliebten christlichen Bruder.
Du bahnst uns diesen Weg,
damit der verwundete Leib Jesu Christi, deine Kirche,
Ferment der Gemeinschaft für die Armen der Erde
und für die ganze Menschheitsfamilie sei.
MUTTER TERESA (1910–1997) UND
FRÈRE ROGER (1915–2005), TAIZÉ (1976)

→ „Herr, allmächtiger Gott, der du die Welt trägst" (Nr. 20,2)
→ „Dein Name, Herr, ist Leben, Friede" (Nr. 20,3)
→ Andachtsabschnitt „Gerechtigkeit" (Nr. 680,1)

VERANTWORTUNG FÜR DIE WELT

20,1

Herr,
unsere Erde ist nur ein kleines Gestirn im großen Weltall.
An uns liegt es, daraus einen Planeten zu machen,
dessen Geschöpfe nicht von Kriegen gepeinigt werden,
nicht von Hunger und Furcht gequält,
nicht zerrissen in sinnlose Trennung nach Rasse,
Hautfarbe oder Weltanschauung.
Gib uns Mut und die Voraussicht,
schon heute mit diesem Werk zu beginnen,
damit unsere Kinder und Kindeskinder einst mit Stolz
den Namen Mensch tragen.
GEBET DER VEREINTEN NATIONEN

20

2 Herr, allmächtiger Gott,
der du die Welt trägst,
gib, dass alle,
die Verantwortung haben,
erfüllt werden mit Weisheit und Kraft,
damit sie ihre Aufgabe
vollbringen zum Leben
und nicht zum Verderben der Welt.
Dir empfehlen wir die Menschen
in Rechtlosigkeit
und unter Unrechtsregimen an:
die Gequälten
und zu Unrecht Verhafteten,
die Gefolterten,
die Heimatlosen
auf der Flucht und in Lagern
und die Hungernden.
In einer Welt der Angst
hilf uns, die Hoffenden zu bleiben
durch Jesus Christus, unsern Herrn.
AUS NICARAGUA

DIALOG ZWISCHEN DEN RELIGIONEN

3 Dein Name, Herr, ist Leben, Friede, Schalom und Salam.
Dieser Name sei genannt und gepriesen von allen.
Mit allen, die diesen Namen kennen, bitten wir um Frieden
für die Nahen und um Frieden für die Fernen.
Um Frieden in den Herzen, Frieden in allen Zelten,
Häusern und Palästen.
Um Frieden zwischen den Religionen und Kulturen.
Um Frieden für die Schöpfung, die seufzt.
Zeige allen, wer du in Wahrheit bist.
Mache uns zu Werkzeugen deines Friedens.
HERMANN SCHALÜCK (*1939)

Herr, **20**
Gott des Himmels und der Erde,
Schöpfer der einzigen Menschheitsfamilie,
wir beten zu dir für die Anhänger aller Religionen.
Mögen sie im Gebet und reinen Herzens
deinen Willen suchen;
mögen sie dich anbeten
und deinen heiligen Namen verherrlichen.
Hilf ihnen, in dir die Kraft zu finden,
Ängste und Misstrauen zu überwinden,
die Freundschaft wachsen zu lassen
und in Harmonie miteinander zu leben.

PAPST JOHANNES PAUL II. (1978–2005)
Ü: RADBERT KOHLHAAS

Möge es vor dir wohlgefällig sein, **5**
Ewiger, unser Gott und Gott unserer Vorfahren,
dass du die Welt von Krieg und Blutvergießen befreist
und stattdessen einen großen und wunderbaren Frieden
in der Welt verbreitest,
dass keine Nation mehr das Schwert gegen eine andere
Nation erhebt und keine Nation mehr den Krieg lernt.

Mögen alle Bewohner der Erde nur die volle Wahrheit anerkennen und um sie wissen,
dass wir in diese Welt nicht um des Haders und der Zwietracht willen gekommen sind – wovor Gott bewahre –
und nicht um des Hasses, der Eifersucht, der Aufreizung
und des Blutvergießens willen, was Gott verbiete.

Vielmehr sind wir in die Welt gekommen,
um dich anzuerkennen und dich zu kennen.
Mögest du gepriesen sein für immer.

JÜDISCHES FRIEDENSGEBET

21   In den Anliegen der Kirche

Sie hielten an der Lehre der Apostel fest und an der Gemeinschaft, am Brechen des Brotes und an den Gebeten. Apg 2,42

Durch den einen Geist wurden wir in der Taufe alle in einen einzigen Leib aufgenommen. 1 Kor 12,13

Christus ist das Haupt des Leibes, der Leib aber ist die Kirche. Kol 1,18

→ *Gebet für Papst, Bischöfe und alle, die zu einem Dienst in der Kirche bestellt sind (Nr. 677,8; 678,1–2)*

Für die Einheit der Kirche

1   Herr Jesus Christus, du hast gebetet:
Lass alle eins sein, wie du, Vater, in mir bist, und ich in dir.
Wir bitten dich um die Einheit deiner Kirche.
Zerbrich die Mauern, die uns trennen.
Stärke, was uns eint, und überwinde, was uns trennt.
Gib uns, dass wir die Wege zueinander suchen.
Führe den Tag herauf, an dem wir dich preisen können
in der Gemeinschaft aller Gläubigen.

2   Gedenke deiner Kirche.
Erlöse sie von allem Übel.
Mach sie vollkommen in deiner Liebe,
und führe sie zusammen aus allen Enden der Welt
in dein Reich, das du ihr bereitet hast.
Dein ist die Macht und die Ehre in Ewigkeit.
Zwölfapostellehre (2. Jh.)

→ *Andachtsabschnitt „Einheit der Kirche" (Nr. 677,9)*

Um geistliche Berufe   21

Wenn einer mir dienen will, folge er mir nach. JOH 12,26

Herr Jesus Christus, 3
du hast Männer und Frauen berufen,
Alte und Junge, Arme und Reiche,
dass sie dir nachfolgen und so das Leben gewinnen.
Durch dich danken wir dem Vater im Heiligen Geist:
dass immer neu Menschen in Taufe und Firmung
den Geist empfangen,
dass sie als Kinder Gottes gestärkt sind
für ihre Aufgaben in Kirche und Welt.

Wir bitten dich für die Kirche unseres Bistums:
Lass sie nicht ihren Auftrag vergessen,
die Gläubigen in ihrer Berufung zu fördern
und vor allem den jungen Menschen zu helfen,
deinen Ruf zu entdecken.

Du, Herr, kennst unsere Not.
Wir brauchen die Verkündigung deines Evangeliums,
die Erfahrung deiner Gegenwart in der Eucharistie
und in den anderen Sakramenten.
Herr, wir bitten dich von ganzem Herzen:
Schenke uns Priester, die unter der Führung
des Heiligen Geistes dein Wort verkündigen,
die den Armen und Kranken,
den Heimatlosen und Notleidenden beistehen,
die Gemeinden leiten und das Volk Gottes heiligen.
Lass sie ihrer Berufung treu bleiben.
Denn du bist der Hirt deines Volkes,
du bist unsere Hoffnung in Ewigkeit.

FRANZ KAMPHAUS (*1932)

21
4 Herr,
weise mir deinen Weg und mache mich willig,
ihn zu gehen.
BIRGITTA VON SCHWEDEN (1303–1373)

5 Herr, du hast mich gerufen
und Sehnsucht nach dir geweckt.
Auf deinen Ruf habe ich mich eingelassen.

Ich teile mein Leben mit vielen Menschen;
gemeinsam sind wir auf dem Weg.
Ich danke dir für viele Begegnungen und staune,
wie du dich auch in unscheinbaren Ereignissen zeigst.

Du hilfst mir, meine Fähigkeiten zu entdecken,
zu entfalten und einzusetzen.
Du zeigst mir auch meine Grenzen.
Lass mich an diesen Erfahrungen wachsen
und hilf mir loszulassen, was mich dabei einengt.

Berufe mich immer wieder neu,
sende mir deinen Heiligen Geist,
damit ich an den Orten, zu denen du mich führst,
dein Evangelium lebe
und so dein Reich wachsen kann.

Sei du die Mitte meines Lebens.
Segne mich, damit ich zum Segen für andere werde.
PETER KEES (*1966) UND PETER SCHOTT (*1964)

Für das pilgernde Volk Gottes 22

Ihr seid das Salz der Erde; ihr seid das Licht der Welt.
MT 5,13a und 14a

Barmherziger Vater, 1
wir bitten dich in Demut für deine ganze heilige Kirche.
Erfülle sie mit Wahrheit und mit Frieden.
Reinige sie, wo sie verdorben ist.
Bewahre sie vor Irrtum.
Richte sie auf, wo Kleinglauben sie niederdrückt.

Beschenke sie, wo sie Mangel leidet.
Stärke aber und kräftige sie, wo sie auf deinem Weg ist.
Gib ihr, was ihr fehlt,
und heile den Riss,
wo immer sie zerteilt und zerstreut ist,
du heiliger Herr deiner Gemeinde.
Um Jesu Christi, unseres Herrn und Heilandes willen.

Guter Gott, 2
schenke der Kirche deinen Segen,
damit sie ein Zeugnis deiner Menschenfreundlichkeit
und Güte sei.

Erneuere sie durch die Kraft des Heiligen Geistes
und führe sie durch den Wechsel der Zeiten.

Gestalte unser Herz nach dem Evangelium Christi
und schenke uns jene geschwisterliche Liebe,
durch die wir uns als Jünger und Jüngerinnen
deines Sohnes erweisen.
BERND SEEL-HOFFEND (*1957)

22
3 Herr, erwecke deine Kirche
und fange bei mir an.
Herr, baue deine Gemeinde
und fange bei mir an.
Herr, lass Frieden und Gotterkenntnis
überall auf Erden kommen
und fange bei mir an.
Herr, bringe deine Liebe und Wahrheit
zu allen Menschen
und fange bei mir an.

AUS CHINA

4 WALLFAHREN

Aus der Überzeugung, dass Gott an bestimmten Orten mehr erfahrbar ist als anderswo, haben sich Menschen aller Religionen und zu allen Zeiten dorthin begeben. Sie sind zur Wallfahrt aufgebrochen und haben aus religiösen Motiven heilige Orte besucht: um dort zu beten, Opfergaben darzubringen, Buße zu verrichten, Gemeinschaft zu erleben, sich dem Heiligen zu nähern und dann mit neuer Kraft wieder in den Alltag zurückzukehren. Begleitende Motive waren und sind dabei: das gewohnte Leben zu unterbrechen und neue Orientierung zu finden, aber auch intensiver mit der Natur in Berührung zu kommen, neue Kontakte zu knüpfen sowie der Abenteuer- und Reiselust zu folgen. Wallfahrten haben so Anteil an Grunderfahrungen und Deutungen des menschlichen Daseins: Die Pilgernden erfahren sich in ihren Hoffnungen und Sehnsüchten, ihren Enttäuschungen und Entbehrungen auf dem Weg des Lebens, im Unterwegssein, im Verwiesensein auf Transzendenz.

Bereits im Leben des Volkes Israel war die Wallfahrt zum Tempel von Jerusalem von großer Bedeutung. Wie alle gläubigen Juden ist auch Jesus dorthin gepilgert, um Gott zu danken und Opfer darzubringen. Für den Pilgerweg und den Besuch des Heiligtums waren als Wallfahrtslieder eigene Psalmen vorgesehen.

Es entwickelte sich schon früh der Wunsch, die Orte des Lebens, Sterbens und Auferstehens Jesu aufzusuchen, um dort die Worte der Heiligen Schrift tiefer zu verstehen und die Eucharistie inniger zu feiern.

Später entwickelten sich Wallfahrten zu den Gräbern der Apostel, nach Rom und Santiago de Compostela, sowie zu den Gräbern anderer Glaubenszeugen. Schließlich entstanden Wallfahrten zu Orten der Marienverehrung und von übernatürlichen Erscheinungen. Immer geht es bei der Wallfahrt von Christen, ob sie zu Fuß oder mit Fahrzeugen unterwegs sind, um den Besuch von Stätten der Heilsgeschichte, an denen die Gegenwart Gottes bewusster erfahren wird und ein innerer Prozess von Glaubenserneuerung und Glaubensvertiefung sich vollziehen kann.

Nicht nur der einzelne Christ ist ein Leben lang ein Pilger, unterwegs zur bleibenden Heimat im himmlischen Jerusalem, auch die Kirche als Ganze befindet sich auf der Pilgerschaft durch die Zeit. Sie ist als Volk Gottes unterwegs zum vollendeten Reich Gottes, eingebunden in die endzeitliche Wallfahrt der Völker (vgl. Jes 2).

Die Wallfahrt ist eine ganzheitliche Ausdrucksform des Glaubens, ein ‚Glauben mit allen Sinnen'. Als eine Ausprägung der Volksfrömmigkeit bedarf sie immer wieder der Vertiefung, der Reinigung und Erneuerung.

Segensgebet vor einer Wallfahrt

Gott, du hast deinen Knecht Abraham auf allen Wegen unversehrt behütet. Du hast die Söhne Israels auf trockenem Pfad mitten durch das Meer geführt. Durch den Stern hast du den Weisen aus dem Morgenland den Weg zu Christus gezeigt.

Geleite auch deine hier versammelten Gläubigen auf ihrer Wallfahrt zum Heiligtum N. Lass sie deine Gegenwart erfahren, mehre ihren Glauben, stärke ihre Hoffnung und erneuere ihre Liebe. Schütze sie vor allen Gefahren und bewahre sie vor jedem Unfall. Führe sie glücklich ans Ziel ihrer Fahrt und lass sie wieder unversehrt nach Hause zurückkehren. Gewähre ihnen schließlich, dass sie sicher das Ziel ihrer irdischen Pilgerfahrt erreichen und das ewige Heil erlangen. Darum bitten wir durch Christus, unseren Herrn.

→ *Vor einer Reise (Nr. 13,4–5)*
→ *Wallfahrtspsalmen (Nr. 68; 72–74; 639,4)*

In der Familie feiern

(Einführung)	23
Segnung des Adventskranzes	24
Hausgebet im Advent	25
Feier am Heiligen Abend	26
Dank- und Segensfeier	27
Hausgebet für Verstorbene	28

> Ihr seid von Gott geliebt.
> KOL 3,12

In der Familie feiern

Wo zwei oder drei im Namen Jesu versammelt sind, da ist er mitten unter ihnen (vgl. Mt 18,20). Deshalb beten wir nicht nur allein, sondern auch gemeinsam. Bei bestimmten Anlässen im Leben der Familie oder einer Hausgemeinschaft und an besonderen Tagen im Jahr kann das gemeinsame Gebet durch Schriftlesung und Gesang zu einer gottesdienstlichen Feier erweitert werden. Dazu dienen die folgenden Anregungen.
Alle Feiern werden von einem Mitglied der Gemeinschaft geleitet.

SEGNUNG DES ADVENTSKRANZES

Wenn der Adventskranz nicht in der Kirche gesegnet wird, versammelt sich die Familie am Vorabend oder am Morgen des 1. Adventssonntags um den Adventskranz. Mit dessen Segnung kann die häusliche Vorbereitungszeit auf Weihnachten begonnen werden. Der aus grünen Zweigen gebundene Kranz ist ein Zeichen für Leben und Gemeinschaft. Die vier Kerzen weisen den Weg zum Licht der Welt, Jesus Christus, dessen Geburt wir an Weihnachten feiern.

LIED: „Macht hoch die Tür, die Tor macht weit" *(Nr. 218)*
oder ein anderes Adventslied

24

3 V Im Namen des Vaters und des Sohnes
und des Heiligen Geistes.
A Amen.

V Wir beginnen unsere Vorbereitung auf Weihnachten mit der Segnung unseres Adventskranzes. Wie das Licht der Kerzen auf dem Adventskranz heller wird, so rückt das Fest der Geburt Jesu Christi näher. Er macht unser Leben hell.

4 L Im Johannesevangelium spricht Christus:
Ich bin das Licht der Welt. Wer mir nachfolgt, wird nicht in der Finsternis umhergehen, sondern wird das Licht des Lebens haben. JOH 8,12

5 V Wir loben und preisen Gott, unseren Schöpfer:
Gepriesen bist du, Herr, unser Gott.
Du hast alles erschaffen, denn du bist die Liebe
und der Quell des Lebens.
Wir loben dich.
A Wir preisen dich.
V In deinem Sohn schenkst du uns Licht und Leben.
Wir loben dich.
A Wir preisen dich.
V Dein Geist erleuchtet unsere Herzen, damit wir erkennen, zu welcher Hoffnung wir berufen sind.
Wir loben dich.
A Wir preisen dich.

6 V Wir danken dir, Herr, unser Gott. Du schenkst uns die Freude des Advents. Voll Hoffnung und Zuversicht erwarten wir das Fest der Geburt deines Sohnes Jesus Christus. Segne diesen Kranz, um den wir uns in den Tagen des Advents versammeln. Segne die Kerzen. Sie erinnern uns an Jesus, der allen Menschen Licht sein will. Und wie das Licht der Kerzen immer heller wird, so lass uns immer mehr dich und die Nächsten lieben. Darum bitten wir durch ihn, Christus, unseren Herrn. A Amen.

*Der Adventskranz kann mit Weihwasser besprengt werden.
Dann wird die erste Kerze angezündet.*

LIED: „Wir sagen euch an den lieben Advent" *(Nr. 223)*
oder ein anderes Adventslied

*Es können Bitten für die eigene Familie und für andere Menschen
ausgesprochen werden. Zum Abschluss beten alle:*

A Vater unser ... Denn dein ist das Reich ...

V Ehre sei dem Vater und dem Sohn und dem Heiligen Geist.
A Wie im Anfang so auch jetzt und allezeit und in Ewigkeit.
    Amen.

Hausgebet im Advent

Im Advent erwartet die Kirche wachend und betend Christus, den
Herrn. Deshalb ist es sinnvoll, dass die Familie gerade auch in dieser Zeit gemeinsam singt und betet. Der folgende Vorschlag kann
durch Instrumentalmusik oder Lieder ergänzt werden.

Eröffnung
*Die Kerzen am Adventskranz – in jeder Adventswoche eine mehr –
werden entzündet. Dazu können die entsprechenden Strophen aus
dem Lied „Wir sagen euch an den lieben Advent" (Nr. 223) gesungen
werden.*

Kreuzzeichen
V Im Namen des Vaters und des Sohnes
    und des Heiligen Geistes.
A Amen.

25 Gebet

3 **V** Gütiger Gott, voll Freude erwarten wir das Fest der Geburt Jesu, deines Sohnes: Er macht hell, was in unseren Herzen dunkel ist. Er kann trösten, wo wir traurig sind. Lass uns spüren, dass er uns nahe ist. Gib uns die Kraft, selbst aufzubrechen und ihm entgegenzugehen, Christus, unserem Bruder und Herrn.
A Amen.

4 Schriftlesung

Jemand trägt eine kurze Schriftlesung vor, z. B.:

A **L** Aus dem Buch Jesaja. *Jes 40,3–5*
Bahnt für den Herrn einen Weg durch die Wüste! Baut in der Steppe eine ebene Straße für unseren Gott! Jedes Tal soll sich heben, jeder Berg und Hügel sich senken. Was krumm ist, soll gerade werden, und was hüglig ist, werde eben. Dann offenbart sich die Herrlichkeit des Herrn, alle Sterblichen werden sie sehen. Ja, der Mund des Herrn hat gesprochen.

oder *Phil 4,4–7*

B **L** Aus dem Brief des Apostels Paulus an die Philipper.
Freut euch im Herrn zu jeder Zeit! Noch einmal sage ich: Freut euch! Eure Güte werde allen Menschen bekannt. Der Herr ist nahe. Sorgt euch um nichts, sondern bringt in jeder Lage betend und flehend eure Bitten mit Dank vor Gott! Und der Friede Gottes, der alles Verstehen übersteigt, wird eure Herzen und eure Gedanken in der Gemeinschaft mit Christus Jesus bewahren.

oder eine andere zum Advent passende Lesung

Es folgen eine kurze Stille und ein Adventslied oder Instrumentalspiel.

Fürbitten

V Der Herr ist uns nahe, er hört unsere Bitten. Zu ihm lasst uns rufen: Komm, Herr, und erlöse uns.
A Komm, Herr, und erlöse uns.
V1 Hilf dem Volk Gottes, mit Freude von deiner Ankunft Zeugnis zu geben und so für dich in dieser Zeit die Wege zu bereiten:
A Komm, Herr …
V1 Führe alle suchenden Menschen und lass dich finden in der Gemeinschaft der Glaubenden:
V1 Schenke allen, die dich nicht kennen, die froh machende Erfahrung deiner Menschenfreundlichkeit und Güte:
V1 Mache uns wachsam für dein Wort und gib uns den Mut zur Umkehr:

Fürbitten in besonderen Anliegen können eingefügt werden.

V1 Erfülle unsere Hoffnung und lass uns mit unseren Verstorbenen deine Herrlichkeit schauen, wenn du am Ende der Zeit wiederkommst:

Vaterunser

V Alle unsere Anliegen nehmen wir mit hinein in das Gebet, das Jesus uns zu beten gelehrt hat:
A Vater unser … Denn dein ist das Reich …

Segensbitte

V Der Herr segne uns, er bewahre uns vor Unheil und führe uns zum ewigen Leben.
A Amen.

Es kann das „Gegrüßet seist du, Maria" (Nr. 3,5) gesprochen oder ein Marienlied (z. B. „Maria durch ein Dornwald ging", Nr. 224) oder ein Adventslied gesungen werden.

26 Feier am Heiligen Abend

1 Die Familie ist Kirche im Kleinen. Daher haben auch Gebet und Gottesdienst in ihr einen Platz. Am Heiligen Abend kann die familiäre Feier mit einer häuslichen Liturgie verbunden werden. Zu ihr zählen Lieder und Gebete, das Evangelium von der Geburt des Herrn und die weihnachtlichen Zeichen und Symbole. Die Krippe steht im Mittelpunkt dieser Feier, denn sie zeigt uns: Der Sohn Gottes wurde Mensch wie wir.

Zu Beginn dieser Feier können noch einmal die Kerzen am Adventskranz entzündet werden. Die Feier kann durch weitere Elemente, z. B. Gedichte der Kinder oder Hausmusik, ergänzt werden.

2 LIED: „Nun freut euch, ihr Christen" *(Nr. 241)*
oder: „Es kommt ein Schiff, geladen" (Nr. 236)
„Ich steh an deiner Krippe hier" (Nr. 256)

3 KREUZZEICHEN
V Im Namen des Vaters und des Sohnes und des Heiligen Geistes.
A Amen.

4 EVANGELIUM   Lk 2,1–20
Das Weihnachtsevangelium kann von einem oder mehreren abschnittsweise vorgetragen werden. Zwischen den Abschnitten können bekannte Weihnachtslieder gesungen werden.

V Weil Jesus geboren wurde, feiern wir Weihnachten. Hören wir, was der Evangelist Lukas darüber berichtet:

L In jenen Tagen erließ Kaiser Augustus den Befehl, alle Bewohner des Reiches in Steuerlisten einzutragen. Dies geschah zum ersten Mal; damals war Quirínius Statthalter von Syrien. Da ging jeder in seine Stadt, um sich eintragen zu lassen. So zog auch Josef von der Stadt Nazaret in Galiläa hinauf nach Judäa in die Stadt Davids, die Betlehem heißt; denn er war aus dem Haus und Geschlecht Davids. Er wollte sich eintragen lassen mit Maria, seiner Verlobten, die ein Kind erwartete. Als sie dort waren, kam für Maria die Zeit ihrer Niederkunft, und sie gebar ihren Sohn, den Erstgeborenen. Sie wickelte ihn in Windeln und legte ihn in eine Krippe, weil in der Herberge kein Platz für sie war.

[Jetzt kann das Jesuskind in die Krippe gelegt werden.
Lied: „Zu Betlehem geboren" (Nr. 239)]

In jener Gegend lagerten Hirten auf freiem Feld und hielten Nachtwache bei ihrer Herde. Da trat der Engel des Herrn zu ihnen und der Glanz des Herrn umstrahlte sie. Sie fürchteten sich sehr, der Engel aber sagte zu ihnen: Fürchtet euch nicht, denn ich verkünde euch eine große Freude, die dem ganzen Volk zuteil werden soll: Heute ist euch in der Stadt Davids der Retter geboren; er ist der Messias, der Herr. Und das soll euch als Zeichen dienen: Ihr werdet ein Kind finden, das, in Windeln gewickelt, in einer Krippe liegt. Und plötzlich war bei dem Engel ein großes himmlisches Heer, das Gott lobte und sprach: Verherrlicht ist Gott in der Höhe und auf Erden ist Friede bei den Menschen seiner Gnade.

[Lied: „Lobt Gott, ihr Christen" (Nr. 247)
oder: „Als ich bei meinen Schafen wacht" (Nr. 246)]

Als die Engel sie verlassen hatten und in den Himmel zurückgekehrt waren, sagten die Hirten zueinander: Kommt, wir gehen nach Betlehem, um das Ereignis zu sehen, das uns der Herr verkünden ließ. So eilten sie hin und fanden Maria und Josef und das Kind, das in der Krippe lag. Als sie es sahen, erzählten sie, was ihnen über dieses Kind gesagt worden war. Und alle, die es hörten, staunten über die Worte der Hirten. Maria aber bewahrte alles, was

26
4

26
4 geschehen war, in ihrem Herzen und dachte darüber nach. Die Hirten kehrten zurück, rühmten Gott und priesen ihn für das, was sie gehört und gesehen hatten; denn alles war so gewesen, wie es ihnen gesagt worden war.

5 LIED: „Es ist ein Ros entsprungen" *(Nr. 243)*
Während des Liedes können die Kerzen am Christbaum entzündet werden.

6 CHRISTUSGEBET MIT LOBPREISUNGEN
V1 Herr Jesus Christus, du Sohn Gottes von Ewigkeit – du bist uns Menschen gleich geworden, unser aller Bruder: Wir loben dich, wir danken dir.
A Wir loben dich, wir danken dir.

V1 Herr Jesus Christus, du Kind der Jungfrau Maria – du hast dich klein gemacht, um uns zu erhöhen: Wir loben dich, wir danken dir.
A Wir loben dich, wir danken dir.

V1 Herr Jesus Christus, du Wort, das im Anfang war – du hast uns das Evangelium von Gottes Liebe geschenkt: Wir loben dich, wir danken dir.
A Wir loben dich, wir danken dir.

7 FÜRBITTEN
V Wie du für uns gelebt hast, wollen auch wir füreinander da sein und beten:

V2 Du wurdest in einem Stall geboren, weil in der Herberge kein Platz war. Wir bitten dich: Steh allen bei, die auf der Flucht sind, die keine Heimat haben oder sich heute einsam fühlen. – Christus, höre uns.
A Christus, erhöre uns.

V2 Herr Jesus Christus, bei deiner Geburt verkündeten Engel den Frieden. Wir bitten dich: Lass Frieden werden auf der ganzen Welt, besonders im Heiligen Land. – Christus, höre uns.
A Christus, erhöre uns.

V2 Als du geboren wurdest, kamen Weise aus dem Morgenland, um dich anzubeten. Wir bitten dich: Zeige dich allen, die Gott suchen, als der Weg, die Wahrheit und das Leben. – Christus, höre uns.
A Christus, erhöre uns.

V2 Du bist das Licht Gottes, das die Welt hell macht. Wir bitten dich: Leuchte allen, die traurig, krank oder verzweifelt sind, und schenke ihnen Hoffnung und Zuversicht. – Christus, höre uns.
A Christus, erhöre uns.

V2 In dir ist das Leben in Fülle. Wir bitten dich: Lass unsere Verstorbenen, an die wir heute besonders denken, bei dir leben. – Christus, höre uns.
A Christus, erhöre uns.

VATERUNSER
V Jesus hat uns gelehrt, wie wir beten sollen.
   So beten wir gemeinsam:
A Vater unser ... Denn dein ist das Reich ...

LIED: „Stille Nacht" *(Nr. 249)*
oder: „O du fröhliche" (Nr. 238)

Alle wünschen einander „Frohe Weihnachten".

27 Dank- und Segensfeier

1. Im Leben jedes Menschen gibt es Anlässe, Gott für sein Handeln zu preisen und ihm für die Gaben seiner Schöpfung zu danken. Weil wir auf den Schutz Gottes angewiesen sind, verbinden wir im Segen Lob und Dank mit der Bitte.

   Eine gemeinsame Dank- oder Segensfeier ist im Kreis der Familie oder Hausgemeinschaft sinnvoll – an Geburtstagen und Jubiläen, vor wichtigen Einschnitten im Leben, aber auch, wenn Andachtsgegenstände (Kreuz, Rosenkranz…) oder Dinge des Alltags (Haus, Fahrzeug…) in Gebrauch genommen werden.

2. LIED: *Die Feier kann mit einem Loblied eröffnet werden, z. B. „Lobe den Herren" (Nr. 392).*

3. KREUZZEICHEN
   V Im Namen des Vaters und des Sohnes und des Heiligen Geistes.
   A Amen.

   Mit einigen Worten kann auf den Anlass der Feier hingewiesen werden.

4. KYRIE
   V (Herr Jesus Christus, du hast unser menschliches Leben geteilt bis zum Tod am Kreuz.)
      Herr, erbarme dich (unser).
   A Herr, erbarme dich (unser).

   V (Der Vater hat dich auferweckt und zum Haupt der ganzen Schöpfung gemacht.)
      Christus, erbarme dich (unser).
   A Christus, erbarme dich (unser).

V (Du wirst wiederkommen in Herrlichkeit und alles
   vollenden.)
   Herr, erbarme dich (unser).
A Herr, erbarme dich (unser).

SCHRIFTLESUNG *Kol 3,12–17*

L Aus dem Brief des Apostels Paulus an die Kolosser.
Ihr seid von Gott geliebt, seid seine auserwählten Heiligen. Darum bekleidet euch mit aufrichtigem Erbarmen, mit Güte, Demut, Milde, Geduld! Ertragt euch gegenseitig und vergebt einander, wenn einer dem andern etwas vorzuwerfen hat. Wie der Herr euch vergeben hat, so vergebt auch ihr! Vor allem aber liebt einander, denn die Liebe ist das Band, das alles zusammenhält und vollkommen macht. In eurem Herzen herrsche der Friede Christi; dazu seid ihr berufen als Glieder des einen Leibes. Seid dankbar! Das Wort Christi wohne mit seinem ganzen Reichtum bei euch. Belehrt und ermahnt einander in aller Weisheit! Singt Gott in eurem Herzen Psalmen, Hymnen und Lieder, wie sie der Geist eingibt, denn ihr seid in Gottes Gnade. Alles, was ihr in Worten und Werken tut, geschehe im Namen Jesu, des Herrn. Durch ihn dankt Gott, dem Vater!

oder ein anderer Schrifttext, z. B. Sir 17,1–10

Hier kann ein Gesang, eine kurze Ansprache, ein Besinnungstext oder eine Zeit der Stille folgen.

ANRUFUNGEN

V Gepriesen bist du, Herr, unser Gott!
   Alles, was du geschaffen hast, ist gut.
   Wir loben dich.
A Wir preisen dich.

V Du hast dem Menschen deine Schöpfung anvertraut.
   Wir loben dich.
A Wir preisen dich.

27

6
- V Aus deiner Hand kommt jede gute Gabe.
  Wir loben dich.
- A Wir preisen dich.

- V Ehre sei dem Vater und dem Sohn und dem Heiligen Geist.
- A Wie im Anfang, so auch jetzt und allezeit und in Ewigkeit. Amen.

7 **DANK- ODER SEGENSGEBET**

A **ALLGEMEINES DANKGEBET**
- V Lebendiger Gott, wir danken dir für … (alles, was du uns schenkst). Wir können erfahren, dass du uns nahe bist. Du bist Helfer und Halt in all unserem Mühen. Wir bitten dich: Nimm an, was wir geschaffen haben, und vollende, was unvollkommen geblieben ist. Lass uns das Ziel erreichen, das uns dein Sohn verheißen hat: das Leben in Fülle. Darum bitten wir durch ihn, Christus, unseren Herrn.
- A Amen.

B **SEGNUNG VON PERSONEN**
- V Guter Gott, wir danken dir für N. (und N.), der (die) heute … Du hast ihn (sie) bis zu diesem Tag geführt. Wir bitten dich: Segne N. (und N.) und lass ihn (sie) selbst ein Segen sein für seine (ihre) Nächsten. Lass ihn (sie) wachsen im Glauben, in der Hoffnung und in der Liebe. Sei ihm (ihr) nahe auf den Wegen seines (ihres) Lebens und führe ihn (sie) in dein Reich durch Christus, unseren Herrn.
- A Amen.

Die gesegnete Person und die Mitfeiernden können mit Weihwasser besprengt oder mit einem Kreuz auf die Stirn bezeichnet werden.

Segnung von Gegenständen 27

V Allmächtiger, ewiger Gott,
du hast uns deine Schöpfung anvertraut, dass wir sie
bewahren und gestalten. Dankbar nehmen wir alles aus
deiner Hand entgegen und bitten dich: Segne dieses (diese,
diesen)... und erfülle die Menschen mit der Gnade, alles
nach deinem Willen zu gebrauchen – dir zur Ehre und uns
Menschen zum Heil – durch Christus, unseren Herrn.
A Amen.

Der gesegnete Gegenstand und die Mitfeiernden können mit Weihwasser besprengt werden.

[Fürbitten]

Die Fürbitten können dem Anlass entsprechend formuliert werden. Es ist auch möglich, Fürbitten aus einer Vesper zu übernehmen (z. B. Nr. 632,1).

Vaterunser 8

V Lasst uns beten, wie der Herr uns zu beten gelehrt hat:
A Vater unser... Denn dein ist das Reich...

Segensbitte 9

V Der Herr segne uns, er bewahre uns vor Unheil und
führe uns zum ewigen Leben.
A Amen.

Ein Danklied (z. B. „Nun danket alle Gott", Nr. 405), ein Mariengruß oder Instrumentalmusik können die Feier abschließen.

28 Hausgebet für Verstorbene

Wenn sich die Hausgemeinschaft am Totenbett eines Angehörigen versammelt (zu Hause, im Krankenhaus, Altenheim …) oder die Todesnachricht erhalten hat, aber auch wenn sie zum Gedenken z. B. am Todestag zusammenkommt, ist es sinnvoll, miteinander für die Verstorbenen zu beten.

1   V   Im Namen des Vaters und des Sohnes
und des Heiligen Geistes.
    A   Amen.

2   V   Allmächtiger Gott, hilflos stehen wir dem Sterben unserer Lieben gegenüber, denn der Tod ist unabänderlich. Du aber hast uns deinen Sohn gesandt und ihn für uns alle dahingegeben. Darum können uns weder Trübsal noch Bedrängnis, ja nicht einmal der Tod von deiner Liebe trennen. Erhalte uns in diesem Glauben und führe unsere Toten zu neuem Leben.

3   L   Selig die Toten, die im Herrn sterben, von jetzt an; ja,
    A   spricht der Geist, sie sollen ausruhen von ihren Mühen; denn ihre Werke begleiten sie. OFFB 14,13

oder

B   Ich bin der Weg und die Wahrheit und das Leben; niemand kommt zum Vater außer durch mich. JOH 14,6

oder

C   Leben wir, so leben wir dem Herrn, sterben wir, so sterben wir dem Herrn. Ob wir leben oder ob wir sterben, wir gehören dem Herrn. RÖM 14,8

Kurze Stille

		28
V	Herr Jesus Christus, in deiner Menschwerdung hast du uns das Leben Gottes gebracht.	4

V Herr Jesus Christus, in deiner Menschwerdung hast du uns das Leben Gottes gebracht.
V/A Herr, erbarme dich.

V Durch deinen Tod hast du uns das Tor zum Leben geöffnet.
V/A Herr, erbarme dich.

V Durch deine Auferstehung hast du uns die Hoffnung auf das ewige Leben geschenkt.
V/A Herr, erbarme dich.

V Lasst uns all das, was uns jetzt beschäftigt und bewegt, unsere Trauer, unsere Bitten, unsere Hoffnungen, in dem Gebet vor Gott bringen, das Jesus selbst seine Jünger gelehrt hat:
A Vater unser ... *(Nr. 3,2)*

V Gott, dein Sohn hat unser Leben geteilt bis in den Tod. Er hat gelitten, ist gestorben und ist begraben worden. Du aber hast ihn zum Leben auferweckt. Wir bitten dich für unseren verstorbenen Bruder N. (unsere verstorbene Schwester N.). Komm ihm (ihr) mit Liebe entgegen und führe ihn (sie) in dein Reich. Denen aber, die voll Trauer sind, schenke Hoffnung und Trost durch deinen Sohn, Jesus Christus, unseren Herrn.
A Amen.

A Gegrüßet seist du, Maria ... *(Nr. 3,5)*

V Herr, gib N. und allen Verstorbenen die ewige Ruhe.
A Und das ewige Licht leuchte ihnen.
V Herr, lass sie ruhen in Frieden.
A Amen.

28

9

Wenn das Hausgebet am Sterbebett unmittelbar nach Eintritt des Todes stattfindet, kann der folgende Segen gesprochen werden. Dabei können die Anwesenden dem (der) Verstorbenen ein Kreuz auf die Stirn zeichnen, gegebenenfalls auch mit Weihwasser.

V Es segne dich Gott, der Vater,
der dich nach seinem Bild geschaffen hat.
Es segne dich Gott, der Sohn,
der dich durch sein Leiden und Sterben erlöst hat.
Es segne dich Gott, der Heilige Geist,
der dich zum Leben gerufen und geheiligt hat.
Gott, der Vater und der Sohn und der Heilige Geist, geleite dich durch das Dunkel des Todes in sein Licht. Er sei dir gnädig im Gericht und gebe dir Frieden und ewiges Leben.
A Amen.

Zum Abschluss der Feier am Sterbebett kann das Gebet „Kommt herzu, ihr Heiligen Gottes" (Nr. 608,4) gesprochen werden.

→ *Weitere Gebete: Nr. 18*

Den Glauben leben

(Einführung)	29
Das Hauptgebot der Liebe	29,1
Die Seligpreisungen	29,2
Die Werke der Barmherzigkeit	29,3
Die Gaben des Heiligen Geistes und seine Früchte	29,4
Die drei göttlichen Tugenden und die vier Kardinaltugenden	29,5
Leben nach den Evangelischen Räten	→ Nr. 607
Die Zehn Gebote (Dekalog)	29,6
Die Gebote der Kirche	29,7

Den Glauben leben 29

Der christliche Glaube lässt sich zusammenfassen in der Botschaft: Jeder Mensch ist von Gottes Liebe getragen – in diesem einmaligen irdischen Leben wie auch im ewigen. Jeder ist gehalten von Jesus Christus, unserem Heiland und Erlöser. In ihm hat sich Gottes Liebe gezeigt. Alles andere – wie Gebote, Normen, Dogmen – entfaltet diese grundlegende Wahrheit. Glauben heißt, sich von dieser Liebe erfassen zu lassen und ihr zu antworten. Dieser Glaube wird in der Kraft des Heiligen Geistes gelebt und in der Gemeinschaft der Kirche gefeiert. Der Glaube prägt das Leben: Er gibt die Kraft, die Wirklichkeit von Gott her zu deuten, anzunehmen und zu gestalten. Das Leben prägt aber auch den Glauben: So wirken sich die positiven und negativen Erfahrungen, die ein Mensch im Laufe seines Lebens macht, auf seine Gottesbeziehung aus. Sie können diese in eine Krise stürzen und hinterfragen, aber genauso bereichern und zur Reife führen. Das Ziel ist ein ‚Leben in Fülle'.

DAS HAUPTGEBOT DER LIEBE 1

„Gott ist die Liebe" (1 Joh 4,8). In Christus ist diese Liebe in ihrer Fülle erschienen. Jesus greift zentrale Weisungen des Alten Testamentes auf: „Du sollst den Herrn, deinen Gott, lieben mit ganzem Herzen, mit ganzer Seele und mit ganzer Kraft" (Dtn 6,5), und „Du sollst deinen Nächsten lieben wie dich selbst" (Lev 19,18). Beides führt Jesus zusammen, weil es für ihn eine Gottesliebe ohne Nächstenliebe nicht geben kann. Er erklärt souverän: „An diesen beiden Geboten hängt das ganze Gesetz samt den Propheten" (Mt 22,40). Das Doppelgebot von Gottes- und Nächstenliebe zeigt die Liebe als innerstes Band

29

1 menschlichen Lebens. Die Christen sind – nach dem Beispiel Jesu – dazu berufen, dieser Liebe entsprechend zu handeln. Auf diese Weise antworten sie der zuvorkommenden Liebe Gottes und hoffen – trotz aller Rückfälle in den Egoismus – auf Gottes Erbarmen.

2 ## DIE SELIGPREISUNGEN

Die Seligpreisungen stehen am Beginn der Bergpredigt. Sie sind eine große Zusage Gottes an alle Menschen, unerwartet und herausfordernd. Gottes hereinbrechende Nähe setzt neue Maßstäbe der Hoffnung. Jesus preist selig, wer in den Augen der Welt verloren hat: Unglückliche, Verfolgte, Ohnmächtige. Menschliche Vorstellungen werden auf den Kopf gestellt. Armut, Ungerechtigkeit, Hunger: Gott ist immer der Reichtum der Menschen, auch schon in dieser Welt. Er ist die endgültige Gerechtigkeit, die Sättigung in allem Mangel. Er kommt aller Leistung zuvor.

Von jeher sind die Armen, Notleidenden und Friedfertigen von dieser Botschaft Jesu besonders angesprochen.

> *Selig,* die arm sind vor Gott; denn ihnen gehört das Himmelreich.
> *Selig* die Trauernden; denn sie werden getröstet werden.
> *Selig,* die keine Gewalt anwenden; denn sie werden das Land erben.
> *Selig,* die hungern und dürsten nach der Gerechtigkeit; denn sie werden satt werden.
> *Selig* die Barmherzigen; denn sie werden Erbarmen finden.
> *Selig,* die ein reines Herz haben; denn sie werden Gott schauen.
> *Selig,* die Frieden stiften; denn sie werden Söhne Gottes genannt werden.
> *Selig,* die um der Gerechtigkeit willen verfolgt werden; denn ihnen gehört das Himmelreich.
> *Selig* seid ihr, wenn ihr um meinetwillen beschimpft und verfolgt und auf alle mögliche Weise verleumdet werdet. Freut euch und jubelt: Euer Lohn im Himmel wird groß sein. Denn so wurden schon vor euch die Propheten verfolgt. Mt 5,3–12

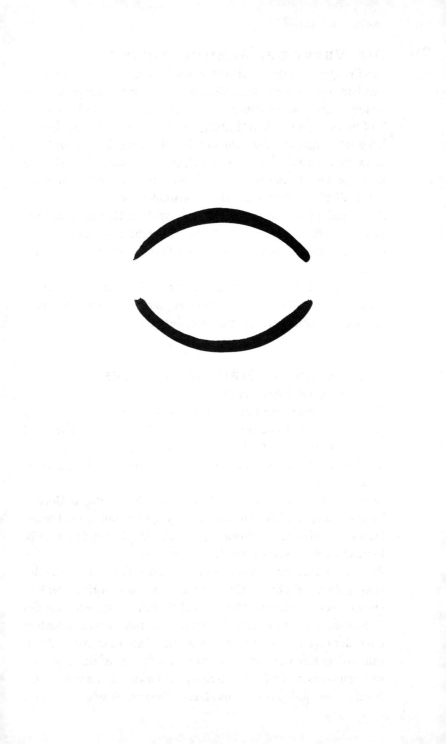

29 Die Werke der Barmherzigkeit

3 Das Evangelium gibt auf die Frage, wie Menschen Christus begegnen können, die Antwort: „Was ihr für einen meiner geringsten Brüder getan habt, das habt ihr mir getan" (Mt 25,40). So haben sich im Christentum vor dem Hintergrund von Gottes- und Nächstenliebe (Hauptgebot), der goldenen Regel („Was ihr von anderen erwartet, das tut ebenso auch ihnen", Lk 6,31) und der Zehn Gebote im Laufe der Jahrhunderte die sieben leiblichen und sieben geistlichen Werke der Barmherzigkeit herausgebildet.

Die leiblichen Werke sind: Hungernde speisen, Durstigen zu trinken geben, Nackte bekleiden, Fremde beherbergen, Kranke besuchen, sich um Gefangene sorgen und Tote in Würde verabschieden.

Die geistlichen sind: Unwissende lehren, Zweiflern raten, Trauernde trösten, Sünder zurechtweisen, jenen, die Leid zufügen, verzeihen, Lästige ertragen und für alle beten.

4 Die Gaben des Heiligen Geistes und seine Früchte

Der Geist Gottes wird den Glaubenden in Taufe und Firmung geschenkt. Seine Kraft unterstützt sie, im Sinne Jesu zu leben und so in Kirche und Gesellschaft zu wirken. Der Geist stiftet Gemeinschaft und ermöglicht Vielfalt. Durch ihn wird die ganze Schöpfung vollendet.

In der Tradition werden sieben Gaben des Heiligen Geistes benannt, welche die Getauften befähigen, sich zunehmend seiner Führung zu überlassen: Weisheit, Einsicht, Rat, Stärke, Erkenntnis, Frömmigkeit und Gottesfurcht (vgl. Jes 11,2).

Erkennbar wird der Geist an seiner Frucht. Die Gaben, die der Geist jedem verleiht, die Charismen, dienen dem Aufbau der Kirche und dem Wohl aller Menschen. Oft sind sie eine Antwort des Geistes auf die Nöte einer Zeit. Sie sollen in ihrer Verschiedenheit einander ergänzen und so zusammenwirken, dass „sie anderen nützen" (1 Kor 12,7). In Anlehnung an den Brief des Apostels Paulus an die Galater (Gal 5,22–24) spricht man von der vielfältigen Frucht des Heiligen Geistes: Liebe, Freude, Friede, Langmut,

Freundlichkeit, Güte, Treue, Sanftmut und Selbstbeherrschung sowie Bescheidenheit, Enthaltsamkeit und Keuschheit. Sie sind wichtige Merkmale für ein geistliches Wachstum der Gläubigen.

Die drei göttlichen Tugenden und die vier Kardinaltugenden

Der Lebensstil des Menschen ist wesentlich geprägt von Grundhaltungen – negativ von Lastern, positiv von Tugenden. Laster sind zerstörerische Gewohnheiten; Tugenden fördern das Leben. Die Tradition der Kirche nennt drei göttliche Tugenden und vier Kardinaltugenden.

Die drei göttlichen Tugenden sind Glaube, Hoffnung und Liebe (vgl. 1 Thess 1,3). Sie sind Gaben des dreieinigen Gottes und gründen in der Beziehung zu ihm. Sie befähigen den Menschen, mit Gott zu leben. Sie entfalten sich im Handeln des Menschen und in seinen Gewohnheiten. Glaube gibt dem Menschen die Sicherheit, dass er von Gott gehalten ist. Hoffnung eröffnet eine Perspektive für die Zukunft, auch über den Tod hinaus. Liebe richtet das Denken und Handeln auf Gott und jede Kreatur aus. So kann Leben gelingen. Bildlich werden die göttlichen Tugenden durch Kreuz, Anker und Herz dargestellt.

Aus der Vielzahl der menschlichen Tugenden ragen vier besonders heraus, die man Kardinaltugenden (lat.: ‚cardo' = Angelpunkt) nennt. Diese sind: Klugheit, Gerechtigkeit, Tapferkeit und Maß.

Klugheit meint die Anwendung von Wissen und die Wahl von Mitteln, um in einer konkreten Situation gut zu handeln.

Gerechtigkeit ist die Tugend, Gott und dem Menschen zu geben, was ihnen gebührt. Sie lehrt, die Rechte eines jeden zu achten und das Gemeinwohl zu fördern.

Tapferkeit ist die Fähigkeit, in Krisen und gegen Widerstände am Guten und an der Wahrheit festzuhalten.

Maß halten heißt, achtsam die Balance zwischen einem ‚zu viel' und einem ‚zu wenig' in allem Handeln zu suchen, damit es zum Guten führt. Die Mäßigung bewahrt vor Gier und Abhängigkeit, sie schenkt innere Freiheit und Besonnenheit.

29 Leben nach den Evangelischen Räten
→ Nr. 607

6 Die Zehn Gebote (Dekalog)

Gott möchte, dass das Leben des Menschen gelingt. Einen Weg dahin weisen die Zehn Gebote (‚Dekalog' = Zehnwort). Auf zwei Tafeln gab Gott sie dem Mose am Berg Sinai als Urkunde des Bundes, nachdem er sein Volk Israel aus Ägypten befreit hatte. Sie beginnen mit den Worten: „Ich bin der HERR, dein Gott, der dich aus Ägypten geführt hat, aus dem Sklavenhaus" (Ex 20,2; Dtn 5,6). So kommt ihr Grundanliegen – Leben und Befreiung – schon im ersten Satz zum Ausdruck. Drei Weisungen beschreiben das Verhältnis Gott-Mensch; sieben weitere sprechen von den Bedrohungen der Freiheit im menschlichen Miteinander.

Gott ist einzig, deshalb soll der Mensch nichts anderes an die erste Stelle setzen. Gottes Name ist heilig, er darf nicht in den Schmutz gezogen, verzweckt oder missbraucht werden. Das Geheimnis Gottes ist so unergründlich, dass ihm kein Bild entsprechen kann. Der Mensch wird frei, wenn er regelmäßig seine Arbeit unterbricht, die Heilstaten Gottes bedenkt und betend dem ‚Ich-bin-da' (JHWH) begegnet.

Weitere sieben Weisungen mahnen, das Leben, seinen Ursprung und seine Weitergabe heilig zu halten, im Umgang mit den Gütern gerecht zu sein, wahrhaftig zu leben in Wort und Tat und das Begehren zu ordnen. Der Dekalog ist eine Kurzformel des Glaubens und Richtschnur für das Leben:

> Ich bin der HERR, dein Gott, der dich aus Ägypten geführt hat, aus dem Sklavenhaus.
> 1. Du sollst neben mir keine anderen Götter haben. Du sollst dir kein Gottesbild machen und keine Darstellung von irgendetwas am Himmel droben, auf der Erde unten oder im Wasser unter der Erde. Du sollst dich nicht vor anderen Göttern niederwerfen und dich nicht verpflichten, ihnen zu dienen.

2. Du sollst den Namen des Herrn, deines Gottes, nicht missbrauchen.
3. Gedenke des Sabbats: Halte ihn heilig! Sechs Tage darfst du schaffen und jede Arbeit tun. Der siebte Tag ist ein Ruhetag, dem Herrn, deinem Gott, geweiht. An ihm darfst du keine Arbeit tun.
4. Ehre deinen Vater und deine Mutter, damit du lange lebst in dem Land, das der Herr, dein Gott, dir gibt.
5. Du sollst nicht morden.
6. Du sollst nicht die Ehe brechen.
7. Du sollst nicht stehlen.
8. Du sollst nicht falsch gegen deinen Nächsten aussagen.
9. Du sollst nicht nach der Frau deines Nächsten verlangen.
10. Du sollst nicht nach dem Haus deines Nächsten verlangen, ... oder nach irgendetwas, das deinem Nächsten gehört.

vgl. EX 20,2–17

Die Gebote der Kirche

Die Kirchengebote wollen das Wachstum der Gottes- und Nächstenliebe aller Gläubigen fördern; sie haben verbindlichen Charakter:

1. Am Sonntag und an den anderen gebotenen Feiertagen sollst du die Heilige Messe mitfeiern und keine Arbeiten und Tätigkeiten verrichten, welche die Heiligung dieser Tage gefährden!
In der Freude über die Erlösung feiern Christen die Eucharistie an Sonntagen und Hochfesten, welche die Geheimnisse Christi, der Gottesmutter Maria und der Heiligen entfalten. Diese Tage sollen frei von unnötiger Arbeit bleiben, um Gott im eigenen Leben Raum zu geben.

2. Empfange wenigstens einmal im Jahr das Sakrament der Versöhnung zur Vergebung deiner Sünden!
Mit dem Bußsakrament geht der in der Taufe begonnene Weg der Umkehr und Hinwendung zu Gott weiter. Die Beichte bereitet zudem auf einen würdigen Empfang der heiligen Kommunion vor.

297

3. **Du sollst wenigstens zur österlichen Zeit sowie in Todesgefahr die heilige Kommunion empfangen!**
Der Empfang des Leibes Christi stärkt die Gläubigen, er verbindet sie mit dem auferstandenen Christus und untereinander. Die heilige Kommunion ist die Nahrung der Christen auf dem Weg zu Gott.

4. **Halte die von der Kirche gebotenen Fast- und Abstinenztage!**
Um Christus in der Vorbereitung auf die hohen Feste zunehmend Raum zu geben, gibt es Zeiten der Entsagung und Buße. Aschermittwoch und Karfreitag sind strenge Fast- und Abstinenztage. Katholische Christen beschränken sich an diesen Tagen auf eine einmalige Sättigung (Fasten) und verzichten auf Fleischspeisen (Abstinenz). Jeder Freitag ist im Gedenken an das Leiden und Sterben des Herrn ein Abstinenztag, an dem Gläubige auf Fleischspeisen verzichten, sich spürbar bei Genussmitteln einschränken und den Nächsten Hilfe leisten.

5. **Steh der Kirche in ihren Erfordernissen bei!**
Die Kirche fordert die Gläubigen auf, durch Mittun und materielle Unterstützung den Auftrag des Volkes Gottes mitzutragen.

vgl. KKK 2042

II. Psalmen, Gesänge und Litaneien

```
Psalmen .................................... 30
Gesänge .................................... 81
Litaneien .................................. 556
```

Die Psalmen

(Einführung)	30
Psalm 1	31
Psalm 2	32
Psalm 4 → Nr. 310,2–3 oder 664,1–2	
Psalm 8	33
Psalm 15	34
Psalm 16 → Nr. 649,2–3	
Psalm 19	35
Psalm 22	36
Psalm 23	37
Psalm 24 → Nr. 633,3–4	
Psalm 27	38
Psalm 30 → Nr. 629,1–2	
Psalm 34,2–11 → Nr. 651,3–4	
34,12–23	39
Psalm 36,6–11	40
Psalm 40	41
Psalm 42 und 43	42
Psalm 45	43
Psalm 46 → Nr. 653,5–6	
Psalm 47	44
Psalm 51 → Nr. 639,1–2	
Psalm 57 → Nr. 649,5–6	
Psalm 63 → Nr. 616,1–2 oder 618,2–3	
Psalm 65	45
Psalm 67	46
Psalm 72	47
Psalm 80	48
Psalm 81	49
Psalm 84 → Nr. 653,3–4	
Psalm 85 → Nr. 633,5–7	
Psalm 90	50
Psalm 91 → Nr. 664,5–6	
Psalm 92	51

Psalm 93	52
Psalm 95	53
Psalm 96	54
Psalm 98	55
Psalm 100	56
Psalm 103	57
Psalm 104,1–23	58
104,24.27–35 → Nr. 645,3–4	
Psalm 110	59
Psalm 111	60
Psalm 112	61
Psalm 113	62
Psalm 114	63
Psalm 115	64
Psalm 116 → Nr. 629,3–4	
Psalm 117 (deutsch)	65,1
(lateinisch)	65,3
Psalm 118	66
Psalm 121	67
Psalm 122	68
Psalm 126	69
Psalm 127	70
Psalm 128	71
Psalm 130 → Nr. 639,3–4	
Psalm 131	72
Psalm 133	73
Psalm 134 → Nr. 664,3–4	
Psalm 137	74
Psalm 139 → Nr. 657,1–2	
Psalm 141 → Nr. 661,2–3	
Psalm 142	75
Psalm 145	76
Psalm 146	77
Psalm 147	78
Psalm 148	79
Psalm 149	80
Psalm 150 → Nr. 616,5–6	

Die Psalmen

Die Psalmen des Alten Testaments haben ihre eigene Art, uns vor die Frage zu stellen, ob wir richtig und erfüllt leben. Das ist eine uralte Frage. Darum sollten wir uns nicht wundern, dass sie uns auch in alter, bisweilen sogar altertümlicher Sprache, in manchmal uns fremden Bildern und mit überraschenden Blickrichtungen begegnet.

„Selig der Mensch" – mit diesem Wort beginnt das Gebetbuch der Bibel, der Psalter, in dem die 150 Psalmen zusammengefasst sind. „Selig der Mensch", der dem Bösen widersteht und sich für die Weisung Gottes entscheidet (Ps 1). Wer sich fortwährend mit dieser Weisung beschäftigt – das verheißt dieser Psalm –, wird wie ein Baum, der Frucht bringt, ja er wird selbst zu einem Baum des Lebens. So beginnt der Psalter als Lehr- und Lernbuch des Glaubens und damit als Lebensbuch mit der Einladung, sich dem Prozess der Wandlung durch das Gotteswort anzuvertrauen.

Seit fast 3000 Jahren haben unzählige Menschen ihren Alltag und ihre Feiertage von den Psalmen prägen lassen. Die einzelnen Psalmen sind immer wieder neu und ganz unterschiedlich gelesen und gedeutet worden, von Juden wie von Christen, im persönlichen Gebet wie in der Liturgie. Auch von Musik und Literatur wurden die Psalmen auf vielfältige Weise aufgenommen und aktualisiert. Heute werden die Lieder, Gebete und Gedichte der Psalmen als ein sorgfältig zusammengestelltes Buch verstanden, so dass die Einzelpsalmen durch ihren Zusammenhang in ihrer Bedeutung noch reicher erfasst werden können.

Kein Buch des Alten Testaments wird im Neuen Testament so oft zitiert wie der Psalter. Dabei werden die Psalmverse allerdings weniger als Gebetstexte verwendet; vielmehr wird der Psalter als prophetisches Buch verstanden, das vorausweisend vom Messias redet, von Christus Jesus selbst. Darum bewahrt die Kirche die Psalmen in Treue zu Jesus, der seinen Weg mit und zu dem Gott Israels gegangen ist. Dabei hoffte und vertraute er auf jene unzerstörbare und rettende Gottesgemeinschaft, die sich in den Psalmen ausspricht. Wenn darum Christen die Psalmen beten, sprechen sie mit der Stimme Christi und verwirklichen ihre Berufung, in der Nachfolge Jesu Christi mit ihm den Weg zu Gott zu gehen.

Der Psalter ist das Dokument einer langen Glaubens- und Gebetsgeschichte. Generationen von Menschen haben Freude und Leid, Kampf für Gerechtigkeit und Widerstand gegen Unterdrückung, Erleben festlicher Gemeinschaft und geschwisterliches Ertragen von Unglück in Klage und Lobpreis, in Bitte und Dank vor Gott getragen. So vielschichtig wie das Leben ist, so vielgestaltig sind die Formen und sprachlichen Bilder der Psalmen. Im Ganzen wohnt dem Psalter eine Bewegung von der Klage zum Lob Gottes inne. Es ist das alle Menschen, ja die ganze Schöpfung umfassende Lob der Königsherrschaft Gottes am Ende der Zeit. Lob ist eine Haltung, die die Veränderung der Welt will, doch Gott das letzte Wort lässt. Wer bittet, geht von sich und seiner Welt aus. Wer lobt, geht von Gott aus, von einer Zukunft, die seine Zukunft ist.

Die heiligen Worte sollen nicht nur im Stillen gelesen, sondern laut gesprochen, ja gesungen werden. Dadurch entsteht ein Klangraum des Wortes Gottes, der nicht allein im Kopf da ist, sondern über Lippen und Mund in das Ohr geht. Wenn das Wort sich so Raum schafft, kann es Wurzeln schlagen und seine Kraft entfalten, die die Wirklichkeit gestaltet. Deshalb nehmen die Psalmen einen so großen Raum in der Liturgie ein. Sie begegnen uns im Wortgottesdienst als Antwortgesang nach der Lesung. Im Stundengebet singt die Gemeinde die Psalmen im Wechsel. Durch die einfache Melodie entsteht ein betrachtendes Gebet. Ein Kehrvers (Antiphon) rahmt den Psalm. Er nimmt entweder ein Wort aus dem Psalm auf und lenkt so das Gebet in eine bestimmte Richtung oder er ist eine freie Dichtung und deutet den Psalm als Hilfe für die Betenden.

Psalm 1: Die beiden Wege

Se - lig der Mensch, der sei - ne Freu - de hat,
sei - ne Freu - de an der Wei - sung des Herrn.

T: Ps 1,2, M: Barbara Kolberg 2009

1 Wohl dem Mann, der nicht dem Rat der Frevler folgt, /
nicht auf dem Weg der Sünder geht, *
nicht im Kreis der Spötter sitzt,
    2 sondern Freude hat an der Weisung des Herrn, *
    über seine Weisung nachsinnt bei Tag und bei Nacht.
3 Er ist wie ein Baum, *
der an Wasserbächen gepflanzt ist,
    4 der zur rechten Zeit seine Frucht bringt *
    und dessen Blätter nicht welken.
5 Alles, was er tut, *
wird ihm gut gelingen.
    6 Nicht so die Frevler: *
    Sie sind wie Spreu, die der Wind verweht.
7 Darum werden die Frevler im Gericht nicht bestehen *
noch die Sünder in der Gemeinde der Gerechten.
    8 Denn der Herr kennt den Weg der Gerechten, *
    der Weg der Frevler aber führt in den Abgrund.

9 Ehre sei dem Vater und dem Sohne *
und dem Heiligen Geiste,
    10 wie im Anfang, so auch jetzt und allezeit *
    und in Ewigkeit. Amen. Kv

32 Psalm 2: Der Herr und sein Gesalbter

Der Herr sprach zu mir: Mein Sohn bist du.

T: Ps 2,7, M: GGB 2010

1 Warum toben die Völker, *
warum machen die Nationen vergebliche Pläne?
    2 Die Könige der Erde stehen auf, *
    die Großen haben sich verbündet gegen den Herrn
    und seinen Gesalbten.
3 „Lasst uns ihre Fesseln zerreißen *
und von uns werfen ihre Stricke!"
    4 Doch er, der im Himmel thront, lacht, *
    der Herr verspottet sie.
5 Dann aber spricht er zu ihnen im Zorn, *
in seinem Grimm wird er sie erschrecken:
    6 „Ich selber habe meinen König eingesetzt *
    auf Zion, meinem heiligen Berg."
7 Den Beschluss des Herrn will ich kundtun. /
Er sprach zu mir: „Mein Sohn bist du. *
Heute habe ich dich gezeugt.
    8 Fordre von mir und ich gebe dir die Völker zum Erbe, *
    die Enden der Erde zum Eigentum.
9 Du wirst sie zerschlagen mit eiserner Keule, *
wie Krüge aus Ton wirst du sie zertrümmern."
    10 Nun denn, ihr Könige, kommt zur Einsicht, *
    lasst euch warnen, ihr Gebieter der Erde!
11 Dient dem Herrn in Furcht *
und küsst ihm mit Beben die Füße,
    12 damit er nicht zürnt *
    und euer Weg nicht in den Abgrund führt.

13 Denn wenig nur und sein Zorn ist entbrannt. *
Wohl allen, die ihm vertrauen!

    14 Ehre sei dem Vater und dem Sohn *
    und dem Heiligen Geist,
15 wie im Anfang, so auch jetzt und allezeit *
und in Ewigkeit. Amen. Kv

Psalm 4: Gottes Schutz in der Nacht → *Nr. 310,2–3 oder 664,1–2*

Psalm 8: Die Herrlichkeit des Schöpfers – die Würde des Menschen

T: Ps 8,2, M: Anton Wesely (1908–1983)

1 Herr, unser Herrscher, /
wie gewaltig ist dein Name auf der ganzen Erde; *
über den Himmel breitest du deine Hoheit aus.
    2 Aus dem Mund der Kinder und Säuglinge schaffst du
    dir Lob, /
    deinen Gegnern zum Trotz; *
    deine Feinde und Widersacher müssen verstummen.
3 Seh ich den Himmel, das Werk deiner Finger, *
Mond und Sterne, die du befestigt:
    4 Was ist der Mensch, dass du an ihn denkst, *
    des Menschen Kind, dass du dich seiner annimmst?

PSALMEN   134

33
2
5 Du hast ihn nur wenig geringer gemacht als Gott, *
hast ihn mit Herrlichkeit und Ehre gekrönt.
   6 Du hast ihn als Herrscher eingesetzt über das Werk deiner Hände, *
   hast ihm alles zu Füßen gelegt:
7 All die Schafe, Ziegen und Rinder *
und auch die wilden Tiere,
   8 die Vögel des Himmels und die Fische im Meer, *
   alles, was auf den Pfaden der Meere dahinzieht.
9 Herr, unser Herrscher, *
wie gewaltig ist dein Name auf der ganzen Erde!

   10 Ehre sei dem Vater und dem Sohn *
   und dem Heiligen Geist,
11 wie im Anfang, so auch jetzt und allezeit *
und in Ewigkeit. Amen. Kv

34 *Psalm 15: Die Bedingungen für den Eintritt ins Heiligtum*

T: Ps 15,1, M: GGB 2010

1 Herr, wer darf Gast sein in deinem Zelt, *
wer darf weilen auf deinem heiligen Berg?
   2 Der makellos lebt und das Rechte tut; /
   der von Herzen die Wahrheit sagt *
   und mit seiner Zunge nicht verleumdet;

34

3 der seinem Freund nichts Böses antut *
und seinen Nächsten nicht schmäht;
    4 der den Verworfenen verachtet, *
    doch alle, die den Herrn fürchten, in Ehren hält;
5 der sein Versprechen nicht ändert, *
das er seinem Nächsten geschworen hat;
    6 der sein Geld nicht auf Wucher ausleiht *
    und nicht zum Nachteil des Schuldlosen Bestechung
       annimmt.
7 Wer sich danach richtet, *
der wird niemals wanken.

    8 Ehre sei dem Vater und dem Sohne *
    und dem Heiligen Geiste,
9 wie im Anfang, so auch jetzt und allezeit *
und in Ewigkeit. Amen. Kv

Psalm 16: Gott, der Anteil seiner Getreuen → Nr. 649,2–3

Psalm 19: Lob der Schöpfung – Lob des Gesetzes

35

T: nach Ps 19,2.3, M: Peter Planyavsky 2009

35

1 Die Himmel rühmen die Herrlichkeit Gottes, *
vom Werk seiner Hände kündet das Firmament.
  2 Ein Tag sagt es dem andern, *
  eine Nacht tut es der andern kund,
3 ohne Worte und ohne Reden, *
unhörbar bleibt ihre Stimme.
  4 Doch ihre Botschaft geht in die ganze Welt hinaus, *
  ihre Kunde bis zu den Enden der Erde.
5 Dort hat er der Sonne ein Zelt gebaut. *
Sie tritt aus ihrem Gemach hervor wie ein Bräutigam;
  6 sie frohlockt wie ein Held *
  und läuft ihre Bahn.
7 Am einen Ende des Himmels geht sie auf /
und läuft bis ans andere Ende; *
nichts kann sich vor ihrer Glut verbergen.
  8 Die Weisung des Herrn ist vollkommen, *
  sie erquickt den Menschen.
9 Das Gesetz des Herrn ist verlässlich, *
den Unwissenden macht es weise.
  10 Die Befehle des Herrn sind richtig, *
  sie erfreuen das Herz;
11 das Gebot des Herrn ist lauter, *
es erleuchtet die Augen.
  12 Die Furcht des Herrn ist rein, *
  sie besteht für immer.
13 Die Urteile des Herrn sind wahr, *
gerecht sind sie alle.
  14 Sie sind kostbarer als Gold, als Feingold in Menge. *
  Sie sind süßer als Honig, als Honig aus Waben.
15 Auch dein Knecht lässt sich von ihnen warnen; *
wer sie beachtet, hat reichen Lohn.
  16 Wer bemerkt seine eigenen Fehler? *
  Sprich mich frei von Schuld, die mir nicht bewusst ist!

17 Behüte deinen Knecht auch vor vermessenen Menschen; *
sie sollen nicht über mich herrschen.
> 18 Dann bin ich ohne Makel *
> und rein von schwerer Schuld.
19 Die Worte meines Mundes mögen dir gefallen; /
was ich im Herzen erwäge, stehe dir vor Augen, *
Herr, mein Fels und mein Erlöser.

20 Ehre sei dem Vater und dem Sohn *
und dem Heiligen Geist,
> 21 wie im Anfang, so auch jetzt und allezeit *
> und in Ewigkeit. Amen. Kv

Psalm 22: Gottverlassenheit und Heilsgewissheit

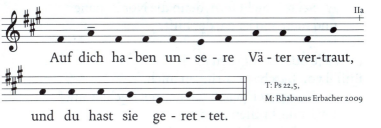

T: Ps 22,5,
M: Rhabanus Erbacher 2009

1 Mein Gott, mein Gott, warum hast du mich verlassen, *
bist fern meinem Schreien, den Worten meiner Klage?
> 2 Mein Gott, ich rufe bei Tag, doch du gibst keine Antwort; *
> ich rufe bei Nacht und finde doch keine Ruhe.
3 Aber du bist heilig, *
du thronst über dem Lobpreis Israels.
> 4 Dir haben unsre Väter vertraut, *
> sie haben vertraut und du hast sie gerettet.

36

2

5 Zu dir riefen sie und wurden befreit, *
dir vertrauten sie und wurden nicht zuschanden.
   6 Ich aber bin ein Wurm und kein Mensch, *
   der Leute Spott, vom Volk verachtet.
7 Alle, die mich sehen, verlachen mich, *
verziehen die Lippen, schütteln den Kopf:
   8 „Er wälze die Last auf den Herrn, *
   der soll ihn befreien!
9 Der reiße ihn heraus, *
wenn er an ihm Gefallen hat."
   10 Du bist es, der mich aus dem Schoß meiner
   Mutter zog, *
   mich barg an der Brust der Mutter.
11 Von Geburt an bin ich geworfen auf dich, *
vom Mutterleib an bist du mein Gott.
   12 Sei mir nicht fern, denn die Not ist nahe *
   und niemand ist da, der hilft.

Kv

3

13 Viele Stiere umgeben mich, *
Büffel von Baschan umringen mich.
   14 Sie sperren gegen mich ihren Rachen auf, *
   reißende, brüllende Löwen.
15 Ich bin hingeschüttet wie Wasser, /
gelöst haben sich all meine Glieder. *
Mein Herz ist in meinem Leib wie Wachs zerflossen.
   16 Meine Kehle ist trocken wie eine Scherbe, /
   die Zunge klebt mir am Gaumen, *
   du legst mich in den Staub des Todes.
17 Viele Hunde umlagern mich, /
eine Rotte von Bösen umkreist mich. *
Sie durchbohren mir Hände und Füße.
   18 Man kann all meine Knochen zählen; *
   sie gaffen und weiden sich an mir.
19 Sie verteilen unter sich meine Kleider *
und werfen das Los um mein Gewand.
   20 Du aber, Herr, halte dich nicht fern! *
   Du, meine Stärke, eil mir zu Hilfe!

21 Entreiße mein Leben dem Schwert, *
mein einziges Gut aus der Gewalt der Hunde!
   22 Rette mich vor dem Rachen des Löwen, *
   vor den Hörnern der Büffel rette mich Armen!

Kv

23 Ich will deinen Namen meinen Brüdern verkünden, *
inmitten der Gemeinde dich preisen.
   24 Die ihr den Herrn fürchtet, preist ihn, /
   ihr alle vom Stamm Jakobs, rühmt ihn; *
   erschauert alle vor ihm, ihr Nachkommen Israels!
25 Denn er hat nicht verachtet, *
nicht verabscheut das Elend des Armen.
   26 Er verbirgt sein Gesicht nicht vor ihm; *
   er hat auf sein Schreien gehört.
27 Deine Treue preise ich in großer Gemeinde, *
ich erfülle meine Gelübde vor denen, die Gott fürchten.
   28 Die Armen sollen essen und sich sättigen; /
   den Herrn sollen preisen, die ihn suchen. *
   Aufleben soll euer Herz für immer.
29 Alle Enden der Erde sollen daran denken /
und werden umkehren zum Herrn: *
Vor ihm werfen sich alle Stämme der Völker nieder.
   30 Denn der Herr regiert als König; *
   er herrscht über die Völker.
31 Vor ihm allein sollen niederfallen die Mächtigen der Erde, *
vor ihm sich alle niederwerfen, die in der Erde ruhen.
   32 Meine Seele, sie lebt für ihn; *
   mein Stamm wird ihm dienen.
33 Vom Herrn wird man dem künftigen Geschlecht erzählen, /
seine Heilstat verkündet man dem kommenden Volk; *
denn er hat das Werk getan.

   34 Ehre sei dem Vater und dem Sohne *
   und dem Heiligen Geiste,
35 wie im Anfang, so auch jetzt und allezeit *
und in Ewigkeit. Amen. Kv

37 Psalm 23: Der gute Hirt

T: nach Ps 23,1.2,
M: Josef Seuffert (*1926)

1 Der Herr ist m**ei**n Hirte, *
n**i**chts wird mir f**eh**len.
　2 Er lässt mich lagern auf grün**en** Auen *
　und führt mich zum Ruh**e**platz am Wasser.
3 Er stillt mein V**er**langen; *
er leitet mich auf rechten Pfaden, tr**eu** seinem Namen.
　4 Muss ich auch wandern in finster**er** Schlucht, *
　ich f**ü**rchte kein Unheil;
5 denn du bist b**ei** mir, *
dein Stock und dein Stab g**e**ben mir Zuv**er**sicht.
　6 Du deckst mir d**en** Tisch *
　vor den Aug**en** meiner Feinde.
7 Du salbst mein Haupt mit **Ö**l, *
du füllst mir r**ei**chlich den Becher.
　8 Lauter Güte und Huld werden mir folgen m**ei**n
　Leb**en** lang *
　und im Haus des Herrn darf ich w**oh**nen für l**a**nge Zeit.

9 Ehre sei dem Vater und d**em** Sohne *
und dem H**ei**ligen Geiste,
　10 wie im Anfang, so auch jetzt **u**nd allez**ei**t *
　und in **E**wigkeit. Amen. Kv

Psalm 24: Der Einzug des Herrn in sein Heiligtum → Nr. 633,3–4

Psalm 27: Die Gemeinschaft mit Gott

38

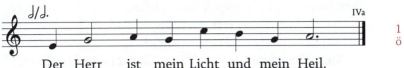

Der Herr ist mein Licht und mein Heil.

T: Ps 27,1, M: Philipp Harnoncourt (*1931)

1 Der Herr ist mein Licht und mein Heil: *
Vor wem sollte ich mich fürchten?
    2 Der Herr ist die Kraft meines Lebens: *
    Vor wem sollte mir bangen?
3 Dringen Frevler auf mich ein, *
um mich zu verschlingen,
    4 meine Bedränger und Feinde, *
    sie müssen straucheln und fallen.
5 Mag ein Heer mich belagern: *
Mein Herz wird nicht verzagen.
    6 Mag Krieg gegen mich toben: *
    Ich bleibe dennoch voll Zuversicht.
7 Nur eines erbitte ich vom Herrn, *
danach verlangt mich:
    8 Im Haus des Herrn zu wohnen *
    alle Tage meines Lebens,
9 die Freundlichkeit des Herrn zu schauen *
und nachzusinnen in seinem Tempel.
    10 Denn er birgt mich in seinem Haus *
    am Tag des Unheils;
11 er beschirmt mich im Schutz seines Zeltes, *
er hebt mich auf einen Felsen empor.

38
2

12 Nun kann ich mein H_au_pt erheben *
über die Feinde, d_ie_ mich umringen.
13 Ich will Opfer darbringen in seinem Zelt, Opf_er_ mit Jubel; *
dem Herrn will ich s_i_ngen und spielen.
14 Vernimm, o Herr, mein l_au_tes Rufen; *
sei mir gnäd_i_g und erhöre m_i_ch!
15 Mein Herz denkt an dein Wort: „S_u_cht mein Anges_i_cht!" *
Dein Angesicht, H_e_rr, will ich suchen.
16 Verbirg nicht dein Gesicht vor m_i_r; /
weise deinen Knecht im Z_o_rn nicht ab! *
Du wurd_e_st meine Hilfe.
17 Verstoß mich n_i_cht, verlass m_i_ch n_i_cht, *
du G_o_tt meines Heiles!
18 Wenn mich auch Vater und Mutt_er_ verlassen, *
d_er_ Herr nimmt mich auf.
19 Zeige mir, Herr, d_ei_nen Weg, *
leite mich auf ebener Bahn tr_o_tz meiner Feinde!
20 Gib mich nicht meinen gierigen Gegn_ern_ preis; *
denn falsche Zeugen stehen gegen m_i_ch auf und wüten.
21 Ich aber bin gewiss, zu schauen *
die Güte des Herrn _i_m Land der Lebenden.
22 Hoffe auf den Herrn _u_nd sei stark! *
Hab festen Mut _u_nd hoffe _au_f den Herrn!

23 Ehre sei dem Vater _u_nd dem Sohne *
und dem H_ei_ligen Geiste,
24 wie im Anfang, so auch j_e_tzt und allez_ei_t *
und in _E_wigkeit. Amen. Kv

Psalm 30: Dank für die Rettung aus Todesnot → Nr. 629,1–2

Psalm 34,2–11: Unter Gottes Schutz → Nr. 651,3–4

Psalm 34,12–23: Unter Gottes Schutz

39

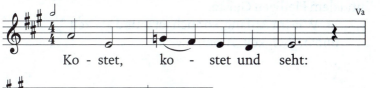

Ko - stet, ko - stet und seht:

Gut ist der Herr.

T: nach Ps 34,9, M: Leo Langer 2009

1 Kommt, ihr Kinder, hört mir zu! *
Ich will euch in der Furcht des Herrn unterweisen.

    2 Wer ist der Mensch, der das Leben liebt *
    und gute Tage zu sehen wünscht?

3 Bewahre deine Zunge vor Bösem *
und deine Lippen vor falscher Rede!

    4 Meide das Böse und tu das Gute; *
    suche Frieden und jage ihm nach!

5 Die Augen des Herrn blicken auf die Gerechten, *
seine Ohren hören ihr Schreien.

    6 Das Antlitz des Herrn richtet sich gegen die Bösen, *
    um ihr Andenken von der Erde zu tilgen.

7 Schreien die Gerechten, so hört sie der Herr; *
er entreißt sie all ihren Ängsten.

    8 Nahe ist der Herr den zerbrochenen Herzen, *
    er hilft denen auf, die zerknirscht sind.

9 Der Gerechte muss viel leiden, *
doch allem wird der Herr ihn entreißen.

    10 Er behütet all seine Glieder, *
    nicht eines von ihnen wird zerbrochen.

11 Den Frevler wird seine Bosheit töten; *
wer den Gerechten hasst, muss es büßen.

    12 Der Herr erlöst seine Knechte; *
    straflos bleibt, wer zu ihm sich flüchtet.

39

13 Ehre sei dem Vater und dem Sohne *
und dem Heiligen Geiste.
   14 Wie im Anfang, so auch jetzt und allezeit *
   und in Ewigkeit. Amen. Kv

40

Psalm 36,6–11: Gott, die Quelle des Lebens

Bis in den Him-mel reicht dei-ne Lie-be, Herr,
bis zu den Wol-ken dei-ne Treu-e.

T: nach Ps 36,6, M: GGB 2010

1 Herr, deine Güte reicht, so weit der Himmel ist, *
deine Treue, so weit die Wolken ziehn.
   2 Deine Gerechtigkeit steht wie die Berge Gottes, *
   deine Urteile sind tief wie das Meer.
3 Herr, du hilfst Menschen und Tieren. *
Gott, wie köstlich ist deine Huld!
   4 Die Menschen bergen sich im Schatten deiner Flügel, /
   sie laben sich am Reichtum deines Hauses; *
   du tränkst sie mit dem Strom deiner Wonnen.
5 Denn bei dir ist die Quelle des Lebens, *
in deinem Licht schauen wir das Licht.
   6 Erhalte denen, die dich kennen, deine Huld *
   und deine Gerechtigkeit den Menschen mit redlichem Herzen!

7 Ehre sei dem Vater und dem Sohn *
und dem Heiligen Geist,

8 wie im Anfang, so auch jetzt und allezeit *
und in Ewigkeit. Amen. Kv

Psalm 40: Dank, Hingabe und Bitte

T: Ps 40,18, M: Antiphonale zum Stundengebet 1979

1 Ich hoffte, ja ich hoffte auf den Herrn. *
Da neigte er sich mir zu und hörte mein Schreien.
    2 Er zog mich herauf aus der Grube des Grauens, *
    aus Schlamm und Morast.
3 Er stellte meine Füße auf den Fels, *
machte fest meine Schritte.
    4 Er legte mir ein neues Lied in den Mund, *
    einen Lobgesang auf ihn, unsern Gott.
5 Viele werden es sehen, sich in Ehrfurcht neigen *
und auf den Herrn vertrauen.
    6 Wohl dem Mann, der auf den Herrn sein Vertrauen setzt, *
    sich nicht zu den Stolzen hält noch zu treulosen Lügnern.
7 Zahlreich sind die Wunder, die du getan hast, /
und deine Pläne mit uns; *
Herr, mein Gott, nichts kommt dir gleich.
    8 Wollte ich von ihnen künden und reden, *
    es wären mehr, als man zählen kann.
9 An Schlacht- und Speiseopfern hast du kein Gefallen, *
Brand- und Sündopfer forderst du nicht.

41
2

10 Doch das Gehör hast du mir eingepflanzt; /
darum sage ich: Ja, ich komme. *
In dieser Schriftrolle steht, was an mir geschehen ist.
11 Deinen Willen zu tun, mein Gott, macht mir Freude, *
deine Weisung trag ich im Herzen.
12 Gerechtigkeit verkünde ich in großer Gemeinde, *
meine Lippen verschließe ich nicht; Herr, du weißt es.
13 Deine Gerechtigkeit verberge ich nicht im Herzen, *
ich spreche von deiner Treue und Hilfe,
14 ich schweige nicht über deine Huld und Wahrheit *
vor der großen Gemeinde.
15 Du, Herr, verschließ mir nicht dein Erbarmen, *
deine Huld und Wahrheit mögen mich immer behüten!
16 Denn Leiden ohne Zahl umfangen mich, /
meine Sünden holen mich ein, *
ich vermag nicht mehr aufzusehn.
17 Zahlreicher sind sie als die Haare auf meinem Kopf, *
der Mut hat mich ganz verlassen.
18 Gewähre mir die Gunst, Herr, und reiß mich heraus; *
Herr, eile mir zu Hilfe!
19 Alle, die dich suchen, frohlocken; *
sie mögen sich freuen in dir.
20 Die dein Heil lieben, sollen immer sagen: *
Groß ist Gott, der Herr.
21 Ich bin arm und gebeugt; *
der Herr aber sorgt für mich.
22 Meine Hilfe und mein Retter bist du. *
Mein Gott, säume doch nicht!

23 Ehre sei dem Vater und dem Sohne *
und dem Heiligen Geiste,
24 wie im Anfang, so auch jetzt und allezeit *
und in Ewigkeit. Amen. Kv

Psalm 42 und 43: Sehnsucht nach dem lebendigen Gott

42

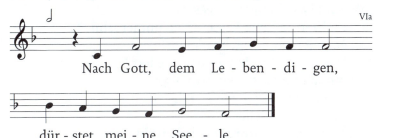

T: nach Ps 42 und 43,3, M: Josef Knapp 1964

1 Wie der Hirsch lechzt nach frischem Wasser, *
so lechzt meine Seele, Gott, nach dir.

   2 Meine Seele dürstet nach Gott, *
   nach dem lebendigen Gott.

3 Wann darf ich kommen *
und Gottes Antlitz schauen?

   4 Tränen waren mein Brot bei Tag und bei Nacht; *
   denn man sagt zu mir den ganzen Tag: „Wo ist nun
   dein Gott?"

5 Das Herz geht mir über, wenn ich daran denke: /
wie ich zum Haus Gottes zog in festlicher Schar, *
mit Jubel und Dank in feiernder Menge.

   6 Meine Seele, warum bist du betrübt *
   und bist so unruhig in mir?

7 Harre auf Gott; denn ich werde ihm noch danken, *
meinem Gott und Retter, auf den ich schaue.

   8 Betrübt ist meine Seele in mir, darum denke ich an dich *
   im Jordanland, am Hermon, am Mizar-Berg.

9 Flut ruft der Flut zu beim Tosen deiner Wasser, *
all deine Wellen und Wogen gehen über mich hin.

   10 Bei Tag schenke der Herr seine Huld; *
   ich singe ihm nachts und flehe zum Gott meines Lebens.

42
2

11 Ich sage zu Gott, mein__e__m F__e__ls: *
„Warum hast d__u__ mich vergessen?
12 Warum muss ich trauernd __u__mhergehn, *
v__o__n meinem F__ei__nd bedrängt?"
13 Wie ein Stechen in mein__e__n Gliedern *
ist für mich der H__o__hn der Bedränger;
14 denn sie rufen mir ständ__i__g zu: *
„W__o__ ist nun dein Gott?"
15 Meine Seele, warum bist du b__e__trübt *
und bist so __u__nruhig in mir?
16 Harre auf Gott; denn ich werde ihm n__o__ch danken, *
meinem Gott und Retter, __auf__ den ich schaue.

Kv

3

1 Verschaff mir Recht, o G__o__tt, /
und führe meine Sache gegen ein treulos__e__s Volk! *
Rette mich vor bösen und t__ü__ckischen Menschen!
2 Denn du bist mein stark__e__r Gott. *
Warum hast d__u__ mich verstoßen?
3 Warum muss ich trauernd __u__mhergehn, *
v__o__n meinem F__ei__nd bedrängt?
4 Sende dein Licht und dein__e__ Wahrheit, *
dam__i__t sie mich leiten;
5 sie sollen mich führen zu deinem heilig__e__n Berg *
und z__u__ deiner Wohnung.
6 So will ich zum Altar Gottes treten, zum Gott mei-
n__er__ Freude. *
Jauchzend will ich dich auf der Harf__e__ loben, G__ott, mein__
Gott.
7 Meine Seele, warum bist du b__e__trübt *
und bist so __u__nruhig in mir?
8 Harre auf Gott; denn ich werde ihm n__o__ch danken, *
meinem Gott und Retter, __auf__ den ich schaue.

9 Ehre sei dem Vater und d__e__m Sohne *
und dem H__ei__ligen Geiste,
10 wie im Anfang, so auch jetzt __u__nd allez__ei__t *
und in __E__wigkeit. Amen. Kv

Psalm 45: Ein Lied zur Hochzeit des Königs

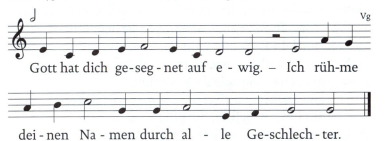

Gott hat dich ge-seg-net auf e-wig. – Ich rüh-me dei-nen Na-men durch al - le Ge-schlech-ter.

T: nach Ps 45,3.18; M: GGB 2010

1 Mein Herz fließt über von froher Kunde, /
ich weihe mein Lied dem König. *
Meine Zunge gleicht dem Griffel des flinken Schreibers.
   2 Du bist der Schönste von allen Menschen, /
   Anmut ist ausgegossen über deine Lippen; *
   darum hat Gott dich für immer gesegnet.
3 Gürte, du Held, dein Schwert um die Hüfte, *
kleide dich in Hoheit und Herrlichkeit!
   4 Zieh aus mit Glück, kämpfe für Wahrheit und Recht! *
   Furcht gebietende Taten soll dein rechter Arm dich lehren.
5 Deine Pfeile sind scharf, dir unterliegen die Völker, *
die Feinde des Königs verlieren den Mut.
   6 Dein Thron, du Göttlicher, steht für immer und ewig; *
   das Zepter deiner Herrschaft ist ein gerechtes Zepter.
7 Du liebst das Recht und hasst das Unrecht, /
darum hat Gott, dein Gott, dich gesalbt mit dem Öl der Freude *
wie keinen deiner Gefährten.
   8 Von Myrrhe, Aloe und Kassia duften all deine Gewänder, *
   aus Elfenbeinhallen erfreut dich Saitenspiel.

43
2

9 Königstöchter gehen dir entgegen, *
die Braut steht dir zur Rechten im Schmuck von Ofirgold.
   10 Höre, Tochter, sieh her und neige dein Ohr, *
   vergiss dein Volk und dein Vaterhaus!
11 Der König verlangt nach deiner Schönheit; *
er ist ja dein Herr, verneig dich vor ihm!
   12 Die Töchter von Tyrus kommen mit Gaben, *
   deine Gunst begehren die Edlen des Volkes.
13 Die Königstochter ist herrlich geschmückt, *
ihr Gewand ist durchwirkt mit Gold und Perlen.
   14 Man geleitet sie in bunt gestickten Kleidern zum König, /
   Jungfrauen sind ihr Gefolge, *
   ihre Freundinnen führt man zu dir.
15 Man geleitet sie mit Freude und Jubel, *
sie ziehen ein in den Palast des Königs.
   16 An die Stelle deiner Väter treten einst deine Söhne; *
   du bestellst sie zu Fürsten im ganzen Land.
17 Ich will deinen Namen rühmen von Geschlecht zu Geschlecht; *
darum werden die Völker dich preisen immer und ewig.

   18 Ehre sei dem Vater und dem Sohne *
   und dem Heiligen Geiste,
19 wie im Anfang, so auch jetzt und allezeit *
und in Ewigkeit. Amen. Kv

Psalm 46: Gott, unsre Burg → *Nr. 653,5–6*

44 *Psalm 47: Gott, der König aller Völker*

1

Singt un-serm Gott, ja singt ihm,

spielt ihm ein kunst-vol-les Lied!

T: nach Ps 47,7.8, M: Christoph Hönerlage 2009

1 Ihr Völker alle, klatscht in die Hände; *
jauchzt Gott zu mit lautem Jubel!
    2 Denn Furcht gebietend ist der Herr, der Höchste, *
    ein großer König über die ganze Erde.
3 Er unterwirft uns Völker *
und zwingt Nationen unter unsre Füße.
    4 Er wählt unser Erbland für uns aus, *
    den Stolz Jakobs, den er liebt.
5 Gott stieg empor unter Jubel, *
der Herr beim Schall der Hörner.
    6 Singt unserm Gott, ja singt ihm! *
    Spielt unserm König, spielt ihm!
7 Denn Gott ist König der ganzen Erde. *
Spielt ihm ein Psalmenlied!
    8 Gott wurde König über alle Völker, *
    Gott sitzt auf seinem heiligen Thron.
9 Die Fürsten der Völker sind versammelt *
als Volk des Gottes Abrahams.
    10 Denn Gott gehören die Mächte der Erde; *
    er ist hoch erhaben.

11 Ehre sei dem Vater und dem Sohn *
und dem Heiligen Geist,
    12 wie im Anfang, so auch jetzt und allezeit *
    und in Ewigkeit. Amen. Kv

Psalm 51: Bitte um Vergebung und Neuschaffung → Nr. 639,1–2

Psalm 57: Geborgenheit im Schutz Gottes → Nr. 649,5–6

Psalm 63: Sehnsucht nach Gott → Nr. 616,1–2

45 *Psalm 65: Dank für Gottes Gaben*

1
Der Herr krönt das Jahr mit sei-nem Se-gen.

T: nach Ps 65,12, M: GGB 2010

2

1 Dir gebührt Lobgesang, Gott, auf dem Zion, *
dir erfüllt man Gelübde.
    2 Du erhörst die Gebete. *
    Alle Menschen kommen zu dir unter der Last ihrer Sünden.
3 Unsere Schuld ist zu groß für uns, *
du wirst sie vergeben.
    4 Wohl denen, die du erwählst und in deine Nähe holst, *
    die in den Vorhöfen deines Heiligtums wohnen.
5 Wir wollen uns am Gut deines Hauses sättigen, *
am Gut deines Tempels.
    6 Du vollbringst erstaunliche Taten, *
    erhörst uns in Treue, du Gott unsres Heiles,
7 du Zuversicht aller Enden der Erde *
und der fernsten Gestade.
    8 Du gründest die Berge in deiner Kraft, *
    du gürtest dich mit Stärke.
9 Du stillst das Brausen der Meere, *
das Brausen ihrer Wogen, das Tosen der Völker.
    10 Alle, die an den Enden der Erde wohnen, /
    erschauern vor deinen Zeichen; *
    Ost und West erfüllst du mit Jubel.
11 Du sorgst für das Land und tränkst es; *
du überschüttest es mit Reichtum.

12 Der Bach Gottes ist reichlich gefüllt, *
du schaffst ihnen Korn; so ordnest du alles.
13 Du tränkst die Furchen, ebnest die Schollen, *
machst sie weich durch Regen, segnest ihre Gewächse.
14 Du krönst das Jahr mit deiner Güte, *
deinen Spuren folgt Überfluss.
15 In der Steppe prangen die Auen, *
die Höhen umgürten sich mit Jubel.
16 Die Weiden schmücken sich mit Herden, /
die Täler hüllen sich in Korn. *
Sie jauchzen und singen.

17 Ehre sei dem Vater und dem Sohne *
und dem Heiligen Geiste,
18 wie im Anfang, so auch jetzt und allezeit *
und in Ewigkeit. Amen. Kv

Psalm 67: Dank für den Segen Gottes

Lass dein An-ge-sicht ü-ber uns leuchten, o Herr.

T: nach Ps 67,2, M: Antiphonale zum Stundengebet 1979

1 Gott sei uns gnädig und segne uns. *
Er lasse über uns sein Angesicht leuchten,
2 damit auf Erden sein Weg erkannt wird *
und unter allen Völkern sein Heil.
3 Die Völker sollen dir danken, o Gott, *
danken sollen dir die Völker alle.
4 Die Nationen sollen sich freuen und jubeln. *
Denn du richtest den Erdkreis gerecht.

46

2

5 Du richtest die Völker nach Recht *
und regierst die Nationen auf Erden.
    6 Die Völker sollen dir danken, o Gott, *
    danken sollen dir die Völker alle.
7 Das Land gab seinen Ertrag. *
Es segne uns Gott, unser Gott.
    8 Es segne uns Gott. *
    Alle Welt fürchte und ehre ihn.

9 Ehre sei dem Vater und dem Sohne *
und dem Heiligen Geiste,
    10 wie im Anfang, so auch jetzt und allezeit *
    und in Ewigkeit. Amen. Kv

47

Psalm 72: Der Friedenskönig und sein Reich

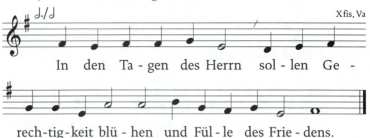

In den Tagen des Herrn sollen Gerechtigkeit blühen und Fülle des Friedens.

T: nach Ps 72,7, M: GGB 2010

1 Verleih dein Richteramt, o Gott, dem König, *
dem Königssohn gib dein gerechtes Walten!
    2 Er regiere dein Volk in Gerechtigkeit *
    und deine Armen durch rechtes Urteil.
3 Dann tragen die Berge Frieden für das Volk *
und die Höhen Gerechtigkeit.
    4 Er wird Recht verschaffen den Gebeugten im Volk, /
    Hilfe bringen den Kindern der Armen, *
    er wird die Unterdrücker zermalmen.

5 Er soll leben, solange die Sonne bleibt und der Mond, *
bis zu den fernsten Geschlechtern.
   6 Er ströme wie Regen herab auf die Felder, *
   wie Regenschauer, die die Erde benetzen.
7 Die Gerechtigkeit blühe auf in seinen Tagen *
und großer Friede, bis der Mond nicht mehr da ist.
   8 Er herrsche von Meer zu Meer, *
   vom Strom bis an die Enden der Erde.
9 Vor ihm sollen seine Gegner sich beugen, *
Staub sollen lecken all seine Feinde.
   10 Die Könige von Tarschisch und von den Inseln
   bringen Geschenke, *
   die Könige von Saba und Seba kommen mit Gaben.
11 Alle Könige müssen ihm huldigen, *
alle Völker ihm dienen.
   12 Denn er rettet den Gebeugten, der um Hilfe schreit, *
   den Armen und den, der keinen Helfer hat.
13 Er erbarmt sich des Gebeugten und Schwachen, *
er rettet das Leben der Armen.
   14 Von Unterdrückung und Gewalttat befreit er sie, *
   ihr Blut ist in seinen Augen kostbar.
15 Er lebe und Gold von Saba soll man ihm geben! /
Man soll für ihn allezeit beten, *
stets für ihn Segen erflehen.
   16 Im Land gebe es Korn in Fülle. *
   Es rausche auf dem Gipfel der Berge.
17 Seine Frucht wird sein wie die Bäume des Libanon. *
Menschen blühn in der Stadt wie das Gras der Erde.
   18 Sein Name soll ewig bestehen; *
   solange die Sonne bleibt, sprosse sein Name.
19 Glücklich preisen sollen ihn alle Völker *
und in ihm sich segnen.
   20 Gepriesen sei der Herr, der Gott Israels! *
   Er allein tut Wunder.
21 Gepriesen sei sein herrlicher Name in Ewigkeit! /
Seine Herrlichkeit erfülle die ganze Erde. *
Amen, ja amen.

47

2

22 Ehre sei dem Vater und dem Sohne *
und dem Heiligen Geiste.
23 Wie im Anfang, so auch jetzt und allezeit *
und in Ewigkeit. Amen. Kv

48

Psalm 80: Bitte für Israel, den Weinstock Gottes

1

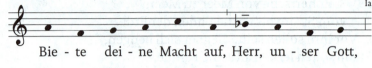

T: nach Ps 80,3,
M: Rhabanus Erbacher 2009

2

1 Du Hirte Israels, höre, *
der du Josef weidest wie eine Herde!
    2 Der du auf den Kerubim thronst, erscheine *
    vor Efraim, Benjamin und Manasse!
3 Biete deine gewaltige Macht auf *
und komm uns zu Hilfe!
    4 Gott, richte uns wieder auf! *
    Lass dein Angesicht leuchten, dann ist uns geholfen.
5 Herr, Gott der Heerscharen, wie lange noch zürnst du, *
während dein Volk zu dir betet?
    6 Du hast sie gespeist mit Tränenbrot, *
    sie überreich getränkt mit Tränen.
7 Du machst uns zum Spielball der Nachbarn *
und unsere Feinde verspotten uns.
    8 Gott der Heerscharen, richte uns wieder auf! *
    Lass dein Angesicht leuchten, dann ist uns geholfen.
9 Du hobst in Ägypten einen Weinstock aus, *
du hast Völker vertrieben, ihn aber eingepflanzt.
    10 Du schufst ihm weiten Raum; *
    er hat Wurzeln geschlagen und das ganze Land erfüllt.

11 Sein Schatten bedeckte die Berge, *
seine Zweige die Zedern Gottes.

12 Seine Ranken trieb er hin bis zum Meer *
und seine Schösslinge bis zum Eufrat.

13 Warum rissest du seine Mauern ein? *
Alle, die des Weges kommen, plündern ihn aus.

14 Der Eber aus dem Wald wühlt ihn um, *
die Tiere des Feldes fressen ihn ab.

15 Gott der Heerscharen, wende dich uns wieder zu! *
Blick vom Himmel herab, und sieh auf uns!

16 Sorge für diesen Weinstock *
und für den Garten, den deine Rechte gepflanzt hat.

17 Die ihn im Feuer verbrannten wie Kehricht, *
sie sollen vergehen vor deinem drohenden Angesicht.

18 Deine Hand schütze den Mann zu deiner Rechten, *
den Menschensohn, den du für dich groß und stark gemacht.

19 Erhalt uns am Leben! *
Dann wollen wir deinen Namen anrufen und nicht von dir weichen.

20 Herr, Gott der Heerscharen, richte uns wieder auf! *
Lass dein Angesicht leuchten, dann ist uns geholfen.

21 Ehre sei dem Vater und dem Sohn *
und dem Heiligen Geist,

22 wie im Anfang, so auch jetzt und allezeit *
und in Ewigkeit. Amen. Kv

Psalm 81: Aufruf zur Treue gegenüber Gott

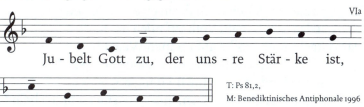

Ju - belt Gott zu, der uns - re Stär - ke ist,
jauchzt dem Gott Ja - kobs!

T: Ps 81,2,
M: Benediktinisches Antiphonale 1996

49

1 Jubelt Gott zu, er ist unsere Zuflucht; *
jauchzt dem Gott Jakobs zu!
   2 Stimmt an den Gesang, schlagt die Pauke, *
   die liebliche Laute, dazu die Harfe!
3 Stoßt in die Posaune am Neumond *
und zum Vollmond, am Tag unsres Festes!
   4 Denn das ist Satzung für Israel, *
   Entscheid des Gottes Jakobs.
5 Das hat er als Gesetz für Josef erlassen, *
als Gott gegen Ägypten auszog.
   6 Eine Stimme höre ich, die ich noch nie vernahm: /
   Seine Schulter hab ich von der Bürde befreit, *
   seine Hände kamen los vom Lastkorb.
7 Du riefst in der Not /
und ich riss dich heraus; ich habe dich aus dem Gewölk des Donners erhört, *
an den Wassern von Meríba geprüft.
   8 Höre, mein Volk, ich will dich mahnen! *
   Israel, wolltest du doch auf mich hören!
9 Für dich gibt es keinen andern Gott. *
Du sollst keinen fremden Gott anbeten.
   10 Ich bin der Herr, dein Gott, /
   der dich heraufgeführt hat aus Ägypten. *
   Tu deinen Mund auf! Ich will ihn füllen.
11 Doch mein Volk hat nicht auf meine Stimme gehört; *
Israel hat mich nicht gewollt.
   12 Da überließ ich sie ihrem verstockten Herzen *
   und sie handelten nach ihren eigenen Plänen.
13 Ach dass doch mein Volk auf mich hörte, *
dass Israel gehen wollte auf meinen Wegen!
   14 Wie bald würde ich seine Feinde beugen, *
   meine Hand gegen seine Bedränger wenden.
15 Alle, die den Herrn hassen, müssten Israel schmeicheln *
und das sollte für immer so bleiben.

16 Ich würde es nähren mit bestem Weizen *
und mit Honig aus dem Felsen sättigen.

17 Ehre sei dem Vater und dem Sohne*
und dem Heiligen Geiste,

18 wie im Anfang, so auch jetzt und allezeit*
und in Ewigkeit. Amen. Kv

Psalm 84: Die Freude am Heiligtum → Nr. 653,3–4

Psalm 85: Bitte um das verheißene Heil → Nr. 633,5–6

Psalm 90: Der ewige Gott – der vergängliche Mensch

Un - se - re Ta - ge zu zäh - len, leh - re uns!
Dann ge - win - nen wir ein wei - ses Herz.

T: Ps 90,12, M: Markus Eham 2011

1 Herr, du warst unsere Zuflucht *
von Geschlecht zu Geschlecht.

2 Ehe die Berge geboren wurden, die Erde entstand
und das Weltall, *
bist du, o Gott, von Ewigkeit zu Ewigkeit.

3 Du lässt die Menschen zurückkehren zum Staub *
und sprichst: „Kommt wieder, ihr Menschen!"

4 Denn tausend Jahre sind für dich wie der Tag, der
gestern vergangen ist, *
wie eine Wache in der Nacht.

50
2

5 Von Jahr zu Jahr säst du die Menschen aus; *
sie gleichen dem sprossenden Gras.
   6 Am Morgen grünt es und blüht, *
am Abend wird es geschnitten und welkt.
7 Denn wir vergehen durch deinen Zorn, *
werden vernichtet durch deinen Grimm.
   8 Du hast unsre Sünden vor dich hingestellt, *
unsere geheime Schuld in das Licht deines Angesichts.
9 Denn all unsre Tage gehn hin unter deinem Zorn, *
wir beenden unsere Jahre wie einen Seufzer.
   10 Unser Leben währt siebzig Jahre, *
und wenn es hoch kommt, sind es achtzig.
11 Das Beste daran ist nur Mühsal und Beschwer, *
rasch geht es vorbei, wir fliegen dahin.
   12 Wer kennt die Gewalt deines Zornes *
und fürchtet sich vor deinem Grimm?
13 Unsre Tage zu zählen, lehre uns! *
Dann gewinnen wir ein weises Herz.
   14 Herr, wende dich uns doch endlich zu! *
Hab Mitleid mit deinen Knechten!
15 Sättige uns am Morgen mit deiner Huld! *
Dann wollen wir jubeln und uns freuen all unsre Tage.
   16 Erfreue uns so viele Tage, wie du uns gebeugt hast, *
so viele Jahre, wie wir Unglück erlitten.
17 Zeig deinen Knechten deine Taten *
und ihren Kindern deine erhabene Macht!
   18 Es komme über uns die Güte des Herrn, unsres Gottes! /
Lass das Werk unsrer Hände gedeihen, *
ja, lass gedeihen das Werk unsrer Hände!

19 Ehre sei dem Vater und dem Sohn *
und dem Heiligen Geist,
   20 wie im Anfang, so auch jetzt und allezeit *
und in Ewigkeit. Amen. Kv

Psalm 91: Unter dem Schutz des Höchsten → Nr. 664,5–6

Psalm 92: Ein Loblied auf die Treue Gottes

51

Wie groß sind dei-ne Wer-ke, o Herr,

wie tief dei-ne Ge-dan-ken.

T: Ps 92,6, M: Psalter für den Gottesdienst 2007

1 Wie schön ist es, dem Herrn zu danken, *
deinem Namen, du Höchster, zu singen,
    2 am Morgen deine Huld zu verkünden *
    und in den Nächten deine Treue
3 zur zehnsaitigen Laute, zur Harfe, *
zum Klang der Zither.
    4 Denn du hast mich durch deine Taten froh gemacht; *
    Herr, ich will jubeln über die Werke deiner Hände.
5 Wie groß sind deine Werke, o Herr, *
wie tief deine Gedanken!
    6 Ein Mensch ohne Einsicht erkennt das nicht, *
    ein Tor kann es nicht verstehen.
7 Wenn auch die Frevler gedeihen /
und alle, die Unrecht tun, wachsen, *
so nur, damit du sie für immer vernichtest.
    8 Herr, du bist der Höchste, *
    du bleibst auf ewig.
9 Doch deine Feinde, Herr, wahrhaftig, deine Feinde vergehen; *
auseinander getrieben werden alle, die Unrecht tun.
    10 Du machtest mich stark wie einen Stier, *
    du salbtest mich mit frischem Öl.
11 Mein Auge blickt herab auf meine Verfolger, /
auf alle, die sich gegen mich erheben; *
mein Ohr hört vom Geschick der Bösen.

51

12 Der Gerechte gedeiht wie die Palme, *
er wächst wie die Zedern des Libanon.
13 Gepflanzt im Haus des Herrn, *
gedeihen sie in den Vorhöfen unseres Gottes.

14 Sie tragen Frucht noch im Alter *
und bleiben voll Saft und Frische;
15 sie verkünden: Gerecht ist der Herr; *
mein Fels ist er, an ihm ist kein Unrecht.

16 Ehre sei dem Vater und dem Sohn *
und dem Heiligen Geist,
17 wie im Anfang, so auch jetzt und allezeit *
und in Ewigkeit. Amen. Kv

52

Psalm 93: Das Königtum Gottes

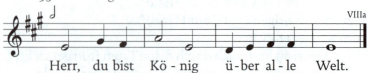

Herr, du bist Kö - nig ü - ber al - le Welt.

T: nach Ps 96,9.10; Ps 97,1, M: Fritz Schieri (1922–2009)

1 Der Herr ist König, bekleidet mit Hoheit; *
der Herr hat sich bekleidet und mit Macht umgürtet.

2 Der Erdkreis ist fest gegründet, *
nie wird er wanken.
3 Dein Thron steht fest von Anbeginn, *
du bist seit Ewigkeit.

4 Fluten erheben sich, Herr, /
Fluten erheben ihr Brausen, *
Fluten erheben ihr Tosen.
5 Gewaltiger als das Tosen vieler Wasser, /
gewaltiger als die Brandung des Meeres *
ist der Herr in der Höhe.

6 Deine Gesetze sind fest und verlässlich; /
Herr, deinem Haus gebührt Heiligkeit *
für alle Zeiten.

7 Ehre sei dem Vater und dem Sohne *
und dem Heiligen Geiste,

   8 wie im Anfang, so auch jetzt und allezeit *
   und in Ewigkeit. Amen. Kv

Psalm 95: Aufruf zur Treue gegenüber Gott

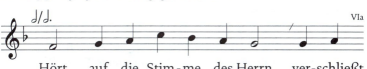

T: nach Ps 95,7.8,
M: Kurt Estermann 2009

1 Kommt, lasst uns jubeln vor dem Herrn *
und zujauchzen dem Fels unsres Heiles!

   2 Lasst uns mit Lob seinem Angesicht nahen, *
   vor ihm jauchzen mit Liedern!

3 Denn der Herr ist ein großer Gott, *
ein großer König über allen Göttern.

   4 In seiner Hand sind die Tiefen der Erde, *
   sein sind die Gipfel der Berge.

5 Sein ist das Meer, das er gemacht hat, *
das trockene Land, das seine Hände gebildet.

   6 Kommt, lasst uns niederfallen, uns vor ihm
   verneigen, *
   lasst uns niederknien vor dem Herrn, unserm Schöpfer!

53

7 Denn er ist unser Gott, /
wir sind das Volk seiner Weide, *
die Herde, von seiner Hand geführt.

    8 Ach, würdet ihr doch heute auf seine Stimme hören! /
    „Verhärtet euer Herz nicht wie in Meríba, *
    wie in der Wüste am Tag von Massa!

9 Dort haben eure Väter mich versucht, *
sie haben mich auf die Probe gestellt und hatten doch mein
Tun gesehen.

    10 Vierzig Jahre war mir dies Geschlecht zuwider /
    und ich sagte: Sie sind ein Volk, dessen Herz
    in die Irre geht; *
    denn meine Wege kennen sie nicht.

11 Darum habe ich in meinem Zorn geschworen: *
Sie sollen nicht kommen in das Land meiner Ruhe."

    12 Ehre sei dem Vater und dem Sohne *
    und dem Heiligen Geiste,

13 wie im Anfang, so auch jetzt und allezeit *
und in Ewigkeit. Amen. Kv

54

Psalm 96: Der Herr, König und Richter aller Welt

T: nach Ps 96,1.2, M: Klaus Wallrath 2009

1 Singt dem Herrn ein neues Lied, *
singt dem Herrn, alle Länder der Erde!

2 Singt dem Herrn und preist seinen N**a**men, *
verkündet sein H**ei**l von T**ag** z**u** Tag!

54
2

3 Erzählt bei den Völkern von seiner H**e**rrlichkeit, *
bei allen Nationen von s**ei**nen Wundern!

    4 Denn groß ist der Herr und hoch zu pr**ei**sen, *
    mehr zu fürchten als **a**lle Götter.

5 Alle Götter der Heiden sind n**i**chtig, *
der Herr aber hat den Himm**e**l geschaffen.

    6 Hoheit und Pracht sind vor seinem **A**ngesicht, *
    Macht und Glanz in s**ei**nem Heiligtum.

7 Bringt dar dem Herrn, ihr Stämme der V**ö**lker, *
bringt dar dem Herrn L**o**b und Ehre!

    8 Bringt dar dem Herrn die Ehre seines N**a**mens, *
    spendet Opfergaben und tretet ein **in** sein Heiligtum!

9 In heiligem Schmuck werft euch nieder vor dem H**e**rrn, *
erbebt vor ihm, alle Länd**e**r der Erde!

    10 Verkündet bei den V**ö**lkern: *
    Der H**e**rr ist König.

11 Den Erdkreis hat er gegründet, sodass er nicht w**a**nkt. *
Er richtet die Nationen so, w**ie** es recht ist.

    12 Der Himmel freue sich, die Erde frohl**o**cke, *
    es brause das Meer und alles, w**a**s es erfüllt.

13 Es jauchze die Flur und was auf ihr w**ä**chst. *
Jubeln sollen alle Bäum**e** des Waldes

    14 vor dem Herrn, wenn er k**o**mmt, *
    wenn er kommt, um die Erd**e** zu richten.

15 Er richtet den Erdkreis ger**e**cht *
und die Nationen nach s**ei**ner Treue.

    16 Ehre sei dem Vater und dem S**o**hne *
    und dem Heiligen Geiste.

17 Wie im Anfang, so auch jetzt und **a**llezeit *
und in Ew**i**gkeit. Amen. Kv

55 Psalm 98: Ein neues Lied auf den Richter und Retter

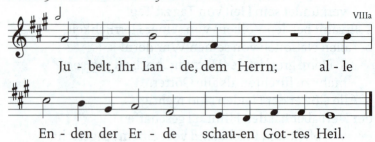

1 Jubelt, ihr Lande, dem Herrn; alle Enden der Erde schauen Gottes Heil.

T: nach Ps 98,3.4, M: Heinrich Rohr (1902–1997)

2

1 Singt dem Herrn ein neues Lied; *
denn er hat wunderbare Taten vollbracht.
    2 Er hat mit seiner Rechten geholfen *
    und mit seinem heiligen Arm.
3 Der Herr hat sein Heil bekannt gemacht *
und sein gerechtes Wirken enthüllt vor den Augen der Völker.
    4 Er dachte an seine Huld *
    und an seine Treue zum Hause Israel.
5 Alle Enden der Erde *
sahen das Heil unsres Gottes.
    6 Jauchzt vor dem Herrn, alle Länder der Erde, *
    freut euch, jubelt und singt!
7 Spielt dem Herrn auf der Harfe, *
auf der Harfe zu lautem Gesang!
    8 Zum Schall der Trompeten und Hörner *
    jauchzt vor dem Herrn, dem König!
9 Es brause das Meer und alles, was es erfüllt, *
der Erdkreis und seine Bewohner.
    10 In die Hände klatschen sollen die Ströme, *
    die Berge sollen jubeln im Chor
11 vor dem Herrn, wenn er kommt, *
um die Erde zu richten.

12 Er richtet den Erdkreis ger**e**cht, *
die Nationen so, w**ie** es recht ist.

13 Ehre sei dem Vater und dem S**o**hne *
und dem Heil**i**gen Geiste,
  14 wie im Anfang, so auch jetzt und **a**llezeit *
  und in Ew**i**gkeit. Amen. Kv

Psalm 100: Lobgesang des Volkes beim Einzug ins Heiligtum

T: nach Ps 100,3, M: Heinrich Rohr (1902–1997)

1 Jauchzt vor dem Herrn, alle Länder der Erde! /
Dient dem Herrn mit Fr**eu**de! *
Kommt vor sein **A**ntl**i**tz m**i**t Jubel!
  2 Erkennt: Der Herr allein ist Gott. /
  Er hat uns geschaffen, wir sind sein **Ei**gentum, *
  sein Volk und die Herde s**ei**ner Weide.
3 Tretet mit Dank durch seine Tor**e** ein! /
Kommt mit Lobgesang in die Vorhöfe seines T**e**mpels! *
Dankt ihm, pr**ei**st s**ei**nen Namen!
  4 Denn der Herr ist gütig, /
  ewig währt seine H**u**ld, *
  von Geschlecht zu Geschlecht s**ei**ne Treue.

56
2

5 Ehre sei dem Vater und dem So̱hne *
und dem He̱iligen Geiste,
    6 wie im Anfang, so auch jetzt und a̱llezeit *
    und in E̱wigkeit. Amen. Kv

57 *Psalm 103: Ein Loblied auf den gütigen und verzeihenden Gott*

1
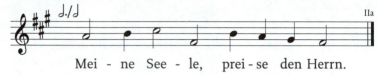
Mei - ne See - le, prei - se den Herrn.

T: nach Ps 104,1, M: Hans Zihlmann 1966

2

1 Lobe den Herrn, meine Se̱ele, *
und alles in mir seinen heiligen Namen!
    2 Lobe den Herrn, meine Se̱ele, *
    und vergiss nicht, was er dir Gutes ge̱tan hat:
3 der dir all deine Schu̱ld vergibt *
und all deine Ge̱brechen heilt,
    4 der dein Leben vor dem Untergang re̱ttet *
    und dich mit Huld und E̱rbarmen krönt,
5 der dich dein Leben lang mit seinen Gaben sä̱ttigt; *
wie dem Adler wird dir die Jugend erneuert.
    6 Der Herr vollbringt Taten des He̱iles, *
    Recht verschafft er allen Be̱drängten.
7 Er hat Mose seine Wege ku̱ndgetan, *
den Kindern Israels seine̱ Werke.
    8 Der Herr ist barmherzig und gnä̱dig, *
    langmütig und reich a̱n Güte.
9 Er wird nicht immer zü̱rnen, *
nicht ewig im Groll ve̱rharren.

10 Er handelt an uns nicht nach unsern Sünden *
und vergilt uns nicht nach unsrer Schuld.
11 Denn so hoch der Himmel über der Erde ist, *
so hoch ist seine Huld über denen, die ihn fürchten.
  12 So weit der Aufgang entfernt ist vom Untergang, *
  so weit entfernt er die Schuld von uns.
13 Wie ein Vater sich seiner Kinder erbarmt, *
so erbarmt sich der Herr über alle, die ihn fürchten.
  14 Denn er weiß, was wir für Gebilde sind; *
  er denkt daran: Wir sind nur Staub.
15 Des Menschen Tage sind wie Gras, *
er blüht wie die Blume des Feldes.
  16 Fährt der Wind darüber, ist sie dahin; *
  der Ort, wo sie stand, weiß von ihr nichts mehr.
17 Doch die Huld des Herrn währt immer und ewig *
für alle, die ihn fürchten und ehren;
  18 sein Heil erfahren noch Kinder und Enkel; /
  alle, die seinen Bund bewahren, *
  an seine Gebote denken und danach handeln.
19 Der Herr hat seinen Thron errichtet im Himmel, *
seine königliche Macht beherrscht das All.
  20 Lobt den Herrn, ihr seine Engel, /
  ihr starken Helden, die seine Befehle vollstrecken, *
  seinen Worten gehorsam!
21 Lobt den Herrn, all seine Scharen, *
seine Diener, die seinen Willen vollziehen!
  22 Lobt den Herrn, all seine Werke, /
  an jedem Ort seiner Herrschaft! *
  Lobe den Herrn, meine Seele!

23 Ehre sei dem Vater und dem Sohne *
und dem Heiligen Geiste.
  24 Wie im Anfang, so auch jetzt und allezeit *
  und in Ewigkeit. Amen. Kv

58 *Psalm 104,1–23: Ein Loblied auf den Schöpfer*

T: Ps 104,1, M: GGB 2010

1 Lobe den Herrn, meine Seele! /
Herr, mein Gott, wie groß bist du! *
Du bist mit Hoheit und Pracht bekleidet.
   2 Du hüllst dich in Licht wie in ein Kleid, *
   du spannst den Himmel aus wie ein Zelt.
3 Du verankerst die Balken deiner Wohnung im Wasser. /
Du nimmst dir die Wolken zum Wagen, *
du fährst einher auf den Flügeln des Sturmes.
   4 Du machst dir die Winde zu Boten *
   und lodernde Feuer zu deinen Dienern.
5 Du hast die Erde auf Pfeiler gegründet; *
in alle Ewigkeit wird sie nicht wanken.
   6 Einst hat die Urflut sie bedeckt wie ein Kleid, *
   die Wasser standen über den Bergen.
7 Sie wichen vor deinem Drohen zurück, *
sie flohen vor der Stimme deines Donners.
   8 Da erhoben sich Berge und senkten sich Täler *
   an den Ort, den du für sie bestimmt hast.
9 Du hast den Wassern eine Grenze gesetzt, /
die dürfen sie nicht überschreiten; *
nie wieder sollen sie die Erde bedecken.
   10 Du lässt die Quellen hervorsprudeln in den Tälern, *
   sie eilen zwischen den Bergen dahin.
11 Allen Tieren des Feldes spenden sie Trank, *
die Wildesel stillen ihren Durst daraus.

12 An den Ufern wohnen die Vögel des Himmels, *
aus den Zweigen erklingt ihr Gesang.
13 Du tränkst die Berge aus deinen Kammern, *
aus deinen Wolken wird die Erde satt.
 14 Du lässt Gras wachsen für das Vieh, *
 auch Pflanzen für den Menschen, die er anbaut,
15 damit er Brot gewinnt von der Erde *
und Wein, der das Herz des Menschen erfreut,
 16 damit sein Gesicht von Öl erglänzt *
 und Brot das Menschenherz stärkt.
17 Die Bäume des Herrn trinken sich satt, *
die Zedern des Libanon, die er gepflanzt hat.
 18 In ihnen bauen die Vögel ihr Nest, *
 auf den Zypressen nistet der Storch.
19 Die hohen Berge gehören dem Steinbock, *
dem Klippdachs bieten die Felsen Zuflucht.
 20 Du hast den Mond gemacht als Maß für die Zeiten, *
 die Sonne weiß, wann sie untergeht.
21 Du sendest Finsternis und es wird Nacht, *
dann regen sich alle Tiere des Waldes.
 22 Die jungen Löwen brüllen nach Beute, *
 sie verlangen von Gott ihre Nahrung.
23 Strahlt die Sonne dann auf, so schleichen sie heim *
und lagern sich in ihren Verstecken.
 24 Nun geht der Mensch hinaus an sein Tagwerk, *
 an seine Arbeit bis zum Abend.

25 Ehre sei dem Vater und dem Sohne *
und dem Heiligen Geiste,
 26 wie im Anfang, so auch jetzt und allezeit *
 und in Ewigkeit. Amen. Kv

Psalm 104,24.27–35: Ein Loblied auf den Schöpfer → *Nr. 645,3–4*

59 Psalm 110: Die Einsetzung des priesterlichen Königs auf dem Zion

Du bist Priester auf ewig nach der Ordnung Melchisedeks.

T: Ps 110,4, M: Psalter für den Gottesdienst 2007

1 So spricht der Herr zu meinem Herrn: /
Setze dich mir zur Rechten *
und ich lege dir deine Feinde als Schemel unter die Füße.

    2 Vom Zion strecke der Herr das Zepter deiner Macht aus: *
    „Herrsche inmitten deiner Feinde!"

3 Dein ist die Herrschaft am Tag deiner Macht *
wenn du erscheinst in heiligem Schmuck;

    4 ich habe dich gezeugt noch vor dem Morgenstern, *
    wie den Tau in der Frühe.

5 Der Herr hat geschworen und nie wird's ihn reuen: *
„Du bist Priester auf ewig nach der Ordnung Melchisedeks."

    6 Der Herr steht dir zur Seite; *
    er zerschmettert Könige am Tage seines Zornes.

7 Er trinkt aus dem Bach am Weg; *
so kann er von Neuem das Haupt erheben.

    8 Ehre sei dem Vater und dem Sohn *
    und dem Heiligen Geist,

9 wie im Anfang, so auch jetzt und allezeit *
und in Ewigkeit. Amen. Kv

Psalm 111: Ein Preislied auf die Wundertaten des Herrn

60

1

T: nach Ps 111,9, M: Josef Seuffert (*1926)

2

1 Den Herrn will ich preisen von ganzem Herzen *
im Kreis der Frommen, inmitten der Gemeinde.

    2 Groß sind die Werke des Herrn, *
    kostbar allen, die sich an ihnen freuen.

3 Er waltet in Hoheit und Pracht, *
seine Gerechtigkeit hat Bestand für immer.

    4 Er hat ein Gedächtnis an seine Wunder gestiftet, *
    der Herr ist gnädig und barmherzig.

5 Er gibt denen Speise, die ihn fürchten, *
an seinen Bund denkt er auf ewig.

    6 Er hat seinem Volk seine machtvollen Taten kundgetan, *
    um ihm das Erbe der Völker zu geben.

7 Die Werke seiner Hände sind gerecht und beständig, *
all seine Gebote sind verlässlich.

    8 Sie stehen fest für immer und ewig, *
    geschaffen in Treue und Redlichkeit.

9 Er gewährte seinem Volk Erlösung /
und bestimmte seinen Bund für ewige Zeiten. *
Furcht gebietend ist sein Name und heilig.

    10 Die Furcht des Herrn ist der Anfang der Weisheit; /
    alle, die danach leben, sind klug. *
    Sein Ruhm hat Bestand für immer.

60
2

11 Ehre sei dem Vater und dem Sohne *
und dem Heiligen Geiste,
   12 wie im Anfang, so auch jetzt und allezeit *
   und in Ewigkeit. Amen. Kv

61

Psalm 112: Der Segen der Gottesfurcht

T: nach Ps 112,5.9, M: GGB 2010

1 Wohl dem Mann, der den Herrn fürchtet und ehrt *
und sich herzlich freut an seinen Geboten.
   2 Seine Nachkommen werden mächtig im Land, *
   das Geschlecht der Redlichen wird gesegnet.
3 Wohlstand und Reichtum füllen sein Haus, *
sein Heil hat Bestand für immer.
   4 Den Redlichen erstrahlt im Finstern ein Licht: *
   der Gnädige, Barmherzige und Gerechte.
5 Wohl dem Mann, der gütig und zum Helfen bereit ist, *
der das Seine ordnet, wie es recht ist.
   6 Niemals gerät er ins Wanken; *
   ewig denkt man an den Gerechten.
7 Er fürchtet sich nicht vor Verleumdung; *
sein Herz ist fest, er vertraut auf den Herrn.
   8 Sein Herz ist getrost, er fürchtet sich nie; *
   denn bald wird er herabschauen auf seine Bedränger.

9 Reichlich gibt er den Armen, /
sein Heil hat Bestand für immer; *
er ist mächtig und hoch geehrt.
    10 Voll Verdruss sieht es der Frevler, /
    er knirscht mit den Zähnen und geht zugrunde. *
    Zunichte werden die Wünsche der Frevler.

11 Ehre sei dem Vater und dem Sohne *
und dem Heiligen Geiste,
    12 wie im Anfang, so auch jetzt und allezeit *
    und in Ewigkeit. Amen. Kv

Psalm 113: Ein Loblied auf Gottes Hoheit und Huld

T: nach Dan 3,52, M: Henri Heuvelmans 2009

1 Lobet, ihr Knechte des Herrn, *
lobt den Namen des Herrn!
    2 Der Name des Herrn sei gepriesen *
    von nun an bis in Ewigkeit.
3 Vom Aufgang der Sonne bis zum Untergang *
sei der Name des Herrn gelobt.
    4 Der Herr ist erhaben über alle Völker, *
    seine Herrlichkeit überragt die Himmel.
5 Wer gleicht dem Herrn, unserm Gott, *
im Himmel und auf Erden,

62

6 ihm, der in der Höhe thront, *
der hinabschaut in die Tiefe,
7 der den Schwachen aus dem Staub emporhebt *
und den Armen erhöht, der im Schmutz liegt?
8 Er gibt ihm einen Sitz bei den Edlen, *
bei den Edlen seines Volkes.
9 Die Frau, die kinderlos war, lässt er im Hause wohnen; *
sie wird Mutter und freut sich an ihren Kindern.

10 Ehre sei dem Vater und dem Sohne *
und dem Heiligen Geiste,
11 wie im Anfang, so auch jetzt und allezeit *
und in Ewigkeit. Amen. Kv

63

Psalm 114: Ein Lobpreis auf die Befreiung Israels

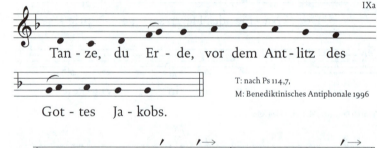

T: nach Ps 114,7,
M: Benediktinisches Antiphonale 1996

1 Als Israel aus Ägypten auszog, *
Jakobs Haus aus dem Volk mit fremder Sprache,
2 da wurde Juda Gottes Heiligtum, *
Israel das Gebiet seiner Herrschaft.
3 Das Meer sah es und floh, *
der Jordan wich zurück.
4 Die Berge hüpften wie Widder, *
die Hügel wie junge Lämmer.
5 Was ist mit dir, Meer, dass du fliehst, *
und mit dir, Jordan, dass du zurückweichst?

6 Ihr Berge, was hüpft ihr wie Widder, *
und ihr Hügel, wie junge Lämmer?
7 Vor dem Herrn erbebe, du Erde, *
vor dem Antlitz des Gottes Jakobs,
    8 der den Fels zur Wasserflut wandelt *
    und Kieselgestein zu quellendem Wasser.

9 Ehre sei dem Vater und dem Sohn *
und dem Heiligen Geist.
    10 Wie im Anfang, so auch jetzt und allezeit *
    und in Ewigkeit. Amen. Kv

Psalm 115: Der Gott Israels und die Götter der anderen Völker

Die ihr ihn fürch - tet, ver - traut auf den Herrn! Er ist euch Schild und Hil - fe.

T: nach Ps 115,11, M: GGB 2010

1 Nicht uns, o Herr, bring zu Ehren, /
nicht uns, sondern deinen Namen, *
in deiner Huld und Treue!
    2 Warum sollen die Völker sagen: *
    „Wo ist denn ihr Gott?"
3 Unser Gott ist im Himmel; *
alles, was ihm gefällt, das vollbringt er.
    4 Die Götzen der Völker sind nur Silber und Gold, *
    ein Machwerk von Menschenhand.

64
2

5 Sie haben einen Mund und reden nicht, *
Augen und sehen nicht;
    6 sie haben Ohren und hören nicht, *
    eine Nase und riechen nicht;
7 mit ihren Händen können sie nicht greifen, /
mit den Füßen nicht gehen, *
sie bringen keinen Laut hervor aus ihrer Kehle.
    8 Die sie gemacht haben, sollen ihrem Machwerk gleichen, *
    alle, die den Götzen vertrauen.
9 Israel, vertrau auf den Herrn! *
Er ist für euch Helfer und Schild.
    10 Haus Aaron, vertrau auf den Herrn! *
    Er ist für euch Helfer und Schild.
11 Alle, die ihr den Herrn fürchtet, vertraut auf den Herrn! *
Er ist für euch Helfer und Schild.
    12 Der Herr denkt an uns, er wird uns segnen, /
    er wird das Haus Israel segnen, *
    er wird das Haus Aaron segnen.
13 Der Herr wird alle segnen, die ihn fürchten, *
segnen Kleine und Große.
    14 Es mehre euch der Herr, *
    euch und eure Kinder.
15 Seid gesegnet vom Herrn, *
der Himmel und Erde gemacht hat.
    16 Der Himmel ist der Himmel des Herrn, *
    die Erde aber gab er den Menschen.
17 Tote können den Herrn nicht mehr loben, *
keiner, der ins Schweigen hinabfuhr.
    18 Wir aber preisen den Herrn *
    von nun an bis in Ewigkeit. *

19 Ehre sei dem Vater und dem Sohne *
und dem Heiligen Geiste,
    20 wie im Anfang, so auch jetzt und allezeit *
    und in Ewigkeit. Amen. Kv

Psalm 116: Der Dank für Rettung aus Todesnot → Nr. 629,3–4

Psalm 117: Aufruf an alle Völker zum Lob Gottes **65**

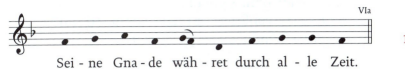

T: nach Ps 136; Ps 117,2, M: Heinrich Rohr (1902–1997)

1 Lobet den Herrn, alle Völker, *
preist ihn, alle Nationen!
    2 Denn mächtig waltet über uns seine Huld, *
die Treue des Herrn währt in Ewigkeit.

3 Ehre sei dem Vater und dem Sohne *
und dem Heiligen Geiste,
    4 wie im Anfang, so auch jetzt und allezeit *
und in Ewigkeit. Amen. Kv

Psalm 117: Aufruf an die Völker zum Lob Gottes

T: Ps 85,2, M: gregorianisch, Ü: Einst hast du, Herr, dein Land begnadet.

65

1 Laudáte Dóminum, omn_es gentes, *
collaudáte eum, _omnes pópuli.
    2 Quóniam confirmáta est super nos misericórdi_a eius, *
    et véritas Dómini manet _in aetérnum.

3 Glória Patri _et Fíli_o, *
et Spirít_ui Sancto.
    4 Sicut erat in princípio, et nunc _et semper, *
    et in sáecula saeculórum. Amen. Kv

66

Psalm 118: Eine Dankliturgie

Das ist der Tag, den der Herr gemacht; lasst uns froh-lo-cken und sei-ner uns freu-en.

T: nach Ps 118,24, M: Josef Seuffert (*1926)

1 Danket dem Herrn, denn er _ist gütig, *
denn sein_e Huld währt ewig.
    2 So soll Isra_el sagen: *
    Denn seine Huld währt ewig.
3 So soll das Haus Aar_on sagen: *
Denn seine Huld währt ewig.
    4 So sollen alle sagen, die den Herrn fürchten
    _und ehren: *
    Denn sein_e Huld währt ewig.

[Ruf] VIa

K/A Hal-le-lu-ja,   Hal-le-lu-ja,   Hal-le-lu-ja.

5 In der Bedrängnis rief ich zum Herrn; *
der Herr hat mich erhört und mich frei gemacht.
    6 Der Herr ist bei mir, ich fürchte mich nicht. *
    Was können Menschen mir antun?
7 Der Herr ist bei mir, er ist mein Helfer; *
ich aber schaue auf meine Hasser herab.
    8 Besser, sich zu bergen beim Herrn, *
    als auf Menschen zu bauen.
9 Besser, sich zu bergen beim Herrn, *
als auf Fürsten zu bauen.
    10 Alle Völker umringen mich; *
    ich wehre sie ab im Namen des Herrn.
11 Sie umringen, ja, sie umringen mich; *
ich wehre sie ab im Namen des Herrn.
    12 Sie umschwirren mich wie Bienen, /
    wie ein Strohfeuer verlöschen sie; *
    ich wehre sie ab im Namen des Herrn.
13 Sie stießen mich hart, sie wollten mich stürzen; *
der Herr aber hat mir geholfen.
    14 Meine Stärke und mein Lied ist der Herr; *
    er ist für mich zum Retter geworden. [Ruf]

15 Frohlocken und Jubel erschallt in den Zelten
der Gerechten: *
„Die Rechte des Herrn wirkt mit Macht!
    16 Die Rechte des Herrn ist erhoben, *
    die Rechte des Herrn wirkt mit Macht!"
17 Ich werde nicht sterben, sondern leben, *
um die Taten des Herrn zu verkünden.
    18 Der Herr hat mich hart gezüchtigt, *
    doch er hat mich nicht dem Tod übergeben. [Ruf]

66

[Ruf]

K/A Hal-le-lu-ja, Hal-le-lu-ja, Hal-le-lu-ja.

19 Öffnet mir die Tore zur Gerechtigkeit, *
damit ich eintrete, um dem Herrn zu danken.
   20 Das ist das Tor zum Herrn, *
   nur Gerechte treten hier ein.
21 Ich danke dir, dass du mich erhört hast; *
du bist für mich zum Retter geworden.
   22 Der Stein, den die Bauleute verwarfen, *
   er ist zum Eckstein geworden.
23 Das hat der Herr vollbracht, *
vor unseren Augen geschah dieses Wunder.
   24 Dies ist der Tag, den der Herr gemacht hat; *
   wir wollen jubeln und uns an ihm freuen. [Ruf]

25 Ach, Herr, bring doch Hilfe! *
Ach, Herr, gib doch Gelingen!
   26 Gesegnet sei er, der kommt im Namen des Herrn. /
   Wir segnen euch vom Haus des Herrn her. *
   Gott, der Herr, erleuchte uns.
27 Mit Zweigen in den Händen schließt euch
zusammen zum Reigen *
bis zu den Hörnern des Altars!
   28 Du bist mein Gott, dir will ich danken; *
   mein Gott, dich will ich rühmen.
29 Danket dem Herrn, denn er ist gütig, *
denn seine Huld währt ewig. [Ruf]

   30 Ehre sei dem Vater und dem Sohne *
   und dem Heiligen Geiste.
31 Wie im Anfang, so auch jetzt und allezeit *
und in Ewigkeit. Amen. Kv

Psalm 121: Der Wächter Israels

T: Ps 121,7, M: GGB 2010

1 Ich hebe meine Augen auf zu den Bergen: *
Woher kommt mir Hilfe?
    2 Meine Hilfe kommt vom Herrn, *
    der Himmel und Erde gemacht hat.
3 Er lässt deinen Fuß nicht wanken; *
er, der dich behütet, schläft nicht.
    4 Nein, der Hüter Israels, *
    er schläft und schlummert nicht.
5 Der Herr ist dein Hüter, der Herr gibt dir Schatten; *
er steht dir zur Seite.
    6 Bei Tag wird dir die Sonne nicht schaden *
    noch der Mond in der Nacht.
7 Der Herr behüte dich vor allem Bösen, *
er behüte dein Leben.
    8 Der Herr behüte dich, wenn du fortgehst und wiederkommst, *
    von nun an bis in Ewigkeit.

9 Ehre sei dem Vater und dem Sohne *
und dem Heiligen Geiste,
    10 wie im Anfang, so auch jetzt und allezeit *
    und in Ewigkeit. Amen. Kv

68 Psalm 122: Ein Lied zur Wallfahrt nach Jerusalem

Frie - de sei in dei-nen Mau - ern, Ge - bor - gen - heit in dei - nen Häu - sern.

T: Ps 122,7, M: Christoph Hönerlage 2008

1 Ich freute mich, als man mir sagte: *
„Zum Haus des Herrn wollen wir pilgern."
    2 Schon stehen wir in deinen Toren, Jerusalem: /
    Jerusalem, du starke Stadt, *
    dicht gebaut und fest gefügt.
3 Dorthin ziehen die Stämme hinauf, die Stämme des Herrn, /
wie es Israel geboten ist, *
den Namen des Herrn zu preisen.
    4 Denn dort stehen Throne bereit für das Gericht, *
    die Throne des Hauses David.
5 Erbittet für Jerusalem Frieden! *
Wer dich liebt, sei in dir geborgen.
    6 Friede wohne in deinen Mauern, *
    in deinen Häusern Geborgenheit.
7 Wegen meiner Brüder und Freunde *
will ich sagen: In dir sei Friede.
    8 Wegen des Hauses des Herrn, unseres Gottes, *
    will ich dir Glück erflehen.

9 Ehre sei dem Vater und dem Sohne *
und dem Heiligen Geiste,
    10 wie im Anfang, so auch jetzt und allezeit *
    und in Ewigkeit. Amen. Kv

Psalm 126: Tränen und Jubel

69

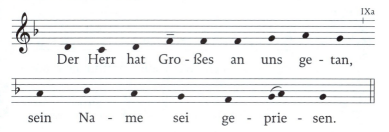

T: nach Ps 126,3 und Ps 113,2, M: Franz Karl Praßl

1 Als der Herr das Los der Gefangenschaft Zions wendete, *
da waren wir alle wie Träumende.
    2 Da war unser Mund voll Lachen *
    und unsere Zunge voll Jubel.
3 Da sagte man unter den andern Völkern: *
„Der Herr hat an ihnen Großes getan."
    4 Ja, Großes hat der Herr an uns getan. *
    Da waren wir fröhlich.
5 Wende doch, Herr, unser Geschick, *
wie du versiegte Bäche wieder füllst im Südland.
    6 Die mit Tränen säen, *
    werden mit Jubel ernten.
7 Sie gehen hin unter Tränen *
und tragen den Samen zur Aussaat.
    8 Sie kommen wieder mit Jubel *
    und bringen ihre Garben ein.

9 Ehre sei dem Vater und dem Sohn *
und dem Heiligen Geist,
    10 wie im Anfang, so auch jetzt und allezeit *
    und in Ewigkeit. Amen. Kv

70 *Psalm 127: Die Mühe des Menschen und der Segen Gottes*

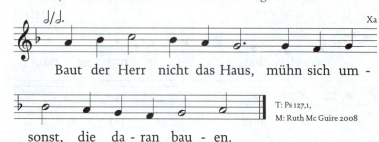

Baut der Herr nicht das Haus, mühn sich umsonst, die daran bauen.

T: Ps 127,1,
M: Ruth Mc Guire 2008

1 Wenn nicht der Herr das Haus baut, *
müht sich jeder umsonst, der daran baut.
    2 Wenn nicht der Herr die Stadt bewacht, *
    wacht der Wächter umsonst.
3 Es ist umsonst, dass ihr früh aufsteht *
und euch spät erst niedersetzt,
    4 um das Brot der Mühsal zu essen; *
    denn der Herr gibt es den Seinen im Schlaf.
5 Kinder sind eine Gabe des Herrn, *
die Frucht des Leibes ist sein Geschenk.
    6 Wie Pfeile in der Hand des Kriegers, *
    so sind Söhne aus den Jahren der Jugend.
7 Wohl dem Mann, der mit ihnen den Köcher gefüllt hat! *
Beim Rechtsstreit mit ihren Feinden scheitern sie nicht.

    8 Ehre sei dem Vater und dem Sohne *
    und dem Heiligen Geiste,
9 wie im Anfang, so auch jetzt und allezeit *
und in Ewigkeit. Amen. Kv

Psalm 128: Haussegen

T: nach Ps 128,1, M: GGB 2009

1 Wohl dem Mann, der den Herrn fürchtet und ehrt *
und der auf seinen Wegen geht!
  2 Was deine Hände erwarben, kannst du genießen; *
  wohl dir, es wird dir gut ergehn.
3 Wie ein fruchtbarer Weinstock ist deine Frau *
drinnen in deinem Haus.
  4 Wie junge Ölbäume sind deine Kinder *
  rings um deinen Tisch.
5 So wird der Mann gesegnet, *
der den Herrn fürchtet und ehrt.
  6 Es segne dich der Herr vom Zion her. *
  Du sollst dein Leben lang das Glück Jerusalems
  schauen
7 und die Kinder deiner Kinder sehn. *
Frieden über Israel!

  8 Ehre sei dem Vater und dem Sohne *
  und dem Heiligen Geiste,
9 wie im Anfang, so auch jetzt und allezeit *
und in Ewigkeit. Amen. Kv

Psalm 130: Bitte in tiefer Not → Nr. 639,3–4

72 *Psalm 131: Der Frieden in Gott*

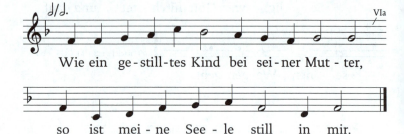

Wie ein ge-still-tes Kind bei sei-ner Mut - ter, so ist mei - ne See - le still in mir.

T: nach Ps 131,2, M: Christian Matthias Heiß 2008

1 Herr, mein Herz ist ni̱cht stolz, *
nicht hochmütig blicke̱n meine Augen.
 2 Ich gehe nicht um mi̱t Dingen, *
 die mir zu wunderba̱r und zu hoch sind.
3 Ich ließ meine Seele ruhig werden u̱nd still; *
wie ein kleines Kind bei der Mutter ist meine̱ Seele
still i̱n mi̱r.
 4 Israel, harre auf de̱n Herrn *
 von nun a̱n bis in Ewi̱gkeit!

5 Ehre sei dem Vater und de̱m Sohne *
und dem He̱iligen Geiste,
 6 wie im Anfang, so auch jetzt u̱nd allezeit *
 und in E̱wigkeit. Amen. Kv

Psalm 133: Ein Lob der Eintracht **73**

Friede sei in deinen Mauern, Geborgenheit in deinen Häusern.

T: Ps 122,7, M: Christoph Hönerlage 2008

1 Seht doch, wie gut und schön ist es, *
wenn Brüder miteinander in Eintracht wohnen.

   2 Das ist wie köstliches Salböl, /
   das vom Kopf hinabfließt auf den Bart, auf Aarons Bart, *
   das auf sein Gewand hinabfließt.

3 Das ist wie der Tau des Hermon, /
der auf den Berg Zion niederfällt. *
Denn dort spendet der Herr Segen und Leben in Ewigkeit.

   4 Ehre sei dem Vater und dem Sohne *
   und dem Heiligen Geiste,

5 wie im Anfang, so auch jetzt und allezeit *
und in Ewigkeit. Amen. Kv

Psalm 134: Nächtliches Loblied im Tempel → Nr. 664,3–4

74 Psalm 137: Heimweh nach dem Zion in der Verbannung

Wie könn-te ich dich je ver-ges-sen, Je-ru-sa-lem, du meine höchste Freu-de? Freu-de.

T: nach Ps 137,5, M: Gregor Linßen 2009

1 An den Strömen von Babel, /
da saßen wir und weinten, *
wenn wir an Zion dachten.
    2 Wir hängten unsere Harfen *
    an die Weiden in jenem Land.
3 Dort verlangten von uns die Zwingherren Lieder, /
unsere Peiniger forderten Jubel: *
„Singt uns Lieder vom Zion!"
    4 Wie könnten wir singen die Lieder des Herrn, *
    fern, auf fremder Erde?
5 Wenn ich dich je vergesse, Jerusalem, *
dann soll mir die rechte Hand verdorren.
    6 Die Zunge soll mir am Gaumen kleben, /
    wenn ich an dich nicht mehr denke, *
    wenn ich Jerusalem nicht zu meiner höchsten Freude
    erhebe.

7 Ehre sei dem Vater und dem Sohn *
und dem Heiligen Geist,
    8 wie im Anfang, so auch jetzt und allezeit *
    und in Ewigkeit. Amen. Kv

Psalm 139: Der Mensch vor dem allwissenden Gott → *Nr. 657,1–2*

Psalm 141: Bitte um Bewahrung vor Sünde → *Nr. 661,2–3*

Psalm 142: Hilferuf in schwerer Bedrängnis

75

Ich schreie zu dir, o Herr. Meine Zuflucht bist du.

1

T: Ps 142,6, M: GGB 2010

2

1 Mit lauter Stimme schrei ich zum Herrn, *
laut flehe ich zum Herrn um Gnade.
    2 Ich schütte vor ihm meine Klagen aus, *
    eröffne ihm meine Not.
3 Wenn auch mein Geist in mir verzagt, *
du kennst meinen Pfad.
    4 Auf dem Weg, den ich gehe, *
    legten sie mir Schlingen.
5 Ich blicke nach rechts und schaue aus, *
doch niemand ist da, der mich beachtet.
    6 Mir ist jede Zuflucht genommen, *
    niemand fragt nach meinem Leben.
7 Herr, ich schreie zu dir, /
ich sage: Meine Zuflucht bist du, *
mein Anteil im Land der Lebenden.
    8 Vernimm doch mein Flehen; *
    denn ich bin arm und elend.
9 Meinen Verfolgern entreiß mich; *
sie sind viel stärker als ich.
    10 Führe mich heraus aus dem Kerker, *
    damit ich deinen Namen preise.

75
2

11 Die Gerechten scharen sich um mich, *
weil du mir Gutes tust.

 12 Ehre sei dem Vater und dem Sohn *
und dem Heiligen Geist,
13 wie im Anfang, so auch jetzt und allezeit *
und in Ewigkeit. Amen. Kv

76

Psalm 145: Lobpreis der Größe und Güte Gottes

1
ö

T: Ps 145,18, M: Christoph Mühlthaler 2009

2

1 Ich will dich rühmen, mein Gott und König, *
und deinen Namen preisen immer und ewig;
 2 ich will dich preisen Tag für Tag *
 und deinen Namen loben immer und ewig.
3 Groß ist der Herr und hoch zu loben, *
seine Größe ist unerforschlich.
 4 Ein Geschlecht verkünde dem andern den Ruhm
 deiner Werke *
 und erzähle von deinen gewaltigen Taten.
5 Sie sollen vom herrlichen Glanz deiner Hoheit reden; *
ich will deine Wunder besingen.
 6 Sie sollen sprechen von der Gewalt deiner erschre-
 ckenden Taten; *
 ich will von deinen großen Taten berichten.
7 Sie sollen die Erinnerung an deine große Güte wecken *
und über deine Gerechtigkeit jubeln.

8 Der Herr ist gnädig und barmherzig, *
   langmütig und reich an Gnade.
9 Der Herr ist gütig zu allen, *
sein Erbarmen waltet über all seinen Werken.
   10 Danken sollen dir, Herr, all deine Werke *
   und deine Frommen dich preisen.
11 Sie sollen von der Herrlichkeit deines Königtums reden, *
sollen sprechen von deiner Macht,
   12 den Menschen deine machtvollen Taten verkünden *
   und den herrlichen Glanz deines Königtums.
13 Dein Königtum ist ein Königtum für ewige Zeiten, *
deine Herrschaft währt von Geschlecht zu Geschlecht.
   14 Der Herr ist treu in all seinen Worten, *
   voll Huld in all seinen Taten.
15 Der Herr stützt alle, die fallen, *
und richtet alle Gebeugten auf.
   16 Aller Augen warten auf dich *
   und du gibst ihnen Speise zur rechten Zeit.
17 Du öffnest deine Hand *
und sättigst alles, was lebt, nach deinem Gefallen.
   18 Gerecht ist der Herr in allem, was er tut, *
   voll Huld in all seinen Werken.
19 Der Herr ist allen, die ihn anrufen, nahe, *
allen, die zu ihm aufrichtig rufen.
   20 Die Wünsche derer, die ihn fürchten, erfüllt er, *
   er hört ihr Schreien und rettet sie.
21 Alle, die ihn lieben, behütet der Herr, *
doch alle Frevler vernichtet er.
   22 Mein Mund verkünde das Lob des Herrn. *
   Alles, was lebt, preise seinen heiligen Namen immer
   und ewig!

23 Ehre sei dem Vater und dem Sohn *
und dem Heiligen Geist,
   24 wie im Anfang, so auch jetzt und allezeit *
   und in Ewigkeit. Amen. Kv

77 Psalm 146: Preislied auf Gott, den Herrn und Helfer Israels

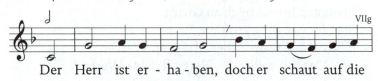

Der Herr ist er‑ha‑ben, doch er schaut auf die Nied‑ri‑gen: Ja, sei‑ne Rechte hilft mir.

T: nach Ps 138,6.7, M: GGB 2010

1 Lobe den Herrn, meine Seele! /
Ich will den Herrn loben, solange ich lebe, *
meinem Gott singen und spielen, solange ich da bin.

    2 Verlasst euch nicht auf Fürsten, *
    auf Menschen, bei denen es doch keine Hilfe gibt.

3 Haucht der Mensch sein Leben aus /
und kehrt er zurück zur Erde, *
dann ist es aus mit all seinen Plänen.

    4 Wohl dem, dessen Halt der Gott Jakobs ist *
    und der seine Hoffnung auf den Herrn, seinen Gott, setzt.

5 Der Herr hat Himmel und Erde gemacht, /
das Meer und alle Geschöpfe; *
er hält ewig die Treue.

    6 Recht verschafft er den Unterdrückten, /
    den Hungernden gibt er Brot; *
    der Herr befreit die Gefangenen.

7 Der Herr öffnet den Blinden die Augen, *
er richtet die Gebeugten auf.

    8 Der Herr beschützt die Fremden *
    und verhilft den Waisen und Witwen zu ihrem Recht.

9 Der Herr liebt die Gerechten, *
doch die Schritte der Frevler leitet er in die Irre.

10 Der Herr ist König auf ewig, *
dein Gott, Zion, herrscht von Geschlecht zu Geschlecht.

11 Ehre sei dem Vater und dem Sohn *
und dem Heiligen Geist,
　12 wie im Anfang, so auch jetzt und allezeit *
und in Ewigkeit. Amen. Kv

Psalm 147 A + B: Bekenntnis zu Gott, dem Retter Israels

Je - ru - sa - lem, rüh - me den Herrn,
lob - sin - ge, Zi - on, dei - nem Gott.

T: nach Ps 147,12, M: Markus Eham 2011

A 1 Gut ist es, unserm Gott zu singen; *
schön ist es, ihn zu loben.
　2 Der Herr baut Jerusalem wieder auf, *
er sammelt die Versprengten Israels.
3 Er heilt die gebrochenen Herzen *
und verbindet ihre schmerzenden Wunden.
　4 Er bestimmt die Zahl der Sterne *
und ruft sie alle mit Namen.
5 Groß ist unser Herr und gewaltig an Kraft, *
unermesslich ist seine Weisheit.
　6 Der Herr hilft den Gebeugten auf *
und erniedrigt die Frevler.

78

2

7 Stimmt dem Herrn ein Danklied an, *
spielt unserm Gott auf der Harfe!
   8 Er bedeckt den Himmel mit Wolken, /
   spendet der Erde Regen *
   und lässt Gras auf den Bergen sprießen.
9 Er gibt dem Vieh seine Nahrung, *
gibt den jungen Raben, wonach sie schreien.
   10 Er hat keine Freude an der Kraft des Pferdes, *
   kein Gefallen am schnellen Lauf des Mannes.
11 Gefallen hat der Herr an denen, die ihn fürchten und ehren, *
die voll Vertrauen warten auf seine Huld.

3 B 12 Jerusalem, preise den Herrn, *
   lobsinge, Zion, deinem Gott!
13 Denn er hat die Riegel deiner Tore fest gemacht, *
die Kinder in deiner Mitte gesegnet;
   14 er verschafft deinen Grenzen Frieden *
   und sättigt dich mit bestem Weizen.
15 Er sendet sein Wort zur Erde, *
rasch eilt sein Befehl dahin.
   16 Er spendet Schnee wie Wolle, *
   streut den Reif aus wie Asche.
17 Eis wirft er herab in Brocken, *
vor seiner Kälte erstarren die Wasser.
   18 Er sendet sein Wort aus und sie schmelzen, *
   er lässt den Wind wehen, dann rieseln die Wasser.
19 Er verkündet Jakob sein Wort, *
Israel seine Gesetze und Rechte.
   20 An keinem andern Volk hat er so gehandelt, *
   keinem sonst seine Rechte verkündet.

21 Ehre sei dem Vater und dem Sohne *
und dem Heiligen Geiste.
   22 Wie im Anfang, so auch jetzt und allezeit *
   und in Ewigkeit. Amen. Kv

Psalm 148: Danklied auf Gott, den Schöpfer und Herrn   **79**

Der Na - me des Herrn ist er - ha - ben:

Sei-ne Ho-heit strahlt ü-ber Er - de und Him-mel.

T: nach Ps 148,13, M: GGB 2010

1 Lobt den Herrn vom Himmel her, *
lobt ihn in den Höhen:
    2 Lobt ihn, all seine Engel, *
    lobt ihn, all seine Scharen;
3 lobt ihn, Sonne und Mond, *
lobt ihn, all ihr leuchtenden Sterne;
    4 lobt ihn, alle Himmel *
    und ihr Wasser über dem Himmel!
5 Loben sollen sie den Namen des Herrn; *
denn er gebot, und sie waren erschaffen.
    6 Er stellte sie hin für immer und ewig, *
    er gab ihnen ein Gesetz, das sie nicht übertreten.
7 Lobt den Herrn, ihr auf der Erde, *
ihr Seeungeheuer und all ihr Tiefen,
    8 Feuer und Hagel, Schnee und Nebel, *
    du Sturmwind, der sein Wort vollzieht,
9 ihr Berge und all ihr Hügel, *
ihr Fruchtbäume und alle Zedern,
    10 ihr wilden Tiere und alles Vieh, *
    Kriechtiere und gefiederte Vögel,
11 ihr Könige der Erde und alle Völker, *
ihr Fürsten und alle Richter auf Erden,

79

2
    12 ihr jungen Männer und auch ihr Mädchen, *
    ihr Alten mit den Jungen!
13 Loben sollen sie den Namen des Herrn; /
denn sein Name allein ist erhaben, *
seine Hoheit strahlt über Erde und Himmel.
    14 Seinem Volk verleiht er Macht, /
    das ist ein Ruhm für all seine Frommen, *
    für Israels Kinder, das Volk, das ihm nahen darf.

15 Ehre sei dem Vater und dem Sohn *
und dem Heiligen Geist,
    16 wie im Anfang, so auch jetzt und allezeit *
    und in Ewigkeit. Amen. Kv

80

Psalm 149: Ein Kampflied des Gottesvolkes

1

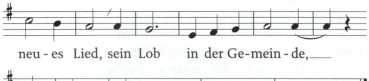
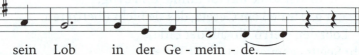

T: nach Ps 149,1, M: Jutta Bitsch 2009

2

1 Singt dem Herrn ein neues Lied! *
Sein Lob erschalle in der Gemeinde der Frommen.
    2 Israel soll sich über seinen Schöpfer freuen, *
    die Kinder Zions über ihren König jauchzen.

3 Seinen Namen sollen sie loben beim Reigentanz, *
ihm spielen auf Pauken und Harfen.
   4 Der Herr hat an seinem Volk Gefallen, *
   die Gebeugten krönt er mit Sieg.
5 In festlichem Glanz sollen die Frommen frohlocken, *
auf ihren Lagern jauchzen:
   6 Loblieder auf Gott in ihrem Mund, *
   ein zweischneidiges Schwert in der Hand,
7 um die Vergeltung zu vollziehn an den Völkern, *
an den Nationen das Strafgericht,
   8 um ihre Könige mit Fesseln zu binden, *
   ihre Fürsten mit eisernen Ketten,
9 um Gericht über sie zu halten, so wie geschrieben steht. *
Herrlich ist das für all seine Frommen.

   10 Ehre sei dem Vater und dem Sohn *
   und dem Heiligen Geist,
11 wie im Anfang, so auch jetzt und allezeit *
und in Ewigkeit. Amen. Kv

Psalm 150: Das große Halleluja → *Nr. 616,5–6*

Gesänge

TAG
- Morgen 81
- Mittag – Tischgebet 87
- Abend 89

WOCHE
- Sonntag 103
- Messgesänge
  - Lateinische Ordinarien 104
  - Deutsche Ordinarien 126
  - Gesänge zur Eröffnung 140
  - Kyrie 151
  - Kyrie-Litaneien 158
  - Gloria 166
  - Rufe vor dem Evangelium 174
  - Credo 177
  - Fürbittrufe 181
  - Gesänge zur Gabenbereitung 183
  - Sanctus 190
  - Akklamationen im Hochgebet 201
  - Vaterunser → Nr. 201,4
  - Agnus Dei 202
  - Gesänge zur Kommunion – Dank nach
    der Kommunion 209

JAHR
- Das Kirchenjahr 217
- Der Advent 217,4
- Die Weihnachtszeit 235
  - Jahresschluss – Neujahr 257
  - Erscheinung des Herrn 259
- Der Osterfestkreis 265
  - Die Österliche Bußzeit 265,1

Die Feier der Heiligen Woche 278
    Palmsonntag 302
    Gründonnerstag 304
    Karfreitag 306
    Karsamstag 309
    Ostersonntag 311
Die Osterzeit 317
Christi Himmelfahrt 339
Pfingsten – Heiliger Geist 341

LEBEN

Leben in Gott 352
    Der Dreieine Gott – Vater, Sohn und
       Heiliger Geist 352
    Jesus Christus 356
    Lob, Dank und Anbetung 379
    Vertrauen und Trost 414
    Bitte und Klage 436
    Glaube, Hoffnung, Liebe 442
    Wort Gottes 447
    Segen 451
Leben in der Welt 454
    Sendung und Nachfolge 454
    Schöpfung 462
    Gerechtigkeit und Friede 470
Leben in der Kirche 476
    Kirche – Ökumene 477
    Taufe 488
    Firmung → Nr. 341
    Eucharistie 492
    Versöhnung – Buße und Umkehr → Nr. 266
    Eheleben 499
    Tod und Vollendung 500
    Maria 519
    Engel 538
    Heilige 541
    Die himmlische Stadt 549

Tag

MORGEN

81
(ö)

1. Lobet den Herren alle, die ihn ehren; lasst uns mit Freuden seinem Namen singen und Preis und Dank zu seinem Altar bringen. Lobet den Herren.
2. Der unser Leben, das er uns gegeben, in dieser Nacht so väterlich bedecket und aus dem Schlaf uns fröhlich auferwecket. Lobet den Herren.
3. Dass unsre Sinnen wir noch brauchen können und Händ und Füße, Zung und Lippen regen, das haben wir zu danken seinem Segen. Lobet den Herren.

4 O treuer Hüter, Brunnen aller Güter, / ach lass doch ferner über unser Leben / bei Tag und Nacht dein Huld und Güte schweben. / Lobet den Herren.

5 Gib, dass wir heute, Herr, durch dein Geleite / auf unsern Wegen unverhindert gehen / und überall in deiner Gnade stehen. / Lobet den Herren.

6 Treib unsern Willen, dein Wort zu erfüllen; / hilf uns gehorsam wirken deine Werke, / und wo wir schwach sind, da gib du uns Stärke. / Lobet den Herren.

7 Herr, du wirst kommen und all deine Frommen, / die sich bekehren, gnädig dahin bringen, / da alle Engel ewig, ewig singen: / Lobet den Herren.

T: Paul Gerhardt 1653, M: Johann Crüger 1653

1–3 für die Men-schen in je-dem Land. Halt ü-ber uns dei-ne seg-nen-de Hand. Kv

4 Es werde Trost in langen Stunden / für alle, die gefesselt sind, / an Krankheit, Angst und Not gebunden, / für Mann und Frau, für Greis und Kind. / Es werde Trost für die Menschen in jedem Land. / Halt über uns deine segnende Hand. Kv

T: Raymund Weber 2004, M: Christoph Seeger 2004

1 Die Nacht ist ver-gan-gen, wir
2 Schon lockt uns die Tau-be, wir

1 schau-en er-war-tend den stei-gen-den Tag
2 hor-chen, ver-lan-gend zu fol-gen dem Ruf

1 und grü-ßen dich, Chri-stus. 4 A-men.
2 des Ký-ri-os Chri-stus.

3 Die Nebel entweichen / im Glanze der strahlenden Klarheit und Kraft / des kommenden Christus.

4 Wir loben den Vater / und preisen im Geiste die Sonne des Heils: / den herrlichen Christus. Amen.

T: Silja Walter 1975/1995, Benediktinisches Antiphonale 1996, M: Antiphonale zum Stundengebet 1979

84 (ö)

1. Mor-gen-glanz der E-wig-keit, Licht vom un-er-schaff-nen Lich-te, und ver-treib durch dei-ne Macht uns-re Nacht.

schick uns die-se Mor-gen-zeit dei-ne Strah-len zu Ge-sich-te,

2 Such uns heim mit deiner Kraft, / o du Aufgang aus der Höhe, / dass der Sünde bittre Haft / und des Zweifels Not vergehe. / Gib uns Trost und Zuversicht durch dein Licht.

3 Birg in deiner treuen Hut / alle, die den Tag erleben; / schenke den Verzagten Mut, / dass sie sich gestärkt erheben, / deinem Licht entgegenschaun und vertraun.

4 Licht, das keinen Abend kennt, / leucht uns, bis der Tag sich neiget. / Christus, wenn der Himmel brennt / und dein Zeichen groß aufsteiget, / führ uns heim aus dem Gericht in dein Licht.

T: 1. Str.: Christian Anton Philipp Knorr von Rosenroth [1654] 1684, 2.–4. Str.: Maria Luise Thurmair [1969] 1975, M: Johann Rudolf Ahle 1662, Halle 1704/1708

85 ö

Ausgang und Ein-gang, An-fang und En-de liegen bei dir, Herr, füll du uns die Hän-de!

T u. M: Joachim Schwarz 1962

1. Aus meines Herzens Grunde sag ich dir Lob und Dank dir, Gott in deinem Thron, zu Lob und Preis und Ehren durch Christum unsern Herren, dein eingebornen Sohn,
   in dieser Morgenstunde, dazu mein Leben lang,

2. dass du mich hast aus Gnaden / in der vergangnen Nacht / vor Gfahr und allem Schaden / behütet und bewacht; / demütig bitt ich dich, / wollst mir mein Sünd vergeben, / womit in diesem Leben / ich hab erzürnet dich.

3. Gott will ich lassen raten, / denn er all Ding vermag. / Er segne meine Taten / an diesem neuen Tag. / Ihm hab ich heimgestellt / mein Leib, mein Seel, mein Leben / und was er sonst gegeben; / er mach's, wie's ihm gefällt.

4. Darauf so sprech ich „Amen" / und zweifle nicht daran, / Gott wird es alls zusammen / in Gnaden sehen an, / und streck nun aus mein Hand, / greif an das Werk mit Freuden, / dazu mich Gott beschieden / in meim Beruf und Stand.

T: nach Georg Niege vor 1585/Hamburg 1592, M: 16. Jh./geistlich vor 1598/Eisleben 1598

→ „Du Licht des Himmels" (Nr. 615)
→ „Alles, was Odem hat" (Nr. 619,1 und 616,5)
→ Laudes (Nr. 614) oder Morgenlob (Nr. 618)

MITTAG – TISCHGEBET

87

Aller Augen warten auf dich, und du gibst ihnen Speise zur rechten Zeit, und du gibst ihnen Speise zur rechten Zeit.

T: Ps 145,15, M: Thomas Quast 2009

88

1 Segne, Vater, diese Gaben.
2 Dank dir, Vater, für die Gaben.

1–2 A - men, A - men.

T u. M: unbekannt

ABEND

89
ö

Herr, bleibe bei uns; denn es will Abend werden und der Tag hat sich geneiget.

T: nach Lk 24,29, M: Albert Thate 1935

1. Christus, du bist der helle Tag; dein Glanz durchbricht die dunkle Nacht. Du Gott des Lichtes kündest uns das Licht, das wahrhaft selig macht.

2. Nimm gnädig, guter Herr und Gott, uns diese Nacht in deine Hut; lass uns in dir geborgen sein: In deinem Frieden ruht sich's gut.

3. Gib, dass nichts Arges uns bedrängt, der böse Feind uns nicht verführt, und lass nicht zu, dass Geist und Leib vor deinem Auge schuldig wird.

4. Dieweil die müden Glieder ruhn, / bleib unser Herz dir zugewandt. / Wir sind dein Volk, das dir vertraut: / Beschütze uns mit starker Hand.

5. Sei deiner Diener eingedenk, / die du mit deinem Blut erkauft. / Stärk uns durch deines Leidens Kraft; / wir sind auf deinen Tod getauft.

6. Dir sei, Gott Vater, Sohn und Geist, / die Ruhe dieser Nacht geweiht. / Umfängt uns einst des Todes Nacht, / führ uns ins Licht der Herrlichkeit.

T: „Christe, qui lux es et dies", vor 534, Ü: Friedrich Dörr [1969] 1975, M: (Frankfurt 1557) nach Eisleben 1568

91

1. In dieser Nacht sei du mir Schirm und Wacht; o Gott, durch deine Macht wollst mich bewahren vor Sünd und Leid, vor Satans List und Neid. Hilf mir im letzten Streit, in Todsgefahren.

2. O Jesu mein, die heiligen Wunden dein mir sollen Ruhstatt sein für meine Seele. In dieser Ruh schließ mir die Augen zu; den Leib und alles Gut ich dir befehle.

3. O große Frau, Maria, auf mich schau; mein Herz ich dir vertrau in meinem Schlafen. Auch schütze mich, Sankt Josef, väterlich. Schutzengel, streit für mich mit deinen Waffen.

T: Köln 1727, M: Düsseldorf 1759/Joseph Mohr 1881/Einheitslieder 1916

92

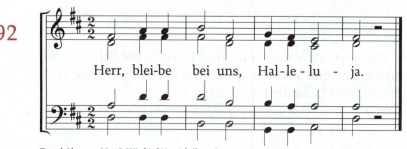

Herr, bleibe bei uns, Halleluja.

T: nach Lk 24,29, M u. S: Winfried Heurich (*1940)

1. Der Mond ist aufgegangen, die goldnen Sternlein prangen am Himmel hell und klar. Der Wald steht schwarz und schweiget und aus den Wiesen steiget der weiße Nebel wunderbar.

2 Wie ist die Welt so stille / und in der Dämmrung Hülle / so traulich und so hold / als eine stille Kammer, / wo ihr des Tages Jammer / verschlafen und vergessen sollt.

3 Seht ihr den Mond dort stehen? / Er ist nur halb zu sehen / und ist doch rund und schön. / So sind wohl manche Sachen, / die wir getrost belachen, / weil unsre Augen sie nicht sehn.

4 Wir stolzen Menschenkinder / sind eitel arme Sünder / und wissen gar nicht viel. / Wir spinnen Luftgespinste / und suchen viele Künste / und kommen weiter von dem Ziel.

5 Gott, lass uns dein Heil schauen, / auf nichts Vergänglichs trauen, / nicht Eitelkeit uns freun; / lass uns einfältig werden / und vor dir hier auf Erden / wie Kinder fromm und fröhlich sein.

6 Wollst endlich sonder Grämen / aus dieser Welt uns nehmen / durch einen sanften Tod; / und wenn du uns genommen, / lass uns in' Himmel kommen, / du unser Herr und unser Gott.

7 So legt euch denn, ihr Brüder, / in Gottes Namen nieder; / kalt ist der Abendhauch. / Verschon uns, Gott, mit Strafen / und lass uns ruhig schlafen / und unsern kranken Nachbarn auch.

T: Matthias Claudius 1779, M: Johann Abraham Peter Schulz 1790

T: 1. Str.: Franz-Josef Rahe; 2. u. 3. Str: Paul Ringseisen, M u. S: William Henry Monk 1861

T: Bernardin Schellenberger (*1944) nach dem frühchristlichen Hymnus „Phos hilaron", M u. S: André Gouzes (*1943)

4 Denn wie der Morgen ohne Halten / als Leuchten um die Erde geht, / scheint auf in wechselnden Gestalten / ein unaufhörliches Gebet.

5 Dein Reich, o Gott, ist ohne Grenzen. / Auch da, wo Menschenmacht regiert, / wird neu der große Tag erglänzen, / zu dem du alle Menschen führst.

6 Wir wissen weder Tag noch Stunde, / wann du uns heimführst in dein Licht, / vertrauen deinem Neuen Bunde, / der uns verheißt dein Angesicht.

7 Am Abend unsrer Lebenswende / geleite uns aus Raum und Zeit, / geborgen fest in deine Hände, / ins Morgenlicht der Ewigkeit.

T: Raymund Weber, 1.–5. Str.: 1989/2010 nach „The day Thou gavest" von John Ellerton 1870, 6. und 7. Str.: 2009, M: Clement Cotterill Scholefield 1874

T: nach Ps 141,2, M: Armin Kircher (*1966), * „Halleluja" entfällt in der Österlichen Bußzeit.

T: nach Ps 141,2, M u. S: Matthias Kreuels (*1952)

*Der Herr schaut nicht so sehr
auf die Größe der Werke,
als vielmehr auf die Liebe,
mit der sie getan werden.*
TERESA VON AVILA

1 Ich liege, Herr, in deiner Hut
2 Du bist's allein, Herr, der stets wacht,
3 Dein starker Arm ist ausgestreckt,

1 und schlafe ganz mit Frieden.
2 zu helfen und zu stillen,
3 dass Unheil mich verschone

1 Dem, der in deinen Armen ruht,
2 wenn mich die Schatten finstrer Nacht
3 und ich, was auch den Schlaf noch schreckt,

1 ist wahre Rast beschieden.
2 mit jäher Angst erfüllen.
3 beschirmt und sicher wohne.

4 So will ich, wenn der Abend sinkt, / des Leides nicht gedenken, / das mancher Erdentag noch bringt, / und mich darein versenken,

5 wie du, wenn alles nichtig war, / worauf die Menschen hoffen, / zur Seite warst und wunderbar / mit Plan und Rat getroffen.

6 Weil du der mächtge Helfer bist, / will ich mich ganz bescheiden / und, was bei dir verborgen ist, / dir zu entreißen meiden.

7 Ich achte nicht der künftgen Angst. / Ich harre deiner Treue, / der du nicht mehr von mir verlangst, / als dass ich stets aufs Neue

8 zu kummerlosem, tiefem Schlaf / in deine Huld mich bette, / vor allem, was mich bitter traf, / in deine Liebe rette.

9 Ich weiß, dass auch der Tag, der kommt, / mir deine Nähe kündet / und dass sich alles, was mir frommt, / in deinen Ratschluss findet.

10 Sind nun die dunklen Stunden da, / soll hell vor mir erstehen, / was du, als ich den Weg nicht sah, / zu meinem Heil ersehen.

11 Du hast die Lider mir berührt. / Ich schlafe ohne Sorgen. / Der mich in diese Nacht geführt, / der leitet mich auch morgen.

T: Jochen Klepper 1938, M: Christian Dostal 2008

2 Lass Recht aufblühen, wo Unrecht umgeht. / Mach die Gefangenen der Willkür frei. / |: Lass deine Kirche mit Jesus wachen / und Menschen wirken, dass Friede sei. :|

T: Jürgen Henkys [1986] 1990 nach dem schwedischen „Nu sjunker bullret" von Lars Thunberg 1973, M: aus Schweden

(ö)

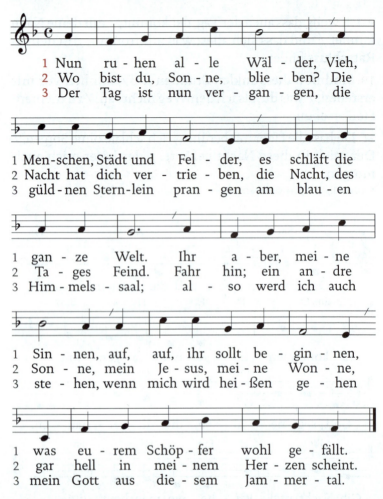

1. Nun ruhen alle Wälder, Vieh, Menschen, Städt und Felder, es schläft die ganze Welt. Ihr aber, meine Sinnen, auf, auf, ihr sollt beginnen, was eurem Schöpfer wohl gefällt.

2. Wo bist du, Sonne, blieben? Die Nacht hat dich vertrieben, die Nacht, des Tages Feind. Fahr hin; ein andre Sonne, mein Jesus, meine Wonne, gar hell in meinem Herzen scheint.

3. Der Tag ist nun vergangen, die güldnen Sternlein prangen am blauen Himmelssaal; also werd ich auch stehen, wenn mich wird heißen gehen mein Gott aus diesem Jammertal.

4 Der Leib eilt nun zur Ruhe, / legt ab das Kleid und Schuhe, / das Bild der Sterblichkeit; / die zieh ich aus: Dagegen / wird Christus mir anlegen / den Rock der Ehr und Herrlichkeit.

5 Nun geht, ihr matten Glieder, / geht hin und legt euch nieder, / der Betten ihr begehrt. / Es kommen Stund und Zeiten, / da man euch wird bereiten / zur Ruh ein Bettlein in der Erd.

ABEND

101

6 Breit aus die Flügel beide, / o Jesu, meine Freude, / und nimm dein Küchlein ein. / Will Satan mich verschlingen, / so lass die Englein singen: / „Dies Kind soll unverletzet sein."

7 Auch euch, ihr meine Lieben, / soll heute nicht betrüben / kein Unfall noch Gefahr. / Gott lass euch selig schlafen, / stell euch die güldnen Waffen / ums Bett und seiner Engel Schar.

T: Paul Gerhardt 1647, M: nach Heinrich Isaac um 1495/1505, bei Georg Forster 1539, Einheitslieder 1947, E: 6. Str.: „Küchlein": Küken

102

T: Stundenbuch (Komplet), M: Christian Lahusen 1948

→ „O Gott, dein Wille schuf die Welt" (Nr. 628)
→ „Heiteres Licht" (Nr. 660)
→ „Bevor des Tages Licht vergeht" (Nr. 663)
→ „Nun lässest du, o Herr" (Nr. 500)
→ Vesper (Nr. 627), Abendlob (Nr. 659) oder Komplet (Nr. 662)

Woche [Li]

SONNTAG

103

1. Dieser Tag ist Christus eigen,
und das erste Morgenlicht
will von seinem Leben zeugen,
das die Todesnacht durchbricht.

2. Wenn wir sein Gedächtnis feiern,
Untergang und Auferstehn,
wird sich unsre Zeit erneuern,
wird er menschlich mit uns gehn.

3. Segne, Herr, den Tag der Tage,
dass die Welt dein Kommen spürt.
Löse Mühsal, Streit und Plage,
dass für alle Sonntag wird!

T: Peter Gerloff [2003] 2004, M: Gilbert König um 1939

MESSGESÄNGE

LATEINISCHE ORDINARIEN
Erste Choralmesse – Missa mundi

104

K/A Kýrie, eléison.

K/A Chri - ste, e - lé - i - son.

K/A Ký - ri - e, e - lé - i - son.

Vat. XVI, Ü: Herr, erbarme dich. Christus, erbarme dich. Herr, erbarme dich.

Gló-ri-a in ex-cél-sis De-o K et in ter-ra pax
Ehre sei Gott in der Höhe und Friede auf Erden

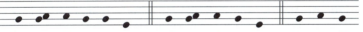

ho-mí-ni-bus bo-nae vo-lun-tá-tis. A Lau-dá-mus te,
den Menschen seiner Gnade. Wir loben dich,

K be-ne-dí-cimus te, A ad-o-rá-mus te, K glo-ri-fi-
wir preisen dich, wir beten dich an,

cá-mus te, A grá-ti-as á-gi-mus ti-bi pro-pter
wir rühmen dich und danken dir,

ma-gnam gló-ri-am tu-am, K Dó-mi-ne De-us, Rex
denn groß ist deine Herrlichkeit: Herr und Gott, König

cae-lé-stis, De-us Pa-ter om-ní-po-tens. A Dó-mi-ne
des Himmels, Gott und Vater, Herrscher über das All, Herr,

Fi-li U-ni-gé-ni-te, Ie-su Chri-ste, K Dó-mi-ne De-us,
eingeborener Sohn, Jesus Christus. Herr und Gott,

105

A-gnus De-i, Fí - li - us Pa-tris, A qui tol-lis pec-cá-ta
Lamm Gottes, Sohn des Vaters, du nimmst hinweg die Sünde

mun-di, mi - se - ré - re no-bis; K qui tol - lis pec-cá - ta
der Welt: Erbarme dich unser; du nimmst hinweg die Sünde

mundi, sús - ci - pe de - pre - ca - ti - ó - nem nostram.
der Welt: Nimm an unser Gebet;

A Qui se-des ad déx-te-ram Pa-tris, mi - se - ré - re no-bis.
du sitzest zur Rechten des Vaters: Erbarme dich unser.

K Quó-ni-am tu so-lus Sanctus, A tu so-lus Dó-mi-nus,
Denn du allein bist der Heilige, du allein der Herr,

K tu so-lus Al - tís - si-mus, Ie - su Chri-ste, A cum San-cto
du allein der Höchste: Jesus Christus, mit dem Heiligen

Spí-ri-tu: in gló-ri-a De-i Pa - tris. A - men.
Geist, zur Ehre Gottes des Vaters. Amen.

IV Vat. XV

106

San-ctus, San-ctus, San-ctus Dó - mi - nus De - us
Heilig, heilig, heilig Gott, Herr

Sá - ba - oth.   Ple - ni sunt cae - li   et   ter - ra
aller Mächte und Gewalten. Erfüllt sind Himmel und Erde

gló - ri - a tu - a. Ho-sán-na in ex - cél - sis.
von deiner Herrlichkeit. Hosanna in der Höhe.

Be - ne - dí - ctus qui ve - nit in nó - mi - ne
Hochgelobt sei, der da kommt im Namen

Dó - mi - ni. Ho - sán - na in ex - cél - sis.
des Herrn. Hosanna in der Höhe.

Vat. XVIII

K 1–3 A - gnus De - i, A qui tol - lis pec - cá - ta mun-di:

|1, 2 · ||3

mi - se - ré - re no - bis. do - na no-bis pa - cem.

Vat. XVIII, Ü: Lamm Gottes, du nimmst hinweg die Sünde der Welt: Erbarme dich unser. Gib uns deinen Frieden.

Zweite Choralmesse – Missa de Angelis

K/A Ký - ri - e, e - lé - i - son.

K/A Chri - ste, e - lé - i - son.

K Ký - ri - e, e - lé - i - son.

A Ký-ri - e, e - lé - i - son.

V Vat. VIII, Ü: Herr, erbarme dich. Christus, erbarme dich. Herr, erbarme dich.

109

Gló-ri - a in ex-cél-sis De - o K et in ter-ra pax
Ehre sei Gott in der Höhe und Friede auf Erden

ho - mí - ni-bus bo-nae vo-lun-tá - tis. A Lau-dá - mus te,
den Menschen seiner Gnade. Wir loben dich,

K be-ne-dí-ci-mus te, A a-do-rá - mus te, K glo-ri-fi-cá-
wir preisen dich, wir beten dich an,

mus te, A grá - ti - as á - gi-mus ti - bi propter magnam
wir rühmen dich und danken dir, denn groß

gló-ri-am tu-am, K Dó-mi-ne De-us, Rex cae-lé-stis,
ist deine Herrlichkeit: Herr und Gott, König des Himmels,

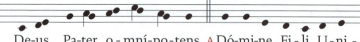

De-us Pa-ter o - mní-po-tens. A Dó-mi-ne Fi-li U-ni-
Gott und Vater, Herrscher über das All, Herr,

gé-ni-te, Ie - su Chri-ste, K Dó-mi-ne De-us, A-gnus
eingeborener Sohn, Jesus Christus. Herr und Gott, Lamm

De-i, Fí-li-us Pa-tris, A qui tol-lis pec-cá-ta mun - di,
Gottes, Sohn des Vaters, du nimmst hinweg die Sünde der Welt:

mi-se-ré - re no-bis; K qui tol-lis pec-cá - ta mundi,
Erbarme dich unser; du nimmst hinweg die Sünde der Welt:

109

súscipe deprecatiónem nostram. A Qui sedes ad
Nimm an unser Gebet; du sitzest

déxteram Patris, miserére nobis. K Quóniam
zur Rechten des Vaters: Erbarme dich unser. Denn du allein

tu solus Sanctus, A tu solus Dóminus, K tu
bist der Heilige, du allein der Herr, du

solus Altíssimus, Iesu Christe, A cum Sancto
allein der Höchste: Jesus Christus, mit dem Heiligen

Spíritu: in glória Dei Patris. A - men.
Geist, zur Ehre Gottes des Vaters. Amen.

Vat. VIII

110

Sanctus, Sanctus, Sanctus
Heilig, heilig, heilig

Dóminus Deus Sábaoth.
Gott, Herr aller Mächte und Gewalten.

Pleni sunt caeli et terra glória tua.
Erfüllt sind Himmel und Erde von deiner Herrlichkeit.

LATEINISCHE ORDINARIEN

P(D) Ite, missa est.
A Deo grátias.

Vat. VIII

Dritte Choralmesse – Lux et origo

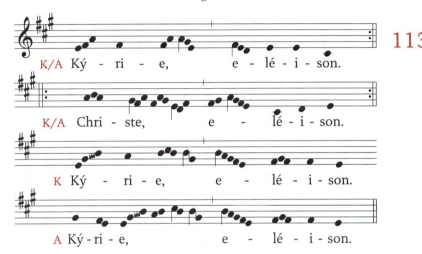

K/A Kýrie, eléison.
K/A Christe, eléison.
K Kýrie, eléison.
A Kýrie, eléison.

VIII Vat. I, Ü: Herr, erbarme dich. Christus, erbarme dich. Herr, erbarme dich.

Glória in excélsis Deo K et in terra pax
Ehre sei Gott in der Höhe und Friede auf Erden
homínibus bonae voluntátis. A Laudámus te,
den Menschen seiner Gnade. Wir loben dich,
K benedícimus te, A adorámus te, K glori-
wir preisen dich, wir beten dich an,

fi-cá-mus te, A grá-ti-as á-gi-mus ti-bi propter
wir rühmen dich und danken dir,

ma-gnam gló-ri-am tu-am, K Dó-mi-ne De-us, Rex
denn groß ist deine Herrlichkeit: Herr und Gott, König

cae-lé-stis, De-us Pa-ter o-mní-po-tens. A Dó-mi-ne
des Himmels, Gott und Vater, Herrscher über das All, Herr,

Fi-li U-ni-gé-ni-te, Ie-su Christe, K Dó-mi-ne De-us,
eingeborener Sohn, Jesus Christus, Herr und Gott,

A-gnus De-i, Fí-li-us Patris, A qui tol-lis pec-cá-ta
Lamm Gottes, Sohn des Vaters, du nimmst hinweg die Sünde

mun-di, mi-se-ré-re no-bis; K qui tol-lis pec-cá-ta
der Welt: Erbarme dich unser; du nimmst hinweg die Sünde

mun-di, sús-ci-pe de-pre-ca-ti-ó-nem nostram.
der Welt: Nimm an unser Gebet;

A Qui se-des ad déx-te-ram Pa-tris, mi-se-ré-re no-bis.
du sitzest zur Rechten des Vaters: Erbarme dich unser.

K Quó-ni-am tu so-lus Sanctus, A tu so-lus Dó-mi-nus,
Denn du allein bist der Heilige, du allein der Herr,

114

K tu so-lus Al-tís-si-mus, Ie-su Chri-ste, A cum Sancto
du allein der Höchste, Jesus Christus mit dem Heiligen
Spí-ri-tu: in gló-ri-a De-i Pa-tris. A - men.
Geist zur Ehre Gottes des Vaters. Amen.

IV Vat. I

115

San-ctus, San-ctus, Sanctus Dó-mi-nus De-us
Heilig, heilig, heilig Gott, Herr
Sá-ba-oth. Ple-ni sunt cae-li et ter-ra
aller Mächte und Gewalten. Erfüllt sind Himmel und Erde
gló-ri-a tu-a. Ho-sán-na in ex-cél-sis.
von deiner Herrlichkeit. Hosanna in der Höhe.
Be-ne-dí-ctus qui ve-nit in nó-mi-ne
Hochgelobt sei, der da kommt im Namen
Dó-mi-ni. Ho - sán-na in ex-cél - sis.
des Herrn. Hosanna in der Höhe.

IV Vat. I

IV Vat. I, Ü: Lamm Gottes, du nimmst hinweg die Sünde der Welt: Erbarme dich unser. Gib uns deinen Frieden.

Vierte Choralmesse – Adventus et Quadragesima

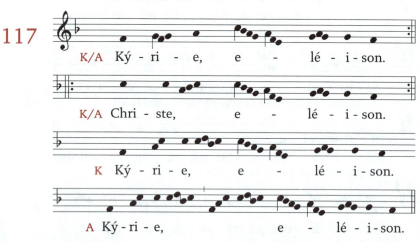

VI Vat. XVII, Ü: Herr, erbarme dich. Christus, erbarme dich. Herr, erbarme dich.

118

et ter - ra gló - ri - a tu - a. Ho - sán -
und Erde von deiner Herrlichkeit. Hosanna

na in ex - cél - sis. Be - ne - dí - ctus
in der Höhe. Hochgelobt sei,

qui ve - nit in nó - mi - ne Dó - mi - ni.
der da kommt im Namen des Herrn.

Ho - sán - na in ex - cél - sis.
Hosanna in der Höhe.

V Vat. XVII

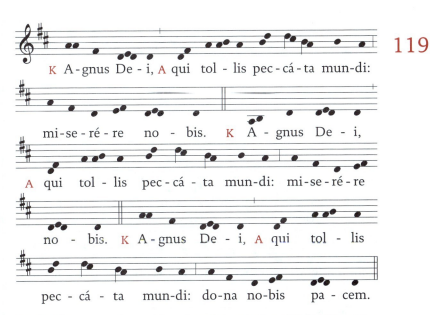

119

K A - gnus De - i, A qui tol - lis pec - cá - ta mun - di:

mi - se - ré - re no - bis. K A - gnus De - i,

A qui tol - lis pec - cá - ta mun - di: mi - se - ré - re

no - bis. K A - gnus De - i, A qui tol - lis

pec - cá - ta mun - di: do - na no - bis pa - cem.

V Vat. XVII, Ü: Lamm Gottes, du nimmst hinweg die Sünde der Welt: Erbarme dich unser. Gib uns deinen Frieden.

120

P(D) Ite, missa est.
A Deo grátias.

nach Vat. XVII

Kyrie

121

K/A Kýrie, eléison.

K/A Christe, eléison.

K Kýrie, eléison.

A Kýrie, eléison.

I Vat. XI, Ü: Herr, erbarme dich. Christus, erbarme dich. Herr, erbarme dich.

Credo

122

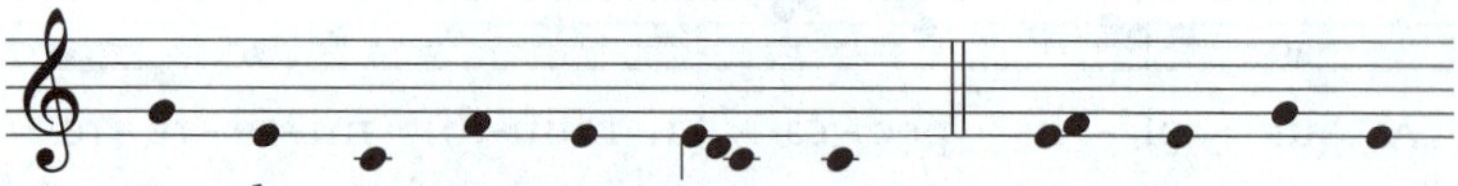

Credo in unum Deum, K Patrem omni-
Wir glauben an den einen Gott, den Vater, den Allmächtigen,

poténtem, factórem caeli et terrae, visibí-
der alles geschaffen hat, Himmel und Erde, die sichtbare

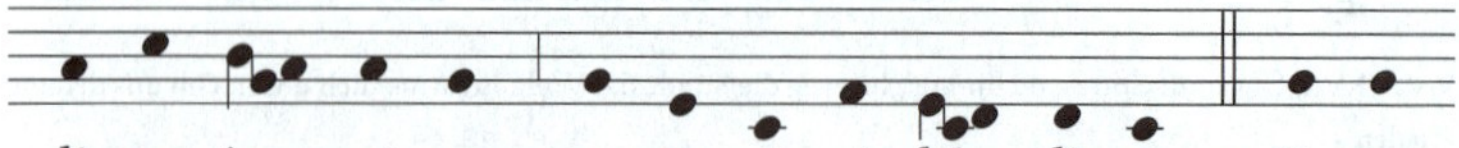

lium ómnium et invisíbílium. A Et in
und die unsichtbare Welt. Und an

122

é - ti - am pro no - bis sub Pón-ti - o Pi - lá - to; pas-sus
gekreuzigt unter Pontius Pilatus, hat gelitten

et se - púl - tus est, K et re - sur - ré - xit tér - ti - a
und ist begraben worden, ist am dritten Tage auferstanden

di - e, se - cún - dum Scri-ptú-ras, A et a - scén - dit in
nach der Schrift und aufgefahren

cae - lum, se - det ad déx - te - ram Pa - tris. K Et í - te -
in den Himmel. Er sitzt zur Rechten des Vaters und

rum ven - tú - rus est cum gló - ri - a, iu - di - cá - re
wird wiederkommen in Herrlichkeit, zu richten

vi - vos et mór - tu - os, cu - ius re - gni non e - rit fi - nis.
die Lebenden und die Toten; seiner Herrschaft wird kein Ende sein.

A Et in Spí - ri - tum San-ctum, Dó - mi - num et vi - vi -
Wir glauben an den Heiligen Geist, der Herr ist und lebendig

fi - cán - tem: qui ex Pa - tre Fi - li - ó - que pro - cé - dit.
macht, der aus dem Vater und dem Sohn hervorgeht,

K Qui cum Pa - tre et Fí - li - o si - mul ad - o - rá - tur
der mit dem Vater und dem Sohn angebetet

Vat. III

Entlassungsruf

Vat. II

Zur Austeilung des Weihwassers

124

P(K) A - spér - ges me, A Dó - mi - ne, hys - só - po,
Besprenge mich, Herr, und ich werde

et mun - dá - bor: la - vá - bis me, et su - per
rein. Wasche mich, und

ni - vem de - al - bá - bor. K Mi - se - ré - re me - i,
ich werde weißer als Schnee.

De - us, se - cún - dum magnam miseri - cór - di - am
Gott sei mir gnädig nach deinem reichen Erbarmen!

tu - am. A A - spér - ges me, Dó - mi - ne, …

T: Ps 51,9; Vers nach Ps 51,3; M: Graduale Romanum

125
1

K Vi - di a - quam A e - gre - di - én - tem de tem - plo,
Ich sah ein Wasser ausgehen vom Tempel,

a lá - te - re dex - tro, Al - le - lú - ia: et om - nes ad
von dessen rechter Seite. Halleluja. Und alle,

quos per - vé - nit a - qua i - sta, sal - vi fa - cti
zu denen das Wasser kam, wurden gerettet,

sunt et dicent, Alleluia, Alleluia.
und sie werden rufen: „Halleluja, Halleluja."

T: Ez 47,1.9, M: Kyriale für das Volk, Beuron 1932/1962

Psalm 118,1.24

K 1 Confitémini Dómino, quóniam bonus,*
quóniam in sáeculum misericórdia eius. Kv

2 Haec est dies, quam fecit Dóminus: *
exsultémus et laetémur in ea. Kv

Ü: Danket dem Herrn, denn er ist gütig, denn seine Huld währt ewig.
   Dies ist der Tag, den der Herr gemacht hat: Wir wollen jubeln und uns an ihm freuen.

Deutsche Ordinarien
Alban-Messe

Der 6. Ruf kann auch lauten:

T: Liturgie, M: Heinrich Rohr 1943/1972

127
ö

Hei - lig, hei - lig, hei - lig Gott, Herr al - ler Mäch-te und Ge - wal - ten. Er - füllt sind Him-mel und Er - de von dei-ner Herr-lich-keit. Ho-san-na in der Hö - he. Hoch-ge-lobt sei, der da kommt im Na-men des Herrn. Ho - san - na in der Hö - he.

T: Liturgie, M: Heinrich Rohr 1943/1972

Mainzer Dom-Messe

128

K/A Herr, er - bar - me dich. K/A Chri - stus, er - bar - me dich. K/A Herr, er - bar - me dich.

Der 6. Ruf kann auch lauten:

A Herr, er - bar - me dich.

T: Liturgie, M: Heinrich Rohr 1964

T: Liturgie, M: Heino Schubert 1965/1972

T: Liturgie, M: Heino Schubert 1965/1972

Florian-Messe

134

T: Liturgie, M: Josef Kronsteiner (1910–1988)

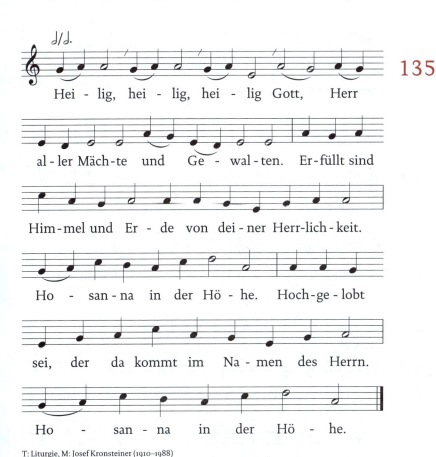

135

T: Liturgie, M: Josef Kronsteiner (1910–1988)

136

K Lamm Gottes, A du nimmst hinweg die Sünde der Welt: Erbarme dich unser.

K Lamm Gottes, A du nimmst hinweg die Sünde der Welt: Gib uns deinen Frieden.

T: Liturgie, M: Josef Kronsteiner (1910–1988)

Leopold-Messe

137 ö

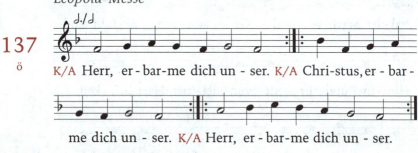

K/A Herr, erbarme dich unser. K/A Christus, erbarme dich unser. K/A Herr, erbarme dich unser.

T: Liturgie, M: Vinzenz Goller 1937/1972

138 ö

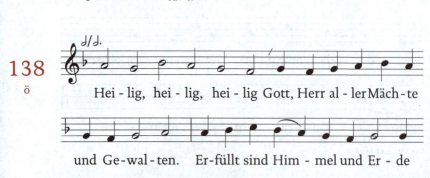

Heilig, heilig, heilig Gott, Herr aller Mächte und Gewalten. Erfüllt sind Himmel und Erde

T: Liturgie, M: Vinzenz Goller 1928

T: Liturgie, M: Vinzenz Goller 1972

*Seid, was ihr seht,
und empfangt, was ihr seid!*
AUGUSTINUS

GESÄNGE ZUR ERÖFFNUNG

140
ö

K/A 1 Kommt her-bei, singt dem Herrn, ruft ihm zu, der uns be-freit.
K/A Sin-gend lasst uns vor ihn tre-ten, mehr als Wor-te sagt ein Lied. sagt ein Lied.

2 |: Er ist Gott, Gott für uns, / er allein ist letzter Halt. :|
|: Überall ist er und nirgends, / Höhen, Tiefen, sie sind sein. :|

3 |: Ja, er heißt: „Gott für uns"; / wir: „die Menschen, die er liebt". :| |: Darum können wir ihm folgen, / können wir sein Wort verstehn. :|

4 |: Wir sind taub, wir sind stumm, / wollen eigne Wege gehn. :| |: Wir erfinden neue Götter / und vertrauen ihnen blind. :|

5 |: Dieser Weg führt ins Nichts, / und wir finden nicht das Glück, :| |: graben unsre eignen Gräber, / geben selber uns den Tod. :|

6 |: Menschen, kommt, singt dem Herrn, / ruft ihm zu, der uns befreit. :| |: Singend lasst uns vor ihn treten, / mehr als Worte sagt ein Lied. :|

T: Diethard Zils 1971 nach Ps 95, M: aus Israel

141

Auf, lasst uns ju-beln dem Herrn, Ia

vor sein An-ge-sicht kom-men mit Dank!

T: nach Ps 95,1.2, M: Bertold Hummel (1925–2002)

141

142
ö

1 Zu dir, o Gott, er-he-ben wir
2 Herr, zei-ge uns die We-ge dein

1 die See-le mit Ver-trau-en.
2 und lehr uns dei-ne Pfa-de.

1 Dein Volk er-freu-et sich in dir,
2 Ganz na-he lass dein Wort uns sein

1 wollst gnä-dig nie-der-schau-en.
2 voll Wahr-heit und voll Gna-de.

1 Lass leuch-ten, Herr, dein An-ge-sicht,
2 Nimm du hin-weg der Sün-de Schuld,

1 er-füll uns mit der Gna-de Licht
2 mit uns-rer Schwach-heit hab Ge-duld

1 und schenk uns dein Er-bar-men.
2 und schenk uns dein Er-bar-men.

T: EGB [1972] 1975 nach Heinrich Bone 1851 nach Ps 25, M: EGB nach Caspar Ulenberg 1582

143
ö

1. Mein ganzes Herz erhebet dich;
und will in deinem Heiligtum,
vor dir will ich mein Loblied singen
Herr, dir zum Ruhm mein Opfer bringen.
Dein Name strahlt an allem Ort,
und durch dein Wort wird hell das Leben.
Anbetung, Ehr und Herrlichkeit
bin ich bereit, dir, Gott, zu geben.

2. Dein Name, Herr, ist unser Hort, / du hast dein Wort an mir erfüllet; / du hast auf mein Gebet gemerkt / und mich gestärkt, mein Herz gestillet. / Die Völker werden preisen dich / und Mächtge sich zu dir hin kehren, / wenn sie das Wort vom ewgen Bund / aus deinem Mund verkünden hören.

3. Herr, ob den Himmeln thronst du hoch / und siehest doch die Tiefgebeugten. / In Angst und Widerwärtigkeit / wird mir allzeit dein Antlitz leuchten. / Mach mich von allem Elend frei; / denn deine Treu wird niemals enden. / Du wirst nach deinem ewgen Rat, / Herr, groß an Tat dein Werk vollenden.

T: Zürich 1941 nach älteren Vorlagen/EGB 1975 nach Ps 138, M: Paris 1530, Guillaume Franc, Lyon 1547 und Genf 1551

144 ö

1. Nun jauchzt dem Herren, alle Welt. / Kommt her, zu seinem Dienst euch stellt; / kommt mit Frohlocken, säumet nicht, / kommt vor sein heilig Angesicht.

2. Erkennt, dass Gott ist unser Herr, / der uns erschaffen ihm zur Ehr, / und nicht wir selbst; durch Gottes Gnad / ein jeder Mensch sein Leben hat.

3. Wie reich hat uns der Herr bedacht, / der uns zu seinem Volk gemacht. / Als guter Hirt ist er bereit, / zu führen uns auf seine Weid.

4 Die ihr nun wollet bei ihm sein, / kommt, geht zu seinen Toren ein / mit Loben durch der Psalmen Klang, / zu seinem Hause mit Gesang.

5 Dankt unserm Gott, lobsinget ihm, / rühmt seinen Namen mit lauter Stimm; / lobsingt und danket allesamt. / Gott loben, das ist unser Amt.

6 Er ist voll Güt und Freundlichkeit, / voll Lieb und Treu zu jeder Zeit. / Sein Gnad währt immer dort und hier / und seine Wahrheit für und für.

7 Gott Vater in dem höchsten Thron / und Jesus Christus, seinem Sohn, / dem Tröster auch, dem Heilgen Geist, / sei immerdar Lob, Ehr und Preis.

T: 1.–6. Str.: nach David Denicke 1646 nach Cornelius Becker 1602 nach Ps 100, 7. Str.: Lüneburg 1652, M: Hannover 1646 nach Hamburg 1598/Wolfenbüttel 1609

145

1. Wo-hin soll ich mich wen-den, wenn Gram und
2. Ach, wenn ich dich nicht hät-te, was wär mir

1. Schmerz mich drü-cken? Wem künd ich mein Ent-
2. Erd und Him-mel? Ein Bann-ort je-de

1. zü-cken, wenn freu-dig pocht mein Herz? Zu
2. Stät-te, ich selbst in Zu-falls Hand. Du

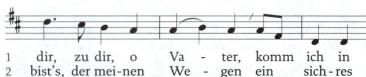

1. dir, zu dir, o Va-ter, komm ich in
2. bist's, der mei-nen We-gen ein sich-res

1. Freud und Lei-den, du sen-dest ja die
2. Ziel ver-lei-het und Erd und Him-mel

1. Freu-den, du hei-lest je-den Schmerz.
2. wei-het zu sü-ßem Hei-mat-land.

3 Doch darf ich dir mich nahen, / mit mancher Schuld beladen? / Wer auf der Erde Pfaden / ist deinem Auge rein? / Mit kindlichem Vertrauen / eil ich in Vaters Arme, / fleh reuerfüllt: Erbarme, / erbarm, o Herr, dich mein!

4 Süß ist dein Wort erschollen: / Zu mir, ihr Kummervollen! / Zu mir! Ich will euch laben, / euch nehmen Angst und Not. / Heil mir! Ich bin erquicket! / Heil mir! Ich darf entzücket / mit Dank und Preis und Jubel / mich freun in meinem Gott.

T: Johann Philipp Neumann 1827, M: Franz Schubert 1827

1. Du rufst uns, Herr, an deinen Tisch und schenkst uns selber ein. Du bist das Opfer für die Welt, bezeugt durch Brot und Wein. Herr, dein Wort ist die Kraft, die das Neue schafft, Herr, dein Wort ist die Kraft, die das Neue schafft.

2 Wir kommen, Herr, zu deinem Mahl / aus der Verlorenheit. / Du hast die Tür uns aufgetan / und tust es alle Zeit. |: Herr, dein Wort ist die Kraft, / die Versöhnung schafft. :|

3 Wir hören, Herr, auf dein Gebot; / du schickst uns in die Welt. / Dass alle deinen Frieden sehn: / dazu sind wir bestellt. |: Herr, dein Wort ist die Kraft, / die den Frieden schafft. :|

4 Du rufst uns, Herr, an deinen Tisch / und rufst uns nicht allein. / Du willst in jedem, der uns braucht, / selbst gegenwärtig sein. |: Herr, dein Wort ist die Kraft, / die die Liebe schafft. :|

T: Johannes Jourdan 1969, M: Andreas Lehmann 1969

147 ö

1 Herr Jesu Christ, dich zu uns wend, / dein Heilgen Geist du zu uns send; / mit Lieb und Gnad er uns regier / und uns den Weg zur Wahrheit führ.

2 Tu auf den Mund zum Lobe dein, / bereit das Herz zur Andacht fein, / den Glauben mehr, stärk den Verstand, / dass uns dein Nam werd wohlbekannt,

3 bis wir singen mit Gottes Heer: / „Heilig, heilig ist Gott der Herr!" / und schauen dich von Angesicht / in ewger Freud und selgem Licht.

4 Ehr sei dem Vater und dem Sohn, / dem Heilgen Geist in einem Thron; / der Heiligen Dreieinigkeit / sei Lob und Preis in Ewigkeit.

T: 1.–3. Str.: Altenburg 1648, 4. Str.: Gotha 1651, M: Gochsheim/Redwitz 1628/Görlitz 1648

148 ö

1 Komm her, freu dich mit uns, tritt ein; / denn der Herr will unter uns sein, er will

2 Komm her, öffne dem Herrn dein Herz; / deinem Nächsten öffne das Herz, und er-

3 Komm her, freu dich mit uns, nimm teil, / an des Herrn Gemeinschaft nimm teil; er will

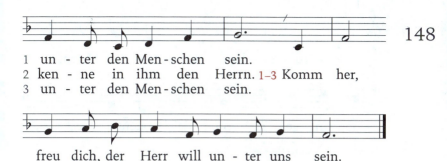

148

1 un - ter den Men - schen sein.
2 ken - ne in ihm den Herrn. 1–3 Komm her,
3 un - ter den Men - schen sein.

freu dich, der Herr will un - ter uns sein.

T u. M: Helmut Hucke 1971 nach einem amerikanischen Lied

149 (ö)

1 Liebster Jesu, wir sind hier
dich und dein Wort anzuhören;
lenke Sinnen und Begier
hin zu deinen Himmelslehren,
dass die Herzen von der Erden
ganz zu dir gezogen werden.

2 Unser Wissen und Verstand / ist mit Finsternis verhüllet, / wo nicht deines Geistes Hand / uns mit hellem Licht erfüllet. / Gutes denken, tun und dichten / musst du selbst in uns verrichten.

3 O du Glanz der Herrlichkeit, / Licht vom Licht, aus Gott geboren, / mach uns allesamt bereit, / öffne Herzen, Mund und Ohren; / unser Bitten, Flehn und Singen / lass, Herr Jesu, wohl gelingen.

T: Tobias Clausnitzer 1663, M: Johann Rudolf Ahle 1664 bei Wolfgang Carl Briegel 1687

GESÄNGE

150

Je - ru - sa - lem, rüh - me den Herrn, lob - sin - ge, Zi - on, dei - nem Gott.

T: nach Ps 147,12, M: Markus Eham 2011

Kyrie

151

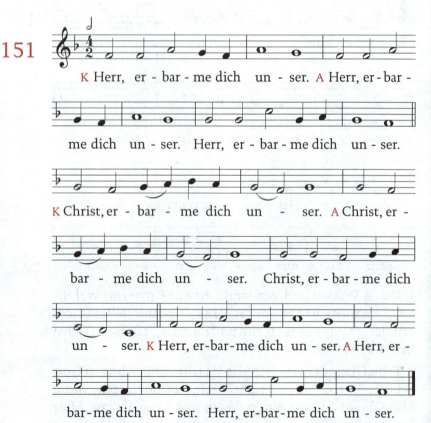

K Herr, er - bar - me dich un - ser. A Herr, er - bar - me dich un - ser. Herr, er - bar - me dich un - ser.

K Christ, er - bar - me dich un - ser. A Christ, er - bar - me dich un - ser. Christ, er - bar - me dich un - ser.

K Herr, er-bar-me dich un - ser. A Herr, er - bar-me dich un - ser. Herr, er-bar-me dich un - ser.

T: Liturgie, M: Erhard Quack 1941

T: Liturgie, M: Ronald Bisegger 1966

T: Liturgie, M: Heinrich Rohr 1952 nach Kyrie XVI

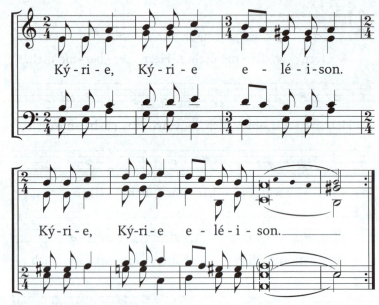

T: Liturgie, M u. S: Jacques Berthier (1923–1994), Gesang aus Taizé

T: Liturgie, M: aus der Ukraine, S: Heinz Martin Lonquich (*1937)

156 ö

T: Liturgie, M u. S: Jacques Berthier (1923–1994), Gesang aus Taizé

157 ö

T: Liturgie, M u. S: Peter Janssens (1934–1998)

Kyrie-Litaneien

158

K Tau aus Himmelshöhn, A Heil, um das wir flehn: Herr, erbarme dich. K Licht, das die Nacht erhellt, A Trost der verlornen Welt: Christus, erbarme dich. K Komm vom Himmelsthron; A Jesus, Menschensohn: Herr, erbarme dich.

T: Maria Luise Thurmair 1952, M: Heinrich Rohr 1952

159

K Licht, das uns erschien, A Kind, vor dem wir knien: Herr, erbarme dich. K Dem sich der Himmel neigt, A dem sich die Erde beugt:

T: Maria Luise Thurmair 1952, M: Alan Wilson 2009, Alternativmelodie: „Tau aus Himmelshöhn" (Nr. 158)

T: Maria Luise Thurmair 1952, M: Heinrich Rohr 1952

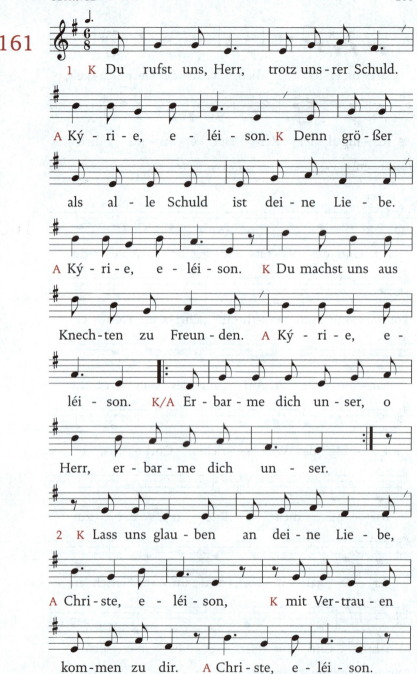

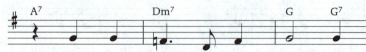

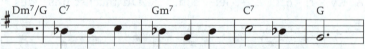

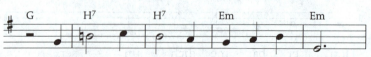

162

T: nach Ps 142,1–4a.6, Ü: Romano Guardini (1885–1968), M: Peter Janssens 1965

163
1
(ö)

K Herr Jesus, Sohn des lebendigen Gottes: A Kýrie, eléison.
K Du Mittler des Neuen Bundes: A Kýrie, eléison.

K Herr Christus, du hast für uns getragen Kreuz und Leiden: A Christe, eléison.
K Du bist für uns auferstanden von den Toten: A Christe, eléison.

K Herr Jesus, du Herr deiner Kirche: A Kýrie, eléison.
K Du Hoffnung der ganzen Erde: A Kýrie, eléison.

2   **2 ADVENT, WIEDERKUNFT DES HERRN**
K Herr Jesus, du König aller Menschen: A Kýrie ...
K Du Menschensohn zur Rechten des Vaters: A Kýrie ...
K Du wirst wiederkommen in Herrlichkeit: A Christe ...
K Du richtest die Lebenden und die Toten: A Christe ...
K Du schaffst einen neuen Himmel und eine neue Erde: A Kýrie ...
K Du vernichtest den Tod für immer: A Kýrie ...

3 WEIHNACHTSZEIT, MARIA

K Herr Jesus, du Sohn des ewigen Vaters: A Kýrie…
K Du Kind der Jungfrau Maria: A Kýrie…
K Du Wort, das Fleisch geworden in unsrer Mitte: A Christe…
K Du Licht, in unserm Dunkel erschienen: A Christe…
K Du Heiland der Armen und Kranken: A Kýrie…
K Du Retter aus Tod und Sünde: A Kýrie…

4 ÖSTERLICHE BUSSZEIT, BUSSE

K Herr Jesus, du rufst die Menschen zur Umkehr: A Kýrie…
K Du sagst uns die Frohe Botschaft: A Kýrie…
K Herr Christus, du wendest dich den Sündern zu:
  A Christe…
K Du bringst uns die Vergebung des Vaters: A Christe…
K Herr Jesus, du schenkst uns neues Leben: A Kýrie…
K Du lässt uns mit dir auferstehn: A Kýrie…

5 OSTERZEIT

K Herr Jesus, auferstanden von den Toten: A Kýrie…
K Dein Kreuz ist unsere Hoffnung: A Kýrie…
K Du rufst alle Menschen zum Leben: A Christe…
K Du begleitest uns auf unseren Wegen: A Christe…
K Du bist erhöht zur Rechten des Vaters: A Kýrie…
K Du sendest den Geist der Wahrheit: A Kýrie…

6 FRIEDE

K Herr Jesus, du bist unser Friede: A Kýrie…
K Du führst zusammen, was getrennt ist: A Kýrie…
K Du bringst uns die Vergebung des Vaters: A Christe…
K Du sendest den Geist der Einheit: A Christe…
K Du zeigst Wege zur Versöhnung: A Kýrie…
K Du rufst alle Menschen, dir zu folgen: A Kýrie…

7 HEILIGE, LEBEN AUS DEM GLAUBEN

K Herr Jesus, du rufst die Menschen, dir zu folgen: A Kýrie…
K Du sendest sie als deine Boten: A Kýrie…
K Du gibst ihnen Mut, dich zu bekennen: A Christe… ↘

163
7
- K Den Armen und Kranken bringen sie deine Liebe:
  A Christe ...
- K Herr Jesus, du Freund deiner Freunde: A Kýrie ...
- K Du bist verherrlicht in deinen Heiligen: A Kýrie ...

8 8 TOD UND VOLLENDUNG
- K Herr Jesus, auferstanden von den Toten: A Kýrie ...
- K Dein Kreuz ist unsere Hoffnung: A Kýrie ...
- K Du reinigst uns von der Sünde: A Christe ...
- K Du gibst den Toten ewiges Leben: A Christe ...
- K Du wirst wiederkommen in Herrlichkeit: A Kýrie ...
- K Du sammelst die Menschen im Reich des Vaters: A Kýrie ...

T: Josef Seuffert, GGB 2010, M: Josef Seuffert 1963, Kyrie III Vat. XVI

164

K Der in seinem Wort uns hält bis zum Ende dieser Welt: A Christus, Herr, erbarme dich.

K Der unsre Mühsal kennt, der uns beim Namen nennt: A Christus, erbarme dich.

K Der uns aufstrahlt im Gericht, der uns heimruft in sein Licht: A Christus, Herr, erbarme dich.

T: Maria Luise Thurmair 1958, M: Heinrich Rohr 1950

K Send uns deines Geistes Kraft, der die Welten neu erschafft: A Christus, Herr, erbarme dich.

K Lass uns als Waisen nicht, zeig uns des Trösters Licht: A Christus, erbarme dich.

K Dass in uns das Herz entbrennt, deiner Gnade Reich erkennt: A Christus, Herr, erbarme dich.

T: Maria Luise Thurmair 1952, M: Heinrich Rohr 1952

→ „Hosanna dem Sohne Davids" (Nr. 279)

Gloria

P Ehre sei Gott in der Höhe K und Friede auf Erden den Menschen seiner Gnade. A Wir

166

T: Liturgie, M: Hans Haselböck 1983

167

T: EGB [1970] 1975 nach dem Gloria, M: Nikolaus Decius [1523] 1525 nach dem Gloria der Missa „Lux et origo"

T: Lk 2,14, M: Jacques Berthier (1923–1994), Gesang aus Taizé, Ü: Ehre sei Gott in der Höhe!

T: nach dem „Gloria", M: Heino Schubert (*1928), kann auch mit „Gloria" (Nr. 168,1) kombiniert werden.

T u. M: Kathi Stimmer-Salzeder [1992] 2008, T: nach dem „Gloria"

170
ö

1. Allein Gott in der Höh sei Ehr und Dank für seine Gnade,
darum, dass nun und nimmermehr uns rühren kann kein Schade.
Ein Wohlgefallen Gott an uns hat; nun ist groß Fried ohn Unterlass,
all Fehd hat nun ein Ende.

2 Wir loben, preisen, anbeten dich; / für deine Ehr wir danken, / dass du, Gott Vater, ewiglich / regierst ohn alles Wanken. / Ganz ungemessen ist deine Macht, / allzeit geschieht, was du bedacht. / Wohl uns solch eines Herren!

3 O Jesu Christ, Sohn eingeborn / des allerhöchsten Vaters, / Versöhner derer, die verlorn, / du Stiller unsers Haders. / Lamm Gottes, heiliger Herr und Gott, / nimm an die Bitt aus unsrer Not. / Erbarm dich unser. Amen.

T: Nikolaus Decius [1523] 1525 nach dem „Gloria" (4. Jh.), M: Nikolaus Decius [1523] 1525 nach dem Gloria der Missa „Lux et origo"

171

1. Preis und Ehre Gott dem Herren, Friede soll den Menschen sein.
Herr, wir loben, Herr, wir danken, beten an den Namen dein.

Jesus Christus, Gottes Lamm, höre gnädig unser Flehen. Ehre sei dir mit dem Geist und dem Vater in den Höhen.

T: Maria Luise Thurmair 1962/[1969] 1971 nach dem Gloria, M: Heinrich Rohr 1962

Gott in der Höh sei Preis und Ehr, den Menschen Fried auf Erden.
Allmächt'ger Vater, höchster Herr, du sollst verherrlicht werden.
Herr Jesus Christus, Gottes Sohn, wir rühmen deinen Namen; du wohnst mit Gott dem Heil'gen Geist im Licht des Vaters. Amen.

T: EGB 1971 nach dem Gloria, M: Augsburg 1659/EGB

*Die Tugend des Alltags ist die Hoffnung,
in der man das Mögliche tut
und das Unmögliche Gott zutraut.*
KARL RAHNER

Rufe vor dem Evangelium

174

1

T: Liturgie, M u. S: Jacques Berthier (1923–1994), Gesang aus Taizé

2

T: Liturgie, M: ostkirchlich, S: Heinz Martin Lonquich (*1937)

3

T: Liturgie, M: Heinrich Rohr (1902–1997)

RUFE VOR DEM EVANGELIUM

174

4

T: Liturgie, M: aus „Vom Himmel hoch, o Engel, kommt", Köln 1623

5

T: Liturgie, M: Josef Seuffert (*1926) nach verschiedenen Vorlagen

6

T: Liturgie, M: Alexandre Lesbordes (1912–1969)

7

T: Liturgie, M: Heinrich Rohr (1902–1997)

8

T: Liturgie, M: Hans Zihlmann 1966

175

1

T: Liturgie, M: Diözesangesangbuch Bozen-Brixen 1964

2
ö

T: Liturgie, M: gregorianisch

3

T: Liturgie, M: Gerhard Kronberg (1913–2001)

4

T: Liturgie, M: Heinrich Rohr (1902–1997)

5

T: Liturgie, M: gregorianisch

6

T: Liturgie, M: Fintan O'Carroll 1981 u. Christopher Walker 1985

GESÄNGE

176

1

Hal-le - lu - ja, Hal-le - lu - ja, Hal-le - lu - ja.

T: Liturgie, M: Gesangbuch Rottenburg 1949

2 ö

Hal-le - lu - ja, Hal-le - lu - ja, Hal - le - lu - ja.

T: Liturgie, M: gregorianisch

3

Herr Je - sus, dir sei Ruhm und Eh - re!

T: Liturgie, M: Emanuel Amtmann (*1940)

4

Ruhm und Preis und Eh - re sei dir,

Er - lö - ser, Herr und Kö - nig.

T: aus „Gloria, laus et honor" (Theodulf v. Orleans), M: Markus Eham 2009

5

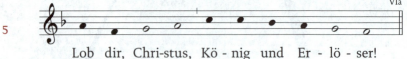

Lob dir, Chri-stus, Kö - nig und Er - lö - ser!

T: Liturgie, M: Emanuel Amtmann (*1940)

→ „Halleluja" (Nr. 584,8)
→ „Christus Sieger, Christus König…" (Nr. 560,1)
→ „Christus gestern, Christus heute…" (Nr. 644,6)
→ „Lob dir, Christus, König und Erlöser" (Nr. 584,9)

CREDO

Kv Cre - do in u - num De - um.
Cre - do in u - num De - um.

T: Liturgie, M: Jean-Paul Lécot

Ich glaube an Gott, den Vater, den Allmächtigen,
den Schöpfer des Himmels und der Erde,
und an Jesus Christus,
seinen eingeborenen Sohn, unsern Herrn, Kv

empfangen durch den Heiligen Geist,
geboren von der Jungfrau Maria,
gelitten unter Pontius Pilatus,
gekreuzigt, gestorben und begraben, Kv

hinabgestiegen in das Reich des Todes,
am dritten Tage auferstanden von den Toten,
aufgefahren in den Himmel;
er sitzt zur Rechten Gottes, des allmächtigen Vaters; Kv

von dort wird er kommen,
zu richten die Lebenden und die Toten.
Ich glaube an den Heiligen Geist,
die heilige katholische Kirche, Kv

Gemeinschaft der Heiligen,
Vergebung der Sünden,
Auferstehung der Toten
und das ewige Leben. Amen. Kv

T: Liturgie, M: André Gouzes, Einrichtung: GGB 2010

CREDO

179

den und die To-ten. K Ich glau-be an den Hei-li-gen Geist, die hei-li-ge ka-tho-li-sche Kir-che, A Ge-meinschaft der Hei-li-gen, Ver-ge-bung der Sün-den, Auf-er-ste-hung der To-ten und das e-wi-ge Le-ben. A-men, A-men.

T: Liturgie, M: Karl Norbert Schmid (1926–1995)

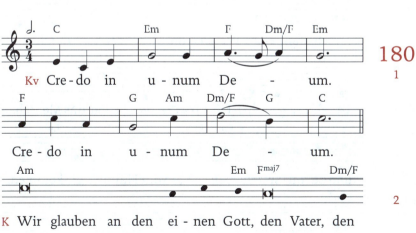

180

1

Kv Cre-do in u-num De-um.
Cre-do in u-num De-um.

2

K Wir glauben an den ei-nen Gott, den Vater, den All-mächtigen, der alles geschaffen hat, Him-mel und

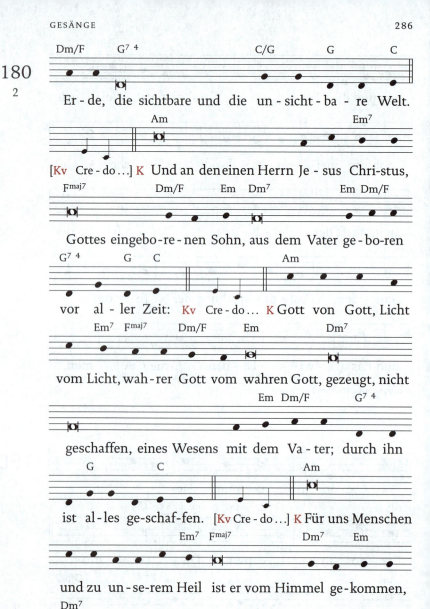

Fürbittrufe

T: Liturgie, M u. S: Josef Seuffert 1964

T: Liturgie, M u. S: Josef Seuffert 1964

T: Liturgie,
M: gregorianisch

182

T: Thomas Laubach (*1964), M: Thomas Quast (*1962)

→ „Christus, höre uns" (Nr. 586,5 u. 566,2)
→ „Te rogamus" (Nr. 586,6)
→ „Erhöre uns, Herr" (Nr. 632,1)
→ „Herr, bleibe bei uns" (Nr. 92)

GESÄNGE ZUR GABENBEREITUNG

183

T: Maria Luise Thurmair [1973] 1975, M: Caspar Ulenberg 1582

1 Du hast, o Herr, dein Leben, dein heilges
  für uns dahingegeben als unser
Fleisch und Blut
höchstes Gut. So nimm auch unsre
Gaben, die selbst du uns verliehn, nimm
alles, was wir haben, zum Opfer gnädig hin!

2 Bereite Herz und Hände, / dass würdig wir begehn / das Opfer ohne Ende, / das Gott sich ausersehn. / Send uns den Geist hernieder, / zu wandeln Brot und Wein, / dass du der Erde wieder / mögst Heil und Mittler sein.

T: 1. Str.: Köln 1880, 2. Str.: Petronia Steiner 1945, M: Melchior Teschner [1613] 1614

1 Was uns die Erde Gutes spendet,
2 Wir legen unsre Gaben nieder
3 Wie Wein und Wasser sich verbinden,

1 was unsrer Hände Fleiß vollbracht,
2 als Lob und Dank vor deinem Thron.
3 so gehen wir in Christus ein;

186

1 was wir begonnen und vollendet,
2 Herr, schenk sie uns verwandelt wieder
3 wir werden die Vollendung finden

1 sei, Gott und Herr, zu dir gebracht.
2 in Jesus Christus, deinem Sohn.
3 und seiner Gottheit teilhaft sein.

T: Friedrich Dörr 1971, M: Guillaume Franc 1543

187

1 Wir weihn der Erde Gaben dir,
das Opfer hocherhaben wird

Vater, Brot und Wein; Er schenkt dir hin sein
Christus selber sein.

Leben, gehorsam bis zum Tod, uns Arme

zu erheben aus tiefer Schuld und Not.

2 Sieh gnädig auf uns nieder, / die wir in Demut nahn; / nimm uns als Christi Glieder / mit ihm zum Opfer an. / Lass rein uns vor dir stehen, / von seinem Blut geweiht, / durch Kreuz und Tod eingehen / in deine Herrlichkeit.

T: Petronia Steiner 1945/1993, M: vor 1526/Michael Töpler 1832

3 Nimm uns an, sei du in unsrer Mitte, / wandle unser Herz wie Brot und Wein. / Sei uns nah und höre unsre Bitte, / neu und ganz geheiligt von deinem Geist zu sein.

4 Wie die vielen Körner und die Trauben, / eins geworden nun als Brot und Wein, / lass uns alle, die wir an dich glauben, / eine Opfergabe als deine Kirche sein.

T: Raymund Weber 2009, M: Andrew Lloyd Webber 1970

GESÄNGE ZUR GABENBEREITUNG · SANCTUS

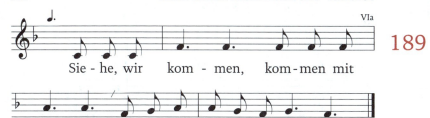

189 VIa

Sie - he, wir kom - men, kom - men mit Jauch - zen, un - se - re Ga - ben zu brin - gen.

T: nach Ps 100,2, M: Gerhard Kronberg (1913–2001)

SANCTUS

190

Hei - lig, hei - lig, hei - lig Gott, Herr al - ler Mäch - te und Ge - wal - ten. Er - füllt sind Him - mel und Er - de von dei - ner Herrlichkeit. Ho - san - na in der Hö - he, Ho - san - na in der Hö - he. Hoch - ge - lobt sei, der da kommt im Na - men des Herrn. Ho - san - na in der Hö - he, Ho - san - na in der Hö - he.

T: Liturgie, M: Richard Proulx (1937–2010), aus „A Community Mass", Dt. Einrichtung: GGB 2009

193

Heilig, heilig, heilig ist Gott, der Herr der Mächte. Erfüllt sind Himmel und Erde von seiner Herrlichkeit. Hosanna in der Höhe. Gebenedeit sei, der da kommt im Namen des Herrn. Hosanna, Hosanna in der Höhe.

T: Liturgie, M: Erhard Quack 1947

194

Heilig, heilig, heilig Gott, Herr aller Mächte und Gewalten. Erfüllt sind Himmel und Erde von deiner Herrlichkeit.

196

Hei-lig, hei-lig, hei-lig, Herr, Gott der Mäch-te. Erd und Him-mel sind dei-ner Eh-re voll. Ho-si-an-na in der Hö-he. Hoch-ge-lobt sei, der da kommt im Na-men des Her-ren. Ho-si-an-na in der Hö-he.

T: Liturgie, M: nach Steinau 1726

197

Hei-lig, hei-lig, hei-lig Gott, Herr al-ler Mäch-te und Ge-wal-ten. Er-füllt sind Him-mel und Er-de von dei-ner Herr-lich-keit. Ho-san-na in der Hö-he. Ho-san-na in der

SANCTUS

T: Liturgie, M: Winfried Offele 1981

T: nach Aachen 1867, M: Joseph Mohr 1877/1891 nach Johann Georg Franz Braun 1675

199 ö

Heilig ist Gott in Herrlichkeit; sein Ruhm erfüllt die Himmel weit. Lobsinget, jubelt ihm. Hosanna. Preis ihm, der kommt in unsre Zeit. Lobsinget, jubelt ihm. Hosanna.

T: Erhard Quack [1965] 1966/1972, M: Caspar Ulenberg 1582

200

Heilig, heilig, heilig Gott, Herr aller Mächte und Gewalten. Erfüllt sind Himmel und Erde von deiner Herrlichkeit. Hosanna, Hosanna, Hosanna in der Höhe. Hochgelobt sei, der da kommt im Namen des Herrn. Ho-

san - na, Ho - san - na, Ho-san-na in der Hö - he.

T: Liturgie, M: Oliver Sperling 2007

Akklamationen im Hochgebet

Dei - nen Tod, o Herr, ver - kün - den wir,
und dei - ne Auf-er-ste-hung prei-sen wir,
bis du kommst in Herr - lich - keit.

T: Liturgie, M: Peter Janssens 1972

A - men, a - men, a - men.
A - men, a - men, a - men.

T: Liturgie, M: Marty Haugen 1984

Kanon

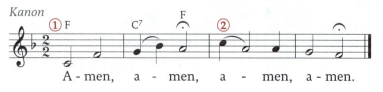

A - men, a - men, a - men, a - men.

T: Liturgie, M: mündlich überliefert

201 VATERUNSER

4
→ *deutsch: Nr. 589,2 und 632,2*
→ *lateinisch: Nr. 589,3*
→ *vierstimmig: Nr. 661,8*

202 AGNUS DEI

K O du Lamm Gottes, A das getragen aller Menschen Sünden: Erbarme dich unser. K O du Lamm Gottes, A das getragen aller Menschen Sünden: Erbarme dich unser. K O du Lamm Gottes, A das getragen aller Menschen Sünden: Herr, gib uns deinen Frieden.

T: nach Liturgie, M: München 1817, Neufassung: Erhard Quack 1951 nach Agnus Dei Vat. XVII

AGNUS DEI

203

1–2 O Lamm Gottes unschuldig, am Stamm des Kreuzes geschlachtet, allzeit erfunden geduldig, wiewohl du warest verachtet, all Sünd hast du getragen, sonst müssten wir verzagen.
1 Erbarm dich unser, o Jesu.
2 Gib deinen Frieden, o Jesu.

T: Nikolaus Decius [1523] 1531, M: Nikolaus Decius [1523] 1531/Erfurt 1542/Magdeburg 1545/AÖL 1973

204

K 1–3 Christe, du Lamm Gottes, du trägst der Welt Schuld: A 1–2 Erbarm dich unser.
3 Gib uns den Frieden.

T: Liturgie, M: Graz 1602

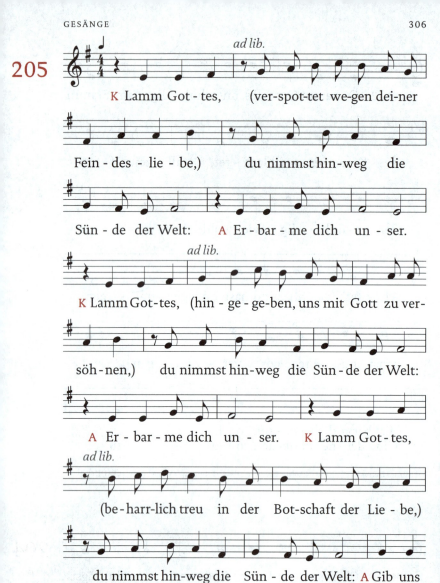

AGNUS DEI

206

K Lamm Got-tes, A Lamm Got-tes, K du nimmst hin-weg die Sün-de der Welt: A Er-bar-me dich un-ser. K Lamm Got-tes, A Lamm Got-tes, K du nimmst hin-weg die Sün-de der Welt: Gib uns dei-nen Frie-den, A gib uns dei-nen Frie-den, gib uns dei-nen Frie-den.

T: Liturgie, M: Peter Schindler 2007

207

K Lamm Got-tes, du nimmst hin-weg die Sün-de der Welt: A 1 Mi-se-ré-re no-bis.
2 Do-na no-bis pa-cem.

T: Liturgie, M: Joseph Gelineau (1920–2008), Gesang aus Taizé

GESÄNGE

208
ö

K Chri - ste, du Lamm Got - tes, A der du trägst
die Sünd der Welt: Er - barm dich un - ser.

K Chri - ste, du Lamm Got - tes, A der du trägst
die Sünd der Welt: Gib uns dei - nen
Frie - den. A - men.

T: Liturgie, M: Braunschweig 1528

GESÄNGE ZUR KOMMUNION – DANK NACH DER KOMMUNION

209

1 Du teilst es aus mit dei - nen Hän - den
2 Das ist mein Leib, das ist mein Le - ben,

1 an uns, das im - mer neu - e Brot,
2 das bin ich selbst, an euch ver - schenkt,

1 dass wir das Le - ben da - rin fän - den,
2 das will ich euch als Zei - chen ge - ben,

1 das ü - ber - win - det noch den Tod.
2 da - mit ihr im - mer an mich denkt.

3 Das ist mein Blut, für euch geflossen, / im Tod hab ich mein Werk vollbracht, / für immer ist der Bund geschlossen, / der euch zum Volke Gottes macht.

4 Du schenkst uns ein das Blut der Trauben, / den Kelch mit bittersüßem Wein. / Herr, mach uns darin eins im Glauben / und lass uns deine Zeugen sein.

T: Lothar Zenetti (*1926), M: Kurt Grahl (*1947)

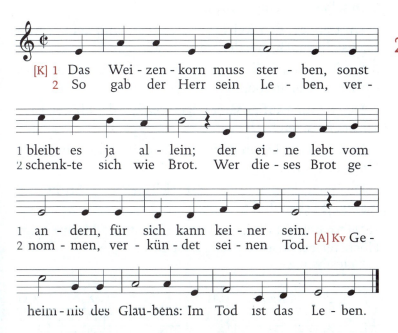

[K] 1 Das Wei - zen - korn muss ster - ben, sonst
2 So gab der Herr sein Le - ben, ver -

1 bleibt es ja al - lein; der ei - ne lebt vom
2 schenk - te sich wie Brot. Wer die - ses Brot ge -

1 an - dern, für sich kann kei - ner sein. [A] Kv Ge-
2 nom - men, ver - kün - det sei - nen Tod.

heim - nis des Glau - bens: Im Tod ist das Le - ben.

3 [K] Wer dies Geheimnis feiert, / soll selber sein wie Brot; / so lässt er sich verzehren / von aller Menschennot. Kv

4 [K] Als Brot für viele Menschen / hat uns der Herr erwählt; / wir leben füreinander, / und nur die Liebe zählt. Kv

T: Lothar Zenetti 1971, M: Johann Lauermann 1972

211 ö

K/A 1 Wir rühmen dich, König der Herrlichkeit;

K/A denn du gibst uns Speise zur rechten Zeit.

2 Du sättigst in Güte alles, was lebt, / was hungernd zu dir seine Hände erhebt.

3 Du Heiland, der Labung den Dürstenden gibt, / Erlöser, der uns bis zum Ende geliebt.

4 Du warst überliefert dem bitteren Tod, / nun gibst du dich selber im heiligen Brot.

5 Du trankest den Kelch voller Ängste und Leid, / nun reichst du den Becher der Herrlichkeit.

6 Sooft wir nun essen von diesem Brot, / verkünden wir, Christus, deinen Tod.

7 Du Nahrung auf unserer Pilgerschaft, / der Müden Labsal, der Kranken Kraft.

8 In dir ist das Leben durch ewige Zeit, / du Manna der Unsterblichkeit.

9 Du Quell, der in unsere Wüste sich gießt, / du Strom, der ins ewige Leben fließt.

10 Herr, dein ist die Ehre und Weisheit und Macht, / dir, Höchster, sei unser Lob dargebracht.

T: Albert Höfer 1961, M: Mainz 1605

212

T: nach Ps 34,9, M: Leo Langer 2009

213

1. O heil-ge Seelenspeise auf dieser Pilgerreise, o Manna, Himmelsbrot! Wollst unsern Hunger stillen, mit Gnaden uns erfüllen, uns retten vor dem ewgen Tod.

2. Du hast für uns dein Leben, o Jesu, hingegeben und gibst dein Fleisch und Blut zur Speise und zum Tranke; wer preist mit würdgem Danke dies unschätzbare ewge Gut?

3. „Kommt alle, die auf Erden / von Not bedränget werden," / so spricht dein eigner Mund, / „ich will euch wiedergeben / mit meinem Blut das Leben! / Dies ist der neue, ewge Bund."

4. O Herr, was wir hier schauen / in Glauben und Vertrauen, / das zeige uns im Licht, / und lass es einst geschehen, / dass ewig wir dich sehen / von Angesicht zu Angesicht.

T: 1.–3. Str.: Einheitslieder 1947 nach Würzburg 1649, 4. Str.: EGB 1975, M: nach Heinrich Isaac 1495/1505, bei Georg Forster 1539, Alternativmelodie: „Nun ruhen alle Wälder" (Nr. 101)

214

Dies Brot ist mein Leib für das Leben der Welt.

T: nach Liturgie, M: Johannes Overath (1913–2002)

215
(ö)

1 Gott sei ge-lo-bet und ge-be-ne-dei-et, der uns sel-ber hat ge-spei-set mit sei-nem Flei-sche und mit sei-nem Blu-te; das gib uns, Herr Gott, zu-gu-te. Ky-ri-e-lei-son. 1–3 Herr, du nah-mest mensch-li-chen Leib an, der von dei-ner Mut-ter Ma-ri-a kam. Durch dein Fleisch und dein Blut hilf uns, Herr, aus al-ler Not. Ky-ri-e-lei-son.

2 Dein heilger Leib ist in den Tod gegeben, / dass wir alle dadurch leben. / Nicht größre Güte konnte er uns schenken; / dabei wir solln sein gedenken. Kyrieleison. / Herr, du nahmest…

3 Gott geb uns allen seiner Gnade Segen, / dass wir gehn auf seinen Wegen / in rechter Lieb und brüderlicher Treue, / dass die Speis uns nicht gereue. Kyrieleison. / Herr, du nahmest…

T: nach Medingen um 1350, 2. und 3. Str.: nach Martin Luther 1524, M: Mainz um 1390, Wittenberg 1524

216

KOMMUNION

1. Im Frieden dein, o Herre mein,
   lass ziehn mich meine Straßen.
   Wie mir dein Mund gegeben kund,
   schenkst Gnad du ohne Maßen,
   hast mein Gesicht das selge Licht,
   den Heiland, schauen lassen.

2. Mir armem Gast bereitet hast
   das reiche Mahl der Gnaden.
   Das Lebensbrot stillt Hungers Not,
   heilt meiner Seele Schaden.
   Ob solchem Gut jauchzt Sinn und Mut
   mit alln, die du geladen.

3. O Herr, verleih, dass Lieb und Treu
   in dir uns all verbinden,
   dass Hand und Mund zu jeder Stund
   dein Freundlichkeit verkünden,
   bis nach der Zeit den Platz bereit
   an deinem Tisch wir finden.

T: Friedrich Spitta 1898 nach Johann Englisch vor 1530, 1. Str.: nach Lk 2,29–32 (Nunc dimittis),
M: Wolfgang Dachstein vor 1530

Jahr Li

217 DAS KIRCHENJAHR

Das Kirchenjahr beginnt im Unterschied zu verschiedenen Kalenderjahren mit dem ersten Adventssonntag. Mit Blick auf die Wiederkunft des Herrn ist das Christkönigsfest der letzte Sonntag im Kirchenjahr. Es bietet den Rahmen für die liturgischen Feiern, die das Handeln Gottes zum Heil der Menschen und der gesamten Schöpfung vergegenwärtigen.

1 DER SONNTAG – TAG DES HERRN UND SEINER KIRCHE

Fundament und Kern des Kirchenjahres ist der Sonntag. Die Apostel und die frühe Kirche bezeugen, dass Christus am Sonntag, dem ersten Tag der Woche, auferstanden ist. Daher ist der Sonntag der Ur-Feiertag, der die Gemeinde zusammenführt. Die versammelten Gläubigen hören das Wort Gottes, feiern die Eucharistie, gedenken des Leidens, des Todes und der Auferstehung Jesu und erwarten sein Kommen in Herrlichkeit (Nr. 580,1).

2 DIE FESTKREISE – OSTERN UND WEIHNACHTEN

Ostern ist der Höhepunkt des Kirchenjahres. Beginnend mit dem Aschermittwoch, führt eine vierzigtägige Vorbereitungszeit, die Österliche Bußzeit oder Fastenzeit (Nr. 265,2), hin zur Osterfeier. In den Drei Österlichen Tagen vom Abend des Gründonnerstags bis zum Ostersonntag feiert die Kirche das Leiden und Sterben, die Grabesruhe und die Auferstehung des Herrn (Nr. 303). Die Osterfreude entfaltet sich in der fünfzigtägigen Osterzeit, die mit Pfingsten schließt (Nr. 317).

Der Weihnachtsfestkreis ist dem Osterfestkreis nachgebildet und dem Geheimnis der Menschwerdung des Sohnes Gottes geweiht. Der Vorbereitung auf Weihnachten dient der Advent (Nr. 217,4). Weihnachten (Geburt des Herrn) wird am 25. Dezember, die Erscheinung des Herrn (Epiphanie und Dreikönigsfest) wird am 6. Januar gefeiert (Nr. 235). Mit dem Fest der Taufe des Herrn (Sonntag nach Erscheinung des Herrn) schließt der Weihnachtsfestkreis.

DER JAHRESKREIS

217

3

Außerhalb der beiden Festkreise bleiben 33 oder 34 Wochen. Es ist die Zeit zwischen dem Fest der Taufe des Herrn und der Fastenzeit und zwischen Pfingsten und Advent. Ihre liturgische Farbe ist grün. Zum Kirchenjahr gehören die Herrenfeste (z. B. Darstellung des Herrn – 2.2., Verkündigung des Herrn – 25.3., Verklärung des Herrn – 6.8.), die Feste, die einen besonderen Aspekt des Glaubens herausstellen (z. B. Dreifaltigkeit – Sonntag nach Pfingsten, Fronleichnam – 2. Donnerstag nach Pfingsten, Heiligstes Herz Jesu – 3. Freitag nach Pfingsten, Kreuzerhöhung – 14.9., Christkönig – letzter Sonntag im Kirchenjahr) und die Fest- und Gedenktage der Heiligen, insbesondere die Apostel- und Marienfeste.

DER ADVENT

4

Das Kirchenjahr und der Weihnachtsfestkreis beginnen mit dem Advent (lat.: ‚adventus' = Ankunft). Ab dem 4. Sonntag vor Weihnachten bereitet sich die Kirche auf das Kommen des Gottessohnes zu uns Menschen vor. Dies geschieht in dreifacher Hinsicht: durch die Erwartung, dass Christus wiederkommt und am Ende der Zeiten die ganze Schöpfung vollenden wird, durch die Vorfreude auf das Fest seiner Geburt und durch die Bereitschaft, sich für seine Gegenwart im Heute zu öffnen.

Die Zeit bis zum 17. Dezember ist geprägt vom Ausblick auf die Wiederkunft Christi am Jüngsten Tag, wenn er die Welt richten, aufrichten und in die Herrlichkeit Gottes führen wird. Die messianische Erwartung findet ihren Ausdruck in den Lesungen aus den Büchern der Propheten wie auch in der Gestalt Johannes des Täufers. Dem prophetischen Sehnsuchtsruf „Rorate caeli – Tauet, ihr Himmel, den Gerechten" (vgl. Jes 45,8) entsprechend, werden Rorate-Gottesdienste gefeiert.

Ab dem 17. Dezember wird die Vorgeschichte der Geburt Christi betrachtet. Der vierte Adventssonntag stellt uns Maria vor Augen, die Mutter und Jungfrau, die uns Christus geboren hat.

Reiches Brauchtum prägt diese besondere Zeit des Kirchenjahres: Adventskranz (Nr. 24,1), Adventskalender, Barbarazweige, Herbergssuche, Frauentragen, Hausgebet im Advent (Nr. 25) …

Die liturgische Farbe des Advents ist violett.

218
ö

1 Macht hoch die Tür, die Tor macht weit, / es kommt der Herr der Herrlichkeit, / ein König aller Königreich, / ein Heiland aller Welt zugleich, / der Heil und Leben mit sich bringt; / derhalben jauchzt, mit Freuden singt. / Gelobet sei mein Gott, / mein Schöpfer reich an Rat.

2 Er ist gerecht, ein Helfer wert. / Sanftmütigkeit ist sein Gefährt, / sein Königskron ist Heiligkeit, / sein Zepter ist Barmherzigkeit; / all unsre Not zum End er bringt; / derhalben jauchzt, mit Freuden singt. / Gelobet sei mein Gott, / mein Heiland groß von Tat.

218

3 O wohl dem Land, o wohl der Stadt, / so diesen König bei sich hat. / Wohl allen Herzen insgemein, / da dieser König ziehet ein. / Er ist die rechte Freudensonn, / bringt mit sich lauter Freud und Wonn. / Gelobet sei mein Gott, / mein Tröster früh und spat.

4 Macht hoch die Tür, die Tor macht weit, / eur Herz zum Tempel zubereit'. / Die Zweiglein der Gottseligkeit / steckt auf mit Andacht, Lust und Freud; / so kommt der König auch zu euch, / ja Heil und Leben mit zugleich. / Gelobet sei mein Gott, / voll Rat, voll Tat, voll Gnad.

5 Komm, o mein Heiland Jesu Christ, / meins Herzens Tür dir offen ist. / Ach zieh mit deiner Gnade ein, / dein Freundlichkeit auch uns erschein. / Dein Heilger Geist uns führ und leit / den Weg zur ewgen Seligkeit. / Dem Namen dein, o Herr, / sei ewig Preis und Ehr.

T: Georg Weißel [1623] 1642, M: Halle 1704

219

T: nach Jes 60,1, M: Jesus-Bruderschaft Gnadenthal

1. Die Nacht ist vorgedrungen, / der Tag ist nicht mehr fern. / So sei nun Lob gesungen / dem hellen Morgenstern! / Auch wer zur Nacht geweinet, / der stimme froh mit ein. / Der Morgenstern bescheinet / auch deine Angst und Pein.

2 Dem alle Engel dienen, / wird nun ein Kind und Knecht. / Gott selber ist erschienen / zur Sühne für sein Recht. / Wer schuldig ist auf Erden, / verhüll nicht mehr sein Haupt. / Er soll errettet werden, / wenn er dem Kinde glaubt.

3 Die Nacht ist schon im Schwinden, / macht euch zum Stalle auf! / Ihr sollt das Heil dort finden, / das aller Zeiten Lauf / von Anfang an verkündet, / seit eure Schuld geschah. / Nun hat sich euch verbündet, / den Gott selbst ausersah.

4 Noch manche Nacht wird fallen / auf Menschenleid und -schuld. / Doch wandert nun mit allen / der Stern der Gotteshuld. / Beglänzt von seinem Lichte, / hält euch kein Dunkel mehr; / von Gottes Angesichte / kam euch die Rettung her.

220

5 Gott will im Dunkel wohnen / und hat es doch erhellt. / Als wollte er belohnen, / so richtet er die Welt. / Der sich den Erdkreis baute, / der lässt den Sünder nicht. / Wer hier dem Sohn vertraute, / kommt dort aus dem Gericht.

T: Jochen Klepper 1938, M: Johannes Petzold 1939

221

1 Kün-det al-len in der Not: Fas-set Mut und habt Ver-trau-en.
Bald wird kom-men un-ser Gott; herr-lich wer-det ihr ihn schau-en.
Kv Al-len Men-schen wird zu-teil Got-tes Heil.

2 Gott naht sich mit neuer Huld, / dass wir uns zu ihm bekehren; / er will lösen unsre Schuld, / ewig soll der Friede währen. Kv

3 Aus Gestein und Wüstensand / werden frische Wasser fließen; / Quellen tränken dürres Land, / überreich die Saaten sprießen. Kv

4 Blinde schaun zum Licht empor, / Stumme werden Hymnen singen, / Tauben öffnet sich das Ohr, / wie ein Hirsch die Lahmen springen. Kv

5 Gott wird wenden Not und Leid. / Er wird die Getreuen trösten, / und zum Mahl der Seligkeit / ziehen die vom Herrn Erlösten. Kv

T: Friedrich Dörr 1971 (vgl. Jes 35,1–10), M: Johann Rudolf Ahle 1662/Halle 1704/1708

4 O Wurzel Jesse, Jesu Christ, / ein Zeichen aller Welt du bist, / das allen Völkern Heil verspricht: / Eil uns zu Hilfe, säume nicht. Kv

5 O Schlüssel Davids, dessen Kraft / befreien kann aus ewger Haft: / Komm, führ uns aus des Todes Nacht, / wohin die Sünde uns gebracht. Kv

6 O Aufgang, Glanz der Ewigkeit, / du Sonne der Gerechtigkeit: / Erleuchte doch mit deiner Pracht / die Finsternis und Todesnacht. Kv

7 O König, Sehnsucht aller Welt, / du Eckstein, der sie eint und hält: / O komm zu uns, o Herrscher mild, / und rette uns, dein Ebenbild. Kv

8 O „Gott mit uns", Immanuel, / du Fürst des Hauses Israel, / o Hoffnung aller Völker du: / Komm, führ uns deinem Frieden zu. Kv

9 Herr, wir vertrauen auf dein Wort; / es wirkt durch alle Zeiten fort. / Erlöse uns, du bist getreu. / Komm, schaffe Erd und Himmel neu. Kv

T: EGB [1969] 1970 nach den Übertragungen der lateinischen O-Antiphonen von David Gregor Corner 1631, Heinrich Bone 1847 und Köln 1887, M: bei Thomas Helmore 1856 nach einer französischen Melodie des 15. Jh.

[K] 1 Wir sagen euch an den lieben Advent. / Sehet, die erste Kerze brennt.
Wir sagen euch an eine heilige Zeit. / Machet dem Herrn den Weg bereit.
[A] 1–4 Freut euch, ihr Christen, freuet euch sehr! Schon ist nahe der Herr.

2 [K] Wir sagen euch an den lieben Advent. / Sehet, die zweite Kerze brennt. / So nehmet euch eins um das andere an, / wie auch der Herr an uns getan. / [A] Freut euch … ↘

223

3 [K] Wir sagen euch an den lieben Advent. / Sehet, die dritte Kerze brennt. / Nun tragt eurer Güte hellen Schein / weit in die dunkle Welt hinein. / [A] Freut euch ...

4 [K] Wir sagen euch an den lieben Advent. / Sehet, die vierte Kerze brennt. / Gott selber wird kommen, er zögert nicht. / Auf, auf, ihr Herzen, und werdet licht. / [A] Freut euch ...

T: Maria Ferschl 1954, M: Heinrich Rohr 1954

224 ö

1. Maria durch ein Dornwald ging. Kyrie eleison. Maria durch ein Dornwald ging, der hat in sieben Jahrn kein Laub getragen. Jesus und Maria.

2. Was trug Maria unter ihrem Herzen? Kyrie eleison. Ein kleines Kindlein ohne Schmerzen, das trug Maria unter ihrem Herzen. Jesus und Maria.

3. Da haben die Dornen Rosen getragen. Kyrie eleison. Als das Kindlein durch den Wald getragen, da haben die Dornen Rosen getragen. Jesus und Maria.

T u. M: bei August von Haxthausen 1850

ADVENT

225 ö

1. Wir ziehen vor die Tore der Stadt. Der Herr ist nicht mehr fern. Singt laut, wer eine Stimme hat! Erhebt die Blicke, wer schwach und matt! Wir ziehen vor die Tore der Stadt und grüßen unsern Herrn.

2. Er ist entschlossen, Wege zu gehn, die keiner sich getraut. Er wird zu den Verstoßnen stehn, wird nicht nach anderer Urteil sehn. Er ist entschlossen, Wege zu gehn, vor denen allen graut.

3. Er ruft uns vor die Tore der Welt. Denn draußen wird er sein, der draußen eine Krippe wählt und draußen stirbt auf dem Schädelfeld. Er ruft uns vor die Tore der Welt: Steht für die draußen ein!

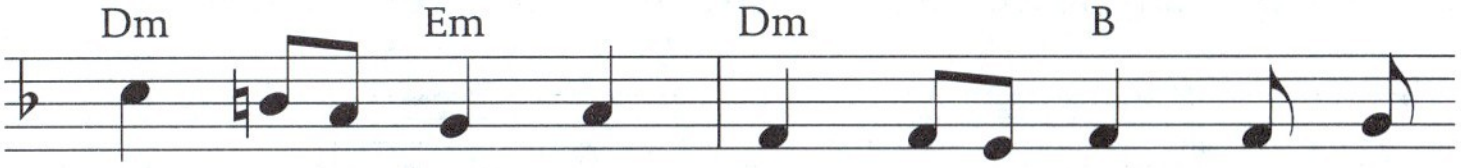

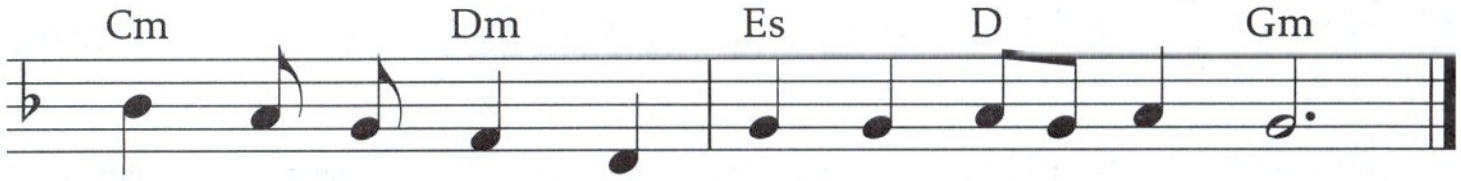

T: Gottfried Schille 1971, M: Manfred Schlenker 1971

226

Bereitet den Weg des Herrn, machet eben seine Pfade.

T: nach Jes 40,3.4, M: Heinrich Rohr (1902–1997)

227
(ö)

1 Komm, du Hei-land al - ler Welt, Sohn der
2 Nicht nach ei - nes Men-schen Sinn, son-dern
3 Wie die Son - ne sich er - hebt und den

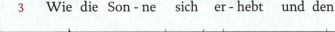

1 Jung-frau, mach dich kund. Da - rob stau - ne,
2 durch des Gei - stes Hauch kommt das Wort in
3 Weg als Held durch - eilt, so er - schien er

1 was da lebt: Al - so will Gott wer - den Mensch.
2 un - ser Fleisch und er - blüht aus Mut - ter - schoß.
3 in der Welt, we - sen - haft ganz Gott und Mensch.

4* Glanz strahlt von der Krippe auf, / neues Licht entströmt der Nacht. / Nun obsiegt kein Dunkel mehr, / und der Glaube trägt das Licht.

5 Gott dem Vater Ehr und Preis / und dem Sohne Jesus Christ, / Lob sei Gott dem Heilgen Geist / jetzt und ewig. Amen.

T: nach Ambrosius von Mailand (339–397), „Veni redemptor gentium", Ü: Markus Jenny 1971, M: Einsiedeln 12. Jh./Martin Luther 1524. * Die 4. Strophe wird ab dem 17. Dezember gesungen.

228
ö

1 Toch - ter Zi - on, freu - e dich,
2 Ho - si - an - na, Da - vids Sohn,
3 Ho - si - an - na, Da - vids Sohn,

228

1 jauch - ze laut, Je - ru - sa - lem! Sieh, dein Kö - nig kommt zu dir, ja er kommt, der Frie - de - fürst.
2 sei ge - seg - net dei - nem Volk! Grün - de nun dein e - wig Reich, Ho - si - an - na in der Höh!
3 sei ge - grü - ßet, Kö - nig mild! E - wig steht dein Frie - dens - thron, du, des ew - gen Va - ters Kind.

T: Friedrich Heinrich Ranke [um 1820] 1826, M u. S: Georg Friedrich Händel 1747

229

Herr, er - he - be dich, hilf uns und mach uns frei.

T: nach Ps 44,27, M: Josef Seuffert (*1926)

230 ö

1. Gott, heil-ger Schöp-fer al-ler Stern, er-leucht uns, die wir sind so fern, dass wir er-ken-nen Je-sus Christ, der für uns Mensch ge-wor-den ist.

2. Denn es ging dir zu Herzen sehr, / da wir gefangen waren schwer / und sollten gar des Todes sein; / drum nahm er auf sich Schuld und Pein.

3. Da sich die Welt zum Abend wandt, / der Bräutgam Christus ward gesandt. / Aus seiner Mutter Kämmerlein / ging er hervor als klarer Schein.

4. Gezeigt hat er sein groß Gewalt, / dass es in aller Welt erschallt, / sich beugen müssen alle Knie / im Himmel und auf Erden hie.

5. Wir bitten dich, o heilger Christ, / der du zukünftig Richter bist, / lehr uns zuvor dein Willen tun / und an dem Glauben nehmen zu.

6. Lob, Preis sei, Vater, deiner Kraft / und deinem Sohn, der all Ding schafft, / dem heilgen Tröster auch zugleich / so hier wie dort im Himmelreich.

A - men.

T: Thomas Müntzer 1523 nach „Conditor alme siderum" [10. Jh.]/AÖL 1973, M: Kempten um 1000

231

1. O Heiland, reiß die Himmel auf, herab, herab vom Himmel lauf. Reiß ab vom Himmel Tor und Tür, reiß ab, wo Schloss und Riegel für.

2. O Gott, ein Tau vom Himmel gieß, im Tau herab, o Heiland, fließ. Ihr Wolken brecht und regnet aus den König über Jakobs Haus.

3. O Erd, schlag aus, schlag aus, o Erd, dass Berg und Tal grün alles werd. O Erd, herfür dies Blümlein bring, o Heiland, aus der Erden spring.

4 Wo bleibst du, Trost der ganzen Welt, / darauf sie all ihr Hoffnung stellt? / O komm, ach komm vom höchsten Saal, / komm, tröst uns hier im Jammertal.

5 O klare Sonn, du schöner Stern, / dich wollten wir anschauen gern. / O Sonn, geh auf, ohn deinen Schein / in Finsternis wir alle sein.

6 Hier leiden wir die größte Not, / vor Augen steht der ewig Tod. / Ach komm, führ uns mit starker Hand / vom Elend zu dem Vaterland.

T: Friedrich Spee 1622, M: nach Augsburg 1666

232

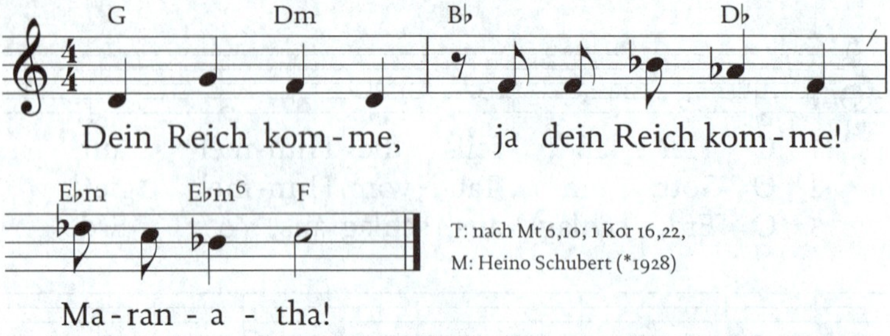

G Dm B♭ D♭
Dein Reich kom - me, ja dein Reich kom - me!
E♭m E♭m6 F
Ma - ran - a - tha!

T: nach Mt 6,10; 1 Kor 16,22,
M: Heino Schubert (*1928)

233
ö

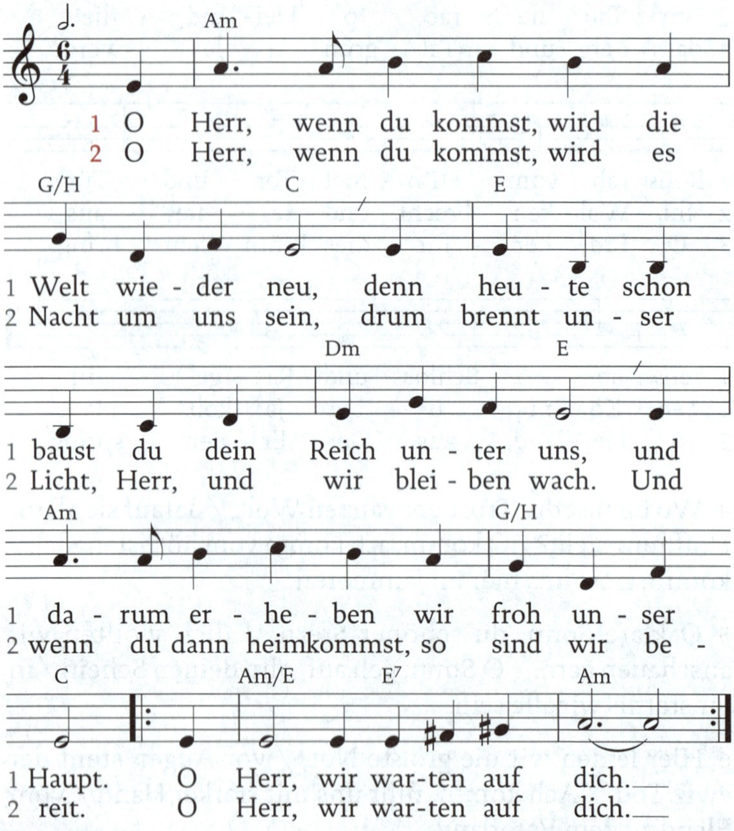

Am G/H C E Dm E Am G/H C Am/E E7 Am
1 O Herr, wenn du kommst, wird die Welt wie - der neu, denn heu - te schon baust du dein Reich un - ter uns, und da - rum er - he - ben wir froh un - ser Haupt. O Herr, wir war-ten auf dich.
2 O Herr, wenn du kommst, wird es Nacht um uns sein, drum brennt un - ser Licht, Herr, und wir blei - ben wach. Und wenn du dann heimkommst, so sind wir be - reit. O Herr, wir war-ten auf dich.

3 O Herr, wenn du kommst, jauchzt die Schöpfung dir zu, / denn deine Erlösung wird alles befrein. / Das Leid wird von all deiner Klarheit durchstrahlt. |: O Herr, wir warten auf dich. :|

4 O Herr, wenn du kommst, hält uns nichts mehr zurück, / wir laufen voll Freude den Weg auf dich zu. / Dein Fest ohne Ende steht für uns bereit. |: O Herr, wir warten auf dich. :|

T u. M: Helga Poppe 1979

T: nach Jes 45,8, M: gregorianisch

→ *„Hört, eine helle Stimme ruft" (Nr. 621)*
→ *„Tau aus Himmelshöhn" (Nr. 158)*
→ *„‚Wachet auf', ruft uns die Stimme" (Nr. 554)*
→ *Laudes oder Morgenlob im Advent (Nr. 614; 618; 620)*

DIE WEIHNACHTSZEIT

Jesus Christus ist die „Sonne der Gerechtigkeit" (Mal 3,20) und das „Licht der Welt" (Joh 8,12). Seine Geburt feiert die Kirche seit dem 4. Jahrhundert am 25. Dezember, in der dunkelsten Zeit des Jahres. Der spätantike Kult des ‚unbesiegbaren Sonnengottes' (sol invictus) trug dazu bei, Christus als die wahre Sonne der Gerechtigkeit zu verkünden. Weil er, der Sohn Gottes, das Menschsein angenommen hat, lebt er nicht nur mit uns, sondern führt uns in das göttliche Leben.
Am 6. Januar feiern wir die Erscheinung (Epiphanie) des Herrn. Auf dreifache Weise wird seine Herrlichkeit offenbar: in der Huldigung der Weisen vor dem neugeborenen Kind, in der Stimme des Vaters bei der Taufe Jesu im Jordan und dem Weinwunder auf der Hochzeit zu Kana.
Zur Weihnachtszeit gehören weitere Feste wie das Fest der Heiligen Familie (Sonntag nach Weihnachten), das Hochfest der Gottes-

235 mutter Maria (Neujahr) und das Fest der Taufe des Herrn (Sonntag nach Erscheinung des Herrn).

Ein reiches Brauchtum kennzeichnet die Weihnachtszeit: die Feier des Heiligen Abend (Nr. 26), Stephaniritt, Johanneswein, Kindersegnung, Neujahrssingen, Sternsingen mit Haussegnung (C + M + B = Christus Mansionem Benedicat = Christus segne das Haus) …

Die liturgische Farbe der Weihnachtszeit ist weiß.

236
ö

1 Es kommt ein Schiff, geladen bis an sein höchsten Bord, trägt Gottes Sohn voll Gnaden, des Vaters ewigs Wort.

2 Das Schiff geht still im Triebe, es trägt ein teure Last; das Segel ist die Liebe, der Heilig Geist der Mast.

3 Der Anker haft' auf Erden, da ist das Schiff am Land. Das Wort will Fleisch uns werden, der Sohn ist uns gesandt.

4 Zu Betlehem geboren / im Stall ein Kindelein, / gibt sich für uns verloren: / Gelobet muss es sein.

5 Und wer dies Kind mit Freuden / umfangen, küssen will, / muss vorher mit ihm leiden / groß Pein und Marter viel,

6 danach mit ihm auch sterben / und geistlich auferstehn, / das ewig Leben erben, / wie an ihm ist geschehn.

T: Daniel Sudermann um 1626 nach Straßburg um 1450, M: Köln 1608

237 (ö)

1 „Vom Himmel hoch, da komm ich her, / ich bring euch gute neue Mär, / der guten Mär bring ich so viel, / davon ich singn und sagen will.

2 Euch ist ein Kindlein heut geborn / von einer Jungfrau auserkorn, / ein Kindelein so zart und fein; / das soll eur Freud und Wonne sein.

3 Es ist der Herr Christ, unser Gott, / der will euch führn aus aller Not; / er will eur Heiland selber sein, / von allen Sünden machen rein.

4 Er bringt euch alle Seligkeit, / die Gott der Vater hat bereit', / dass ihr mit uns im Himmelreich / sollt leben nun und ewiglich.

5 So merket nun das Zeichen recht: / die Krippe, Windelein so schlecht; / da findet ihr das Kind gelegt, / das alle Welt erhält und trägt."

6 Des lasst uns alle fröhlich sein / und mit den Hirten gehn hinein, / zu sehn, was Gott uns hat beschert, / mit seinem lieben Sohn verehrt.

7 Lob, Ehr sei Gott im höchsten Thron, / der uns schenkt seinen eingen Sohn. / Des freuet sich der Engel Schar / und singet uns solch neues Jahr.

T: Martin Luther 1535, M: 1539, Martin Luther zugeschrieben

238
ö

1–3 O du fröh-li-che, o du se-li-ge, gna-den-brin-gen-de Weih-nachts-zeit!

1 Welt ging ver-lo-ren, Christ ist ge-bo-ren:
2 Christ ist er-schie-nen, uns zu ver-süh-nen:
3 Himm-li-sche Hee-re jauch-zen dir Eh-re:

1–3 Freu-e, freu-e dich, o Chri-sten-heit!

T: 1. Str.: Johannes Daniel Falk [1816] 1819, 2. u. 3. Str.: Heinrich Holzschuher 1829, M: Sizilien vor 1788/bei Johann Gottfried Herder 1807/Weimar 1819

239
ö

1 Zu Bet-le-hem ge-bo-ren ist uns ein Kin-de-lein. Das hab ich aus-er-ko-ren, sein Ei-gen will ich sein. E-ja, E-ja, sein Ei-gen will ich sein.

2 In seine Lieb versenken / will ich mich ganz hinab; / mein Herz will ich ihm schenken / und alles, was ich hab. / Eja, eja, und alles, was ich hab.

3 O Kindelein, von Herzen / dich will ich lieben sehr / in Freuden und in Schmerzen, / je länger mehr und mehr. / Eja, eja, je länger mehr und mehr.

4 Dazu dein Gnad mir gebe, / bitt ich aus Herzensgrund, / dass dir allein ich lebe / jetzt und zu aller Stund. / Eja, eja, jetzt und zu aller Stund.

5 Dich wahren Gott ich finde / in meinem Fleisch und Blut, / darum ich fest mich binde / an dich, mein höchstes Gut. / Eja, eja, an dich, mein höchstes Gut.

6 Lass mich von dir nicht scheiden, / knüpf zu, knüpf zu das Band: / Die Liebe zwischen beiden / nimmt hin mein Herz zum Pfand. / Eja, eja, nimmt hin mein Herz zum Pfand.

T: Friedrich Spee 1637, M: Paris 1599/Köln 1637

1 Hört, es singt und klingt mit Schalle: Fürcht' euch nicht, ihr Hirten alle! Macht euch auf, geht hin zum Stalle: Gott ward Mensch, des freut euch sehr.

2 Seht, ein Stern ist aufgegangen denen, die in Nacht gefangen. Zu dem Kinde voll Verlangen ziehn von fern die Könige her.

3 Mit den Hohen und Geringen / wolln auch wir ihm Gaben bringen, / Gloria voll Freude singen / mit der Engel großem Heer.

4 Denn er ist zur Welt gekommen / für die Sünder und die Frommen, / hat uns alle angenommen, / uns zum Heil und Gott zur Ehr.

T: Markus Jenny 1971 nach „Quem pastores laudavere" 15. Jh., M: Hohenfurt um 1450/Prag 1541

241 (ö)

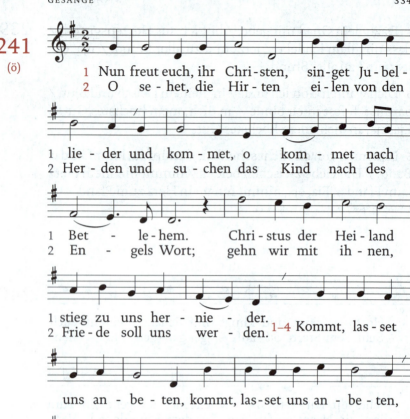

1 Nun freut euch, ihr Christen, singet Jubellieder und kommet, o kommet nach Bethlehem. Christus der Heiland stieg zu uns hernieder. Kommt, lasset uns anbeten, kommt, lasset uns anbeten, kommt, lasset uns anbeten den König, den Herrn.

2 O sehet, die Hirten eilen von den Herden und suchen das Kind nach des Engels Wort; gehn wir mit ihnen, Friede soll uns werden. Kommt, lasset uns anbeten …

3 Der Abglanz des Vaters, / Herr der Herren alle, / ist heute erschienen in unserm Fleisch: / Gott ist geboren als ein Kind im Stalle. / Kommt, lasset uns anbeten …

4 Schaut, wie er in Armut / liegt auf Stroh gebettet, / o schenken wir Liebe für Liebe ihm! / Jesus, das Kindlein, das uns all errettet: / Kommt, lasset uns anbeten …

T: nach „Adeste, fideles" des Jean François Borderies, Ü: Joseph Mohr 1873, EGB [1971] 1975, M: John Reading vor 1681

242
ö

1. Adéste, fidéles, laeti, triumphántes: Veníte, veníte in Bétlehem: Natum vidéte, regem Angelórum: Veníte, adorémus, veníte, adorémus, veníte, adorémus Dóminum.

2. En grege relícto, húmiles ad cunas vocáti pastóres appróperant: Et nos ovánti gradu festinémus: Veníte, adorémus, veníte, adorémus, veníte, adorémus Dóminum.

3 Aetérni Paréntis / splendórem aetérnum / velátum sub carne vidébimus: / Deum infántem, pannis involútum: / Veníte, adorémus, veníte, adorémus, veníte, adorémus Dóminum.

4 Pro nobis egénum / et foeno cubántem / piis foveámus ampléxibus: / Sic nos amántem quis non redamáret? / Veníte, adorémus, veníte, adorémus, veníte, adorémus Dóminum.

T: Jean François Borderies, um 1790, M: John Reading vor 1681, Ü: „Nun freut euch, ihr Christen" (Nr. 241)

243
(ö)

1. Es ist ein Ros entsprungen aus einer Wurzel zart,
wie uns die Alten sungen, von Jesse kam die Art,
und hat ein Blümlein bracht mitten im kalten Winter wohl zu der halben Nacht.

2 Das Röslein, das ich meine, / davon Jesaja sagt, / ist Maria, die Reine, / die uns das Blümlein bracht. / Aus Gottes ewgem Rat / hat sie ein Kind geboren / und blieb doch reine Magd.

3 Das Blümelein so kleine, / das duftet uns so süß; / mit seinem hellen Scheine / vertreibt's die Finsternis, / wahr' Mensch und wahrer Gott, / hilft uns aus allem Leide, / rettet von Sünd und Tod.

T: Trier [um 1587] 1599, M: Köln 1599, E: 1. Str.: „Jesse": Isai, Vater des Königs David (vgl. Jes 11,1)

244

Halleluja! Halleluja! Halleluja! Halleluja!

T: Liturgie, M: aus „Vom Himmel hoch, o Engel, kommt", Köln 1623

1. Menschen, die ihr wart verloren, / lebet auf, erfreuet euch! / Heut ist Gottes Sohn geboren, / heut ward er den Menschen gleich. **Kv** Lasst uns vor ihm niederfallen, ihm soll unser Dank erschallen: „Ehre sei Gott, Ehre sei Gott, Ehre sei Gott in der Höhe!"

2 Welche Wunder reich an Segen / stellt uns dies Geheimnis dar! / Seht, der kann sich selbst nicht regen, / durch den alles ist und war. **Kv**

3 Selbst der Urquell aller Gaben / leidet solche Dürftigkeit! / Welche Liebe muss der haben, / der sich euch so ganz geweiht! **Kv**

4 Menschen! Liebt, o liebt ihn wieder / und vergesst der Liebe nie! / Singt mit Andacht Dankeslieder / und vertraut, er höret sie! **Kv**

T: Christoph Bernhard Verspoell 1810, M: Christoph Bernhard Verspoell 1810, Trier 1847

Lieben heißt,
jemandem Gutes wollen.
THOMAS VON AQUIN

246

1. Als ich bei mei-nen Scha-fen wacht,
ein En-gel mir die Bot-schaft bracht.

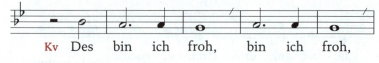
Kv Des bin ich froh, bin ich froh,

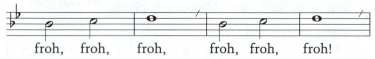
froh, froh, froh, froh, froh, froh!

Be - ne - di - ca - mus Do - mi - no!

2 Er sprach: „Der Heiland Jesus Christ / zu Betlehem geboren ist!" Kv

3 „Das Kindlein liegt in einem Stall / und will die Welt erlösen all." Kv

4 Als ich zum Stalle trat hinein, / in Windeln lag das Kindelein. Kv

5 Das Kind zu mir die Äuglein wandt, / mein Herz gab ich in seine Hand. Kv

T: Köln 1621, M: Würzburg 1622, Ü: Lasset uns preisen den Herrn!

247

WEIHNACHTEN

247

1 auf sein Him-mel-reich und schenkt uns sei-nen
2 e-lend, nackt und bloß in ei-nem Krip-pe-
3 ei-nes Knechts Ge-stalt, der Schö-pfer al-ler

1 Sohn, und schenkt uns sei-nen Sohn.
2 lein, in ei-nem Krip-pe-lein,
3 Ding, der Schö-pfer al-ler Ding.

4 Heut schließt er wieder auf die Tür / zum schönen Paradeis; / der Kerub steht nicht mehr dafür. / Gott sei Lob, Ehr und Preis, / Gott sei Lob, Ehr und Preis.

T: Nikolaus Herman um 1560, M: Nikolaus Herman um 1554

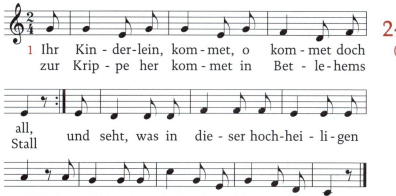

248 (ö)

1 Ihr Kin-der-lein, kom-met, o kom-met doch
  zur Krip-pe her kom-met in Bet-le-hems

all, und seht, was in die-ser hoch-hei-li-gen
Stall

Nacht der Va-ter im Him-mel für Freu-de uns macht.

2 Da liegt es, das Kindlein, auf Heu und auf Stroh, / Maria und Josef betrachten es froh. / Die redlichen Hirten knien betend davor, / hoch oben schwebt jubelnd der Engelein Chor.

3 O beugt wie die Hirten anbetend die Knie. / Erhebet die Hände und danket wie sie. / Stimmt freudig, ihr Kinder – wer sollt sich nicht freun? –, / stimmt freudig zum Jubel der Engel mit ein.

248

4 O betet: Du liebes, du göttliches Kind, / was leidest du alles für unsere Sünd! / Ach hier in der Krippe schon Armut und Not, / am Kreuze dort gar noch den bitteren Tod!

5 So nimm unsre Herzen zum Opfer denn hin, / wir geben sie gerne mit fröhlichem Sinn; / ach mache sie heilig und selig wie deins / und mach sie auf ewig mit deinem nur eins.

T: Christoph von Schmid [1798] 1811, M: Johann Abraham Peter Schulz 1794

249 ö

1–3 Stil - le Nacht, hei - li - ge Nacht!

1 Al - les schläft, ein-sam wacht nur das trau-te hoch-
2 Hir - ten erst kund-ge-macht, durch der En - gel
3 Got-tes Sohn, o wie lacht Lieb aus dei - nem

1 hei - li - ge Paar. Hol - der Kna - be im
2 Hal - le - lu - ja tönt es laut von
3 gött - li-chen Mund, da uns schlägt die

1 lo - cki-gen Haar, schlaf in himm - li-scher
2 fern und nah: Christ, der Ret - ter, ist
3 ret - ten-de Stund, Christ, in dei - ner Ge -

1 Ruh,— schlaf in himm - li-scher Ruh!
2 da!— Christ, der Ret - ter ist da!
3 burt,— Christ, in dei - ner Ge - burt!

T: Josef Franz Mohr [1816] 1838/Johann Hinrich Wichern 1844, M: Franz Xaver Gruber [1818] 1838/Johann Hinrich Wichern 1844

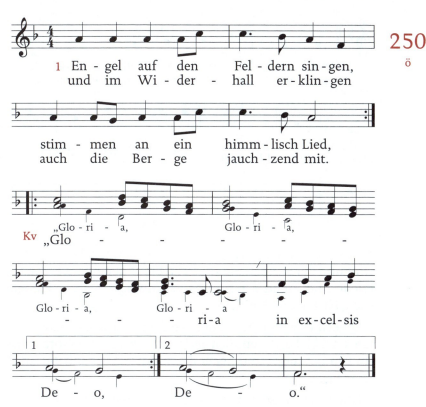

250
ö

2 Sagt mir, Hirten, wem die Freude, / wem das Lied der Engel gilt. / Kommt ein König, dass die Weite / so von Jubel ist erfüllt? Kv

3 Christ, der Retter, stieg hernieder, / der sein Volk von Schuld befreit, / und der Engel Dankeslieder / künden uns die Gnadenzeit. Kv

4 Hirten, nun verlasst die Herden, / stimmt ins Lob der Engel ein, / dass die Lüfte tönend werden / von dem Klange der Schalmein. Kv

5 Lasst nach Betlehem uns ziehen, / das ihn birgt im armen Stall, / lasst uns betend vor ihm knieen, / singen ihm mit Freudenschall. Kv

T: „Les anges dans nos campagnes", Frankreich 18. Jh., Ü: Maria Luise Thurmair 1954, M: Frankreich 18. Jh., S: Theophil Rothenberg 1983

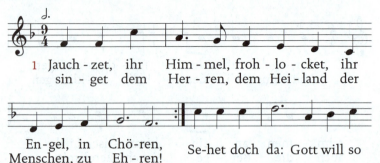

1. Jauchzet, ihr Himmel, frohlocket, ihr Engel, in Chören,
sin - get dem Herren, dem Heiland der Menschen, zu Ehren!
Sehet doch da: Gott will so freundlich und nah zu den Verlornen sich kehren.

2 Jauchzet, ihr Himmel, frohlocket, ihr Enden der Erden! / Gott und der Sünder, die sollen zu Freunden nun werden. / Friede und Freud / wird uns verkündiget heut. / Freuet euch, Hirten und Herden!

3 Sehet dies Wunder, wie tief sich der Höchste hier beuget; / sehet die Liebe, die endlich als Liebe sich zeiget. / Gott wird ein Kind, / träget und hebet die Sünd: / Alles anbetet und schweiget.

4 Gott ist im Fleische: Wer kann dies Geheimnis verstehen? / Hier ist die Pforte des Lebens nun offen zu sehen. / Gehet hinein, / eins mit dem Kinde zu sein, / die ihr zum Vater wollt gehen.

5 Hast du denn, Höchster, auch meiner noch wollen gedenken? / Du willst dich selber, dein Herze der Liebe, mir schenken. / Sollt nicht mein Sinn / innigst sich freuen darin / und sich in Demut versenken?

6 König der Ehren, aus Liebe geworden zum Kinde, / dem ich auch wieder mein Herze in Liebe verbinde: / Du sollst es sein, / den ich erwähle allein; / ewig entsag ich der Sünde.

7 Süßer Immanuel, werd auch in mir nun geboren, / komm doch, mein Heiland, denn ohne dich bin ich verloren! / Wohne in mir, / mach mich ganz eines mit dir, / der du mich liebend erkoren.

T: Gerhard Tersteegen 1731, M: Halle 1741 nach Stralsund 1665

WEIHNACHTEN

1 Gelobet seist du, Jesu Christ, dass du Mensch geboren bist von einer Jungfrau, das ist wahr; des freuet sich der Engel Schar. Kyrieleis.

2 Des ewgen Vaters einig Kind jetzt man in der Krippe findt; in unser armes Fleisch und Blut verkleidet sich das ewig Gut. Kyrieleis.

3 Den aller Welt Kreis nie beschloss, der liegt in Marien Schoß; er ist ein Kindlein worden klein, der alle Ding erhält allein. Kyrieleis.

4 Das ewig Licht geht da herein, / gibt der Welt ein' neuen Schein; / es leucht wohl mitten in der Nacht / und uns zu Lichtes Kindern macht. / Kyrieleis.

5 Der Sohn des Vaters, Gott von Art, / ein Gast in der Welt hie ward / und führt uns aus dem Jammertal, / macht uns zu Erben in seim Saal. / Kyrieleis.

6 Er ist auf Erden kommen arm, / dass er unser sich erbarm / und in dem Himmel mache reich / und seinen lieben Engeln gleich. / Kyrieleis.

7 Das hat er alles uns getan, / sein groß Lieb zu zeigen an. / Des freu sich alle Christenheit / und dank ihm des in Ewigkeit. / Kyrieleis.

T: 1. Str.: Medingen bei Lüneburg um 1380, 2.–7. Str.: Martin Luther 1524, M: Medingen um 1460/Wittenberg 1524

253
ö

1 In dul-ci ju-bi-lo nun sin-get und seid froh: Unsers Herzens Wonne liegt in prae-se-pi-o und leuch-tet wie die Sonne ma-tris in gre-mi-o. Alpha es et O, Al-pha es et O.

2 O Je-su par-vu-le, nach dir ist mir so weh. Tröst mir mein Ge-mü-te, o pu-er op-ti-me, durch al-le dei-ne Gü-te, o prin-ceps glo-ri-ae. Tra-he me post te, tra-he me post te.

3 O Patris caritas, / o nati lenitas! / Wir warn all verdorben / per nostra crimina, / da hat er uns erworben / caelorum gaudia. / Quanta gratia, / quanta gratia.

4 Ubi sunt gaudia? / ⸘ Nirgends mehr denn da, / wo die Engel singen / ⸘ nova cantica / ⸘ und die Zimbeln klingen / in regis curia. / Eja qualia, / eja qualia.

T: 15. Jh./3. Str.: Leipzig 1545, M: 15. Jh.

Übersetzung der lateinischen Worte:
1 Mit süßem Jubel – in der Krippe – auf dem Schoß der Mutter – du bist das Alpha und das Omega   2 O Jesus, Kindlein – o bester Knabe – o Fürst der

Herrlichkeit – zieh mich nach dir   3 O Liebe des Vaters – o Milde des Sohnes – durch unsere Sünden – himmlische Freuden – welch große Gnade!   4 Wo sind die Freuden? – neue Lieder – am Hof des Königs – Ei, welche (Freuden)!

1 Du Kind, zu dieser heil-gen Zeit ge-
2 Die Welt ist heut voll Freu-den-hall. Du

1 den-ken wir auch an dein Leid, das wir zu
2 a-ber liegst im ar-men Stall. Dein Ur-teils-

1 die-ser spä-ten Nacht durch uns-re Schuld auf
2 spruch ist längst ge-fällt, das Kreuz ist dir schon

1 dich ge-bracht. Ky - ri - e - lei - son.
2 auf-ge-stellt. Ky - ri - e - lei - son.

3 Die Welt liegt heut im Freudenlicht. / Dein aber harret das Gericht. / Dein Elend wendet keiner ab. / Vor deiner Krippe gähnt das Grab. / Kyrieleison.

4 Wenn wir mit dir einst auferstehn / und dich von Angesichte sehn, / dann erst ist ohne Bitterkeit / das Herz uns zum Gesange weit! / Hosianna!

T: Jochen Klepper [1937] 1938, M: Friedrich Samuel Rothenberg 1939

Das Wort wur-de Fleisch und wohn-te bei uns.

T: nach Joh 1,14, M: Hans Leitner 2009

256
ö

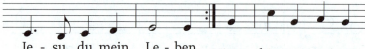

1 Ich steh an deiner Krippe hier, o Jesu, du mein Leben.
Ich komme, bring und schenke dir, was du mir hast gegeben.
Nimm hin, es ist mein Geist und Sinn. Herz, Seel und Mut, nimm alles hin und lass dir's wohl gefallen.

2 Da ich noch nicht geboren war, / da bist du mir geboren / und hast mich dir zu eigen gar, / eh ich dich kannt, erkoren. / Eh ich durch deine Hand gemacht, / da hast du schon bei dir bedacht, / wie du mein wolltest werden.

3 Ich lag in tiefster Todesnacht, / du warest meine Sonne, / die Sonne, die mir zugebracht / Licht, Leben, Freud und Wonne. / O Sonne, die das werte Licht / des Glaubens in mir zugericht, / wie schön sind deine Strahlen.

4 Ich sehe dich mit Freuden an / und kann mich nicht satt sehen; / und weil ich nun nichts weiter kann, / bleib ich anbetend stehen. / O dass mein Sinn ein Abgrund wär / und meine Seel ein weites Meer, / dass ich dich möchte fassen!

T: Paul Gerhardt 1653, M: Johann Sebastian Bach 1736,
Alternativmelodie: „Lobpreiset all zu dieser Zeit" (Nr. 258)

→ „Licht, das uns erschien" (Nr. 159)
→ Vesper in der Weihnachtszeit (Nr. 635)

JAHRESSCHLUSS – NEUJAHR

1. Der du die Zeit in Hän-den hast, Herr, nimm auch die-ses Jah-res Last und wand-le sie in Se-gen. Nun von dir selbst in Je-sus Christ die Mit-te fest ge-wie-sen ist, führ uns dem Ziel ent-ge-gen.

2. Da al-les, was der Mensch be-ginnt, vor sei-nen Au-gen noch zer-rinnt, sei du selbst der Voll-en-der. Die Jah-re, die du uns ge-schenkt, wenn dei-ne Gü-te uns nicht lenkt, ver-al-ten wie Ge-wän-der.

3 Wer ist hier, der vor dir besteht? / Der Mensch, sein Tag, sein Werk vergeht; / nur du allein wirst bleiben. / Nur Gottes Jahr währt für und für, / drum kehre jeden Tag zu dir, / weil wir im Winde treiben.

4 Der Mensch ahnt nichts von seiner Frist. / Du aber bleibest, der du bist, / in Jahren ohne Ende. / Wir fahren hin durch deinen Zorn, / und doch strömt deiner Gnade Born / in unsre leeren Hände.

5 Und diese Gaben, Herr, allein / lass Wert und Maß der Tage sein, / die wir in Schuld verbringen. / Nach ihnen sei die Zeit gezählt; / was wir versäumt, was wir verfehlt, / darf nicht mehr vor dich dringen.

257

6 Der du allein der Ewge heißt / und Anfang, Ziel und Mitte weißt / im Fluge unsrer Zeiten: / Bleib du uns gnädig zugewandt / und führe uns an deiner Hand, / damit wir sicher schreiten.

T: Jochen Klepper [1937] 1938, M: Frankfurt am Main 1738
Alternativmelodie: „Dein Lob, Herr, ruft der Himmel aus" (Nr. 381)

258
ö

1 Lob-prei-set all zu dieser Zeit,
die Sonne der Gerechtigkeit,
wo Sonn und Jahr sich wendet,
die alle Nacht geendet.
1–3 Dem Herrn, der Tag und Jahr geschenkt, der unser Leben trägt und lenkt, sei Dank und Lob gesungen.

2 Christus hat unser Jahr erneut / und hellen Tag gegeben, / da er aus seiner Herrlichkeit / eintrat ins Erdenleben. / Dem Herrn …

3 Er ist der Weg, auf dem wir gehn, / die Wahrheit, der wir trauen. / Er will als Bruder bei uns stehn, / bis wir im Glanz ihn schauen. / Dem Herrn …

T: nach Heinrich Bone 1851, 3. Str.: EGB [1971] 1975, M: Wittenberg 1529

> *Das Ziel eines tugendhaften Lebens besteht darin, Gott ähnlich zu werden.*
> GREGOR VON NYSSA

Erscheinung des Herrn

259

1. Gottes Stern, leuchte uns, Himmelslicht der Schöpfung. Aus Finsternis und dunkler Nacht hat Gott der Welt das Licht gebracht. Gottes Wort die Welt erschuf, Menschen, höret seinen Ruf. Wir haben seinen Stern gesehen und kommen voll Freude.

2. Gottes Stern, zeige uns stets den Weg zum Leben. So machten sich die Weisen auf und folgten deinem Himmelslauf. Gottes Sohn, ein Menschenkind: Eine neue Zeit beginnt. Wir haben seinen Stern gesehen und beten voll Freude.

3. Gottes Stern, leite uns, Zeichen der Verheißung. Durch Jesu Kreuz, der Liebe Macht, ist Gottes Heil an uns vollbracht. Gottes Geist ist uns geschenkt, der uns durch die Zeiten lenkt. Wir haben seinen Stern gesehen und glauben voll Freude.

T u. M: Christoph Biskupek und Oliver Sperling 1998

260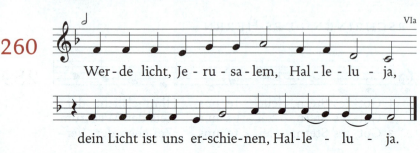

T: nach Jes 60,1.2, M: EGB 1975

261

3 Stern über Betlehem, wir sind am Ziel, / denn dieser arme Stall birgt doch so viel! / Du hast uns hergeführt, wir danken dir, / Stern über Betlehem, wir bleiben hier!

4 Stern über Betlehem, kehrn wir zurück, / steht noch dein heller Schein in unserm Blick, / und was uns froh gemacht, teilen wir aus, / Stern über Betlehem, schein auch zu Haus.

T u. M: Alfred Hans Zoller 1963

ERSCHEINUNG DES HERRN

262

1. Seht ihr unsern Stern dort stehen / helles Licht in dunkler Nacht? / Hoffnung auf ein neues Leben / hat er in die Welt gebracht. / Kv „Gloria, Gloria, Gloria, Gloria in excelsis Deo, Deo."

2 Menschen ohne Haus und Habe / atmen plötzlich wieder auf, / denn ein Kind ist uns geboren, / Welten ändern ihren Lauf. / Gloria in excelsis Deo.

3 Weil wir neues Leben suchen, / darum folgen wir dem Stern, / sammeln Gaben, singen Lieder / für die Menschen, für den Herrn. / Gloria in excelsis Deo.

T: Diethard Zils (*1935), M: Frankreich 18. Jh., S: Theophil Rothenberg 1983, Ü: Ehre sei Gott in der Höhe!

263

Seht, unser König kommt; er bringt seinem Volk den Frieden.

T: nach Ps 29,10.11, M: Josef Seuffert (*1926)

264

1

Lu-men ad re-ve-la-ti-ó-nem gén-ti-um, et gló-ri-am ple-bis tu-ae I-sra-el.

T: Lk 2,32, M: Graduale Romanum, Ü: Licht, das die Heiden erleuchtet, und Herrlichkeit für dein Volk Israel.

2

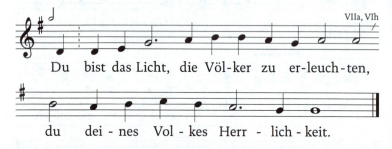

Du bist das Licht, die Völ-ker zu er-leuch-ten, du dei-nes Vol-kes Herr-lich-keit.

T: nach Lk 2,31–32, M: Bernward Beyerle 2009

Die Vollendung all unserer Werke ist die Liebe.
Das ist das Ziel,
um dessentwillen wir laufen,
dem wir zueilen
und in dem wir,
wenn wir es erreicht haben,
ruhen werden.
AUGUSTINUS

Der Osterfestkreis

265

Der Osterfestkreis umfasst die Zeit von Aschermittwoch bis Pfingsten. Das Osterfest wird durch die vierzigtägige Bußzeit (Fastenzeit) vorbereitet. Im Zentrum stehen die Drei Österlichen Tage (Gründonnerstag bis Ostersonntag) mit dem Gedächtnis des Leidens, Sterbens, des Abstieges in das Reich des Todes und der Auferstehung Christi. Am fünfzigsten Tag endet der Osterfestkreis mit dem Pfingstfest.

Die Österliche Bußzeit (Fastenzeit)

Mit dem Aschermittwoch beginnen die vierzig Tage der Vorbereitung auf das Osterfest. Vierzig Jahre wanderte das Volk Israel durch die Wüste, vierzig Tage verbrachte Mose auf dem Berg Sinai, vierzig Tage wanderte Elija zum Gottesberg Horeb. Jesus fastete vierzig Tage in der Wüste.

Vierzig Tage bereitet sich auch die Kirche auf die Osterfeier vor: Durch Fasten, Beten, Almosen geben und Hören auf das Wort Gottes setzt sie Zeichen der Umkehr. In vielen Gemeinden gibt es Einkehrtage und Bußgottesdienste. Im Sakrament der Buße wird den Einzelnen die Versöhnung mit Gott und der Kirche zugesprochen. In besonderer Weise bereiten sich die erwachsenen Taufbewerber in der Bußzeit auf ihre Taufe in der Osternacht vor. Mit ihnen besinnen sich die Gläubigen auf die eigene Taufe und erneuern ihren Willen, Christus nachzufolgen.

Am Aschermittwoch erhalten die Gläubigen zum Ausdruck ihrer Bereitschaft zu Buße und Umkehr das Aschenkreuz auf das Haupt mit den Worten: „Bekehrt euch und glaubt an das Evangelium" (vgl. Mk 1,15) oder „Bedenke, Mensch, dass du Staub bist und wieder zum Staub zurückkehren wirst" (vgl. Gen 3,19). An diesem Fast- und Abstinenztag verzichtet man ebenso wie am Karfreitag auf Fleischspeisen und begnügt sich mit einmaliger Sättigung.

Zum Brauchtum der Österlichen Bußzeit gehören unter anderem Hunger- bzw. Fastentücher, das Verhüllen der Kreuze, das Gehen des Kreuzweges, Passionsspiele.

Die liturgische Farbe dieser Zeit ist violett.

266

Kv Be - keh - re uns, ver - gib die Sün - de,

schen - ke, Herr, uns neu dein Er - bar - men.

K 1 Der Sohn des Höchsten kam auf uns - re Er - de,
2 Be - kehrt euch al - le, denn das Reich ist na - he;
3 Hört sei - ne Stim - me, än - dert eu - er Le - ben;

1 uns zu er - ret - ten aus der Macht des Bö - sen.
2 in rech - ter Bu - ße wan - delt eu - re Her - zen.
3 su - chet das Gu - te und lasst ab vom Bö - sen;

1 Er ruft die Menschen in das Reich des Va - ters. Kv
2 Seid neu - e Menschen, die dem Herrn ge - fal - len. Kv
3 als Got - tes Kin - der wir - ket sei - nen Frie - den. Kv

4 Ihr seid gefunden wie verlorne Schafe, / und in der Taufe seid ihr neu geboren. / Die Kraft des Geistes macht euch stark im Glauben. **Kv**

5 Als Jesu Jünger seid ihr nun gesendet. / Geht hin zu allen, kündet seine Botschaft; / bringt neue Hoffnung auf die ganze Erde. **Kv**

6 Tut Gutes allen, helft den Unterdrückten / und stiftet Frieden: Liebet euren Nächsten. / Dies ist ein Fasten in den Augen Gottes. **Kv**

7 Ihr wart einst Knechte, er macht euch zu Freunden; / ihr wart einst Sklaven, er macht euch zu Freien. / Kehrt heim zum Vater, kommt zum Mahl der Freude. **Kv**

T: Josef Seuffert [1971] 1972/1992, M: „Attende, Domine", Frankreich 17. Jh.

ÖSTERLICHE BUSSZEIT

267
ö

1 O Mensch, be-wein dein Sün-de groß,
derhalb Chri-stus seins Va-ters Schoß ver-ließ
und kam auf Er-den.
Von ei-ner Jung-frau aus-er-korn
ward er für uns ein Mensch ge-born; er wollt
der Mitt-ler wer-den.
Den To-ten er das Le-ben gab, nahm vie-len ih-re Krankheit ab,
bis es sich sollt er-fül-len, dass er
für uns ge-op-fert würd, trüg uns-rer Sün-den
schwe-re Bürd am Kreuz nach Got-tes Wil-len.

2 So lasst uns nun ihm dankbar sein, / dass er für uns litt solche Pein, / nach seinem Willen leben. / Auch lasst uns sein der Sünde feind, / weil Gottes Wort so helle scheint, / Tag und Nacht danach streben, / die Lieb erzeigen jedermann, / die Christus hat an uns getan / mit seinem bittern Sterben. / O Menschenkind, betracht das recht, / wie Gottes Zorn die Sünde schlägt, / dass du nicht mögst verderben.

T: nach Sebald Heyden um 1530/AÖL 1973, M: Matthäus Greiter 1525

268
ö

1 Er - bar - me dich, er - barm dich mein, Herr,
2 Arm ward ich in die Welt ge-schickt, von
3 Herr, schau auf mei - ne Sün - de nicht; wend

1 durch die gro - ße Gü - te dein. Mach rein mich
2 An - be-ginn in Schuld ver-strickt. Ein frem-des
3 ab von ihr dein An - ge - sicht. Ein rei - nes

1 bis zum Her - zens-grund; im In - ner - sten mach
2 mäch-ti - ges Ge - setz trieb mich dem Bö - sen
3 Herz er-schaff in mir; so weiß wie Schnee sei

1 mich ge-sund. Denn mei - ne Sün - de brennt
2 in das Netz. Du weißt, was mich zu - in -
3 es vor dir. Be - rüh - re mich mit dei -

1 in mir; ja, schuldig ist mein Herz vor dir.
2 nerst quält. Vor dir al - lein hab ich ge - fehlt.
3 ner Hand, die al - le Macht des Bö - sen bannt.

4 Herr, nimm von mir nicht deinen Geist, / der mich den Weg des Lebens weist, / ihn, der mich treibt zum Guten hin, / zu Großmut und beständgem Sinn. / Befreie mich von Schuld und Not, / dass ich dich rühme, Herr, mein Gott.

5 Ja, öffne mir den stummen Mund; / dann tu ich allen Menschen kund, / was Großes du an mir getan, / wie du mich nahmst in Gnaden an, / dass, wer dir fern ist, sich bekehrt / und so in dir auch Heil erfährt.

6 Nimm an, was ich zum Opfer bring: / das Herz, zerschlagen und gering, / den Geist, der seine Ohnmacht kennt / und dich den Herrn, den Höchsten nennt. / Dann will ich deiner Güt und Ehr / in Ewigkeit lobsingen, Herr.

T: Maria Luise Thurmair [1972] 1975 nach Ps 51, M: Caspar Ulenberg 1582

1 Du Sonne der Gerechtigkeit, Christus, vertreib in uns die Nacht, dass mit dem Licht des neuen Tags auch unser Herz sich neu erhellt.

4 A - men.

2 Du schenkst uns diese Gnadenzeit, / gib auch ein reuevolles Herz / und führe auf den Weg zurück, / die deine Langmut irren sah.

3 Es kommt der Tag, dein Tag erscheint, / da alles neu in Blüte steht; / der Tag, der unsre Freude ist, / der Tag, der uns mit dir versöhnt.

4 Dir, höchster Gott, Dreifaltigkeit, / lobsinge alles, was da lebt. / Lass uns, durch deine Gnade neu, / dich preisen durch ein neues Lied. Amen.

T: „Iam, Christe, sol iustitiae" 6. Jh., Ü: Abtei Münsterschwarzach, M: nach Einsiedeln 12. Jh., Mailänder Hymnar 14. Jh.

270

1. Kreuz, auf das ich schau-e, steht als Zei-chen da; der, dem ich ver-trau-e, ist in dir mir nah.
2. Kreuz, zu dem ich flie-he aus der Dun-kel-heit; statt der Angst und Mü-he ist nun Hoff-nungs-zeit.
3. Kreuz, von dem ich ge-he in den neu-en Tag, bleib in mei-ner Nä-he, dass ich nicht ver-zag.

T: Eckart Bücken 1982, M: Lothar Graap 1982

271

1. O Herr, aus tie-fer Kla-ge er-heb ich mein Ge-sicht, und was ich bin, das tra-ge ich hin vor dein Ge-richt.
2. Mein We-sen ist am En-de und trau-ert wie im Grab; es fie-len Herz und Hän-de von dei-ner Lie-be ab.

3. Nun ist vor allen Sünden / die Finsternis mein Lohn. / O lass mich heimwärts finden / wie den verlornen Sohn.

4. Gib mir die Liebe wieder, / lass blühn der Gnade Keim / und führe zu den Brüdern / mich aus dem Elend heim.

T: Georg Thurmair [1935] 1938, M: Adolf Lohmann [1935] 1938

ÖSTERLICHE BUSSZEIT

1. Zeige uns, Herr, deine Allmacht und Güte; / komm uns zu Hilfe mit göttlicher Kraft! / Mit deinem Beistand uns allzeit behüte, / der uns befreit und Geborgenheit schafft. / Hör unser Bitten; die Angst in uns wende; / Feuer des Heiligen Geistes uns sende!

2. Hilf unserm Glauben, wenn mutlos wir werden; / Lichtblick und Freude erblühen aus dir. / Dein Reich des Friedens lass wachsen auf Erden; / Werkzeuge deiner Verheißung sind wir. / Lehr uns aus Glaube und Liebe zu handeln / und so uns selbst und die Welt zu verwandeln.

3. Ruf uns zur Umkehr, sooft wir versagen; / du bist barmherzig, vergibst uns die Schuld. / Antwort bist du in verzweifeltem Fragen; / lehr uns Verzeihen, Vertrauen, Geduld. / Du hast für uns deinen Sohn hingegeben, / Worte und Taten, aus denen wir leben.

T: Raymund Weber 1982, M: bei Johann Anastasius Freylinghausen 1708

273

1. O Herr, nimm uns-re Schuld, mit der wir uns be-la-sten, und füh-re selbst die Hand, mit der wir nach dir ta-sten.
2. Wir trau-en dei-ner Macht und sind doch oft in Sor-gen. Wir glau-ben dei-nem Wort und fürch-ten doch das Mor-gen.

3 Wir kennen dein Gebot, / einander beizustehen, / und können oft nur uns / und unsre Nöte sehen.

4 O Herr, nimm unsre Schuld, / die Dinge, die uns binden, / und hilf, dass wir durch dich / den Weg zum andern finden.

T u. M: Hans-Georg Lotz 1964/[1988] 1993

274

1. Und suchst du mei-ne Sün-de, flieh ich von dir zu dir, Ur-sprung, in den ich mün-de, du fern und nah bei mir.
2. Wie ich mich wend und dre-he, geh ich von dir zu dir, die Fer-ne und die Nä-he sind auf-ge-lö-set hier.
3. Von dir zu dir mein Schrei-ten, mein Weg und mei-ne Ruh, Ge-richt und Gnad, die bei-den bist du und im-mer du.

T: Schalom Ben-Chorin 1966, M: Christian Dostal 2008

ÖSTERLICHE BUẞZEIT

275

1. Selig, wem Christus auf dem Weg begegnet, um ihn zu rufen, alles zu verlassen, sein Kreuz zu tragen und in seiner Kirche für ihn zu wirken.

2. Bei ihm ist Christus, stärkt ihn in der Wüste, schenkt ihm durch Leiden Anteil an der Freude. Und seine Jünger spüren Christi Liebe in seiner Nähe.

3 Durch seine Jünger spricht zu uns der Meister, / ruft uns zur Umkehr, spendet Licht und Hoffnung. / In ihren Taten wird die Botschaft Christi / für uns lebendig.

4 Vater im Himmel, heilig ist dein Name, / dein Reich wird kommen, das dein Sohn verheißen. / Hilf uns, im Geiste ihm den Weg bereiten / als deine Boten.

T: Bernardin Schellenberger 1978/2011, M: Paris 1681
Alternativmelodie: „Dank sei dir, Vater" (Nr. 484)

276

Verbirg dein Gesicht vor meinen Sünden, erschaffe mir ein reines Herz.

T: nach Ps 51,11.12, M: Gregor Linßen 2009

277 (ö)

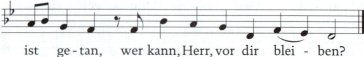

1. Aus tiefer Not schrei ich zu dir, Herr Gott, erhör mein Rufen; dein gnädig Ohr neig her zu mir und meiner Bitt es öffne; denn so du willst das sehen an, was Sünd und Unrecht ist getan, wer kann, Herr, vor dir bleiben?

2 Darum auf Gott will hoffen ich, / auf mein Verdienst nicht bauen. / Auf ihn will ich verlassen mich / und seiner Güte trauen, / die mir zusagt sein wertes Wort. / Das ist mein Trost und treuer Hort; / des will ich allzeit harren.

3 Und ob es währt bis in die Nacht / und wieder an den Morgen, / doch soll mein Herz an Gottes Macht / verzweifeln nicht noch sorgen. / So tu Israel rechter Art, / der aus dem Geist geboren ward, / und seines Gottes harre.

4 Ob bei uns ist der Sünden viel, / bei Gott ist viel mehr Gnade. / Sein Hand zu helfen hat kein Ziel, / wie groß auch sei der Schade. / Er ist allein der gute Hirt, / der Israel erlösen wird / aus seinen Sünden allen.

T: Martin Luther 1524 nach Ps 130, M: Martin Luther 1524

→ „Nun ist sie da, die rechte Zeit" (Nr. 638)
→ „Der Herr vergibt die Schuld" (Nr. 517)
→ „Beim Herrn ist Barmherzigkeit" (Nr. 518)
→ „Aus der Tiefe" (Nr. 283 und Nr. 511)
→ Laudes o. Morgenlob in der Österlichen Bußzeit (Nr. 614, 618, 623)
→ Vesper in der Österlichen Bußzeit (Nr. 637)

Die Feier der Heiligen Woche 278

In der Heiligen Woche (Karwoche) gehen wir den Leidensweg des Herrn mit bis zu seiner Auferstehung: vom Einzug Jesu in Jerusalem bis zum Tod am Kreuz, von der Grabesruhe und dem Hinabsteigen in das Reich des Todes bis zum Ostermorgen. Wir schöpfen Vertrauen aus der Liebe Gottes, die sich in Jesu Hingabe offenbart. In der Verbundenheit mit dem auferstandenen Herrn öffnen wir uns auch den leidenden und missachteten Menschen.

In der Heiligen Woche versammelt der Bischof die Priester und die Gläubigen zur Chrisam-Messe (vgl. Messbuch) in der Kathedralkirche, um die heiligen Öle (Krankenöl, Katechumenenöl, Chrisam) zu weihen.

Es ist angemessen, dass die Gläubigen die vierzigtägige Bußzeit mit einer Bußfeier beginnen oder abschließen; durch Umkehr, das Sakrament der Versöhnung (Beichte), tätige Nächstenliebe und die gemeinsame Feier helfen sie einander, das Christusgeheimnis in ihrem Leben tiefer zu erfassen und in die Feier der Drei Österlichen Tage (Nr. 303) als versöhnte Menschen einzutreten.

In vielen Kirchen stellen Fasten-, Passions- oder Hungertücher das Leiden des Herrn vor Augen und verdecken prunkvolle Bilder und Kreuze.

279

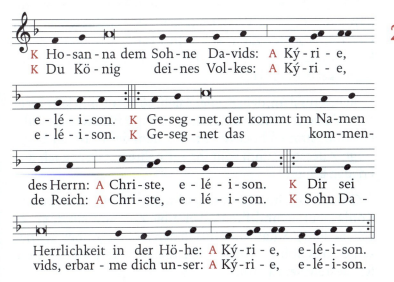

K Ho-san-na dem Soh-ne Da-vids: A Ký-ri-e, e-lé-i-son. K Ge-seg-net, der kommt im Na-men des Herrn: A Chri-ste, e-lé-i-son. K Dir sei Herrlichkeit in der Hö-he: A Ký-ri-e, e-lé-i-son.

K Du Kö-nig dei-nes Vol-kes: A Ký-ri-e, e-lé-i-son. K Ge-seg-net das kom-men-de Reich: A Chri-ste, e-lé-i-son. K Sohn Da-vids, erbar-me dich un-ser: A Ký-ri-e, e-lé-i-son.

T: Josef Seuffert 1970, M: Josef Seuffert 1963, Kyrie III Vat. XVI

280

1. Singt dem König Freudenpsalmen, Völker, ebnet seine Bahn! / Zion, streu ihm deine Palmen, sieh dein König naht heran! Der aus Davids Stamm geboren, Gottes Sohn von Ewigkeit, uns zum Heiland auserkoren: Er sei hoch gebenedeit!

2. David sah im Geist entzücket / den Messias schon von fern, / der die ganze Welt beglücket, / den Gesalbten, unsern Herrn. / Tochter Zion, streu ihm Palmen, / breite deine Kleider aus, / sing ihm Lieder, sing ihm Psalmen, / heut beglücket er dein Haus.

3. Sieh, Jerusalem, dein König, / sieh, voll Sanftmut kommt er an! / Völker, seid ihm untertänig, / er hat allen wohlgetan! / Den die Himmel hochverehren, / dem der Chor der Engel singt, / dessen Ruhm sollt ihr vermehren, / da er euch den Frieden bringt!

4. Geister, die im Himmel wohnen, / preist den großen König heut; / und ihr Völker aller Zonen / singt, er sei gebenedeit! / Singt: Hosanna in den Höhen, / hoch gepriesen Gottes Sohn! / Mögen Welten einst vergehen, / ewig fest besteht sein Thron.

T: nach Salzburg 1783, M: nach Bamberg 1732/Augsburg 1800

1. Al-so sprach beim A-bend-mah-le Je-sus als sein Tes-ta-ment: Wie der Va-ter mich ge-sen-det, eins mit mir, wie ich mit euch, ge-het hin, mein Werk voll-en-det, eins zu sein in mei-nem Reich! Seid ge-eint und liebt euch al-le, dass mich die-se Welt er-kennt!

2 Seht, wie ich, der Herr, euch liebe, / liebt der Vater euch durch mich; / wie mit euch Geduld ich übe, / so erbarmt der Vater sich, / dass ihr alle in mir bleibet, / unter euch verbunden seid, / aus dem Weinstock Reben treibet, / Früchte bringt zur rechten Zeit!

3 Ich bin euer Weg geworden, / der allein zum Heil euch führt, / schloss euch auf des Himmels Pforten / und bin euch der Gute Hirt. / Bleibt in dem, was ich verkündet, / was euch meine Kirche weist, / dass die Liebe euch verbündet, / bleibt geeint in meinem Geist!

4 Ich hab euch mein Wort gegeben, / dass ihr meine Freunde seid, / eines Glaubens seid im Leben, / einer Hoffnung in der Zeit. / Wie der Vater mich gekrönet, / eins mit mir in Herrlichkeit, / seid auch ihr, mit ihm versöhnet, / herrlich, wenn ihr einig seid.

T: Georg Thurmair 1963, M: nach Bamberg 1732, Augsburg 1800

1. Beim letzten Abendmahle, die Nacht vor seinem Tod, nahm Jesus in dem Saale Gott dankend Wein und Brot.

2. „Nehmt", sprach er, „trinket, esset: Das ist mein Fleisch, mein Blut, damit ihr nie vergesset, was meine Liebe tut."

3 Dann ging er hin zu sterben / aus liebevollem Sinn, / gab, Heil uns zu erwerben, / sich selbst zum Opfer hin.

4 O lasst uns ihm ein Leben, / von jeder Sünde rein, / ein Herz ihm ganz ergeben / zum Dankesopfer weihn.

T: Christoph von Schmid 1807, M: bei Melchior Vulpius 1609

283
ö

1-4 Aus der Tiefe rufe ich zu dir:
1 Herr, höre meine Klagen,
2 Herr, öffne deine Ohren,
3 Herr, achte auf mein Flehen,
4 Nur dir will ich vertrauen,

1-4 aus der Tiefe rufe ich zu dir:
1 Herr, höre meine Fragen.
2 Ich bin hier ganz verloren.
3 Ich will nicht untergehen.
4 Auf dein Wort will ich bauen.

T: Uwe Seidel 1981 nach Ps 130,1–2, M: Oskar Gottlieb Blarr 1981

284

Je-ru-sa-lem, Je-ru-sa-lem, be-keh-re dich zum Herrn, dei-nem Gott.

T: nach Hos 14,2a, M: Fritz Schieri (1922–2009) nach gregorianischem Ruf

285

U-bi cáritas et amor, Deus ibi est.

T: Liturgie des Gründonnerstags, M: Graduale Romanum, Ü: Wo Güte und Liebe (wohnen), dort ist Gott.

Bleibet hier und wachet mit mir!
Wachet und betet, wachet und betet!

T: Mt 26,38.41, M u. S: Jacques Berthier (1923–1994), Gesang aus Taizé

Christus war für uns gehorsam bis zum Tod, bis zum Tod am Kreuze. Darum hat ihn Gott über alle erhöht und ihm den Namen verliehen, der größer ist als alle Namen.

Am Gründonnerstag endet der Gesang bei*, am Karfreitag bei**; am Karsamstag wird er vollständig gesungen.

T: nach Phil 2,8.9, M: Alan Wilson 2009

288

1. Hört das Lied der finstern Nacht, Nacht voll Sünde und voll Not, hört, was drin geschah, fern und doch so nah:
2. Judas geht und es ist Nacht, Nacht voll Sünde und Verrat. Jesus lässt ihn gehn, denn es muss geschehn.
3. Alle fliehen; es ist Nacht, Nacht voll Sünde und voll Angst. Jesus steht allein in dem Fackelschein.

4 Kaiphas richtet; es ist Nacht, / Nacht voll Sünde und voll Hass. / Jesus leidet still, / wie's der Vater will.

5 Petrus leugnet; es ist Nacht, / Nacht voll Sünde und voll Schuld. / Jesus blickt ihn an; / draußen kräht der Hahn.

6 Jesus stirbt. Da wird es Nacht; / doch er bricht die Finsternis, / reißt durch seinen Tod / uns aus Nacht und Not.

T u. M: Erhard Anger 1973

Die Frucht der Stille ist das Gebet.
Die Frucht des Gebetes ist der Glaube.
Die Frucht des Glaubens ist die Liebe.
Die Frucht der Liebe ist das Dienen.
Die Frucht des Dienens ist der Friede!
MUTTER TERESA

289
(ö)

1 O Haupt voll Blut und Wunden, voll Schmerz und voller Hohn,
o Haupt, zum Spott gebunden mit einer Dornenkron,
o Haupt, sonst schön gekrönet mit höchster Ehr und Zier,
jetzt aber frech verhöhnet: Gegrüßet seist du mir.

2 Du edles Angesichte, / davor sonst schrickt und scheut / das große Weltgewichte; / wie bist du so bespeit, / wie bist du so erbleichet, / wer hat dein Augenlicht, / dem sonst kein Licht nicht gleichet, / so schändlich zugericht?

3 Die Farbe deiner Wangen, / der roten Lippen Pracht / ist hin und ganz vergangen, / des blassen Todes Macht / hat alles hingenommen, / hat alles hingerafft, / und so bist du gekommen / von deines Leibes Kraft.

4 Was du, Herr, hast erduldet, / ist alles meine Last; / ich, ich hab es verschuldet, / was du getragen hast. / Schau her, hier steh ich Armer, / der Zorn verdienet hat; / gib mir, o mein Erbarmer, / den Anblick deiner Gnad.

5 Ich will hier bei dir stehen, / verachte mich doch nicht. / Von dir will ich nicht gehen, / wenn dir dein Herze bricht. / Wenn dein Haupt wird erblassen / im letzten Todesstoß, / alsdann will ich dich fassen / in meinen Arm und Schoß.

6 Ich danke dir von Herzen, / o Jesu, liebster Freund, / für deines Todes Schmerzen, / da du's so gut gemeint. / Ach gib, dass ich mich halte / zu dir und deiner Treu / und, wenn ich einst erkalte, / in dir mein Ende sei.

7 Wenn ich einmal soll scheiden, / so scheide nicht von mir. / Wenn ich den Tod soll leiden, / so tritt du dann herfür. / Wenn mir am allerbängsten / wird um das Herze sein, / so reiß mich aus den Ängsten / kraft deiner Angst und Pein.

8 Erscheine mir zum Schilde, / zum Trost in meinem Tod, / und lass mich sehn dein Bilde / in deiner Kreuzesnot. / Da will ich nach dir blicken, / da will ich glaubensvoll / dich fest an mein Herz drücken. / Wer so stirbt, der stirbt wohl.

T: Paul Gerhardt 1656 nach „Salve, caput cruentatum" des Arnulf von Löwen vor 1250, M: Hans Leo Haßler 1601/Brieg nach 1601, E: 2. Str.: „Weltgewichte": Kosmos

290 (ö)

1 Herz-liebster Jesu, was hast du verbrochen, dass man ein solch scharf Urteil hat gesprochen? Was ist die Schuld, in was für Missetaten bist du geraten?

2 Du wirst gegeißelt und mit Dorn gekrönet, ins Angesicht geschlagen und verhöhnet, du wirst mit Essig und mit Gall getränket, ans Kreuz gehenket.

3 Was ist doch wohl die Ursach solcher Plagen? / Ach, meine Sünden haben dich geschlagen. / Ich, mein Herr Jesu, habe dies verschuldet, / was du erduldet.

4 Wie wunderbarlich ist doch diese Strafe! / Der gute Hirte leidet für die Schafe; / die Schuld bezahlt der Herre, der Gerechte, / für seine Knechte.

T: Johann Heermann 1630, M: Johann Crüger 1640 nach Genf 1543

4 Wollen wir Gott loben, leben aus dem Licht. / Streng ist seine Güte, gnädig sein Gericht. / Kyrie eleison ...

5 Denn die Erde jagt uns auf den Abgrund zu. / Doch der Himmel fragt uns: Warum zweifelst du? / Kyrie eleison ...

6 Hart auf deiner Schulter lag das Kreuz, o Herr, / ward zum Baum des Lebens, ist von Früchten schwer. / Kyrie ...

T: Jürgen Henkys [1975] 1977 nach dem niederländischen „Met de boom des levens" von Willem Barnard 1963, M: Ignace de Sutter 1964, Kv nach dem gregorianischen Kyrie „Orbis factor"

GESÄNGE

292 ö

1–3 Für-wahr, er trug uns-re Krank-heit, für-wahr,

er trug uns-re Schmer-zen. 1 Ge - schla - gen für
                                                        2 Ge - schla - gen, doch
                                                        3 Ge - ne - sen durch

1 uns-re Sün-den, miss-han-delt für uns-re
2 oh - ne Sün-de, miss-han-delt, doch oh-ne
3 sei-ne Wun-den sind wir un-ver-sehrt und

1 Schuld. Ver-leug-net, ver-spot-tet, mit Dor-nen
2 Schuld. Ver - ra-ten, ver-las-sen, ver-ur-teilt,
3 heil. Er steht auf zur Sei-te der Ar-men,

1 ge - krönt, ein Lamm auf der Schlachtbank:
2 durch-bohrt, ein Lamm auf der Schlachtbank:
3 der Klei-nen, ver-traut mit der Ohn-macht,

1 der lie-ben-de Gott, der lie-ben-de Gott.
2 ge - kreu - zig-ter Gott, ge - kreu - zig-ter Gott.
3 der lie-ben-de Gott, der lie-ben-de Gott.

T: Eugen Eckert [1986] 1987, nach Jes 52,13–53,12, M: aus Chile

293

Mein Gott, mein Gott, warum hast du mich ver-las-sen?

T: Ps 22,2, M: Johannes Aengenvoort (1917–1979)

1. O du hoch-hei-lig Kreuze, / daran mein Herr gehangen / in Schmerz und Todesbangen, |: in Schmerz und Todesbangen. :|

2. All-da mit Speer und Nägeln / die Glieder sind durchbrochen, / Händ, Füß und Seit durchstochen, |: Händ, Füß und Seit durchstochen. :|

3. Wer kann genug dich loben, / da du all Gut umschlossen, / das je uns zugeflossen, |: das je uns zugeflossen. :|

4 Du bist die sichre Leiter, / darauf man steigt zum Leben,
|: das Gott will ewig geben. :|

5 Du bist die starke Brücke, / darüber alle Frommen,
|: wohl durch die Fluten kommen. :|

6 Du bist das Siegeszeichen, / davor der Feind erschricket,
|: wenn er es nur anblicket. :|

7 Du bist der Stab der Pilger, / daran wir sicher wallen,
|: nicht wanken und nicht fallen. :|

8 Du bist des Himmels Schlüssel, / du schließest auf das Leben, |: das uns durch dich gegeben. :|

9 Zeig deine Kraft und Stärke, / beschütz uns all zusammen
|: durch deinen heilgen Namen, :|

10 damit wir, Gottes Kinder, / in Frieden mögen sterben
|: als seines Reiches Erben. :|

T: Konstanz 1600, M: nach Erfurt 1630

295
(ö)

1 O Traurigkeit, o Herzeleid! Ist das denn nicht zu klagen: Gott des Vaters einigs Kind wird zum Grab getragen.

2 O höchstes Gut, unschuldigs Blut! Wer hätt dies mögen denken, dass der Mensch sein Schöpfer sollt an das Kreuz aufhenken.

3 O heiße Zähr, fließ immer mehr! Wen sollt dies nicht bewegen, weil sich über Christi Tod auch die Felsen regen.

4 Wie große Pein, Maria rein, / musst leiden ohne Maßen; / denn du bist von jedermann / ganz und gar verlassen.

5 Wie schwer ist doch der Sünden Joch, / weil es tut unterdrücken / Gottes Sohn, als er das Kreuz / trug auf seinem Rücken.

6 O großer Schmerz! O steinern Herz, / steh ab von deinen Sünden, / wenn du willst nach deinem Tod / Gottes Gnad empfinden.

T: Friedrich Spee 1628, M: Mainz/Würzburg 1628

296

Kv Im Kreuz ist Heil, im Kreuz ist Leben, im Kreuz ist Hoffnung.

T: Liturgie, M: EGB 1975

1. Wir danken dir, Herr Jesu Christ, / dass du für uns gestorben bist / und hast uns durch dein teures Blut / gemacht vor Gott gerecht und gut.

2. Wir bitten, wahrer Mensch und Gott: / Durch deine Wunden, Schmach und Spott / erlös uns von dem ewgen Tod / und tröst uns in der letzten Not.

3 Behüt uns auch vor Sünd und Schand / und reich uns dein allmächtig Hand, / dass wir im Kreuz geduldig sein, / getröstet durch dein schwere Pein,

4 und schöpfen draus die Zuversicht, / dass du uns wirst verlassen nicht, / sondern ganz treulich bei uns stehn, / dass wir durchs Kreuz ins Leben gehn.

T: Christoph Fischer [vor 1568] 1589, M: Nikolaus Herman 1551

So sehr hat Gott die Welt geliebt, dass er seinen Sohn für uns hingab, damit alle leben, die an ihn glauben!

T: nach Joh 3,16, M: Jörg Stephan Vogel 1981

4 O edler Baum in hehrem Glanz, / von königlichem Purpur rot, / du werter, du erwählter Stamm, / du trägst den Lösepreis der Welt.

5 O heilges Kreuz, sei uns gegrüßt, / du einzge Hoffnung dieser Welt! / Den Treuen schenke neue Kraft, / den Sündern tilge alle Schuld.

6 Dir, höchster Gott, Dreifaltigkeit, / lobsinge alles, was da lebt. / Du hast uns durch das Kreuz erlöst: / Bewahre uns in Ewigkeit.

T: nach „Vexilla regis prodeunt" des Venantius Fortunatus († nach 600), Stundenbuch 1978, M: Münster 1846 nach „Vexilla regis prodeunt" 13. Jh.

1. Hei-li-ger Her-re Gott, hei-li-ger star-ker Gott, hei-li-ger un-sterb-li-cher Gott, er-barm dich ü-ber uns.
2. Há-gi-os ho The-ós, Há-gi-os Is-chy-rós, Há-gi-os A-thá-na-tos, e-lé-i-son he-más.

T: Karfreitagsliturgie, M: orthodoxe Liturgie

Ein rei-nes Herz er-schaf-fe mir, o Gott.

T: Ps 51,12, M: Josef Bogensberger 2009

Palmsonntag

Am Palmsonntag gedenken wir des Einzugs Jesu in Jerusalem und seines Leidens. Sein Einzug auf einem Esel macht deutlich, dass sein Königtum nicht von dieser Welt, vielmehr ein Königtum der Liebe ist. Die rote Farbe der liturgischen Gewänder erinnert an das Leiden, aber auch an den Sieg des Herrn über die Mächte des Todes. Wie einst die Menschen in Jerusalem tragen die Gläubigen Palmzweige in den Händen und rufen dem Herrn zu: „Hosanna" (Bring doch Hilfe).

Der Hauptgottesdienst beginnt mit der Segnung der Palmzweige und der feierlichen Prozession. Die Liturgie des Wortes stellt die Verurteilung und das Leiden Jesu in den Mittelpunkt.

302 Feier des Einzugs Christi in Jerusalem

ERÖFFNUNGSRUF

2 Ho - san - na dem Soh-ne Da - vids!

T: vgl. Mt 21,9, M: Heinrich Rohr (1902–1997)

SEGNUNG DER ZWEIGE
Die Zweige, Zeichen des Jubels für den Herrn, werden gesegnet.

GESANG ZUR PROZESSION UND ZUM EINZUG

3 Ho - san - na, ho - san - na, ho - san - na in der Hö - he!

T: vgl. Mt 21,9,
M: Hermann Kronsteiner (1914–1994)

In Messen ohne feierlichen Einzug kann die Kyrie-Litanei (Nr. 279) gesungen werden.

303 Die Drei Österlichen Tage
vom Leiden und Sterben, von der Grabesruhe und von der Auferstehung des Herrn

Die Drei Österlichen Tage bilden den Höhepunkt des Kirchenjahres. Wir feiern die wunderbare Rettung des Volkes Gottes einst durch die Befreiung aus der Knechtschaft Ägyptens, dann in Jesus Christus: Durch sein Sterben und seine Auferstehung hat er den Tod besiegt und uns neues Leben erworben.

Gründonnerstag 304

Mit der Messe vom Letzten Abendmahl beginnt die Feier der Drei Österlichen Tage. Im Mittelpunkt steht die Einsetzung der Eucharistie. Die alttestamentliche Lesung erinnert an die Sorge Gottes für sein Volk, dem er einst im Zeichen des geschlachteten Lammes Nahrung und Rettung geschenkt hat. Christus, der seinen Leib und sein Blut für die Menschen gibt, ist unser Osterlamm. Die Fußwaschung lädt ein, dem Beispiel Jesu im Dienst am Nächsten zu folgen.

Es ist sinnvoll, den Gläubigen die Kommunion unter beiden Gestalten zu reichen. Nach der Kommunion wird das eucharistische Brot an einen geeigneten Ort übertragen, wo eine nächtliche Gebetszeit (Ölbergandacht → Nr. 675,3.6.8) gehalten werden kann. Die Glocken schweigen ab dem Gloria und erklingen erst wieder in der Osternacht. In dieser Zeit werden auch Orgel und andere Musikinstrumente zurückhaltend eingesetzt; vielerorts schweigen sie. Nach der Messe wird der Altar abgedeckt.

Messe vom Letzten Abendmahl 305

Zur Eröffnung

Wir rühmen uns im Kreuz unsres Herrn Jesus Christus. In ihm ist uns Heil, in ihm ist uns Leben, in ihm sind wir erlöst und frei.

T: vgl. Gal 6,14; M: GGB 2010

305

2 *Ruf*

Christus Erlöser, Christus Befreier, Leben in Ewigkeit.

T u. M: GGB 2010

ZUM ANTWORTPSALM

3

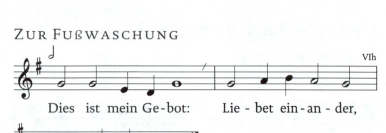

Der Kelch, den wir segnen, gibt Anteil an Christi Blut.

T: nach 1 Kor 10,16, M: Godehard Joppich (*1932)

ZUR FUSSWASCHUNG

4 ö

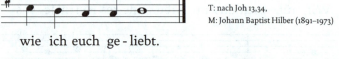

Dies ist mein Gebot: Liebet einander, wie ich euch geliebt.

T: nach Joh 13,34,
M: Johann Baptist Hilber (1891–1973)

ZUR GABENBEREITUNG

5 (ö)

Wo die Güte und die Liebe wohnt, dort nur wohnt der Herr.

T u. M: siehe Nr. 442

KARFREITAG

Am Karfreitag gedenken wir des Leidens und Sterbens Jesu. Die Kirche trauert und fastet, weil ihr der Bräutigam genommen ist (vgl. Mt 9,15). Das Fasten dient der Vorbereitung auf das Osterfest und stärkt die Verbundenheit mit den Hungernden und Leidenden.

Die Kirche feiert am Karfreitag und Karsamstag keine Eucharistie. An diesen beiden Tagen versammelt sich die Gemeinde zur Trauermette, um das Sterben des Herrn zu betrachten und die Feier der Auferstehung zu erwarten. Mancherorts sind der Brauch der Grablegung und das Gebet am Heiligen Grab lebendig.

Trauermette am Karfreitag

Die Feier ist geprägt durch die Klagelieder, die dem Propheten Jeremia zugeschrieben werden. Wie dort die Zerstörung des Tempels, Ort der Gegenwart Gottes, beklagt wird, so betrauert die Gemeinde den Tod des Gottessohnes am Kreuz. Wie Jesus im Leiden auf seinen Vater vertraut, so dürfen die Gläubigen, insbesondere die Armen und Gebeugten, auf Rettung durch die Hand Gottes bauen.

Eine einfache Form dieser Feier besteht aus Invitatorium, Hymnus, Psalmen, Klagelied und Oration.

ERÖFFNUNG → *Nr. 627,1 (ohne „Ehre sei dem Vater …")*

INVITATORIUM

Der Herr hat uns mit seinem Blut erkauft.

Kommt, wir beten ihn an!

T: nach Offb 5,9,
M: GGB 2011

→ *Psalm 95 (Nr. 53,2)*

307 Hymnus

3 → „Der König siegt" (Nr. 299) oder ein anderes passendes Lied

4 **Psalmodie**
Zu den Psalmen und Lesungen sitzen alle.

Erster Psalm

Ia

Mei-ne Hil - fe und mein Ret - ter bist du. Säu - me doch nicht, du mein Gott.

T: Ps 40,18, M: Willibald Bezler 2009

→ *Psalm 2 (Nr. 32,2)*

[Psalm-Oration]

Zweiter Psalm
→ *Psalm 142 (Nr. 75,1–2)*

[Psalm-Oration]

Dritter Psalm
→ *Psalm 22 (Nr. 36,1–4)*

[Psalm-Oration]

6 **Schriftlesung** Klgl 1,1–2; 3,1–33

Responsorium

K/A Christus, du Sohn des lebendigen Gottes, erbarme dich unser. K Du wurdest misshandelt wegen unsrer Sünden, wegen unsrer Verbrechen durchbohrt. A Erbarme dich unser. K Ehre sei dem Vater und dem Sohne und dem Heiligen Geiste. A Christus, du Sohn des ...

T: Liturgie nach Jes 53,5, M: Antiphonale zum Stundengebet 1979

[Homilie]

Oration *vom Tag oder Nr. 310,9*

Segen

Dem Charakter des Karfreitags und der liturgischen Tradition entsprechend kann die Feier ohne Segen schließen. Die Gläubigen gehen schweigend auseinander.

308 Die Feier vom Leiden und Sterben Christi

In der Feier zur „neunten Stunde" stehen das Erlösungsleiden und das Kreuz des Herrn im Mittelpunkt. Da die Drei Österlichen Tage eine einzige große Feier bilden, knüpft der Einzug in Stille an die stille Entlassung am Gründonnerstag an. Alle knien nieder und verharren in stillem Gebet. Jene, die einen liturgischen Dienst ausüben, werfen sich nieder oder knien. Die folgenden Lesungen und die Leidensgeschichte nach Johannes deuten den Tod Jesu und bezeugen, dass Gott auch angesichts menschlicher Gewalt Heil wirkt und seine Nähe nicht versagt. In den Großen Fürbitten tragen die Gläubigen die Anliegen aus Kirche und Welt vor Gott und bekennen damit die Kraft des Leidens Christi für das Heil der ganzen Welt. In der Verehrung des Kreuzes bekunden sie ihre Verbundenheit mit dem Herrn und beten den an, der den Tod überwunden hat. Es folgt die Kommunion mit den in der Abendmahlsmesse konsekrierten Hostien.

KEHRVERS ZUM ANTWORTPSALM

1. Vater, in deine Hände empfehle ich meinen Geist.

T: nach Lk 23,46, M: Walther Lipphardt (1906–1981)

KREUZVEREHRUNG

Das Kreuz wird herbeigebracht und erhoben, anschließend von allen verehrt.

(dreimal, in steigender Tonhöhe)

2. P(K) Ecce lignum crucis, in quo salus mundi pependit. A Venite, adoremus.

T: Karfreitagsliturgie, M: Graduale Romanum

oder

P(K) Seht, das Holz des Kreu-zes, an dem das Heil der Welt ge-han-gen.

A Kommt, las-set uns an-be-ten.

T: nach Karfreitagsliturgie, M: Gurk/Klagenfurt 1971

GESÄNGE ZUR KREUZVEREHRUNG

Sei uns ge-grüßt, du hei-li-ges Kreuz!

T: nach „Crux ave benedicta", M: Rudolf Thomas (1924–1987)

oder (zu den Improperien)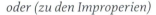

Hei-li-ger Gott! Hei-li-ger star-ker Gott!
Hei-li-ger, Un-sterb-li-cher, er-barm dich un-ser!

T: Markus Fidelis Jäck 1817 nach „Popule meus", M: nach Köln 1844

⇢ *„Heiliger Herre Gott" (Nr. 300)*

309 KARSAMSTAG

Am Karsamstag verweilt die Kirche am Grab des Herrn und betrachtet vor allem in der Tagzeitenliturgie seinen Abstieg in das Reich des Todes. Mit Fasten und Gebet erwartet sie seine Auferstehung. Ein sprechendes Bild für diesen Tag zeigt die Ostkirche: Christus steigt hinab in die Unterwelt, zerbricht ihre Pforten und führt die Verstorbenen aus dem Reich des Todes zur Auferstehung.

310 Trauermette am Karsamstag

ERÖFFNUNG → *Nr. 627,1 (ohne „Ehre sei dem Vater …")*

INVITATORIUM

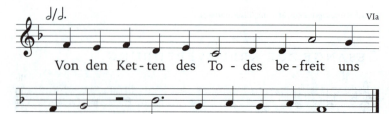

1 Von den Ket-ten des To-des be-freit uns der Herr. Kommt, wir be-ten ihn an!

T: nach Stundenbuch, M: GGB 2009

→ *Psalm 95 (Nr. 53,2)*

HYMNUS → *„Herr, deine Güt ist unbegrenzt" (Nr. 427)*

PSALMODIE

Zur Psalmodie und zu den Lesungen sitzen alle. Wird nur ein Psalm gesungen, ist das Canticum Jes 38 vorgesehen.

ERSTER PSALM

2 Ich le-ge mich nie-der und ru-he in Frie-den.

T: nach Ps 4,9, M: Anton Reinthaler 2009

Psalm 4: Gottes Schutz in der Nacht

1 Wenn ich rufe, erhöre mich, *
Gott, du mein Retter!
    2 Du hast mir Raum geschaffen, als mir angst war. *
    Sei mir gnädig und hör auf mein Flehen!
3 Ihr Mächtigen, wie lange noch schmäht ihr meine Ehre, *
warum liebt ihr den Schein und sinnt auf Lügen?
    4 Erkennt doch: Wunderbar handelt der Herr an den Frommen; *
    der Herr erhört mich, wenn ich zu ihm rufe.
5 Ereifert ihr euch, so sündigt nicht! *
Bedenkt es auf eurem Lager und werdet stille!
    6 Bringt rechte Opfer dar *
    und vertraut auf den Herrn!
7 Viele sagen: „Wer lässt uns Gutes erleben?" *
Herr, lass dein Angesicht über uns leuchten!
    8 Du legst mir größere Freude ins Herz, *
    als andere haben bei Korn und Wein in Fülle.
9 In Frieden leg ich mich nieder und schlafe ein; *
denn du allein, Herr, lässt mich sorglos ruhen.

    10 Ehre sei dem Vater und dem Sohne *
    und dem Heiligen Geiste.
11 Wie im Anfang, so auch jetzt und allezeit *
und in Ewigkeit. Amen. Kv

CANTICUM Jes 38,10–12.16.20

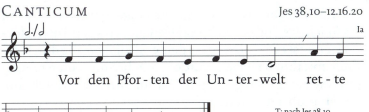

T: nach Jes 38,10,
M: Peter Planyavsky 2009

→ *Jes 38,10–12.16.20 (Nr. 657,7)*

310 Dritter Psalm

5 → *Psalm 24 (Nr. 633,3–4)*

[Psalm-Oration]

6 ## Schriftlesung Klgl 5,1–22

7 ## Responsorium → *Nr. 307,7*

[Homilie]

Lobgesang des Zacharias

8

T: Stundenbuch, M: Barbara Kolberg 2009

→ *Benedictus (Nr. 617,2)*

9 ## Oration
Lt Allmächtiger, ewiger Gott, dein eingeborener Sohn ist in das Reich des Todes hinabgestiegen und von den Toten glorreich auferstanden. Gib, dass deine Gläubigen, die durch die Taufe mit ihm begraben wurden, durch seine Auferstehung zum ewigen Leben gelangen. Darum bitten wir durch ihn, Christus, unseren Herrn.
A Amen.

10 ## Segen → *Nr. 307,9*

OSTERSONNTAG 311

Ostern ist der christliche Urfeiertag. Die Kirche feiert das „Pascha" (Durchgang): Sie gedenkt der Befreiung des Volkes Gottes aus dem Sklavenhaus Ägypten; sie preist Gottes Größe und Treue in Schöpfung und Neuschöpfung; wachend erwartet sie den Herrn, der die Nacht des Todes zur Auferstehung durchschritten hat. Denn dies ist die Nacht, in der die Glaubenden von der Hoffnungslosigkeit zur Hoffnung, von der Trauer zur Freude, von der Bedrängnis in die Freiheit, vom Tod zum Leben geführt werden. In ihr werden die Sakramente der Eingliederung (Taufe, Firmung, Eucharistie) gefeiert. Die Gläubigen erneuern ihr Taufversprechen und bekennen, dass auch sie mit Christus begraben und mit ihm auferstanden sind.

Die Feier der Osternacht 312

LICHTFEIER

Im Dunkel der Nacht versammelt sich die Gemeinde beim Osterfeuer. An ihm wird die Osterkerze entzündet. Das Osterlob (Exsultet) preist den Sieg Christi über die Mächte der Finsternis und der Sünde.

RUF

(dreimal, in steigender Tonhöhe)

P(D) Lu - men Chri - sti. A De - o grá - ti - as.

oder

P(D) Chri - stus, das Licht. A Dank sei Gott.

312 WORTGOTTESDIENST

Im österlichen Licht hört die Gemeinde in sieben alttestamentlichen und zwei neutestamentlichen Lesungen die Geschichte Gottes mit seinem Volk; sie betrachtet und bekennt in Gesang und Gebet die Großtaten Gottes und verkündet die Auferstehung des Herrn.

NACH DER ERSTEN LESUNG

Sen-de aus dei-nen Geist, und das Ant-litz der Er-de wird neu.

T: nach Ps 104,30, M: Albert Jenny 1966

NACH DER ZWEITEN LESUNG

Be-hü-te mich, Gott, be-hü-te mich, denn ich ver-trau-e auf dich; mein gan-zes Glück bist du al-lein.

T: nach Ps 16,1.2, M: Leo Langer 2009

NACH DER DRITTEN LESUNG

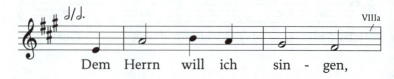

Dem Herrn will ich sin-gen,

T: nach Ex 15,1.2, M: Heinrich Rohr (1902–1997)

NACH DER VIERTEN LESUNG

T: nach Ps 30,2.13, M: Johann Simon Kreuzpointner 2009

NACH DER FÜNFTEN LESUNG

T u. M: Gotteslob Innsbruck 1946, Salzburg 1950

NACH DER SECHSTEN LESUNG

T: nach Joh 6,68, M: Heinrich Rohr (1902–1997)

312 NACH DER SIEBTEN LESUNG

Wie der Hirsch verlangt nach frischem Wasser, so verlangt meine Seele, Gott, nach dir.

T: nach Ps 42,2, M: GGB 2010

oder „Ein reines Herz" (Nr. 301)

FEIERLICHES HALLELUJA

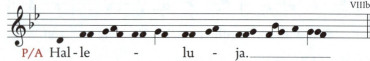

P/A Halleluja.

T: Liturgie, M: Graduale Romanum

oder „Halleluja" (Nr. 175,2)

313 TAUFFEIER

In dieser Nacht werden von alters her Taufkandidaten in die volle Gemeinschaft der Kirche geführt. Dazu wird nach der Anrufung der Heiligen das Taufwasser geweiht und die Taufe gefeiert.
Findet keine Taufe statt, so wird das Segensgebet über das Wasser gesprochen. Die Gläubigen halten brennende Kerzen in ihren Händen, bekennen ihren Glauben und werden zur Erinnerung an ihre Taufe mit Wasser besprengt.

[ALLERHEILIGEN-LITANEI VOR DER TAUFWASSERWEIHE]
Antwort der Gemeinde → Nr. 556,1ff

ZUR ERNEUERUNG DES TAUFVERSPRECHENS
→ „Ich bin getauft und Gott geweiht" (Nr. 491) oder ein geeignetes Tauflied

Eucharistiefeier 314

Höhepunkt der Osternacht ist die Eucharistiefeier: Gedächtnis der Lebenshingabe Jesu am Kreuz, Gegenwart des Auferstandenen in den Gestalten von Brot und Wein, Vollendung der Eingliederung in die Kirche und Vorwegnahme der Gemeinschaft mit Christus im Himmel.

Wurden Erwachsene getauft und gefirmt, wirken sie auch bei der Gabenprozession mit und empfangen die Kommunion. Ihnen und den anderen Gläubigen soll sie unter beiden Gestalten gereicht werden.

Es ist ein sinnvoller Brauch, dass die Gläubigen das Licht der Osterkerze (Osterlicht) mit in ihre Wohnungen nehmen und so die Auferstehungsbotschaft weitertragen. Für den Ostertisch können Speisen gesegnet werden, besonders Fleisch, Eier und Brot.

Die Messfeier am Tag 315

Die Messe am Ostersonntag wird mit besonderer Festlichkeit gefeiert. Anstelle des Bußaktes empfehlen sich die Besprengung mit dem Taufwasser und ein entsprechender Gesang.

Ostervesper 316

In der Ostervesper klingt die Osternacht nach. Der Hymnus preist das Paschamysterium, den Sieg über Sünde und Tod und das Geschenk der Taufe. Die Psalmen besingen den siegreichen König, die Befreiung Israels und die mystische Vermählung Christi mit der Kirche. In der Erinnerung an die Lebenshingabe Christi wird das Magnificat zum österlichen Preislied.

→ *Vesper in der Osterzeit (Nr. 641)*

Zur Freiheit hat uns Christus befreit.
GAL 5,1

GESÄNGE

317   DIE OSTERZEIT

Die Osterzeit dauert fünfzig Tage von Ostersonntag bis Pfingsten, wird aber in der Liturgie wie ein einziger Festtag gefeiert. Der Jubel über die Auferstehung äußert sich besonders im Ruf „Halleluja" (Lobt Gott). Die Osterkerze ist Zeichen der Gegenwart des Auferstandenen in seiner Kirche. Die Schriftlesungen der Gottesdienste sind vor allem dem Johannesevangelium und der Apostelgeschichte entnommen.

Die ersten acht Tage der Osterzeit (Osteroktav) werden mit höchster Festlichkeit begangen und enden mit dem Weißen Sonntag (Sonntag der göttlichen Barmherzigkeit). Während dieser Zeit trugen die Neugetauften die weißen Taufgewänder. Heutzutage empfangen in vielen Gemeinden die Kinder am Weißen Sonntag zum ersten Mal die heilige Kommunion.

Am vierzigsten Tag, dem Fest Christi Himmelfahrt, feiert die Kirche, dass Jesus zur Rechten des Vaters erhöht ist. Drei Bitttage mit regional unterschiedlichen Bräuchen (z. B. Flur- und Bittprozessionen) gehen diesem Tag voraus.

Die neun Tage zwischen Christi Himmelfahrt und dem Pfingstfest sind eine besondere Bittzeit um die Gaben des göttlichen Geistes (Pfingstnovene).

An Pfingsten feiert die Kirche die Sendung des Heiligen Geistes. Durch ihn wirkt der auferstandene und erhöhte Herr bis ans Ende der Zeit. Durch ihn sammelt er die Getauften – besonders am Sonntag – zu Gottesdienst und Gebet, er sendet sie, seinen Dienst an der Welt weiterzuführen zur Ehre des Vaters.

Die liturgische Farbe der Osterzeit ist als Ausdruck der Festesfreude weiß. Am Pfingstfest ist sie rot – Zeichen für das Feuer des Geistes.

318 / 319 ö

Christ ist er-stan-den von der Mar-ter al-le. Des solln wir al-le
Christ fuhr gen Him-mel. Was sandt er uns her-nie-der? Er sand-te uns den

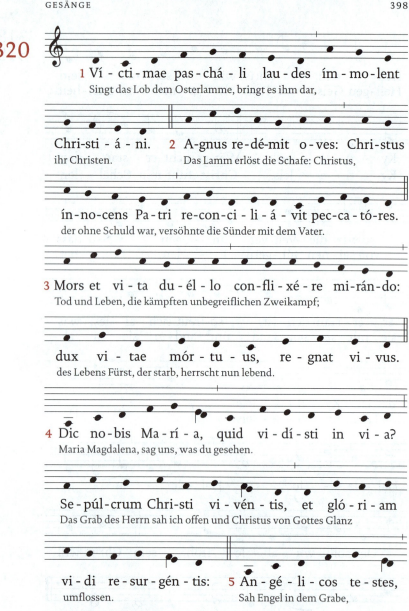

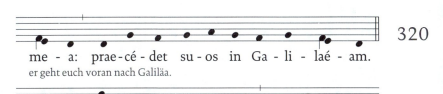

me - a: prae-cé - det su - os in Ga - li - laé - am.
er geht euch voran nach Galiläa.

6 Sci-mus Chri-stum sur - re - xís - se a mór - tu - is
Ja, der Herr ist auferstanden, er ist wahrhaft erstanden.

ve - re: tu no-bis, vic-tor Rex, mi - se - ré - re.
Du Sieger, König, Herr, hab Erbarmen!

Außerhalb der Hl. Messe kann zum Abschluss gesungen werden:

7 A - men. Al - le - lu - ia.

T: Wipo von Burgund vor 1050, M: 11. Jh.

Kanon

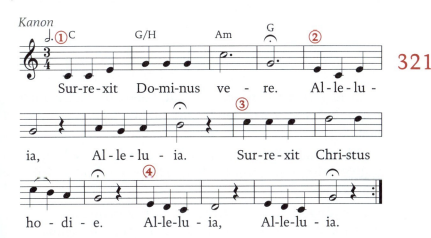

Sur-re-xit Do-mi-nus ve - re. Al-le-lu-ia, Al-le-lu - ia. Sur-re-xit Chri-stus ho - di - e. Al-le-lu - ia, Al-le-lu - ia.

T: nach Lk 24,34, M: Jacques Berthier (1923–1994), Gesang aus Taizé, Ü: Der Herr ist wahrhaft auferstanden. Christus ist heute auferstanden.

322

Kv K/A Halleluja, Halleluja, Halleluja.

K 1 Ihr Christen, singet hocherfreut; der Herr der ewgen Herrlichkeit ist von dem Tod erstanden heut. Halleluja. Kv

2 Die Frauen kamen zu dem Ort, sie wollten Jesus salben dort: „Wer wälzt den Stein vom Grabe fort?" Halleluja. Kv

3 Die Jünger früh am dritten Tag sehn ängstlich an der Stätte nach, wo Jesus Christ begraben lag. Halleluja. Kv

4 Der liebste Jünger Sankt Johann, / er eilt dem Petrus schnell voran, / kam früher bei dem Grabe an. / Halleluja. Kv

5 Ein Engel strahlt im Lichtgewand, / den frommen Frauen macht bekannt, / dass Jesus Christus auferstand. / Halleluja. Kv

6 „Bleibt nicht beim leeren Grabe stehn, / ihr sollt nach Galiläa gehn, / dort werdet ihr den Meister sehn." / Halleluja. Kv

7 Den Jüngern war das Herz so schwer. / In ihre Mitte trat der Herr: / „Der Friede sei mit euch!" sagt er. / Halleluja. Kv

8 Sie sahn den Herrn von Angesicht. / Doch voller Zweifel Thomas spricht: / „Wenn ich nicht sehe, glaub ich nicht." / Halleluja. Kv

322

9 „Sieh, Thomas, sieh die Seite an, / sieh Händ und Füß, die Male dran, / und glaube doch, was Gott getan." / Halleluja. Kv

10 Am achten Tag er vor ihm stand, / an Jesu Leib die Male fand, / „Mein Herr und Gott", er da bekannt'. / Halleluja. Kv

11 Glückselig alle, die nicht sehn / und dennoch fest im Glauben stehn; / sie werden mit ihm auferstehn. / Halleluja. Kv

12 An diesem Tag, den Gott gemacht, / sei Lob und Ehr und Preis und Macht / dem Allerhöchsten dargebracht. / Halleluja. Kv

T: EGB 1975 nach einer Übersetzung des lateinischen „O filii et filiae" von Jean Tisserand vor 1494 durch Christoph Moufang 1865, M: nach Paris 1623

323

T: nach Ps 30,12–13, M: Johannes Falk (*1963)

324

1 Vom Tode heut erstanden ist der heilge Herre Jesus Christ, der aller Welt ein Tröster ist. Halleluja.

2 Die ganze Erde staunt und bebt, weil Gottes Herrlichkeit anhebt; der Tod ist tot, das Leben lebt. Halleluja.

3 Des Herren Sieg bricht in uns ein, / da sprengt er Riegel, Schloss und Stein; / in uns will Christus Sieger sein. / Halleluja.

4 Nun jauchzt und jubelt überall. / Die Welt steht auf von ihrem Fall. / Gott herrscht in uns, er herrscht im All. / Halleluja.

T: nach „Surrexit Christus hodie" Engelberg 1372, 2.–4. Str.: Silja Walter 1968, M: 14. Jh./Böhmische Brüder 1501/bei Michael Weiße 1531

325

1 Bleibe bei uns, du Wandrer durch die Zeit! Schon sinkt die Welt in Nacht und Dunkelheit. Geh nicht vo-

2 Weit war der Weg. Wir flohen fort vom Kreuz. Doch du, Verlorner, führtest uns bereits. Brennt nicht in

3 Weihe uns ganz in dein Geheimnis ein. Lass uns dich sehn im letzten Abendschein. Herr, deine

OSTERN

325

1 rü - ber, keh - re bei uns ein. Sei
2 uns ein Feu - er, wenn du sprichst? Zei -
3 Herr - lich - keit er - ken - nen wir: Le -

1 un - ser Gast und tei - le Brot und Wein.
2 ge dich, wenn du nun das Brot uns brichst.
3 bend und ster-bend blei - ben wir in dir.

T: Peter Gerloff, M: William Henry Monk 1861

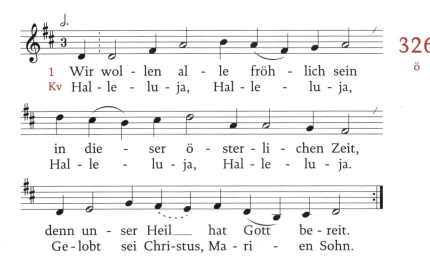

326
ö

1 Wir wol - len al - le fröh - lich sein
Kv Hal - le - lu - ja, Hal - le - lu - ja,

in die - ser ö - ster - li - chen Zeit,
Hal - le - lu - ja, Hal - le - lu - ja.

denn un - ser Heil hat Gott be - reit.
Ge - lobt sei Chri - stus, Ma - ri - en Sohn.

2 Es ist erstanden Jesus Christ, / der an dem Kreuz gestorben ist, / ihm sei Lob, Ehr zu aller Frist. Kv

3 Er hat zerstört der Höllen Pfort, / die Seinen all herausgeführt / und uns erlöst vom ewgen Tod. Kv

4 Es singt der ganze Erdenkreis / dem Gottessohne Lob und Preis, / der uns erkauft das Paradeis. Kv

5 Des freu sich alle Christenheit / und lobe die Dreifaltigkeit / von nun an bis in Ewigkeit. Kv

T: 1. Str.: Medingen bei Lüneburg um 1380 und bei Cyriakus Spangenberg Eisleben 1568, 2.–5. Str.: nach „Resurrexit Dominus" (14. Jh.), M: Hohenfurt 1410/Böhmische Brüder 1544/Wittenberg 1573

327

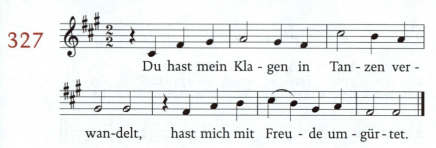

Du hast mein Kla-gen in Tan-zen ver-wan-delt, hast mich mit Freu-de um-gür-tet.

T: nach Ps 30,12, M: Christoph Hönerlage 2009

328
(ö)

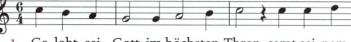

1 Ge-lobt sei Gott im höchsten Thron samt sei-nem
2 Des Morgens früh am drit-ten Tag, da noch der

1 ein-ge-bor-nen Sohn, der für uns hat ge-nug ge-tan.
2 Stein am Gra-be lag, erstand er frei ohn al-le Klag.

1–7 Hal-le-lu-ja,___ Hal le-lu-ja,___ Halle-lu-ja.

3 Drei Frauen kamen zu dem Ort, / erstaunt sahn sie: Der Stein ist fort. / Ein Engel saß statt seiner dort. / Halleluja...

4 Der Engel sprach: „Nun fürcht' euch nicht, / denn ich weiß wohl, was euch gebricht: / Ihr sucht Jesus; den findt ihr nicht. / Halleluja...

5 Er ist erstanden von dem Tod, / hat überwunden alle Not. / Kommt, seht, wo er gelegen hat." / Halleluja...

6 Nun bitten wir dich, Jesu Christ, / weil du vom Tod erstanden bist: / Verleihe, was uns selig ist. / Halleluja...

7 O mache unser Herz bereit, / damit von Sünden wir befreit / dir mögen singen allezeit. / Halleluja...

T: bei Michael Weiße 1531, 3. Str.: Hagen Horoba 2010, M: Melchior Vulpius 1609

329

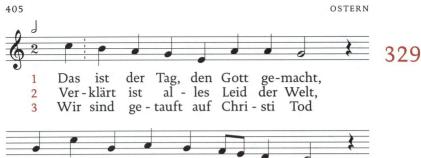

1. Das ist der Tag, den Gott gemacht,
der Freud in alle Welt gebracht.
Es freu sich, was sich freuen kann,
denn Wunder hat der Herr getan.

2. Verklärt ist alles Leid der Welt,
des Todes Dunkel ist erhellt.
Der Herr erstand in Gottes Macht,
hat neues Leben uns gebracht.

3. Wir sind getauft auf Christi Tod
und auferweckt mit ihm zu Gott.
Uns ist geschenkt sein Heilger Geist,
ein Leben, das kein Tod entreißt.

4 Wir schauen auf zu Jesus Christ, / zu ihm, der unsre Hoffnung ist. / Wir sind die Glieder, er das Haupt; / erlöst ist, wer an Christus glaubt.

5 Nun singt dem Herrn das neue Lied, / in aller Welt ist Freud und Fried. / Es freu sich, was sich freuen kann, / denn Wunder hat der Herr getan.

T: nach Heinrich Bone 1847/EGB 1975, 3. u. 4. Str.: Friedrich Dörr [1972] 1975, M: nach Johann Leisentrit 1567

330

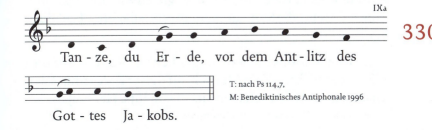

Tanze, du Erde, vor dem Antlitz des Gottes Jakobs.

T: nach Ps 114,7,
M: Benediktinisches Antiphonale 1996

1 Ist das der Leib, Herr Jesu Christ, / der tot im Grab gelegen ist? / Kommt, kommt, ihr Christen jung und alt, / schaut die verklärte Leibsgestalt! / Halleluja, Halleluja!

2 Der Leib ist klar, klar wie Kristall, / Rubinen gleich die Wunden all, / die Seel durchstrahlt ihn licht und rein / wie tausendfacher Sonnenschein. / Halleluja, Halleluja!

3 Der Leib empfindet nimmer Leid, / bleibt unverletzt in Ewigkeit, / gleichwie so viele tausend Jahr / die Sonne leuchtet eben klar. / Halleluja, Halleluja!

4 O Leib, wie zart, o Leib, wie fein, / dringst durch verschlossne Türen ein, / wie durch das Glas die Sonne geht, / da nichts den Strahlen widersteht. / Halleluja, Halleluja!

5 Schnell ist der Leib, schnell und geschwind, / gleichwie ein Pfeil, gleichwie der Wind, / gleichwie die Welt viel tausend Meil / die Sonn umläuft in schneller Eil. / Halleluja, Halleluja!

6 Bedeck, o Mensch, dein Augenlicht! / Vor dieser Sonn besteht es nicht. / Kein Mensch auf dieser Erde kann / den Glanz der Gottheit schauen an. / Halleluja, Halleluja!

T: Friedrich Spee 1623/Kirchenlied 1938, M: Würzburg 1628

332 ö

1 Die ganze Welt, Herr Jesu Christ,
2 Das himmlisch Heer im Himmel singt,
3 Jetzt grünet, was nur grünen kann,

1–6 Halleluja, Halleluja,

1 in deiner Urständ fröhlich ist.
2 die Christenheit auf Erden klingt.
3 die Bäum zu blühen fangen an.

1–6 Halleluja, Halleluja.

4 Es singen jetzt die Vögel all, / Halleluja, Halleluja, / jetzt singt und klingt die Nachtigall. / Halleluja, Halleluja.

5 Der Sonnenschein jetzt kommt herein, / Halleluja, Halleluja, / und gibt der Welt ein neuen Schein. / Halleluja, Halleluja.

6 Die ganze Welt, Herr Jesu Christ, / Halleluja, Halleluja, / in deiner Urständ fröhlich ist. / Halleluja, Halleluja.

T: Friedrich Spee 1623, M: Köln 1623, E: 1. und 6. Str.: „Urständ": Auferstehung

333 (ö)

Christus ist erstanden. Halleluja.
Er hat den Tod bezwungen. Halleluja.

T u. M: EGB 1975

334

1. O Licht der wun-der-ba-ren Nacht, uns herr-lich auf-ge-gan-gen,
   Licht, das Er-lö-sung uns ge-bracht, da wir vom Tod um-fan-gen,
   du Fun-ke aus des Gra-bes Stein, du Mor-gen-stern, du Gnadenschein, der Wahrheit Licht und Le-ben!

2. O Licht der lichten Ewigkeit, / das unsre Welt getroffen, / in dem der Menschen Schuld und Leid / darf Auferstehung hoffen. / O Nacht, da Christus unser Licht! / O Schuld, die Gottes Angesicht / uns leuchten lässt in Gnaden!

3. O Licht, viel heller als der Tag, / den Sonnen je entzündet, / das allem, was im Grabe lag, / den Sieg des Lebens kündet. / Du Glanz des Herrn der Herrlichkeit, / du Heil der Welt in Ewigkeit, / voll Freuden und voll Frieden!

T: Georg Thurmair 1963, M: Mainz um 1390, Nürnberg 1523/24, Einheitslieder 1947

335

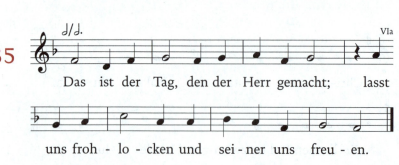

Das ist der Tag, den der Herr gemacht; lasst uns froh-lo-cken und sei-ner uns freu-en.

T: nach Ps 118,24, M: Josef Seuffert (*1926)

OSTERN

336

1. Jesus lebt, mit ihm auch ich! Tod, wo sind nun deine Schrecken? Er, er lebt und wird auch mich von den Toten auferwecken. Er verklärt mich in sein Licht; dies ist meine Zuversicht.

2. Jesus lebt! Ihm ist das Reich über alle Welt gegeben; mit ihm werd auch ich zugleich ewig herrschen, ewig leben. Gott erfüllt, was er verspricht; dies ist meine Zuversicht.

3. Jesus lebt! Ich bin gewiss, / nichts soll mich von Jesus scheiden, / keine Macht der Finsternis, / keine Herrlichkeit, kein Leiden. / Seine Treue wanket nicht; / dies ist meine Zuversicht.

4. Jesus lebt! Nun ist der Tod / mir der Eingang in das Leben. / Welchen Trost in Todesnot / wird er meiner Seele geben, / wenn sie gläubig zu ihm spricht: / „Herr, Herr, meine Zuversicht!"

T: nach Christian Fürchtegott Gellert 1757, M: Albert Höfer 1859

4 Die Seite, die geöffnet war, / freu dich und singe, / zeigt sich als Himmelspforte dar, / Halleluja. / Sing fröhlich …

5 O Christ, nun feste Hoffnung hab, / freu dich und singe, / auch du wirst gehn aus deinem Grab, / Halleluja. / Sing fröhlich …

6 Das Weizenkörnlein nicht verdirbt, / freu dich und singe, / wiewohl es in der Erde stirbt, / Halleluja. / Sing fröhlich …

7 So wirst zum Leben du erstehn, / freu dich und singe, / und deinen Heiland ewig sehn, / Halleluja. / Sing fröhlich …

T: 1.–2. Str.: Mainz 1787, 3.–4. Str.: Paderborn 1868, 5.–6. Str.: Regensburg 1881, 7. Str.: unbekannt, M: Limburg 1838

338

1 Jerusalem, du neue Stadt, / gib deinen Liedern neuen Klang, / in reiner Freude darfst du jetzt / der Ostern hohes Fest begehn.

2 Des Todes Drache unterliegt, / der Held aus Juda siegt mit Macht, / da seiner Stimme heller Schall / die Toten aus den Gräbern ruft.

3 Was mit Gewalt der Tod geraubt, / gibt jetzt die Unterwelt zurück. / Befreit aus der Gefangenschaft, / folgt Jesus die erlöste Schar.

4 Er triumphiert in Herrlichkeit, / und weithin spannt sich seine Macht, / er eint den Himmel und die Welt / zum Reich, in dem er ewig herrscht.

5 Dem Herrn sei Preis und Herrlichkeit, / der aus dem Grabe auferstand, / dem Vater und dem Geist zugleich / durch alle Zeit und Ewigkeit.

T: nach „Chorus novae Ierusalem" von Fulbert von Chartres († 1029), Ü: Münsterschwarzach, M: Heinrich Schütz 1661

→ „Zum Mahl des Lammes schreiten wir" (Nr. 642)
→ „Herr, bleibe bei uns" (Nr. 92)
→ Laudes oder Morgenlob in der Osterzeit (Nr. 614; 618; 624)
→ Vesper in der Osterzeit (Nr. 641)

Christi Himmelfahrt

339

1 Ihr Christen, hoch erfreuet euch! / Der Herr fährt auf zu seinem Reich. / Er triumphiert, lobsinget ihm, / lobsinget ihm mit lauter Stimm!

2 Sein Werk auf Erden ist vollbracht, / zerstört hat er des Todes Macht. / Er hat die Welt mit Gott versöhnt / und Gott hat ihn mit Ehr gekrönt.

3 Die Engel mit Erstaunen sehn, / was Wunder mit der Welt geschehn. / Sie lag im Tod, nun ist sie frei: / Durch Christi Sieg sie wurde neu.

4 Er ward gehorsam bis zum Tod, / erhöht hat ihn der starke Gott. / Ihm ward zuteil ein Name hehr; / es ruft das All: Du bist der Herr.

5 Beschirmer deiner Christenheit / bist du, Herr Christ, in Ewigkeit. / Dir, unserm Haupte, jubeln wir, / Mittler beim Vater für und für!

6 O zieh uns immerdar zu dir, / hilf uns mit heiliger Begier, / nach dem zu trachten, was dort ist, / wo du, Gott, Herr und Heiland bist.

7 Und wann dereinst du wiederkehrst, / in Wolken richtend niederfährst, / lass richten uns an deiner Seit, / herrschen mit dir in Ewigkeit.

T: Speyer 1941 nach Johann Samuel Diterich 1765, M: nach Johann Leisentrit 1584/Erhard Quack 1941

Gott steigt em-por, Er-de jauch-ze, Hal-le-lu-ja, preist un-sern Herrn!

T: nach Ps 47,6; Ps 66,8, M: Heinrich Rohr (1902–1997)

→ „Christ fuhr gen Himmel" (Nr. 319)

PFINGSTEN – HEILIGER GEIST

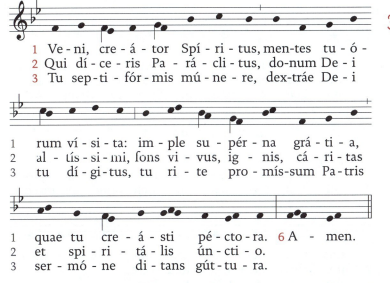

1 Ve-ni, cre-á-tor Spí-ri-tus, men-tes tu-ó-rum ví-si-ta: im-ple su-pér-na grá-ti-a, quae tu cre-á-sti pé-cto-ra. 6 A-men.

2 Qui dí-ce-ris Pa-rá-cli-tus, do-num De-i al-tís-si-mi, fons vi-vus, ig-nis, cá-ri-tas et spi-ri-tá-lis ún-cti-o.

3 Tu sep-ti-fór-mis mú-ne-re, dex-tráe De-i tu dí-gi-tus, tu ri-te pro-mís-sum Pa-tris ser-mó-ne di-tans gút-tu-ra.

4 Accénde lumen sénsibus, / infúnde amórem córdibus, / infirma nostri córporis / virtúte firmans pérpeti.

5 Hostem repéllas lóngius / pacémque dones prótinus; / ductóre sic te práevio / vitémus omne nóxium.

6 Per te sciámus da Patrem / noscámus atque Fílium, / te utriúsque Spíritum / credámus omni témpore. Amen.

T: Hrabanus Maurus († 856) zugeschrieben, M: Kempten um 1000

341

7

V Emítte Spíritum tuum, et creabúntur,
A et renovábis fáciem terrae.

V Orémus. Deus, qui corda fidélium Sancti Spíritus illustratione docuísti, da nobis eódem Spíritu recta sápere, et de eius semper consolatione gaudére. Per Christum, Dóminum nostrum. A Amen.

342

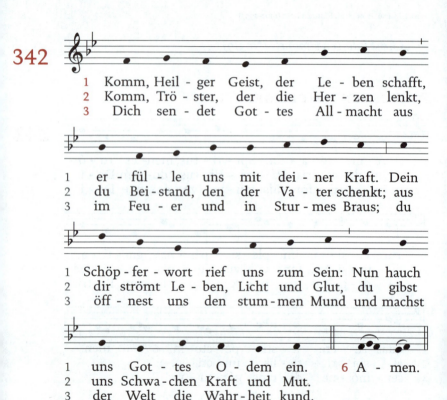

1 Komm, Heil-ger Geist, der Le-ben schafft,
2 Komm, Trö-ster, der die Her-zen lenkt,
3 Dich sen-det Got-tes All-macht aus

1 er-fül-le uns mit dei-ner Kraft. Dein
2 du Bei-stand, den der Va-ter schenkt; aus
3 im Feu-er und in Stur-mes Braus; du

1 Schöp-fer-wort rief uns zum Sein: Nun hauch
2 dir strömt Le-ben, Licht und Glut, du gibst
3 öff-nest uns den stum-men Mund und machst

1 uns Got-tes O-dem ein.   6 A-men.
2 uns Schwa-chen Kraft und Mut.
3 der Welt die Wahr-heit kund.

4 Entflamme Sinne und Gemüt, / dass Liebe unser Herz durchglüht / und unser schwaches Fleisch und Blut / in deiner Kraft das Gute tut.

5 Die Macht des Bösen banne weit, / schenk deinen Frieden allezeit. / Erhalte uns auf rechter Bahn, / dass Unheil uns nicht schaden kann.

342

6 Lass gläubig uns den Vater sehn, / sein Ebenbild, den Sohn, verstehn / und dir vertraun, der uns durchdringt / und uns das Leben Gottes bringt. Amen.

T: nach „Veni, creator Spiritus", Hrabanus Maurus († 856) zugeschrieben, Ü: Friedrich Dörr [1969] 1972, M: Kempten um 1000/Wittenberg 1524/Mainz 1947

7

V Sendest du deinen Geist aus, so werden sie alle erschaffen,
A und du erneuerst das Antlitz der Erde.

V Lasset uns beten. – Gott, du hast die Herzen deiner Gläubigen durch die Erleuchtung des Heiligen Geistes gelehrt. Gib, dass wir in diesem Geist erkennen, was recht ist, und allezeit seinen Trost und seine Hilfe erfahren. Darum bitten wir durch Christus, unseren Herrn. A Amen.

343

1 Ve-ni San-cte Spí-ri-tus, et e-mít-te cáe-li-tus lu-cis tu-ae rá-di-um. 2 Ve-ni pa-ter páu-perum, ve-ni da-tor mú-ne-rum, ve-ni lu-men cór-di-um. 3 Con-so-lá-tor óp-ti-me, dul-cis ho-spes á-ni-mae, dul-ce re-fri-gé-ri-um. 4 In la-bó-re ré-qui-es, in ae-stu tem-pé-ri-es, in fle-tu so-lá-ti-um.

343

5 O lux be-a-tís-si-ma, re-ple cor-dis ín-ti-ma tu-ó-rum fi-dé-li-um. 6 Si-ne tu-o nú-mi-ne, ni-hil est in hó-mi-ne, ni-hil est in-nó-xi-um.

7 La-va, quod est sór-di-dum, ri-ga, quod est á-ri-dum, sa-na, quod est sáu-ci-um. 8 Fle-cte, quod est rí-gi-dum, fo-ve, quod est frí-gi-dum, re-ge, quod est dé-vi-um.

9 Da tu-is fi-dé-li-bus, in te con-fi-dén-ti-bus, sacrum se-pte-ná-ri-um. 10 Da vir-tú-tis mé-ri-tum, da sa-lú-tis éx-i-tum, da per-én-ne gáu-di-um.

Außerhalb der Hl. Messe kann zum Abschluss gesungen werden:

11 A-men. Al-le-lu-ia.

T: Stephen Langton um 1200, M: Paris um 1200, Ü: Nr. 344

344

PFINGSTEN – HEILIGER GEIST

1 Komm herab, o Heilger Geist, der die finstre Nacht zerreißt, strahle Licht in diese Welt.
2 Komm, der alle Armen liebt, komm, der gute Gaben gibt, komm, der jedes Herz erhellt.
3 Höchster Tröster in der Zeit, Gast, der Herz und Sinn erfreut, köstlich Labsal in der Not.
4 In der Unrast schenkst du Ruh, hauchst in Hitze Kühlung zu, spendest Trost in Leid und Tod.
5 Komm, o du glückselig Licht, fülle Herz und Angesicht, dring bis auf der Seele Grund.
6 Ohne dein lebendig Wehn kann im Menschen nichts bestehn, kann nichts heil sein noch gesund.
7 Was befleckt ist, wasche rein,
8 Wärme du, was kalt und hart,

7 Dür-rem gieße Leben ein, heile
8 löse, was in sich erstarrt, lenke,

7 du, wo Krankheit quält. 9 Gib dem Volk, das
8 was den Weg verfehlt. 10 Lass es in der

9 dir vertraut, das auf deine Hilfe
10 Zeit bestehn, deines Heils Vollendung

9 baut, deine Gaben zum Geleit.
10 sehn und der Freuden Ewigkeit.

Außerhalb der Hl. Messe kann zum Abschluss gesungen werden:

11 A - men. Hal-le-lu-ja.

T: „Veni Sancte Spiritus", Stephen Langton um 1200, Ü: Maria Luise Thurmair und Markus Jenny 1971,
M: GGB 2010 nach Paris um 1200

Der Heilige Geist
versetzt in das Paradies zurück;
führt zum Himmelreich
und zur Annahme an Kindes Statt.
BASILIUS

345

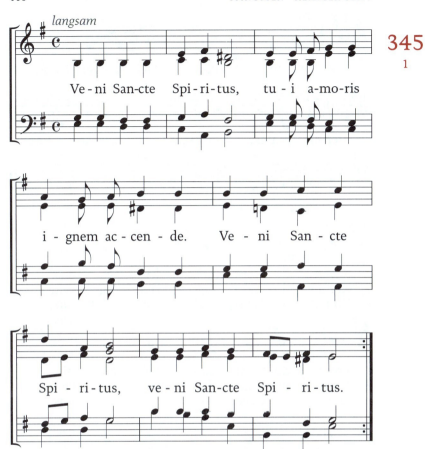

T: Liturgie, M u. S: Jacques Berthier (1923–1994), Gesang aus Taizé, Ü: Komm, Heiliger Geist, entzünde das Feuer deiner Liebe.

T: Liturgie, M u. S: Jacques Berthier (1923–1994), Gesang aus Taizé, Ü: Komm, Heiliger Geist.

347

1. Der Geist des Herrn erfüllt das All
mit Sturm und Feuersgluten;
er krönt mit Jubel Berg und Tal,
er lässt die Wasser fluten.
Ganz überströmt von Glanz und Licht
erhebt die Schöpfung ihr Gesicht,
frohlockend: Halleluja.

2 Der Geist des Herrn erweckt den Geist / in Sehern und Propheten, / der das Erbarmen Gottes weist / und Heil in tiefsten Nöten. / Seht, aus der Nacht Verheißung blüht; / die Hoffnung hebt sich wie ein Lied / und jubelt: Halleluja.

3 Der Geist des Herrn treibt Gottes Sohn, / die Erde zu erlösen; / er stirbt, erhöht am Kreuzesthron, / und bricht die Macht des Bösen. / Als Sieger fährt er jauchzend heim / und ruft den Geist, dass jeder Keim / aufbreche: Halleluja.

4 Der Geist des Herrn durchweht die Welt / gewaltig und unbändig; / wohin sein Feueratem fällt, / wird Gottes Reich lebendig. / Da schreitet Christus durch die Zeit / in seiner Kirche Pilgerkleid, / Gott lobend: Halleluja.

T: Maria Luise Thurmair [1941] 1946, M: Melchior Vulpius 1609

348
(ö)

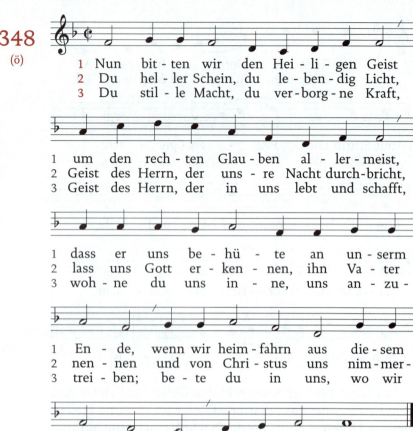

1. Nun bitten wir den Heiligen Geist um den rechten Glauben allermeist, dass er uns behüte an unserm Ende, wenn wir heimfahrn aus diesem Elende. Kyrieleis.

2. Du heller Schein, du lebendig Licht, Geist des Herrn, der unsre Nacht durchbricht, lass uns Gott erkennen, ihn Vater nennen und von Christus uns nimmermehr trennen. Kyrieleis.

3. Du stille Macht, du verborgne Kraft, Geist des Herrn, der in uns lebt und schafft, wohne du uns inne, uns anzutreiben; bete du in uns, wo wir stumm bleiben. Kyrieleis.

4. Du mächtger Hauch, unerschaffne Glut, / Geist des Herrn, gib du uns neuen Mut, / dass wir Gottes Liebe den Menschen künden / und als Schwestern und Brüder uns finden. / Kyrieleis.

5. Erleuchte uns, o ewiges Licht, / hilf, dass alles, was durch uns geschieht, / Gott sei wohlgefällig durch Jesum Christum, / der uns macht heilig durch sein Priestertum. / Kyrieleis.

T: 1. Str.: Berthold von Regensburg 13. Jh., 2.–4. Str.: Maria Luise Thurmair 1972/1994, 5. Str.: nach Michael Vehe 1537, M: 14. Jh./Neufassung 1970

349

1. Komm, o Tröster, Heilger Geist, Licht, das uns den Tag verheißt, Quell, der uns mit Gaben speist,
2. komm und lindre unsre Last, komm, gib in der Mühsal Rast, komm, sei bei uns Armen Gast.
3. Glut, die unser Herz durchdringt, Beistand, der zum Ziel uns bringt, ohne den uns nichts gelingt,

4 halt uns, wo wir haltlos gehn, / rate, wo wir ratlos stehn, / sprich du, wo wir sprachlos flehn.

5 Hauch, der Leben uns verleiht, / lenk uns in der Erdenzeit, / führ uns hin zur Seligkeit.

T: Maria Luise Thurmair [1970] 1972 nach „Veni Sancte Spiritus", Stephen Langton um 1200, M: Bremen 1639

350

Geist der Zuversicht, Quelle des Trostes, komm und stärke uns, Geist der Heiligkeit, Quelle der Freiheit, Tröster Geist, Schöpfer Geist.

T: unbekannt, M: Jacques Berthier (1923–1994), Gesang aus Taizé

351

1 Komm, Schöpfer Geist, kehr bei uns ein, besuch das Herz der Kinder dein, erfüll uns all mit deiner Gnad, die deine Macht erschaffen hat.

2 Der du der Tröster wirst genannt, / vom höchsten Gott ein Gnadenpfand, / du Lebensbrunn, Licht, Lieb und Glut, / der Seele Salbung, höchstes Gut.

3 O Schatz, der siebenfältig ziert, / o Finger Gottes, der uns führt, / Geschenk, vom Vater zugesagt, / du, der die Zungen reden macht.

4 Entzünd in uns des Lichtes Schein, / gieß Liebe in die Herzen ein, / stärk unsres Leibs Gebrechlichkeit / mit deiner Kraft zu jeder Zeit.

5 Treib weit von uns des Feinds Gewalt, / in deinem Frieden uns erhalt, / dass wir, geführt von deinem Licht, / in Sünd und Elend fallen nicht.

6 Den Vater auf dem ewgen Thron / lehr uns erkennen und den Sohn; / dich, beider Geist, sei'n wir bereit / zu preisen gläubig alle Zeit.

T: nach der Übertragung des „Veni, creator Spiritus" (Hrabanus Maurus † 856 zugeschrieben) von Heinrich Bone 1847, 6. Str.: EGB 1975 , M: Köln 1741

→ „Send uns deines Geistes Kraft" (Nr. 165)
→ „Alle wurden erfüllt mit Heiligem Geist" (Nr. 645,5)
→ Vesper vom Heiligen Geist (Nr. 645)

Leben

Leben in Gott
Der Dreieine Gott – Vater, Sohn und Heiliger Geist

352

1. O heiligste Dreifaltigkeit, / gib deiner lieben Christenheit, / dass allzeit sie bekenne dich / als einen Gott dreieiniglich.

2. Dein Wesen, Herr, o Gott, dein Licht / begreift ein Mensch auf Erden nicht; / die Sonn in ihrer Herrlichkeit / ist Gleichnis deiner Wesenheit.

3. Gott Vater, du die Sonne bist, / der Glanz dein Sohn, Herr Jesus Christ, / die Wärme ist des Geistes Bild, / der alle Welt mit Leben füllt.

4. Nie war ohn Glanz die Sonne klar, / nie ohne Sohn der Vater war, / der Heilge Geist von beiden geht, / wie Wärm aus Sonn und Glanz entsteht.

5. O Mensch, bet das Geheimnis an, / das kein Verstand begreifen kann; / sing Heilig nun mit Kerubim, / sing Heilig mit den Serafim!

6. O großer Gott, o ewges Licht, / wir können dich anschauen nicht; / was wir auf Erden nicht verstehn, / lass uns dereinst im Himmel sehn!

T: Paderborn 1885, nach Köln 1623, M: Caspar Ulenberg 1582

353

1. Erhabene Dreifaltigkeit, in einem Licht der Gottheit eins, unendliches Geheimnis du und tiefster Ursprung allen Seins.
2. Dich rühmt des Himmels hehre Schar, ihr Lied ruft deinen Lobpreis aus, dir jubelt deine Schöpfung zu, der du dein Bildnis aufgeprägt.
3. Wir neigen staunend uns vor dir und beten deine Größe an. Vereine mit der Engel Lied den Lobgesang, den wir dir weihn.

4 Was alle Einsicht übersteigt, / bekennt der Glaube ehrfurchtsvoll: / Drei sind in tiefer Liebe eins, / in einer Gottheit leben Drei.

5 Gott Vater, dir sei Ruhm und Preis / und deinem eingebornen Sohn, / dem Geist, der unser Beistand ist, / jetzt, immer und in Ewigkeit.

T: nach „Adesto, sancta Trinitas", vor dem 10. Jh., Ü: Abtei Münsterschwarzach, M: GGB nach Bartholomäus Gesius 1603, Alternativmelodie: „Herr Jesu Christ, dich zu uns wend" (Nr. 147)

354
ö

Gott ist dreifaltig einer; der Vater schuf die Welt, der Sohn hat uns erlöset,

der Geist uns aus-er-wählt. Dies glaub ich, und so leb ich und will im Tod ver-traun, dass ich in mei-nem Lei-be soll mei-nen Gott an-schaun.

T: Maria Luise Thurmair 1943, M: Genf [1539] 1542

354

1 Wir glau-ben Gott im höch-sten Thron,
wir glau-ben Chri-stum, Got-tes Sohn,
aus Gott ge-bo-ren vor der Zeit, all-mäch-tig,
all-ge-be-ne-deit. 5 A - men.

355
ö

2 Wir glauben Gott den Heilgen Geist, / den Tröster, der uns unterweist, / der fährt, wohin er will und mag, / und stark macht, was daniederlag.

3 Den Vater, dessen Wink und Ruf / das Licht aus Finsternissen schuf, / den Sohn, der annimmt unsre Not, / litt unser Kreuz, starb unsern Tod.

4 Der niederfuhr und auferstand, / erhöht zu Gottes rechter Hand, / und kommt am Tag, vorherbestimmt, / da alle Welt ihr Urteil nimmt.

5 Den Geist, der heilig insgemein / lässt Christen Christi Kirche sein, / bis wir, von Sünd und Fehl befreit, / ihn selber schaun in Ewigkeit. Amen.

T: Rudolf Alexander Schröder 1937, M: Christian Lahusen [vor 1945] 1948

356 JESUS CHRISTUS

Gebete und Lieder enthalten zahllose Bilder für Jesus, die Ausdruck tiefer Liebe sind und versuchen, sein Geheimnis zu berühren.

Die Heilige Schrift nennt Jesus Sohn Gottes, Messias, Herr, Retter, Menschensohn, Hirt, Brot, Licht, Alpha und Omega. Noch viele andere Namen beschreiben das Geheimnis seiner Person. Er ist das Ja Gottes zum Menschen und das Ja des Menschen zu Gott. Er ist die Quelle des Heils. Alle Namen sagen etwas über ihn aus, keiner kann ihn ganz fassen.

Der Sonntag (Herrentag) und alle anderen christlichen Feste stehen in innerer Beziehung zu Jesus Christus. Sie entfalten das Christusereignis im Laufe des Jahres (⟶ Das Kirchenjahr, Nr. 217,1–3).

357 (ö)

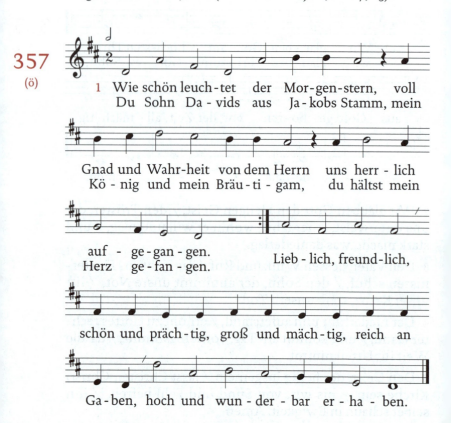

1. Wie schön leuch-tet der Mor-gen-stern, voll Gnad und Wahr-heit von dem Herrn uns herr-lich auf-ge-gan-gen. Lieb-lich, freund-lich, schön und präch-tig, groß und mäch-tig, reich an Ga-ben, hoch und wun-der-bar er-ha-ben.

Du Sohn Da-vids aus Ja-kobs Stamm, mein Kö-nig und mein Bräu-ti-gam, du hältst mein Herz ge-fan-gen.

2 Du meine Perl, du werte Kron, / wahr' Gottes und Marien Sohn, / ein König hochgeboren! / Mein Kleinod du, mein Preis und Ruhm, / dein ewig Evangelium, / das hab ich mir erkoren. / Herr, dich such ich. / Hosianna. Himmlisch Manna, das wir essen, / deiner kann ich nicht vergessen.

3 Gieß sehr tief in mein Herz hinein, / du leuchtend Kleinod, edler Stein, / die Flamme deiner Liebe / und gib, dass ich an deinem Leib, / dem auserwählten Weinstock, bleib / ein Zweig in frischem Triebe. / Nach dir steht mir / mein Gemüte, ewge Güte, bis es findet / dich, des Liebe mich entzündet.

4 Von Gott kommt mir ein Freudenschein, / wenn du mich mit den Augen dein / gar freundlich tust anblicken. / Herr Jesu, du mein trautes Gut, / dein Wort, dein Geist, dein Leib und Blut / mich innerlich erquicken. / Nimm mich freundlich / in dein Arme und erbarme dich in Gnaden. / Auf dein Wort komm ich geladen.

5 Herr Gott Vater, mein starker Held, / du hast mich ewig vor der Welt / in deinem Sohn geliebet. / Er hat mich ganz sich angetraut, / er ist nun mein, ich seine Braut; / drum mich auch nichts betrübet. / Eja, eja, / himmlisch Leben wird er geben mir dort oben. / Ewig soll mein Herz ihn loben.

6 Stimmt die Saiten der Kitara / und lasst die süße Musica / ganz freudenreich erschallen, / dass ich möge mit Jesus Christ, / der meines Herzens Bräutgam ist, / in steter Liebe wallen. / Singet, springet, / jubilieret, triumphieret, dankt dem Herren. / Groß ist der König der Ehren.

7 Wie bin ich doch so herzlich froh, / dass mein nun ist das A und O, / der Anfang und das Ende. / Er wird mich doch zu seinem Preis / aufnehmen in das Paradeis; / des schlag ich in die Hände. / Amen, Amen, / komm, du schöne Freudenkrone, säum nicht lange. / Deiner wart ich mit Verlangen.

T: Philipp Nicolai 1599/AÖL 1973, M: Philipp Nicolai [1597] 1599

358
ö

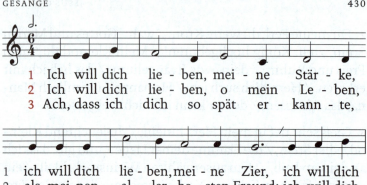

1 Ich will dich lieben, meine Stärke,
2 Ich will dich lieben, o mein Leben,
3 Ach, dass ich dich so spät erkannte,

1 ich will dich lieben, meine Zier, ich will dich
2 als meinen allerbesten Freund; ich will dich
3 du hochgelobte Schönheit du, dass ich nicht

1 lieben mit dem Werke und immerwähren-
2 lieben und erheben, solange mich dein
3 eher mein dich nannte, du höchstes Gut und

1 der Begier; ich will dich lieben, schönstes
2 Glanz bescheint; ich will dich lieben, Gottes
3 wahre Ruh; es ist mir leid, ich bin be-

1 Licht, bis mir das Herze bricht.
2 Lamm, als meinen Bräutigam.
3 trübt, dass ich so spät geliebt.

4 Ich lief verirrt und war verblendet, / ich suchte dich und fand dich nicht; / ich hatte mich von dir gewendet / und liebte das geschaffne Licht. / Nun aber ist's durch dich geschehn, / dass ich dich hab ersehn.

5 Ich danke dir, du wahre Sonne, / dass mir dein Glanz hat Licht gebracht; / ich danke dir, du Himmelswonne, / dass du mich froh und frei gemacht; / ich danke dir, du güldner Mund, / dass du mich machst gesund.

6 Erhalte mich auf deinen Stegen / und lass mich nicht mehr irregehn; / lass meinen Fuß in deinen Wegen / nicht straucheln oder stillestehn; / erleucht mir Leib und Seele ganz, / du starker Himmelsglanz.

7 Ich will dich lieben, meine Krone, / ich will dich lieben, meinen Gott, / ich will dich lieben ohne Lohne / auch in der allergrößten Not; / ich will dich lieben, schönstes Licht, / bis mir das Herze bricht.

T: Angelus Silesius 1657, M: Georg Joseph 1657

359

1 O selger Urgrund allen Seins,
2 Wie hat die Liebe dich gedrängt,

1 Heiland der Welt, Herr Jesus Christ,
2 dass du für uns den Tod erwählt.

1 du Licht von deines Vaters Licht
2 Du gibst das Leben uns zurück,

1 und wahrer Gott vom wahren Gott.
2 das Adams Sünde uns geraubt.

3 Der Stoß der Lanze trifft dein Herz, / und Blut und Wasser bricht hervor, / ein Quell des Heils, der nie versiegt / und aller Schöpfung Freude bringt.

4 Dir, Herr, sei Preis und Herrlichkeit, / der uns sein Herz geöffnet hat, / mit dir dem Vater und dem Geist / durch alle Zeit und Ewigkeit.

T: nach „Auctor beate saeculi" 18. Jh., Ü: Abtei Münsterschwarzach 1972, Stundenbuch 1978, M: Nikolaus Herman 1551

1. Macht weit die Pforten in der Welt! Ein König ist's, der Einzug hält, umglänzt von Gnad und Wahrheit. Wer von der Sünde sich gewandt, wer auf vom Todesschlafe stand, der siehet seine Klarheit. Seht ihn weithin herrlich schreiten, Licht verbreiten; Nacht zerstreut er, Leben, Fried und Wonne beut er.

2. Es jauchzt um ihn die frohe Schar, / die lang in schweren Fesseln war; / er hat sie freigegeben. / Blind waren sie und sehen nun, / lahm waren sie und gehen nun, / tot waren sie und leben. / Köstlich, tröstlich / allen Kranken, / ohne Wanken, / ohne Schranken / walten seine Heilsgedanken.

3. O du, den unsre Sünde schlug, / wann wird doch deines Lobs genug / in dieser Welt erschallen? / Wann wird der Völker volle Zahl / im ungetrübten Sonnenstrahl / zu deinem Tempel wallen? / Wo dich freudig / alle kennen, / Jesus nennen, / dir geboren, / dir auf ewig zugeschworen.

4. Wir harren dein; du wirst es tun, / dein Herz voll Liebe wird nicht ruhn, / bis alles ist vollendet. / Die Wüste wird zum Paradies, / und bittre Quellen strömen süß, / wenn du dein Wort gesendet. / Zu dem Sturme / sprichst du:

Schweige! / Licht, dich zeige! / Schatten, schwindet! / **360**
Tempel Gottes sei gegründet.

5 Die ihr von Christi Hause seid, / kommt, schließet nun mit
Freudigkeit / den Bund in seinem Namen! / Lasst uns auf
seine Hände schaun, / an seinem Reiche mutig baun. / Sein
Wort ist Ja und Amen. / Flehet, gehet, / Himmelserben /
anzuwerben! / Harret, ringet! / Jesus ist es, der euch dinget.

T: Albert Knapp 1829/Oldenburg 1885/Kirchenlied 1938, M: Adolf Lohmann 1938

361
ö

1 Mein schönste Zier und Kleinod bist auf Erden du, Herr Jesu Christ; dich will ich lassen walten und allezeit in Lieb und Leid in meinem Herzen halten.

2 Dein Lieb und Treu vor allem geht, / kein Ding auf Erd so
fest besteht, / das muss ich frei bekennen. / Drum soll
nicht Tod, nicht Angst, nicht Not / von deiner Lieb mich
trennen.

3 Dein Wort ist wahr und trüget nicht / und hält gewiss,
was es verspricht, / im Tod und auch im Leben. / Du bist
nun mein / und ich bin dein, / dir hab ich mich ergeben.

4 Der Tag nimmt ab. Ach schönste Zier, / Herr Jesu Christ,
bleib du bei mir, / es will nun Abend werden. / Lass doch
dein Licht / auslöschen nicht / bei uns allhier auf Erden.

T: Königsberg 1597 bei Johann Eccard, M: Nürnberg 1581 bei Seth Calvisius 1594

362

T: D: Ulrich Hennes, E: Annamaria Newell, I u. S: Marco Frisina 2000, M: Marco Frisina 2000

Ü: Kv Jesus Christus, du bist mein Leben, Halleluja, Halleluja, Jesus Christus, du bist mein Leben, du bist mein Leben, Halleluja. E(nglisch) Er ruft uns zu den Wassern des Lebens. Er gießt seine Liebe in unsere Herzen. Jesus kommt zu uns in unser Herz. Ehre sei Gott für immer. I(talienisch) Du bist der Weg, du bist die Wahrheit, du bist unser Leben, gemeinsam unterwegs mit dir werden wir in dir ewig leben. S(panisch) In der Freude werden wir gehen, dein Evangelium bringen; Zeugnis der Liebe, Kinder Gottes in der Welt.

Ü: Norbert Wolff 2011

363

2 Lass leuchten deine Herrlichkeit, / von der die Seher künden! / Mach uns für Gottes Reich bereit, / wo alle Mühen münden. Kv

3 Dann geh mit uns vom Berg hinab / ins Tal der Alltagssorgen / und sei uns Weg und Wanderstab / durchs Kreuz zum Ostermorgen. Kv

T: Peter Gerloff 2001, M: Richard Mailänder 2007, E: 1. Str.: „Tabor": Berg der Verklärung (vgl. Mt 17,1–9)
Alternativmelodie: „Gelobt seist du, Herr Jesus Christ" (Nr. 375)

1. Schönster Herr Jesu, Herrscher aller Herren, Gottes und Mariens Sohn, dich will ich lieben, dich will ich ehren, meiner Seele Freud und Kron.

2. Alle die Schönheit Himmels und der Erden ist gefasst in dir allein. Keiner soll immer lieber mir werden als du, liebster Jesu mein.

3. Schön ist der Monde, schöner ist die Sonne, schön sind auch die Sterne all. Jesus ist feiner, Jesus ist reiner als die Engel allzumal.

4 Schön sind die Blumen, schöner sind die Menschen / in der frischen Jugendzeit. / Sie müssen sterben, müssen verderben, / Jesus bleibt in Ewigkeit.

5 Schönster Herr Jesu, bei uns gegenwärtig / durch dein Wort und Sakrament, / Jesu, dich bitt ich: Herr, sei uns gnädig / jetzt und auch am letzten End.

T u. M: nach Münster 1677

365

T: Taizé nach Jes 12,2, M u. S: Jacques Berthier (1923–1994), Gesang aus Taizé

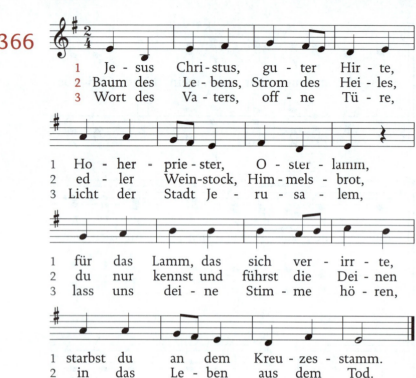

366

1. Jesus Christus, guter Hirte, Hoherpriester, Osterlamm, für das Lamm, das sich verirrte, starbst du an dem Kreuzesstamm.
2. Baum des Lebens, Strom des Heiles, edler Weinstock, Himmelsbrot, du nur kennst und führst die Deinen in das Leben aus dem Tod.
3. Wort des Vaters, offne Türe, Licht der Stadt Jerusalem, lass uns deine Stimme hören, lass uns deine Wege gehn.

T: Adelgart Gartenmeier 1997, M: Kamilla Usmanova 2008

367

1. Jesus, dir leb ich. Jesus, dir sterb ich. Jesus, dein bin ich im Leben und im Tod.
2. O sei uns gnädig, sei uns barmherzig, führ uns, o Jesus, in deine Seligkeit.

T: 1. Str.: Martin Luther nach Röm 14,8, 2. Str.: Stuttgart 1838, M: Franz Bihler 1760–1823

JESUS CHRISTUS

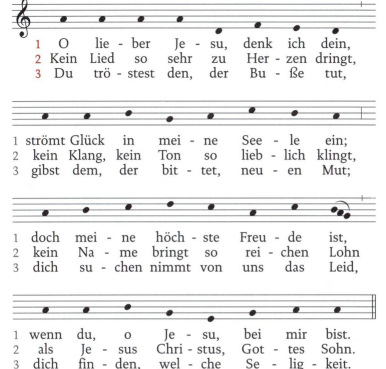

1. O lieber Jesu, denk ich dein, / strömt Glück in meine Seele ein; / doch meine höchste Freude ist, / wenn du, o Jesu, bei mir bist.

2. Kein Lied so sehr zu Herzen dringt, / kein Klang, kein Ton so lieblich klingt, / kein Name bringt so reichen Lohn / als Jesus Christus, Gottes Sohn.

3. Du tröstest den, der Buße tut, / gibst dem, der bittet, neuen Mut; / dich suchen nimmt von uns das Leid, / dich finden, welche Seligkeit.

4. Kein Wort, o Jesu, würdig preist / die Güte, die du uns erweist. / Nur wer sich ganz in dich versenkt, / verspürt, was deine Liebe schenkt.

5. O Jesu, der uns Freude bringt, / du Quell, aus dem uns Kraft entspringt, / Licht, das uns Gottes Liebe zeigt, / die alles Sehnen übersteigt.

6. Du unser Glück in dieser Zeit, / du Sonne unsrer Ewigkeit, / in dir erstrahlt der Gottheit Schein; / lass uns mit dir verherrlicht sein.

T: „Jesu, dulcis memoria", Oxford 12. Jh., Übertragung Friedrich Dörr [1969] 1975, M: Antiphonale Romanum 1912

1. O Herz des Königs aller Welt, / des Herrschers in dem Himmelszelt, / dich grüßt mein Herz in Freuden. / Mein Herze, wie dir wohl bewusst, / hat seine größt und höchste Lust / an dir und deinem Leiden. / Ach, wie bezwang und drang dich doch dein edle Lieb, ins bittre Joch der Schmerzen dich zu geben, da du dich neigtest in den Tod, zu retten aus der Todesnot mich und mein armes Leben.

2 Du meines Herzens Herz und Sinn, / du brichst und fällst und stirbst dahin, / wollst mir ein Wort gewähren: / Ergreif mein Herz und schließ es ein / in dir und deiner Liebe Schrein. / Mehr will ich nicht begehren. / Lass deine Flamm und starke Glut / durch all mein Herze, Geist und Mut / mit allen Kräften dringen. / Lass deine Lieb und Freundlichkeit / zur Gegenlieb und Dankbarkeit / mich armen Sünder bringen!

T: nach Paul Gerhardt 1656 nach „Summi regis cor" des Arnulf von Löwen vor 1250, M: Matthäus Greiter 1525

4 Keiner der Großen kann mit dir sich messen: / Herrscher der Herren, König aller Zeiten, / Abglanz des Vaters, Spiegel seiner Hoheit, / thronend im Himmel.

5 Dir sei die Ehre, dir und deinem Vater, / und auch dem Geiste sei das Lob gesungen: / Gott, dem Dreieinen, Lob und Preis und Ehre / immer und ewig!

T: Vinzenz Stebler 1975, M: Reiner Schuhenn 2005

371

1. Herz Jesu, Gottes Opferbrand, der unsre Lieb entfachte! O Herz, in Nacht zu uns gesandt, als Schuld den Tod uns brachte! Wir stachen dich mit Spott und Wut, du tauftest uns mit deinem Blut. Nun müssen wir dich lieben.

2. Wer liebt, der kehrt zu dir nach Haus und ist der Nacht entrissen. Er sendet neu mit dir sich aus als Licht zu Finsternissen. Du bist die Sonne, wir der Schein, wir können ohne dich nicht sein und ohne dich nicht lieben.

3. Herz Jesu, Trost der ganzen Welt, mach unser Herz zu deinem! Nimm unsre Herzen ungezählt und mache sie zu einem! Lass uns den Hass, das bittre Leid fortlieben aus der dunklen Zeit: Lass uns dein Reich erscheinen!

T: Franz Johannes Weinrich 1934, M: Adolf Lohmann 1934

372 ö

1. Morgenstern der finstern Nacht, der die Welt voll Freuden macht, Jesu mein, komm herein, leucht in meines Herzens Schrein, leucht in meines Herzens Schrein.

2. Schau, dein Himmel ist in mir, er begehrt dich, seine Zier. Säume nicht, o mein Licht, komm, komm, eh der Tag anbricht, komm, komm, eh der Tag anbricht.

3. Deines Glanzes Herrlichkeit übertrifft die Sonne weit; du allein, Jesu mein, bist, was tausend Sonnen sein, bist, was tausend Sonnen sein.

4 Du erleuchtest alles gar, / was jetzt ist und kommt und war; / voller Pracht wird die Nacht, / weil dein Glanz sie angelacht, / weil dein Glanz sie angelacht.

5 Deinem freudenreichen Strahl / wird gedienet überall; / schönster Stern, weit und fern / ehrt man dich als Gott den Herrn, / ehrt man dich als Gott den Herrn.

6 Ei nun, güldnes Seelenlicht, / komm herein und säume nicht. / Komm herein, Jesu mein, / leucht in meines Herzens Schrein, / leucht in meines Herzens Schrein.

T: Angelus Silesius 1657, M: Georg Joseph 1657

GESÄNGE

373

Du bist Licht und du bist Leben, Christus, unsere Zuversicht.

T: Johann Bergsmann, M: Johann Bergsmann nach G. v. Schmidts

374

1 Volk Gottes, zünde Lichter an,
2 Zu seinem Tempel kommt der Herr.
3 Das preist der greise Simeon,

1 vertreib die Nacht mit ihrem Schein!
2 Maria bringt ihn freudig dar.
3 als er das Kind im Arme hält,

1 Der jedes Dunkel wenden kann,
2 Als kleines Kind hält Einzug der,
3 erkennt in ihm den Gottessohn,

1 er zieht ins Haus des Vaters ein.
2 der aller Seher Sehnsucht war.
3 Erleuchtung für die ganze Welt.

4 Herr, öffne du auch uns den Sinn / für dich und deine Herrlichkeit. / Auf dich lenk unser Sehnen hin, / und dir sei jedes Haus geweiht.

5 Lob sei dem Vater, der uns trägt, / Lob sei dem Sohn, der uns befreit, / Lob sei dem Geist, der uns bewegt, / in jedem Volk, durch alle Zeit.

T: Peter Gerloff (*1957), M: nach Nürnberg 1676/1854

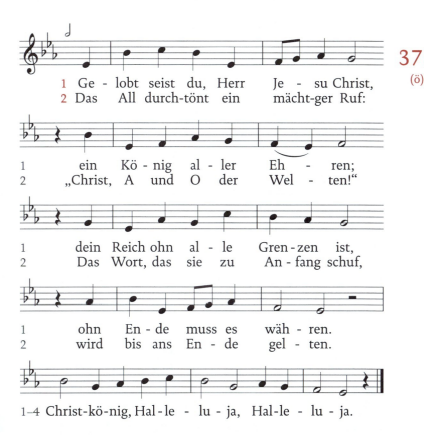

1 Gelobt seist du, Herr Jesu Christ, ein König aller Ehren; dein Reich ohn alle Grenzen ist, ohn Ende muss es währen.
2 Das All durchtönt ein mächt'ger Ruf: „Christ, A und O der Welten!" Das Wort, das sie zu Anfang schuf, wird bis ans Ende gelten.

1–4 Christkönig, Halleluja, Halleluja.

3 Auch jeder Menschenseele Los / fällt, Herr, von deinen Händen, / und was da birgt der Zeiten Schoß, / du lenkst es aller Enden. / Christkönig, Halleluja, Halleluja.

4 O sei uns nah mit deinem Licht, / mit deiner reichen Gnade, / und wenn du kommst zu dem Gericht, / Christ, in dein Reich uns lade. / Christkönig, Halleluja, Halleluja.

T: nach Guido Maria Dreves 1886, M: Josef Venantius von Wöß 1928

GESÄNGE 446

376

Singt dem Herrn alle Länder der Erde, singt dem Herrn und preist seinen Namen.

T: nach Ps 96,1.2, M: Klaus Wallrath 2009

377
ö

1. O Jesu, all mein Leben bist du, ohne dich nur Tod. Meine Nahrung bist du, ohne dich nur Not. Meine Freude bist du, ohne dich nur Leid. Meine Ruhe bist du, ohne dich nur Streit, o Jesu.
2. O Jesu, all mein Glaube bist du, Ursprung allen Lichts. Meine Hoffnung bist du, Heiland des Gerichts. Meine Liebe bist du, Trost und Seligkeit. All mein Leben bist du, Gott der Herrlichkeit, o Jesu.

T: Köln 1853 nach Franz Xaver Ludwig Hartig 1830/1838, 2. Str.: Georg Thurmair 1938, M: Köln 1853 nach Franz Xaver Ludwig Hartig 1830/1838

1 Brot, das die Hoffnung nährt, Freude, die der Trauer wehrt, Lied, das die Welt umkreist, das die Welt umkreist. Wolke, die die Feinde stört, Ohr, das von Rettung hört, Lied, das die Welt umkreist, das die Welt umkreist.

2 Wort, das das Schweigen bricht, Trank, der die Brände löscht, Lied, das die Welt umkreist, das die Welt umkreist. Regen, der die Wüsten tränkt, Kind, das die Großen lenkt, Lied, das die Welt umkreist, das die Welt umkreist.

3 Kraft, die die Lahmen stützt, Hand, die die Schwachen schützt, Lied, das die Welt umkreist, das die Welt umkreist. Brot, das sich selbst verteilt, Hilfe, die zu Hilfe eilt, Lied, das die Welt umkreist, das die Welt umkreist.

T: Wilhelm Willms 1974, M: Peter Janssens 1974

→ *„Du Licht vom Lichte" (Nr. 95)*
→ *Litanei „Christus-Rufe" (Nr. 560)*

Lob, Dank und Anbetung

379

Te De-um lau-da-mus.

T: Te Deum (Anfang), 4. Jh., M: gregorianisch, Ü: Dich, Gott, loben wir.

380
ö

1. Gro-ßer Gott, wir lo-ben dich; Herr, wir prei-sen dei-ne Stär-ke. Vor dir neigt die Er-de sich und be-wun-dert dei-ne Wer-ke. Wie du warst vor al-ler Zeit, so bleibst du in E-wig-keit.

2 Alles, was dich preisen kann, / Kerubim und Serafinen / stimmen dir ein Loblied an; / alle Engel, die dir dienen, / rufen dir stets ohne Ruh / „Heilig, heilig, heilig" zu.

3 Heilig, Herr Gott Zebaot! / Heilig, Herr der Himmelsheere! / Starker Helfer in der Not! / Himmel, Erde, Luft und Meere / sind erfüllt von deinem Ruhm; / alles ist dein Eigentum.

4 Der Apostel heilger Chor, / der Propheten hehre Menge / schickt zu deinem Thron empor / neue Lob- und Dankgesänge; / der Blutzeugen lichte Schar / lobt und preist dich immerdar.

5 Dich, Gott Vater auf dem Thron, / loben Große, loben Kleine. / Deinem eingebornen Sohn / singt die heilige Gemeinde, / und sie ehrt den Heilgen Geist, / der uns seinen Trost erweist.

6 Du, des Vaters ewger Sohn, / hast die Menschheit angenommen, / bist vom hohen Himmelsthron / zu uns auf die Welt gekommen, / hast uns Gottes Gnad gebracht, / von der Sünd uns frei gemacht.

7 Durch dich steht das Himmelstor / allen, welche glauben, offen; / du stellst uns dem Vater vor, / wenn wir kindlich auf dich hoffen; / du wirst kommen zum Gericht, / wenn der letzte Tag anbricht.

8 Herr, steh deinen Dienern bei, / welche dich in Demut bitten. / Kauftest durch dein Blut uns frei, / hast den Tod für uns gelitten; / nimm uns nach vollbrachtem Lauf / zu dir in den Himmel auf.

9 Sieh dein Volk in Gnaden an. / Hilf uns, segne, Herr, dein Erbe; / leit es auf der rechten Bahn, / dass der Feind es nicht verderbe. / Führe es durch diese Zeit, / nimm es auf in Ewigkeit.

10 Alle Tage wollen wir / dich und deinen Namen preisen / und zu allen Zeiten dir / Ehre, Lob und Dank erweisen. / Rett aus Sünden, rett aus Tod, / sei uns gnädig, Herre Gott!

11 Herr, erbarm, erbarme dich. / Lass uns deine Güte schauen; / deine Treue zeige sich, / wie wir fest auf dich vertrauen. / Auf dich hoffen wir allein: / Lass uns nicht verloren sein.

T: Ignaz Franz 1768 nach dem „Te Deum" [4. Jh.]/AÖL 1973/1978, M: Wien um 1776/Leipzig 1819/Heinrich Bone 1852

Glauben heißt,
die Unbegreiflichkeit Gottes
ein Leben lang aushalten.
NACH KARL RAHNER

4 Behüt mich vor der stolzen Welt, / die allen Sinn darauf gestellt, / von dir mich abzuwenden. / Wenn sie nicht wird mein Meister sein, / so bleib ich, durch die Gnade rein, / in deinen guten Händen.

5 Alsdann sei dir all mein Gebet, / das zu dem Thron der Gnade geht, / mehr lieb, als es gewesen. / Du meine Hilfe, starker Gott, / du wirst mich ja in aller Not / durch deine Gnad erlösen.

T: Adolf Lohmann nach Albert Curtz 1659 nach Ps 19, M: Augsburg 1669

1 Ein Danklied sei dem Herrn für alle seine Gnade, er waltet nah und fern, kennt alle unsre Pfade, ganz ohne Maß ist seine Huld und allbarmherzige Geduld.

2 O sei zu seinem Lob / nicht träge, meine Seele, / und wie er dich erhob, / zu seinem Lob erzähle; / |: drum sei am Tage wie zur Nacht / sein Name von dir groß gemacht. :|

3 Er ist's, auf dessen Ruf / wir in dies Leben kamen, / und was er rief und schuf, / er kennt und nennt die Namen; / |: auf unserm Haupt ein jedes Haar, / er hat's gezählt, er nimmt sein wahr. :|

4 Drum wirf die Sorge weg, / lass allen Kummer fahren, / wie enge gleich der Steg, / wie viel des Feindes Scharen! / |: Dein Name steht in Gottes Hand, / Gott liest und schaut ihn unverwandt. :|

5 Gib dich in seine Hand / mit innigem Vertrauen, / sollst nicht auf eitel Sand, / auf echten Felsen bauen, / |: dich geben ganz in Gottes Hut, / und sei gewiss, er meint es gut! :|

T: Guido Maria Dreves 1886, M: Joseph Venantius von Wöß 1928

Frie-den auf Er - den.

T: Hans-Jürgen Netz 1979, M: Christoph Lehmann 1979

1. Hoch sei gepriesen unser Gott, / der uns erlöst aus Schuld und Not, / der heimgesucht sein Volk in Treue; / auf dass sein Heil das Herz erfreue. Aus Davids Stamm hat er erweckt den Retter, / den er uns verheißen, dass uns der Feinde Hass nicht schreckt und wir in Freiheit ihn lobpreisen.

2 Hoch sei gepriesen unser Herr, / der uns erwiesen sein Erbarmen, / der seinen Bund von alters her / auf ewig stiftet mit uns Armen: / Dass wir, von aller Furcht befreit, / gerecht und heilig vor ihm leben, / aufrecht ihm dienen allezeit / und ihm allein die Ehre geben.

3 Hoch sei gepriesen unser Hirt, / der uns mit seinen starken Armen / den sichern Weg des Friedens führt / durch seine Liebe, sein Erbarmen. / Uns alle, die im finstern Tal / in Nacht und Todesschatten gehen, / hat heimgesucht mit seinem Strahl / das Licht, der Aufgang aus den Höhen.

T: Maria Luise Thurmair 1985 nach Lk 1,68–79 (Benedictus), M: Paris 1530, Guillaume Franc 1543, Lyon 1547 und Genf 1551

385

1. Nun saget Dank und lobt den Herren, / denn groß ist seine Freundlichkeit, / und seine Gnad und Güte währen / von Ewigkeit zu Ewigkeit. / Du, Gottes Volk, sollst es verkünden: / Groß ist des Herrn Barmherzigkeit; / er will sich selbst mit uns verbünden / und wird uns tragen durch die Zeit.

2. Nicht sterben werd ich, sondern leben; / gezüchtigt wurde ich vom Herrn, / dem Tode aber nicht gegeben; / drum rühm ich Gottes Taten gern. / Mit Freuden singen die Gerechten / in neuen Liedern überall: / Gott schafft den Sieg mit seiner Rechten. / Gelobt sei Gott mit Jubelschall.

3. Hoch tut euch auf, ihr heilgen Tore, / ihr Tore der Gerechtigkeit. / Lasst danken uns in hellem Chore / dem großen Herrn der Herrlichkeit. / Lasst jauchzen uns und fröhlich singen: / Dies ist der Tag, den Gott gemacht. / Hilf, Herr, o hilf, lass wohl gelingen. / Ein Wunder hat der Herr vollbracht.

4 Er, der da kommt in Gottes Namen, / sei hochgelobt zu jeder Zeit. / Gesegnet seid ihr allzusammen, / die ihr von Gottes Hause seid. / Nun saget Dank und lobt den Herren, / denn groß ist seine Freundlichkeit, / und seine Gnad und Güte währen / von Ewigkeit zu Ewigkeit.

T: 1. u. 4. Str.: nach Ambrosius Lobwasser 1573, 2. u. 3. Str.: Fritz Enderlin 1952 nach Ps 118, M: Guillaume Franc 1543/Loys Bourgeois 1551

T: Ps 117,1, M u. S: Jacques Berthier (1923–1994), Gesang aus Taizé, Ü: Lobsingt, ihr Völker alle, lobsingt und preist den Herrn!

1 Gott ist gegenwärtig. Lasset uns anbeten und in Ehrfurcht vor ihn treten.
Gott ist in der Mitte. Alles in uns schweige und sich innigst vor ihm beuge.
Wer ihn kennt, wer ihn nennt, schlag die Augen nieder; kommt, ergebt euch wieder.

2 Gott ist gegenwärtig, / dem die Kerubinen / Tag und Nacht gebücket dienen. / „Heilig, heilig, heilig" / singen ihm zur Ehre / aller Engel hohe Chöre. / Herr, vernimm / unsre Stimm, / da auch wir Geringen / unsre Opfer bringen.

3 Wir entsagen willig / allen Eitelkeiten, / aller Erdenlust und Freuden; / da liegt unser Wille, / Seele, Leib und Leben / dir zum Eigentum ergeben. / Du allein / sollst es sein, / unser Gott und Herre, / dir gebührt die Ehre.

4 Majestätisch Wesen, / möcht ich recht dich preisen / und im Geist dir Dienst erweisen. / Möcht ich wie die Engel / immer vor dir stehen / und dich gegenwärtig sehen. / Lass mich dir / für und für / trachten zu gefallen, / liebster Gott, in allem.

5 Luft, die alles füllet, / drin wir immer schweben, / aller Dinge Grund und Leben, / Meer ohn Grund und Ende, / Wunder aller Wunder: / Ich senk mich in dich hinunter. / Ich in dir, / du in mir, / lass mich ganz verschwinden, / dich nur sehn und finden.

6 Du durchdringest alles; / lass dein schönstes Lichte, / Herr, berühren mein Gesichte. / Wie die zarten Blumen / willig sich entfalten / und der Sonne stille halten, / lass mich so / still und froh / deine Strahlen fassen / und dich wirken lassen.

7 Mache mich einfältig, / innig, abgeschieden, / sanft und still in deinem Frieden; / mach mich reinen Herzens, / dass ich deine Klarheit / schauen mag in Geist und Wahrheit; / lass mein Herz / überwärts / wie ein' Adler schweben / und in dir nur leben.

8 Herr, komm in mir wohnen, / lass mein' Geist auf Erden / dir ein Heiligtum noch werden; / komm, du nahes Wesen, / dich in mir verkläre, / dass ich dich stets lieb und ehre. / Wo ich geh, / sitz und steh, / lass mich dich erblicken / und vor dir mich bücken.

T: Gerhard Tersteegen [vor 1727] 1729, M: nach Joachim Neander 1680

Heilig, heilig, heilig, heilig ist der Herr! Heilig, heilig, heilig, heilig ist nur er! Er, der nie begonnen, er, der immer war, ewig ist und waltet, sein wird immerdar.

T: Johann Philipp Neumann 1827, M: Franz Schubert 1827

4 Und nun zeig mir den Weg, / und nun führ mich die Bahn, / deine Liebe zu verkünden! Kv

5 Gib mir selber das Wort, / öffne du mir das Herz, / deine Liebe, Herr, zu schenken! Kv

6 Und ich dank dir, mein Gott, / und ich preise dich, Herr, / und ich schenke dir mein Leben! Kv

T u. M: Jesus-Bruderschaft Gnadenthal 1976

T: Lk 1,46, M: Jacques Berthier (1923–1994), Gesang aus Taizé, Ü: Meine Seele preist die Größe des Herrn.

391

Lau - dá - te Dó - mi - num de cae - lis.

T: Ps 148,1, M: gregorianisch, Ü: Lobt den Herrn vom Himmel her.

392
ö

1 Lo - be den Her - ren, den mäch - ti - gen Kö - nig der Eh - ren;
lob ihn, o See - le, ver - eint mit den himm-li-schen Chö - ren.
Kommet zu-hauf, Psalter und Har - fe, wacht auf, las - set den Lob-ge-sang hö - ren.

2 Lobe den Herren, der alles so herrlich regieret, / der dich auf Adelers Fittichen sicher geführet, / der dich erhält, / wie es dir selber gefällt. / Hast du nicht dieses verspüret?

3 Lobe den Herren, der künstlich und fein dich bereitet, / der dir Gesundheit verliehen, dich freundlich geleitet. / In wie viel Not / hat nicht der gnädige Gott / über dir Flügel gebreitet.

4 Lobe den Herren, der sichtbar dein Leben gesegnet, / der aus dem Himmel mit Strömen der Liebe geregnet. / Denke daran, / was der Allmächtige kann, / der dir mit Liebe begegnet.

5 Lobe den Herren, was in mir ist, lobe den Namen. / Lob ihn mit allen, die seine Verheißung bekamen. / Er ist dein Licht, / Seele, vergiss es ja nicht. / Lob ihn in Ewigkeit. Amen.

T: Joachim Neander 1680/AÖL 1973, M: Halle 1741 nach Stralsund 1665

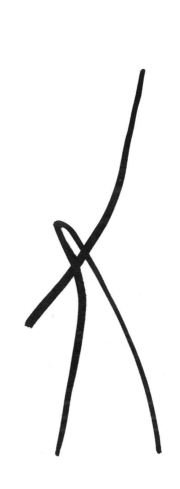

393

1 Nun lo-bet Gott im ho-hen Thron, ihr Menschen

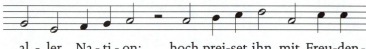

al-ler Na-ti-on; hoch prei-set ihn mit Freuden-

schal-le, ihr Völ-ker auf der Er-den al-le.

2 Denn sein Erbarmen, seine Gnad / er über uns gebreitet hat. / Es wird die Wahrheit unsres Herren / in Ewigkeit ohn Ende währen.

3 Lob sei dem Vater und dem Sohn, / dem Heilgen Geist auf gleichem Thron, / im Wesen einem Gott und Herren, / den wir in drei Personen ehren.

T: nach Caspar Ulenberg 1582/1603 nach Ps 117, M: Guillaume Franc 1542/Caspar Ulenberg 1603

394

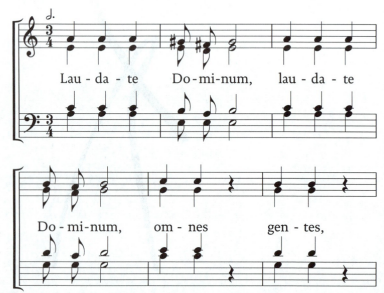

LOB, DANK UND ANBETUNG

Al - le - lu - ia. Al - le - lu - ia.

T: Ps 117,1.2, M u. S: Jacques Berthier (1923–1994), Gesang aus Taizé, Ü: Lobt den Herrn, alle Völker.

394

1 Den Herren will ich loben, es jauchzt in Gott mein Geist;
denn er hat mich erhoben, dass man mich selig preist.
An mir und meinem Stamme hat Großes er vollbracht,
und heilig ist sein Name, gewaltig seine Macht.

2 Barmherzig ist er allen, / die ihm in Ehrfurcht nahn; / die Stolzen lässt er fallen, / die Schwachen nimmt er an. / Es werden satt aufstehen, / die arm und hungrig sind; / die Reichen müssen gehen, / ihr Gut verweht im Wind.

3 Jetzt hat er sein Erbarmen / an Israel vollbracht, / sein Volk mit mächtgen Armen / gehoben aus der Nacht. / Der uns das Heil verheißen, / hat eingelöst sein Wort. / Drum werden ihn lobpreisen / die Völker fort und fort.

T: Maria Luise Thurmair [1954/1971] 1967/1972 nach Lk 1,46–55 (Magnificat), M: Melchior Teschner [1613] 1614

395
ö

396
ö

1 Lobt froh den Herrn, ihr ju-gend-li-chen Chö-re! Er hö-ret gern ein Lied zu seiner Eh-re: Lobt froh den Herrn, lobt froh den Herrn!

2 Es schall em-por zu sei-nem Hei-lig-tu-me aus un-serm Chor ein Lied zu seinem Ruhme: Lobt froh den Herrn, lobt froh den Herrn!

3 Vom Preise voll lass unser Herz dir singen! / Das Loblied soll zu deinem Throne dringen: / Lobt froh den Herrn, lobt froh den Herrn!

4 Einst kommt die Zeit, wo wir auf tausend Weisen / – o Seligkeit – dich, unsern Vater, preisen / von Ewigkeit zu Ewigkeit.

T: Georg Geßner 1795, M: Hans Georg Nägeli 1815

397

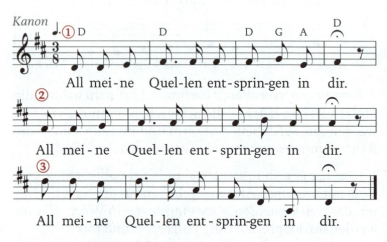

All mei-ne Quel-len ent-sprin-gen in dir.

All mei-ne Quel-len ent-sprin-gen in dir.

All mei-ne Quel-len ent-sprin-gen in dir.

T: Ps 87,7, M: Heinz Martin Lonquich (*1937)

T: Ps 47,2b, M: Michael Prätorius 1610, Ü: Jauchzt Gott zu!

3 Gott leben alle Tage: / mit Staunen sehen, was er getan, / und tun, was er zu tun begann. / Gott leben alle Tage.

4 Gott loben in der Stille. / Gott lieben, liebt er doch immerfort. / Gott leben, handeln nach seinem Wort. / Gott loben in der Stille.

T: Günter Balders 1984, M: Huugo Nyberg 1903

400 (ö)

1. Ich lobe meinen Gott von ganzem Herzen, erzählen will ich von all seinen Wundern und singen seinem Namen. Ich lobe meinen Gott von ganzem Herzen. Ich freue mich und bin fröhlich, Herr, in dir! Halleluja.
2. Ich lobe Jesus Christ in meinem Leben, denn er ist gekommen auf unsere Erde und ist ein Mensch geworden. Ich lobe Jesus Christ in meinem Leben. Durch ihn ist den Menschen die Hoffnung geschenkt. Halleluja.

T u. M: Claude Fraysse 1976 nach Ps 9,2–3.8–10, Ü: 1. Str.: Gitta Leuschner 1980, 2. Str.: unbekannt

401

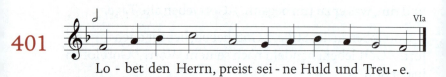

Lobet den Herrn, preist seine Huld und Treue.

T: nach Ps 117, M: Heinrich Rohr (1902–1997)

402

K 1 Danket Gott, denn er ist gut; / groß ist alles, was er tut.
2 Preiset Gott und gebt ihm Ehr; / er ist aller Herren Herr.
3 Er tut Wunder, er allein, / alles rief er in das Sein.

A 1–12 Seine Huld währt alle Zeit, waltet bis in Ewigkeit.

4 Der durch seiner Allmacht Ruf / Erd und Himmel weise schuf. –

5 Der die Sterne hat gemacht, / Sonn und Mond für Tag und Nacht. –

6 Er hat Israel befreit / aus Ägyptens Dienstbarkeit. –

7 Er zerschlug Pharaos Heer, / führt das Volk durchs Rote Meer. –

8 Führte es mit starker Hand / durch die Wüste in sein Land. –

9 Dankt ihm, der in dieser Nacht / unsrer Niedrigkeit gedacht. –

10 Der uns nicht verderben ließ, / den Bedrängern uns entriss. –

11 Er speist alles, was da lebt. / Alle Schöpfung ihn erhebt. –

12 Danket Gott, denn er ist gut; / groß ist alles, was er tut. –

T: Christoph Johannes Riggenbach 1868/EGB 1975 nach Ps 136, M: Pierre Davantès 1562

403 (ö)

1 Nun danket all und bringet Ehr, ihr Menschen in der Welt, dem, dessen Lob der Engel Heer im Himmel stets vermeldt.

2 Ermuntert euch und singt mit Schall / Gott, unserm höchsten Gut, / der seine Wunder überall / und große Dinge tut.

3 Er gebe uns ein fröhlich Herz, / erfrische Geist und Sinn / und werf all Angst, Furcht, Sorg und Schmerz / in Meerestiefen hin.

4 Er lasse seinen Frieden ruhn / auf unserm Volk und Land; / er gebe Glück zu unserm Tun / und Heil zu allem Stand.

5 Solange dieses Leben währt, / sei er stets unser Heil, / und wenn wir scheiden von der Erd, / verbleib er unser Teil.

6 Er drücke, wenn das Herze bricht, / uns unsre Augen zu / und zeig uns drauf sein Angesicht / dort in der ewgen Ruh.

T: Paul Gerhardt 1647, M: Johann Crüger 1653 nach Loys Bourgeois 1551

404 (ö)

Danket dem Herrn, er hat uns erhöht; Großes hat er an uns getan.

T: nach Ps 126,3; Lk 1,52, M: Josef Seuffert (*1926)

1 Nun danket alle Gott mit Herzen, Mund und Händen,
der große Dinge tut an uns und allen Enden,
der uns von Mutterleib und Kindesbeinen an
unzählig viel zugut bis hierher hat getan.

2 Der ewigreiche Gott / woll uns in unserm Leben / ein immer fröhlich Herz / und edlen Frieden geben / und uns in seiner Gnad / erhalten fort und fort / und uns aus aller Not / erlösen hier und dort.

3 Lob, Ehr und Preis sei Gott / dem Vater und dem Sohne / und Gott dem Heilgen Geist / im höchsten Himmelsthrone, / ihm, dem dreieinen Gott, / wie es im Anfang war / und ist und bleiben wird, / so jetzt und immerdar.

T: Martin Rinckart 1636, M: nach Johann Crüger [1647] 1653

Danket, danket dem Herrn, denn er ist so freundlich;
seine Güt' und Wahrheit währet ewiglich.

T: nach Ps 107,1, M: 18. Jh.

LOB, DANK UND ANBETUNG

407

Te Deum laudamus, wir loben dich, o Gott. Orbis terrae te laudat, der Erdkreis lobt dich, Gott. Te Deum laudamus, wir loben dich, o Gott. Orbis terrae te laudat, der Erdkreis lobt dich, Gott.

T: Hermann Schulze-Berndt, M: Peter Janssens (1934–1998)

408
ö

Lobet und preiset, ihr Völker den Herrn; freuet euch seiner und dienet ihm gern. All ihr Völker, lobet den Herrn.

T: nach Ps 117,1; Ps 100,2, M: mündlich überliefert

409
ö

1. Singt dem Herrn ein neues Lied, / dass das Trauern ferne flieht, / niemand soll's euch wehren; / singet Gott zu Ehren. Preist den Herrn, der niemals ruht, der auch heut noch Wunder tut, seinen Ruhm zu mehren!

2. Täglich neu ist seine Gnad / über uns und allen. / Lasst sein Lob durch Wort und Tat / täglich neu erschallen. / Führt auch unser Weg durch Nacht, / bleibt doch seines Armes Macht / über unserm Wallen.

3. Hat er nicht zu aller Zeit / uns bisher getragen / und geführt durch allen Streit? / Sollten wir verzagen? / Seine Schar verlässt er nicht, / und in dieser Zuversicht / darf sie's fröhlich wagen.

4. Darum lasst uns Lob und Preis / vor sein Antlitz bringen / und auf seines Worts Geheiß / neue Lieder singen. / Also-weit die Sonne sieht, / singt dem Herrn ein neues Lied, / lasst es hell erklingen.

T: Georg Alfred Kempf 1941, M: Adolf Lohmann [1952] 1956

410

Be-ne-dí-ctus Dó-mi-nus, De-us me-us.

T: Ps 144,1, M: gregorianisch, Ü: Gepriesen bist du, Herr, mein Gott.

LOB, DANK UND ANBETUNG

411

1. Er-de, sin-ge, dass es klin-ge, laut und stark dein Ju-bel-lied!
Him-mel al-le, singt zum Schal-le die-ses Lie-des jauch-zend mit!
Singt ein Lob-lied eu-rem Mei-ster!
Preist ihn laut, ihr Him-mels-gei-ster!
Was er schuf, was er ge-baut, preis ihn laut!

2 Kreaturen auf den Fluren, / huldigt ihm mit Jubelruf! / Ihr im Meere, preist die Ehre / dessen, der aus nichts euch schuf! / Was auf Erden ist und lebet, / was in hohen Lüften schwebet, / lob ihn! Er haucht ja allein Leben ein.

3 Nationen, die da wohnen / auf dem weiten Erdenrund. / Lob lasst schallen, denn mit allen / schloss er den Erlösungsbund. / Um uns alle zu erretten, / trug er selber unsre Ketten, / ging durch Tod die Himmelsbahn uns voran.

4 Jauchzt und singet, dass es klinget, / laut ein allgemeines Lied! / Wesen alle, singt zum Schalle / dieses Liedes jubelnd mit! / Singt ein Danklied eurem Meister, / preist ihn laut, ihr Himmelsgeister. / Was er schuf, was er gebaut, preis ihn laut!

T: nach Johannes von Geissel [1837] 1842, 3. Str.: Speyer 1864, M: nach Köln 1741

*In dir muss brennen,
was du in anderen entzünden willst.*
NACH AUGUSTINUS

GESÄNGE

412 *Kanon*

Die Herrlichkeit des Herrn bleibe ewiglich,
der Herr freue sich seiner Werke.
Ich will singen dem Herrn mein Leben lang,
ich will loben meinen Gott, solang ich bin.

T: Gitta Leuschner nach Ps 104,31.33, M: Keith Chrysler

413

1 „Ehre, Ehre sei Gott in der Höhe!",
 singet der Himmlischen selige Schar.
 „Ehre, Ehre sei Gott in der Höhe!",
 stammeln auch wir, die die Erde gebar.
 Staunen nur kann ich und staunend mich freun,
 Vater der Welten, doch stimm ich mit ein:
 „Ehre sei Gott in der Höhe!"

2 „Ehre, Ehre sei Gott in der Höhe!", / kündet der Sterne strahlendes Heer. / „Ehre, Ehre sei Gott in der Höhe!", / säuseln die Lüfte, brauset das Meer. |: Feiernder Wesen unendlicher Chor / jubelt im ewigen Danklied empor: / „Ehre..." :|

T: Johann Philipp Neumann 1827, M: Franz Schubert 1827

VERTRAUEN UND TROST

4 Du bist in allem ganz tief verborgen, / was lebt und sich entfalten kann. / Doch in den Menschen willst du wohnen, / mit ganzer Kraft uns zugetan.

5 Herr, unser Herr, wie bist du zugegen, / wo nur auf Erden Menschen sind. / Bleib gnädig so um uns in Sorge, / bis wir in dir vollkommen sind.

T: Huub Oosterhuis „Heer, onze Heer" 1965, Ü: Peter Pawlowsky und Nikolaus Greitemann 1969, M: aus den Niederlanden

415

Vom Auf-gang der Son - ne bis zu ih-rem Nie-der-gang sei ge - lo - bet der Na - me des Herrn, sei ge - lo - bet der Na - me des Herrn!

T: Ps 113,3, M: Paul Ernst Ruppel 1937

416

1 Was Gott tut, das ist wohl-ge-tan, es bleibt ge-recht sein Wil - le;
wie er fängt sei-ne Sa-chen an, will ich ihm hal-ten stil - le.
Er ist mein Gott, der in der Not mich wohl weiß zu er-hal - ten; drum lass ich ihn nur wal - ten.

2 Was Gott tut, das ist wohlgetan, / er wird mich nicht betrügen. / Er führt mich auf rechter Bahn, / so lass ich mir genügen / an seiner Huld und hab Geduld; / er wird mein Unglück wenden, / es steht in seinen Händen.

416

3 Was Gott tut, das ist wohlgetan, / er ist mein Licht und Leben, / der mir nichts Böses gönnen kann; / ich will mich ihm ergeben / in Freud und Leid. Es kommt die Zeit, / da öffentlich erscheinet, / wie treulich er es meinet.

4 Was Gott tut, das ist wohlgetan, / dabei will ich verbleiben. / Es mag mich auf die raue Bahn / Not, Tod und Elend treiben, / so wird Gott mich ganz väterlich / in seinen Armen halten; / drum lass ich ihn nur walten.

T: Samuel Rodigast [1674/75] 1675, M: Severus Gastorius [1675] 1679

417

1 Stimme, die Stein zerbricht, kommt mir im Finstern nah, jemand der leise spricht: Hab keine Angst, ich bin da.

2 Sprach schon vor Nacht und Tag, / vor meinem Nein und Ja. / Stimme, die alles trägt: / Hab keine Angst, ich bin da.

3 Bringt mir, wo ich auch sei, / Botschaft des Neubeginns, / nimmt mir die Furcht, macht frei, / Stimme, die dein ist: Ich bin's!

4 Wird es dann wieder leer, / teilen die Leere wir. / Seh dich nicht, hör nichts mehr – / und bin nicht bang: Du bist hier.

T: Jürgen Henkys [1978] 1990 nach dem schwedischen „Röst genom sten och järn" von Anders Fronstenson, M: Trond Kverno 1974

418
(ö)

1 Befiehl du deine Wege und was dein Herze kränkt der allertreusten Pflege des, der den Himmel lenkt.

Der Wolken, Luft und Winden gibt Wege, Lauf und Bahn, der wird auch Wege finden, da dein Fuß gehen kann.

2 *Dem Herren* musst du trauen, / wenn dir's soll wohlergehn; / auf sein Werk musst du schauen, / wenn dein Werk soll bestehn. / Mit Sorgen und mit Grämen / und mit selbsteigner Pein / lässt Gott sich gar nichts nehmen; / es muss erbeten sein.

3 *Dein* ewge Treu und Gnade, / o Vater, weiß und sieht, / was gut sei oder schade / dem sterblichen Geblüt: / Und was du dann erlesen, / das treibst du, starker Held, / und bringst zum Stand und Wesen, / was deinem Rat gefällt.

4 *Weg* hast du allerwegen, / an Mitteln fehlt dir's nicht; / dein Tun ist lauter Segen, / dein Gang ist lauter Licht. / Dein Werk kann niemand hindern, / dein Arbeit darf nicht ruhn, / wenn du, was deinen Kindern / ersprießlich ist, willst tun.

5 Mach End, o Herr, mach Ende / mit aller unsrer Not; / stärk unsre Füß und Hände / und lass bis in den Tod / uns allzeit deiner Pflege / und Treu empfohlen sein, / so gehen unsre Wege / gewiss zum Himmel ein.

T: Paul Gerhardt 1653, M: Bartholomäus Gesius 1603/Georg Philipp Telemann 1730, E: Die Anfangsworte der Strophen 1–4 ergeben „Befiehl dem Herren dein Weg" (Ps 37,5).

VERTRAUEN UND TROST

419

1 Tief im Schoß meiner Mutter gewoben, als ein Wunder vollbracht und dem Licht zugedacht: Deine Liebe durchformte mein Leben.

2 Eh ein Wort ich von dir wissen konnte, eh der Tag mir begann und das Dunkel verrann, warst du Licht, das mein Leben besonnte.

3 Längst bevor ich ins Helle gedrungen, war ich dir schon vertraut, hat dein Wort mich gebaut, und mein Name lag dir auf der Zunge.

4 In den Mund, der kaum wusste zu sprechen, / ist der Ton schon gesenkt, / ist das Lied mir geschenkt, / das auf immer das Schweigen kann brechen.

5 Der du wirkst, dass die Kleinen dir singen: / Gib mir, Gott, lebenslang / deines Namens Gesang, / um die drohende Nacht zu bezwingen.

T: Jürgen Henkys [1997] 1999 nach Sytze de Vries: In de schoot van mijn moeder geweven 1995 nach Ps 139, M: Willem Vogel (1920–2010)

420

Meine Seele dürstet nach dir, mein Gott.

T: nach Ps 63,2, M: Heinrich Rohr (1902–1997)

1. Mein Hirt ist Gott der Herr, er will mich immer weiden, darum ich nimmermehr kann Not und Mangel leiden. Er wird auf grüner Au, so wie ich ihm vertrau, mir Rast und Nahrung geben und wird mich immerdar an Wassern still und klar erfrischen und beleben.

2. Er wird die Seele mein mit seiner Kraft erquicken, wird durch den Namen sein auf rechte Bahn mich schicken. Und wenn aus blinder Wahl ich auch im finstern Tal weitab mich sollt verlieren, so fürcht ich dennoch nicht; ich weiß mit Zuversicht, du, Herr, du wirst mich führen.

3. Du wirst zur rechten Zeit / den Hirtenstab erheben, / der allzeit ist bereit, / dem Herzen Trost zu geben. / Dazu ist wunderbar / ein Tisch mir immerdar / von dir, o Herr, bereitet, / der mir die Kräfte schenkt, / wann mich der Feind bedrängt, / und mich zum Siege leitet.

4. Du hast mein Haupt getränkt, / gesalbt mit Freudenöle, / den Kelch mir eingeschenkt, / hoch voll zur Lust der Seele. / Herr, deine Gütigkeit / wird durch des Lebens Zeit / mich immer treu begleiten, / dass ich im Hause dein / fest möge wohnhaft sein / zu ewiglichen Zeiten.

T: nach Caspar Ulenberg 1582 nach Ps 23, M: Johannes Hatzfeld 1948 nach Caspar Ulenberg 1582

422
ö

1. Ich steh vor dir mit leeren Händen, Herr;
   fremd wie dein Name sind mir deine Wege.
   Seit Menschen leben, rufen sie nach Gott;
   mein Los ist Tod, hast du nicht andern Segen?
   Bist du der Gott, der Zukunft mir verheißt?
   Ich möchte glauben, komm mir doch entgegen.

2. Von Zweifeln ist mein Leben übermannt,
   mein Unvermögen hält mich ganz gefangen.
   Hast du mit Namen mich in deine Hand,
   in dein Erbarmen fest mich eingeschrieben?
   Nimmst du mich auf in dein gelobtes Land?
   Werd ich dich noch mit neuen Augen sehen?

3. Sprich du das Wort, das tröstet und befreit
   und das mich führt in deinen großen Frieden.
   Schließ auf das Land, das keine Grenzen kennt,
   und lass mich unter deinen Kindern leben.
   Sei du mein täglich Brot, so wahr du lebst.
   Du bist mein Atem, wenn ich zu dir bete.

T: „Ik sta voor U", Huub Oosterhuis 1966, Ü: Lothar Zenetti 1973, M: Bernhard Huijbers 1964

2 Er weiß, dass Gottes Hand ihn hält, / wo immer ihn Gefahr umstellt; / kein Unheil, das im Finstern schleicht, / kein nächtlich Grauen ihn erreicht. / Denn seinen Engeln Gott befahl, / zu hüten seine Wege all, / dass nicht sein Fuß an einen Stein / anstoße und verletzt mög sein.

3 Denn dies hat Gott uns zugesagt: / „Wer an mich glaubt, sei unverzagt, / weil jeder meinen Schutz erfährt; / und wer mich anruft, wird erhört. / Ich will mich zeigen als sein Gott, / ich bin ihm nah in jeder Not; / des Lebens Fülle ist sein Teil, / und schauen wird er einst mein Heil."

T: EGB [1972] 1975 nach Ps 91, M: nach Michael Vehe 1537

1. Wer nur den lieben Gott lässt walten
und hoffet auf ihn alle Zeit,
den wird er wunderbar erhalten
in aller Not und Traurigkeit.
Wer Gott, dem Allerhöchsten, traut,
der hat auf keinen Sand gebaut.

2 Was helfen uns die schweren Sorgen, / was hilft uns unser Weh und Ach? / Was hilft es, dass wir alle Morgen / beseufzen unser Ungemach? / Wir machen unser Kreuz und Leid / nur größer durch die Traurigkeit.

3 Man halte nur ein wenig stille / und sei doch in sich selbst vergnügt, / wie unsers Gottes Gnadenwille, / wie sein Allwissenheit es fügt; / Gott, der uns sich hat auserwählt, / der weiß auch sehr wohl, was uns fehlt.

4 Es sind ja Gott sehr leichte Sachen / und ist dem Höchsten alles gleich: / den Reichen klein und arm zu machen, / den Armen aber groß und reich. / Gott ist der rechte Wundermann, / der bald erhöhn, bald stürzen kann.

5 Sing, bet und geh auf Gottes Wegen, / verricht das Deine nur getreu / und trau des Himmels reichem Segen, / so wird er bei dir werden neu. / Denn welcher seine Zuversicht / auf Gott setzt, den verlässt er nicht.

T: Johann Georg Neumark [1641] 1657, M: Johann Sebastian Bach um 1736/37 nach Johann Georg Neumark 1657

1. So lang es Menschen gibt auf Erden, / so lang die Erde Früchte trägt, / so lang bist du uns allen Vater; wir danken dir für das, was lebt.

2. So lang die Menschen Worte sprechen, / so lang dein Wort zum Frieden ruft, / so lang hast du uns nicht verlassen. In Jesu Namen danken wir.

3. Du nährst die Vögel in den Bäumen. / Du schmückst die Blumen auf dem Feld. / Du machst ein Ende meinem Sorgen, hast alle Tage schon bedacht.

4 Du bist das Licht, schenkst uns das Leben, / du holst die Welt aus ihrem Tod, / gibst deinen Sohn in unsre Hände, / er ist das Brot, das uns vereint.

5 Darum muss jeder zu dir rufen, / den deine Liebe leben lässt: / Du, Vater, bist in unsrer Mitte, / machst deinem Wesen uns verwandt.

T: Huub Oosterhuis 1959 „Zolang er mensen zijn op aarde", Ü: Dieter Trautwein 1966/1972, M: Tera de Marez Oyens-Wansink 1959

T: Ps 87,7, M: Christian Matthias Heiß 2009

1 Herr, deine Güt ist unbegrenzt, sie reicht, so weit der Himmel glänzt, so weit die Wolken gehen. Fest wie die Berge steht dein Bund, dein Sinn ist tief wie Meeres Grund, kein Mensch kann ihn verstehen. Du hast in Treue auf uns Acht, wir sind geborgen Tag und Nacht im Schatten deiner Flügel. Du öffnest deines Himmels Tor, da quillt dein Überfluss hervor und sättigt Tal und Hügel.

2 Bei dir, Herr, ist des Lebens Quell; / der Trübsal Wasser machst du hell, / tränkst uns am Bach der Wonnen. / Dein Glanz erweckt das Angesicht, / in deinem Licht schaun wir das Licht, / du Sonne aller Sonnen. / Herr, halte uns in deiner Huld, / hilf uns, dass wir dich mit Geduld / in deinem Tun erkennen. / Vor allem Bösen uns bewahr, / denn nicht Gewalt und nicht Gefahr, / nichts soll von dir uns trennen.

T: Maria Luise Thurmair 1971 nach Ps 36, M: Matthäus Greiter 1525

1 Herr, dir ist nichts verborgen. Du schaust mein Wesen ganz. Das Gestern, Heut und Morgen wird hell in deinem Glanz. Du kennst mich bis zum Grund; ob ich mag ruhn, ob gehen, ob sitzen oder stehen, es ist dir alles kund.

2 Wenn ich zum Himmel flöge, / ich könnt dir nicht entfliehn; / wenn ich zum Abgrund zöge, / ich fände dich darin. / Trüg mich das Morgenrot / bis zu der Erde Enden, / du hieltest mich in Händen / im Leben und im Tod.

3 Und wollt ich mich verhüllen / in Finsternis und Nacht, / du wirst sie ganz erfüllen / mit deines Lichtes Pracht. / Du kennst das Dunkel nicht; / die Nacht wird dir zum Tage, / und wo ich Dunkel sage, / da ist vor dir nur Licht.

4 Du hast geformt mein Wesen / schon in der Mutter Schoß. / Du schaust all meine Blößen, / hast mir bestimmt mein Los. / Und wollt ich zählen, Herr, / und deine Pläne fassen, / ich müsste davon lassen; / sie sind wie Sand am Meer.

5 Dir will ich Dank bezeugen, / der herrlich mich gemacht, / und mich voll Staunen neigen / vor deiner Werke Pracht. / Du, der mich prüft und kennt, / halt mich in deinem Segen, / leit mich auf ewgen Wegen / bis an mein selig End.

T: Maria Luise Thurmair [1971] 1973 nach Ps 139, M: Caspar Ulenberg 1582

1 Gott wohnt in einem Lichte, dem keiner nahen kann. Von seinem Angesichte trennt uns der Sünde Bann. Unsterblich und gewaltig ist unser Gott allein, will König tausendfaltig, Herr aller Herren sein.

2 Und doch bleibt er nicht ferne, / ist jedem von uns nah. / Ob er gleich Mond und Sterne / und Sonnen werden sah, / mag er dich doch nicht missen / in der Geschöpfe Schar, / will stündlich von dir wissen / und zählt dir Tag und Jahr.

3 Auch deines Hauptes Haare / sind wohl von ihm gezählt. / Er bleibt der Wunderbare, / dem kein Geringstes fehlt. / Den keine Meere fassen / und keiner Berge Grat, / hat selbst sein Reich verlassen, / ist dir als Mensch genaht.

4 Er macht die Völker bangen / vor Welt- und Endgericht / und trägt nach dir Verlangen, / lässt auch den Ärmsten nicht. / Aus seinem Glanz und Lichte / tritt er in deine Nacht, / und alles wird zunichte, / was dir so bange macht.

5 Nun darfst du in ihm leben / und bist nie mehr allein, / darfst in ihm atmen, weben / und immer bei ihm sein. / Den keiner je gesehen / noch künftig sehen kann, / will dir zur Seite gehen / und führt dich himmelan.

T: Jochen Klepper 1938, M: Genf [1539] 1542

4 Doch willst du uns noch einmal Freude schenken / an dieser Welt und ihrer Sonne Glanz. / Dann wolln wir des Vergangenen gedenken / und dann gehört dir unser Leben ganz.

5 Lass warm und still die Kerzen heute flammen, / die du in unsre Dunkelheit gebracht. / Führ, wenn es sein kann, wieder uns zusammen. / Wir wissen es: Dein Licht scheint in der Nacht.

6 Wenn sich die Stille nun tief um uns breitet, / so lass uns hören jenen vollen Klang / der Welt, die unsichtbar sich um uns weitet, / all deiner Kinder hohen Lobgesang.

7 Von guten Mächten wunderbar geborgen, / erwarten wir getrost, was kommen mag. / Gott ist bei uns am Abend und am Morgen / und ganz gewiss an jedem neuen Tag.

T: Dietrich Bonhoeffer [1944] 1945/1951, M: Kurt Grahl (*1947)

Herr, du bist ein Schild für mich, du richtest mich auf, du meine Hilfe.

T: nach Ps 3,4, M: Reiner Schuhenn 2009

Der Herr hat Großes an uns getan. Da waren wir fröhlich.

T: Ps 126,3, M: Heinz Martin Lonquich (*1937)

1 Ich will dir danken, weil du meinen Namen kennst, Gott meines Lebens.
2 Schweige und höre, neige deines Herzens Ohr, suche den Frieden.

T: 1. Text: Franz-Reinhard Daffner 1984, 2. Text: Michael Hermes 1969 nach der Regel des Hl. Benedikt, M: aus England

3 Der du unsre Zeit in den Händen hältst, / sei gnädig, gib die Kraft, / der Todesnot zu widerstehn, / die Menschenhochmut schafft. / Du bist Gott, unser Gott, die Zuflucht …

4 Der du deine Kinder sterben lässt, / gib Weisheit, unsre Zeit / in Lob und Klage zu bestehn, / und sei im Tod nicht weit. / Du bist Gott, unser Gott, die Zuflucht …

T: Eugen Eckert 1991 nach Ps 90, M: Sergej A. Bazuk (1910–1973)

VERTRAUEN UND TROST

435

1 Herr, ich bin dein Eigentum,
mir zum Heil und dir zum Ruhm
dein ist ja mein Leben,
hast du mir's gegeben.
Väterlich führst du mich
auf des Lebens Wegen
meinem Ziel entgegen.

2 Deine Treue wanket nicht, / du wirst mein gedenken, / wirst mein Herz in deinem Licht / durch die Zeit hin lenken. / So weiß ich, du hast mich / in die Hand geschrieben, / ewig mich zu lieben.

3 Lehr mich in der Erdenzeit / als ein Fremdling leben, / nach des Himmels Herrlichkeit / herzlich heimzustreben. / Und mein Zelt in der Welt / mag ich leicht verlassen, / dich, Herr, zu umfassen.

4 Gib auch, dass ich wachend sei, / Herr, an deinem Tage, / und das Licht der Gnaden treu / durch mein Leben trage. / Dass ich dann fröhlich kann / dir am End der Zeiten, / Herr, entgegenschreiten.

T: 1. Str.: Balthasar Münter 1774, 2. Str.: Georg Thurmair 1963, 3. und 4. Str.: Innsbruck 1946, M: Dresden 1694

⇢ *„Ich weiß, dass mein Erlöser lebt" (Nr. 501)*

Bitte und Klage

436

1. Ach bleib mit deiner Gnade bei uns, Herr Jesu Christ, dass uns hinfort nicht schade des bösen Feindes List.
2. Ach bleib mit deinem Worte bei uns, Erlöser wert, dass uns sei hier und dorte dein Güt und Heil beschert.
3. Ach bleib mit deinem Glanze bei uns, du wertes Licht; dein Wahrheit uns umschanze, damit wir irren nicht.

4 Ach bleib mit deinem Segen / bei uns, du reicher Herr; / dein Gnad und alls Vermögen / in uns reichlich vermehr.

5 Ach bleib mit deiner Treue / bei uns, mein Herr und Gott; / Beständigkeit verleihe, / hilf uns aus aller Not.

T: Josua Stegmann 1627, M: bei Melchior Vulpius 1609

437

1 Meine engen Grenzen, meine kurze Sicht, bringe ich vor dich. Wandle sie in Weite; Herr, erbarme dich.

437

2 Meine ganze Ohnmacht, / was mich beugt und lähmt, bringe ich vor dich. |: Wandle sie in Stärke; / Herr, erbarme dich. :|

3 Mein verlornes Zutraun, / meine Ängstlichkeit, bringe ich vor dich. |: Wandle sie in Wärme; / Herr, erbarme dich. :|

4 Meine tiefe Sehnsucht / nach Geborgenheit bringe ich vor dich. |: Wandle sie in Heimat; / Herr, erbarme dich. :|

T: Eugen Eckert 1981, M: Winfried Heurich 1981

438

1 Wir, an Babels fremden Ufern, weit entfernt vom Heimatland, legen unsre Instrumente still und traurig aus der Hand,
2 lassen unsrer großen Sehnsucht, unsern Tränen freien Lauf, und wir hängen unsre Harfen in den Weidenbüschen auf.
3 Die uns hier gefangen halten, fordern frech von uns ein Lied: „Singt ein Lied von Zions Liedern, wenn ihr hin zum Tempel zieht!"

4 Doch wir können hier nicht singen, / fern von Zion, ohne Land. / Wenn ich, Zion, dein vergäße, / soll verdorren meine Hand.

5 Jesu Kreuz sei meine Hoffnung / gegen jede Tyrannei, / und durch seine Auferstehung / ziehn wir aus der Sklaverei.

T: aus Lettland nach Ps 137, Ü: Diethard Zils, M: aus Lettland

3 Mein Bitten hast erhöret, / mein Gott, in Gnaden du. / Wer deinen Namen ehret, / dem fällt dein Erbe zu. / So schenke langes Leben / dem, der sich dir geweiht; / wollst Jahr um Jahr ihm geben, / ihn segnen allezeit.

4 Vor Gottes Angesichte / steh er in Ewigkeit. / Es wird ja nie zunichte / des Herrn Barmherzigkeit. / So will dein Lied ich singen, / wie ich es dir versprach, / mein Lobesopfer bringen / von Neuem Tag um Tag.

T: Edith Stein zugeschrieben 1936, 1957/1967 nach Ps 61, M: Roman Schleischitz 2009

BITTE UND KLAGE

440
ö

1 Hilf, Herr meines Lebens, dass ich nicht vergebens, dass ich nicht vergebens hier auf Erden bin.
2 Hilf, Herr meiner Tage, dass ich nicht zur Plage, dass ich nicht zur Plage meinem Nächsten bin.
3 Hilf, Herr meiner Stunden, dass ich nicht gebunden, dass ich nicht gebunden an mich selber bin.

4 Hilf, Herr meiner Seele, / dass ich dort nicht fehle, / dass ich dort nicht fehle, / wo ich nötig bin.

5 Hilf, Herr meines Lebens, / dass ich nicht vergebens, / dass ich nicht vergebens / hier auf Erden bin.

T: Gustav Lohmann 1962, 3. Str.: Markus Jenny 1970, M: Hans Puls 1962

441

Wie deines Auges Stern behüte mich. Birg mich im Schatten deiner Flügel.

T: nach Ps 17,8, M: Heinz Martin Lonquich (*1937)

→ „Verleih uns Frieden gnädiglich" (Nr. 475)
→ „Da pacem, Domine" (Nr. 473)

GLAUBE, HOFFNUNG, LIEBE

442 ö

Kv K/A Wo die Gü-te und die Lie-be wohnt, dort nur wohnt der Herr.

K 1 Wie ein Ring um-schließt uns al-le Chri-sti Lie-be. Lasst uns jauch-zen und mit Schal-le ihm froh-lo-cken. Dem le-bend-gen Gott mit Za-gen lasst uns na-hen und die Last des An-dern tra-gen gu-ten Her-zens. Kv

2 Da wir nun in ei-ner Lie-be uns ver-ei-nen: Dass kein Hass die Ein-tracht trü-be, lasst uns wa-chen. Streit und Zwie-tracht, bö-ses Sin-nen sei uns fer-ne; in uns woh-ne mit-ten-in-ne Christ, der Her-re. Kv

3 Bis wir einst, wie wir ver-trau-en, mit den Sel-gen Chri-sti Ant-litz wer-den schau-en, herr-lich strah-lend. Freu-de wird uns Gott be-rei-ten un-er-mess-lich durch des Le-bens E-wig-kei-ten oh-ne En-de. Kv

T: „Ubi caritas et amor" 8. Jh./Missale Romanum 1570, Ü: Innsbruck [1941] 1946/AÖL 1980, M: nach „Ubi caritas et amor" 8. Jh., Innsbruck [1941] 1946

443 Im Jubel ernten, die mit Tränen säen, im Lichte stehen, die noch trauernd sind; im Jubel ernten, die mit Tränen säen, im Lichte stehen, die noch trauernd sind.

T: Thomas Laubach (*1964) nach Ps 126,5, M: Thomas Quast (*1962)

444 Danket dem Herrn, denn ewig währt seine Liebe.

T: nach Ps 118,1, M: Thomas Gabriel 2009

445 Ubi caritas et amor, ubi caritas Deus ibi est.

T: Liturgie des Gründonnerstag, M u. S: Jacques Berthier (1923–1994), Gesang aus Taizé, Ü: Wo Güte und Liebe herrschen, da ist Gott.

446
ö

1–4 Lass uns in deinem Namen, Herr, die nötigen Schritte tun.

1 Gib uns den Mut, voll Glauben, Herr,
2 Gib uns den Mut, voll Liebe, Herr,
3 Gib uns den Mut, voll Hoffnung, Herr,
4 Gib uns den Mut, voll Glauben, Herr,

1 heute und morgen zu handeln.
2 heute die Wahrheit zu leben.
3 heute von vorn zu beginnen.
4 mit dir zu Menschen zu werden.

T u. M: Kurt Rommel 1964

WORT GOTTES

447
1

Öffne meine Augen, dass sie sehen die Wunder an deinem Gesetz.

Schluss A - men.

GLAUBE, HOFFNUNG, LIEBE · WORT GOTTES

Die Gott suchen, die Gott suchen, denen wird das Herz aufleben, denen wird das Herz aufleben.

T: nach Ps 119,18; Ps 69,33, M: Friedemann Gottschick 1983

1 Herr, gib uns Mut zum Hören auf das, was du uns sagst. Wir danken dir, dass du es mit uns wagst.

2 Herr, gib uns Mut zum Dienen, wo's heute nötig ist. Wir danken dir, dass du dann bei uns bist.

3 Herr, gib uns Mut zur Stille, zum Schweigen und zum Ruhn. / Wir danken dir: Du willst uns Gutes tun.

4 Herr, gib uns Mut zum Glauben an dich, den einen Herrn. / Wir danken dir; denn du bist uns nicht fern.

T u. M: Kurt Rommel 1963

449

1. Herr, wir hören auf dein Wort, das du uns gegeben hast und in dem du wie ein Gast bei uns weilest immerfort.
2. Lass dein Wort uns alezeit treu in Herz und Sinnen stehn und mit uns durchs Leben gehn bis zur lichten Ewigkeit.

T: Maria Luise Thurmair 1959, M: Heino Schubert 1960

450
ö

Gottes Wort ist wie Licht in der Nacht; es hat Hoffnung und Zukunft gebracht; es gibt Trost, es gibt Halt in Bedrängnis, Not und Ängsten, ist wie ein Stern in der Dunkelheit.

T: Hans-Hermann Bittger 1983, M: Joseph Jacobsen 1935

→ „Schweige und höre" (Nr. 433,2)

Segen

451 ö

1. Komm, Herr, seg-ne uns, dass wir uns nicht trennen,
son-dern ü-ber-all uns zu dir be-kennen.
Nie sind wir al-lein, stets sind wir die Deinen.
La-chen o-der Wei-nen wird ge-seg-net sein.

2 Keiner kann allein Segen sich bewahren. / Weil du reichlich gibst, müssen wir nicht sparen. / Segen kann gedeihn, wo wir alles teilen, / schlimmen Schaden heilen, lieben und verzeihn.

3 Frieden gabst du schon, Frieden muss noch werden, / wie du ihn versprichst uns zum Wohl auf Erden. / Hilf, dass wir ihn tun, wo wir ihn erspähen – / die mit Tränen säen, werden in ihm ruhn.

4 Komm, Herr, segne uns, dass wir uns nicht trennen, / sondern überall uns zu dir bekennen. / Nie sind wir allein, stets sind wir die Deinen. / Lachen oder Weinen wird gesegnet sein.

T u. M: Dieter Trautwein 1978

*Lebe das,
was du vom Evangelium verstanden hast.
Und wenn es noch so wenig ist.
Aber lebe es.*
FRERE ROGER, TAIZE

452

Kv Der Herr wird dich mit sei-ner Gü-te

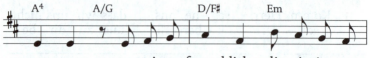
seg-nen, er zei-ge freund-lich dir sein An-ge-

sicht, der Herr wird mit Er-bar-men dir be-

geg-nen, und leuch-ten soll dir sei-nes Friedens

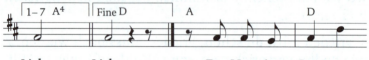
Licht. Licht.
1 Der Herr ist Gott, er
2 Gott seg-ne dich mit
3 Be-hü-ten soll er

1 schuf das U-ni-ver-sum, er hauch-te
2 sei-nem rei-chen Se-gen, er schen-ke
3 dich und all die Dei-nen, und täg-lich

1 Le-ben ein in Meer und Land. Er schuf auch
2 Wachstum dort, wo du ge-sät. Voll-en-den
3 sollst du sehn, dass er dich liebt. Er schüt-ze

1. dich und gab dir ei-nen Na-men. Ge-schrie-ben
2. mö-ge er, was du be-gon-nen, wenn er zum
3. dich mit sei-nen gu-ten Hän-den, und sei das

1. ste-hen wir in Got-tes Hand.
2. Mahl des Got-tes-rei-ches lädt. Kv
3. Haus, das ber-gend dich um-gibt.

4 Sein Angesicht soll brüderlich dir leuchten, / sein Licht erhelle deine Dunkelheit. / An seiner Liebe sollst du Feuer fangen / und Werkzeug sein für Gott in dieser Zeit. Kv

5 Er schenke dir Vergebung und Erbarmen / und lösche aus, was dich von ihm entzweit. / Erheben sollst du dich und wieder atmen, / der Herr hat dich von aller Last befreit. Kv

6 Der Herr soll dich mit seinem Blick begleiten, / dir Zeichen geben, dass du dankbar weißt. / Er lebt mit uns, wir alle sind Geschwister, / uns führt zusammen Jesu guter Geist. Kv

7 Der Herr und Gott erfülle dich mit Frieden, / mit Lebensmut und mit Gerechtigkeit, / er öffne dir das Herz und auch die Hände, / dass selber du zum Frieden bist bereit. Kv

T: Helmut Schlegel (*1943) nach Num 6,22–27, M: Thomas Gabriel 1998

*Einem jeden der Gläubigen
steht ein Engel
als Beschützer und Hirte zur Seite,
um ihn zum Leben zu führen.*
BASILIUS

453
ö

1 Bewahre uns, Gott, behüte uns, Gott, sei mit uns auf unsern Wegen. Sei Quelle und Brot in Wüstennot, sei um uns mit deinem Segen.

2 Bewahre uns, Gott, behüte uns, Gott, / sei mit uns in allem Leiden. |: Voll Wärme und Licht im Angesicht, / sei nahe in schweren Zeiten.:|

3 Bewahre uns, Gott, behüte uns, Gott, / sei mit uns vor allem Bösen. |: Sei Hilfe, sei Kraft, die Frieden schafft, / sei in uns, uns zu erlösen. :|

4 Bewahre uns, Gott, behüte uns, Gott, / sei mit uns durch deinen Segen. |: Dein Heiliger Geist, der Leben verheißt, / sei um uns auf unsern Wegen. :|

T: Eugen Eckert [1985] 1987, M: Anders Ruuth [1968] 1984 „La paz del Señor"

Leben in der Welt
Sendung und Nachfolge

454

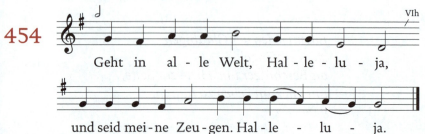

Geht in alle Welt, Halleluja, und seid meine Zeugen. Halleluja.

T: nach Mk 16,15/Apg 1,8, M: EGB-Kommission 1975

455 ö

1. Alles meinem Gott zu Ehren, / in der Arbeit, in der Ruh! / Gottes Lob und Ehr zu mehren, / ich verlang und alles tu. / Meinem Gott nur will ich geben / Leib und Seel, mein ganzes Leben. / Gib, o Jesu, Gnad dazu; / gib, o Jesu, Gnad dazu.

2 Alles meinem Gott zu Ehren, / alle Freude, alles Leid! / Weiß ich doch, Gott wird mich lehren, / was mir dient zur Seligkeit. / Meinem Gott nur will ich leben, / seinem Willen mich ergeben. / Hilf, o Jesu, allezeit; / hilf, o Jesu, allezeit.

3 Alles meinem Gott zu Ehren, / dessen Macht die Welt regiert, / der dem Bösen weiß zu wehren, / dass das Gute mächtig wird. / Gott allein wird Frieden schenken, / seines Volkes treu gedenken. / Hilf, o Jesu, guter Hirt; / hilf, o Jesu, guter Hirt.

4 Alles meinem Gott zu Ehren, / der dem Himmel uns geweiht, / unser Leben will verklären / nach den Leiden dieser Zeit! / Gott allein will ich vertrauen, / um ihn einst im Licht zu schauen: / Gib, o Jesu, dein Geleit! / Gib, o Jesu, dein Geleit!

T: 1. Str.: Duderstadt 1724, 2.–4. Str.: Georg Thurmair 1963, M: Bamberg 1732/bei Melchior Ludolf Herold 1808

GESÄNGE

456

1 Herr, du bist mein Le-ben,   Herr, du bist mein Weg.
2 Je-sus, un-ser Bru-der,   du bist un-ser Herr.

1 Du bist mei-ne Wahrheit, die mich le-ben lässt.
2 E-wig wie der Va-ter, doch auch Mensch wie wir.

1 Du rufst mich beim Na - men, sprichst zu mir dein
2 Dein Weg führ-te durch den Tod in ein neu-es

1 Wort.   Und ich ge-he dei-nen Weg, du
2 Leben.   Mit dem Va-ter und den Dei-nen

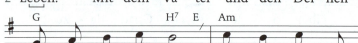

1 Herr gibst mir den Sinn.   Mit dir hab ich
2 bleibst du nun ver-eint.   Ein-mal kommst du

1 kei-ne Angst, gibst du mir die Hand.
2 wie-der, das sagt uns dein Wort,

1 Und so bitt ich, bleib doch bei mir.
2 um uns al-len dein Reich zu ge-ben.

3 Du bist meine Freiheit, du bist meine Kraft. / Du schenkst mir den Frieden, du schenkst mir den Mut. / Nichts in diesem Leben trennt mich mehr von dir, / weil ich weiß, dass

456

deine Hand mich immer führen wird. / Du nimmst alle Schuld von mir und verwirfst mich nie, / lässt mich immer ganz neu beginnen.

4 Vater unsres Lebens, wir vertrauen dir. / Jesus, unser Retter, an dich glauben wir, / und du, Geist der Liebe, atme du in uns. / Schenke du die Einheit, die wir suchen auf der Welt. / Und auf deinen Wegen führe uns ans Ziel. / Mache uns zu Boten deiner Liebe.

T u. M: Pierangelo Sequeri „Tu sei la mia vita" (Originaltitel: Symbolum '77) 1978, Ü: Christoph Biskupek

457

1 Suchen und fragen, hoffen und sehn, miteinander glauben und sich verstehn, lachen, sich öffnen, tanzen, befrein, so
2 Klagende hören, Trauernde sehn, aneinander glauben und sich verstehn, auf unsre Armut lässt Gott sich ein, so
3 Planen und bauen, Neuland begehn, füreinander glauben und sich verstehn, leben für viele, Brot sein und Wein, so

1–3 spricht Gott sein Ja, so stirbt unser Nein.

So spricht Gott sein Ja, so stirbt unser Nein.

T: Michel Scouarnec (*1934) „Aube nouvelle dans notre nuit", Ü: Diethard Zils (*1935), M: Jo Akepsimas (*1940)

T: Friedrich Karl Barth, Peter Horst 1979, M: Peter Janssens 1979

nach derselben Melodie:

459

1 Selig seid ihr, wenn ihr Wunden heilt, / Trauer und Trost miteinander teilt.

2 Selig seid ihr, wenn ihr Krüge füllt, / Hunger und Durst füreinander stillt.

3 Selig seid ihr, wenn ihr Fesseln sprengt, / arglos und gut voneinander denkt.

4 Selig seid ihr, wenn ihr Schuld verzeiht, / Stütze und Halt aneinander seid.

T: Raymund Weber, M: Selig seid ihr, wenn ihr einfach lebt (Nr. 458)

460
ö

2 |: Er geht den Weg, den alle Dinge gehen, :| er trägt das Los, er geht den Weg, |: er geht ihn bis zum Ende. :|

3 |: Der Sonne und dem Regen preisgegeben, :| das kleinste Korn in Sturm und Wind |: muss sterben, um zu leben. :|

4 |: Die Menschen müssen füreinander sterben. :| Das kleinste Korn, es wird zum Brot, |: und einer nährt den andern. :|

5 |: Den gleichen Weg ist unser Gott gegangen, :| und so ist er für dich und mich |: das Leben selbst geworden. :|

T: „Wie als en god wil leven" Huub Oosterhuis 1965, Ü: Johannes Bergsma 1969, M: Flämische Melodie bei Charles Edmond Henri de Coussemaker 1856

461
(ö)

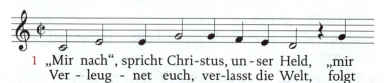

1. „Mir nach", spricht Chri-stus, un-ser Held, „mir
   Ver-leug-net euch, ver-lasst die Welt, folgt

nach, ihr Chri-sten al - le!
mei-nem Ruf und Schal - le; nehmt eu - er Kreuz und

Un-ge-mach auf euch, folgt mei-nem Wan-del nach.

2 Ich bin das Licht. Ich leucht euch für / mit heilgem Tugendleben. / Wer zu mir kommt und folget mir, / darf nicht im Finstern schweben. / Ich bin der Weg, ich weise wohl, / wie man wahrhaftig wandeln soll.

3 Wer seine Seel zu finden meint, / wird sie ohn mich verlieren. / Wer sie um mich verlieren scheint, / wird sie nach Hause führen. / Wer nicht sein Kreuz nimmt und folgt mir, / ist mein nicht wert und meiner Zier."

4 So lasst uns denn dem lieben Herrn / mit unserm Kreuz nachgehen / und wohlgemut, getrost und gern / in allen Leiden stehen. / Wer nicht gekämpft, trägt auch die Kron / des ewgen Lebens nicht davon.

T: Angelus Silesius 1668, M: Bartholomäus Gesius 1605/Johann Hermann Schein 1628

SCHÖPFUNG

462

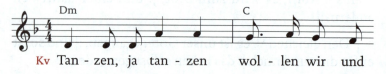

Kv Tan-zen, ja tan-zen wol-len wir und

3 Fische tummeln sich im See / und Schwäne ziehen Kreise; / ein jedes Tier, ob Hund, ob Reh, / das regt sich auf seine Weise.

4 Gott ließ die ganze Welt sich drehn, / ihm Lob und Dank zu zeigen. / Und auch im Himmel, sollt ihr sehn, / da tanzen die Engel Reigen.

T: Lothar Zenetti (*1926), M: Norbert Caspers 1988

2 Mein Auge sieht, wohin es blickt, / die Wunder deiner Werke; / der Himmel, prächtig ausgeschmückt, / preist dich, du Gott der Stärke. / Wer hat die Sonn an ihm erhöht? / Wer kleidet sie mit Majestät? / Wer ruft dem Heer der Sterne?

3 Wer misst dem Winde seinen Lauf? / Wer heißt die Himmel regnen? / Wer schließt den Schoß der Erde auf, / mit Vorrat uns zu segnen? / O Gott der Macht und Herrlichkeit, / Gott, deine Güte reicht so weit, / so weit die Wolken reichen.

4 Dich predigt Sonnenschein und Sturm, / dich preist der Sand am Meere. / Bringt, ruft auch der geringste Wurm, / bringt meinem Schöpfer Ehre! / Mich, ruft der Baum in seiner Pracht, / mich, ruft die Saat, hat Gott gemacht: / Bringt unserm Schöpfer Ehre.

5 Der Mensch, ein Leib, den deine Hand / so wunderbar bereitet, / der Mensch, ein Geist, den sein Verstand / dich zu erkennen leitet: / Der Mensch, der Schöpfung Ruhm und Preis, / ist sich ein täglicher Beweis / von deiner Güt und Größe.

6 Erheb ihn ewig, o mein Geist, / erhebe seinen Namen; / Gott unser Vater sei gepriesen, / und alle Welt sag Amen, / und alle Welt fürcht ihren Herrn / und hoff auf ihn und dien ihm gern. / Wer wollte Gott nicht dienen?

T: Christian Fürchtegott Gellert 1757, M: Peter Sohren 1668, Halle 1704

1 Gott liebt diese Welt, und wir sind sein Eigen. Wohin er uns stellt, sollen wir es zeigen: Gott liebt diese Welt!

2 Gott liebt diese Welt. Er rief sie ins Leben. Gott ist's, der erhält, was er selbst gegeben. Gott gehört die Welt!

3 Gott liebt diese Welt. Feuerschein und Wolke und das heilge Zelt sagen seinem Volke: Gott ist in der Welt!

4 Gott liebt diese Welt. Ihre Dunkelheiten / hat er selbst erhellt. Im Zenit der Zeiten / kam sein Sohn zur Welt!

5 Gott liebt diese Welt. Durch des Sohnes Sterben / hat er uns bestellt zu des Reiches Erben. / Gott erneut die Welt!

6 Gott liebt diese Welt. In den Todesbanden / keine Macht ihn hält, Christus ist erstanden: / Leben für die Welt!

7 Gott liebt diese Welt. Er wird wiederkommen, / wann es ihm gefällt, nicht nur für die Frommen, / nein, für alle Welt!

8 Gott liebt diese Welt, und wir sind sein Eigen. / Wohin er uns stellt, sollen wir es zeigen: / Gott liebt diese Welt!

T u. M: Walter Schulz 1962/1970

465

1. Das Jahr steht auf der Höhe, die große Waage ruht. Herr, zwischen Blühn und Reifen und Ende und Beginn. Lass uns dein Wort ergreifen und wachsen auf dich hin. Nun schenk uns deine Nähe und mach die Mitte gut,

2 Kaum ist der Tag am längsten, / wächst wiederum die Nacht. / Begegne unsren Ängsten / mit deiner Liebe Macht. / Das Dunkle und das Helle, / der Schmerz, das Glücklichsein / nimmt alles seine Stelle / in deiner Führung ein.

3 Das Jahr lehrt Abschied nehmen / schon jetzt zur halben Zeit. / Wir sollen uns nicht grämen, / nur wach sein und bereit, / die Tage loszulassen / und was vergänglich ist, / das Ziel ins Auge fassen, / das du, Herr, selber bist.

4 Du wächst und bleibst für immer, / doch unsre Zeit nimmt ab. / Dein Tun hat Morgenschimmer, / das unsre sinkt ins Grab. / Gib, eh die Sonne schwindet, / der äußre Mensch vergeht, / dass jeder zu dir findet / und durch dich aufersteht.

T: Detlev Block 1978/2012, M: Johann Steurlein 1575, geistlich Nürnberg 1581

SCHÖPFUNG

466

1. Herr, dich loben die Geschöpfe, dich, Gott, loben Raum und Zeit. Sieh, die edle Schwester Sonne lobt mit ihrer Herrlichkeit, diesem Abbild deines Lichts – alle Schöpfung lobt den Herrn.

2. Lob auch bringen die Gestirne, Bruder Mond, der Freund der Nacht. Schau, wie Bruder Wind behände Lobgesang aus Wolken macht, tausendfaches Himmelslied – alle Schöpfung lobt den Herrn.

3. Und die schöne Schwester Wasser lobt mit Regen, Strom und Quell. Stark ist unser Bruder Feuer, macht das Haus uns warm und hell, preist dich, Gott, mit seinem Glanz – alle Schöpfung lobt den Herrn.

4 Unsre Schwester, Mutter Erde, / die uns trägt und die uns nährt, / die mit Kräutern, Blumen, Früchten, / Schöpfer, dich ohn Ende ehrt, / feiernd deiner Wunder Werk – / alle Schöpfung lobt den Herrn.

5 Lob dir von den Friedensstiftern, / die ertragen Schimpf und Not. / Lob sei, Gott, dir auch am Ende / durch den guten Bruder Tod, / dem kein Leib entgehen kann. / Alle Schöpfung lobt den Herrn.

T: Franz von Assisi, Sonnengesang 1225/Kurt Rose 1991/1992, M: GGB 2010 nach Friedrich Filitz 1847

467
ö

1 Er-freu-e dich, Him-mel, er-freu-e dich,
2 Ihr Son-nen und Mon-de, ihr fun-keln-den
3 Ihr Tie-fen des Mee-res, Ge-laich und Ge-

1 Er - de; er-freu-e sich al-les, was
2 Ster-ne, ihr Räu-me des Alls in un-
3 wür-me, Schnee, Ha-gel und Re-gen, ihr

1 fröh-lich kann wer-den.
2 end-li-cher Fer-ne. Kv Auf Er-den hier
3 brau-sen-den Stür-me.

un-ten, im Him-mel dort o-ben, den

gü-ti-gen Va-ter, den wol-len wir lo-ben.

4 Ihr Wüsten und Weiden, Gebirg und Geklüfte, / ihr Tiere des Feldes, ihr Vögel der Lüfte. Kv

5 Ihr Männer und Frauen, ihr Kinder und Greise, / ihr Kleinen und Großen, einfältig und weise. Kv

6 Erd, Wasser, Luft, Feuer und himmlische Flammen, / ihr Menschen und Engel, stimmt alle zusammen. Kv

T: 1. und 6. Str.: nach Straßburg 1697, 2.–5. Str.: Maria Luise Thurmair 1963 nach Ps 148, M: Augsburg 1669/Bamberg 1691

468

1. Gott gab uns Atem, damit wir leben.
   Er gab uns Augen, dass wir uns sehn.
   Gott hat uns diese Erde gegeben,
   dass wir auf ihr die Zeit bestehn.
   Gott hat uns diese Erde gegeben,
   dass wir auf ihr die Zeit bestehn.

2. Gott gab uns Ohren, damit wir hören.
   Er gab uns Worte, dass wir verstehn.
   Gott will nicht diese Erde zerstören.
   Er schuf sie gut, er schuf sie schön.
   Gott will nicht diese Erde zerstören.
   Er schuf sie gut, er schuf sie schön.

3. Gott gab uns Hände, damit wir handeln.
   Er gab uns Füße, dass wir fest stehn.
   Gott will mit uns die Erde verwandeln.
   Wir können neu ins Leben gehn.
   Gott will mit uns die Erde verwandeln.
   Wir können neu ins Leben gehn.

T: Eckart Bücken 1982, M: Fritz Baltruweit 1982

469

1. Der Erde Schöpfer und ihr Herr, du hast geschieden Meer und Land; du hast die Flut zurückgedämmt und gabst der Erde festen Grund,

2. dass sie uns sprieße gute Saat und schön sei durch der Blumen Pracht, dass sie, von reifen Früchten schwer, uns Nahrung geb zur rechten Zeit.

3 Des Herzens Erdreich ist versengt: / Im Tau der Gnade schaff es neu. / Es öffne, Herr, sich deinem Wort / und nehm die Saat in Freuden auf.

4 Dies schenk uns, Vater voller Macht, / und du, sein Sohn und Ebenbild, / die ihr in Einheit mit dem Geist / die Schöpfung zur Vollendung führt.

T: „Telluris ingens conditor" (7.–8. Jh.), Ü: Maria Luise Thurmair, M: in: Ottawa 1994

GERECHTIGKEIT UND FRIEDE

470 ö

1. Wenn das Brot, das wir teilen, als
2. Wenn das Leid jedes Armen uns
3. Wenn die Hand, die wir halten, uns

SCHÖPFUNG · GERECHTIGKEIT UND FRIEDE

470

1 Rose blüht und das Wort, das wir sprechen, als Lied erklingt,
2 Christus zeigt, und die Not, die wir lindern, zur Freude wird,
3 selber hält, und das Kleid, das wir schenken, auch uns bedeckt.

1–5 dann hat Gott unter uns schon sein Haus gebaut, dann wohnt er schon in unserer Welt. Ja, dann schauen wir heut schon sein Angesicht in der Liebe, die alles umfängt, in der Liebe, die alles umfängt.

4 Wenn der Trost, den wir geben, uns weiter trägt, / und der Schmerz, den wir teilen, zur Hoffnung wird, / dann hat Gott ...

5 Wenn das Leid, das wir tragen, den Weg uns weist, / und der Tod, den wir sterben, vom Leben singt, / dann hat Gott ...

T: Claus-Peter März 1981, M: Kurt Grahl 1981

1. O ewger Gott, wir bitten dich, gib Frieden unsern Tagen; gib, dass wir stets einmütiglich, nach deinem Willen fragen. Denn, Herr, es ist kein andrer Gott, der für uns streitet in der Not, als du, o Gott, alleine.

2 O gütger Gott, wir bitten dich, / gib Frieden unserm Leben; / verleih uns Hilfe gnädiglich, / dem Feind zu widerstreben. / Denn niemand ist in dieser Welt, / der Frieden stiftet und erhält / denn du, o Gott, alleine.

3 O gnädger Gott, wir bitten dich, / lass uns im Frieden sterben; / erzeig dich uns ganz väterlich, / auf dass wir nicht verderben: / Durch Jesus Christus, unsern Herrn, / im Heilgen Geist wir das begehrn / von dir, o Gott, alleine.

4 O einger Gott, wir bitten dich / du wollest uns vergeben, / da wir also vielfältiglich / durch Schuld im Unfried leben: / Mach uns von allen Sünden rein, / so wird das Herz recht friedlich sein / in dir, o Gott, alleine!

5 O starker Gott, wir bitten dich, / gib Frieden unsern Herzen; / gib Frieden hier und ewiglich, / wehr ab der Hölle Schmerzen: / Gib uns die rechte Einigkeit / und führe uns zur Seligkeit, / die steht in dir alleine!

T: nach Caspar Querhammer 1537, M: nach Michael Vehe 1537
Alternativmelodie: „Zu dir, o Gott, erheben wir" (Nr. 142)

1 Manchmal feiern wir mitten im Tag ein Fest der Auferstehung. Stunden werden eingeschmolzen, und ein Glück ist da.

2 Manchmal feiern wir mitten im Wort / ein Fest der Auferstehung. / Sätze werden aufgebrochen, / und ein Lied ist da.

3 Manchmal feiern wir mitten im Streit / ein Fest der Auferstehung. / Waffen werden umgeschmiedet, / und ein Friede ist da.

4 Manchmal feiern wir mitten im Tun / ein Fest der Auferstehung. / Sperren werden übersprungen, / und ein Geist ist da.

T: Alois Albrecht 1974, M: Peter Janssens 1974

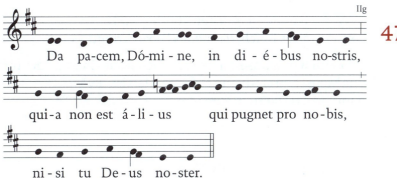

Da pacem, Dómine, in diébus nostris, quia non est álius qui pugnet pro nobis, nisi tu Deus noster.

T: Liturgie, M: gregorianisch, Ü: Gib Frieden, Herr, in unseren Tagen. Es ist ja doch kein anderer, der für uns kämpfen könnte, wenn nicht du, unser Gott.

474

1 Wenn wir das Leben teilen wie das täglich Brot, wenn alle, die uns sehen, wissen: Hier lebt Gott:

2 Wenn wir das Blut des Lebens teilen wie den Wein, wenn man erkennt: In uns wird Gott lebendig sein:

3 Wenn wir uns öffnen für den Herrn in dieser Zeit, Wege ihm bahnen, dass er kommt und uns befreit:

Kv Jesus Christ, Feuer, das die Nacht erhellt, Jesus Christ, du erneuerst unsre Welt.

4 Wenn wir die Liebe leben, die den Tod bezwingt, / glauben an Gottes Reich, das neues Leben bringt: Kv

5 Wenn wir in unsern Liedern loben Jesus Christ, / der für uns Menschen starb und auferstanden ist: Kv

T: Hans Florenz (*1953), M: Michel Wackenheim (*1945)

> *Die Reife eines Menschen*
> *zeigt sich am deutlichsten an dem Dienst,*
> *den er in der Gemeinschaft leistet.*
> PEDRO ARRUPE

Verleih uns Frieden gnädiglich, Herr Gott, zu unsern Zeiten. Es ist doch ja kein andrer nicht, der für uns könnte streiten, denn du, unser Gott, alleine.

T: Martin Luther 1529 nach „Da pacem, Domine", M: Einsiedeln 12. Jh./Wittenberg 1529

LEBEN IN DER KIRCHE

Menschen, die Jesus nachfolgen, sind nicht allein. Wie Gott Israel als Bundesvolk erwählt, so sammelt er die Kirche aus allen Völkern und Nationen. Sie verbindet Menschen mit Gott; so werden sie zu einer Weggemeinschaft von Schwestern und Brüdern. In der Gemeinschaft der Kirche wird das Evangelium verkündet, der Glaube gelebt, Gottes Wirken gefeiert. Als Volk Gottes bezeugt die Kirche damit das Geheimnis der Gegenwart Gottes in der Welt.

Bis zur Wiederkunft des Herrn geht in der Kirche nicht nur die Saat des Evangeliums auf, sondern wächst auch das Unkraut der Sünde. Zur Kirche gehören sündige Menschen, die schon vom Heil Christi erfasst, aber noch auf dem Weg zur Heiligkeit sind.

Die Heilige Schrift spricht von der Kirche in vielen Bildern. Eines davon ist das Bild vom Leib mit vielen Gliedern, dessen Haupt Christus ist. Jedes Glied hat durch die Taufe teil am Dienst und an der Sendung der Kirche. Ihre Einheit soll ein lebendiges Abbild der Einheit von Vater, Sohn und Heiligem Geist sein.

Deshalb muss die Kirche um die Gabe der Einheit beten und Spaltungen zu überwinden suchen. In den ökumenischen Bemühungen strebt sie die volle Einheit aller Christen an, um so glaubwürdiger Zeugnis von der Liebe Gottes zu geben.

KIRCHE – ÖKUMENE

1. Gott ruft sein Volk zusammen rings auf dem Erdenrund, eint uns in Christi Namen zu einem neuen Bund. Wir sind des Herrn Gemeinde und feiern seinen Tod. In uns lebt, der uns einte; er bricht mit uns das Brot.
2. In göttlichem Erbarmen liebt Christus alle gleich; die Reichen und die Armen beruft er in sein Reich. Als Schwestern und als Brüder sind wir uns nicht mehr fern: ein Leib und viele Glieder in Christus, unserm Herrn.
3. Neu schafft des Geistes Wehen das Angesicht der Welt und lässt ein Volk erstehen, das er sich auserwählt. Hilf, Gott, dass einig werde dein Volk in dieser Zeit: ein Hirt und eine Herde, vereint in Ewigkeit.

T: Friedrich Dörr [1972] 1975/GL 1994, M: Genf (1539) 1542

1 Ein Haus voll Glorie schauet weit über alle Land, aus ewgem Stein erbauet von Gottes Meisterhand. Gott, wir loben dich, Gott, wir preisen dich. O lass im Hause dein uns all geborgen sein.

2 Auf Zion hoch gegründet / steht Gottes heilge Stadt, / dass sie der Welt verkündet, / was Gott gesprochen hat. / Herr, wir rühmen dich, / wir bekennen dich, / denn du hast uns bestellt / zu Zeugen in der Welt.

3 Die Kirche ist erbauet / auf Jesus Christ allein. / Wenn sie auf ihn nur schauet, / wird sie im Frieden sein. / Herr, dich preisen wir, / auf dich bauen wir; / lass fest auf diesem Grund / uns stehn zu aller Stund.

4 Seht Gottes Zelt auf Erden! / Verborgen ist er da; / in menschlichen Gebärden / bleibt er den Menschen nah. / Herr, wir danken dir, / wir vertrauen dir; / in Drangsal mach uns frei / und steh im Kampf uns bei.

5 Sein wandernd Volk will leiten / der Herr in dieser Zeit; / er hält am Ziel der Zeiten / dort ihm sein Haus bereit. / Gott, wir loben dich, / Gott, wir preisen dich. / O lass im Hause dein / uns all geborgen sein.

T: 1. Str.: Joseph Mohr 1875, 2.–5. Str.: Hans W. Marx [1972] 1975, M: Joseph Mohr 1875

GESÄNGE

479

1. Eine große Stadt ersteht, die vom Himmel niedergeht in die Erdenzeit. Mond und Sonne braucht sie nicht; Jesus Christus ist ihr Licht, ihre Herrlichkeit.
2. Durch dein Tor lass uns herein und in dir geboren sein, dass uns Gott erkennt. Lass herein, die draußen sind; Gott heißt Tochter, Sohn und Kind, wer dich Mutter nennt.
3. Dank dem Vater, der uns zieht durch den Geist, der in dir glüht; Dank sei Jesus Christ, der durch seines Kreuzes Kraft uns zum Gottesvolk erschafft, das unsterblich ist.

T: Silja Walter [1965] 1966/1995, M: Josef Anton Saladin [1965/1972] 1975

480

In den Tagen des Herrn sollen Gerechtigkeit blühen und Fülle des Friedens.

T: nach Ps 72,7, M: GGB 2010

KIRCHE – ÖKUMENE

481
ö

1 Sonne der Gerechtigkeit, / gehe auf zu unsrer Zeit; / brich in deiner Kirche an, / dass die Welt es sehen kann. Erbarm dich, Herr.

2 Weck die tote Christenheit / aus dem Schlaf der Sicherheit, / dass sie deine Stimme hört, / sich zu deinem Wort bekehrt. Erbarm dich, Herr.

3 Schaue die Zertrennung an, / der sonst niemand wehren kann; / sammle, großer Menschenhirt, / alles, was sich hat verirrt. Erbarm dich, Herr.

4 Tu der Völker Türen auf; / deines Himmelreiches Lauf / hemme keine List noch Macht, / schaffe Licht in dunkler Nacht. / Erbarm dich, Herr.

5 Gib den Boten Kraft und Mut, / Glauben, Hoffnung, Liebesglut, / und lass reiche Frucht aufgehn, / wo sie unter Tränen sä'n. / Erbarm dich, Herr.

6 Lass uns deine Herrlichkeit / sehen auch in dieser Zeit / und mit unsrer kleinen Kraft / suchen, was den Frieden schafft. / Erbarm dich, Herr.

7 Lass uns eins sein, Jesu Christ, / wie du mit dem Vater bist, / in dir bleiben allezeit / heute wie in Ewigkeit. / Erbarm dich, Herr.

T: 1., 6. u. 7. Str.: Christian David [1728] 1741, 2., 4. u. 5. Str.: Christian Gottlob Barth 1827 und 3. Str.: Johann Christian Nehring 1704/Otto Riethmüller 1932 (Zusammenstellung)/AÖL [1970] 1973, M: Böhmen vor 1467/Nürnberg 1556

1. Die Kir-che steht ge-grün-det al-
2. Er-korn aus al-len Völ-kern, doch
3. Schon hier ist sie ver-bun-den mit

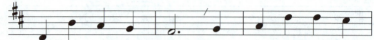

1. lein auf Je-sus Christ, sie, die des gro-ßen
2. als ein Volk ge-zählt, ein Herr ist's und ein
3. dem, der ist und war, hat se-li-ge Ge-

1. Got-tes er-neu-te Schöp-fung ist. Vom
2. Glau-be, ein Geist, der sie be-seelt, und
3. mein-schaft mit der Er-lö-sten Schar. Mit

1. Him-mel kam er nie-der und wähl-te
2. ei-nen heil-gen Na-men ehrt sie, ein
3. de-nen, die voll-en-det, zu dir, Herr,

1. sie zur Braut, hat sich mit sei-nem
2. heil-ges Mahl, und ei-ne Hoff-nung
3. ru-fen wir: Ver-leih, dass wir mit

1. Blu-te ihr e-wig an-ge-traut.
2. teilt sie kraft sei-ner Gna-den-wahl.
3. ih-nen dich prei-sen für und für.

T: Anna Thekla von Weling 1898 nach dem englischen „The church's one foundation" von Samuel John Stone 1866, M: Samuel Sebastian Wesley 1864

KIRCHE – ÖKUMENE

483
ö

[Kv] Halleluja, Halleluja, Halleluja, Halleluja, Halleluja, Halleluja, Halleluja, Halleluja.

1 Ihr seid das Volk, das der Herr sich ausersehn. / Seid eines Sinnes und Geistes. / Ihr seid getauft durch den Geist zu einem Leib. / Halleluja, Halleluja! [Kv]

2 Ihr seid das Licht in der Dunkelheit der Welt, / ihr seid das Salz für die Erde. / Denen, die suchen, macht hell den schweren Weg. / Halleluja, Halleluja! [Kv]

3 Gehet nicht auf in den Sorgen dieser Welt, / suchet zuerst Gottes Herrschaft, / und alles andre erhaltet ihr dazu. / Halleluja, Halleluja! [Kv]

4 Liebet einander, wie euch der Herr geliebt. / Er liebte euch bis zum Tode. / Er hat den Tod ein für alle Mal besiegt. / Halleluja, Halleluja! [Kv]

5 So wie die Körner, auf Feldern weit verstreut, / zu einem Brote geworden, / so führt der Herr die zusammen, die er liebt. / Halleluja, Halleluja! [Kv]

T: unbekannt, 3. Str.: nach Gabi Schneider und Hans-Jakob Weinz, 1974, M: Karen Lafferty [1971] 1972

1. Dank sei dir, Vater, für das ew - ge Le - ben und für den Glau - ben, den du uns ge - ge - ben, dass wir in Je - sus Chri - stus dich er - ken - nen und Va - ter nen - nen.

2 Jedes Geschöpf lebt von der Frucht der Erde; / doch dass des Menschen Herz gesättigt werde, / hast du vom Himmel Speise uns gegeben / zum ewgen Leben.

3 Wir, die wir alle essen von dem Mahle / und die wir trinken aus der heilgen Schale, / sind Christi Leib, sind seines Leibes Glieder, / Schwestern und Brüder.

4 Aus vielen Körnern ist ein Brot geworden: / So führ auch uns, o Herr, aus allen Orten / durch deinen Geist zu einem Volk zusammen / in Jesu Namen.

5 In einem Glauben lass uns dich erkennen, / in einer Liebe dich den Vater nennen; / eins lass uns sein wie Beeren einer Traube, / dass die Welt glaube.

6 Gedenke, Herr, die Kirche zu erlösen, / sie zu befreien aus der Macht des Bösen, / als Zeugen deiner Liebe uns zu senden / und zu vollenden.

T: Maria Luise Thurmair 1969/1987/1994, M: Johann Crüger 1640

485

1. O Jesu Christe, wahres Licht, / erleuchte, die dich kennen nicht, / und bringe sie zu deiner Herd, / dass ihre Seel auch selig werd.

2. Lass alle, die im Finstern gehn, / die Sonne deiner Gnade sehn, / und wer den Weg verloren hat, / den suche du mit deiner Gnad.

3. Den Tauben öffne das Gehör, / die Stummen richtig reden lehr, / dass sie bekennen mögen frei, / was ihres Herzens Glaube sei.

4 Erleuchte, die da sind verblendt, / bring heim, die sich von dir getrennt, / versammle, die zerstreuet gehn, / mach feste, die im Zweifel stehn.

5 So werden alle wir zugleich / auf Erden und im Himmelreich / hier zeitlich und dort ewiglich / für solche Gnade preisen dich.

T: Johann Heermann 1630/AÖL 1971, M: Nürnberg 1676/1854

486

T: Mt 16,18, M: gregorianisch, Ü: Du bist Petrus, und auf diesen Felsen werde ich meine Kirche bauen.

GESÄNGE

487
ö

1 Nun singe Lob, du Christenheit, dem
2 der Frieden uns und Freude gibt, den
3 Er lasse uns Geschwister sein, der

1 Vater, Sohn und Geist, der allerort und
2 Geist der Heiligkeit, der uns als seine
3 Eintracht uns erfreun, als seiner Liebe

1 allezeit sich gütig uns erweist,
2 Kirche liebt, ihr Einigkeit verleiht.
3 Widerschein die Christenheit erneun.

4 Du guter Hirt, Herr Jesu Christ, / steh deiner Kirche bei, / dass über allem, was da ist, / ein Herr, ein Glaube sei.

5 Herr, mache uns im Glauben treu / und in der Wahrheit frei, / dass unsre Liebe immer neu / der Einheit Zeugnis sei.

T: Georg Thurmair [1964] 1967/AÖL 1991, M: Johann Crüger 1653 nach Loys Bourgeois 1551

→ *Vesper von der Kirche (Nr. 653)*

TAUFE [Li]

488

1 Die ihr auf Christus getauft seid, habt
2 Gott, du bist herrlich und heilig, wir
3 Wir sind mit Christus gestorben, wir

KIRCHE – ÖKUMENE · TAUFE

488

1 Chri-stus an-ge-zo - gen. Hal-le-lu - ja.
2 wol-len dir lob-sin - gen. Hal-le-lu - ja.
3 wer-den mit ihm le - ben. Hal-le-lu - ja.

T u. M: aus der Liturgie der Ostkirche

489
ö

1 Lasst uns lo - ben, freu-dig lo - ben
2 der im Glau - ben uns be - grün - det,
3 dass wir al - len Zeug-nis ge - ben,

1 Gott den Herrn, der uns er - ho - ben und so
2 in der Lie - be uns ent - zün - det, uns in
3 die da sind und doch nicht le - ben, sich be -

1 wun-der-bar er - wählt; der uns aus der
2 Wahr-heit neu ge - bar, dass wir so in
3 trü-gen mit dem Schein. Lasst den Blin - den

1 Schuld be - frei - te, mit dem neu - en Le - ben
2 sei-nem Na - men und durch ihn zum Le - ben
3 uns und Tau - ben Herz und Zun - ge aus dem

1 weih - te, uns zu sei-nem Vol - ke zählt;
2 ka - men, un - ver - gäng-lich, wun - der - bar;
3 Glau - ben, aus der Lie - be Zeu - gen sein.

T: Georg Thurmair 1948/AÖL 1993, M: Erhard Quack 1948/1971

2 Segne dieses Kind und hilf uns, ihm zu helfen, / dass es hören lernt mit seinen eignen Ohren / auf den Klang seines Namens, / auf die Wahrheit der Weisen, / auf die Sprache der Liebe / und das Wort der Verheißung.

3 Segne dieses Kind und hilf uns, ihm zu helfen, / dass es greifen lernt mit seinen eignen Händen / nach der Hand seiner Freunde, / nach Maschinen und Plänen, / nach dem Brot und den Trauben / und dem Land der Verheißung.

4 Segne dieses Kind und hilf uns, ihm zu helfen, / dass es reden lernt mit seinen eignen Lippen / von den Freuden und Sorgen, / von den Fragen der Menschen, / von den Wundern des Lebens / und dem Wort der Verheißung.

5 Segne dieses Kind und hilf uns, ihm zu helfen, / dass es gehen lernt mit seinen eignen Füßen / auf den Straßen der Erde, / auf den mühsamen Treppen, / auf den Wegen des Friedens / in das Land der Verheißung. Schluss

T: Lothar Zenetti 1971, M: Michael Schütz 1993

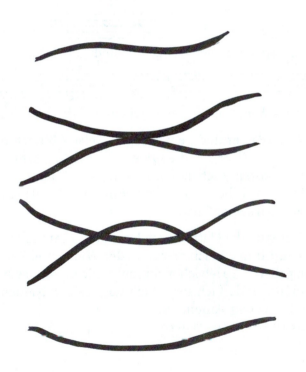

491 (ö)

1. Ich bin getauft und Gott geweiht / das Siegel der Dreieinigkeit durch Christi Kraft und Zeichen; / wird niemals von mir weichen. Gott hat mir seinen Geist geschenkt, ich bin in Christus eingesenkt und in sein Reich erhoben, um ewig ihn zu loben.

2 Aus Wasser und dem Heilgen Geist / bin ich nun neu geboren; / Gott, der die ewge Liebe heißt, / hat mich zum Kind erkoren. / Ich darf ihn rufen „Vater mein"; / er setzte mich zum Erben ein. / Von ihm bin ich geladen / zum Gastmahl seiner Gnaden.

3 Christus, der Herr, hat mich erwählt, / ihm soll ich fortan leben. / Ihm will ich dienen in der Welt / und Zeugnis für ihn geben. / So leb ich nicht mehr mir allein, / sein Freund und Jünger darf ich sein. / Ich trage seinen Namen; / sein bleib ich ewig. Amen.

T: Friedrich Dörr 1970, M: Caspar Ulenberg 1603

Firmung

→ *Pfingsten – Heiliger Geist (Nr. 341–351)*

Eucharistie^{Li}

492

1. Jesus, du bist hier zugegen, wie der Glaube fest bekennt. Stärke uns mit deinem Segen durch das heilge Sakrament. Deine Gnade, dein Erbarmen sei gepriesen ohne End.
2. Jesus, unser Trost und Leben, wahrhaft gegenwärtig hier, lass die Herzen uns erheben und voll Freude singen dir: Heilig, heilig, heilig bist du, ewig Lob und Dank sei dir!

T: Mainz 1787/1974, M: nach Luxemburg 1768

Meister, was muss ich tun,
um das ewige Leben zu gewinnen?
Lk 10,25

493

1. Preise, Zunge, das Geheimnis: Christi Leib in Herrlichkeit. Unser König hat vergossen Blut, das alle Welt befreit. Er, die Frucht des edlen Schoßes, herrschet bis in Ewigkeit. 6 Amen.

2. Uns gegeben, uns geboren, ward er einer Jungfrau Kind, streute aus die Saat des Wortes denen, die auf Erden sind, bis am Ende seines Wirkens Staunenswertes er beginnt:

3. In der Nacht beim letzten Mahle saß er in der Brüder Schar. Als nach Weisung des Gesetzes nun das Mahl zu halten war, gibt der Herr mit eignen Händen sich den Zwölf zur Speise dar.

4 Wort ist wahres Fleisch geworden: / Brot kann wahres Fleisch nun sein. / In der Kraft desselben Wortes / wird zu Christi Blut der Wein. / Ist's den Sinnen auch verborgen: / Es genügt der Glaub allein.

5 Lasst uns dieses große Zeichen / tiefgebeugt nun beten an. / Altes Zeugnis möge weichen, / da der neue Brauch begann. / Was die Sinne nicht erreichen, / nehme doch der Glaube an.

6 Gott dem Vater und dem Sohne / sei der Lobgesang geweiht, / Freudenruf und Jubellieder, / Ruhm und Segen allezeit, / und zugleich dem Heilgen Geiste / Ehre, Preis und Herrlichkeit. Amen.

T: Thomas von Aquin 1263/64, Ü: Liborius O. Lumma 2008, M: nach Einsiedeln 1. Hälfte 12. Jh., Graduale Romanum 1908, Alternativmelodie: „Sakrament der Liebe Gottes" (Nr. 495)

494

1. Pange, lingua, gloriósi / córporis mystérium, / sanguinísque pretiósi, / quem in mundi prétium / fructus ventris generósi / rex effúdit géntium.

2. Nobis datus, nobis natus / ex intácta Vírgine, / et in mundo conversátus, / sparso verbi sémine, / sui moras incolátus / miro clausit órdine.

3. In suprémae nocte coenae / recúmbens cum frátribus / observáta lege plene / cibis in legálibus, / cibum turbae duodénae / se dat suis mánibus.

6. A - men.

4. Verbum caro panem verum / verbo carnem éfficit, / fitque sánguis Christi merum; / et, si sensus déficit, / ad firmándum cor sincérum / sola fides súfficit.

5. Tantum ergo sacraméntum / venerémur cérnui, / et antíquum documéntum / novo cedat rítui; / praestet fides suppleméntum / sénsuum deféctui.

6. Genitóri Genitóque / laus et jubilátio, / salus, honor, virtus quoque / sit et benedíctio; / procedénti ab utróque / compar sit laudátio. Amen.

T: Thomas von Aquin 1263/64, M: nach Einsiedeln 1. Hälfte 12. Jh., Graduale Romanum 1908
Alternativmelodie: „Sakrament der Liebe Gottes" (Nr. 495)

495

1. Sakrament der Liebe Gottes: Leib des Herrn, sei hoch verehrt, Mahl, das uns mit Gott vereinigt, Brot, das unsre Seele nährt, Blut, in dem uns Gott besiegelt seinen Bund, der ewig währt.

2. Lob und Dank sei Gott dem Vater, der das Leben uns verheißt, seinem Wort, dem ewgen Sohne, der im Himmelsbrot uns speist; auch der Born der höchsten Liebe sei gelobt, der Heil'ge Geist. Amen.

T: Friedrich Dörr 1970, nach Str. 5 und 6 des „Pange lingua" von Thomas von Aquin 1263/64, M: nach Luxemburg 1768

496 *nach derselben Melodie:*

1 Tantum ergo sacraméntum / venerémur cérnui, / et antíquum documéntum / novo cedat rítui; / praestet fides suppleméntum / sénsuum deféctui.

2 Genitóri Genitóque / laus et jubilátio, / salus, honor, virtus quoque / sit et benedíctio; / procedénti ab utróque / compar sit laudátio. Amen.

T: Thomas von Aquin 1263/64, deutsche Ü: „Preise, Zunge" (5. und 6. Str. von Nr. 493)

→ *Anrufung und Gebet zum eucharistischen Segen unter Nr. 592,4*

497

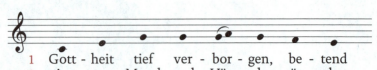

1 Gott-heit tief ver-bor-gen, be-tend
2 Au-gen, Mund und Hän-de täu-schen
3 Einst am Kreuz ver-hüll-te sich der

1 nah ich dir. Un-ter die-sen Zei-chen
2 sich in dir, doch des Wor-tes Bot-schaft
3 Gott-heit Glanz, hier ist auch ver-bor-gen

1 bist du wahr-haft hier. Sieh, mit gan-zem
2 of-fen-bart dich mir. Was Gott Sohn ge-
3 dei-ne Mensch-heit ganz. Bei-de sieht mein

1 Her-zen schenk ich dir mich hin, weil vor
2 spro-chen, nehm ich glau-bend an; er ist
3 Glau-be in dem Bro-te hier; wie der

1 sol-chem Wun-der ich nur Ar-mut bin.
2 selbst die Wahr-heit, die nicht trü-gen kann.
3 Schä-cher ruf ich, Herr, um Gnad zu dir.

4 Kann ich nicht wie Thomas schaun die Wunden rot, / bet ich dennoch gläubig: „Du mein Herr und Gott!" / Tief und tiefer werde dieser Glaube mein, / fester lass die Hoffnung, treu die Liebe sein.

5 Denkmal, das uns mahnet an des Herren Tod! / Du gibst uns das Leben, o lebendig Brot. / Werde gnädig Nahrung meinem Geiste du, / dass er deine Wonnen koste immerzu.

6 Gleich dem Pelikane starbst du, Jesu mein; / wasch in deinem Blute mich von Sünden rein. / Schon ein kleiner Trop-

fen sühnet alle Schuld, / bringt der ganzen Erde Gottes Heil und Huld.

7 Jesus, den verborgen jetzt mein Auge sieht, / stille mein Verlangen, das mich heiß durchglüht: / Lass die Schleier fallen einst in deinem Licht, / dass ich selig schaue, Herr, dein Angesicht.

_{T: Thomas von Aquin „Adoro te devote" 1263/64, Ü: Petronia Steiner [1947] 1950, M: Frankreich 17./18. Jh.}

1 Das Heil der Welt, Herr Jesus Christ, / wahrhaftig hier zugegen ist; / im Sakrament das höchste Gut verborgen ist mit Fleisch und Blut.

2 Hier ist das wahre Osterlamm, / das für uns starb am Kreuzesstamm; / es nimmt hinweg der Sünden Schuld und schenkt uns wieder Gottes Huld.

3 Das wahre Manna, das ist hie, / davor der Himmel beugt die Knie; / hier ist das rechte Himmelsbrot, / das wendet unsres Hungers Not.

4 O was für Lieb, Herr Jesus Christ, / den Menschen hier erwiesen ist! / Wer die genießt in dieser Zeit, / wird leben in all Ewigkeit.

_{T: Köln 1638/Neufassung nach Heinrich Bone 1847, M: Köln 1638}

VERSÖHNUNG – BUSSE UND UMKEHR
→ *Gesänge zur Österlichen Bußzeit (Nr. 266–277)*

EHELEBEN

499

1. Gott, der nach seinem Bilde aus Staub den Menschen macht, hat uns seit je zur Freude einander zugedacht. Er fügt euch nun zusammen, lässt Mann und Frau euch sein, einander Wort und Treue, einander Brot und Wein.

2. Und wie der Mensch der Antwort vom Anfang an entbehrt, solange er nicht Liebe des anderen erfährt, so sollt auch ihr von nun an in nichts mehr ganz allein, vereint an Leib und Herzen, einander Antwort sein.

3. Und wie zu zwei und zweien der Mensch den Weg durchmisst, wenn er zum Ende wandert und Gott ihm nahe ist, so wird er bei euch bleiben im Leben und im Tod, denn groß ist das Geheimnis, und er ist Wein und Brot.

T: „God die in het begin" von Huub Oosterhuis 1964, Ü: Nikolaus Greitemann und Peter Pawlowsky 1967,
M: nach Johann Crüger 1653. Alternativmelodie: „Den Herren will ich loben" (Nr. 395)

TOD UND VOLLENDUNG[Li]

500

1. Nun lässest du, o Herr, mich aus der Welt Beschwer in deinen Frieden gehen, lässt hier und allerort getreu nach deinem Wort Barmherzigkeit geschehen.
2. Denn meine Augen sahn, was deine Huld getan, das Heil uns zu bereiten. Vor aller Angesicht kam nun das wahre Licht, die Völker zu geleiten:
3. Ein Licht, das aller Nacht Erleuchtung uns gebracht, dich, Höchster, zu erkennen, des große Wundertat dein Volk gewürdigt hat, dich seinen Herrn zu nennen.

T: Georg Thurmair [1966] 1967 nach Lk 2,29–32 (Nunc dimittis), M: GGB 2010 nach Ottawa 1994

501

Ich weiß, dass mein Erlöser lebt: Er führt mich ins Land der Lebenden.

T: nach Ijob 19,25; Ps 116,9, M: Willibald Bezler 2009

502
ö

1. Näher, mein Gott, zu dir, näher zu dir! Drückt mich auch Kummer hier, drohet man mir, soll doch trotz Kreuz und Pein dies meine Losung sein: Näher, mein Gott, zu dir, näher zu dir!

2. Bricht mir, wie Jakob dort, Nacht auch herein, find ich zum Ruheort nur einen Stein, ist selbst im Traume hier mein Sehnen für und für: Näher, mein Gott, zu dir, näher zu dir!

3. Geht auch die schmale Bahn aufwärts gar steil, führt sie doch himmelan zu unsrem Heil. Engel, so licht und schön, winken aus selgen Höhn: Näher, mein Gott, zu dir, näher zu dir!

4 Ist dann die Nacht vorbei, / leuchtet die Sonn, / weih ich mich dir aufs Neu / vor deinem Thron, / baue mein Bet-El dir / und jauchz mit Freuden hier: / Näher, mein Gott, zu dir, / näher zu dir!

5 Ist mir auch ganz verhüllt / dein Weg allhier, / wird nur mein Wunsch erfüllt: / Näher zu dir! / Schließt dann mein Pilgerlauf, / schwing ich mich freudig auf: / Näher, mein Gott, zu dir, / näher zu dir!

T: Erhardt Friedrich Wunderlich 1875 nach Sarah F. Adams: „Nearer, my God, to thee", London 1841.
M: Lowell Mason 1859, E: 4. Str.: „Bet-El": Haus Gottes, Ort der Gottesbegegnung (vgl. Gen 28,19)

TOD UND VOLLENDUNG

503 (ö)

T: nach „Media vita in morte sumus" 11. Jh., Salzburg 1456/Martin Luther 1524, M: Wittenberg 1524

504

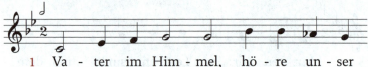

1 Va - ter im Him - mel, hö - re un - ser
2 Sei nicht ein Schick - sal, das wir nicht be -

1 Kla - gen, Va - ter der Men - schen, hö - re uns - re
2 grei - fen. Lass aus dem Tod ein neu - es Le - ben

1 Fra - gen! Sieh uns - re Trau - er, tei - le
2 rei - fen. Un - ser Be - mü - hen ist am

1 uns - re Schmer - zen; hei - le die Her - zen.
2 Grab zu En - de. Komm und voll - en - de.

T: Peter Gerloff (*1957), M: Johann Crüger 1640

505
ö

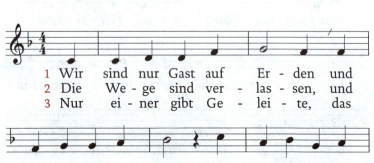

1 Wir sind nur Gast auf Er - den und
2 Die We - ge sind ver - las - sen, und
3 Nur ei - ner gibt Ge - lei - te, das

1 wan - dern oh - ne Ruh mit man - cher - lei Be -
2 oft sind wir al - lein. In die - sen grau - en
3 ist der Her - re Christ, er wan - dert treu zur

1 schwer - den der e - wigen Hei - mat zu.
2 Gas - sen will nie - mand bei uns sein.
3 Sei - te, wenn al - les uns ver - gisst.

505

4 Gar manche Wege führen / aus dieser Welt hinaus. / O dass wir nicht verlieren / den Weg zum Vaterhaus.

5 Und sind wir einmal müde, / dann stell ein Licht uns aus, / o Gott, in deiner Güte; / dann finden wir nach Haus.

T: Georg Thurmair [1935] 1938, M: Adolf Lohmann [1935] 1938

506

1 Reich dei-ner Ru-he.   Ru-he bei dir.
2 Kraft dei-ner Ru-he.

3 Gott, wir vertraun dir diesen Menschen an, / nimm ihn auf in deinen Frieden, / schenk ihm neues Leben in der Herrlichkeit deiner Ruhe.

4 Gott, wir vertraun dir diesen Menschen an, / und wir glauben deiner Treue, / hoffen auf das neue Leben auf unserm Weg in die Ruhe bei dir.

T u. M: Norbert M. Becker 1999

507
ö

1 Christus, der ist mein Leben, / Sterben ist mein Gewinn. / Ihm will ich mich ergeben, / mit Fried fahr ich dahin.

2 Mit Freud fahr ich von dannen / zu Christ, dem Bruder mein, / auf dass ich zu ihm komme / und ewig bei ihm sei.

3 Ich hab nun überwunden / Kreuz, Leiden, Angst und Not; / durch seine heilgen Wunden / bin ich versöhnt mit Gott.

4 Wenn meine Kräfte brechen, / mein Atem geht schwer aus / und kann kein Wort mehr sprechen, / Herr, nimm mein Seufzen auf.

5 Wenn mein Herz und Gedanken / zergehen wie ein Licht, / das hin und her tut wanken, / wenn ihm die Flamm gebricht,

6 alsdann lass sanft und stille, / o Herr, mich schlafen ein / nach deinem Rat und Willen, / wenn kommt mein Stündelein.

7 In dir, Herr, lass mich leben / und bleiben allezeit, / so wirst du mir einst geben / des Himmels Wonn und Freud.

T: Jena 1609, 7. Str. AÖL [1971] 1975, M: „Beim letzten Abendmahle" (Nr. 282)

508

508

2 Herr, halte uns, wenn wir haltlos werden, / wenn Stärke schwach wird und das Große klein. / Und zeige uns, eh wir bitter werden, / dein Sterben als Brücke ins Leben hinein.

3 Herr, sei bei uns, wenn wir sterben müssen, / wenn Brücken brechen und wenn wir vergehn. / Herr, schweige nicht, wenn wir schweigen müssen; / sei selber die Brücke und lass uns bestehn.

T: Lothar Petzold 1973, M: Gerhard Schnitter 2002

509

1 Nun sich das Herz von allem löste, was es an Glück und Gut umschließt, komm, Tröster, Heilger Geist, und tröste, der du aus Gottes Herzen fließt.

2 Nun sich das Herz in alles findet, was ihm an Schwerem auferlegt, komm, Heiland, der uns mild verbindet, die Wunden heilt, uns trägt und pflegt.

3 Nun sich das Herz zu dir erhoben und nur von dir gehalten weiß, bleib bei uns, Vater. Und zum Loben wird unser Klagen. Dir sei Preis!

T: Jochen Klepper 1941, M: Hans Jacob Hojgaard (1904–1992)
Alternativmelodie: „Was uns die Erde Gutes spendet" (Nr. 186)

510

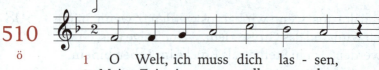

1. O Welt, ich muss dich las - sen, ich
2. Mein Zeit ist nun voll - en - det, der
3. Auf Gott steht mein Ver - trau - en, sein

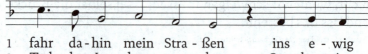

1. fahr da-hin mein Stra - ßen ins e - wig
2. Tod das Le - ben en - det, Ster-ben ist
3. Ant - litz will ich schau - en wahr-haft durch

1. Va - ter - land. Mein Geist will ich auf - ge - ben,
2. mein Ge-winn. Kein Blei-ben ist auf Er - den;
3. Je-sum Christ, der für mich ist ge - stor - ben,

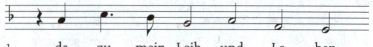

1. da - zu mein Leib und Le - ben
2. das Ew - ge muss mir wer - den,
3. des Va - ters Huld er - wor - ben

1. le - gen in Got - tes gnä - dig Hand.
2. mit Fried und Freud ich fahr da - hin.
3. und so mein Mitt - ler wor - den ist.

T: Nürnberg 1555, M: nach Heinrich Isaac 1495/1505, bei Georg Forster 1539
Alternativmelodie „Nun ruhen alle Wälder" (Nr. 101)

511

Aus der Tie - fe ru - fe ich zu dir,

TOD UND VOLLENDUNG

hö - re, o Herr, mei - ne Stim - me.

T: nach Ps 130,1–2, M: Paul Beier

511

VI

A Re - qui-em ae - tér - nam do - na e - is
Herr, gib ihnen die ewige Ruhe,

512

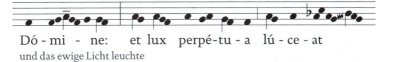

Dó - mi - ne: et lux perpé-tu - a lú - ce - at
und das ewige Licht leuchte

e - is. K Te de - cet hymnus, De-us, in Si - on;
ihnen. Dir gebührt Lobgesang, du Gott auf dem Zion.

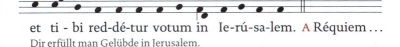

et ti - bi red-dé-tur votum in Ie-rú-sa-lem. A Réquiem …
Dir erfüllt man Gelübde in Jerusalem.

T: Liturgie, M: Graduale Romanum

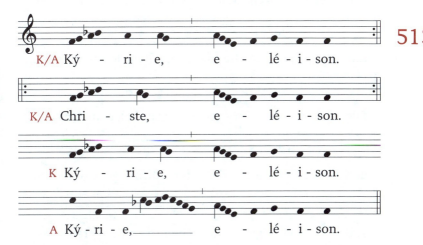

K/A Ký - ri - e, e - lé - i - son.

K/A Chri - ste, e - lé - i - son.

K Ký - ri - e, e - lé - i - son.

A Ký - ri - e,_____ e - lé - i - son.

513

VI Vat. XVIII B, Ü: Herr, erbarme dich. Christus, erbarme dich. Herr, erbarme dich.

514

1 *VIII*

Lux ae-tér-na lú-ce-at e-is, Dó-mi-ne,
Das ewige Licht leuchte ihnen, o Herr,

cum san-ctis tu-is in ae-tér-num, qui-a pi-us es.
bei deinen Heiligen in Ewigkeit, denn du bist gütig.

2 *VIII*

℟ Requiem aeternam dona eis, Domine, *
et lux perpetua luceat eis. A Cum sanctis tuis …

T: Liturgie, M: Graduale Romanum, Ü: Herr, gib ihnen die ewige Ruhe und das ewige Licht leuchte ihnen.

515

ö *VIIa*

Zum Pa-ra-dies mö-gen En-gel dich ge-lei-ten,

die hei-li-gen Mär-ty-rer dich be-grü-ßen

und dich füh-ren in die hei-li-ge Stadt Je-ru-sa-lem.

Die Chö-re der En-gel mö-gen dich emp-fan-gen,

und durch Chri-stus, der für dich ge-stor-ben,

soll e-wi-ges Le-ben dich er-freu-en.

T u. M: Die Kirchliche Begräbnisfeier

TOD UND VOLLENDUNG

516 In paradisum deducant te angeli: in tuo adventu suscipiant te martyres, et perducant te in civitatem sanctam Ierusalem. Chorus angelorum te suscipiat, et cum Lazaro quondam paupere aeternam habeas requiem.

T: Liturgie, M: Graduale Romanum, Ü: Deutscher Text Nr. 515

517 ö Der Herr vergibt die Schuld und rettet unser Leben.

T: nach Ps 103,3.4, M: Josef Seuffert (*1926)

518 ö Beim Herrn ist Barmherzigkeit und reiche Erlösung.

T: nach Ps 130,7, M: EGB 1975

→ „Tod und Vergehen" (Nr. 656)
→ „Aus der Tiefe rufe ich zu dir" (Nr. 283)
→ Totenvesper (Nr. 655)

519 MARIA^{Li}

Das Kirchenjahr entfaltet das Geheimnis unserer Erlösung durch Christus. Dabei blicken die Glaubenden auch auf Maria, denn sie ist eng mit der Sendung Christi verbunden: erwählt vom Vater, jungfräuliche Braut des Heiligen Geistes, Mutter des Sohnes.

Mit der Verheißung, dass sie den Erlöser gebären soll, schickt Gott seinen Engel zu dieser Frau aus dem Volk Israel (vgl. Lk 1,26–27). Maria sagt trotz ihres Erschreckens und ihrer Fragen ein freies Ja zum Willen Gottes. In ihrem Sohn nimmt Gott Menschengestalt an, wird Fleisch und wohnt in seiner Schöpfung. Von Anfang an muss Maria ihren Sohn auf seinem Weg der Entäußerung begleiten: Armut, Vertreibung, Unverständnis und Leiden.

Schließlich steht sie unter Jesu Kreuz und gehört nach seinem Tod und seiner Auferstehung zum Kern der Jerusalemer Urgemeinde. Mit Leib und Seele in den Himmel aufgenommen, findet sie bei Gott ihre Vollendung und wird so zur Hoffnung für die ganze Schöpfung. Sie ist Urbild des Glaubens und Fürsprecherin bei Gott.

(Hoch-)Feste und Gedenktage Mariens sind unter anderem:
Hochfest der Gottesmutter Maria – 1.1.; Mariä Aufnahme in den Himmel – 15.8.; Hochfest der ohne Erbsünde empfangenen Jungfrau und Gottesmutter Maria – 8.12.

Weitere Marienfeste bzw. Gedenktage sind unter anderem:
Unsere Liebe Frau von Lourdes – 11.2.; Unbeflecktes Herz Mariä – 3. Samstag nach Pfingsten; Mariä Heimsuchung – 2.7.; Unsere Liebe Frau vom Berge Karmel – 16.7.; Mariä Geburt – 8.9.; Mariä Namen – 12.9.; Gedächtnis der Schmerzen Mariens – 15.9.; Unsere Liebe Frau vom Rosenkranz – 7.10.; Unsere Liebe Frau von Jerusalem – 21.11.

In jeder Woche ist der Samstag in besonderer Weise dem Gedächtnis Mariens geweiht. Der Monat Mai ist durch Marienandachten (Maiandachten) ausgezeichnet. Der Oktober ist in besonderer Weise dem Rosenkranzgebet (Nr. 4,1) gewidmet.

Die Kirche beschließt ihr tägliches Stundengebet mit einem Gruß an Maria. Seit vielen Jahrhunderten erinnert das Ave-Läuten (Engel des Herrn, Nr. 3,6) dreimal am Tag an die Menschwerdung des Sohnes Gottes im Schoß der seligsten Jungfrau Maria.

520

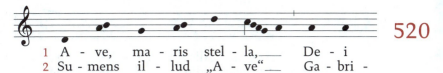

1 A - ve, ma - ris stel - la, De - i
2 Su - mens il - lud „A - ve" Ga - bri -
3 Sol - ve vin - cla re - is, pro - fer

1 ma - ter al - ma at - que sem-per vir - go,
2 é - lis o - re, fun - da nos in pa - ce,
3 lu - men cae - cis, ma - la no-stra pel - le,

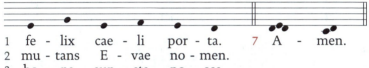

1 fe - lix cae - li por - ta.   7 A - men.
2 mu - tans E - vae no - men.
3 bo - na cun - cta po - sce.

4 Monstra te esse matrem, / sumat per te precem / qui pro nobis natus / tulit esse tuus.

5 Virgo singuláris, / inter omnes mitis, / nos culpis solútos / mites fac et castos.

6 Vitam praesta puram, / iter para tutum, / ut vidéntes Jesum / semper collaetémur.

7 Sit laus Deo Patri, / summo Christo decus, / Spirítui Sancto / honor, tribus unus. Amen.

T: Ambrosius Autpertus († 784) zugeschrieben, M: Frankreich um 1100

Ü: 1 Sei gegrüßt, du Stern des Meeres, erhabene Mutter Gottes und immerwährende Jungfrau, selige Pforte zum Himmel! 2 Aus Gabriels Mund nimmst du das Ave entgegen. So verwurzle uns im Frieden, wie du Evas Namen wendest. 3 Löse die Fesseln den Schuldigen, bring Licht den Blinden, unsere Dunkelheiten vertreibe, alles Gute erbitte. 4 Zeige, dass du Mutter bist! Der für uns Geborene nahm auf sich, dein Sohn zu sein. Er nehme durch dich die Bitte an. 5 Einzigartige Jungfrau, gütig unter allen, mach uns – von Schuld befreit – gütig und rein. 6 Schenke uns reines Leben, bereite uns sicheren Weg, damit wir Jesus sehen und für immer mit dir uns freuen. 7 Lob sei Gott, dem Vater, Christus, dem Höchsten Herrlichkeit, dem Heiligen Geist Ehre: Gott dem Dreieinen.

Übersetzung: GGB 2010

521

1. Maria, dich lieben ist allzeit mein Sinn; dir wurde die Fülle der Gnaden verliehn. Du Jungfrau, auf dich hat der Geist sich gesenkt; du Mutter hast uns den Erlöser geschenkt.

2. Dein Herz war der Liebe des Höchsten geweiht; / du warst für die Botschaft des Engels bereit. / Du sprachst: „Mir geschehe, wie du es gesagt. / Dem Herrn will ich dienen, ich bin seine Magd."

3. Du Frau aus dem Volke, von Gott ausersehn, / dem Heiland auf Erden zur Seite zu stehn, / kennst Arbeit und Sorge ums tägliche Brot, / die Mühsal des Lebens in Armut und Not.

4. Du hast unterm Kreuze auf Jesus geschaut; / er hat dir den Jünger als Sohn anvertraut. / Du Mutter der Schmerzen, o mach uns bereit, / bei Jesus zu stehen in Kreuz und in Leid.

5. Du Mutter der Gnaden, o reich uns die Hand / auf all unsern Wegen durchs irdische Land. / Hilf uns, deinen Kindern, in Not und Gefahr, / mach allen, die suchen, den Sohn offenbar.

6 Von Gott über Engel und Menschen gestellt, / erfleh uns das Heil und den Frieden der Welt. / Du Freude der Erde, du himmlische Zier: / Du bist voll der Gnade, der Herr ist mit dir.

T: Friedrich Dörr [1972] 1975, M: Paderborn 1765

1 Maria aufgenommen ist, Halleluja,
zu ihrem Sohne Jesus Christ, Halleluja.
Ihr Sohn, der Tod und Grab besiegt, Halleluja,
er lässt im Grab die Mutter nicht, Halleluja,
Halleluja, Halleluja, Halleluja.

2 Im Himmel ist sie Königin, Halleluja, / und aller Welt ein Trösterin. Halleluja. / O Zeichen groß: ihr Kleid die Sonn, Halleluja, / ihr Schuh der Mond, zwölf Stern ihr Kron. Halleluja. / Halleluja, Halleluja, Halleluja.

3 O große Freud, o Seligkeit! Halleluja. / Stimm ein, o ganze Christenheit! Halleluja. / Gelobt sei die Dreifaltigkeit, Halleluja, / der eine Gott in Ewigkeit. Halleluja. / Halleluja, Halleluja, Halleluja.

T: nach Würzburg 1621/Heinrich Bone 1847/EGB 1975, M: Köln [1623] 1625

523

1. O Maria, sei gegrüßt, die du voller Gnade bist; sei gegrüßt, du höchste Zier: Gott der Herr ist selbst mit dir.
2. Du bist nun gebenedeit vor den Frauen allezeit. Lob dem, der dich heimgesucht, Jesus, deines Leibes Frucht.
3. Mutter Gottes, liebe Frau, auf uns arme Sünder schau; bitt für uns bei deinem Sohn, dass er uns im Tod verschon.

T: 1. Str.: Philipp von Schönborn 1656, 2. u. 3. Str.: neu bearbeitet EGB 1975, M: bei Michael Weiße 1531

524

1. Meerstern, ich dich grüße, o Maria, hilf, / Gottesmutter süße, o Maria, hilf! Kv Maria, hilf uns allen aus unsrer tiefen Not!

2. Rose ohne Dornen, / o Maria, hilf, / du von Gott Erkorne, / o Maria, hilf! Kv

3. Lilie ohnegleichen, / o Maria, hilf, / dir die Engel weichen, / o Maria, hilf! Kv

4 Quelle aller Freuden, / o Maria, hilf, / Trösterin in Leiden, / o Maria, hilf! Kv

5 Dich als Mutter zeige, / o Maria, hilf, / gnädig uns zuneige, / o Maria, hilf! Kv

6 Gib ein reines Leben, / o Maria, hilf, / sichre Reis' daneben, / o Maria, hilf! Kv

7 Dass wir Jesum sehen, / o Maria, hilf, / fröhlich vor ihm stehen, / o Maria, hilf! Kv

T: Köln 1638, Paderborn 1765, bei August von Haxthausen 1850, Kirchenlied 1938, M: Hans Breuer 1909 nach August von Haxthausen 1850 und Ludwig Erk/Franz Böhme 1894

1 Freu dich, du Himmelskönigin, freu dich, Maria, freu dich, das Leid ist all dahin. Halleluja.

2 Den du zu tragen würdig warst, freu dich, Maria, der Heiland lebt, den du gebarst. Halleluja.

1–4 Bitt Gott für uns, Maria.

3 Er ist erstanden von dem Tod, / freu dich, Maria, / wie er gesagt, der wahre Gott. / Halleluja. / Bitt Gott für uns, Maria.

4 Bitt Gott für uns, so wird's geschehn, / freu dich, Maria, / dass wir mit Christus auferstehn. / Halleluja. / Bitt Gott für uns, Maria.

T: nach Konstanz 1600 nach „Regina caeli" 12. Jh., M: Konstanz 1600

526

1 Alle Tage sing und sage
Lob der Himmelskönigin;
ihre Gnaden, ihre Taten
ehr, o Christ, mit Herz und Sinn.

2 Auserlesen ist ihr Wesen,
Mutter sie und Jungfrau war.
Preis sie selig, übersselig;
groß ist sie und wunderbar.

3 Gotterkoren hat geboren / sie den Heiland aller Welt, / der gegeben Licht und Leben / und den Himmel offen hält.

4 Ihre Ehren zu vermehren, / sei von Herzen stets bereit. / Benedeie sie und freue / dich ob ihrer Herrlichkeit.

T: nach Heinrich Bone 1847 nach „Omni die dic Mariae" des Bernhard von Morlas († 1140), M: Ingolstadt 1613

527

1 Ave Maria zart, du edler Rosengart, lilienweiß, ganz ohne Schaden, ich grüße dich zur Stund mit Gabrielis Mund: Ave, die du bist voller Gnaden.

MARIA

527

2 Du hast des Höchsten Sohn, / Maria rein und schön, / in deinem keuschen Schoß getragen, / den Heiland Jesus Christ, / der unser Retter ist / aus aller Sünd und allem Schaden.

3 Denn nach dem Sündenfall / wir warn verstoßen all / und sollten ewig sein verloren. / Da hast du, reine Magd, / wie dir vorhergesagt, / uns Gottes Sohn zum Heil geboren.

4 Darum, o Mutter mild, / befiehl uns deinem Kind, / bitt, dass es unser Sünd verzeihe, / endlich nach diesem Leid / die ewig Himmelsfreud / durch dich, Maria, uns verleihe.

T u. M: Johann Georg Braun 1675

528

1 Ein Bote kommt, der Heil verheißt und nie Gehörtes kündet.
Die neue Welt aus Gottes Geist wird in der Welt gegründet.
Gott selber kommt den Menschen nah; Maria aber gibt ihr Ja. Das Wort wird unser Bruder.

2 Das helle Licht der Ewigkeit / trifft unsre Dunkelheiten. / Ein Augenblick der Erdenzeit / wird Angelpunkt der Zeiten. / Gott teilt mit uns ein Menschenlos / vom ersten Tag im Mutterschoß / bis in die Nacht des Todes.

3 Maria, du hast Ja gesagt / zu Gottes Ruf und Gnade. / Den ganzen Weg hast du gewagt; / begleite unsre Pfade, / dass ihn, den du empfangen hast, / auch unser Herz mit Freude fasst / und Raum gibt seiner Liebe.

T: Peter Gerloff 2010, M: Wittenberg 1529

529

A - ve Ma - rí - a, grá - ti - a ple - na: Dó - mi - nus
Gegrüßest seist du Maria, voll der Gnade, der Herr

te - cum: be - ne - dí - cta tu in mu - li - é - ri - bus, Al - le - lú - ia.
ist mit dir. Du bist gebenedeit unter den Frauen, Halleluja.

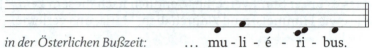

in der Österlichen Bußzeit: ... mu - li - é - ri - bus.

T: nach Lk 1,28.42, M: Antiphonale Romanum

530

1 Ma - ri - a, Mut - ter uns - res Herrn,
2 Ein Stau - nen die Na - tur er - fasst,

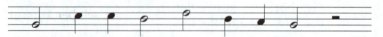

1 o Him - mels - pfort, o Mee - res - stern,
2 dass du den Herrn ge - bo - ren hast,

1 hilf der be - dräng - ten Chri - sten - heit
2 den Herrn und Schö - pfer al - ler Welt,

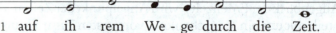

1 auf ih - rem We - ge durch die Zeit.
2 der dich er - schaf - fen und er - wählt.

3 So trat der Engel bei dir ein: / „Gegrüßet seist du, Jungfrau rein." / „Ave Maria" singen wir, / „sei benedeit, Gott ist mit dir."

4 O Mutter, reich an Güt und Huld, / erbarme dich: Wir sind in Schuld. / Steh du uns bei an Gottes Thron / und zeig uns Jesus, deinen Sohn.

T: Maria Luise Thurmair 1969 nach der Liedparaphrase von Franz Joseph Weinzierl 1816 über „Alma Redemptoris Mater", M: Köln 1599

2 Sie ist die reinste Rose, / ganz schön und auserwählt, / die Magd, die makellose, / die sich der Herr vermählt. / O eilet, sie zu schauen, / die schönste aller Frauen, / die Freude aller Welt.

3 Sie strahlt im Tugendkleide, / kein Engel gleichet ihr; / die Reinheit ihr Geschmeide, / die Demut ihre Zier, / ein Blumengart, verschlossen, / mit Himmelstau begossen, / so blüht sie für und für.

T: nach Johannes Khuen 1638/St. Gallen 1705/Guido Maria Dreves 1885, M: nach Joseph Clauder 1631/ bei Heinrich Meier 1647

1 Christi Mutter stand mit Schmerzen
bei dem Kreuz und weint' von Herzen,
als ihr lieber Sohn da hing.
Durch die Seele voller Trauer,
schneidend unter Todesschauer
jetzt das Schwert des Leidens ging.

2 Welch ein Schmerz der Auserkornen, / da sie sah den Eingebornen, / wie er mit dem Tode rang. / Angst und Jammer, Qual und Bangen, / alles Leid hielt sie umfangen, / das nur je ein Herz durchdrang.

3 Ach, für aller Menschen Schulden / sah sie ihn die Marter dulden / Geißeln, Dornen, Spott und Hohn, / sah ihn trostlos und verlassen / an dem blutgen Kreuz erblassen, / ihren lieben einzgen Sohn.

4 Drücke deines Sohnes Wunden, / wie du selber sie empfunden, / heilge Mutter, in mein Herz. / Dass ich weiß, was ich verschuldet, / was dein Sohn für mich erduldet, / gib mir teil an deinem Schmerz.

5 Christus, lass bei meinem Sterben / mich mit deiner Mutter erben / Sieg und Preis nach letztem Streit. / Wenn der Leib dann sinkt zur Erde, / gib mir, dass ich teilhaft werde / deiner selgen Herrlichkeit.

T: nach „Stabat mater" 14. Jh., Ü: nach Heinrich Bone 1847, EGB [1968/1970] 1975, GL 1994, M: Köln 1638

MARIA

533 (ö)

1. Lasst uns er-freu-en herz-lich sehr, Hal-le-lu-ja,
Ma-ri-a seufzt und weint nicht mehr, Hal-le-lu-ja.

Ver-schwun-den sind die Ne-bel all, Hal-le-lu-ja,
jetzt glänzt der lie-ben Son-ne Strahl, Hal-le-lu-ja.

Hal-le-lu-ja, Hal-le-lu-ja, Hal-le-lu-ja.

2 Wo ist, o freudenreiches Herz, Halleluja, / wo ist dein Weh, wo ist dein Schmerz? Halleluja. / Wie wohl ist dir, o Herz, wie wohl, Halleluja, / nun bist du aller Freuden voll. Halleluja. / Halleluja, Halleluja, Halleluja.

3 Sag an, Maria, Jungfrau rein, Halleluja, / kommt das nicht von dem Sohne dein? Halleluja. / Ach ja: Dein Sohn erstanden ist, Halleluja, / kein Wunder, dass du fröhlich bist. Halleluja. / Halleluja, Halleluja, Halleluja.

4 Aus seinen Wunden fließen her, Halleluja, / fünf Freudenseen, fünf Freudenmeer. Halleluja. / Die Freud sich über dich ergoss, Halleluja, / und durch dein Herz die Freude floss. Halleluja. / Halleluja, Halleluja, Halleluja.

5 Dein Herz nun ganz in Freuden schwimmt, Halleluja, / und zu und zu die Freude nimmt. Halleluja. / Ach, nun vergiss auch unser nit, Halleluja, / und teil auch uns ein Tröpflein mit. Halleluja. / Halleluja, Halleluja, Halleluja.

T: Friedrich Spee 1623, M: Köln [1623] 1625

3 Maria, hilf der Christenheit, / dein Hilf erzeig uns allezeit, / komm uns zu Hilf in allem Streit, / verjag die Feind all von uns weit. Kv

4 O Mutter der Barmherzigkeit, / den Mantel über uns ausbreit; / uns all darunter wohl bewahr / zu jeder Zeit in aller Gfahr. Kv

T u. M: nach Innsbruck 1640

MARIA

535

1. Segne du, Maria, segne mich, dein Kind, dass ich hier den Frieden, dort den Himmel find! Segne all mein Denken, segne all mein Tun, lass in deinem Segen Tag und Nacht mich ruhn! Lass in deinem Segen Tag und Nacht mich ruhn!

2. Segne du, Maria, alle, die mir lieb, deinen Muttersegen ihnen täglich gib! Deine Mutterhände breit auf alle aus, segne alle Herzen, segne jedes Haus! Segne alle Herzen, segne jedes Haus!

3. Segne du, Maria, unsre letzte Stund! Süße Trostesworte flüstre dann der Mund! Deine Hand, die linde, drück das Aug uns zu, bleib im Tod und Leben unser Segen du! Bleib im Tod und Leben unser Segen du!

T: Cordula (Peregrina) Wöhler [1870] 1916, M: Karl Kindsmüller 1916

536

2 O Mutter der Barmherzigkeit, / o Maria, / du unsres Lebens Süßigkeit, / o Maria! Kv

3 Du unsre Hoffnung, sei gegrüßt, / o Maria, / die du der Sünder Zuflucht bist, / o Maria! Kv

4 Wir Kinder Evas schrein zu dir, / o Maria, / aus Tod und Elend rufen wir, / o Maria! Kv

5 O mächtige Fürsprecherin, / o Maria, / bei Gott sei unsre Helferin, / o Maria! Kv

6 Dein mildes Auge zu uns wend, / o Maria, / und zeig uns Jesus nach dem End, / o Maria! Kv

T: Johann Georg Seidenbusch 1687, Mainz 1712, EGB 1975, M: Mainz 1712, EGB 1975

537

1 „A - ve Ma - ri - a, gra - ti - a ple - na!" So
2 „Sie - he, du sollst einen Sohn emp - fan - gen, da -
3 „En - gel, sag an, wie soll das nur wer - den, da

1 grüß - te der En - gel die Jungfrau Ma - ri - a,
2 nach tra - gen Him - mel und Er - de Ver - lan - gen,
3 ich kei - nen Mann er - ken - ne auf Er - den,

1 da er von dem Herrn die Bot - schaft bracht.
2 dass du die Mutter des Herrn sollst sein."
3 in die - ser Welt so weit und breit?"

4 „Der Heilge Geist soll über dich kommen, / gleichwie der Tau kommt über die Blumen, / also will Gott geboren sein."

5 Maria hört' des Höchsten Begehren. / Sie sprach: „Ich bin die Magd des Herren, / nach deinem Wort geschehe mir!"

6 Nun wolln wir danken, preisen und loben / den Herren im Himmel so hoch da droben, / dass er uns all erlöset hat.

T: nach Speyer/Köln/Paderborn 1617 nach Lk 1,26–38, M: Paderborn 1617

→ „Du große Herrin, schönste Frau" (Nr. 648)
→ „Alma Redemptoris Mater" (Nr. 666,1)
→ „Ave Regina caelorum" (Nr. 666,2)
→ „Regina caeli, laetare, Alleluia" (Nr. 666,3)
→ „Salve, Regina" (Nr. 666,4)
→ Laudes o. Morgenlob an Marienfesten (Nr. 614; 618; 625)
→ Vesper an Marienfesten (Nr. 647)

538 ENGEL[Li]

Gott ist der Schöpfer der sichtbaren und der unsichtbaren Welt. Die Bibel und die christliche Überlieferung erzählen von einer unendlichen Schar von Engeln, die Gottes Angesicht schauen. Sie gehören zur himmlischen Welt und wirken auf vielfältige Weise. Den Menschen lassen sie Gottes Herrlichkeit und seine Zuwendung aufscheinen. Gott sendet sie als seine Boten. Sie offenbaren seinen Willen (Erzengel Gabriel), zeigen seine Heilsmacht (Erzengel Rafael), tun seine Größe kund und kämpfen für sie (Erzengel Michael). Sie brennen in Liebe (Serafim) und erkennen die Ratschlüsse Gottes (Kerubim). Sie geleiten die Menschen auf ihrem Weg zu Gott (Schutzengel). In jeder Messe verbinden sich die Feiernden mit den Chören der Engel und den Heiligen zum Lobpreis des dreieinigen Gottes im dreimaligen „Heilig" des Sanctus.

Zwei Engelfeste feiert die Kirche: Fest der heiligen Erzengel Michael, Gabriel, Rafael – 29.9.; Heilige Schutzengel – 2.10.

539 ö

1 Gott, aller Schöpfung heilger Herr, zu deines Reiches Glanz und Ehr hast du der Engel Schar bestellt, für hohe Dienste sie erwählt.

2 Sie stehen weit um deinen Thron; du bist ihr Leben, ihre Kron. Gewaltig ruft ihr strahlend Heer: Wer ist wie Gott, wer ist wie er?

3 Stets schauen sie dein Angesicht und freuen sich in deinem Licht. Dein Anblick macht sie stark und rein; dein heilger Odem hüllt sie ein.

539

4 Mit Weisheit sind sie angetan: / Sie brennen, leuchten, beten an. / Ein großes Lob ertönt im Chor: / Ihr „Heilig, heilig" steigt empor.

5 Du sendest sie als Boten aus: / Dein Wort geht in die Welt hinaus. / Groß ist in ihnen deine Kraft; / dein Arm sind sie, der Wunder schafft.

6 Sie kämpfen wider Stolz und List, / sie weisen, wo kein Ausweg ist, / sie retten aus Gefahr und Not, / was schwach ist und vom Feind bedroht.

7 Lass deine Engel um uns sein; / durch sie geleite Groß und Klein, / bis wir mit ihnen dort im Licht / einst stehn vor deinem Angesicht.

T: Ernst Hofmann [1971] 1975, M: Loys Bourgeois 1551

540

1 Den Engel lasst uns preisen, der wie ein Bruder still auf Erden mit uns reisen und uns behüten will. Er schaut in ew'gen Freuden das abendlose Licht und will auch uns geleiten vor Gottes Angesicht.

2 Dem Engel lasst uns neigen / in Demut Herz und Sinn. / Er wird den Weg uns zeigen / zum Berg des Herren hin; / er wird auf seinen Händen / uns tragen wunderbar / und wird den Feind abwenden / und bannen die Gefahr. ↘

540

3 Den Engel lasst uns bitten, / dass er ein jedes Herz / mit seinen sichern Schritten / geleite himmelwärts, / dass keines sich verhärte / und falle in den Tod, / dass er als Weggefährte / uns trage durch die Not.

4 Zum Engel lasst uns schauen, / wenn auf dem letzten Gang / durch Todesnot und Grauen / wird unserm Herzen bang. / Er wird die Flügel breiten / und uns aus dem Gericht / in Frieden heimgeleiten / vor Gottes Angesicht.

T: Maria Luise Thurmair 1941/[1970] 1975, M: Melchior Teschner [1613] 1614

541 HEILIGE [Li]

Alle Christen sind durch die Taufe geheiligt. In der Kraft des Heiligen Geistes können sie dem Wort Jesu folgen: „Ihr sollt also vollkommen sein, wie es auch euer himmlischer Vater ist" (Mt 5,48). Während die Glaubenden noch unterwegs sind, sieht die Kirche die schon am Ziel, die sie als Heilige verehrt. Daher feiert sie auch ihre Feste und Gedenktage.

Die Kirche preist in der Verehrung der Heiligen dankbar die Gnade Gottes, die in ihrem Leben und ihrem Bekenntnis Gestalt angenommen hat. An ihnen lässt sich ablesen, was es heißt, Jesus nachzufolgen. Vielfältig und unterschiedlich sind ihre Lebenswege verlaufen: in selbstlosem Einsatz für Menschen, in der radikalen Gottsuche, in einer begeisternden Verkündigung des Wortes Gottes, im Sterben für den Glauben, im Zeugnis der Treue. Sie sind in der Liebe Gottes den Menschen nah und verbunden. Deshalb werden sie um Fürsprache bei Gott angerufen.

Einige wichtige Heiligengedenktage werden weltweit in der Kirche als Hochfeste begangen. Andere Heilige finden in einzelnen Ländern, Bistümern und Ordensgemeinschaften eine besondere Verehrung. Übergroß ist die Schar der Heiligen, deren Gedenken im Heiligenkalender (Martyrologium) verzeichnet ist, und all jener, deren Namen nicht bekannt sind.

Als Hochfeste werden in der ganzen Kirche begangen:
Heiliger Josef – 19.3., Geburt des hl. Johannes des Täufers – 24.6., Hl. Petrus und hl. Paulus, Apostel – 29.6., Allerheiligen – 1.11.

1. Ihr Freun-de Got-tes all-zu-gleich, ver-
herr-licht hoch im Him-mel-reich,
er-fleht am Thro-ne al-le-zeit uns
Gna-de und Barm-her-zig-keit!

Kv Helft uns in die-sem Er-den-tal, dass wir durch Got-tes Gnad und Wahl zum Him-mel kom-men all-zu-mal!

2 Vor allem du, o Königin, / Maria, milde Herrscherin, / ihr Engelchöre voller Macht, / die ihr habt treulich unser Acht: Kv

3 Ihr Patriarchen hochgeborn / und ihr Propheten auserkorn, / der Herr hat euch das Reich bereit': / Führt uns zur ewgen Seligkeit. Kv

4 Apostel Christi, hoch gestellt, / zu leuchten durch die ganze Welt, / ihr Heilgen, die dem höchsten Gut / ihr alles schenktet, selbst das Blut: Kv

5 O Schar der Jungfraun, licht und rein, / die ihr geweiht dem Herrn allein, / ihr heilgen Frauen tugendreich, / ihr Freunde Gottes allzugleich: Kv

6 Wir bitten euch durch Christi Blut, / die ihr nun weilt beim höchsten Gut, / tragt vor die Not der Christenheit / der heiligsten Dreifaltigkeit! Kv

T: nach Köln 1623, M: Einheitslieder 1947 nach Michael Vehe 1537 und Innsbruck 1588

543
ö

1. Wohl denen, die da wandeln vor Gott in Heiligkeit,
nach seinem Worte handeln und leben allezeit.
Die recht von Herzen suchen Gott und seiner Weisung folgen,
sind stets bei ihm in Gnad.

2. Von Herzensgrund ich spreche: / Dir sei Dank allezeit, / weil du mich lehrst die Rechte / deiner Gerechtigkeit. / Die Gnad auch ferner mir gewähr, / zu halten dein Gebote; / verlass mich nimmermehr.

3. Mein Herz hängt treu und feste / an dem, was dein Wort lehrt. / Herr, tu bei mir das Beste, / sonst ich zuschanden werd. / Wenn du mich leitest, treuer Gott, / so kann ich richtig gehen / den Weg deiner Gebot.

4. Lehr mich den Weg zum Leben, / führ mich nach deinem Wort, / so will ich Zeugnis geben / von dir, mein Heil und Hort. / Durch deinen Geist, Herr, stärke mich, / dass ich dein Wort festhalte, / von Herzen fürchte dich.

5. Dein Wort, Herr, nicht vergehet, / es bleibet ewiglich, / so weit der Himmel gehet, / der stets beweget sich. / Dein Wahrheit bleibt zu aller Zeit / gleichwie der Grund der Erde / durch deine Hand bereit'.

T: AÖL 1973 nach Cornelius Becker 1602 nach Ps 119, M: Heinrich Schütz 1661

544

1

T: Liturgie, M: aus „Vom Himmel hoch, o Engel, kommt", Köln 1623

oder „Halleluja" (Nr. 174,5)

2

1 Selig, die arm sind vor Gott;
denn ihnen gehört das Himmelreich.
Selig die Trauernden;
denn sie werden getröstet werden. Kv

2 Selig, die keine Gewalt anwenden;
denn sie werden das Land erben.
Selig, die hungern und dürsten nach der Gerechtigkeit;
denn sie werden satt werden. Kv

3 Selig die Barmherzigen;
denn sie werden Erbarmen finden.
Selig, die ein reines Herz haben;
denn sie werden Gott schauen. Kv

4 Selig, die Frieden stiften;
denn sie werden Söhne Gottes genannt werden.
Selig, die um der Gerechtigkeit willen verfolgt werden;
denn ihnen gehört das Himmelreich. Kv

5 Ehre sei dem Vater und dem Sohn
und dem Heiligen Geist.
Wie im Anfang so auch jetzt und allezeit
und in Ewigkeit. Amen. Kv

T: Mt 5,3–10, M: GGB 2010

545

1. Sankt Martin, Sankt Martin, Sankt Martin ritt durch Schnee und Wind, sein
2. Im Schnee saß, im Schnee saß, im Schnee da saß ein armer Mann, hat
3. Sankt Martin, Sankt Martin, Sankt Martin zieht die Zügel an, sein

1. Ross, das trug ihn fort geschwind. Sankt
2. Kleider nicht, hat Lumpen an. „O
3. Ross steht still beim armen Mann. Sankt

1. Martin ritt mit leichtem Mut, sein
2. helft mir doch in meiner Not, sonst
3. Martin mit dem Schwerte teilt den

1. Mantel deckt ihn warm und gut.
2. ist der bittre Frost mein Tod!"
3. warmen Mantel unverweilt.

4 Sankt Martin … gibt den halben still, / der Bettler rasch ihm danken will. / Sankt Martin aber ritt in Eil / hinweg mit seinem Mantelteil.

5 Sankt Martin … bald sein Ziel erreicht / und schnell von seinem Rösslein steigt, / ermüdet legt er sich zur Ruh, / die Augen fallen ihm gleich zu.

6 Im Traum schaut … er ein glänzend Licht / und eine milde Stimme spricht: / „Hab Dank, du braver Rittersmann, / für das, was du an mir getan!"

7 „Wer bist du?" …, fragt Sankt Martin schnell, / da wird's in seiner Seele hell, / er sieht's, es ist der Herr der Welt, / der mit der Hand den Mantel hält.

8 Und huldvoll … schaut er Martin an / und spricht: „Was heute du getan / am Bettler, der am Wege saß, / ich nahm's für mich, an mir geschah's."

T u. M: um 1900, Rheinland

546

1 Christus, du Licht vom wahren Licht, des höchsten Vaters einziger Sohn, du hast durch der Apostel Wort der ganzen Welt das Heil geschenkt.

2 Als deine Zeugen riefst du sie, gabst ihnen Auftrag und Gewalt, die Saat des Evangeliums in allen Ländern auszustreun.

3 Durch ihre Predigt glauben wir, / dass du der Weg zum Leben bist. / Hilf uns, der Botschaft treu zu sein, / die sie im Tode uns bezeugt.

4 Herr Jesus, dir sei Ruhm und Preis, / der seine Zeugen uns gesandt, / Lob auch dem Vater und dem Geist / durch alle Zeit und Ewigkeit.

T: nach „Summi Parentis unice", Ü: Abtei Münsterschwarzach, M: nach Johann Leisentrit 1584, Erhard Quack 1941, Alternativmelodie: „Du Sonne der Gerechtigkeit" (Nr. 269)

547

1 Du, Herr, hast sie für dich er-wählt,
2 Voll Freu-de zog sie mit dir ein
3 Herr Je-sus, der du kom-men wirst,

1 in Treu-e folg-te sie dem Ruf.
2 zum kö-nig-li-chen Hoch-zeits-mahl.
3 dir sei der Lob-preis dar-ge-bracht.

1 Es brann-te hell in ih-rer Hand
2 Nach ih-rem Vor-bild lass auch uns
3 Zum Mahl der Hoch-zeit öff-ne uns

1 die Lam-pe ih-rer Wach-sam-keit.
2 in Treu-e war-ten und Ge-duld.
3 die Pfor-ten dei-ner E-wig-keit.

T: nach „Aptata, virgo, lampade" anonym 14. Jh., Ü: Antiphonale zum Stundengebet 1979, M: William Knapp (1698–1768)

Die Schar der Heiligen
verkündet deine Größe,
denn in der Krönung ihrer Verdienste
krönst du das Werk deiner Gnade.
MESSBUCH

548

1 Für al - le Heil - gen in der Herr - lich -
2 Du warst ihr Fels, ihr Schutz und ih - re
3 So lass auch uns, die noch auf Er - den

1 keit, die dich be - zeug - ten in der Er - den - zeit,
2 Macht, warst ih - nen Trost und Licht in dunk - ler Nacht,
3 gehn, fest wie die Heil - gen un - ser Werk be - stehn,

1 sei dir, o Je - su, Lob in E - wig - keit.
2 und hast zur ew - gen Freu - de sie ge - bracht.
3 in dei - nem Kreuz den Kranz des Le - bens sehn.

1–5 Hal - le - lu - ja, Hal - le - lu - ja!

4 O Jesu, mach uns alle eins in dir! / Sie schon vollendet – angefochten wir; / doch alle dein, dich lobend dort und hier. / Halleluja, Halleluja!

5 Dein Tag bricht an. Die Heilgen sind bereit, / geben dem Volk der Zeugen das Geleit, / und alle singen der Dreieinigkeit. / Halleluja, Halleluja!

T: Günter Balders [1998]/Christoph Bächtold [2001] 2004 nach „For all the Saints" von William Walsham How 1864, M: Ralph Vaughan Williams 1906

→ „Tu es Petrus, et super hanc petram aedificábo" (Nr. 486)
→ *Vesper an Heiligenfesten (Nr. 651)*

Die himmlische Stadt

549

[K]
1. Es wird sein in den letzten Tagen, so hat es der Prophet gesehn, da wird Gottes Berg überragen alle anderen Berge und Höhn. Und die Völker werden kommen von Ost, West, Süd und Nord, die Gott
2. Es wird sein in den letzten Tagen, so hat es der Prophet geschaut, da wird niemand Waffen mehr tragen, deren Stärke er lange vertraut. Schwerter werden zu Pflugscharen, und Krieg lernt keiner mehr. Gott wird
3. Kann das Wort von den letzten Tagen aus einer längst vergangnen Zeit uns durch alle Finsternis tragen in die Gottesstadt, leuchtend und weit? Wenn wir heute mutig wagen, auf Jesu Weg zu gehn, werden

DIE HIMMLISCHE STADT

549

1 Fer-nen und die From-men, zu
2 sei-ne Welt be-wah-ren vor
3 wir in un-sern Ta-gen den

1 fra-gen nach Got-tes Wort.
2 Rü-stung und Spieß und Speer.
3 kom-men-den Frie-den sehn.

[A] 1–3 Auf, kommt her-bei! Lasst uns wan-deln im Lich-te des Herrn!

T: Walter Schulz 1963/1987, 1. u. 2. Str.: nach Mi 4,1–3, M: Manfred Schlenker 1985

550

Strö-me le-ben-di-gen Wassers er-quicken die Got-tes-stadt, des Höchsten hei-li-ge Woh-nung. Hal-le-lu-ja, Hal-le-lu-ja, Hal-le-lu-ja.

T: nach Ps 46,5, M: Bernhard Blitsch 2009

551

1 Nun singt ein neu-es Lied dem Her-ren,
2 Froh-lockt dem Herrn, ihr Lan-de al - le,
3 Es kommt der Herr, der Herr wird kom-men,

1 der Wun-der-ta-ten hat voll-bracht,
2 mit Freu-den singt und preist ihn laut,
3 voll Freu-de ist der Strö-me Lauf.

1 kommt, singt, den Sieg des Herrn zu eh-ren,
2 dass al - le Welt im Ju-bel-schal - le
3 Froh-lo-cken wer-den al - le From-men;

1 den uns er-run-gen sei-ne Macht.
2 Gott, un-sern Herrn und Kö-nig, schaut.
3 die Ber-ge ju-beln him-mel-auf.

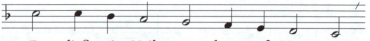

1 Er ließ sein Heil uns schaun aufs Neu - e;
2 Froh-lockt dem Herrn, ihr Na-ti-o-nen,
3 Er kommt, das Er-den-rund zu rich-ten,

1 Ge-rech-tig-keit ist auf-ge-richt'
2 ihr Mee-re und der Ber-ge Grund,
3 die Völ-ker in Ge-rech-tig-keit.

1 als Zei-chen sei-ner Huld und Treu - e
2 mit al-len, die auf Er-den woh-nen,
3 Er kommt, den Frie-den auf-zu-rich-ten

1 vor aller Völker Angesicht.
2 macht Gottes Heil den Menschen kund.
3 für alle Zeit und Ewigkeit.

T: Georg Thurmair 1967/1972 nach Ps 98, M: Guillaume Franc 1543/Loys Bourgeois 1551

552
ö

1 Herr, mach uns stark im Mut, der dich bekennt,
2 Tief liegt des Todes Schatten auf der Welt.

1 dass unser Licht vor allen Menschen brennt!
2 Aber dein Glanz die Finsternis erhellt.

1 Lass uns dich schaun im ewigen Advent.
2 Dein Lebenshauch bewegt das Totenfeld.

1 6 Hal - le - lu - ja, Hal - le - lu - ja.

3 Welch ein Geheimnis wird an uns geschehn! / Leid und Geschrei und Schmerz muss dann vergehn, / wenn wir von Angesicht dich werden sehn. / Halleluja, Halleluja.

4 Aber noch tragen wir der Erde Kleid. / Uns hält gefangen Irrtum, Schuld und Leid; / doch deine Treue hat uns schon befreit. / Halleluja, Halleluja.

5 So mach uns stark im Mut, der dich bekennt, / dass unser Licht vor allen Menschen brennt. / Lass uns dich schaun im ewigen Advent. / Halleluja, Halleluja.

6 Mit allen Heilgen beten wir dich an. / Sie gingen auf dem Glaubensweg voran / und ruhn in dir, der unsern Sieg gewann! / Halleluja, Halleluja!

T: 1.–5. Str.: Anna Martina Gottschick 1972, 6. Str.: Jürgen Henkys 1988 nach „For all the saints" von William Walsham How 1864, M: Ralph Vaughan Williams 1906

ö

1. Jerusalem, du hochgebaute Stadt, wollt Gott, ich wär in dir. Mein sehnend Herz so groß Verlangen hat und ist nicht mehr bei mir. Weit über Berg und Tale, weit über Flur und Feld schwingt es sich über alle und eilt aus dieser Welt.

2 Was für ein Volk, was für ein edle Schar / kommt dort gezogen schon? / Was in der Welt an Auserwählten war, / seh ich: Sie sind die Kron, / die Jesus mir, der Herre, / entgegen hat gesandt, / da ich noch war so ferne / in meinem Tränenland.

3 Propheten groß und Patriarchen hoch, / auch Christen insgemein, / alle, die einst trugen des Kreuzes Joch / und der Tyrannen Pein, / schau ich in Ehre schweben, / in Freiheit überall, / mit Klarheit hell umgeben, / mit sonnenlichtem Strahl.

4 Wenn dann zuletzt ich angelanget bin / im schönen Paradeis, / von höchster Freud erfüllet wird der Sinn, / der Mund von Lob und Preis. / Das Halleluja reine / man spielt in Heiligkeit, / das Hosianna feine / ohn End in Ewigkeit,

5 mit Jubelklang, mit Instrumenten schön, / in Chören ohne Zahl, / dass von dem Schall und von dem süßen Ton / sich regt der Freudensaal / mit hunderttausend Zungen, / mit Stimmen noch viel mehr, / wie von Anfang gesungen / das große Himmelsheer.

T: Johann Matthäus Meyfart 1626, M: Melchior Franck 1663, Darmstadt 1698, Halle 1741

1. „Wa-chet auf", ruft uns die Stimme
der Wächter sehr hoch auf der Zinne,
sie rufen uns mit hellem Munde:
„wach auf, du Stadt Jerusalem."
Mitternacht heißt diese Stunde;
„Wo seid ihr klugen Jungfrauen?
Wohlauf, der Bräutgam kommt, steht auf, die Lampen nehmt. Halleluja. Macht euch bereit zu der Hochzeit, ihr müsset ihm entgegen-gehn."

2 Zion hört die Wächter singen, / das Herz tut ihr vor Freude springen, / sie wachet und steht eilend auf. / Ihr Freund kommt vom Himmel prächtig, / von Gnaden stark, von Wahrheit mächtig; / ihr Licht wird hell, ihr Stern geht auf. / „Nun komm, du werte Kron, / Herr Jesu, Gottes Sohn. Hosianna. / Wir folgen all zum Freudensaal / und halten mit das Abendmahl."

3 Gloria sei dir gesungen / mit Menschen- und mit Engelzungen, / mit Harfen und mit Zimbeln schön. / Von zwölf Perlen sind die Tore / an deiner Stadt; wir stehn im Chore / der Engel hoch um deinen Thron. / Kein Aug hat je gespürt, / kein Ohr hat mehr gehört solche Freude. / Des jauchzen wir und singen dir / das Halleluja für und für.

T u. M: Philipp Nicolai [1597/98] 1599

Litaneien

Allerheiligen-Litanei 556
Litanei von der Gegenwart Gottes 557
Litanei vom Heilswirken Gottes 558
Schöpfungslob → Nr. 619,1–2
Sonnengesang des Hl. Franziskus (→ Nr. 19,2) 559
Christus-Rufe 560
Jesus-Litanei 561
Litanei von der Anbetung Jesu Christi 562
Litanei vom Leiden Jesu 563
Herz-Jesu-Litanei 564
Heilig-Geist-Litanei 565
Lauretanische Litanei 566
Marienlob-Litanei 567
Grüssauer Marienrufe 568
Litanei für die Verstorbenen 569

ALLERHEILIGEN-LITANEI 556

K/A Herr, er-bar-me dich. K/A Chri-stus, er-bar-me dich. K/A Herr, er-bar-me dich.

oder

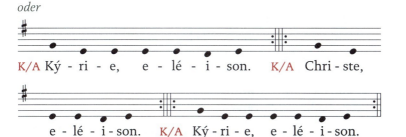

K/A Ký-ri-e, e-lé-i-son. K/A Chri-ste, e-lé-i-son. K/A Ký-ri-e, e-lé-i-son.

K Gott Vater im Himmel, A er-bar-me dich un-ser.

K Gott Sohn, Erlöser der Welt
Gott Heiliger Geist
Heilige Dreifaltigkeit, ein Einiger Gott

K Heilige Maria, Mutter Got-tes, A bit-te(t) für uns.

K Heiliger Michael, heiliger Gabriel und heiliger Raphael
Alle heiligen Engel

Heiliger Abraham
Heiliger Mose
Heiliger Johannes der Täufer
Heiliger Josef
Alle heiligen Patriarchen und Propheten ↘

556
4

Heiliger Petrus und heiliger Paulus
Heiliger Andreas
Heiliger Johannes und heiliger Jakobus
Heiliger Matthias
Alle heiligen Apostel

Heiliger Lukas und heiliger Markus
Heilige Maria Magdalena
Alle heiligen Jünger des Herrn

Heiliger Stephanus
Heiliger Ignatius von Antiochien
Heilige Agnes
Heiliger Bonifatius
Heiliger Thomas Morus
Alle heiligen Märtyrer

Heiliger Leo und heiliger Gregor
Heiliger Augustinus
Heiliger Cyrill und heiliger Methodius
Heiliger Rupert und heiliger Virgil
Heiliger Willibrord
Alle heiligen Päpste, Bischöfe und Lehrer der Kirche

Heiliger Benedikt
Heiliger Bernhard
Heiliger Franziskus und heiliger Dominikus
Heiliger Thomas von Aquin
Heiliger Ignatius von Loyola
Heiliger Johannes Bosco
Heiliger Petrus Canisius
Heilige Katharina von Siena
Heilige Birgitta von Schweden
Heilige Theresia von Ávila
Heilige Edith Stein
Alle heiligen Jungfrauen und Ordensleute

Heilige Monika
Heilige Hedwig

Heilige Elisabeth
Heiliger Nikolaus von Flüe
Alle heiligen Eheleute und Eltern
Ihr Heiligen unseres Landes
Ihr Heiligen unseres Bistums
Alle Heiligen Gottes

K Jesus, sei uns gnä-dig; A Herr, be-frei-e uns.

K Von allem Bösen
Von aller Sünde
Von der Versuchung durch den Teufel
Von Zorn, Hass und allem bösen Willen
Von dem ewigen Tode
Durch deine Menschwerdung
Durch deine Geburt und dein heiliges Leben
Durch deine Taufe und dein heiliges Fasten
Durch dein Kreuz und dein Sterben
Durch deine Auferstehung und Himmelfahrt
Durch die Sendung des Heiligen Geistes
Durch deine Wiederkunft in Herrlichkeit

K Wir ar-men Sün-der, A wir bit-ten dich, er-hö-re uns.

K Schütze deine Kirche und leite sie
Erleuchte den Papst, unseren Bischof und alle Hirten der Kirche
Erfülle alle Glieder der Kirche mit der Kraft des Heiligen Geistes
Erneuere deine Kirche im Glauben, in der Hoffnung und in der Liebe
Führe dein Volk zur Einheit
Öffne alle Menschen für deine Botschaft ↘

556
6
Gib allen Völkern der Erde Frieden und Freiheit
Erweise allen, die in Bedrängnis sind, dein Erbarmen
Schenke allen Menschen Anteil an den Gütern der Erde
Segne alle, die uns Gutes tun
Bewahre die Eheleute in Treue zueinander
Hilf, dass Eltern und Kinder einander verstehen und achten
Stärke und erhalte uns in deinem Dienste
Mach uns bereit zu Buße und Umkehr
Gib, dass wir wach sind bei deiner Wiederkunft
Schenke den Verstorbenen das ewige Leben

7

K 1–3 Lamm Got - tes, du nimmst hinweg die Sün - de der Welt: A 1 Herr, ver - scho - ne uns.
2 Herr, er - hö - re uns.
3 Herr, er - bar - me dich.

8

K Chri - stus, hö - re uns. A Chri - stus, er - hö - re uns.

9
V Lasset uns beten. – Barmherziger Gott, du hilfst uns in der Not und erhörst unsere Bitten. Wir danken dir, denn du hast uns Barmherzigkeit erwiesen. Bewahre uns vor allem Unheil und schenke uns Freude in deinem Dienst. Durch Christus, unseren Herrn. A Amen.

Litanei von der Gegenwart Gottes 557

ruhig schwingend

1 Sei hier zu - ge - gen, Licht uns-res Le - bens.
2 Sei hier zu - ge - gen in uns-rer Mit - te.
3 Lös uns-re Blind - heit, dass wir dich se - hen.
4 Mach uns-re Sin - ne wach für dein Kom - men.
5 Zeig dei-ne Nä - he, dass wir dich spü - ren.
6 Weck dei-ne Stär - ke, komm und be - frei - e uns.

7 Sei hier zu ge - gen, da - mit wir le - ben.
8 Sei hier zu ge - gen, stark wie ein Feu - er.
9 Flam - me und Le - ben, Gott bei den Men - schen.
10 Komm und be - frei - e uns, da - mit wir le - ben.
11 Komm uns zu ret - ten, Licht in der Frü - he.
12 Komm wie der hel - le Tag, Licht un - sern Au - gen.

13 Sei hier zu - ge - gen mit dei-nem Le - ben,
14 in uns-rer Mit - te, Gott bei den Men - schen.
15 Herr al - ler Mäch - te, Gott für die Men - schen.
16 Zeig uns dein An - ge-sicht, gib uns das Le - ben.
17 O - der bist du, o Gott, ein Gott der To - ten?
18 Komm, sei uns na - he, da - mit wir le - ben.

19 O - der bist du, o Gott, kein Gott der Men - schen?
20 Komm und er - leuch-te uns, komm und be - frei - e uns.
21 Du Licht am Mor - gen, komm und be - frei - e uns.
22 Gott für uns al - le heu - te und mor - gen.
23 Tau - send Ge - schlech - ter währt dei - ne Treu - e.
24 Du bist auch heu - te Gott für die Men - schen.

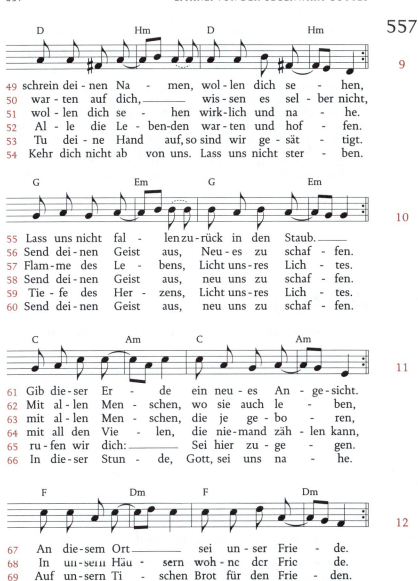

557

73	Er-schei-ne wie - der und schaf-fe den Frie - den.
74	Wie lan - ge müs-sen wir noch auf dich war - ten?
75	Er-schei-ne wie - der, da-mit wir be - ste - hen.
76	Licht, das uns leuch - tet, gib neu-es Le - ben.
77	Wie lan - ge müs-sen wir noch auf dich war - ten?
78	Licht, das uns leuch - tet, Licht uns-res Le - bens.
79	Auf dich ver-trau - en wir, auf den Le - ben - di-gen.
80	Könn-test du je - mals Ver-trau-en ent-täu - schen?

T: Huub Oosterhuis (*1933), Ü: Lothar Zenetti (*1926), M: Bernard Huijbers (1922–2003)

558 LITANEI VOM HEILSWIRKEN GOTTES

Kv Danket dem Herrn, denn er ist gütig,
denn seine Huld währt ewig.

K Er hat die Welt geschaffen,
A denn seine Huld währt ewig.

K Die Sterne und unsere Sonne, A denn seine …
Die Erde und alles Leben, A …
Den Menschen nach seinem Bild und Gleichnis, A …
Er hat den Völkern das Heil bereitet, A …
Er hat den Abraham berufen, A …
Sein Volk befreit von der Knechtschaft, A …
Ihm David zum König gegeben, A …

Durch die Propheten gesprochen, A … \
Er hat in Israel alle Völker gesegnet, A … Kv

K Er ist Mensch geworden in Jesus, A … \
Jesus hat das Reich des Vaters verkündet, A … \
Er hat Kranke geheilt und Sünder berufen, A … \
Er ist am Kreuz gestorben, A … \
Er ist auferstanden und wurde verherrlicht, A … \
Jesus sammelt ein neues Volk aus allen Völkern, A … \
Er reinigt sein Volk durch sein Wort, A … \
Er nährt sein Volk auf dem Weg, A … \
Er schützt sein Volk vor den Feinden, A … \
Sein neues Gebot ist die Liebe, A … Kv

K Christus hat uns den Heiligen Geist gegeben, A denn seine… \
Sein Geist führt uns in alle Wahrheit, A … \
Sein Geist erneuert das Antlitz der Erde, A … \
Sein Geist erbaut das Reich Gottes in Gerechtigkeit, A … \
Sein Geist eint die Völker in Frieden, A … \
Christus wird wiederkommen in Herrlichkeit, A … \
Er wird richten in Gerechtigkeit, A … \
Er wird alle Tränen trocknen, A … \
Er wird die Schöpfung vollenden, A … \
Gott wird alles in allem sein, A … Kv

T: Josef Seuffert 1965 nach Ps 136; V21–25: GGB, M: Henri Heuvelmans 2009

SCHÖPFUNGSLOB → Nr. 619,1–2

SONNENGESANG DES HL. FRANZISKUS 559

Ruf nach den einzelnen Textstrophen:

T: Franz von Assisi, M: Kurt Knotzinger 1973, Ü: EGB 1973

Kv K/A Ge - lobt seist du, mein Herr!

Text des Sonnengesangs → Nr. 19,2

560 CHRISTUS-RUFE

1 Kv Christus Sieger, Christus König, Christus Herr in Ewigkeit.

2 K König des Weltalls, A wir huldigen dir.
König der Völker, A …
König des Friedens, A …
König der Zeiten, A …
König der Herrlichkeit, A … Kv

3 Abglanz des Vaters, A …
Urbild der Schöpfung, A …
Sohn der Jungfrau Maria, A …
Zeuge der Wahrheit, A …
Lehrer und Meister, A … Kv

4 Helfer der Armen, A …
Heiland der Kranken, A …
Retter der Sünder, A …
Bruder der Menschen, A …
Hoffnung der Erde, A … Kv

5 Lamm, für uns geopfert, A …
Mann aller Schmerzen, A …
Mittler des Bundes, A …
Erlöser und Heiland, A …
Herr des neuen Lebens, A … Kv

560

Licht für die Menschen, A ...
Brot ewigen Lebens, A ...
Quelle der Gnade, A ...
Haupt deiner Kirche, A ...
Weg zum himmlischen Vater, A ... Kv

6

T: EGB 1973, GGB 2010, M: „Christus vincit" bei Beat Reiser, „Laudes festivae" 1940

JESUS-LITANEI 561

K Je - sus, du Sohn des leben - di - gen Got - tes:

A Ký - ri - e, e - lé - i - son.

K Jesus, du unser Heiland
Jesus, du unsere Hoffnung
Jesus, du unser Erlöser
Jesus, du Bruder der Menschen
Jesus, du Freund der Sünder
Jesus, du Hilfe der Kranken
Jesus, du guter Hirte
Jesus, du Stifter des Friedens
Jesus, du Trost der Trauernden
Jesus, du Zuflucht der Verfolgten
Jesus, du Brot, von dem wir leben
Jesus, du Licht, durch das wir sehen
Jesus, du Weg, auf dem wir gehen

M (Kyrie): Ostkirchlich, M (Vers) und S: AG GL-Salzburg

562 LITANEI VON DER ANBETUNG JESU CHRISTI

Kv Betet an den Leib des Herrn, betet an das kostbare Blut Jesu Christi.

K 1 Wir beten an den heiligsten Leib Christi, das Lamm Gottes,
den heiligsten Leib, der sich hingegeben hat für unser Heil.
2 Den heiligsten Leib, der seine Jünger beschenkt hat
mit den Geheimnissen des Neuen Bundes. Kv

3 Den heiligsten Leib, durch den wir empfangen haben
das unblutige Opfer,
den heiligsten Leib des Hohenpriesters, der erhoben ist
über die Himmel.
4 Den heiligsten Leib, der die Sünderin freisprach,
den heiligsten Leib, der uns reinigt durch sein Blut. Kv

5 Den heiligsten Leib, der die Füße seiner Jünger gewaschen hat mit Wasser,
den heiligsten Leib, der gereinigt hat ihr Herz mit dem Geist.

6 Den heiligsten Leib, der verraten wurde mit einem Kuss,
und der die Welt geliebt hat bis in den Tod. Kv

7 Den heiligsten Leib, der sich aus freiem Willen ausgeliefert hat an Pilatus
und der sich bereitet hat eine heilige Kirche.

8 Den heiligsten Leib, der erstanden ist von den Toten
und der verklärt ist in Herrlichkeit. Kv

T: Fragmente von liturgischen Texten der ersten Christen, nach Fassung Trier 2005, M u. S: nach einem ostkirchlichen Modell, Einrichtung: GGB 2010

LITANEI VOM LEIDEN JESU

Kv Im Kreuz ist Heil, im Kreuz ist Le-ben, im Kreuz ist Hoff-nung.

K Gott Vater im Him-mel, A er-bar-me dich unser.

K Gott Sohn, Erlöser der Welt
Gott Heiliger Geist
Heiliger dreifaltiger Gott

K/A Er-hö-re uns, Chri-stus.

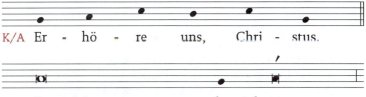

K 1 Jesus, Mann der Schmerzen,
   2 Jesus, am Ölberg bis zum Tode betrübt,
   3 Jesus, von Judas verraten,
   4 Jesus, beraubt seiner Freiheit,

563

3

1 Hoherpriester des Neu - en Bun-des,
2 ergeben in den Wil - len des Va - ters,
3 von Petrus verleugnet, von den Jün - gern ver - las - sen,
4 mit Dornen ge - krönt und ver - spot - tet,

1–4 du nimmst hinweg die Sünde der Welt,

A 1–4 er - bar - me dich unser.

Kv Im Kreuz ist Heil, im Kreuz ist Leben ...

4

K/A Er - hö - re uns, Chri - stus.

K 1 Jesus, von falschen Zeugen ver - klagt,
2 Jesus, mit dem Kreuz be - laden,
3 Jesus, der Kleider be - raubt,
4 Jesus, vom Durst ge - quält,
5 Jesus, gehorsam bis zum Tod,
6 Jesus, ins Grab ge - legt,

1 vom Hohen Rat ver - wor - fen,
2 wie ein Lamm zur Schlacht-bank ge - führt,
3 ans Kreuz ge - schla - gen,
4 mit Galle und Es - sig ge - tränkt,
5 am Kreuz ge - stor - ben,
6 abgestiegen in das Reich des To - des,

563 LITANEI VOM LEIDEN JESU

1 verurteilt zum Tode,
2 gestürzt unter der Last des Kreuzes,
3 gezählt unter die Verbrecher,
4 in Verlassenheit gestoßen,
5 durchbohrt von der Lanze,
6 auferstanden in Herrlichkeit,

A 1–6 steh für uns ein.

Kv Im Kreuz ist Heil, im Kreuz ist Leben …

K/A Erhöre uns, Christus.

K Führe uns durch dein Leiden zu Umkehr und Buße,

A erhöre uns, Herr.

K Befreie uns von unseren Sünden
  Mach uns bereit, dir zu folgen
  Hilf uns, unser Kreuz zu tragen
  Gib uns Geduld im Leiden
  Schenke den Kranken Gesundheit
  Führe uns durch das Kreuz zur ewigen Freude
  Lass die Verstorbenen bei dir im Paradiese sein
  Führe die Welt zur Vollendung

Kv Im Kreuz ist Heil, im Kreuz ist Leben …

563

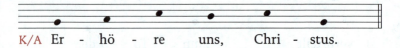

K/A Er - hö - re uns, Chri - stus.

K Dass wir den Feinden vergeben, A hilf uns, o Herr.

K Dass wir dir folgen auf dem Weg der Gewaltlosigkeit
Dass wir dich in jedem Menschen erkennen
Dass wir die Verachteten annehmen
Dass wir in den Geschlagenen dein Antlitz erkennen
Dass wir die erlösende Kraft deines Leidens erfahren
Dass wir nicht aufhören zu hoffen

Kv Im Kreuz ist Heil, im Kreuz ist Leben …

Einrichtung: GGB 2007

564 HERZ-JESU-LITANEI

[Kv „Danket dem Herrn, denn ewig währt seine Liebe"
→ Nr. 444]

1 V/A Herr, erbarme dich.
V/A Christus, erbarme dich.
V/A Herr, erbarme dich.

2 V Christus, höre uns. A Christus, erhöre uns.

3 V Gott Vater im Himmel, A erbarme dich unser.
Gott Sohn, Erlöser der Welt
Gott Heiliger Geist
Heiliger dreifaltiger Gott

V Du Herz des Sohnes Gottes,   **A** erbarme dich unser.

Herz Jesu, im Schoß der Jungfrau Maria vom Heiligen Geist gebildet
Herz Jesu, mit dem Worte Gottes wesenhaft vereinigt
Herz Jesu, unendlich erhaben
Herz Jesu, du heiliger Tempel Gottes
Herz Jesu, du Zelt des Allerhöchsten
Herz Jesu, du Haus Gottes und Pforte des Himmels
Herz Jesu, du Feuerherd der Liebe
Herz Jesu, du Wohnstatt der Gerechtigkeit und Liebe [Kv]

Du Herz voll Güte und Liebe
Herz Jesu, du Abgrund aller Tugenden
Herz Jesu, würdig allen Lobes
Herz Jesu, du König und Mitte aller Herzen
Herz Jesu, in dem alle Schätze der Weisheit und Erkenntnis sind
Herz Jesu, in dem die ganze Fülle der Gottheit wohnt
Herz Jesu, das dem Vater wohlgefällt
Herz Jesu, aus dessen Gnade wir alle empfangen
Herz Jesu, du Sehnsucht der Schöpfung von Anbeginn [Kv]

Du Herz, geduldig und voll Erbarmen
Herz Jesu, reich für alle, die dich anrufen
Herz Jesu, du Quell des Lebens und der Heiligkeit
Herz Jesu, du Sühne für unsere Sünden
Herz Jesu, mit Schmach gesättigt
Herz Jesu, wegen unsrer Missetaten zerschlagen
Herz Jesu, bis zum Tode gehorsam [Kv]

Du Herz, durchbohrt von der Lanze
Herz Jesu, du Quelle allen Trostes
Herz Jesu, unsere Auferstehung und unser Leben
Herz Jesu, unser Friede und unsere Versöhnung
Herz Jesu, du Opferlamm für die Sünder
Herz Jesu, du Rettung aller, die auf dich hoffen
Herz Jesu, du Hoffnung aller, die in dir sterben
Herz Jesu, du Freude aller Heiligen [Kv] ↘

564

5 V Lamm Gottes, du nimmst hinweg die Sünde der Welt:
　　A Herr, verschone uns.
　　V Lamm Gottes, du nimmst hinweg die Sünde der Welt:
　　A Herr, erhöre uns.
　　V Lamm Gottes, du nimmst hinweg die Sünde der Welt:
　　A Herr, erbarme dich.

6 V Jesus, gütig und selbstlos von Herzen,
　　A bilde unser Herz nach deinem Herzen.

7 V Lasset uns beten. – Gütiger Gott, aus dem geöffneten Herzen deines Sohnes kommt die Fülle des Erbarmens. Hilf uns, dass wir seine Liebe nicht ohne Antwort lassen. Darum bitten wir durch ihn, Christus, unseren Herrn. A Amen. [Kv]

565 HEILIG-GEIST-LITANEI

1 K/A Herr, erbarme dich. K/A Christus, erbarme dich. K/A Herr, erbarme dich.

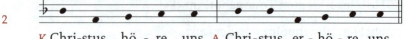

2 K Christus, höre uns. A Christus, erhöre uns.

3 K Gott Vater im Himmel, A erbarme dich unser.

　　K Gott Sohn, Erlöser der Welt
　　　Heiliger dreifaltiger Gott

K Geist vom Vater und vom Sohn, A er-bar-me dich un-ser.

K Geist, mit Vater und Sohn angebetet und verherrlicht
   Geist, der gesprochen hat durch die Propheten
   Geist, der auf Jesus Christus ruht
   Geist, der in der Kirche lebt

K Du Gabe Gottes, A er-bar-me dich un-ser.

K Du Hauch des Lebens
   Du Feuer vom Himmel
   Du Beistand der Christen
   Du Helfer im Gebet
   Du Unterpfand der Erlösung

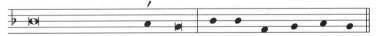

K Geist der Weisheit und der Ein-sicht, A er-bar-me dich un-ser.

K Geist des Rates und der Stärke
   Geist der Erkenntnis und der Frömmigkeit
   Geist der Gottesfurcht
   Geist des Glaubens und der Hoffnung
   Geist der Liebe

K Du Trost der Ver-las-senen, A er-bar-me dich un-ser.

K Du lebendiger Quell in der Wüste
   Du verborgene Kraft in den Schwachen
   Du stille Macht in den Geduldigen
   Du Freude der Kinder Gottes
   Du Gast der Freunde Jesu

565

8

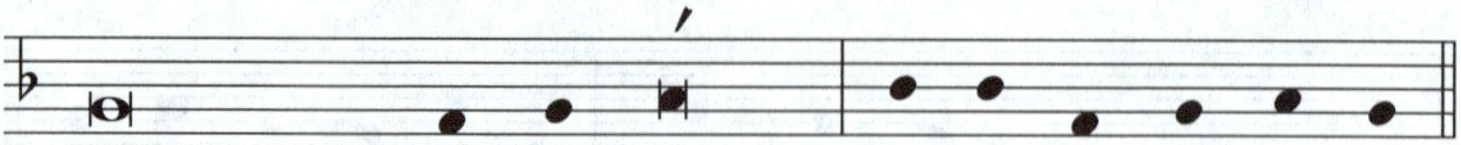

K Geist, der die Herzen wandelt, A erbarme dich unser.

K Geist, der uns sehend macht
Geist, der die Ohren öffnet
Geist, der die Zungen löst
Geist, in dem wir gesalbt sind
Geist, in dem wir gesandt sind

9

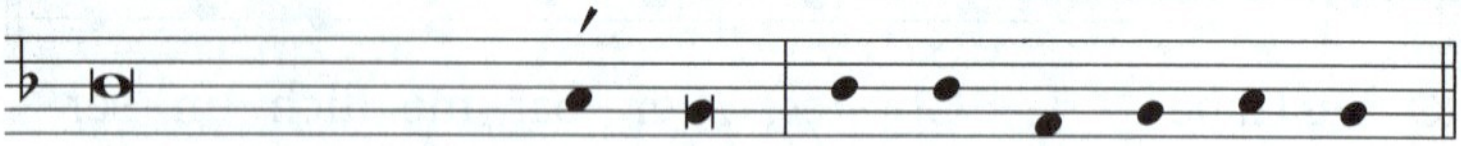

K Du Läuterung der Sünder, A erbarme dich unser.

K Du Hilfe der Bekenner
Du Lehrer der Boten Christi
Du Kraft der Nächstenliebe
Du Stärke der Märtyrer
Du Wonne aller Heiligen

10

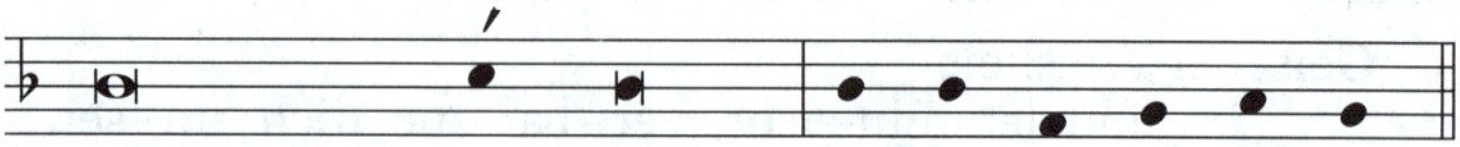

K Du Geist der Wahrheit, A erbarme dich unser.

K Du Geist der Stärke
Du Geist der Barmherzigkeit
Du Geist der Freiheit
Du Geist der Einheit
Du Geist der Heiligkeit

11

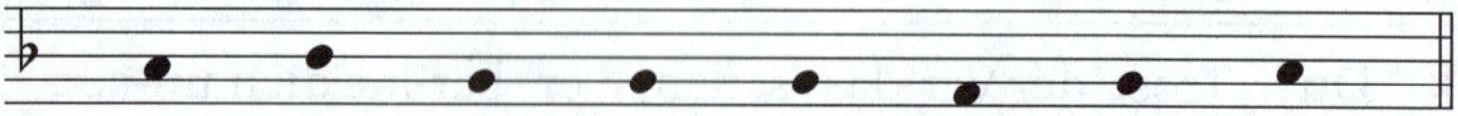

K/A Befreie uns, Heiliger Geist.

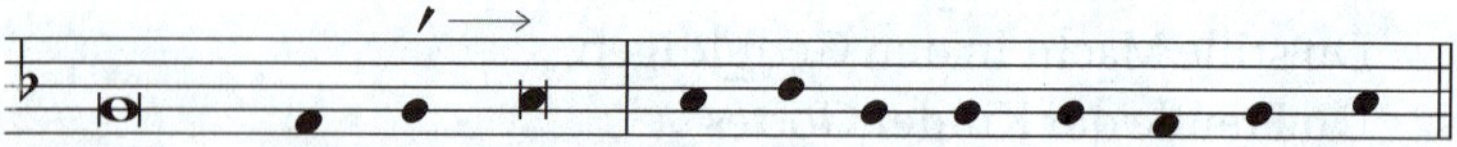

K Von allem Bösen, A befreie uns, Heiliger Geist.

K Von aller Sünde
    Von Aberglauben und Unglauben
    Von Vermessenheit und Verzweiflung
    Von Lieblosigkeit und Hass
    Von Neid und Stolz
    Von Selbsttäuschung und Irrtum
    Von Ungerechtigkeit und Maßlosigkeit
    Von Angst und Kleinglauben
    Von Streit und Spaltung
    Von der Enge des Geistes
    Von der Trägheit des Herzens

K/A Komm, Hei - li - ger Geist.

K Schaffe neu
    das Antlitz der Erde. A Komm, Hei - li - ger Geist.

K Wohne in unseren Herzen
    Entzünde in uns das Feuer deiner Liebe
    Lehre uns beten
    Hilf unsrer Schwachheit auf
    Tröste uns mit deiner Gegenwart
    Gib uns ein reines und lauteres Herz
    Steh uns bei in aller Bedrängnis
    Leite uns auf Gottes Wegen
    Zeige uns, wozu wir gesandt sind
    Stärke den Eifer für Gottes Reich
    Führe uns zur Freiheit der Kinder Gottes
    Einige die Christenheit
    Heilige die Kirche
    Vollende, was du in uns gewirkt hast

V Komm, Heiliger Geist, erfülle die Herzen deiner Gläubigen.
A Und entzünde in ihnen das Feuer deiner Liebe.

565

14

V Lasset uns beten. – Gott, du hast die Herzen deiner Gläubigen durch die Erleuchtung des Heiligen Geistes gelehrt. Gib, dass wir in diesem Geist erkennen, was recht ist, und allezeit seinen Trost und seine Hilfe erfahren. Darum bitten wir durch Christus, unseren Herrn.

A Amen.

T: Josef Seuffert, M: Godehard Joppich 2009

566 LAURETANISCHE LITANEI

1 K/A Herr, erbarme dich. K/A Christus, erbarme dich. K/A Herr, erbarme dich.

2 K Christus, höre uns. A Christus, erhöre uns.

3 K Gott Vater im Himmel, A erbarme dich unser.

K Gott Sohn, Erlöser der Welt
Gott Heiliger Geist
Heiliger dreifaltiger Gott

4 K Heilige Maria, A bitte für uns.

K Heilige Mutter Gottes
Heilige Jungfrau
Mutter Christi
Mutter der Barmherzigkeit
Mutter der göttlichen Gnade

Mutter, du Reine,
Mutter, du Keusche
Mutter ohne Makel
Mutter, du viel Geliebte
Mutter, so wunderbar
Mutter des guten Rates
Mutter der schönen Liebe
Mutter des Schöpfers
Mutter des Erlösers
Mutter der Kirche
Du kluge Jungfrau
Jungfrau, von den Völkern gepriesen
Jungfrau, mächtig zu helfen
Jungfrau voller Güte
Jungfrau, du Magd des Herrn

K Du Spiegel der Ge - rech - tigkeit,   A bit - te für uns.

K Du Sitz der Weisheit
   Du Ursache unserer Freude
   Du Kelch des Geistes
   Du kostbarer Kelch
   Du Kelch der Hingabe
   Du geheimnisvolle Rose
   Du starker Turm Davids
   Du elfenbeinerner Turm
   Du goldenes Haus
   Du Bundeslade Gottes
   Du Pforte des Himmels
   Du Morgenstern
   Du Heil der Kranken
   Du Zuflucht der Sünder
   Du Trost der Betrübten
   Du Hilfe der Christen ↘

566

K Du Köni-gin der En-gel, A bit-te für uns.

K Du Königin der Patriarchen
Du Königin der Propheten
Du Königin der Apostel
Du Königin der Märtyrer
Du Königin der Bekenner
Du Königin der Jungfrauen
Du Königin aller Heiligen
Du Königin, ohne Erbschuld empfangen
Du Königin, aufgenommen in den Himmel
Du Königin vom heiligen Rosenkranz
Du Königin der Familien
Du Königin des Friedens

K 1–3 Lamm Got-tes, du nimmst hin-weg die Sün-de der Welt: A
1 Herr, ver-scho-ne uns.
2 Herr, er-hö-re uns.
3 Herr, er-bar-me dich.

V Lasset uns beten. – Gütiger Gott, du hast allen Menschen Maria zur Mutter gegeben; höre auf ihre Fürsprache, nimm von uns die Traurigkeit dieser Zeit, dereinst aber gib uns die ewige Freude. Durch Christus, unseren Herrn. A Amen.

567 MARIENLOB-LITANEI

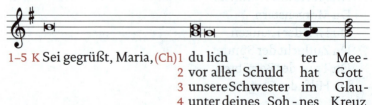

1–5 K Sei gegrüßt, Maria, (Ch)
1 du lich - ter Mee-
2 vor aller Schuld hat Gott
3 unsere Schwester im Glau-
4 unter deines Soh-nes Kreuz
5 In Gottes Liebe voll - en-

567

1 res - stern, sei gegrüßt, o Jungfrau, die sich der
2 dich be-wahrt, sei gegrüßt, vom Hauch sei - ner
3 ben bist du. Sei gegrüßt, in deinem Herzen hast du
4 stan-dest du. Sei gegrüßt, die du seiner Auferste-hung
5 det bist du. Sei gegrüßt, gekrönt mit himmli - scher

1 Höch - ste er - wählt. Sei gegrüßt, der Botschaft des En -
2 Gna - de durchströmt. Sei gegrüßt, der Erlöser
3 al - les be - wahrt. Sei gegrüßt, die dem Sohn
4 Zeu - gin warst. Sei gegrüßt, du hast des Gei -
5 Herr - lich - keit. Sei gegrüßt, für immer vereint dei-

1 gels glaub-test du. Sei gegrüßt, dein Vertrauen
2 nahm Woh-nung in dir. Sei gegrüßt, du hast gebo -
3 Ge - fähr - tin war. Sei gegrüßt, du vertrautest
4 stes Kom-men er - fleht. Sei gegrüßt, so wur -
5 nem gött - li - chen Sohn. Sei gegrüßt, du zeigst

1 hat das Los der Mensch-heit ge - wen - det. A Hal-
2 ren den Er - sehn - ten der Völ - ker.
3 ihm in all dei - nen Schmer-zen.
4 dest du Mut - ter der Kir - che.
5 uns das Ziel uns - rer Hoff - nung.

leluja, Hal-le-lu - ja. Hal-le-lu - ja.

T: Stefan Klöckner, Paul Ringseisen, M: ostkirchlich

568 GRÜSSAUER MARIENRUFE

1 Kv Mut-ter Got-tes, wir ru-fen zu dir!

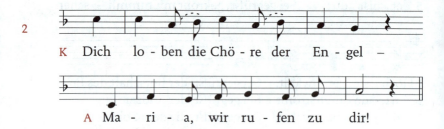

2 K Dich lo-ben die Chö-re der En-gel – A Ma-ri-a, wir ru-fen zu dir!

   K   Dich loben der Heiligen Scharen – A Maria, wir …
         Dich loben die Menschen auf Erden – A Maria, wir … Kv

3   Du Tempel des Heiligen Geistes – A Maria, wir …
    Du Pforte des himmlischen Reiches – A Maria, wir …
    Du Abbild der Heiligen Kirche – A Maria, wir … Kv

4   Du Zuflucht der armen Sünder – A Maria, wir …
    Du Hilfe des Volkes Gottes – A Maria, wir …
    Du Mutter aller Erlösten – A Maria, wir … Kv

5   Du Tochter des himmlischen Vaters – A Maria, wir …
    Du Mutter des Herrn und Erlösers – A Maria, wir …
    Du Tempel des Heiligen Geistes – A Maria, wir … Kv

6   Du Jungfrau, prophetisch verheißen – A Maria, wir …
    Du Reis aus der Wurzel Jesse – A Maria, wir …
    Du Morgenstern unsrer Erlösung – A Maria, wir … Kv

7   Du Urbild der Würde des Menschen – A Maria, wir …
    Du demütig Gott stets verbunden – A Maria, wir …
    Du liebevoll dienend den Schwachen – A Maria, wir … Kv

8   Du Mutter, vom Herrn uns gegeben – A Maria, wir …
    Du Trösterin aller Betrübten – A Maria, wir …
    Du mächtiger Schutz aller Christen – A Maria, wir … Kv

Von den sieben Schmerzen 568

Maria, du Mutter der Schmerzen – A Maria, wir ...
die Simeons Wort hat getroffen – A Maria, wir ...
du warst auf der Flucht vor Herodes – A Maria, wir ...
hast Jesus gesucht voller Schmerzen – A Maria, wir ...
bist ihm auf dem Kreuzweg begegnet – A Maria, wir ...
bist treu unterm Kreuze geblieben – A Maria, wir ...
hast Jesus zu Grabe geleitet – A Maria, wir ...
hast froh mit ihm Ostern gefeiert – A Maria, wir ... Kv

T: mündlich überliefert/Rupert Berger, M: Grüssau

Litanei für die Verstorbenen 569

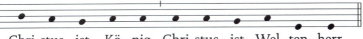

Kv K Im Kreuz ist Heil, im Kreuz ist Leben, im Kreuz ist Hoffnung. A Christus ist Sieger, Christus ist König, Christus ist Weltenherr.

K Gott Vater im Himmel, A erbarme dich unser.

K Gott Sohn, Erlöser der Welt
  Gott Heiliger Geist
  Heiliger dreieiniger Gott

Kv K Im Kreuz ist Heil ... A Christus ist Sieger ...

569

3

K Heilige Maria,
    aufgenommen in den Himmel, **A** bit-te(t) für sie/ihn.

K Du unsere Mutter
    Du Zuflucht der Sünder
    Du Trost der Trauernden
    Heiliger Josef
    Heiliger Michael
    Heilige(r) N. *(Namenspatron d. Verstorbenen)*
    Heilige(r) N. *(Pfarrpatron)*
    Alle Heiligen Gottes

Kv K Im Kreuz ist Heil, im Kreuz ist Le-ben, im Kreuz ist Hoff-nung. **A** Chri-stus ist Sie-ger, Chri-stus ist Kö-nig, Chri-stus ist Wel-ten-herr.

4

K/A Er-hö-re uns, Chri-stus.

K Jesus, am Kreuz ge-stor-ben, **A** er-bar-me dich ih-rer. / sei-ner.

K Jesus, hinabgestiegen zu den Toten
    Jesus, in Herrlichkeit auferstanden
    Jesus, du Trost der Sterbenden
    Jesus, Tür zum Leben
    Jesus, unsre Hoffnung

K/A Erhöre uns …

K Wir bitten dich
für unsere To-ten: **A** Gib ih-nen e-wi-ge Freude.

K Löse sie von ihrer Schuld
Trockne ihre Tränen
Lass sie dich schauen, wie du bist
Nimm sie auf bei dir
Vollende sie im Reich des Vaters

K/A Erhöre uns …

K Jesus, sei uns gnä-dig. **A** Chri-stus, Herr, be-frei-e uns.

K Von allem Bösen
Von aller Sünde
Von Hass und Feindschaft
Von der Angst vor dem Tode
Von der Angst vor dem Leben
Durch dein Kreuz und Leiden
Durch dein Sterben und dein Auferstehn
Durch dein Kommen, das wir erwarten

Kv K Im Kreuz ist Heil … **A** Christus ist Sieger …

Einrichtung: GGB 2007

Ich sterbe nicht;
ich gehe ins Leben ein.
THERESIA VOM KINDE JESU

III. Gottesdienstliche Feiern

DIE FEIER DER SAKRAMENTE	570
DIE FEIER DER SAKRAMENTALIEN	605
DIE TAGZEITENLITURGIE	613
DIE WORT-GOTTES-FEIER	668
ANDACHTEN	672

Die Feier der Sakramente

(EINFÜHRUNG) 570,1
DIE TAUFE 571
   Die Kindertaufe 572
      (Einführung) 572,1
         Die Feier 573
   Taufe in unmittelbarer Lebensgefahr (Nottaufe) 575
   Taufgedächtnis 576

DIE FIRMUNG 577
   (Einführung) 577,1
   Die Feier 578

DIE EUCHARISTIE 580
   (Einführung) 580,1
   Aufbau der sonntäglichen Messfeier 581
   Die Feier der Heiligen Messe 582
   Die Verehrung der Eucharistie außerhalb
      der Messfeier 592

DIE BUSSE 593
   (Einführung) 593,1
   Die Feier der Versöhnung für Einzelne 594
   Die gemeinschaftliche Feier der Versöhnung ... 595
   Weitere Wege der Umkehr und Versöhnung ... 596
   Die (Erst-)Beichte von Kindern 597
   Hilfen zur Gewissenserforschung
      Für Kinder 598
      Für Jugendliche und Erwachsene 599

Die Krankensalbung und weitere Feiern mit Kranken 602
- (Einführung) 602,1
- Die Feier der Krankensalbung 602,2
- Weitere Feiern mit Kranken 602,5

Die Weihe 603

Die Ehe 604
- (Einführung) 604,1
- Die Feier der Trauung 604,2

> Seht, wie groß die Liebe ist,
> die der Vater uns geschenkt hat:
> Wir heißen Kinder Gottes
> und wir sind es.
>
> 1 JOH 3,1

Die Feier der Sakramente 570

In den Sakramenten begegnen die Menschen Christus selbst. Er ist das ‚Ursakrament', in dem die Gnade Gottes in ihrer ganzen Fülle erschienen ist. Durch den Heiligen Geist bleibt er in der Kirche, dem ‚Grundsakrament', gegenwärtig. Die sieben Sakramente sind wirksame Zeichen der Gnade und Liebe Gottes. Sie entfalten in den liturgischen Feiern die sinnenhafte Zuwendung Gottes zu den Menschen. Sie setzen den Glauben voraus, zugleich nähren und stärken sie ihn. Taufe, Firmung und Eucharistie kennzeichnen die Stufen des Hineinwachsens in die Gemeinschaft der Kirche. Die Sakramente der Buße und der Krankensalbung beziehen sich auf die menschlichen Grundsituationen von Schuld bzw. Krankheit und Sterben. Die Ehe stellt das Zusammenleben von Mann und Frau unter die Gnade Gottes. In den drei Stufen des Weihesakramentes erfolgt die Bevollmächtigung zum Dienst in der Kirche als Diakon, Priester oder Bischof. So begleiten die Sakramente die Gläubigen durch ihr ganzes Leben.

Durch die Taufe werden die Menschen aus dem Wasser und dem Heiligen Geist als Kinder Gottes neu geboren, in der Firmung durch die Gabe desselben Geistes besiegelt, im eucharistischen Mahl erhalten sie Anteil an Christi Leib und Blut, an seinem Leben. Immer mehr Menschen begegnen erst als Jugendliche oder Erwachsene der Gemeinschaft der Kirche. Viele von ihnen haben den Wunsch, Christen zu werden und als Christen zu leben. Ihr Weg hin zur vollen Eingliederung in die Kirche ist der Katechumenat; dieser Weg wird durch besondere Gottesdienste begleitet. Vorzugsweise in der Osternacht werden die Katechumenen getauft, gefirmt und empfangen zum ersten Mal die Eucharistie. Das ist die ursprüngliche

570

1 und eigentliche Reihenfolge der Sakramente des Christwerdens (Initiationssakramente). Bei Kindern, die als Säuglinge oder Kleinkinder getauft werden, wird deren Eingliederung in mehreren Feiern entfaltet.

2 DIE EINGLIEDERUNG VON ERWACHSENEN UND JUGENDLICHEN IN DIE KIRCHE

Der Katechumenat war in den ersten christlichen Jahrhunderten der übliche Weg des Christwerdens. Das Zweite Vatikanische Konzil hat den mehrstufigen Katechumenat für Erwachsene wiederhergestellt (vgl. SC 64). Als wesentliche Elemente enthält er die Verkündigung des Wortes, die Annahme des Evangeliums, die eine Bekehrung einschließt, das Bekenntnis des Glaubens, die Taufe, die Firmung und die Teilhabe an der eucharistischen Gemeinschaft. Drei liturgische Feiern prägen den Katechumenat: die Feier der Aufnahme in den Katechumenat, die Feier der Zulassung zur Taufe und die Feiern von Taufe, Firmung und Eucharistie. Danach beginnt die Zeit der Vertiefung des Glaubenslebens.

3 DIE EINGLIEDERUNG VON KINDERN IM SCHULALTER IN DIE KIRCHE

Werden Kinder im Schulalter getauft, werden sie ihrem Alter entsprechend vorbereitet. So können auch die Eltern und andere Angehörige neu mit Glaube und Kirche in Verbindung kommen.

> *Durch Jesus Christus*
> *habt auch ihr das Wort der Wahrheit gehört,*
> *das Evangelium von eurer Rettung;*
> *durch ihn habt ihr das Siegel des verheißenen Heiligen*
> *Geistes empfangen, als ihr den Glauben annahmt.*
> EPH 1,13

> Lasst die Kinder zu mir kommen;
> hindert sie nicht daran!
>
> MK 10,14

Die Taufe 571

Christus hat seiner Kirche den Auftrag hinterlassen:
„Darum geht zu allen Völkern und macht alle Menschen
zu meinen Jüngern; tauft sie auf den Namen des Vaters
und des Sohnes und des Heiligen Geistes". MT 28,19

Durch die Taufe werden wir in die Sünden vergebende und Leben spendende Gemeinschaft mit dem dreifaltigen Gott aufgenommen und damit in die Gemeinschaft der Kirche als Volk Gottes eingegliedert.

Zur Eingliederung von Erwachsenen, Jugendlichen und Kindern im Schulalter → *570,2–3*

DIE KINDERTAUFE 572

1 Die Taufe eines Kindes ist ein Ereignis, das die jeweilige Familie als ‚Hauskirche' in ganz besonderer Weise betrifft. Die Eltern und Verwandten der Kinder erleben, dass ihr Kind in die große, lebendige Gemeinschaft der Kirche aufgenommen wird. Zugleich spürt die Gemeinde: Wir als Kirche wachsen. Dies gilt besonders, wenn mehrere Kinder in einer Feier getauft werden. Zugleich wird die Gemeinde sich ihrer Verantwortung für die neugetauften Kinder bewusst. Eltern möchten ihren Kindern möglichst viel mitgeben und ihnen dennoch alle Wege offen lassen. Diese Spannung zeigt sich auch bei der Entscheidung, ob und wann Kinder getauft werden sollen. Soll die Taufe möglichst frühzeitig erfolgen? Ist es sinnvoll zu war-

572

1 ten, bis Kinder selber entscheiden können? Eltern treffen in den ersten Lebensjahren für ihr Kind immer wieder wegweisende Entscheidungen. Sie lehren es z. B. sprechen, ohne zu fragen, welche Sprache das Kind wohl wählen würde. Das Kind übernimmt die Sprache seiner Eltern und macht sie sich zu Eigen. Dies grenzt es jedoch nicht ein, sondern ist die Voraussetzung, weitere Sprachen zu lernen und zu verstehen. Ähnlich verhält es sich mit dem Glauben, auf den die Kinder getauft werden und den sie in ihrer Erziehung kennen lernen. In einer gläubigen Familie und Umgebung können Kinder ihren Glauben entdecken, beten lernen und die kirchliche Gemeinschaft erfahren. Wer aber nie glauben und beten gelernt hat, wird sich kaum für oder gegen den Glauben entscheiden können. Es gibt demnach gute Gründe für eine frühzeitige Taufe, damit die Kinder in die Lebensgemeinschaft mit Christus und seiner Kirche hineinwachsen können.

Eltern und Paten können den Weg zur Feier der Taufe des Kindes bewusst mit einer Vertiefung ihres Glaubens verbinden. Für den Beginn dieses Weges ist eine eigene liturgische Feier vorgesehen.

2 *Wer tauft? Wo wird getauft? Wann wird getauft?*

Es gehört zu den wichtigsten und schönsten Aufgaben des Pfarrers, ein Kind zu taufen. Dabei kann er sich von einem anderen Priester oder Diakon vertreten lassen. Der Glaube, auf den die Kinder getauft werden, ist nicht nur der Glaube der jeweiligen Familie, sondern der ganzen Kirche. Dies wird besonders deutlich, wenn die Taufe eines oder mehrerer Kinder in der Osternacht oder im sonntäglichen Gottesdienst der Gemeinde gefeiert wird. Doch auch als eigenständiger Gottesdienst ist die Taufe für alle Mitfeiernden, besonders auch für die größeren Kinder, ein eindrucksvolles Gedächtnis ihrer eigenen Taufe.

3 *Welche wichtigen Aufgaben haben die Eltern bei der Feier der Taufe?*

Bei der Feier der Taufe haben die Eltern eine besondere Rolle:
- … Sie begründen vor der versammelten Gemeinde den Wunsch, ihr Kind taufen zu lassen.
- … Sie versprechen, ihr Kind im Glauben zu erziehen.
- … Sie bezeichnen die Stirn ihres Kindes mit dem Kreuzzeichen.

... Sie widersagen dem Bösen und bekennen den Glauben der Kirche.
... Sie halten ihr Kind bei der Taufe.
... Sie ziehen ihrem Kind das Taufgewand an.
... Sie empfangen und tragen die brennende Taufkerze.

Welche Aufgaben haben die Patinnen und Paten bei der Feier der Taufe?

Auch die Patinnen und Paten übernehmen bei der Feier besondere Aufgaben:
... Sie können das Kind während der Tauffeier tragen; bei der Taufe selbst aber hält es die Mutter oder der Vater.
... Sie versprechen, die Glaubenserziehung des Kindes zu unterstützen.
... Sie bezeichnen nach den Eltern das Kind mit dem Kreuzzeichen.
... Zusammen mit den Eltern widersagen sie dem Bösen und bekennen den Glauben der Kirche, auf den das Kind getauft wird, und gehen mit zum Ort der Taufe.
... Sie helfen beim Anziehen des Taufgewandes.

Voraussetzungen für die Übernahme des Patenamtes sind die Vollendung des 16. Lebensjahres, der Empfang von Taufe, Firmung und Eucharistie sowie die uneingeschränkte Zugehörigkeit zur katholischen Kirche und ein den genannten Aufgaben entsprechendes Leben aus dem Glauben. Christen, die nicht der katholischen Kirche angehören, können zusammen mit katholischen Paten als Taufzeugen zugelassen werden.

Wie beteiligt sich die Gemeinde an der Feier?

In der Taufe nimmt die Kirche Menschen in ihre Gemeinschaft auf und heißt sie willkommen. Daher gehen die Vorbereitung und die Feier der Taufe die ganze Gemeinde an. So ist es auch sinnvoll, dass die Gemeinde zur Tauffeier zusammenkommt. Sie bezeugt so den gemeinsamen Glauben und erbittet den Segen Gottes für die Kinder, für die Angehörigen und für die ganze Gemeinde.

573 Die Feier

Die Feier der Kindertaufe als Weg in die Gemeinschaft mit Christus und der Kirche hat folgende Stationen:

ERÖFFNUNG
BEGRÜSSUNG
Der Gottesdienst beginnt im Eingangsbereich der Kirche, wo sich die Taufgemeinde versammelt hat. Es kann ein Lied gesungen (z. B. Nr. 148) oder Instrumentalmusik gespielt werden.

1   #### FRAGEN AN ELTERN UND PATEN
Nach der Begrüßung werden die Eltern gefragt:
P/D   Welchen Namen haben Sie Ihrem Kind gegeben?
ELTERN   N.
P/D   Was erbitten Sie von der Kirche Gottes für N.?
Die Eltern antworten frei oder mit folgenden Worten:
ELTERN   Die Taufe.
oder: „Den Glauben", „Dass es ein Christ wird", „Dass es in Jesus Christus zum neuen Leben geboren wird", „Dass es in die Gemeinschaft der Kirche aufgenommen wird".

P/D   Liebe Eltern, Sie möchten, dass Ihre Kinder getauft werden. Das bedeutet für Sie: Sie sollen Ihre Kinder im Glauben erziehen und sie lehren, Gott und den Nächsten zu lieben, wie Jesus es vorgelebt hat. Sie sollen mit ihnen beten und ihnen helfen, ihren Platz in der Gemeinschaft der Kirche zu finden. Sind Sie dazu bereit?
ELTERN   Ich bin bereit.

Danach werden die Paten gefragt:
P/D   Liebe Paten, die Eltern dieser Kinder haben Sie gebeten, das Patenamt zu übernehmen. Sie sollen Ihre Patenkinder auf dem Lebensweg begleiten, sie im Glauben mittragen und sie hinführen zu einem Leben in der Gemeinschaft der Kirche. Sind Sie bereit, diese Aufgabe zu übernehmen und damit die Eltern zu unterstützen?
PATEN   Ich bin bereit.

573

Nach den Fragen an die Eltern und Paten wird die Gemeinde an ihre Aufgabe erinnert, als Gemeinschaft der Kirche die Kinder zu stützen und zu begleiten.

1

BEZEICHNUNG MIT DEM KREUZZEICHEN

2

Die Kinder werden auf der Stirn mit dem Kreuz als Zeichen der Erlösung bezeichnet und in der Gemeinschaft der Kirche willkommen geheißen.

Nach einem Gebet ziehen alle zum Ort der Verkündigung des Wortes Gottes in die Kirche; dies kann mit einem passenden Gesang (z. B. Nr. 491) oder Instrumentalmusik begleitet werden.

WORTGOTTESDIENST
SCHRIFTLESUNG(EN) UND ANTWORTPSALM(-GESANG)

3

Gott spricht zu uns in seinem Wort und stärkt uns zu einem Leben aus dem Glauben.

HOMILIE

ANRUFUNG DER HEILIGEN UND FÜRBITTEN

4

Wer getauft wird, steht nicht allein. Die Getauften treten ein in die Gemeinschaft der Heiligen. Daher werden die Heiligen als Vorbilder eines christlichen Lebens und als Fürsprecher bei Gott angerufen, besonders die Namenspatrone der Kinder, der Eltern, der Patinnen und Paten.

V Heilige Maria, Mutter Gottes. A Bitte für sie.
V Heiliger Johannes der Täufer. A ...
V Heiliger Josef. A ...
  ...
V Alle Heiligen Gottes. A Bittet für sie.

An die Heiligenlitanei schließen sich die Fürbitten an. Die einzelnen Gebetsanliegen werden durch eine Gebetsstille oder einen (Wechsel-)Ruf (z. B. Nr. 181) bekräftigt.

573 Gebet um Schutz vor dem Bösen (Exorzismus-Gebet)

5

Wir bitten Gott, er möge die Kinder aus dem Einflussbereich des Bösen retten und ihnen die Kraft zum Guten schenken.

6 ## Salbung mit Katechumenenöl oder Handauflegung

Nach dem Gebet um Schutz vor dem Bösen sowie der Salbung mit Katechumenenöl bzw. der Handauflegung können alle zum Ort der Taufe ziehen. Dazu kann gesungen oder Instrumentalmusik gespielt werden.

Tauffeier

7 ### Lobpreis und Anrufung Gottes über dem Wasser

In einem feierlichen Gebet, dem Lobpreis und der Anrufung Gottes über dem Wasser, werden Gottes Heilstaten gepriesen; der Heilige Geist wird auf das Wasser und die Täuflinge herabgerufen.

8 ### Absage und Glaubensbekenntnis

Nach dem Lobpreis über dem Wasser widersagen die Eltern, Patinnen und Paten dem Bösen und bekennen den Glauben der Kirche, zum Beispiel in der folgenden Form:

P/D **Widersagt ihr dem Bösen, um in der Freiheit der Kinder Gottes zu leben?**
Eltern und Paten **Ich widersage.**
P/D **Widersagt ihr den Verlockungen des Bösen, damit die Sünde nicht Macht über euch gewinnt?**
Eltern und Paten **Ich widersage.**
P/D **Widersagt ihr dem Satan, dem Urheber des Bösen?**
Eltern und Paten **Ich widersage.**

573

P/D Glaubt ihr an Gott, den Vater, den Allmächtigen, den Schöpfer des Himmels und der Erde?
ELTERN UND PATEN Ich glaube.

P/D Glaubt ihr an Jesus Christus, seinen eingeborenen Sohn, unseren Herrn, der geboren ist von der Jungfrau Maria, der gelitten hat, gestorben ist und begraben wurde, von den Toten auferstand und zur Rechten des Vaters sitzt?
ELTERN UND PATEN Ich glaube.

P/D Glaubt ihr an den Heiligen Geist, die heilige katholische Kirche, die Gemeinschaft der Heiligen, die Vergebung der Sünden, die Auferstehung der Toten und das ewige Leben?
ELTERN UND PATEN Ich glaube.

8

Die Gemeinde kann mit dem (Apostolischen oder Großen) Glaubensbekenntnis (Nr. 3,4 und Nr. 586,2) oder einem Glaubenslied (z. B. Nr. 355) ihre Zustimmung zum Glaubenszeugnis der Eltern, Patinnen und Paten ausdrücken.

TAUFE

9

Die Zeichenhaftigkeit der Taufe, durch die wir im Heiligen Geist neu geboren sind (vgl. Tit 3,4–5), kommt besonders anschaulich zum Ausdruck, wenn das Kind in das Taufwasser eingetaucht wird. Es ist allerdings weit verbreitet, dem Kind beim Sprechen der Taufformel dreimal das Taufwasser über den Kopf zu gießen.

P/D N., ich taufe dich
im Namen des Vaters
und des Sohnes
und des Heiligen Geistes.

Nach der Taufe kann die Gemeinde eine Akklamation singen.

574 Ausdeutende Riten

1 Salbung mit Chrisam

Wie Christus als der Gesalbte und Gesandte Gottes den Menschen Gottes Heil verkündet und vermittelt hat, so sind auch die Getauften mit dem Geist Gottes begabt und zum Dienst in Kirche und Welt berufen.

P/D Der allmächtige Gott, der Vater unseres Herrn Jesus Christus, hat euch von der Schuld Adams befreit und euch aus dem Wasser und dem Heiligen Geist neues Leben geschenkt. Aufgenommen in das Volk Gottes werdet ihr nun mit dem heiligen Chrisam gesalbt, damit ihr für immer Glieder Christi bleibt, der Priester, König und Prophet ist in Ewigkeit.

A Amen.

2 Bekleidung mit dem weißen Taufgewand

Als Zeichen des neuen Lebens wird jetzt den Kindern das weiße Gewand angelegt.

P/D N. und N., in der Taufe seid ihr eine neue Schöpfung geworden und habt – wie die Schrift sagt – Christus angezogen. Das weiße Gewand sei euch ein Zeichen für diese Würde. Bewahrt sie für das ewige Leben.

3 Übergabe der brennenden Kerze

Die Eltern werden zum Entzünden der Taufkerze eingeladen.

P/D Empfangt das Licht Christi.

Der Vater oder ein anderes Mitglied der Familie entzündet die Taufkerze an der Osterkerze.

P/D Liebe Eltern und Paten, Ihnen wird dieses Licht anvertraut. Christus, das Licht der Welt, hat Ihre Kinder erleuchtet. Sie sollen als Kinder des Lichtes leben, sich im Glauben bewähren und dem Herrn und allen Heiligen entgegengehen, wenn er kommt in Herrlichkeit.

[Effata-Ritus] 574

An dieser Stelle kann der „Effata-Ritus" (effata = öffne dich; vgl. Mk 7,31–37) eingefügt werden, bei dem der Priester oder Diakon Ohren und Mund des Kindes berührt und dabei spricht:

P/D N. und N., der Herr lasse euch heranwachsen, und wie er mit dem Ruf „Effata" dem Taubstummen die Ohren und den Mund geöffnet hat, öffne er auch euch Ohren und Mund, dass ihr sein Wort vernehmt und den Glauben bekennt zum Heil der Menschen und zum Lobe Gottes.

Abschluss
Prozession zum Altarraum 5

Zum Abschluss der Feier zieht die Taufgemeinde zum Altarraum. Die brennenden Kerzen der Neugetauften werden mitgetragen. Dabei kann gesungen werden (z. B. Nr. 400).

Gebet des Herrn 6

Alle sprechen oder singen gemeinsam das Gebet des Herrn.

Segen und Entlassung 7

Schlusslied/Marienlied 8

Wo es üblich ist, die Kinder vor ein Marienbild zu bringen, endet die Feier dort mit einem Mariengebet (z. B. Nr. 10,1–3) oder einem Marienlied. (z. B. Nr. 520–537)

Taufe in unmittelbarer Lebensgefahr (Nottaufe) 575

In unmittelbarer Lebensgefahr kann angesichts der Heilsbedeutung der Taufe nicht nur ein Christ taufen, sondern jeder Mensch, der die rechte Absicht hat. In diesem Fall genügen das Übergießen des Hauptes des Täuflings mit Wasser und das Sprechen der Taufworte:

575 N., ich taufe dich
im Namen des Vaters
und des Sohnes
und des Heiligen Geistes.

Wenn jemand in unmittelbarer Lebensgefahr getauft wurde und wieder gesund wird, werden die anderen Elemente der Tauffeier zu einem späteren Zeitpunkt in einem eigenen Gottesdienst nachgeholt.
Die Spendung der Nottaufe ist dem zuständigen Pfarramt des Taufortes zu melden.

576 TAUFGEDÄCHTNIS

Unsere Verbindung mit Jesus Christus, die in der Taufe grundgelegt wurde, will wachsen und sich in unserem Leben auswirken. Darum sind alle Getauften berufen, die Entscheidung zum Leben mit Christus und der Kirche, zu Glaube, Hoffnung und Liebe als die Grundprägung ihres Lebens immer wieder neu zu verwirklichen. In der Österlichen Bußzeit werden wir darauf vorbereitet, in der Feier der Osternacht unser Taufbekenntnis zu erneuern. Auch in andere gottesdienstliche Feiern können Elemente des Taufgedächtnisses eingefügt werden (z. B. Lieder, die an die eigene Taufe erinnern; Lobpreis über dem Wasser und Aussprengung).

ELEMENTE DES TAUFGEDÄCHTNISSES
1 ### EINFÜHRUNG
Am Taufbecken oder bei einer mit Weihwasser gefüllten Schale kann mit folgenden oder ähnlichen Worten in die Feier eingeführt werden:

V Liebe Schwestern und Brüder!
In der Taufe hat uns Gott als seine geliebten Kinder angenommen. Wir sind seine Söhne und Töchter und dürfen ihn Vater nennen. Er hat uns berufen, seine großen Taten zu verkünden. Daran soll uns das geweihte Wasser erinnern.

LOBPREIS GOTTES ÜBER DEM WASSER 576

V Vater voll Erbarmen, du hast uns durch das Wasser der Taufe neues Leben geschenkt. – Wir loben dich.
A Wir preisen dich.
V Du führst alle Getauften in deinem Sohn Jesus Christus zu einem heiligen Volk zusammen. – Wir loben dich.
A Wir preisen dich.
V Du erfüllst die Getauften mit dem Geist deiner Liebe und machst sie frei. – Wir loben dich.
A Wir preisen dich.
V Du sendest die Getauften als Zeugen der frohen Botschaft Christi in die Welt. – Wir loben dich.
A Wir preisen dich.

GESANG ZUM TAUFGEDÄCHTNIS
→ *„Gott ruft sein Volk zusammen" (Nr. 477)*

BEKREUZIGUNG MIT WEIHWASSER
Zum Gedächtnis der eigenen Taufe können nun die Mitfeiernden eingeladen werden, vorzutreten und sich mit Weihwasser (gegenseitig) zu bekreuzigen. Das Weihwasser kann auch über die Mitfeiernden ausgesprengt werden. Dazu kann ein Tauflied (Nr. 491) gesungen werden, ebenso ist Orgelmusik oder Stille möglich.

ANLÄSSE
Besonders sinnvoll ist eine Taufgedächtnisfeier:
… in der Vorbereitung und Feier der Erstkommunion
… in der Vorbereitung und Feier der Firmung
… an den Sonntagen der Osterzeit
… an Sonn- und Feiertagen, die einen besonderen Bezug zur Taufe haben (z. B. Fest der Erscheinung des Herrn und Fest der Taufe des Herrn)
… an den Tagen der Pfingstnovene

576 Elemente des Taufgedächtnisses können z. B. eingefügt werden in:
- ... die Messfeier am Sonntag (Sonntägliches Taufgedächtnis)
- ... die Tagzeitenliturgie (in den Laudes vor dem Benedictus, in der Vesper vor dem Magnificat)
- ... die Wort-Gottes-Feier

Persönliche Formen des Taufgedächtnisses sind unter anderem:
- ... das Bezeichnen mit dem Kreuz
- ... das Verwenden von Weihwasser
- ... das Entzünden der Taufkerze am Jahrestag der Taufe oder am Namenstag
- ... ein Dankgebet für die Taufe

> Alle wurden mit dem Heiligen Geist erfüllt
> und sie verkündeten freimütig das Wort Gottes.
>
> APG 4,31

577 Die Firmung

1 Wie einst an Pfingsten wird im Sakrament der Firmung der Heilige Geist in Fülle mitgeteilt. Was in der Taufe grundgelegt wurde, wird in der Firmung gestärkt: Sie verwurzelt uns tiefer in der Gotteskindschaft, die uns sagen lässt: „Abba, Vater!" (Röm 8,15); sie vereint uns inniger mit Christus; sie vermehrt in uns die Gaben des Heiligen Geistes; sie verbindet uns vollkommener mit der Kirche; sie schenkt uns eine besondere Kraft des Heiligen Geistes, um in Wort und Tat aus dem Glauben zu leben und das Evangelium Jesu Christi zu bezeugen. So empfangen wir von Neuem die Beauftragung, auf je eigene Weise lebendige Glieder der Orts- und Gesamtkirche zu sein. Der Heilige Geist gibt uns die Kraft, diesem Auftrag gerecht zu werden.

Wer firmt? Wo wird gefirmt? Wann wird gefirmt?

Als Nachfolger der Apostel sind die Bischöfe die ursprünglichen und eigentlichen Vorsteher der Firmfeier und Spender der Firmung. Sie können in bestimmten Situationen Priester mit der Spendung des Sakraments beauftragen. Gefirmt wird in einer Messfeier: bevorzugt in der Kirche der Wohnpfarrei, aber auch in einer größeren zentralen Kirche. Für das Firmalter gibt es unterschiedliche diözesane Festlegungen, über die der Pfarrer bzw. die Religionslehrer gerne Auskunft geben.

Welche Aufgaben haben Eltern, Patinnen, Paten, Gemeinde?

Die Eltern sind und bleiben ihren Kindern die ersten und wichtigsten Zeugen des Glaubens. Die Paten bekunden mit der Übernahme ihres Amtes die Bereitschaft, den Weg des Lebens und Glaubens des ihnen anvertrauten Kindes, Jugendlichen oder Erwachsenen zu begleiten.

Voraussetzungen für die Übernahme des Patenamtes sind der Empfang von Taufe, Firmung und Eucharistie sowie die uneingeschränkte Zugehörigkeit zur katholischen Kirche und eine den genannten Aufgaben entsprechende Reife.

Um die Verbindung zur Taufe deutlich zu machen, können Taufpaten auch Firmpaten sein, oder es wird diejenige Person gewählt, die dem Firmbewerber bis dahin im Glauben besonders geholfen hat.

Die Gemeinde unterstützt die Eltern und Paten in der Firmvorbereitung, besonders durch Firmbegleiter. Durch die Mitfeier der Gemeinde kommt zum Ausdruck, dass die Firmung nicht nur eine Stärkung des persönlichen Glaubens ist, sondern auch ein Fest der Kirche.

Glauben,
das ist die Heiterkeit,
die von Gott kommt.
PAPST JOHANNES XXIII.

578 DIE FEIER

Die Firmung erfolgt im Rahmen einer Messfeier (Nr. 582 ff), die durch die im Folgenden beschriebenen Elemente ergänzt wird.

ERÖFFNUNG
1 PROZESSION ZUM EINZUG

WORTGOTTESDIENST
2 LESUNGEN UND ANTWORTPSALM (-GESANG)

3 VORSTELLUNG DER FIRMBEWERBER

4 HOMILIE

5 TAUFBEKENNTNIS
Nachdem bei der Taufe ihres Kindes die Eltern den Glauben bekannt haben, legen nun die Firmbewerber und Firmbewerberinnen ihr eigenes Bekenntnis ab (siehe auch Nr. 573,8). Die Ich-Form betont dabei, dass es alle wirklich für sich selbst tun.

BISCHOF Widersagt ihr dem Satan und all seiner Verführung?
FIRMBEWERBER/FIRMBEWERBERIN Ich widersage.
BISCHOF Glaubt ihr an Gott, den Vater, den Allmächtigen, den Schöpfer des Himmels und der Erde?
FIRMBEWERBER/FIRMBEWERBERIN Ich glaube.
BISCHOF Glaubt ihr an Jesus Christus, seinen eingeborenen Sohn, unseren Herrn, der geboren ist von der Jungfrau Maria, der gelitten hat und begraben wurde, von den Toten auferstand und zur Rechten des Vaters sitzt?
FIRMBEWERBER/FIRMBEWERBERIN Ich glaube.
BISCHOF Glaubt ihr an den Heiligen Geist, der Herr ist und lebendig macht, der, wie einst den Aposteln am Pfingstfest, so heute euch durch das Sakrament der Firmung in einzigartiger Weise geschenkt wird?
FIRMBEWERBER/FIRMBEWERBERIN Ich glaube.

BISCHOF Glaubt ihr an die heilige katholische Kirche, die Gemeinschaft der Heiligen, die Vergebung der Sünden, die Auferstehung der Toten und das ewige Leben?
FIRMBEWERBER/FIRMBEWERBERIN Ich glaube.
BISCHOF Das ist unser Glaube, der Glaube der Kirche, zu dem wir uns in Jesus Christus bekennen.

Die Gemeinde kann ein Glaubenslied (z. B. Nr. 491) singen.

SPENDUNG DER FIRMUNG
Der Bischof lädt alle zum Gebet für die Firmbewerber und Firmbewerberinnen ein:

BISCHOF Lasset uns beten, (Brüder und Schwestern), zu Gott, dem allmächtigen Vater, dass er den Heiligen Geist herabsende auf diese jungen Christen (Männer und Frauen), die in der Taufe wiedergeboren sind zu ewigem Leben. Der Heilige Geist stärke sie durch die Fülle seiner Gaben und mache sie durch seine Salbung Christus, dem Sohn Gottes, ähnlich.

AUSBREITUNG DER HÄNDE UND GEBET UM DIE GABEN DES HEILIGEN GEISTES
In Anlehnung an die Geistesgaben, die im Alten Testament der Prophet Jesaja für den Messias ankündigt, erbittet der Bischof die siebenfache Entfaltung des Heiligen Geistes:
... ein hörendes Herz und Klugheit in der Nutzung der eigenen Möglichkeit (Weisheit)
... die Gabe der Unterscheidung zwischen Gut und Böse (Einsicht)
... ein Planen, das Gott einbezieht (Rat)
... richtiges Denken, das nach biblischem Verständnis im Herzen beginnt und zu sorgender Anteilnahme führt (Erkenntnis)
... Kraft zur Umsetzung des als richtig Erkannten (Stärke)
... Rückbindung an Gott als Grundhaltung (Gottesfurcht)
... Vertiefung in Gebet und Gottesdienst (Frömmigkeit).
Das Ausbreiten der Hände über die Firmbewerberinnen und Firmbewerber drückt die Herabrufung des Heiligen Geistes aus.

579

3 BISCHOF Allmächtiger Gott, Vater unseres Herrn Jesus Christus, du hast diese (jungen) Christen (unsere Brüder und Schwestern) in der Taufe von der Schuld Adams befreit, du hast ihnen aus dem Wasser und dem Heiligen Geist neues Leben geschenkt. Wir bitten dich, Herr, sende ihnen den Heiligen Geist, den Beistand. Gib ihnen den Geist der Weisheit und der Einsicht, des Rates, der Erkenntnis und der Stärke, den Geist der Frömmigkeit und der Gottesfurcht. Durch Christus, unseren Herrn.
A Amen.

Bei der Firmung stehen die Paten hinter den Firmbewerbern und Firmbewerberinnen und legen ihnen die Hand auf die rechte Schulter.

4 SALBUNG MIT CHRISAM UND FRIEDENSGRUSS
Die Salbung mit Öl ist ein in der Bibel bezeugtes Symbol für die Geistmitteilung. Könige wurden auf diese Art und Weise von Propheten für ihre Aufgabe zugerüstet. Öl ist ein Zeichen für Stärkung und Reinigung. So stärkt der Heilige Geist zum richtigen Handeln und reinigt von dem, was uns von Gott weglenkt. Der wohlriechende Chrisam, ein mit kostbaren Duftstoffen versehenes Öl, verweist zusätzlich auf die Gleichgestaltung der Firmbewerber und Firmbewerberinnen mit Christus und die Befähigung, unter den Menschen „Christi Wohlgeruch" (2 Kor 2,15) zu sein.

5 *Der Bischof zeichnet mit Chrisam ein Kreuz auf die Stirn der zu Firmenden, legt ihnen die Hand auf und spricht:*
BISCHOF N., sei besiegelt durch die Gabe Gottes, den Heiligen Geist.
NEUGEFIRMTER/NEUGEFIRMTE Amen.
BISCHOF Der Friede sei mit dir.

6 FÜRBITTEN

7 EUCHARISTIEFEIER (→ *Nr. 587 ff*)
Es ist angemessen, dass sich die Neugefirmten am Herbeibringen der Gaben für die Feier der Eucharistie beteiligen (Gabenprozession).

> Sooft ihr von diesem Brot esst
> und aus dem Kelch trinkt,
> verkündet ihr den Tod des Herrn,
> bis er kommt.
>
> 1 KOR 11,26

Die Eucharistie

AM SONNTAG OSTERN FEIERN

Von Anfang an hatte der Sonntag für die christlichen Gemeinden eine besondere Bedeutung. Am „ersten Tag der Woche" kamen die Gläubigen zusammen, um „das Brot zu brechen", d. h. Eucharistie zu feiern (Apg 20,7). Die Eucharistie war ihnen das Lebens-Mittel schlechthin, die „Arznei der Unsterblichkeit" (Ignatius von Antiochien), ohne die sie nicht Christen sein konnten.

In der Welt von heute gerät der Sonntag leicht in den Sog ausufernder Betriebsamkeit und wirtschaftlicher Interessen oder wird ausschließlich als Freiraum für Entspannung beansprucht. Wird aber der Lebenshunger der Menschen allein durch Leistung oder Zerstreuung gestillt?

Messe am Sonntag heißt wöchentlich Ostern feiern: Gott hat uns seinen Sohn gegeben, ihn aus dem Tod errettet und uns dadurch das Tor zum ewigen Leben aufgetan. Im österlichen Mahl werden wir auf dem Weg zu diesem Leben genährt.

WANDLUNG ERFAHREN

Am Abend vor seinem Leiden reichte Jesus beim Mahl seinen Jüngern Brot und Wein mit den Worten: „Das ist mein Leib; das ist mein Blut" (Mk 14,22.24). Damit deutet er sein Leben bis in die Hingabe am Kreuz: ‚Das bin ich für euch.' In der Lebenshingabe seines Sohnes überwindet Gott Hass und Gewalt; er wandelt Tod in Leben und versöhnt die Welt mit sich. In jeder Eucharistiefeier wird Christus mit seiner verwandelnden Liebe gegenwärtig und schenkt sich in den Gaben von Brot und Wein.

580 Die Gemeinde sagt Gott Dank für Jesus Christus und seine Heilstat, in die sie hineingenommen wird. Dazu versammelt sie sich und wird im Glauben an den einen Herrn zur Gemeinschaft verbunden. Sie öffnet sich der Begegnung mit dem Auferstandenen, der sie zu seinem Leib zusammenfügt. Jesus Christus ist die Mitte des Gottesdienstes. Er ist gegenwärtig in der versammelten Gemeinde, im Wort der Heiligen Schrift und im Opfer der Messe, besonders in den eucharistischen Gestalten und im Dienst des Priesters (vgl. SC 7).

EUCHARISTIE LEBEN

Wer im Namen Jesu und ‚zu seinem Gedächtnis' Eucharistie feiert, unterbricht den Alltag und löst sich von dessen Zwängen. Er übt sich in Haltungen ein, die nach der Heiligen Schrift Gott gefällige Opfer sind: das *Anerkennen eigener Schuld* im Bußakt, das *Hören auf Gottes Wort*, die *Barmherzigkeit* in Fürbitte und Sorge für die Armen (Kollekte), die *Hingabe an Gott in Dank und Anbetung*. Brot und Wein, die wir zum Altar bringen, zeigen nicht nur, dass wir unser Leben Gott verdanken, sondern dass wir in ihnen uns und unsere Welt vor Gott bringen.

Die Eucharistie verändert unser Leben und führt uns zu neuen Haltungen im Alltag:

- *Danken:* Hinter allem Gegebenen steht ein Geber – Gott, der Schöpfer, der das Leben liebt und vollendet.
- *Sich erinnern:* Der Weg Jesu bis in den gewaltsamen Tod war die Konsequenz seiner unbeirrbaren Liebe zu den Menschen. Gott will nicht, dass Menschen zu Opfern gemacht werden. Das ermutigt, alles Unrecht beim Namen zu nennen und entschieden dagegen aufzustehen.
- *Barmherzig sein:* Das Reich Gottes „ist Gerechtigkeit, Friede und Freude im Heiligen Geist" (Röm 14,17). Menschen, die sich dafür einsetzen, geben sich nicht preis, sondern hinein in das österliche Leben und werden immer mehr, was sie sind: Leib Christi.

Aufbau der sonntäglichen Messfeier 581

Eröffnung *(Nr. 582)* 1
Einzug – Gesang
Kreuzzeichen
Liturgischer Gruß, *ggf.* Einführung
Allgemeines Schuldbekenntnis *oder* Taufgedächtnis
Kyrie
Gloria
Tagesgebet

Wortgottesdienst *(Nr. 584)* 2
Erste Lesung
Antwortpsalm
Zweite Lesung
Ruf vor dem Evangelium
Evangelium
Homilie (Predigt)
Glaubensbekenntnis
Fürbitten

Eucharistiefeier *(Nr. 587)* 3
Gabenbereitung
Bereitung des Altares
Gabenprozession
Gabengebet
Eucharistisches Hochgebet
Kommunion
Gebet des Herrn (Vaterunser)
Friedensgruß
Brechung des Brotes
Kommunionspendung
Stille und Dankgesang
Schlussgebet ↘

581 ABSCHLUSS *(Nr. 591)*

4
    ggf. Mitteilungen
    Segen
    Entlassungsruf
    Auszug

582 DIE FEIER DER HEILIGEN MESSE

ERÖFFNUNG

Die Gemeinde versammelt sich. Während der „Eröffnung" stehen alle.

1 KREUZZEICHEN

Im Kreuz Jesu verbinden sich Himmel und Erde, Gott und Mensch.

P Im Namen des Vaters und des Sohnes und des Heiligen Geistes. Amen.
Alle machen das Kreuzzeichen.

P In nómine Patris, et Fílii, et Spíritus Sancti. Amen.

2 LITURGISCHER GRUß

Die Gemeinde feiert Gottesdienst in der Gegenwart des auferstandenen Herrn.

P Der Herr sei mit euch.
B Der Friede sei mit euch.
A Und mit deinem Geiste.

oder

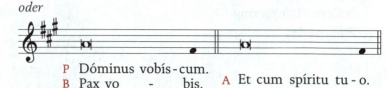

P Dóminus vobíscum.
B Pax vobis.
A Et cum spíritu tuo.

Einführung

Es kann eine kurze Einführung in die Feier gegeben werden.

Allgemeines Schuldbekenntnis

An die Stelle des Allgemeinen Schuldbekenntnisses kann das Sonntägliche Taufgedächtnis (Nr. 582,7) treten.

Als Menschen sind wir auf Gottes Barmherzigkeit angewiesen. Darum halten wir inne und bitten Gott und einander um Vergebung.

Form A

P Brüder und Schwestern, damit wir die heiligen Geheimnisse in rechter Weise feiern können, wollen wir bekennen, dass wir gesündigt haben. Wir sprechen das Schuldbekenntnis.

A Ich bekenne Gott, dem Allmächtigen, / und allen Brüdern und Schwestern, / dass ich Gutes unterlassen und Böses getan habe / – ich habe gesündigt in Gedanken, Worten und Werken – /
alle schlagen sich an die Brust
durch meine Schuld, durch meine Schuld, durch meine große Schuld. / Darum bitte ich die selige Jungfrau Maria, / alle Engel und Heiligen / und euch, Brüder und Schwestern, für mich zu beten bei Gott, unserem Herrn.

P Fratres, agnoscámus peccáta nostra, ut apti simus ad sacra mystéria celebránda.

A Confíteor Deo omnipoténti / et vobis, fratres, quia peccávi nimis / cogitatióne, verbo, ópere et omissióne: /
alle schlagen sich an die Brust
mea culpa, mea culpa, mea máxima culpa. / Ideo precor beátam Mariam semper Vírginem, / omnes Angelos et Sanctos, / et vos, fratres, oráre pro me ad Dóminum Deum nostrum.

DIE FEIER DER SAKRAMENTE

582

4

P Der allmächtige Gott erbarme sich unser. Er lasse uns die Sünden nach und führe uns zum ewigen Leben.
A Amen.

P Misereátur nostri omnípotens Deus et, dimíssis peccátis nostris, perdúcat nos ad vitam aetérnam.
A Amen.

5
B

oder FORM B

P Brüder und Schwestern, bevor wir das Wort Gottes hören und das Opfer Christi feiern, wollen wir uns bereiten und Gott um Vergebung unserer Sünden bitten.

P Erbarme dich, Herr, unser Gott, erbarme dich.
A Denn wir haben vor dir gesündigt.
P Erweise, Herr, uns deine Huld.
A Und schenke uns dein Heil.

P Nachlass, Vergebung und Verzeihung unserer Sünden gewähre uns der allmächtige und barmherzige Herr.
A Amen.

6
C

oder FORM C

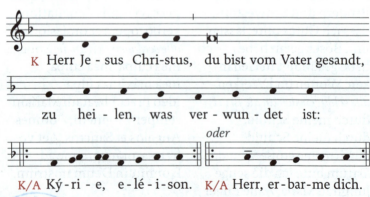

K Herr Je-sus Chri-stus, du bist vom Vater gesandt, zu hei-len, was ver-wun-det ist:

oder

K/A Ký-ri-e, e-lé-i-son.   K/A Herr, er-bar-me dich.

K Du bist ge-kom-men, die Sünder zu be-ru-fen:

K/A Chri-ste, e-lé-i-son.   K/A Chri-stus, er-bar-me dich.

K Du bist zum Vater heim-gekehrt, um für uns ein-zustehn:

K/A Ký-ri-e, e-lé-i-son.   K/A Herr, er-bar-me dich.

T: Messbuch, M: Josef Seuffert 1963 (Ruf) mit Kyrie III Vat. XVI, Heinrich Rohr 1952 (Herr, erbarme dich)

P   Der Herr erbarme sich unser. Er nehme von uns Sünde und Schuld, damit wir mit reinem Herzen diese Feier begehen.
A   Amen.

Es folgt das Kyrie, falls es nicht schon in einer anderen Form enthalten war.

[DAS SONNTÄGLICHE TAUFGEDÄCHTNIS]

Die Besprengung mit dem gesegneten Wasser erinnert die Gläubigen an ihre Würde und ihre Berufung aus der Taufe.

P   Liebe Brüder und Schwestern!
Wir bitten den Herrn, dass er dieses Wasser segne, mit dem wir nun besprengt werden. Das geweihte Wasser soll uns an die Taufe erinnern. Gott aber erneuere in uns seine Gnade, damit wir dem Geist treu bleiben, den wir empfangen haben.

Stille

582 Segensgebet

⁷

Zur Besprengung mit Weihwasser wird ein passender Gesang gewählt, z. B. Nr. 491.

8 Kyrie

Jesus Christus ist der Kyrios – der Herr, der sich unser erbarmt. Ihn grüßen wir in unserer Mitte.

K	Kýrie, eléison.	*oder*	K	Herr, erbarme dich (unser).
A	Kýrie, eléison.		A	Herr, erbarme dich (unser).
K	Christe, eléison.		K	Christus, erbarme dich (unser).
A	Christe, eléison.		A	Christus, erbarme dich (unser).
K	Kýrie, eléison.		K	Herr, erbarme dich (unser).
A	Kýrie, eléison.		A	Herr, erbarme dich (unser).

An Sonntagen außerhalb der Advents- und Fastenzeit, an Festtagen und in anderen festlichen Gottesdiensten folgt das Gloria.

583 Gloria

Die Gläubigen stimmen ein in den Lobgesang der Engel. Sie preisen den Vater und den Sohn im Heiligen Geist.

1

A Ehre sei Gott in der Höhe /
und Friede auf Erden den
Menschen seiner Gnade.

Wir loben dich, /
wir preisen dich, /
wir beten dich an, /
wir rühmen dich und
danken dir, denn groß
ist deine Herrlichkeit. /

A Gloria in excélsis Deo /
et in terra pax homínibus
bonae voluntátis.

Laudámus te, /
benedícimus te, /
adorámus te, /
glorificámus te, /
grátias ágimus tibi propter
magnam glóriam tuam, /

Herr und Gott, König des Himmels, / Gott und Vater, Herrscher über das All.	Dómine Deus, Rex caeléstis, / Deus Pater omnípotens.
Herr, eingeborener Sohn, Jesus Christus. / Herr und Gott, Lamm Gottes, Sohn des Vaters, / du nimmst hinweg die Sünde der Welt: / erbarme dich unser; / du nimmst hinweg die Sünde der Welt: / nimm an unser Gebet; / du sitzest zur Rechten des Vaters: / erbarme dich unser.	Dómine Fili unigénite, Iesu Christe, / Dómine Deus, Agnus Dei, Fílius Patris, / qui tollis peccáta mundi, / miserére nobis; / qui tollis peccáta mundi, / súscipe deprecatiónem nostram. / Qui sedes ad déxteram Patris, / miserére nobis.
Denn du allein bist der Heilige, / du allein der Herr, / du allein der Höchste: Jesus Christus / mit dem Heiligen Geist, zur Ehre Gottes des Vaters. / Amen.	Quóniam tu solus Sanctus, / tu solus Dóminus, / tu solus Altíssimus, Iesu Christe, / cum Sancto Spíritu: in glória Dei Patris. / Amen.

TAGESGEBET

Die Gemeinde wird zum Gebet eingeladen. Nach einer kurzen Stille fasst der Priester ihr Beten zusammen. Die Gläubigen bekräftigen es mit „Amen" (So sei es).

P Lasset uns beten.

Stille

583

vom Tag, z. B.:

3   P   Gott, du liebst deine Geschöpfe, und es ist deine Freude, bei den Menschen zu wohnen. Gib uns ein neues und reines Herz, das bereit ist, dich aufzunehmen. Darum bitten wir durch Jesus Christus, deinen Sohn, unseren Herrn und Gott, der in der Einheit des Heiligen Geistes mit dir lebt und herrscht in alle Ewigkeit.
A   Amen.

584   WORTGOTTESDIENST

Durch die Verkündigung der Heiligen Schrift wird das Heilswirken Gottes in der Geschichte seines Volkes gegenwärtig. Gott wendet sich den Menschen zu und spricht zu seiner Gemeinde. Die Gläubigen nehmen sein Wort auf, verweilen bei ihm und antworten darauf; so kann es für ihr Leben fruchtbar werden.

Alle setzen sich. Vom Ambo aus, dem Verkündigungsort der Heiligen Schrift, trägt ein Lektor oder eine Lektorin die Lesung vor. Nach jeder Lesung ist eine angemessene Zeit der Stille vorgesehen.

1   ERSTE LESUNG

vom Tag, z. B. Jes 55,10–11

L   Lesung aus dem Buch Jesaja.
So spricht der Herr: Wie der Regen und der Schnee vom Himmel fällt und nicht dorthin zurückkehrt, sondern die Erde tränkt und sie zum Keimen und Sprossen bringt, wie er dem Sämann Samen gibt und Brot zum Essen, so ist es auch mit dem Wort, das meinen Mund verlässt: Es kehrt nicht leer zu mir zurück, sondern bewirkt, was ich will, und erreicht all das, wozu ich es ausgesandt habe.

Nach der Lesung spricht oder singt der Lektor oder die Lektorin: **584**

L Wort des lebendi-gen Got-tes. A Dank sei Gott.

oder

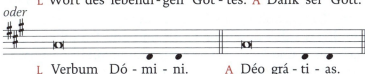

L Verbum Dó-mi-ni. A Déo grá-ti-as.

ANTWORTPSALM *vom Tag, z. B. Ps 19,8–12*

Die Psalmen bezeugen Gottes Wirken in Erfahrungen von Not und Rettung, von Scheitern, Vertrauen und Dank. Der Kehrvers bietet einen Leitgedanken für die Meditation des Psalms und der Lesung.

K/A Herr, du hast Wor-te e-wi-gen Le-bens.

T: Joh 6,68, M: Heinrich Rohr (1902–1997)

K Die Weisung des Herrn ist vollkommen,
sie erquickt den Menschen.
Das Gesetz des Herrn ist verlässlich,
den Unwissenden macht es weise. A Herr, du ...

K Das Gebot des Herrn ist lauter,
es erleuchtet die Augen.
Die Befehle des Herrn sind richtig,
sie erfreuen das Herz. A Herr, du ...

K Sie sind kostbarer als Gold,
als Feingold in Menge.
Sie sind süßer als Honig,
als Honig aus Waben.
Auch dein Knecht lässt sich von ihnen warnen;
wer sie beachtet, hat reichen Lohn. A Herr, du ...

An Sonntagen und Hochfesten folgt eine weitere Lesung.

584 ZWEITE LESUNG *vom Tag, z. B. 2 Kor 1,18–22*

L Lesung aus dem zweiten Brief des Apostels Paulus an die Korinther.

Brüder und Schwestern! Gott ist treu, er bürgt dafür, dass unser Wort euch gegenüber nicht Ja und Nein zugleich ist. Denn Gottes Sohn Jesus Christus, der euch durch uns verkündigt wurde – durch mich, Silvanus und Timotheus –, ist nicht als Ja und Nein zugleich gekommen; in ihm ist das Ja verwirklicht. Er ist das Ja zu allem, was Gott verheißen hat. Darum rufen wir durch ihn zu Gottes Lobpreis auch das Amen. Gott aber, der uns und euch in der Treue zu Christus festigt und der uns alle gesalbt hat, er ist es auch, der uns sein Siegel aufgedrückt und als ersten Anteil am verheißenen Heil den Geist in unser Herz gegeben hat.

Nach der Lesung spricht oder singt der Lektor oder die Lektorin:

oder

7 RUF VOR DEM EVANGELIUM
Alle erheben sich.

Im „Halleluja" (Preist Gott!) grüßt die Gemeinde den Herrn, der im Evangelium (Frohe Botschaft) zu ihr spricht.

T: Liturgie, M: gregorianisch

VERS   *vom Tag, z. B. Lk 4,18* **584**

[K] Der Geist des Herrn ruht auf mir. Der Herr hat mich
gesandt, den Armen die Frohe Botschaft zu bringen.
A Halleluja ...

*In der Österlichen Bußzeit wird das „Halleluja" durch einen Christus-
ruf ersetzt, z. B.:*

Lob dir, Chri-stus, Kö-nig und Er-lö-ser!

T: Liturgie, M: Heinrich Rohr (1902–1997)

EVANGELIUM   **585**

*Nach der Evangelienprozession spricht oder singt der Diakon (Priester)
am Ambo:*

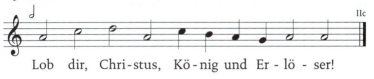

D (P) Der Herr sei mit euch.   A Und mit deinem Geiste.
      Dóminus vobíscum.   Et cum spíritu tuo.

D (P) Aus dem heiligen Evangelium nach N.
      Léctio sancti Evangélii secún - dum N.

A Ehre sei dir, o Herr.
  Glória ti - bi, Dómine.

*Die Gläubigen bezeichnen sich mit dem Kreuzzeichen auf Stirn,
Mund und Brust.*

585

vom Tag, z. B. Lk 4,16–21

2   D (P) In jener Zeit kam Jesus nach Nazaret, wo er aufgewachsen war, und ging, wie gewohnt, am Sabbat in die Synagoge. Als er aufstand, um aus der Schrift vorzulesen, reichte man ihm das Buch des Propheten Jesaja. Er schlug das Buch auf und fand die Stelle, wo es heißt: Der Geist des Herrn ruht auf mir; denn der Herr hat mich gesalbt. Er hat mich gesandt, damit ich den Armen eine gute Nachricht bringe; damit ich den Gefangenen die Entlassung verkünde und den Blinden das Augenlicht; damit ich die Zerschlagenen in Freiheit setze und ein Gnadenjahr des Herrn ausrufe. Dann schloss er das Buch, gab es dem Synagogendiener und setzte sich. Die Augen aller in der Synagoge waren auf ihn gerichtet. Da begann er, ihnen darzulegen: Heute hat sich das Schriftwort, das ihr eben gehört habt, erfüllt.

Nach dem Evangelium spricht oder singt der Diakon (Priester):

3   D (P) Evangelium unseres Herrn Je-sus Chri-stus.

A Lob sei dir, Chri-stus.

oder

D (P) Verbum Dó-mi-ni.   A Laus tibi, Chri-ste.

Homilie (Predigt)
Alle setzen sich.

Die Homilie erschließt die Botschaft des Glaubens und die Feier der Liturgie; sie deutet das Leben im Licht des Wortes Gottes.

An Sonntagen, Hochfesten und bei anderen festlichen Anlässen folgt das Glaubensbekenntnis.

Glaubensbekenntnis
Alle stehen auf.

Das Glaubensbekenntnis hat seinen Ursprung im Taufbekenntnis: Wir glauben an den Vater, den Sohn und den Heiligen Geist. Wir glauben an die Vollendung der Welt und an die Auferstehung zum ewigen Leben.

Zu den mit * markierten Worten verbeugen sich alle (an Weihnachten und am Hochfest der Verkündigung des Herrn knien alle nieder).

P Wir sprechen das Große Glaubensbekenntnis.

A Wir glauben an den einen Gott, / den Vater, den Allmächtigen, der alles geschaffen hat, / Himmel und Erde, / die sichtbare und die unsichtbare Welt.

Und an den einen Herrn Jesus Christus, / Gottes eingeborenen Sohn, / aus dem Vater geboren vor aller Zeit: / Gott von Gott, Licht vom Licht, / wahrer Gott vom wahren Gott, / gezeugt, nicht geschaffen, / eines Wesens mit dem Vater; / durch ihn ist alles geschaffen. /

A Credo in unum Deum, / Patrem omnipoténtem, / factórem caeli et terrae, / visibílium ómnium et invisibílium.

Et in unum Dóminum Iesum Christum, / Filium Dei Unigénitum, / et ex Patre natum ante ómnia sáecula. / Deum de Deo, / lumen de lúmine, / Deum verum de Deo vero, / génitum, non factum, / consubstantiálem Patri: / per quem

586
2

Für uns Menschen und zu unserem Heil ist er vom Himmel gekommen, /
* hat Fleisch angenommen durch den Heiligen Geist von der Jungfrau Maria / und ist Mensch geworden.* /
Er wurde für uns gekreuzigt unter Pontius Pilatus, / hat gelitten und ist begraben worden, / ist am dritten Tage auferstanden nach der Schrift / und aufgefahren in den Himmel. /
Er sitzt zur Rechten des Vaters / und wird wiederkommen in Herrlichkeit, / zu richten die Lebenden und die Toten; / seiner Herrschaft wird kein Ende sein.

Wir glauben an den Heiligen Geist, / der Herr ist und lebendig macht, / der aus dem Vater und dem Sohn hervorgeht, / der mit dem Vater und dem Sohn angebetet und verherrlicht wird, / der gesprochen hat durch die Propheten, / und die eine, heilige, katholische und apostolische Kirche. / Wir bekennen die eine Taufe zur Vergebung der Sünden. / Wir erwarten die Auferstehung der Toten / und das Leben der kommenden Welt. Amen.

ómnia facta sunt. / Qui propter nos hómines et propter nostram salútem / descéndit de caelis.
* Et incarnátus est de Spíritu Sancto ex María Virgine, / et homo factus est. * /
Crucifíxus étiam pro nobis, sub Póntio Piláto; / passus et sepúltus est, / et resurréxit tértia die, secúndum Scriptúras, / et ascéndit in caelum, / sedet ad déxteram Patris. / Et íterum ventúrus est cum glória, / iudicáre vivos et mórtuos, / cuius regni non erit finis.

Et in Spíritum Sanctum, Dóminum et vivificántem: / qui ex Patre Filióque procédit. / Qui cum Patre et Fílio simul adorátur et conglorificátur: / qui locútus est per prophétas. / Et unam, sanctam, cathólicam et apostólicam Ecclésiam. / Confíteor unum baptísma in remissiónem peccatórum. / Et exspécto resurrectionem mortuórum, / et vitam ventúri sáeculi. Amen.

oder

Apostolisches Glaubensbekenntnis (Nr. 3,4)

FÜRBITTEN (ALLGEMEINES GEBET)

Im Fürbittgebet erhält das gemeinsame Priestertum aller Getauften seinen besonderen Ausdruck: Sie treten ein für die Anliegen der Weltkirche und der Ortsgemeinde, für die Regierenden, die Notleidenden, für alle Menschen und für das Heil der ganzen Welt.

Das Fürbittgebet wird vom Priester eingeleitet und abgeschlossen. Jedes Anliegen wird nach einer Gebetsstille durch einen Ruf der Gemeinde bekräftigt. Beispiel:

P Schwestern und Brüder, im Namen Jesu sind wir versammelt; vor ihn tragen wir voll Vertrauen die Sorgen und Nöte der Menschen:

V Wir beten für unseren Papst N., unseren Bischof N., für alle, die zu einem Dienst in der Kirche gerufen sind.
Stille

K Christus, hö - re uns. A Christus, er - hö - re uns.

oder

A Te ro - gá-mus, au - di nos.

V Wir beten für alle, die in Politik und Wirtschaft Verantwortung tragen und Entscheidungen treffen.
Stille
K Christus, höre uns.   A Christus, erhöre uns.

586 V Wir beten für die Menschen, die fern ihrer Heimat leben
6   müssen, für die Verfolgten und für die Gefangenen.
   Stille
K Christus, höre uns.   A Christus, erhöre uns.

V Wir beten für die Menschen in unserer Pfarrgemeinde,
   besonders für jene, die krank sind oder unter den
   Gebrechen des Alters leiden.
   Stille
K Christus, höre uns.   A Christus, erhöre uns.

P Herr Jesus Christus, du erhörst das Gebet deiner Kirche.
   Wir danken dir für deine Barmherzigkeit und Güte.
   Dir sei Lob in Ewigkeit.
A Amen.

587 EUCHARISTIEFEIER

1 In der Feier der Eucharistie erfüllt die Kirche den Auftrag Jesu beim Letzten Abendmahl: „Tut dies zu meinem Gedächtnis!" Über die Gaben von Brot und Wein wird das Lob- und Dankgebet gesprochen. Nach dem Brechen des Brotes wird den Gläubigen die Kommunion gereicht, in der sie den auferstandenen Herrn empfangen.

2 ## GABENBEREITUNG
Alle sitzen. Brot und Wein werden von Gläubigen zum Altar gebracht; die anderen Gaben für die Bedürfnisse der Kirche und der Armen (Kollekte) können in der Nähe des Altares niedergelegt werden. Das Herbeibringen und die Bereitung der Gaben können von einem geeigneten Gesang oder von Instrumentalmusik begleitet werden oder auch in Stille geschehen.

In Brot und Wein bringen wir die Gaben der Schöpfung und uns selbst mit unseren Begabungen und Fähigkeiten, unseren Mühen und Sorgen. Wir lassen uns hineinnehmen in die Hingabe Jesu an den Vater und für die Menschen.

Ist der Altar bereitet, nimmt der Priester das Brot und spricht (leise):
P Gepriesen bist du, Herr, unser Gott, Schöpfer der Welt. Du schenkst uns das Brot, die Frucht der Erde und der menschlichen Arbeit. Wir bringen dieses Brot vor dein Angesicht, damit es uns das Brot des Lebens werde.

Wenn zur Gabenbereitung nicht gesungen oder musiziert wird, kann der Priester diese Preisung laut vortragen. Dann antwortet die Gemeinde:
A Gepriesen bist du in Ewigkeit, Herr, unser Gott.

Der antike Brauch, Wein mit Wasser zu mischen, wird zu einem geistlichen Zeichen: Christus verbindet sich mit den Menschen.

Der Priester nimmt den Kelch und spricht (leise):
P Gepriesen bist du, Herr, unser Gott, Schöpfer der Welt. Du schenkst uns den Wein, die Frucht des Weinstocks und der menschlichen Arbeit. Wir bringen diesen Kelch vor dein Angesicht, damit er uns der Kelch des Heiles werde.

Gegebenenfalls antwortet die Gemeinde:
A Gepriesen bist du in Ewigkeit, Herr, unser Gott.

Der Priester kann die Gaben, das Kreuz und den Altar mit Weihrauch ehren (Inzens); danach inzensiert der Diakon, ein Ministrant oder eine Ministrantin den Priester und die Gemeinde, die sich dazu erhebt.

Die Ehre des Weihrauchs gilt Christus, der gegenwärtig ist in der Versammlung: im Handeln des Priesters und in der Gemeinde sowie in den Christuszeichen Kreuz und Altar.
Die Händewaschung des Priesters ist ein Zeichen für die innere Bereitung und Reinigung.

Der Priester spricht in einer der folgenden Formen die Einladung zum Gabengebet. Dazu stehen alle auf.
P Lasset uns beten zu Gott, dem allmächtigen Vater, dass er die Gaben der Kirche annehme zu seinem Lob und zum Heil der ganzen Welt.

587

B *oder*
P Lasset uns beten.

oder
(deutsch)

C
6
P Betet, Brüder und Schwestern, dass mein und euer Opfer Gott, dem allmächtigen Vater, gefalle.
A Der Herr nehme das Opfer an aus deinen Händen zum Lob und Ruhm seines Namens, zum Segen für uns und seine ganze heilige Kirche.

(lateinisch)
P Oráte, fratres: ut meum ac vestrum sacrifícium acceptábile fiat apud Deum Patrem omnipoténtem.

7

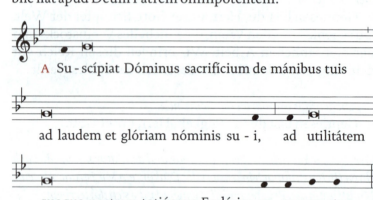

A Su-scípiat Dóminus sacrifícium de mánibus tuis ad laudem et glóriam nóminis su-i, ad utilitátem quoque nostram totiúsque Ecclésiae su-ae san-ctae.

8 GABENGEBET *vom Tag, z. B.:*
P Herr, unser Gott, die Gaben, die wir bereitet haben, sind Zeichen unserer Hingabe an dich. Darum bitten wir: Wie Brot und Wein in der Kraft des Geistes geheiligt werden, so heilige auch uns selbst immer mehr nach dem Bilde unseres Herrn Jesus Christus, der mit dir lebt und herrscht in alle Ewigkeit.
A Amen.

Eucharistisches Hochgebet

588

Das eucharistische Hochgebet ist die Mitte der Messfeier, in der wir Anteil an der erlösenden Hingabe Jesu Christi erhalten. In der Präfation preisen wir den Vater und danken ihm für das Werk der Erlösung in Jesus Christus; im Heilig-Ruf verbinden wir uns mit der Liturgie des Himmels und stimmen ein in den Lobgesang der Engel und Heiligen; wir bitten um die Kraft des Heiligen Geistes, dass er unsere Gaben zu Leib und Blut Christi wandle (Epiklese); nach den Einsetzungsworten gedenken wir seines Todes und seiner Auferstehung, seiner Himmelfahrt und seiner Wiederkunft (Anamnese); wir bitten in Gemeinschaft mit der ganzen Kirche, durch Gottes Geist von seiner Liebe erfüllt zu werden, in der alle, Lebende und Verstorbene, geborgen sind. Im großen Lobpreis (Doxologie) endet das Hochgebet, das wir mit unserem „Amen" bekräftigen.

Das Hochgebet gibt es in verschiedenen Textfassungen; hier wird das sogenannte Zweite Hochgebet in einer deutschen Übersetzung wiedergegeben, die zur Orientierung bei der Mitfeier der Heiligen Messe dient. Für die Feier selbst ist das aktuell gültige Messbuch maßgeblich.

Alle stehen. Wo es üblich ist, knien die Gläubigen nach dem „Heilig" („Sanctus") nieder; ggf. knien sie nur zu den Einsetzungsworten.

Zweites Hochgebet

P Der Herr sei mit euch. A Und mit deinem Geiste. P Erhebet die Herzen. A Wir haben sie beim Herrn. P Lasset uns danken dem Herrn, unserm Gott. A Das ist würdig und recht.

588 *oder*

2
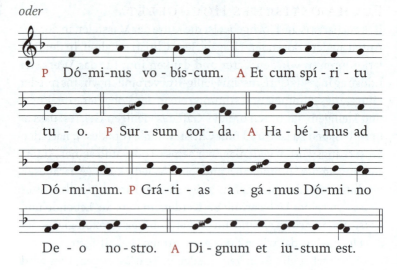

P Dó-mi-nus vo-bís-cum. A Et cum spí-ri-tu tu-o. P Sur-sum cor-da. A Ha-bé-mus ad Dó-mi-num. P Grá-ti-as a-gá-mus Dó-mi-no Deo no-stro. A Di-gnum et iu-stum est.

3 P In Wahrheit ist es würdig und recht, dir, Herr, heiliger Vater, immer und überall zu danken durch deinen geliebten Sohn Jesus Christus. Er ist dein Wort, durch ihn hast du alles erschaffen. Ihn hast du gesandt als unseren Erlöser und Heiland. Er ist Mensch geworden durch den Heiligen Geist, geboren von der Jungfrau Maria. Um deinen Ratschluss zu erfüllen und dir ein heiliges Volk zu erwerben, hat er sterbend die Arme ausgebreitet am Holze des Kreuzes. Er hat die Macht des Todes gebrochen und die Auferstehung kundgetan. Darum preisen wir dich mit allen

P Vere dignum et iustum est, aequum et salutáre, nos tibi, sancte Pater, semper et ubíque grátias ágere per Fílium dilectiónis tuae Iesum Christum, Verbum tuum per quod cuncta fecísti: quem misísti nobis Salvatórem et Redemptórem, incarnátum de Spíritu Sancto et ex Vírgine natum. Qui voluntátem tuam adímplens et pópulum tibi sanctum acquírens exténdit manus cum paterétur, ut mortem sólveret et resurrectiónem manifestáret.

Engeln und Heiligen und singen vereint mit ihnen das Lob deiner Herrlichkeit:

Et ídeo cum Angelis et ómnibus Sanctis glóriam tuam praedicámus, una voce dicéntes:

A Heilig, heilig, heilig, Gott, Herr aller Mächte und Gewalten. Erfüllt sind Himmel und Erde von deiner Herrlichkeit. Hosanna in der Höhe. Hochgelobt sei, der da kommt im Namen des Herrn. Hosanna in der Höhe.

A Sanctus, Sanctus, Sanctus Dóminus Deus Sábaoth. Pleni sunt caeli et terra glória tua. Hosánna in excélsis. Benedíctus qui venit in nómine Dómini. Hosánna in excélsis.

P Ja, du bist heilig, großer Gott, du bist der Quell aller Heiligkeit.

P Vere sanctus es, Dómine, fons omnis sanctitátis.

Hier kann an bestimmten Tagen das Festgeheimnis genannt werden.

Darum bitten wir dich: Sende deinen Geist auf diese Gaben herab und heilige sie, damit sie uns werden Leib und ✢ Blut deines Sohnes, unseres Herrn Jesus Christus.

Haec ergo dona, quáesumus, Spíritus tui rore sanctífica, ut nobis Corpus et ✢ Sanguis fiant Dómini nostri Iesu Christi.

Denn am Abend, an dem er ausgeliefert wurde und sich aus freiem Willen dem Leiden unterwarf, nahm er das Brot und sagte Dank, brach es, reichte es seinen Jüngern und sprach:
NEHMET UND ESSET ALLE DAVON: DAS IST MEIN LEIB, DER FÜR EUCH HINGEGEBEN WIRD.

Qui cum Passióni voluntárie tracerétur, accépit panem et grátias agens fregit, dedítque discípulis suis, dicens:
ACCÍPITE ET MANDUCÁTE EX HOC OMNES: HOC EST ENIM CORPUS MEUM, QUOD PRO VOBIS TRADÉTUR.

588

Ebenso nahm er nach dem Mahl den Kelch, dankte wiederum, reichte ihn seinen Jüngern und sprach: Nehmet und trinket alle daraus: Das ist der Kelch des neuen und ewigen Bundes, mein Blut, das für euch und für viele vergossen wird zur Vergebung der Sünden. Tut dies zu meinem Gedächtnis.

Símili modo, postquam cenátum est, accípiens et cálicem, íterum grátias agens dedit discípulis suis, dicens: Accípite et bíbite ex eo omnes: Hic est enim calix Sánguinis mei novi et aetérni testaménti, qui pro vobis et pro multis effundétur in remissiónem peccatórum. Hoc fácite in meam commemoratiónem.

D (P) Ge-heim-nis des Glau-bens: A Dei-nen Tod, o Herr, ver-kün-den wir, und dei-ne Auf-er-ste-hung prei-sen wir, bis du kommst in Herr-lich-keit.

oder

P My-sté-ri-um fí-de-i. A Mor-tem tu-am annuntiá-mus, Dó-mi-ne, et tu-am resurrectíonem con-fi-té-mur, do-nec vé-ni-as.

P Darum, gütiger Vater, feiern wir das Gedächtnis des Todes und der Auferstehung deines Sohnes und bringen dir so das Brot des Lebens und den Kelch des Heiles dar. Wir danken dir, dass du uns berufen hast, vor dir zu stehen und dir zu dienen. Demütig bitten wir dich: Schenke uns Anteil an Christi Leib und Blut und lass uns eins werden durch den Heiligen Geist.

Gedenke, Herr, deiner Kirche auf der ganzen Erde und vollende sie in der Liebe, in Gemeinschaft mit unserem Papst N., unserem Bischof N. und allen Bischöfen, unseren Priestern und Diakonen und mit allen, die zum Dienst in der Kirche bestellt sind.

P Mémores ígitur mortis et resurrectiónis eius, tibi, Dómine, panem vitae et cálicem salútis offérimus, grátias agéntes quia nos dignos habuísti astáre coram te et tibi ministráre. Et súpplices deprecámur ut Córporis et Sánguinis Christi partícipes a Spíritu Sancto congregémur in unum.

Recordáre, Dómine, Ecclésiae tuae toto orbe diffúsae, ut eam in caritáte perfícias una cum Papa nostro N. et Epíscopo nostro N. et univérso clero.

An bestimmten Tagen und bei verschiedenen Anlässen kann hier eine besondere Bitte eingefügt werden.

Gedenke auch (aller) unserer Brüder und Schwestern, die entschlafen sind in der Hoffnung, dass sie auferstehen. Nimm sie und alle, die in deiner Gnade aus dieser Welt geschieden sind, in dein Reich auf, wo sie dich schauen von Angesicht zu Angesicht.

Meménto étiam fratrum nostrórum, qui in spe resurrectiónis dormiérunt, omniúmque in tua miseratióne defunctórum, et eos in lumen vultus tui admítte. Omnium nostrum, quáesumus, miserére, ut cum beáta Dei Genitríce

588

7 Wir bitten dich, erbarme dich über uns alle, damit uns das ewige Leben zuteil wird in der Gemeinschaft mit der seligen Jungfrau und Gottesmutter Maria, mit deinen Aposteln und mit allen Heiligen, die bei dir Gnade gefunden haben von Anbeginn der Welt, dass wir dich loben und preisen durch deinen Sohn Jesus Christus.

Durch ihn und mit ihm und in ihm ist dir, Gott, allmächtiger Vater, in der Einheit des Heiligen Geistes alle Herrlichkeit und Ehre Vírgine María, beátis Apóstolis et ómnibus Sanctis, qui tibi a sáeculo placuérunt, aetérnae vitae mereámur esse consórtes, et te laudémus et glorificémus per Fílium tuum Iesum Christum.

Per ipsum, et cum ipso, et in ipso, est tibi Deo Patri omnipoténti, in unitáte Spíritus Sancti, omnis honor et glória per ómnia sáecula saeculórum.

8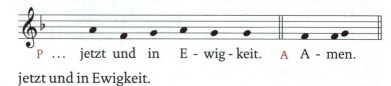

P ... jetzt und in E-wig-keit. A A-men.

jetzt und in Ewigkeit.

P ... per óm-ni-a sáe-cu-la sae-cu-ló-rum. A A-men.

oder

→ Amen: Nr. 201,2–3

589 KOMMUNION

Im österlichen Mahl schenkt der auferstandene Herr seinen Leib und sein Blut als Nahrung zum ewigen Leben.

Gebet des Herrn

Mit folgenden oder ähnlichen Worten lädt der Priester zum Vaterunser ein. Dazu stehen alle.

P Dem Wort unseres Herrn und Erlösers gehorsam und getreu seiner göttlichen Weisung wagen wir zu sprechen:

P Praecéptis salutáribus móniti et divína institutióne formáti, audémus dícere:

A Vater unser im Himmel, geheiligt werde dein Name. Dein Reich komme. Dein Wille geschehe, wie im Himmel so auf Erden. Unser tägliches Brot gib uns heute. Und vergib uns unsere Schuld, wie auch wir vergeben unsern Schuldigern. Und führe uns nicht in Versuchung, sondern erlöse uns von dem Bösen.

oder

589

3 A Pater noster, qui es in caelis: sanctificétur nomen tuum; advéniat regnum tuum; fiat volúntas tua, sicut in caelo, et in terra. Panem nostrum cotidiánum da nobis hódie; et dimítte nobis débita nostra, sicut et nos dimíttimus debitóribus nostris; et ne nos indúcas in tentatiónem; sed líbera nos a malo.

4 P Erlöse uns, Herr, allmächtiger Vater, von allem Bösen und gib Frieden in unseren Tagen. Komm uns zu Hilfe mit deinem Erbarmen und bewahre uns vor Verwirrung und Sünde, damit wir voll Zuversicht das Kommen unseres Erlösers Jesus Christus erwarten.

P Líbera nos, quáesumus, Dómine, ab ómnibus malis, da propítius pacem in diébus nostris, ut, ope misericórdiae tuae adiúti, et a peccáto simus semper líberi et ab omni perturbatióne secúri: exspectántes beátam spem et advéntum Salvatóris nostri Iesu Christi.

A Denn dein ist das Reich und die Kraft und die Herr-lich-keit in E-wig-keit. A-men.

oder

A Qui-a tuum est regnum, et po-té-stas, et gló-ri-a in sáe-cu-la.

FRIEDENSGEBET

P Der Herr hat zu seinen Aposteln gesagt: Frieden hinterlasse ich euch, meinen Frieden gebe ich euch. Deshalb bitten wir: Herr Jesus Christus, schau nicht auf unsere Sünden, sondern auf den Glauben deiner Kirche und schenke ihr nach deinem Willen Einheit und Frieden.

P Dómine Iesu Christe, qui dixísti Apóstolis tuis: Pacem relínquo vobis, pacem meam do vobis: ne respícias peccáta nostra, sed fidem Ecclésiae tuae; eámque secúndum voluntátem tuam pacificáre et coadunáre dignéris. Qui vivis et regnas in sáecula saeculórum.
A Amen.

P Der Frie-de des Herrn sei al-le-zeit mit euch. A Und mit dei-nem Gei-ste.

589

7   *oder*

P Pax Dómini sit semper vobíscum.

A Et cum spíritu tuo.

Der Diakon oder der Priester kann zu einem Friedenszeichen einladen, z. B.:

D (P) Gebt einander ein Zeichen des Friedens und der Versöhnung.

D (P) Offérte vobis pacem.

8   ## BRECHUNG DES BROTES

Das Brotbrechen gab in apostolischer Zeit der ganzen Feier den Namen. Die Gläubigen empfangen von dem einen Brot als Glieder des einen Leibes Christi.

Der Gesang zur Brechung des Brotes verweist auf Christus, das Lamm Gottes, der für uns Leiden und Tod auf sich nahm und uns Anteil gibt am österlichen Leben.

9

Lamm Gottes, du nimmst hinweg die Sünde der Welt: Erbarme dich unser.	Agnus Dei, qui tollis peccáta mundi: miserére nobis.
Lamm Gottes, du nimmst hinweg die Sünde der Welt: Erbarme dich unser.	Agnus Dei, qui tollis peccáta mundi: miserére nobis.
Lamm Gottes, du nimmst hinweg die Sünde der Welt: Gib uns deinen Frieden.	Agnus Dei, qui tollis peccáta mundi: dona nobis pacem.

Falls die Brechung des Brotes länger dauert, kann der Ruf öfter wiederholt werden.

Ausschnitt aus Kruzifix
Erp bei Euskirchen (Eifel) um 1170
Kolumba, Köln

Einladung zur Kommunion

P Seht das Lamm Gottes, das hinwegnimmt die Sünde der Welt.

A Herr, ich bin nicht würdig, dass du eingehst unter mein Dach, aber sprich nur ein Wort, so wird meine Seele gesund.

oder

P Ecce Agnus Dei, ecce qui tollit peccáta mundi. Beáti qui ad cenam Agni vocáti sunt.

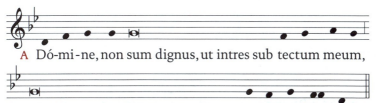

A Dó-mi-ne, non sum dignus, ut intres sub tectum meum, sed tantum dic verbo et sanábitur á-ni-ma me-a.

Kommunionspendung

Der Priester kommuniziert; dann teilt er die Kommunion an die Gemeinde aus. Er zeigt den Kommunikanten die Hostie und spricht:

Der Leib Christi.   Corpus Christi.

Die Kommunikanten antworten:

Amen.   Amen.

Danach empfangen sie die Kommunion.

Der Kelch wird mit den Worten gereicht:

Das Blut Christi.   Sanguis Christi.

Die Kommunikanten antworten:

Amen.   Amen.

In gleicher Weise teilen auch Diakone und andere Beauftragte die Kommunion aus.

590   GESANG ZUR KOMMUNION

4   *Während der Priester den Leib des Herrn empfängt, beginnt der Gesang zur Kommunion (z. B. „Kostet, kostet und seht", Nr. 212); die Kommunionausteilung kann auch von Instrumentalmusik begleitet werden oder in Stille geschehen.*

5   STILLE UND DANKGESANG
Die Gemeinde verweilt einige Zeit in Stille. Es kann sich ein Lob- bzw. Dankgesang anschließen.

6   SCHLUSSGEBET
Alle stehen.

P Lasset uns beten.

Stille

vom Tag, z. B.:

P Allmächtiger, gütiger Gott, wir waren Gäste am Tisch deines Sohnes, und er war der Herr unseres Mahles. Lass uns dereinst zu ihm gelangen, der uns auf dem Weg durch den Tod in die Herrlichkeit vorausgegangen ist, unser Herr Jesus Christus, der mit dir lebt und herrscht in alle Ewigkeit.
A Amen.

591   ABSCHLUSS

1   MITTEILUNGEN
Kurze Mitteilungen für die Gemeinde können hier eingefügt werden.

Segen

Im Segen wird den Gläubigen die begleitende Nähe Gottes zugesprochen, die sie im Alltag tragen soll.

P Der Herr sei mit euch.	P Dóminus vobíscum.
A Und mit deinem Geiste.	A Et cum spíritu tuo.
P Es segne euch der allmächtige Gott, der Vater und der Sohn ✠ und der Heilige Geist.	P Benedícat vos omnípotens Deus, Pater, et Fílius, ✠ et Spíritus Sanctus.
A Amen.	A Amen.

2

oder eine andere Segensformel

Der Bischof erteilt den Segen in folgender Form:

B Der Herr sei mit euch.	B Dóminus vobíscum.
A Und mit deinem Geiste.	A Et cum spíritu tuo.
B Der Name des Herrn sei gepriesen.	B Sit nomen Dómini benedíctum.
A Von nun an bis in Ewigkeit.	A Ex hoc nunc et usque in sáeculum.
B Unsere Hilfe ist im Namen des Herrn,	B Adiutórium nostrum in nómine Dómini.
A der Himmel und Erde erschaffen hat.	A Qui fecit caelum et terram.

B Es segne euch
der allmächtige Gott,
  ✠ der Vater
  ✠ und der Sohn
  ✠ und der Heilige Geist.
	B Benedícat vos
	omnípotens Deus,
	  ✠ Pater,
	  ✠ et Fílius,
	  ✠ et Spíritus Sanctus.

A Amen.	A Amen.

3

591 ENTLASSUNGSRUF

4
D (P) Ge - het hin in Frie - den.
A Dank sei Gott, dem Herrn.

oder

5
D (P) I - te, mis - sa est. A De - o grá - ti - as.

In der Osterwoche bis zum Weißen Sonntag:

6
D (P) Ge - het hin in Frie - den.
A Dank sei Gott, dem Herrn.

Hal - le - lu - ja, Hal - le - lu - ja.
Hal - le - lu - ja, Hal - le - lu - ja.

oder

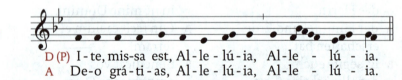

7
D (P) I - te, mis - sa est, Al - le - lú - ia, Al - le - lú - ia.
A De - o grá - ti - as, Al - le - lú - ia, Al - le - lú - ia.

Wenn der Entlassungsruf gesungen wird, kann das feierliche Halleluja in der ganzen Osterzeit hinzugefügt werden.

8 AUSZUG

Der Priester kehrt mit allen, die einen liturgischen Dienst ausüben, in die Sakristei zurück.

Die Verehrung der Eucharistie außerhalb der Messfeier

592

Von alters her wurde das eucharistische Brot für die Kommunion der Kranken und Sterbenden aufbewahrt. Diese Praxis führte dazu, dass die Gläubigen über die Messfeier hinaus beim Herrn verweilen und ihm Anbetung und Dank erweisen.

Die Ehrfurcht vor der eucharistischen Gegenwart Christi findet ihren Ausdruck in der Kniebeuge und im Knien, in der Würde und Stille des Kirchenraumes, in der Gestaltung von Altar und Tabernakel. Das Ewige Licht weist auf die Gegenwart des Herrn hin.

Die Anbetung der heiligen Eucharistie und der eucharistische Segen

1

Priester, Diakone oder beauftragte Laien setzen das eucharistische Brot im Ziborium (Speisekelch) oder in der Monstranz zur Anbetung aus – in der Regel auf dem Altar, auf dem die Eucharistie gefeiert wird. Dazu wird ein eucharistisches Lied gesungen (z. B. Nr. 497). Bei der feierlichen Form wird die Eucharistie mit Weihrauch geehrt.
Es kann ein kurzer Lobpreis des Altarssakramentes *gesprochen werden:*

Lt Hochgelobt und gebenedeit sei das allerheiligste Sakrament des Altares.
A Von nun an bis in Ewigkeit.

oder
Lt Gelobt und gepriesen sei ohne End
A Jesus im allerheiligsten Sakrament.

Anbetung

2

Es folgt eine angemessene Zeit der stillen Anbetung. Als Anregungen für das persönliche und das gemeinsame Beten können Texte aus der Heiligen Schrift, Gebete und Gesänge oder andere Meditationstexte dienen (siehe z. B. Andachtsabschnitte Nr. 675,8 und 676,1).

592 EUCHARISTISCHER султан UND ABSCHLUSS

3 *Die Anbetung schließt mit dem eucharistischen Segen, wenn ein Priester oder Diakon die Feier leitet. Dabei knien die Gläubigen. Vor dem eucharistischen Segen kann der kurze Lobpreis des Altarssakramentes wiederholt werden.*

Es können die beiden letzten Strophen des Hymnus „Pange lingua" („Tantum ergo", vgl. Nr. 496) oder ein anderes eucharistisches Lied (z. B. Nr. 492) gesungen werden. Währenddessen wird das Allerheiligste mit Weihrauch geehrt.

4 Lt Brot vom Himmel hast du ihnen gegeben. (Halleluja.)
A Das alle Erquickung in sich birgt. (Halleluja.)
Lt Lasset uns beten.

Panem de caelo praestitísti eis. (Alleluia.)
Omne delectaméntum in se habéntem. (Alleluia.)
Orémus.

kurze Stille

Herr Jesus Christus,
im wunderbaren Sakrament
des Altares hast du uns das
Gedächtnis deines Leidens
und deiner Auferstehung
hinterlassen. Gib uns die
Gnade, die heiligen Geheimnisse deines Leibes und
Blutes so zu verehren, dass
uns die Frucht der Erlösung
zuteil wird. Der du lebst und
herrschest in Ewigkeit.
A Amen.

Deus,
qui nobis sub sacraménto
mirábili passiónis tuae
memóriam reliquísti,
tríbue, quáesumus, ita nos
Córporis et Sánguinis tui
sacra mystéria venerári,
ut redemptiónis tuae
fructum in nobis iúgiter
sentiámus. Qui vivis et
regnas in sáecula saeculórum.
Amen.

Der Priester oder Diakon erteilt den eucharistischen Segen. Wenn ein Laie die Feier leitet, singt oder spricht er nur den Lobpreis und die Oration. Anschließend wird das Allerheiligste in den Tabernakel zurückgestellt. Währenddessen kann ein geeignetes Lied gesungen werden.

Die eucharistische Prozession

592

Die Prozession, in der das allerheiligste Sakrament feierlich durch die Straßen oder über die Fluren getragen wird, ist ein öffentliches Bekenntnis des Glaubens. Die Gläubigen bekunden, dass Gott sie auf ihrem Weg begleitet, und bitten ihn um seinen Segen.

Den eucharistischen Prozessionen geht eine Messfeier voraus; eine in dieser Messe konsekrierte Hostie wird bei der Prozession mitgetragen. Nach örtlichem Brauch sind Stationen vorgesehen, an denen das Evangelium verkündet wird, Fürbitten gesprochen werden und der sakramentale Segen erteilt wird.

Als eucharistische Prozession ist die Fronleichnamsprozession besonders bekannt. Die Kirche feiert am Donnerstag nach dem Dreifaltigkeitssonntag das Hochfest des Leibes und Blutes Christi – ‚Fronleichnam'. Das Wort leitet sich ab von den mittelhochdeutschen Begriffen ‚vron' (Herr) und ‚lichnam' (lebendiger Leib) und bedeutet ‚lebendiger Herr'. Fronleichnam wurde zur deutschen Bezeichnung des 1264 allgemein eingeführten Festes, das auf Visionen der hl. Juliana von Lüttich zurückgeht. Die Kirche feiert dabei die bleibende Gegenwart Jesu Christi im Altarssakrament. Vielerorts findet an diesem Tag die Messfeier auf einem öffentlichen Platz statt. In einer Prozession wird anschließend das Allerheiligste in einer Monstranz, einem kostbaren Schaugefäß für die Hostie, durch die Straßen getragen.

In der heiligen Kommunion
haben wir Christus in der Gestalt von Brot,
in unserer Arbeit finden wir ihn
in der Gestalt von Fleisch und Blut.
Es ist derselbe Christus.
MUTTER TERESA

> Die Zeit ist erfüllt, das Reich Gottes ist nahe.
> Kehrt um, und glaubt an das Evangelium!
> Mk 1,15

593 Das Sakrament der Buße und der Versöhnung

1 Der Ruf zur Umkehr und die Bereitschaft, diesem Ruf zu folgen, gehören in die Mitte der biblischen Botschaft. Schuld und Sünde werden in der Bibel nicht verharmlost oder gar verschwiegen, sondern ernst genommen und im Blick auf Gottes Güte betrachtet, die Vergebung schenkt. Dieser Glaube an einen Gott, der barmherzig ist und Schuld vergibt, ist eine der stärksten Klammern zwischen den beiden Teilen der Heiligen Schrift, dem Alten und dem Neuen Testament.
Das christliche Doppelgebot fordert uns auf, Gott und die Menschen zu lieben (vgl. Mt 22,37–39). Im tagtäglichen Leben bleibt es aber nicht aus, dass wir diesem Anspruch Jesu nicht gerecht werden: Aus Nachlässigkeit, Trägheit oder gar mit vollem Bewusstsein schaden wir anderen und uns selbst und setzen uns so in Gegensatz zum Heilswillen Gottes.

Trotz zahlreicher Erkenntnisse und Erklärungsversuche in unserer Gesellschaft tun sich Menschen schwer im Umgang mit Schuld und Versagen. Sie erfahren: Keiner kann vor der Schuld fliehen und keiner sich selbst vergeben.
Es ist bedrückend, sich die Folgen eigener Schuld vor Augen zu führen: den Schaden bei sich selbst, bei den Mitmenschen, an Gottes Schöpfung, an der nächsten Generation. Auf der anderen Seite liegt eine große Chance darin, persönliches Versagen zu erkennen und einzugestehen und damit Verantwortung für sich selbst und andere zu übernehmen.
Oft genug spüren wir jedoch, dass es bei allem guten Willen nicht gelingt, mit uns selbst ins Reine zu kommen und dass wir Hilfe brau-

chen. Ein afrikanisches Sprichwort fasst diese Erfahrung zusammen: „Das Wort, das dir hilft, kannst du nicht dir selber sagen."
Die Heilige Schrift erzählt von Menschen, denen ein solches Wort der Vergebung in ihrer Schuld zugesprochen und somit ein Neuanfang ermöglicht wurde. Ein prominentes Beispiel ist König David, der den Urija in den Tod schickte, um dessen Frau Batseba zu besitzen (vgl. 2 Sam 11–12). David gestand seine Schuld ein – der Herr vergab ihm seine Sünde. Die Ehebrecherin, die auf frischer Tat ertappt worden war und gesteinigt werden sollte (vgl. Joh 7,53–8,11), erfuhr Barmherzigkeit ebenso wie Petrus, der Jesus verleugnete (vgl. Mt 26, 70–75), und der reuige Schächer am Kreuz (vgl. Lk 23,39–43).
Die Bibel bietet uns Wege an, mit Schuld umzugehen. Im Gleichnis vom ‚Barmherzigen Vater' (vgl. Lk 15,11–32) heißen die Stationen: In-sich-Gehen, Einsicht, Reue, Umkehr, Vergebung, neues Leben. Es ist die Liebe des Vaters, es ist Gottes Liebe, die uns Vergebung schenkt, denn er hat uns durch seinen Sohn mit sich versöhnt (vgl. 2 Kor 5,18f). Allen Beispielen von Umkehr und Vergebung gemeinsam ist das zuerst von Gott ausgehende Handeln, auf das Menschen vertrauen dürfen. Durch das Wirken des Heiligen Geistes und den Dienst der Kirche bleibt das Versöhnungswerk Gottes gegenwärtig und erfahrbar. Im Vertrauen auf seine Liebe und Barmherzigkeit kann ich mich im Spiegel der Botschaft Jesu anschauen, den Ruf zur Umkehr vernehmen und mein Leben neu ausrichten. Es ist für Christen eine lebenslange Herausforderung und Aufgabe, sich auf den Weg der Nachfolge Jesu zu begeben und diesen Weg immer neu zu suchen.

SÜNDE UND SCHULD

Der Glaubende entdeckt in der menschlichen Schuld eine Dimension, die einem Nichtglaubenden verborgen bleibt: dass sie dem Heilswillen Gottes zuwiderläuft, ja von dieser Quelle des Lebens abschneidet. Das Wort ‚Sünde' bringt diese Seite der Schuld zum Ausdruck.

Wo das Gebot, Gott und die Menschen zu lieben, nicht beachtet wird, spricht die Bibel von Sünde. In der Tradition der Kirche haben sich Unterscheidungen herausgebildet, die es ermöglichen, verant-

593
2

wortlich mit der Sünde umzugehen und der je eigenen Situation gerecht zu werden:

Die alltäglichen („lässlichen") Sünden beeinträchtigen das Leben mit Gott, sie stören die Beziehung zu den Mitmenschen, schmälern die Aufmerksamkeit für Gottes Schöpfung und schwächen die Lebensgemeinschaft und die Zeugniskraft der Kirche. So bleiben Christen hinter ihrer Taufberufung zurück. Die Vergebung dieser Sünden wird uns von Gott in vielfacher Weise geschenkt: in persönlichen Zeichen der Reue und Umkehr, durch die Mitfeier und den Empfang der Eucharistie, durch das Hören und Meditieren des Wortes Gottes, in der Bußfeier und besonders im Bußsakrament.

Durch eine schwere Sünde entfremdet sich der Christ von sich selbst und den Mitmenschen. Er trennt sich von der Gemeinschaft mit Gott und der Kirche und schließt sich von der eucharistischen Mahlgemeinschaft aus. Um in die Lebensgemeinschaft der Getauften zurückzukehren, bedarf es der persönlichen Beichte im Bußsakrament.

Für die Schwere der Sünde sind drei Merkmale ausschlaggebend: das Maß der Entscheidungsfreiheit (War ich frei in meinem Willen?), die Klarheit der Erkenntnis (War ich mir des sündhaften Handelns bewusst?) und die Gewichtigkeit der Sache (Ging es um eine Sache von großer Bedeutung?). Bei lässlichen Sünden sind Freiheit oder klare Erkenntnis eingeschränkt oder es liegt ein weniger wichtiger Sachverhalt vor. Aber auch diese Sünden können uns ernsthaft von Gott und den Menschen entfremden.

Wie tief auch jemand in Sünde und Schuld gefangen ist, Gottes Erbarmen und Liebe umfängt ihn schon immer, ruft zu Erneuerung und Umkehr und schenkt Vergebung und Versöhnung.

3 ## SCHRITTE DER BUSSE UND VERSÖHNUNG

Unser Leben entwickelt und verändert sich innerhalb bestimmter, oft längerer Zeiträume und Phasen. Auch Umkehr ist nicht statisch, sondern ein dynamischer Prozess, der sich in mehreren Schritten entfaltet:

593

Erforschung des Gewissens

4

Wenn ich mein Gewissen erforsche, nehme ich eine Standortbestimmung vor, die Klarheit über mein Tun und Lassen, über meine Motive und Ziele gibt. Ich horche auf mein Innerstes und spüre der Stimme in mir nach, der Stimme meines Gewissens. Denn „im Inneren seines Gewissens entdeckt der Mensch ein Gesetz, das er sich nicht selbst gibt, sondern dem er gehorchen muss und dessen Stimme ihn immer zur Liebe und zum Tun des Guten und zur Unterlassung des Bösen anruft. (…) Das Gewissen ist die verborgenste Mitte und das Heiligtum im Menschen, wo er allein ist mit Gott, dessen Stimme in diesem seinem Innersten zu hören ist" (GS 16).

Reue und Vorsatz

5

Die Reue ist eine wesentliche Voraussetzung aller Umkehr und Buße. Es ist Gottes Geist, der diese Reue bewirkt. Im Licht der Güte Gottes tut mir leid, was misslungen ist, was anderen und mir selbst geschadet hat. Scham und Angst vor dem Urteil der Menschen oder Furcht vor anderen äußeren Folgen der Sünde allein machen die Reue noch nicht vollkommen. Aus der Reue erwachsen dann der Wunsch und die Entschiedenheit, mein Leben neu am Willen Gottes auszurichten und mich mit meinen Nächsten zu versöhnen. Mit einem konkreten Vorsatz will ich mein Leben neu orientieren und dem Evangelium gemäß gestalten.

Bekenntnis der Sünden

6

Wenn ich meine Sünden bekenne, stehe ich zu meiner Verantwortung für mein Denken, Reden und Handeln. Die schuldhafte Situation bleibt nicht im Dunkel, sondern wird zur Sprache gebracht und ins Licht des Evangeliums gehoben. Allein schon das Aussprechen der Schuld hat eine befreiende Wirkung und erleichtert die Versöhnung mit anderen. Das Bekenntnis hilft, meine eigenen Grundeinstellungen und ethischen Maßstäbe vor Gott zu überprüfen.

Lossprechung und Vergebung

7

Im Sakrament der Buße und der Versöhnung begegnet mir der heilende und versöhnende Herr, der durch den Dienst der Kirche spricht und handelt. Die Lossprechung (Absolution) durch den Priester bewirkt die Vergebung und Verzeihung der Sünden.

593 *Bußwerk*

8   Ausdruck des dankbaren Glaubens an die von Gott geschenkte Versöhnung und der Bereitschaft zur Einübung einer neuen Lebenspraxis ist das Bußwerk. Es soll der Eigenart der Sünden entsprechen und dem von Gott geschenkten Neubeginn eine konkrete Gestalt verleihen. Es kann in Gebet, Almosen und Fasten, im Dienst am Nächsten und in Werken der Barmherzigkeit bestehen.

594 DIE FEIER DER VERSÖHNUNG FÜR EINZELNE

1   BEGRÜSSUNG
Die Beichte beginnt mit dem Kreuzzeichen des Beichtenden oder der Beichtenden (Be):
Im Namen des Vaters und des Sohnes und
des Heiligen Geistes. Amen.

P   Gott, der unser Herz erleuchtet, schenke dir wahre
    Erkenntnis deiner Sünden und seiner Barmherzigkeit.
Be Amen.

2   [LESUNG DES WORTES GOTTES]
Das Wort Gottes hilft bei der Erkenntnis der Sünden und ruft zur Umkehr und zum Vertrauen auf die Barmherzigkeit Gottes. Daher ist es sinnvoll, dass der Priester vor dem Sündenbekenntnis einen geeigneten Text aus der Heiligen Schrift verkündet.

3   SÜNDENBEKENNTNIS UND GENUGTUUNG
Es folgt das Bekenntnis der Sünden und das Gespräch mit dem Priester.
Nach einem geistlichen Wort des Priesters wird dem Beichtenden ein angemessenes Bußwerk (Genugtuung) auferlegt.

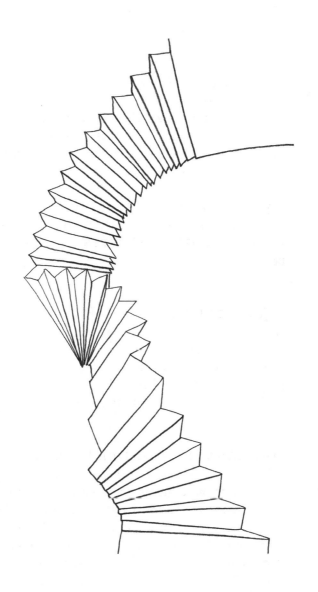

594 Gebet des Gläubigen und Lossprechung

4 *Der Gläubige bringt Reue und Vorsatz zur Besserung durch ein Gebet zum Ausdruck:*

Herr Jesus, Sohn Gottes, hab Erbarmen mit mir.

oder ein anderes geeignetes Gebet (z. B. Nr. 6,8)

Der Priester erteilt die Lossprechung. Dabei kann er dem Beichtenden seine Hände auflegen zum Zeichen dafür, dass der Geist Gottes die Vergebung schenkt.

P Gott, der barmherzige Vater, hat durch den Tod und die Auferstehung seines Sohnes die Welt mit sich versöhnt und den Heiligen Geist gesandt zur Vergebung der Sünden. Durch den Dienst der Kirche schenke er dir Verzeihung und Frieden.
SO SPRECHE ICH DICH LOS VON DEINEN SÜNDEN IM NAMEN DES VATERS UND DES SOHNES ☨ UND DES HEILIGEN GEISTES.

Be Amen.

5 Lobpreis Gottes und Entlassung

Der Priester entlässt den Beichtenden oder die Beichtende mit folgenden oder ähnlichen Worten:

P Dankt dem Herrn, denn er ist gütig.
Be Sein Erbarmen währt ewig.
P Der Herr hat dir die Sünden vergeben. Geh hin in Frieden.

Dankgebet nach der Beichte

Als Dankgebete nach der Beichte eignen sich:

6 Wie es leicht wird in mir, was mich niedergedrückt, wie es froh wird in mir, was mich traurig gestimmt. Wie es klar wird in mir, wogegen ich mich gesträubt mit Händen und Füßen. Jetzt kann ich Ja sagen ohne Bedingungen, jetzt kann ich dabei sein ohne Vorbehalt. Geist von Gott, den ich wieder spüre. Geist von Gott, der mich wieder versöhnt. In mir ist alles anders geworden: Geist von Gott. WILHELM GÖSSMANN

594 Ich danke dir, Herr, für die Vergebung, die ich erfahren habe, und für den Mut zu einem neuen Beginn.
Ich danke auch für die Versöhnung mit der Kirche, der ich mit meiner Schuld Schaden zugefügt habe.
Ich will mir Mühe geben, nicht nur mit Worten dankbar zu sein. Auch ich will vergeben, wenn andere mir schaden oder mir wehe tun.
Ich weiß, Herr, es wird nicht alles ganz anders werden in meinem Leben. Aber ich vertraue darauf, dass du mich nicht verwirfst und dass die Kirche mir immer wieder deinen Frieden schenkt, auch wenn nicht alles gelingt, was ich mir vornehme.
Ich danke dir, Herr, dass ich solches Vertrauen haben darf, weil du unsere Schuld getragen hast, und weil dein Erbarmen fortlebt in deiner Kirche. HANS-BERNHARD MEYER

Gott, ich danke dir, dass du mich liebst und mir die Sünden vergeben hast. Du hilfst mir, gut zu sein. Lass mich durch deine Liebe besser werden. Lass mich gut sein zu den Menschen. Gib mir die Kraft, in Gemeinschaft mit dir zu leben, anderen zu helfen und ihnen Freude zu machen. Dazu gib mir deinen Segen. ELMAR GRUBER

DIE GEMEINSCHAFTLICHE FEIER DER VERSÖHNUNG
mit Bekenntnis und Lossprechung der Einzelnen

595 Die gemeinsame Feier bringt den kirchlichen Charakter der Buße besonders deutlich zum Ausdruck. Denn die Gläubigen hören gemeinsam Gottes Wort, das die göttliche Barmherzigkeit verkündet und zur Umkehr einlädt. Miteinander überdenken sie die Übereinstimmung ihres Lebens mit Gottes Wort und helfen einander durch gemeinsames Gebet. Nachdem jeder Einzelne seine Sünden bekannt und die Lossprechung empfangen hat, preisen alle gemeinsam Gott für sein Heilshandeln an seinem Volk.

596 Weitere Wege der Umkehr und Versöhnung

1 Begleitung und Gespräch

Es gibt vielfältige Formen der Gesprächspastoral. Ihr Anliegen ist es, Lebens- und Glaubenswege im Vertrauen auf die Gegenwart Gottes miteinander zu verbinden und so eine Umkehr zur Frohen Botschaft Gottes zu ermöglichen. Wichtig dafür ist eine regelmäßige geistliche Begleitung. Dadurch kann ein Raum entstehen, in dem die Belastungen und Hoffnungen des alltäglichen Lebens miteinander bedacht werden. So kann die Bereitschaft wachsen, sich auf Gott hin zu öffnen.

In diesem Zusammenhang werden immer wieder auch der Wunsch und die Bitte um die Feier des Sakramentes von Umkehr und Versöhnung entstehen. In Entscheidungszeiten des Lebens, in denen eine Neuorientierung ansteht, bei Exerzitien oder Besinnungstagen sowie in Krisenzeiten ist auch eine Lebensbeichte, die einen größeren Zeitraum in den Blick nimmt, eine wertvolle Hilfe.

2 Der Bussgottesdienst

Im Bußgottesdienst bekennen die Versammelten gemeinsam, dass sie gesündigt haben, und bitten um neues Leben aus der Vergebung Gottes. Die gläubige Mitfeier schenkt wirksame Vergebung der alltäglichen Sünden. Aus solchen Feiern können Gewissensvertiefung, Erneuerung des christlichen Lebens und auch die Vorbereitung der persönlichen Beichte erwachsen.

Gestaltungselemente eines Bußgottesdienstes sind:

Eröffnung
Einzug und Eröffnungsgesang
Liturgischer Gruß
Gebet

Feier des Wortes Gottes 596
Lesung 2
Antwortpsalm/Antwortgesang
Ruf vor dem Evangelium
Evangelium
Homilie
Gewissenserforschung
Gemeinsames Schuldbekenntnis

Feier des Erbarmens Gottes
Bitte um Vergebung
Lobpreis des Erbarmens Gottes
Friedenszeichen
[Fürbitten]
Vaterunser

Abschluss
Segen/Segensbitte
Entlassung

Die (Erst-)Beichte von Kindern 597

Bevor Kinder zum ersten Mal die heilige Kommunion empfangen, feiern sie das Sakrament der Umkehr und Versöhnung. Eltern und Angehörige sollen bei der Vorbereitung ihrer Kinder auf dieses Sakrament mitwirken. Dabei steht nicht so sehr die äußere Richtigkeit und Vollständigkeit im Mittelpunkt, sondern die vertiefte Beziehung zu Jesus Christus. Weitere Beichten nach der Erstkommunion sollen den Kindern helfen, sich in diese Form der Umkehr und Versöhnung einzuüben und sie wertzuschätzen (→ 598,1–7).

598 Hilfen zur Gewissenserforschung für Kinder

1 In der Taufe sind wir Kinder Gottes geworden. Sein Sohn Jesus will unser Bruder und Freund sein. Er hat uns gezeigt, wie wir als frohe Menschen leben können. Aber wir spüren, dass es uns nicht immer gelingt, gut zu sein. Deshalb ist es wichtig, dass wir uns von Zeit zu Zeit auf unser Leben und Verhalten besinnen und unser Gewissen prüfen. Wenn wir zu Reue und Umkehr bereit sind, vergibt uns Gott durch den Priester unsere Sünden und hilft uns zu einem neuen Anfang.

Der folgende Gewissensspiegel hilft dir, über dein Verhalten nachzudenken und dich auf die Beichte vorzubereiten.

Vorbereitung
Gebet

2 Gott, ich komme zu dir. Denn ich weiß: Du schaust mit Liebe auf mich. Du siehst, was gut ist in meinem Leben. Du siehst auch, was ich falsch mache. Du kennst mich genau. Vor dir kann ich ehrlich sein. Dir kann ich alles sagen. Du vergibst mir. Deshalb komme ich zu dir. GÜNTHER WEBER

Nachdenken
Wie lebe ich mit Gott?

3
- … Glaube ich daran, dass Gott mich lieb hat?
- … Danke ich Gott für mein Leben?
- … Bete ich – am Morgen, am Abend, vor dem Essen?
- … Feiere ich die Gottesdienste mit, vor allem am Sonntag und an den Feiertagen? Bete ich mit oder störe ich und lenke ich andere ab?
- … Was fällt mir noch ein?

Wie lebe ich in meiner Familie?

... Wie bin ich zu meinen Eltern? Wofür kann ich ihnen dankbar sein?
... War ich gegenüber meinen Eltern oder beim Streiten mit meinen Geschwistern ungerecht oder gemein?
... Helfe ich zuhause mit oder drücke ich mich davor?
... Habe ich die Unwahrheit gesagt, gelogen?
... Habe ich die Schuld auf meine Geschwister geschoben?
... Wie gehe ich mit meinen Sachen um – sorgfältig, nachlässig oder gleichgültig?
... Kann ich auch teilen?
... Bin ich neidisch?
... Habe ich mich um unser Haustier gekümmert? Habe ich Tieren wehgetan?
... Was fällt mir noch ein?

Wie lebe ich in der Schule?

... Wie bin ich zu meinen Mitschülern – fair oder unfair?
... War ich im Unterricht aufmerksam oder habe ich gestört?
... Habe ich die Hausaufgaben sorgfältig gemacht? Warum nicht?
... Helfe ich meinen Mitschülern, die sich schwer tun?
... Habe ich Mitschüler verspottet oder ausgelacht, ihnen wehgetan oder sie fertiggemacht?
... Werde ich leicht zornig? Tue ich anderen weh?
... Was fällt mir noch ein?

Wie lebe ich in der Freizeit?

... War ich ein Spielverderber? Habe ich andere ausgeschlossen, benachteiligt oder ausgetrickst?
... Habe ich andere verleitet, Böses zu tun? Oder habe ich mich dazu verleiten lassen?
... Habe ich andere beschimpft und mit Worten beleidigt?
... Wie rede ich? Gebrauche ich unanständige Wörter?
... Sitze ich zu lange vor dem Computer und Fernseher?
... Habe ich absichtlich etwas kaputt gemacht?

598
3
… Habe ich etwas gestohlen?
… Was fällt mir noch ein?

Gibt es noch etwas, was mich sehr beschäftigt?
… Was ist mein größter und häufigster Fehler?
… Was nehme ich mir besonders vor?
… Was möchte ich besser machen?

4 BITTE UM VERZEIHUNG:
Guter Gott, du liebst mich. Deine Liebe ist ohne Grenzen.
Darum komme ich zu dir und bitte dich: Schenke mir
Vergebung und Frieden. Gib mir Kraft und den Mut,
es besser zu machen.

5 BEICHTE – GOTT VERZEIHT
Beginne mit dem Kreuzzeichen:
„Im Namen des Vaters …"
„Ich habe zuletzt gebeichtet vor …"
„Ich bekenne [vor Gott] meine Sünden."

Jetzt sage, was du dir bei der Besinnung überlegt hast.
Zum Schluss kannst du sagen:
„Lieber Gott, bitte verzeih mir!"

Der Priester spricht mit dir über das, was du besser machen kannst
oder wieder gutmachen sollst. Er schlägt dir dann vor, was du als Zei-
chen des Dankes und der Buße beten oder tun sollst.
Dann gibt dir der Priester im Namen Jesu Christi und im Auftrag der
Kirche die Lossprechung. Damit verzeiht dir Gott alle deine Sünden.
Dabei machst du gleichzeitig mit dem Priester das Kreuzzeichen.

Dann sagt der Priester:
„Deine Sünden sind dir vergeben. Gehe hin in Frieden!"
Darauf antwortest du:
„Dank sei Gott, dem Herrn!"

Nach der Beichte   598
Dankgebet   6
Gott, ich danke dir. Du hast mir meine Sünden vergeben. Ich darf wieder froh sein. Ich darf wieder neu anfangen. Ich weiß, dass du immer für mich da bist. Du hast mir Jesus als Freund und Begleiter gegeben. Schenk mir auch den Heiligen Geist, dass ich meinen Vorsatz halten kann und in deiner Liebe bleibe. BARBARA WALSER

oder andere Gebete (z. B. Nr. 594,8)

Vorsatz   7
Erinnere dich immer wieder an deinen guten Vorsatz. Wenn du einen Schaden angerichtet hast, versuche, ihn wieder gutzumachen und dich zu entschuldigen.

Hilfen zur Gewissenserforschung für Jugendliche und Erwachsene   599

Dieser Gewissensspiegel hilft, das eigene Leben aus dem Glauben zu bedenken. Die nachfolgenden Impulse geben Hilfen sowohl für die Gestaltung von Bußgottesdiensten als auch für die Vorbereitung auf die persönliche Beichte.

Vorbereitung
Schriftlesung   *z. B.: Lk 19,1–10*   1
Jesus kam nach Jericho und ging durch die Stadt. Dort wohnte ein Mann namens Zachäus; er war der oberste Zollpächter und war sehr reich. Er wollte gern sehen, wer dieser Jesus sei, doch die Menschenmenge versperrte ihm die Sicht; denn er war klein. Darum lief er voraus und stieg auf einen Maulbeerfeigenbaum, um Jesus zu sehen, der dort vor-

599
1
beikommen musste. Als Jesus an die Stelle kam, schaute er hinauf und sagte zu ihm: Zachäus, komm schnell herunter! Denn ich muss heute in deinem Haus zu Gast sein. Da stieg er schnell herunter und nahm Jesus freudig bei sich auf. Als die Leute das sahen, empörten sie sich und sagten: Er ist bei einem Sünder eingekehrt. Zachäus aber wandte sich an den Herrn und sagte: Herr, die Hälfte meines Vermögens will ich den Armen geben, und wenn ich von jemand zu viel gefordert habe, gebe ich ihm das Vierfache zurück.

Da sagte Jesus zu ihm: Heute ist diesem Haus das Heil geschenkt worden, weil auch dieser Mann ein Sohn Abrahams ist. Denn der Menschensohn ist gekommen, um zu suchen und zu retten, was verloren ist.

2 VORBEREITUNGSGEBET
O Gott, ich weiß, dass du mich liebst trotz meiner Sünden und Fehler. Du bist der gute Vater. Ich komme in Reue über meine Schuld und meine Sünden zu dir. Ich will mich ändern. Ich sehne mich nach Vergebung und Frieden.
Schenke mir im Bußsakrament Verzeihung durch Jesus Christus. Führ mich heraus aus Schuld und Sünde. Lass mich erkennen, wo ich vor dir gesündigt habe, wo ich Gutes unterlassen und Böses getan habe. Gib mir Kraft, dass ich es besser mache, dass ich dir dienen und andern helfen kann.
ELMAR GRUBER

oder andere Gebete (z. B. Nr. 9,7)

600
A
1
GEWISSENSERFORSCHUNG I

Gott will, dass wir ganz auf ihn vertrauen und uns nicht an Mächte binden, die uns von ihm trennen.
… Welche Rolle spielen Religion, Glaube und Kirche in meinem Leben?
… Welche Beziehung pflege ich zu Jesus Christus?

600

1
... Was bedeutet Gott für mein Leben?
... Interessiere ich mich für den Glauben? Wie informiere ich mich darüber?
... Wie zeigt sich mein Vertrauen auf Gott?
... Gibt es ,andere Götter' in meinem Leben (Fernsehen, Computer, Auto, Geld, Sport, Disco, Drogen, Alkohol u. a.)?
... Achte ich Menschen mit anderen religiösen Überzeugungen?
... Haben Sekten, Esoterik oder Aberglaube Einfluss auf mein Leben? Pflege ich magische oder okkulte Praktiken?
... Habe ich den Mut, meine Glaubensüberzeugung vor anderen zu vertreten?

Gott will, dass wir ihn ehren und ihn anrufen.

2
... Wie gestalte ich meine Beziehung zu Gott? Bete ich regelmäßig, gelegentlich, selten oder nie? Bete ich auch für andere?
... Suche ich die Begegnung mit Christus in der Heiligen Schrift und in den Sakramenten?
... Feiere ich an Sonn- und Festtagen die Eucharistie mit?
... Wie wirkt sich diese Mitfeier aus in meinem Leben?
... Bestimmen christliche Werte mein Leben?
... Erweise ich mich in Gesinnung und Tat solidarisch mit der Kirche als der Gemeinschaft der Glaubenden?
... Empfange ich die Kommunion ehrfürchtig und dankbar? – Gehe ich zuvor zur Beichte, wenn ich mir schwerer Schuld bewusst bin?
... Habe ich leichtfertig oder ehrfurchtslos über Gott gesprochen oder heilige Dinge verunehrt?
... Habe ich geflucht oder Gott gelästert?
... Habe ich falsch geschworen oder ein Versprechen nicht gehalten?
... Wie gestalte ich den Sonntag?

600

3 *Gott will, dass wir die Menschen achten, die uns Leben, Gemeinschaft und Glauben geben.*
   … Wie ist mein Verhältnis zu meiner Familie und meinen Angehörigen?
   … Respektiere ich ihr Bemühen um mich? Wie zeige ich mich dafür dankbar? Nutze ich sie aus?
   … Habe ich den Kontakt durch mein Verhalten abgebrochen?
   … Habe ich Konflikte in die Familie getragen?
   … Habe ich gegen Vorgesetzte und Kollegen in Betrieb, Öffentlichkeit, Schule gehetzt? Sorge ich für ein gutes Arbeitsklima?
   … Wie gehe ich mit meinen Freunden und mit Menschen um, für die ich verantwortlich bin?
   … Bemühe ich mich um konstruktive Kritik? Kann ich sie auch annehmen?
   … Bin ich bereit, um Verzeihung zu bitten und Verzeihung anzunehmen? Bin ich bereit, selber zu verzeihen?

4 *Gott will, dass wir das Leben schützen und Leid abwenden.*
   … Ist mir mein Leben kostbar? Stehe ich positiv dazu? Habe ich es leichtfertig in Gefahr gebracht (z. B. durch übertriebenen Sport, Nikotin, Alkohol, Drogen)?
   … Begegne ich meinen Mitmenschen mit Respekt und Achtung? Neige ich zu Überheblichkeit?
   … Nehme ich Rücksicht auf alte und behinderte Menschen?
   … Habe ich Mut und Zivilcourage, wenn Reden oder Handeln Not tut?
   … Habe ich mich über das Unglück anderer gefreut?
   … Habe ich andere beschimpft oder sie fertiggemacht (etwa durch Mobbing oder durch Rufmord, z. B. im Internet)?
   … Habe ich jemanden verletzt oder geschlagen?
   … Habe ich das Leben anderer gefährdet (durch Rücksichtslosigkeit, Leichtsinn im Straßenverkehr, durch Alkohol oder Drogen)?
   … Habe ich durch mein Verschulden ungeborenes Leben getötet oder zur Tötung geraten?
   … Habe ich durch Leichtsinn, Gleichgültigkeit oder

Gewinnstreben anderen oder auch der Umwelt geschadet (z. B. durch mutwillige Zerstörung privater oder öffentlicher Einrichtungen)?
... Bin ich beherrscht oder brause ich bei jeder Kleinigkeit auf?
... Wie stehe ich zu Rassismus, Gewalt und Folter? Grenze ich andere Menschen bewusst aus?

Gott will, dass wir in Freundschaft und Ehe einander Respekt, Liebe und Treue erweisen.
... Wie zeigen sich Liebe und Treue in meinen Beziehungen?
... Bemühe ich mich um Aufrichtigkeit, Achtsamkeit und Verlässlichkeit?
... Bemühe ich mich um einen verantwortungsvollen Umgang mit der mir von Gott geschenkten Sexualität?
... Bin ich bereit zur kirchlichen Eheschließung und zur christlichen Gestaltung von Ehe und Familie („Verantwortete Elternschaft')?
... Will ich durch mein Verhalten andere bewusst provozieren?
... Bin ich in Partnerschaft und Liebe nur auf mich bezogen? (z. B. Selbstbefriedigung)?
... Respektiere ich die Freundschaft, die Ehe oder das Gebundensein anderer?
... Habe ich außereheliche sexuelle Beziehungen?
... Habe ich jemanden sexuell ausgenützt oder ihm Gewalt angetan (durch Worte oder Handlungen)?
... Lasse ich mich in meinen Vorstellungen von Sexualität durch Internet und andere Medien negativ bestimmen (z. B. Pornografie)?

Gott will, dass wir zur Wahrheit stehen und niemandem durch Lügen Schaden zufügen.
... Bin ich ehrlich anderen gegenüber? Neige ich zum Lügen? Warum?
... Lasse ich mich von Vorurteilen leiten oder beeinflussen?
... Habe ich jemand durch Lügen oder durch Falschaussage geschadet?

600
6
... Erzähle ich weiter, was mir ‚unter dem Siegel der Verschwiegenheit' anvertraut worden ist?
... Habe ich mir durch Lüge und Betrug Vorteile verschafft?

7 *Gott will, dass wir das Eigentum achten.*
... Welche Rolle spielen Geld und Besitz in meinem Leben? Gehe ich verantwortlich damit um?
... Woran messe ich den Wert eines anderen Menschen?
... Was tue ich, um Not zu lindern? Lebe ich auf Kosten anderer?
... Habe ich fremdes Eigentum – geistiges oder materielles – geachtet, beschädigt, zerstört oder gestohlen?
... Kann ich eigene Bedürfnisse auch zurückstellen?
... Bin ich verschwenderisch, geizig und habgierig?
... Habe ich mich bemüht, von mir verursachten Schaden wieder gutzumachen?
... Habe ich zur Umweltverschmutzung oder -zerstörung beigetragen? Wie verhalte ich mich Tieren gegenüber?
... Bemühe ich mich, in der Arbeitswelt als Christ zu leben?

→ *Reuegebet (Nr. 601,9)*

601
B
GEWISSENSERFORSCHUNG II

Die Zehn Gebote (vgl. Ex 20,2–17), die uns die Heilige Schrift überliefert, sind ein bewährter Leitfaden zur Gewissenserforschung. Sie wollen Wegweisung sein, damit menschliches Leben gelingt, und geben Orientierung für unsere Beziehung zu Gott, zu uns selbst und zu unseren Mitmenschen.

Ich bin der Herr, dein Gott, der dich aus Ägypten geführt hat, aus dem Sklavenhaus.

Dieser Einleitungssatz, mit dem die Zehn Gebote beginnen, ist wichtig. Er erinnert daran, dass Gott Israel aus der Sklavenarbeit und der Unterdrückung Ägyptens herausgeführt hat. Er ist somit ein Gott, der nicht die Unterdrückung des Menschen, sondern sein Leben in Würde und Freiheit will. So sollen auch die Zehn Gebote (Dekalog) uns nicht in unserem Menschsein einengen, sondern den Rahmen abstecken, in dem ein Zusammenleben der Menschen in Freiheit, Frieden und Gerechtigkeit möglich ist.

1. Du sollst neben mir keine anderen Götter haben.
Die Erfahrung lehrt: Wo Gott aus dem Leben von Menschen entschwindet, bleibt sein Platz nicht unbesetzt. Da treten Ersatzgötter an die Stelle des einen, wahren Gottes. Endliches wird absolut gesetzt, Menschliches vergöttlicht und die Wirklichkeit auf das Sichtbare und Berechenbare eingeschränkt. Das Goldene Kalb, dem Israel wie einem Gott opferte, ist ein sprechendes Symbol für die ständige Gefahr, Gott zu vergegenständlichen und unser Herz an falsche Götter zu hängen. Zum Götzen kann vieles werden: das eigene Ich, Macht, Geld, Karriere, die Arbeit, aber auch Menschen, denen wir absolute Macht über uns einräumen. Um dem ewigen, unendlichen Gott zu begegnen, muss ich alle Ersatzgötter loslassen und mich dem letzten Sinngrund und Geheimnis meines Lebens öffnen.

… Was bewegt mich im Letzten und gibt meinem Leben Sinn und Erfüllung?
… Was gibt mir Sicherheit und inneren Halt in guten wie in schweren Zeiten?
… Vermag ich mein Leben von Gott her zu sehen und im Vertrauen auf ihn zu wagen?
… Höre ich auf das Wort Gottes, besonders auf das Wort Jesu in den Evangelien, und orientiere ich danach mein Handeln?
… Nehme ich mir Zeit, um Gott zu begegnen und ihm für mein Leben zu danken?
… Was tue ich, um in meinem Glauben zu wachsen und zu reifen?
… Wie viel Macht über mich gebe ich anderen? Wie weit lasse ich mich bestimmen vom Urteil anderer Menschen, von Terminen, Erfolg, übertriebener Sorge um meine Gesundheit?
… Was beherrscht mich, engt mich ein und hindert mich, die mir von Gott gegebenen Fähigkeiten zu entfalten?

601 **2. Du sollst den Namen des Herrn, deines Gottes, nicht missbrauchen.**

Der Gott des Lebens will nicht in Zusammenhänge gebracht werden, die gegen das Leben gerichtet sind: Meineid, Fluch, Lüge, Verleumdung, Verfolgung und Krieg. Auch ist der lebendige Gott größer als all unsere Begriffe und Vorstellungen von ihm. Um seine Unverfügbarkeit und Größe anzuzeigen, gebraucht die Bibel viele Begriffe und Bilder: Vater, Schöpfer des Himmels und der Erde, Fels und Burg, Zuflucht und Quelle des Lebens. Er tröstet uns wie eine Mutter und begleitet uns auf all unseren Wegen. In Jesus Christus ist Gott uns Menschen nahe gekommen. Jesus Christus ist „das Ebenbild des unsichtbaren Gottes" (Kol 1,15).

- … Rede ich mit Gott, bete ich?
- … Wie rede ich von Gott? Bin ich bereit, meine Bilder und Vorstellungen von Gott immer wieder zu überprüfen und der Fülle und Weite des biblischen Gottesbildes anzupassen?
- … Was ist mir in meinem Leben ‚heilig'? Wie begegne ich dem, was anderen Menschen heilig ist?
- … Missbrauche ich den Namen Gottes zur Rechtfertigung und Durchsetzung eigener Interessen?
- … Bete ich vertrauensvoll und vermag ich mich in die Hände des lebendigen Gottes fallen zu lassen?

3. Gedenke des Sabbats: Halte ihn heilig.

Zur Zeit des biblischen Israel war es geradezu revolutionär: Ein Volk glaubt an einen Gott, der ausnahmslos allen, auch den Sklaven, einen Ruhetag schenkt zum Aufatmen der Seele und des Leibes. Zweifach wird dieser Ruhetag begründet: Es ist der Rhythmus Gottes selbst, den er seinem Schöpfungswerk eingestiftet hat. Und Israel soll wenigstens an einem Tag sichtbar werden lassen, dass es selbst aus der Sklaverei Ägyptens befreit worden ist. Für uns Christen wurde der Sonntag als Tag der Auferstehung Jesu zum zentralen Tag der Woche. Er ist sowohl der Tag, an dem sich die Gemeinde zur gottesdienstlichen Feier versammelt, als auch ein Tag der Ruhe und Entspannung.

... Bin ich mir bewusst, dass Leben mehr bedeutet als Arbeit und Leistung?
... Gebe ich meinem Bedürfnis nach Ausruhen und Aufatmen von Leib und Seele gebührenden Raum?
... Wie gehe ich mit meiner Zeit um? Wofür nehme ich mir Zeit?
... Bin ich zu Stille und Ruhe fähig? Kann ich vor Gott verweilen und bei ihm Ruhe finden?
... Gebe ich dem Sonntag eine besondere Gestalt, die ihn vom Alltag abhebt? Ist es mir wichtig, an diesem Tag meinen Glauben mit anderen Menschen zu teilen, im Gottesdienst vor Gott zu treten, ihm zu danken und mich von ihm für die kommende Woche stärken zu lassen?
... Was bedeutet mir die Schönheit der Schöpfung? Kann ich ihr mit Ehrfurcht und Staunen begegnen und in ihr Gott erfahren?

4. Ehre deinen Vater und deine Mutter.

Es heißt: „Ehre!" Nicht einfach: „Gehorche!" Es geht um den respektvollen Umgang mit den Eltern und den Menschen der jeweils älteren Generation. In biblischer Zeit sollten die alten Eltern gebührend versorgt sein und schließlich ein würdiges Begräbnis erhalten. Das 4. Gebot sichert das Verhältnis der Generationen zueinander und die soziale Gerechtigkeit zwischen Jung und Alt. Es geht um eine generationenübergreifende Solidarität und die gegenseitige Verantwortung der Generationen. Dabei sind nicht nur die Lebensbedürfnisse der Eltern, sondern auch die der Kinder zu respektieren. Kinder sind nicht der Besitz ihrer Eltern. In gegenseitiger Wertschätzung soll sich jeder als eigenständige Person entfalten und weiterentwickeln können.

601
4
... Wie ist das Verhältnis zu meinen Eltern? Habe ich durch sie Zuwendung, Anerkennung und Geborgenheit erfahren, für die ich dankbar bin? Bin ich bereit, erlittenes Unrecht und Versagen zu verzeihen?

... Nehme ich mir Zeit für Eltern, Familie, Verwandte, Freunde? Bin ich für sie da, wenn sie Hilfe und Unterstützung brauchen?

... Stelle ich mich meiner Verantwortung bei der Versorgung und Betreuung von Kindern oder pflegebedürftigen Eltern? Nehme ich aber auch die Grenzen meiner Belastbarkeit wahr und bin bereit, Hilfe anzunehmen und Verantwortung abzugeben?

... Kann ich zulassen, dass meine Kinder mit zunehmendem Alter ihre eigenen Lebenswege gehen und manches anders sehen als ich? Vermag ich sie der Führung Gottes anzuvertrauen?

... Kann ich die Fähigkeiten und Leistungen anderer, auch älterer Menschen, anerkennen?

5
5. Du sollst nicht morden.
Die Heilige Schrift bezeugt uns Gott als einen Gott des Lebens. Nichts steht mehr im Widerspruch zu diesem Gott als jegliche Form von Tötung. Morden meint dabei jeden unerlaubten Angriff auf das Leben eines anderen. Für Jesus beginnt der Angriff auf das Leben im Herzen des Menschen, schon weit vor dem mörderischen Tun. So können Zorn und Hassgefühle das Miteinander vergiften und verletzende Worte und Blicke Menschen töten. Gegen das Leben wird auch dort verstoßen, wo die Menschenwürde verletzt und die Lebensgrundlagen künftiger Generationen gefährdet werden.

... Wie gehe ich mit meinen Aggressionen und den Aggressionen anderer um?

... Weiche ich Konflikten aus oder stehe ich ein für Wahrheit und Gerechtigkeit in meinem Leben und dem Leben anderer?

... Zeige ich Mut und Zivilcourage dort, wo Menschen Gewalt angetan wird?
... Bemühe ich mich in meiner Umgebung um gewaltfreie Konfliktlösungen, um Frieden und Versöhnung?
... Ist für mich das Leben von seinem Beginn bis zu seinem Ende schützenswert?
... Habe ich das Leben anderer in Gefahr gebracht oder jemanden getötet (z. B. im Straßenverkehr)?

6. Du sollst nicht die Ehe brechen.
9. Du sollst nicht nach der Frau deines Nächsten verlangen.
Menschen brauchen stabile Beziehungen, auf die sie sich verlassen können und in denen sie Liebe und Geborgenheit erfahren. Das 6. Gebot schützt die eheliche Beziehung als engste und intimste personale Lebensgemeinschaft. Zu dieser Beziehung gehört auch die Sexualität. Sie prägt uns als Mann und Frau. Sie schenkt Freude und wird fruchtbar in Kindern. Damit die eheliche Partnerschaft stark und lebendig bleibt, sind die personale Würde und Freiheit jedes Partners zu achten und Grenzen in der Beziehung zu anderen einzuhalten.

... Lebe ich in einer vor Gott und der Kirche geordneten ehelichen Gemeinschaft; achte ich die Weisungen der Kirche?
... Gründet die Beziehung zu meinem Partner bzw. meiner Partnerin auf aufrichtiger Liebe und Treue, gegenseitigem Vertrauen und Verlässlichkeit?
... Pflege ich ein partnerschaftliches Miteinander, in welchem Mann und Frau in gleicher Weise ihre Fähigkeiten einbringen und verwirklichen können?
... Vermag ich Konflikte in der Partnerschaft offen und ehrlich anzusprechen und auszutragen?
... Respektiere ich die Beziehungen und Bindungen von anderen?
... Wie stehe ich zu meiner Sexualität? Ist sie ein integrierter Teil meines Mann- bzw. meines Frauseins?

601
7

7. Du sollst nicht stehlen.
10. Du sollst nicht das Haus deines Nächsten begehren.
Zu einem Leben in Gemeinschaft gehört auch der Respekt vor dem, was einem anderen gehört. Das biblische Wort für ‚stehlen' umfasst Handlungen wie: entführen, rauben, ausbeuten, sich widerrechtlich aneignen, täuschen. Es geht darum, die Lebensgrundlagen des Einzelnen wie der Gemeinschaft zu schützen. Dazu gehört nicht nur der Schutz des persönlichen Eigentums, sondern auch eine gerechte Beteiligung aller Menschen an den Gütern dieser Erde. Es widerspricht dem Solidarverhalten, wenn reiche Nationen auf Kosten ärmerer Länder und die jetzige Generation auf Kosten künftiger Generationen leben. Alle sind in die Verantwortung genommen. Die Verteilungsgerechtigkeit fängt beim Konsumverhalten jedes Einzelnen an.

… Welche Rolle spielen Geld, Besitz, materieller Wohlstand in meinem Leben? Wie weit bestimmen sie mein Denken und Handeln?
… Will ich immer mehr haben? Welche Werte sind mir wichtig?
… Bin ich bereit, mein eigenes Konsumverhalten zu überdenken und mich um einen maßvollen und schöpfungsfreundlichen Lebensstil zu bemühen?
… Bin ich bereit, zu teilen und andere an meinem Wohlstand teilhaben zu lassen?
… Engagiere ich mich in meinem privaten und beruflichen Umfeld für mehr Humanität und soziale Gerechtigkeit?
… Achte ich die Erde als Lebenshaus für alle Menschen?
… Habe ich mich ungerecht bereichert, gestohlen? Achte ich auch geistiges Eigentum anderer?
… Bin ich bereit, von mir angerichteten Schaden wieder gutzumachen?

8

8. Du sollst nicht falsch gegen deinen Nächsten aussagen.
Die Heilige Schrift weiß: Wenn das Gesagte nicht mehr gilt und auf Worte kein Verlass ist, wenn Lüge, Täuschung und

Verrat an die Stelle von Wahrheit und Verlässlichkeit treten, ist eine Lebensgemeinschaft in ihrem innersten Kern zerstört. Deshalb fordern Gebote, Mahnungen und Propheten-Worte immer wieder die Wahrheit ein. Jesus sagt in aller Klarheit und Entschiedenheit: „Euer Ja sei ein Ja, euer Nein ein Nein" (Mt 5,37). Sein Leben war gekennzeichnet durch eine Einheit von Leben, Reden und Handeln. Er war identisch mit dem, was er sagte. Darin liegt die Glaubwürdigkeit seiner Botschaft.

601
8

… Achte ich auf meine Worte,
   … ob sie wahrhaftig oder falsch sind?
   … wertschätzend, heilend oder verletzend?
   … aufrichtend oder entwertend?
   … spaltend oder verbindend?
… Trete ich für meine christlichen Überzeugungen offen ein, auch wenn es für mich nachteilig ist?
… Vermag ich Fehler einzugestehen und Kritik anzunehmen? Wie gehe ich mit den Fehlern und Schwächen anderer um? Stelle ich andere bloß?
… Bemühe ich mich um eine differenzierte Meinungsbildung, die sich nicht von Vorurteilen und Klischees leiten lässt, sondern dem Einzelfall gerecht zu werden versucht?
… Sind die Absichten meines Handelns lauter und ehrlich und können sich die Menschen auf mein Wort verlassen?

REUEGEBET

9

Vater, ich habe gesündigt vor dir; ich habe auf deine Liebe zu wenig geantwortet. Du hast mich nach deinem Bild erschaffen und mich mit Gaben und Talenten beschenkt; ich aber habe gesündigt und Schuld auf mich geladen. Ich blicke aber auf zu dir und deinem Sohn Jesus Christus. Er ist mein Herr und mein Bruder. Auch für mich hat er am Kreuz sein Blut vergossen. Vergib mir meine Schuld, meine Sünden, meine Fehler. Du bist die ewige Liebe, nimm mich wieder an dein Herz und halte mich fest in deiner Gnade. Ich will dein sein und dein bleiben. ALBERT HÖFER

oder andere Gebete (z. B. Nr. 9,7)

> Ist einer von euch krank?
> Dann rufe er die Ältesten der Gemeinde zu sich;
> sie sollen Gebete über ihn sprechen
> und ihn im Namen des Herrn mit Öl salben.
> Das gläubige Gebet wird den Kranken retten
> und der Herr wird ihn aufrichten;
> wenn er Sünden begangen hat, werden sie ihm vergeben.
>
> Jak 5,14–15

602 Die Krankensalbung
und weitere Feiern mit Kranken

1 Im Leben jedes Menschen gibt es Krankheit und Leid, Sterben und Tod. Durch Zuwendung und Beistand, Begleitung und Trost werden Heilung und Wiedergenesung, Linderung oder auch Annahme von schwerer oder unheilbarer Krankheit und letztlich das Zugehen auf den Tod erleichtert. Wie Jesus Kranke geheilt hat und sie dadurch den Anbruch des Reiches Gottes erfahren ließ, so wenden sich Christen Kranken und Leidenden zu, besuchen sie, stehen ihnen im Geiste Jesu bei, beten mit ihnen und für sie und feiern mit ihnen seinen Tod und seine Auferstehung, bis er kommt in Herrlichkeit.

Die heilende und helfende Nähe Gottes ist uns von Jesus Christus und der Kirche zugesagt, besonders in den Feiern der Liturgie, vor allem der Sakramente. Im Bußsakrament und der Krankensalbung begegnet Jesus den Kranken als Arzt der Seele und des Leibes: Er richtet auf, verzeiht und stärkt. Damit wird der in der Taufe begonnene Weg angesichts der Krankheit neu auf Christus ausgerichtet.

Für die Feier der Krankensalbung, der Krankenkommunion und der Wegzehrung sollte das Krankenzimmer entsprechend vorbereitet sein: Auf einer weißen Decke stehen ein Kreuz und Kerzen, ein Gefäß mit Weihwasser, ein Glas mit Wasser sowie gegebenenfalls Blumenschmuck.

Die Feier der Krankensalbung

In der Krankensalbung will Jesus Christus jenen Gläubigen begegnen, die sich wegen schwerer körperlicher oder psychischer Krankheit oder Altersschwäche oder auch vor einer schweren Operation in einem bedrohlich angegriffenen Gesundheitszustand befinden. Auch Kinder können die Krankensalbung empfangen. Sie ist das Sakrament der Kranken und nicht allein der Sterbenden. Die Krankensalbung kann bei erneuter schwerer Krankheit oder Verschlechterung des Gesundheitszustandes wiederholt werden. Das bei der Krankensalbung vom Priester verwendete Krankenöl wird in der Regel vom Bischof in der Chrisam-Messe (→ Nr. 278) geweiht.

Nach dem Allgemeinen Schuldbekenntnis bzw. der Beichte wird ein Text aus der Heiligen Schrift gelesen; es folgen die Fürbitten. Danach legt der Priester den Kranken schweigend die Hände auf. Dann spricht er den Lobpreis und die Anrufung Gottes über dem Öl mit dem Antwortruf:

P Wir loben dich.
A Wir preisen dich.

Der Priester salbt die Kranken mit dem heiligen Öl auf der Stirn und auf den Händen. Dabei spricht er:

P Durch diese Heilige Salbung helfe dir der Herr in seinem reichen Erbarmen, er stehe dir bei mit der Kraft des Heiligen Geistes.
A Amen.
P Der Herr, der dich von Sünden befreit, rette dich, in seiner Gnade richte er dich auf.
A Amen.

Es folgen das Vaterunser und der Segen.

> *Der Mensch*
> *hört nicht auf, groß zu sein.*
> *Auch nicht in seiner Schwäche.*
> Papst Johannes Paul II.

602 Weitere Feiern mit Kranken

5 Krankenbesuch und Krankensegen

Für Christen gehört es zu den Werken der Barmherzigkeit, Kranke zu besuchen (vgl. Mt 25,36), ihnen im Gebet beizustehen (→ z. B. Psalmen, Nr. 37, 49; Gebete, Nr. 17) und sie zur Feier der Sakramente einzuladen.

Der Besuch kann mit einem Gottesdienst mit Krankensegen verbunden oder mit einem Segensgebet (z. B. Nr. 13,2) abgeschlossen werden. Während des Gebetes können Priester und Diakone Kranken die Hände auflegen. Laien segnen Kranke, indem sie ihnen nach dem Gebet ein Kreuz auf die Stirn zeichnen.

6 Die Feier der Krankenkommunion

Für die Kranken sind die Feier der Eucharistie – auch im Krankenzimmer – und die Krankenkommunion von besonderer Bedeutung. Seit den Anfängen der Kirche wird kranken Menschen die Kommunion als Stärkung überbracht. So erhalten sie Anteil an der Eucharistiefeier der Gemeinde.

Nach dem liturgischen Gruß wird das Gefäß mit dem Allerheiligsten auf den Tisch gestellt; alle verehren das Sakrament. Den Kranken und allen Anwesenden wird Weihwasser gereicht.

Wenn ein Priester die Feier leitet, können Kranke das Sakrament der Buße empfangen; sonst folgen Schuldbekenntnis und Vergebungsbitte.

Es kann ein geeigneter Abschnitt aus der Heiligen Schrift vorgetragen und in einem kurzen geistlichen Impuls gedeutet werden. Nach den Fürbitten und dem Vaterunser wird den Kranken und gegebenenfalls weiteren Anwesenden die Kommunion gereicht. Vor und nach der Kommunion kann ein Gebet (→ z. B. Nr. 8,1–4) gesprochen oder ein geeignetes Lied gesungen werden. Mit einem Gebet und dem Segen bzw. der Segensbitte wird die Feier abgeschlossen.

Die Wegzehrung **602**

Im Angesicht des Todes empfangen Sterbende die Heilige Kommunion als Wegzehrung. Dies kann in einer Messfeier am Sterbebett geschehen. Andernfalls können Priester, Diakone, Kommunionhelferinnen oder -helfer den Sterbenden die Heilige Kommunion bringen.

In Erinnerung an die Taufe wird das Glaubensbekenntnis (Nr. 3,4) gesprochen. Dazu kann die Taufkerze, die Osterkerze oder eine andere Kerze entzündet werden. Danach wird die Kommunion gereicht.

Zur Spendung der Wegzehrung:
Lt Christus bewahre dich und führe dich zum ewigen Leben.
Der/Die Kranke Amen.

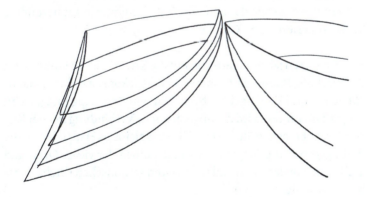

> Vernachlässige die Gnade nicht,
> die in dir ist und die dir verliehen wurde,
> als dir die Ältesten aufgrund prophetischer
> Worte gemeinsam die Hände auflegten.
>
> 1 TIM 4,14

603 Die Weihe

1 Der Heilige Geist führt das Wirken Jesu Christi in der Kirche und durch sie weiter. Denn die Kirche ist „in Christus gleichsam das Sakrament, das heißt Zeichen und Werkzeug für die innigste Vereinigung mit Gott wie für die Einheit der ganzen Menschheit" (LG 1). Dazu ist ihr die Sendung Christi als Lehrer, Hirte und Priester übertragen.

Die Kirche unterscheidet zwischen dem gemeinsamen Priestertum aller Gläubigen durch Taufe und Firmung und dem besonderen Priestertum des Dienstes. Sie „unterscheiden sich zwar dem Wesen und nicht bloß dem Grade nach. Dennoch sind sie einander zugeordnet: das eine wie das andere nämlich nimmt je auf besondere Weise am Priestertum Christi teil" (LG 10).

2 Seit den ersten Jahrhunderten kennt die Kirche das dreistufige Amt des Bischofs, Priesters (Presbyters) und Diakons, das durch Handauflegung und Weihegebet übertragen wird (vgl. Apg 14,23; 1 Tim 4,14; 2 Tim 1,6). So wird die ungebrochene Verbindung mit der Kirche des Anfangs gewährleistet; Christus bleibt als Haupt der Kirche in ihr gegenwärtig. Zugleich wird die Einheit der vielen Orts- und Teilkirchen in der einen und weltweiten katholischen Kirche sichtbar dargestellt.

Die Weihe (Ordination) ist die sakramentale Einsetzung in das Amt des Bischofs, des Priesters oder des Diakons und die damit verbundene Bevollmächtigung in der Kraft des Heiligen Geistes. Die Handauflegung als Zeichen einer Amtsübertragung oder der Geistmitteilung findet sich bereits im Alten Testament (vgl. Dtn 34,9; Num 27,15–23). Die Weihe ist Ausdruck des unwiderruflichen Handelns Gottes an den Geweihten, weshalb das dreistufige Weihesakrament – wie auch Taufe und Firmung – nicht wiederholbar ist.

Das Weihesakrament wird für den Bischof, den Priester und den Diakon in ähnlicher Weise gefeiert, wobei es dem Amt und der Aufgabe entsprechende Unterschiede gibt. Jede Ordination findet in einer Messfeier statt und nimmt einen Menschen ganz für Christus und die Kirche in Dienst. Der Kandidat wird vorgestellt, nach dem Hören und Auslegen des Wortes Gottes erfolgt die Befragung und das Versprechen des Erwählten; dabei bekundet er die Bereitschaft, sein Amt im Sinne der Kirche und in Gemeinschaft mit dem Ortsbischof und dem Papst auszuüben. Dann wird die Allerheiligen- und Fürbittlitanei gesungen, woraufhin die Kernhandlung der Weihe folgt, die Handauflegung und das Weihegebet. In den ausdeutenden Riten wie dem Anlegen der liturgischen Gewänder, der Salbung des Hauptes oder der Hände, der Überreichung der Insignien oder der liturgischen Geräte wird der besondere Charakter und die besondere Aufgabe zum Ausdruck gebracht.

> Vor allem haltet fest an der Liebe zueinander.
>
> 1 PETR 4,8

604 Die Ehe

1 Wo Liebe sich zwischen zwei Menschen ereignet, entsteht der Wunsch, das Leben miteinander zu teilen. Die Heilige Schrift erkennt diese Sehnsucht von Mann und Frau als von Anfang an zum Menschen gehörig: „Es ist nicht gut, dass der Mensch allein bleibt" (Gen 2,18). Doch die Bibel weiß nicht nur um das Ideal, sondern auch um die Gefährdungen. Sie legt die gesamte Geschichte Gottes mit den Menschen in der Vorstellung des Bundes und der Ehe aus. Auf dem Hintergrund dieser oftmals dramatischen Beziehung Gottes zu seinem Volk wird die sakramentale Würde der Ehe von Getauften deutlich. Denn das Sakrament der Ehe ordnet sich in diesen spannungsvollen Zusammenhang von tiefer menschlicher Sehnsucht und der Erfahrung der Gefährdung ein. In diesem Sakrament stellen Frau und Mann ihren Wunsch nach Unverbrüchlichkeit und Ausschließlichkeit ihrer Liebe in den Horizont der Liebe Gottes. Er, der wie ein Ehemann unabweislich um die Liebe seines Volkes gerungen (vgl. Hos 2,21 f) und sich auf die Menschen bis zum Kreuzestod seines Sohnes eingelassen hat: Dieser Gott soll mit seinem Beistand den Bund fürs Leben umfangen und begleiten. Zugleich möge er mit seinem Segen für das Paar auch den Liebes- und Lebensraum eröffnen, in dem Kinder als Frucht der Liebe ihren Platz finden können. Auch im Wissen um die Begrenztheit der eigenen Kräfte können Menschen im Glauben an ihn, der Anfang und Ende ist, wagen, sich aneinander zu binden, bis der Tod sie scheidet. In diesem Vertrauen dürfen sie es getrost tun. Ihr Ehebund ist ein Abbild der Liebe Gottes mit den Menschen und des Bundes Christi mit seiner Kirche.

Mit Recht wird die in einem solchen Ja wurzelnde christliche Familie als Kirche im Kleinen bezeichnet. Dabei geht es nicht um

Perfektion. Die christliche Ehe lebt vielmehr von der gemeinsamen Erfahrung, je neu anfangen zu dürfen, und aus der Hoffnung auf Kraft und Vollendung durch den, der die Menschen zuerst geliebt hat.

Die Feier der Trauung

Die kirchliche Trauung erfolgt in der Messfeier oder in der Wort-Gottes-Feier nach der Predigt.

Trauung
Befragung nach der Bereitschaft zur christlichen Ehe

Die Brautleute bekennen sich öffentlich zum sakramentalen Eheverständnis der katholischen Kirche. Sie schaffen damit die Voraussetzung einer gültigen Eheschließung.

P/D N., ich frage Sie: Sind Sie hierher gekommen, um nach reiflicher Überlegung und aus freiem Entschluss mit Ihrer Braut N. (Ihrem Bräutigam N.) den Bund der Ehe zu schließen?
Bräutigam/Braut Ja.
P/D Wollen Sie Ihre Frau (Ihren Mann) lieben und achten und ihr (ihm) die Treue halten alle Tage ihres (seines) Lebens?
Bräutigam/Braut Ja.

Die folgenden Fragen richtet der Zelebrant an beide Brautleute gemeinsam.

P/D Sind Sie beide bereit, die Kinder anzunehmen, die Gott Ihnen schenken will, und sie im Geist Christi und seiner Kirche zu erziehen?
Braut und Bräutigam Ja.
P/D Sind Sie beide bereit, als christliche Eheleute Mitverantwortung in der Kirche und in der Welt zu übernehmen?
Braut und Bräutigam Ja.

604   Segnung der Ringe

4   Der Ehering, ein altes Zeichen für die Besiegelung des Ehevertrages, ist ein Sinnbild der Treue, der Beständigkeit und der ehelichen Bindung. Als solches Zeichen der Liebe und Treue, das auf die umfassendere Liebe und Treue Gottes verweist, werden die Ringe vom Zelebranten durch Gebet und Besprengung mit Weihwasser gesegnet.

5   Vermählung

Die Brautleute schließen ihren Bund vor Gott und nehmen sich gegenseitig an als Mann und Frau. Dafür können sie zwischen zwei Formen wählen:
(A) dem Vermählungsspruch
(B) der Vermählung durch das Ja-Wort.
Beide Formen sind mit dem gegenseitigen Anstecken der Eheringe verbunden.

6   A: Vermählungsspruch

A   P/D So schließen Sie jetzt vor Gott und vor der Kirche den Bund der Ehe, indem Sie das Vermählungswort sprechen. Dann stecken Sie einander den Ring der Treue an.

Der Vermählungsspruch kann entweder von den Brautleuten auswendig gesprochen oder vom Zelebranten in Absätzen vorgesprochen werden. Der Bräutigam nimmt den Ring der Braut, die Braut nimmt den Ring des Bräutigams. Sie sprechen nacheinander:

Bräutigam/Braut N., vor Gottes Angesicht nehme ich dich an als meine Frau (meinen Mann). Ich verspreche dir die Treue in guten und bösen Tagen, in Gesundheit und Krankheit, bis der Tod uns scheidet. Ich will dich lieben, achten und ehren alle Tage meines Lebens.

Beim Anstecken der Ringe sprechen sie jeweils:

Trag diesen Ring als Zeichen unserer Liebe und Treue: Im Namen des Vaters und des Sohnes und des Heiligen Geistes.

B: Vermählung durch das Ja-Wort   604

P/D So schließen Sie jetzt vor Gott und vor der Kirche den Bund der Ehe, indem Sie das Ja-Wort sprechen. Dann stecken Sie einander den Ring der Treue an.

Die folgenden Texte werden zunächst von Zelebrant und Bräutigam und anschließend von Zelebrant und Braut gesprochen.

P/D N., ich frage Sie vor Gottes Angesicht: Nehmen Sie Ihre Braut N. an als Ihre Frau (Ihren Bräutigam N. an als Ihren Mann) und versprechen Sie, ihr (ihm) die Treue zu halten in guten und bösen Tagen, in Gesundheit und Krankheit, und sie (ihn) zu lieben, zu achten und zu ehren, bis der Tod Sie scheidet. (Dann sprechen Sie: Ja).

Bräutigam/Braut Ja.

P/D Nehmen Sie den Ring als Zeichen Ihrer Liebe und Treue, stecken Sie ihn an die Hand Ihrer Braut (Ihres Bräutigams) und sprechen Sie: „Im Namen des Vaters und des Sohnes und des Heiligen Geistes."

Beim Anstecken des Ringes sprechen Bräutigam und Braut jeweils:
Im Namen des Vaters und des Sohnes und des Heiligen Geistes.

Bestätigung der Vermählung

Ein sprechendes Zeichen für den Bund der Ehe ist, dass Mann und Frau einander die rechte Hand reichen. Dazu lädt der Zelebrant das Brautpaar ein und legt seine Stola um die so verbundenen Hände. Als Vertreter der Kirche bestätigt er vor Gott diese Eheschließung und nimmt die Trauzeugen sowie die versammelte Gemeinde zu Zeugen. An dieser Stelle kann eine Hochzeitskerze an der Osterkerze, dem Symbol für den auferstandenen Christus, entzündet werden. Sie kann später an wichtigen Stationen des Lebens (etwa am Hochzeitstag oder bei der Taufe eines Kindes) wieder angezündet werden.

Feierlicher Trauungssegen

Im feierlichen Trauungssegen erfahren Brautleute die stärkende Zusage Gottes, die Eröffnung und Bestätigung seiner bleibenden Gemeinschaft mit den Menschen und die Mitteilung seiner begleitenden und tröstenden Kraft.

Die Feier der Sakramentalien

BEAUFTRAGUNG ZU EINEM DIENST
    IN DER KIRCHE 606

LEBEN NACH DEN EVANGELISCHEN
    RÄTEN 607

IM ANGESICHT DES TODES 608
    Sterbegebete 608,2
    Die Totenwache 609
    Die kirchliche Begräbnisfeier 610
    Bei einer Urnenbestattung 611
    Totengedenken in der Gemeinde 612

Die Feier der Sakramentalien 605

Beauftragung zu einem Dienst in der Kirche 606

Die Bedeutung des gemeinsamen Priestertums, zu dem die Gläubigen durch Taufe und Firmung berufen sind, hat das II. Vatikanische Konzil gestärkt. Daraus sind neue hauptamtliche und ehrenamtliche Laiendienste in Gottesdienst, Unterricht und Verkündigung sowie in Diakonie, Caritas und Seelsorge erwachsen. Auch im Bereich der Leitung, der Verwaltung und im Leben der Gemeinden gibt es zahlreiche haupt- und ehrenamtliche Dienste. Zu all diesen Diensten befähigt der Heilige Geist durch verschiedene Gaben (Charismen).

Wenn Gläubige einen besonderen Dienst in der Kirche übernehmen, sollen sie im Gemeindegottesdienst vorgestellt und eingeführt werden.

Nach der Homilie begeben sich die Kandidatinnen und Kandidaten für den jeweiligen Dienst in den Altarraum.

Vorstellung der Kandidaten 1
Die Kandidatinnen und Kandidaten werden vorgestellt. Liegt eine Ernennungsurkunde des Bischofs vor, so wird sie verlesen.

Bereitschaftserklärung 2
P Sind Sie bereit, in unserer Pfarrgemeinde den Dienst … zu übernehmen und ihn gewissenhaft auszuüben?
A Ich bin bereit.

606 GEBET

3 P Gott, unser Vater, du hast uns, deine Kirche, zu einer lebendigen Gemeinschaft und zu einem Ort der Begegnung mit dir gemacht. Wir bitten dich für unsere Brüder und Schwestern, die heute in unserer Pfarrgemeinde einen neuen Auftrag übernommen haben. Lass sie in ihrem Dienst deine helfende Kraft erfahren und mit Sorgfalt und Geduld ihre Aufgabe erfüllen. Darum bitten wir durch Jesus Christus, unseren Bruder und Herrn. WERNER HAHNE

A Amen.

oder ein anderes, dem jeweiligen Dienst entsprechendes Gebet

4 ### ÜBERGABE EINES ZEICHENS
Den Beauftragten kann ein für ihren Dienst passendes Zeichen überreicht werden (z. B. Heilige Schrift, Gefäß zur Kommunionausteilung, Kreuz), verbunden mit einem persönlichen Wort oder einer symbolischen Geste.

> Wenn du vollkommen sein willst,
> geh, verkauf deinen Besitz und gib das Geld den Armen;
> so wirst du einen bleibenden Schatz im Himmel haben;
> dann komm und folge mir nach.
>
> MT 19,21

607 LEBEN NACH DEN EVANGELISCHEN RÄTEN

„Ihr sollt also vollkommen sein, wie es auch euer himmlischer Vater ist" (Mt 5,48). Allen, die Christus nachfolgen, gilt dieses Wort, das alle Lebensbereiche einschließt. Es gilt für den Umgang mit Besitz und Vermögen, für die Ausrichtung an moralischen Normen und für die Beziehung zu Gott und den Menschen.

607 Im Lauf der Jahrhunderte sind in der Kirche vielfältige Formen des geistlichen Lebens entstanden. In ihnen versuchen Männer und Frauen dem an sie ergangenen besonderen Ruf Gottes zu entsprechen und unter dem Anspruch des Evangeliums und besonderer (Ordens-)Regeln in der Nachfolge Jesu zu leben; so trägt in ihren verschiedenen Charismen die Taufgnade besonders reiche Frucht. In einem Gottesdienst (z. B. Feier der zeitlichen und ewigen Profess, Feier der Jungfrauenweihe) versprechen sie, ihr Leben nach dem Beispiel Jesu in Armut, eheloser Keuschheit und Gehorsam (Evangelische Räte) zu führen. So geben sie Zeugnis von der Kraft der Frohen Botschaft und den Seligpreisungen der Bergpredigt (→ Nr. 29,2). Sie folgen dabei nicht nur ihrer persönlichen Berufung, sondern bezeugen in der Kirche, dass wir auf dieser Erde keine Bleibe haben, dass wir unterwegs sind und das Reich Gottes erwarten, das neue Jerusalem, in dem Gott alles in allem sein wird.

Es gibt religiöse Gemeinschaften, die sich in der Abgeschiedenheit eines kontemplativen Klosters besonders dem Gebet, dem Gottesdienst, dem Studium und der Arbeit widmen. Andere dienen den Kranken, den Betagten und den am Rande der Gesellschaft lebenden Mitmenschen. Wieder andere haben sich der Erziehung der Jugend oder der Mission und dem Einsatz in anderen Kontinenten verschrieben. In diesen Gemeinschaften haben Männer und Frauen seit Anfang an leitende Aufgaben, für die sie durch Wahl oder Ernennung bestellt werden. Zu allen Zeiten sind Männer und Frauen aber auch als Einsiedler und Einsiedlerinnen oder mitten in der Welt ihrer Berufung zu einem Leben nach den Evangelischen Räten gefolgt.

Wo dein Schatz ist,
da ist auch dein Herz.
MT 6,21

> Keiner von uns lebt sich selber und keiner stirbt sich selber:
> Leben wir, so leben wir dem Herrn,
> sterben wir, so sterben wir dem Herrn.
> Ob wir leben oder ob wir sterben, wir gehören dem Herrn.
>
> RÖM 14,7–8

608 IM ANGESICHT DES TODES

1 Die Einstellung zu Sterben und Tod ist bei vielen Menschen im Wandel begriffen. Es ändern sich auch die Formen der Bestattung und der Trauer. Trotz aller Veränderung ist aber die Suche nach dem Sinn angesichts des Todes geblieben. Der Mensch erfährt nicht nur den Schmerz des Alterns, sondern lebt in der Ungewissheit: Was erwartet mich nach dem Tod? In dieser Situation suchen Menschen nach Deutung und angemessenen Ritualen.

Der christliche Glaube hält am Bekenntnis fest: Jesus Christus hat das Schicksal des Menschen auf sich genommen, er hat in seinem Sterben den Tod besiegt und uns in seiner Auferstehung den Zugang zum ewigen Leben eröffnet. In der Taufe werden wir mit Christus verbunden und erhalten Anteil an seinem Leben. Als Glieder des Leibes Christi betrifft unser Sterben nicht nur uns selbst, unsere Familie und Freunde, sondern auch die Kirche. Daher gilt ihre besondere Sorge den Sterbenden in ihrer leiblichen und seelischen Not.

In der Kommunion empfangen wir den Leib des Herrn als Kraft für unseren Weg durch die Zeit. Das Sakrament für die Sterbenden ist die Eucharistie als ‚Wegzehrung' (→ Nr. 602,7), als Nahrung auf dem letzten Weg, gemäß der Verheißung des Herrn: „Wer mein Fleisch isst und mein Blut trinkt, hat das ewige Leben, und ich werde ihn auferwecken am Letzten Tag" (Joh 6,54).

Durch Zuwendung und Begleitung, durch Gebet und die Feier der Sakramente stehen Christen Sterbenden bei. Auch der Leichnam eines Menschen soll, bis er bestattet ist, würdevolle Aufmerksamkeit erfahren. An den Tagen zwischen Tod und Begräbnis gedenkt die Kirche in der Messfeier, in der Tagzeitenliturgie (→ Totenvesper, Nr. 655) und bei der Totenwache in besonderer Weise der

Verstorbenen. Beim Begräbnis erweist die Gemeinde den Verstorbenen einen Dienst der Barmherzigkeit und ehrt auch ihren Leib, der in der Taufe Tempel des Heiligen Geistes geworden ist.

Sterbegebete
Im Gebet vertrauen sich Sterbende und Angehörige der Barmherzigkeit Gottes an. Das Gebet gibt Trost, stärkt die Zuversicht und hilft, die Angst vor dem Tod und vor dem Verlust eines nahen Menschen im Glauben zu bestehen. Auch wenn Sterbende nicht mehr ansprechbar sind, erreicht sie der betende Zuspruch in Wort und Zeichen.

Schriftworte und Kurzgebete
→ *z. B. Schriftworte (Nr. 28,3 A–C), Gebete (Nr. 18)*

Lesungen
Aus der Leidensgeschichte des Herrn nach einem der vier Evangelien: Mt 27,45–54; Mk 15,33–39; Lk 23,44–49; Joh 19,16–30

oder: Mt 25,1–13; Offb 21,1–7; Offb 22

Psalmen
Ps 22 (Nr. 36); Ps 23 (Nr. 37); Ps 24 (Nr. 633,4); Ps 90 (Nr. 50); Ps 91 (Nr. 664,6); Ps 113 (Nr. 62); Ps 122 (Nr. 68)

Litaneien
Allerheiligen-Litanei (Nr. 556) oder Litanei vom Leiden Jesu (Nr. 563)

Gebete
Einzelne Stationen des Kreuzwegs (Nr. 683)
Gesätze des schmerzhaften und glorreichen Rosenkranzes (Nr. 4,6–7)
„Sei gegrüßt, o Königin" (Nr. 10,1)
„Salve Regina" (Nr. 666,4)
Passionslieder (z. B. Nr. 289–297)

608 GEBETE UNMITTELBAR VOR DEM VERSCHEIDEN

Wenn der Augenblick des Verscheidens unmittelbar bevorsteht, kann einer der Anwesenden eines der folgenden Gebete sprechen:

3   Mache dich auf den Weg, Bruder (Schwester) in Christus, im Namen Gottes, des allmächtigen Vaters, der dich erschaffen hat; im Namen Jesu Christi, des Sohnes des lebendigen Gottes, der für dich gelitten hat; im Namen des Heiligen Geistes, der über dich ausgegossen worden ist. Heute noch sei dir im Frieden deine Stätte bereitet, deine Wohnung bei Gott im heiligen Zion, mit der seligen Jungfrau und Gottesmutter Maria, mit dem heiligen Josef, mit … [*Namenspatron*] und mit allen Engeln und Heiligen Gottes.

oder „Es segne dich Gott, der Vater" (Nr. 28,9)

4   GEBET UNMITTELBAR NACH DEM VERSCHEIDEN
A   Kommt herzu, ihr Heiligen Gottes, / eilt ihm (ihr) entgegen, ihr Engel des Herrn. / Nehmt auf seine (ihre) Seele / und führt sie hin vor das Antlitz des Allerhöchsten.
V   Christus nehme dich auf, der dich berufen hat, und in das Himmelreich sollen Engel dich geleiten.
A   Nehmt auf seine (ihre) Seele / und führt sie hin vor das Antlitz des Allerhöchsten.
V   Herr, gib ihm (ihr) die ewige Ruhe, und das ewige Licht leuchte ihm (ihr).
A   Nehmt auf seine (ihre) Seele / und führt sie hin vor das Antlitz des Allerhöchsten.
V   Lasset uns beten: Herr, unser Gott, wir empfehlen dir unseren Bruder (unsere Schwester) N. In den Augen der Welt ist er (sie) tot. Lass ihn (sie) leben bei dir. Und was er (sie) aus menschlicher Schwäche gefehlt hat, das tilge du in deinem Erbarmen. Durch Christus, unsern Herrn.
A   Amen.

oder
Hausgebet für Verstorbene (Nr. 28)
„Zum Paradies mögen Engel dich geleiten" (Nr. 515)

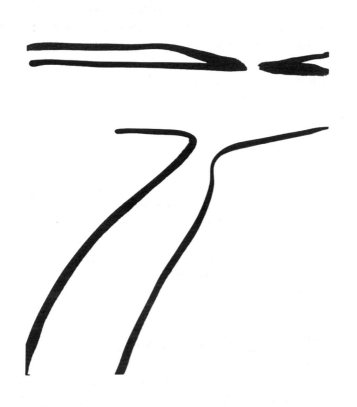

609 Die Totenwache

Die Zeit zwischen Tod und Begräbnis eines Menschen ist die Zeit christlicher Trauer und des Abschieds vom Verstorbenen. In diesen Tagen gedenken nicht nur die Angehörigen und Freunde, sondern auch die Gemeinde des Verstorbenen im Gebet. Bei der Totenwache betrachten wir das Sterben des Christen im Licht von Tod und Auferstehung des Herrn.

Für die Totenwache eignen sich
- *Totenvesper (Nr. 655)*
- *der schmerzhafte Rosenkranz und der glorreiche Rosenkranz (Nr. 4, 6–7)*
- *Hausgebet für Verstorbene (z. B. Nr. 28)*
- *die Litanei vom Leiden Jesu (Nr. 563)*
- *die Litanei für die Verstorbenen (Nr. 569)*
- *Andachtsabschnitte zu Totengedenken (z. B. Nr. 680,7–8) und Passion (z. B. Nr. 675,3 u. 676,3)*
- *einzelne Stationen des Kreuzwegs (Nr. 683)*
- *Psalmen (z. B. Ps 139 und 103, Nr. 657,1–4)*
- *Lieder aus dem Abschnitt „Tod und Vollendung" (Nr. 500–518)*
- *Passionslieder (z. B. Nr. 289–297)*

610 Die kirchliche Begräbnisfeier

1 Christen gedenken ihrer Toten und ehren deren Leib, weil sie glauben, dass Gott die Toten auferweckt zum ewigen Leben, wie auch Jesus in der Kraft Gottes von den Toten auferweckt wurde. Von diesem Glauben ist die tröstende Hinwendung zu den Hinterbliebenen geprägt wie auch die Gestaltung der Gräber und Friedhöfe als Orte von Trauer und Hoffnung.

Christliche Bestattungs- und Trauerkultur gibt der Bestattung des Leibes gemäß dem Vorbild Jesu den Vorzug. Die Urnenbestattung kann im Rahmen einer kirchlichen Bestattungsfeier vollzogen werden, wenn sie nicht aus Gründen gewählt worden ist, die dem christlichen Auferstehungsglauben widersprechen. Anonyme Bestattungen werden der Würde der Toten und der Situation der Hinterbliebenen nicht gerecht.

610

1 Das christliche Begräbnis weiß um die Würde der Verstorbenen, deren Namen in Gottes Hand geschrieben sind (vgl. Jes 49,16a), und gibt den Trauernden Stütze und Trost in ihrem Leid. Zugleich mahnt es zum Bedenken des Lebens im Angesicht des Todes. Die Verkündigung der christlichen Botschaft von der Auferstehung der Toten als Hoffnung des christlichen Glaubens steht deshalb im Mittelpunkt der kirchlichen Feier.

BEISETZUNG

2

[SEGNUNG DES GRABES]

BEISETZUNG

3

Nach einleitenden Worten oder einem Schriftwort wird der Sarg in das Grab eingesenkt.

Lt Wir übergeben den Leib der Erde. Christus, der von den Toten auferstanden ist, wird auch unsere Schwester (unseren Bruder) N. zum Leben erwecken.

Der Sarg wird mit Weihwasser besprengt.

Lt In der Taufe bist du mit Christus begraben worden und hast in ihm neues Leben empfangen. Der Herr vollende an dir, was er in der Taufe begonnen hat.

Der Sarg wird mit Weihrauch inzensiert.

Lt Dein Leib war Tempel des Heiligen Geistes. Der Herr nehme dich auf in das himmlische Jerusalem.

Auf den Sarg wird Erde geworfen.

Lt Staub bist du und zum Staub kehrst du zurück. Der Herr aber wird dich auferwecken.

Das Grab wird mit dem Kreuz bezeichnet.

Lt Das Zeichen unserer Hoffnung, das Kreuz unseres Herrn Jesus Christus, sei aufgerichtet über deinem Grab. Der Herr schenke dir seinen Frieden.

610 *Wenn möglich, folgt ein Auferstehungs- oder Glaubenslied (z. B. Nr. 318), das Benedictus (z. B. Nr. 623,7), Magnificat (z. B. Nr. 631,4) oder Nunc dimittis (Nr. 665,3) oder das Glaubensbekenntnis (Nr. 3,4).*

4   GEBET FÜR VERSTORBENE UND LEBENDE
Nach den Fürbitten, in denen für die Verstorbenen, die Trauernden und die versammelte Gemeinde gebetet wird, folgt das Vaterunser oder ein abschließendes Gebet.

5   ABSCHLUSS
Lt Herr, gib ihm (ihr) und allen Verstorbenen die ewige Ruhe.
A   Und das ewige Licht leuchte ihnen.
Lt Lass sie ruhen in Frieden.
A   Amen.

Es kann ein Mariengruß folgen, z. B. das „Gegrüßet seist du, Maria", ein anderes Mariengebet (Nr. 10,1–3) oder ein Marienlied (Nr. 520–537). Die Anwesenden treten an das Grab und drücken ihre Anteilnahme in ortsüblicher Weise aus.

611 Bei einer Urnenbestattung
Wenn die Feier der Verabschiedung vor der Einäscherung stattgefunden hat, kann die Beisetzung der Urne wie folgt gefeiert werden.

1   ERÖFFNUNG
Lt Im Namen des Vaters und des Sohnes und des Heiligen Geistes.
A   Amen.
Lt Am … (Datum)/Vor … Wochen ist N. gestorben. Wir haben Abschied nehmen müssen und bleiben ihm (ihr) doch verbunden. Im Gedenken an ihn (sie) haben wir uns jetzt versammelt, um die Urne mit seiner (ihrer) Asche beizusetzen.

Die Urne wird nun beigesetzt.

Psalm oder Lied

Es wird Psalm 23 (Nr. 37) vorgetragen. Es kann auch das Psalmlied „Mein Hirt ist Gott der Herr" (Nr. 421) oder ein anderes passendes Lied gesungen werden.

Gebet

Lt Lasset uns beten.
Herr Jesus Christus, wie ein guter Hirt sorgst du für uns. Auch wenn es um uns dunkel wird, lässt du uns nicht allein. Wir bitten dich: Führe unseren Bruder (unsere Schwester) N. in das Licht des Lebens und lass ihn (sie) bei dir zu Hause sein in Ewigkeit.
A Amen.

Stilles Gedenken

Lt Lasst uns in Stille des (der) Verstorbenen (N.) gedenken.

Stille

Anrufungen

Lt Im Vertrauen auf die Gegenwart Christi rufen wir zu ihm:
V Herr Jesus Christus, du bist für uns gestorben.
V/A Herr, erbarme dich.
V Du bist vom Tode auferstanden.
V/A Christus, erbarme dich.
V Du bist uns vorausgegangen zum Vater.
V/A Herr, erbarme dich.

Gebet des Herrn

Lt Wir beten gemeinsam, wie der Herr uns zu beten gelehrt hat:
A Vater unser im Himmel … Denn dein ist das Reich …

611 ABSCHLUSS

7 Lt Herr, gib ihm (ihr) und allen Verstorbenen die ewige Ruhe.
A Und das ewige Licht leuchte ihnen.
Lt Lass sie ruhen in Frieden.
A Amen.

Das Urnengrab kann mit Weihwasser besprengt werden.

8 **MARIENGRUSS**
Zum Abschluss kann ein Mariengruß folgen, z. B. das „Gegrüßet seist du, Maria" oder ein anderes Mariengebet (Nr. 10, 1–3) oder ein Marienlied (Nr. 520–537).

612 Totengedenken in der Gemeinde

Die in Christus Getauften, Lebende wie Verstorbene, sind mit ihm und untereinander verbunden. Darum kann die Kirche auf Erden in Christus den Verstorbenen, die der Läuterung bedürfen, ihre Fürbitte helfend zuwenden (vgl. 2 Makk 12,45). Vor allem in der Feier der Eucharistie gedenkt die Kirche der Verstorbenen.

Am 2. November (*Allerseelen*) betet die Kirche in besonderer Weise um das Heil ihrer Verstorbenen. In der Feier der Eucharistie und im gläubigen Empfang der Kommunion sowie des Bußsakraments, durch Gebet und den Besuch der Friedhöfe zeigen die Gläubigen ihre Verbundenheit mit denen, die ihnen im Glauben vorausgegangen sind. Sie vertrauen auf Gottes Barmherzigkeit und bekennen die Gemeinschaft der Heiligen (1. November: *Allerheiligen*).

Weitere Formen der Erinnerung an die Verstorbenen sind die Besuche am Grab, das Gebetsgedenken in der Messfeier oder Gedenkgottesdienste, z. B. zum Geburts- oder Todestag der Verstorbenen.

→ *Andacht zum Totengedenken (z. B. Nr. 675,3 u. 680,7–8)*
Totenvesper (Nr. 655)

Die Tagzeitenliturgie

(EINFÜHRUNG)	613,1
LAUDES	614
MORGENLOB	618
ELEMENTE FÜR DIE FEIER DER LAUDES UND DES MORGENLOBS	
im Advent	620
in der Österlichen Bußzeit	623
in der Osterzeit	624
an Marienfesten	625
STATIO WÄHREND DES TAGES	626
VESPER	627
VESPERN FÜR BESTIMMTE ZEITEN UND ANLÄSSE	
Vesper im Advent	633
Vesper in der Weihnachtszeit	635
Vesper in der Österlichen Bußzeit	637
Vesper in der Osterzeit	641
Vesper vom Heiligen Geist	645
Vesper an Marienfesten	647
Vesper an Heiligenfesten	651
Vesper von der Kirche	653
Totenvesper	655
ABENDLOB	659
KOMPLET	662
MARIANISCHE ANTIPHONEN	666
NACHTGEBET	667

Die Tagzeitenliturgie

GEBET DER KIRCHE

Der Mahnung des Apostels Paulus „Betet ohne Unterlass!" (1 Thess 5,17) folgten die Gemeinden der ersten Jahrhunderte: Sie versammelten sich zum täglichen Gebet (vgl. Apg 2,46), vor allem am Morgen und Abend, aber auch zu anderen festen Zeiten. Aus diesem gemeinschaftlichen Gebet entwickelte sich das Stundengebet (Tagzeitenliturgie), das in Klöstern und geistlichen Gemeinschaften regelmäßig gemeinsam gefeiert wird und zu dem Priester, Diakone und Ordensleute verpflichtet sind. Darüber hinaus lädt die Kirche alle Getauften ein, sich diesem Gebet anzuschließen und – wo immer es möglich ist – die einzelnen Gebetszeiten (Horen) in Gemeinschaft zu feiern.

ORDNUNG DER FEIER

Psalmen, Hymnen und Schriftlesungen sind Grundbausteine der Tagzeitenliturgie. Laudes (Morgengebet) und Vesper (Abendgebet) bilden die Angelpunkte des Tages. Die Komplet ist das Nachtgebet, das seinen Platz unmittelbar vor der Nachtruhe hat. Die geltende Ordnung der Tagzeitenliturgie kennt auch noch weitere Gebetszeiten, die im Laufe des Tages gefeiert werden (Terz, Sext, Non, Lesehore).
Gelegentlich kann die Vesper mit einem Lichtritus begonnen oder durch einen Weihrauchritus oder ein Taufgedächtnis ergänzt werden. Die in diesem Buch enthaltenen Modelle können dem jeweiligen Anlass, der Feiergemeinde und den musikalischen Gegebenheiten angepasst werden. So ist es stets möglich, die vorgeschlagenen Lesungen, Fürbitten bzw. Bitten und Orationen durch die im Stundenbuch vorgesehenen Texte zu ersetzen.

GESTALT DER FEIER

Ihre feierlichste Gestalt findet die Tagzeitenliturgie in gesungener Form. Vor allem ist es wünschenswert, zumindest den Hymnus und

613

die Lobgesänge aus dem Evangelium (Magnificat, Benedictus, Nunc dimittis) zu singen.

Damit die Tagzeitenliturgie als meditatives Gebet erfahren werden kann, ist darauf zu achten, dass sie in Ruhe vollzogen wird. Deshalb soll zwischen den einzelnen Elementen eine kurze Stille gehalten werden.

Für die gemeinschaftliche Feier der Tagzeitenliturgie ist es heute kennzeichnend, dass die meisten Gesänge (insbesondere Hymnen und Psalmen) wechselchörig gesungen (bzw. gesprochen) werden, entweder im Wechsel von Vorsänger und Gemeinde oder im Wechsel von zwei Teilen der Gemeinde. Da die Tagzeitenliturgie Gebet der ganzen Kirche ist, sollen nach Möglichkeit neben dem Leiter auch andere Mitfeiernde als Vorsänger mitwirken oder die Lesung und die Anliegen der Fürbitten vortragen (vgl. SC 28).

614 LAUDES

ERÖFFNUNG

A INVITATORIUM

V Herr, öff - ne mei - ne Lip - pen,

A damit mein Mund dein Lob ver - kün - de.

T: Ps 51,17, M: Antiphonale zum Stundengebet 1979

[Invitatoriumspsalm]
Es kann Psalm 95 (Nr. 53) folgen oder Psalm 100 (Nr. 56), Psalm 67 (Nr. 46), Psalm 24 (Nr. 633,3–4).

B *oder* ERÖFFNUNG *„O Gott, komm mir zu Hilfe" (Nr. 627)*

Hymnus

615

1 Du Licht des Himmels, großer Gott,
  der ausgespannt das Sternenzelt
  und der es hält mit starker Hand,
  du sendest Licht in unsre Welt.

2 Die Morgenröte zieht herauf
  und überstrahlt das Sternenheer,
  der graue Nebel löst sich auf,
  Tau netzt die Erde segensschwer.

3 Das Reich der Schatten weicht zurück,
  das Tageslicht nimmt seinen Lauf
  und strahlend, gleich dem Morgenstern,
  weckt Christus uns vom Schlafe auf.

4 Du, Christus, bist der helle Tag, / das Licht, dem unser Licht entspringt, / Gott, der mit seiner Allmacht Kraft / die tote Welt zum Leben bringt.

5 Erlöser, der ins Licht uns führt / und aller Finsternis entreißt, / dich preisen wir im Morgenlied / mit Gott dem Vater und dem Geist.

T: nach „Deus qui coeli lumen es", 5.–6. Jh., Ü. Friedrich Dörr 1978, M: nach Johann Leisentrit 1584, Erhard Quack 1941. Alternativmelodie: „Christus, du Licht" (Nr. 546)

oder ein anderes Morgenlied (Nr. 81–86)

616 PSALMODIE
ERSTER PSALM

1. Kv Gott, du mein Gott, dich su-che ich, mei-ne See-le dür-stet nach dir.

T: Ps 63,2, M: Bernhard Blitsch 2008

Psalm 63: Sehnsucht nach Gott

1 Gott, du mein Gott, dich suche ich, *
meine Seele dürstet nach dir.
    2 Nach dir schmachtet mein Leib *
    wie dürres, lechzendes Land ohne Wasser.
3 Darum halte ich Ausschau nach dir im Heiligtum, *
um deine Macht und Herrlichkeit zu sehen.
    4 Denn deine Huld ist besser als das Leben; *
    darum preisen dich meine Lippen.
5 Ich will dich rühmen mein Leben lang, *
in deinem Namen die Hände erheben.
    6 Wie an Fett und Mark wird satt meine Seele, *
    mit jubelnden Lippen soll mein Mund dich preisen.
7 Ich denke an dich auf nächtlichem Lager *
und sinne über dich nach, wenn ich wache.
    8 Ja, du wurdest meine Hilfe; *
    jubeln kann ich im Schatten deiner Flügel.
9 Meine Seele hängt an dir, *
deine rechte Hand hält mich fest.

    10 Ehre sei dem Vater und dem Sohne *
    und dem Heiligen Geiste.

11 Wie im Anfang, so auch jetzt und allezeit *
und in Ewigkeit. Amen.
Kv

oder Psalm 90 (Nr. 50) oder Psalm 51 (Nr. 639,1–2)

GESANG AUS DEM ALTEN TESTAMENT

Dan 3,52–56

Kv Der Name des Herrn sei gepriesen von nun an bis in Ewigkeit!

T: nach Dan 3,52, M: Henri Heuvelmans 2009

K Gepriesen bist du, Herr, du Gott unsrer Väter,
A gerühmt und verherrlicht in Ewigkeit.

K Gepriesen ist dein heiliger, herrlicher Name, A gerühmt ...
Gepriesen bist du im Tempel deiner heiligen Herrlichkeit, A ...
Gepriesen bist du, der auf Kerubim thront und in Tiefen schaut, A ...
Gepriesen bist du auf dem Thron deiner Herrschaft, A ...
Gepriesen bist du am Gewölbe des Himmels, A ...
Kv

K Gepriesen bist du Herr, Vater und Sohn und Heiliger Geist, A gerühmt ... Kv

T: nach Dan 3,52–56, M: Henri Heuvelmans 2009

616 ZWEITER PSALM

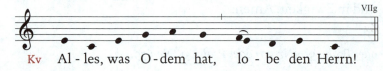

Kv Alles, was Odem hat, lobe den Herrn!

T: nach Ps 150,6, M: Godehard Joppich (*1932)

Psalm 150: Das große Halleluja

1 Lobt Gott in seinem Heiligtum, *
lobt ihn in seiner mächtigen Feste!
    2 Lobt ihn für seine großen Taten, *
    lobt ihn in seiner gewaltigen Größe!
3 Lobt ihn mit dem Schall der Hörner, *
lobt ihn mit Harfe und Zither!
    4 Lobt ihn mit Pauken und Tanz, *
    lobt ihn mit Flöten und Saitenspiel!
5 Lobt ihn mit hellen Zimbeln, *
lobt ihn mit klingenden Zimbeln!
    6 Alles, was atmet, *
    lobe den Herrn!

7 Ehre sei dem Vater und dem Sohn *
und dem Heiligen Geist.
    8 Wie im Anfang, so auch jetzt und allezeit *
    und in Ewigkeit. Amen. Kv

SCHRIFTLESUNG   *vom Tag, z. B.: Neh 8,9.10*

L Heute ist ein heiliger Tag zu Ehren des Herrn, eures Gottes. Seid nicht traurig und weint nicht! Macht euch keine Sorgen; denn die Freude am Herrn ist eure Stärke.

Responsorium

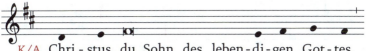

K/A Chri-stus, du Sohn des leben-di-gen Got-tes,

er-bar-me dich un-ser. K Du sit-zest zur Rech-ten des Va-ters. A Er-bar-me dich un-ser.

K Eh-re sei dem Vater und dem Soh-ne und dem

Hei-li-gen Gei-ste. A Chri-stus, du Sohn …

Advent:
+ Du kommst als Retter der Welt.
Weihnachten und Marienfeste:
Du bist geboren aus Maria, der Jungfrau.
Fastenzeit:
Du rufst uns zu Buße und Umkehr.
Osterzeit:
+ Du bist vom Tod erstanden.
Pfingsten:
Du sendest uns den Geist der Wahrheit.
Fronleichnam:
+ Du bist das Brot des Lebens.
Friede:
+ Du bist unser Friede.

T: EGB 1975, GGB 2010, M: EGB 1975

An dieser Stelle kann ein Taufgedächtnis (Nr. 576) eingefügt werden.

617 LOBGESANG DES ZACHARIAS

Kv Licht aus der Höhe, leuchte allen, die in Finsternis sind und im Schatten des Todes.

T: nach Lk 1,78.79; M: Antiphonale zum Stundengebet 1979

Lk 1,68–79: Benedictus

1 Gepriesen sei der Herr, der Gott Israels! *
Denn er hat sein Volk besucht und ihm Erlösung geschaffen;
    2 er hat uns einen starken Retter erweckt *
    im Hause seines Knechtes David.
3 So hat er verheißen von alters her *
durch den Mund seiner heiligen Propheten.
    4 Er hat uns errettet vor unseren Feinden *
    und aus der Hand aller, die uns hassen;
5 er hat das Erbarmen mit den Vätern an uns vollendet /
und an seinen heiligen Bund gedacht,*
an den Eid, den er unserm Vater Abraham geschworen hat;
    6 er hat uns geschenkt, dass wir, aus Feindeshand befreit, /
    ihm furchtlos dienen in Heiligkeit und Gerechtigkeit *
    vor seinem Angesicht all unsre Tage.
7 Und du, Kind, wirst Prophet des Höchsten heißen; /
denn du wirst dem Herrn vorangehn *
und ihm den Weg bereiten.

8 Du wirst sein Volk mit der Erfahrung des Heils
beschenken *
in der Vergebung der Sünden.
9 Durch die barmherzige Liebe unseres Gottes *
wird uns besuchen das aufstrahlende Licht aus der Höhe,
   10 um allen zu leuchten, die in Finsternis sitzen und
im Schatten des Todes, *
und unsre Schritte zu lenken auf den Weg des Friedens.

11 Ehre sei dem Vater und dem Sohne *
und dem Heiligen Geiste.
   12 Wie im Anfang, so auch jetzt und allezeit *
und in Ewigkeit. Amen. Kv

oder Benedictuslied Nr. 384

BITTEN

V Voll Vertrauen beten wir am Morgen dieses Tages:

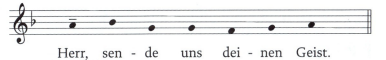

Herr, sen - de uns dei - nen Geist.

T: Liturgie, M: Antiphonale zum Stundengebet 1979

V1 Schenke uns das Licht deines Geistes und segne unser Tageswerk:
A Herr, sende uns …
V1 Lass dein Antlitz über uns leuchten und schütze uns mit starker Hand:
V1 Schenke uns die Gabe der Weisheit, damit wir den Auftrag dieses Tages erkennen:
V1 Hilf, dass wir heute niemanden kränken und gut sind zu allen, die mit uns leben:

Bitten in besonderen Anliegen können eingefügt werden.

VATERUNSER → *Nr. 632,2*

617 ORATION *vom Tag, z. B.:*

6 V Herr, unser Gott, komm unserem Beten und Arbeiten mit deiner Gnade zuvor und begleite es, damit alles, was wir beginnen, bei dir seinen Anfang nehme und durch dich vollendet werde. Darum bitten wir durch Jesus Christus, deinen Sohn, unseren Herrn und Gott, der in der Einheit des Heiligen Geistes mit dir lebt und herrscht in alle Ewigkeit.
A Amen.

7 SEGEN UND ENTLASSUNG → Nr. 632,4

618 MORGENLOB

1 ERÖFFNUNG → Nr. 614

PSALMODIE

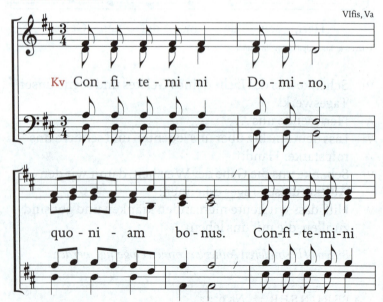

Do-mi-no, Al-le-lu - ia.

T: nach Ps 136,1, M u. S: Jacques Berthier (1923–1994), Gesang aus Taizé, Ü: Danket dem Herrn, denn er ist gut.

Psalm 63: Sehnsucht nach Gott

1 Gott, du mein Gott, dich suche ich, *
meine Seele dürstet nach dir.
    2 Nach dir schmachtet mein Leib *
    wie dürres, lechzendes Land ohne Wasser.
3 Darum halte ich Ausschau nach dir im Heiligtum, *
um deine Macht und Herrlichkeit zu sehen.
    4 Denn deine Huld ist besser als das Leben; *
    darum preisen dich meine Lippen.
5 Ich will dich rühmen mein Leben lang, *
in deinem Namen die Hände erheben.
    6 Wie an Fett und Mark wird satt meine Seele, *
    mit jubelnden Lippen soll mein Mund dich preisen.
7 Ich denke an dich auf nächtlichem Lager *
und sinne über dich nach, wenn ich wache.
    8 Ja, du wurdest meine Hilfe; *
    jubeln kann ich im Schatten deiner Flügel.
9 Meine Seele hängt an dir, *
deine rechte Hand hält mich fest.

    10 Ehre sei dem Vater und dem Sohn *
    und dem Heiligen Geist.
11 Wie im Anfang, so auch jetzt und allezeit *
und in Ewigkeit. Amen. Kv

DIE TAGZEITENLITURGIE

618 PSALMORATION

4 *zu Psalm 63*

V Gott, du Ursprung des ewigen Lichtes, in der Frühe des Tages suchen wir dich. Erleuchte uns, dass wir dich preisen in Wort und Werk und dass unser ganzes Leben dich lobe.

5 *An Tagen mit Bußcharakter wird statt Psalm 63 der Psalm 51 (Nr. 639,1–2) mit folgender Psalmoration gewählt:*

V Gott, du hast deinen Sohn in die Welt gesandt, nicht damit er die Welt richtet, sondern damit die Welt durch ihn gerettet wird. Vergib uns, wenn wir schuldig geworden sind. Erneuere unser Denken, Reden und Tun, damit wir von deiner Güte Zeugnis geben und voll Hoffnung die Ankunft deines Reiches erwarten.

619 [GESANG AUS DEM ALTEN TESTAMENT] *nach Dan 3*

Kanon

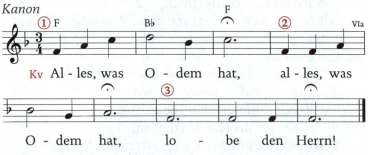

1

Kv Al - les, was O - dem hat, al - les, was O - dem hat, lo - be den Herrn!

T: nach Ps 150,6, M: Theophil Rothenberg 1975

oder in der Advents- und Weihnachtszeit: „Halleluja" (Nr. 174,4), in der Osterzeit: „Halleluja" (Nr. 643,5)

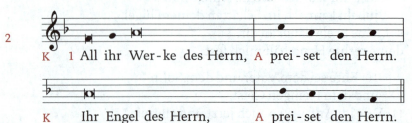

2

K 1 All ihr Wer-ke des Herrn, A prei-set den Herrn.

K Ihr Engel des Herrn, A prei-set den Herrn.

MORGENLOB

K 2 Sonne und Mond, A preiset den Herrn. **619**
Alle Sterne des Himmels, A … 2
3 Feuer und Sommersglut
Kälte und Winter
4 Tau und Regen
Blitze und Wolken
Kv
5 Nächte und Tage
Licht und Dunkel
6 Berge und Hügel
Meere und Ströme
7 Was auf Erden wächst
Was im Wasser sich regt
8 Ihr Vögel des Himmels
Ihr wilden und zahmen Tiere
Kv
9 Ihr Kinder Israels
Ihr Völker alle
10 Frauen und Männer
Junge und Alte
11 Arme und Reiche
Gesunde und Kranke
12 Ihr Menschen alle
Alles, was atmet
Kv

T: Josef Seuffert nach dem Lobgesang der drei Jünglinge, Dan 3,51–90, M: Josef Seuffert (*1926)

HYMNUS → „Aus meines Herzens Grunde" *(Nr. 86)* 3

oder ein anderes Morgenlied. An Sonn- und Festtagen kann stattdessen „Großer Gott" (Nr. 380) oder das „Gloria" gesungen werden.

BITTEN 4
V Lasst uns an diesem Morgen beten für uns und unsere Mitmenschen.

Stille

619

T: Liturgie, M u. S: ostkirchlich, mündlich überliefert

V1 Lasst uns beten für alle, die heute vor schwierigen Entscheidungen stehen.

Stille

K/A Kýrie ...

V1 Lasst uns beten für alle, die sich heute in den Dienst am Nächsten stellen.
V1 Lasst uns beten für alle, die von Krankheit gequält werden.
V1 Lasst uns beten für alle, die heute hungern und Durst leiden.
V1 Lasst uns beten für alle, die heute sterben werden.
V1 Lasst uns auch beten für alle, die heute geboren werden.
V1 Lasst uns beten für alle, die sich auf diesen Tag freuen.

Hier können weitere Bitten eingefügt werden.

7 **VATERUNSER** → *z. B. Nr. 632,2*

8 **SEGEN UND ENTLASSUNG**
V Schenke uns deinen Segen, allmächtiger Vater, denn wir sind dein Volk. Hilf uns, das Böse zu meiden und zu erlangen, was uns zum Heil ist. Darum bitten wir durch Christus, unseren Herrn. A Amen.

V Singet Lob und Preis.
A Dank sei Gott, dem Herrn.

Die Gemeinde kann die Feier mit einem Lied beenden.

Elemente für die Feier der Laudes und des Morgenlobs

Im Advent

Hymnus

1 Hört, ei-ne hel-le Stim-me ruft und dringt durch Nacht und Fin-ster-nis: Wacht auf und las-set Traum und Schlaf – am Him-mel leuch-tet Chri-stus auf! 5 A-men.

2 Dies ist der Hoff-nung lich-te Zeit; der Mor-gen kommt, der Tag bricht an: Ein neu-er Stern geht strah-lend auf, vor des-sen Schein das Dun-kel flieht.

3 Vom Him-mel wird als Lamm ge-sandt, der al-le Sün-de auf sich nimmt. Wir bli-cken gläu-big zu ihm auf und bit-ten ihn um sein Ver-zeihn,

4 dass, wenn im Licht er wiederkommt, / sein Glanz die Welt mit Schrecken schlägt, / er nicht die Sünde strafend rächt, / uns liebend vielmehr bei sich birgt.

5 Ruhm, Ehre, Macht und Herrlichkeit / sei Gott dem Vater und dem Sohn, / dem Geiste, der uns Beistand ist, / durch alle Zeit und Ewigkeit. / Amen.

T: nach „Vox clara ecce intonat", spätestens 10. Jh.; Ü: Abtei Münsterschwarzach, M: Christian Dostal 2007.
Alternativmelodie: „Gott, heiliger Schöpfer aller Stern" (Nr. 230)

621 *oder ein anderes Adventslied (Nr. 218–234)*

622 GESANG AUS DEM ALTEN TESTAMENT

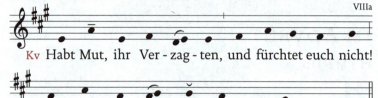

Kv Habt Mut, ihr Verzagten, und fürchtet euch nicht! Gott selbst wird kommen und euch erretten.

T: nach Jes 35,4, M: Rhabanus Erbacher 2009

Jes 35: Das Volk schaut die Herrlichkeit Gottes

1 Die Wüste und das trockene Land sollen sich freuen, *
die Steppe soll jubeln und blühen.
  2 Sie soll prächtig blühen wie eine Lilie, *
  jubeln soll sie, jubeln und jauchzen.
3 Man wird die Herrlichkeit des Herrn sehen, *
die Pracht unseres Gottes.
  4 Macht die erschlafften Hände wieder stark *
  und die wankenden Knie wieder fest!
5 Sagt den Verzagten: *
Habt Mut, fürchtet euch nicht!
  6 Seht, hier ist euer Gott! *
  Er selbst wird kommen und euch erretten.
7 Dann werden die Augen der Blinden geöffnet, *
auch die Ohren der Tauben sind wieder offen.
  8 Dann springt der Lahme wie ein Hirsch, *
  die Zunge des Stummen jauchzt auf.

9 In der Wüste brechen Quellen hervor *
und Bäche fließen in der Steppe.
   10 Der glühende Sand wird zum Teich *
und das durstige Land zu sprudelnden Quellen.
11 An dem Ort, wo jetzt die Schakale sich lagern, *
gibt es dann Gras, Schilfrohr und Binsen.
   12 Eine Straße wird es dort geben; /
man nennt sie den Heiligen Weg. *
Kein Unreiner darf ihn betreten.
13 Er gehört dem, der auf ihm geht. *
Unerfahrene gehen nicht mehr in die Irre.
   14 Es wird keinen Löwen dort geben, *
kein Raubtier betritt diesen Weg,
15 keines von ihnen ist hier zu finden. *
Dort gehen nur die Erlösten.
   16 Die vom Herrn Befreiten kehren zurück /
und kommen voll Jubel nach Zion. *
Ewige Freude ruht auf ihren Häuptern.
17 Wonne und Freude stellen sich ein, *
Kummer und Seufzen entfliehen.

   18 Ehre sei dem Vater und dem Sohne *
und dem Heiligen Geiste.
19 Wie im Anfang, so auch jetzt und allezeit *
und in Ewigkeit. Amen. Kv

SCHRIFTLESUNG   *Röm 13,11–13*

L Die Stunde ist gekommen, aufzustehen vom Schlaf. Denn jetzt ist das Heil uns näher als zu der Zeit, da wir gläubig wurden. Die Nacht ist vorgerückt, der Tag ist nahe. Darum lasst uns ablegen die Werke der Finsternis und anlegen die Waffen des Lichts. Lasst uns ehrenhaft leben wie am Tag.

622 LOBGESANG DES ZACHARIAS

Kv Sieh, der Herr kommt in Herrlichkeit und mit ihm seiner Heilgen Schar! Und erstrahlen wird an jenem Tag ein großes Licht. Halleluja!

T: aus der Liturgie des Advents, M: Joseph Schnabel (1767–1831)

→ *Benedictus (Nr. 617,2)*

5 ORATION *vom Tag, z. B.:*
V Gütiger Gott, neige dein Ohr und erhöre unsere Bitten. Erleuchte die Finsternis unseres Herzens durch die Ankunft deines Sohnes, der in der Einheit des Heiligen Geistes mit dir lebt und herrscht in alle Ewigkeit.
A Amen.

623 IN DER ÖSTERLICHEN BUSSZEIT

1 HYMNUS → „Du Sonne der Gerechtigkeit" *(Nr. 269)*

oder ein anderes Lied zur Österlichen Bußzeit (Nr. 266–277)

Gesang aus dem Alten Testament 623

Kv Um deines Namens willen, Herr, gedenke deines Bundes.

T: nach Jer 14,21, M: Oliver Sperling 2008

Jer 14,17–21: Prophetenklage über Jerusalem

1 Meine Augen fließen über von Tränen bei Tag und bei Nacht *
und finden keine Ruhe.
   2 Denn großes Verderben brach herein /
über die Jungfrau, die Tochter, mein Volk, *
eine unheilbare Wunde.
3 Gehe ich aufs Feld hinaus – seht, vom Schwert Durchbohrte! *
Komme ich in die Stadt – seht, vom Hunger Gequälte!
   4 Ja, auch Propheten und Priester werden verschleppt *
in ein Land, das sie nicht kennen.
5 Hast du denn Juda ganz verworfen, *
wurde dir Zion zum Abscheu?
   6 Warum hast du uns so geschlagen, *
dass es für uns keine Heilung mehr gibt?
7 Wir hofften auf Heil, doch kommt nichts Gutes, *
auf die Zeit der Heilung, doch ach, nur Schrecken!
   8 Wir erkennen, Herr, unser Unrecht, /
die Schuld unsrer Väter: *
Ja, wir haben gegen dich gesündigt.

623

9 Um deines Namens willen verschmähe nicht, /
verstoß nicht den Thron deiner Herrlichkeit! *
Gedenke deines Bundes mit uns und löse ihn nicht!

> 10 Ehre sei dem Vater und dem Sohne *
> und dem Heiligen Geiste.
> 11 Wie im Anfang, so auch jetzt und allezeit *
> und in Ewigkeit. Amen. Kv

SCHRIFTLESUNG
Joël 2,12–13

L Kehrt um zu mir von ganzem Herzen mit Fasten, Weinen und Klagen. Zerreißt eure Herzen, nicht eure Kleider, und kehrt um zum Herrn, eurem Gott! Denn er ist gnädig und barmherzig, langmütig und reich an Güte und es reut ihn, dass er das Unheil verhängt hat.

LOBGESANG DES ZACHARIAS

In der Fastenzeit:

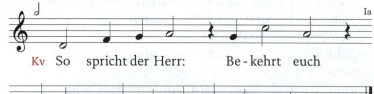

Kv So spricht der Herr: Be-kehrt euch und glaubt an das E-van-ge-li-um.

T: nach Mk 1,15, M: GGB 2010

In der Passionszeit:

Kv Im Kreuz Je-su Chri-sti fin-den wir Heil.

T: nach „In cruce salus", M: Fritz Schieri 1967

Lk 1,68–79: Benedictus

1 Gepriesen sei der Herr, der Gott Israels! *
Denn er hat sein Volk besucht und ihm Erlösung geschaffen;
    2 er hat uns einen starken Retter erweckt *
    im Hause seines Knechtes David.
3 So hat er verheißen von alters her *
durch den Mund seiner heiligen Propheten.
    4 Er hat uns errettet vor unseren Feinden *
    und aus der Hand aller, die uns hassen;
5 er hat das Erbarmen mit den Vätern an uns vollendet /
und an seinen heiligen Bund gedacht, *
an den Eid, den er unserm Vater Abraham geschworen hat;
    6 er hat uns geschenkt, dass wir, aus Feindeshand befreit, /
    ihm furchtlos dienen in Heiligkeit und Gerechtigkeit *
    vor seinem Angesicht all unsre Tage.
7 Und du, Kind, wirst Prophet des Höchsten heißen; /
denn du wirst dem Herrn vorangehn *
und ihm den Weg bereiten.
    8 Du wirst sein Volk mit der Erfahrung des Heils beschenken *
    in der Vergebung der Sünden.
9 Durch die barmherzige Liebe unseres Gottes *
wird uns besuchen das aufstrahlende Licht aus der Höhe,
    10 um allen zu leuchten, die in Finsternis sitzen und im Schatten des Todes, *
    und unsre Schritte zu lenken auf den Weg des Friedens.

11 Ehre sei dem Vater und dem Sohn *
und dem Heiligen Geist.
    12 Wie im Anfang, so auch jetzt und allezeit *
    und in Ewigkeit. Amen. Kv

623 ORATION

vom Tag, z. B.:

V Allmächtiger Gott, gib uns die Gnade, dass wir stets auf das Rechte bedacht sind und es auch entschlossen tun. Da wir ohne dich nicht bestehen können, hilf uns, nach deinem Willen zu leben. Darum bitten wir durch Jesus Christus, deinen Sohn, unseren Herrn und Gott, der in der Einheit des Heiligen Geistes mit dir lebt und herrscht in alle Ewigkeit. A Amen.

624 IN DER OSTERZEIT

1 HYMNUS → „Jerusalem, du neue Stadt" *(Nr. 338)*
oder ein anderes Lied zur Osterzeit (Nr. 318–337)

GESANG AUS DEM ALTEN TESTAMENT

Kv Dem Herrn will ich sin - gen, macht - voll hat er sich kund - ge - tan.

T: nach Ex 15,1.2, M: Heinrich Rohr (1902–1997)

Ex 15,1–4.8–13.17–18: Siegeslied nach dem Durchzug durch das Rote Meer

1 Ich singe dem Herrn ein Lied, /
denn er ist hoch und erhaben. *
Rosse und Wagen warf er ins Meer.
  2 Meine Stärke und mein Lied ist der Herr, *
  er ist für mich zum Retter geworden.

3 Er ist mein Gott, ihn will ich preisen; *
den Gott meines Vaters will ich rühmen.
    4 Der HERR ist ein Krieger, /
    HERR ist sein Name. *
    Pharaos Wagen und seine Streitmacht warf er ins Meer.
5 Du schnaubtest vor Zorn, da türmte sich Wasser, /
da standen Wogen als Wall, *
Fluten erstarrten im Herzen des Meeres.
    6 Da sagte der Feind: Ich jage nach, hole ein. /
    Ich teile die Beute, ich stille die Gier. *
    Ich zücke mein Schwert, meine Hand jagt sie davon.
7 Da schnaubtest du Sturm. /
Das Meer deckte sie zu. *
Sie sanken wie Blei ins tosende Wasser.
    8 Wer ist wie du unter den Göttern, o Herr? /
    Wer ist wie du gewaltig und heilig, *
    gepriesen als furchtbar, Wunder vollbringend?
9 Du strecktest deine Rechte aus, *
da verschlang sie die Erde.
    10 Du lenktest in deiner Güte das Volk, das du erlöst
    hast, *
    du führtest sie machtvoll zu deiner heiligen Wohnung.
11 Du brachtest sie hin und pflanztest sie ein *
auf dem Berg deines Erbes.
    12 Einen Ort, wo du thronst, Herr, hast du gemacht; *
    ein Heiligtum, Herr, haben deine Hände gegründet.
13 Der Herr ist König *
für immer und ewig.

    14 Ehre sei dem Vater und dem Sohne *
    und dem Heiligen Geiste.
15 Wie im Anfang, so auch jetzt und allezeit *
und in Ewigkeit. Amen. Kv

624 SCHRIFTLESUNG *Röm 6,8–11*

L Sind wir mit Christus gestorben, so glauben wir, dass wir auch mit ihm leben werden. Wir wissen, dass Christus, von den Toten auferweckt, nicht mehr stirbt; der Tod hat keine Macht mehr über ihn. Denn durch sein Sterben ist er ein für allemal gestorben für die Sünde, sein Leben aber lebt er für Gott. So sollt auch ihr euch als Menschen begreifen, die für die Sünde tot sind, aber für Gott leben in Christus Jesus.

LOBGESANG DES ZACHARIAS

Kv Die Freu-de an Gott ist un-se-re Kraft, Hal-le-lu-ja, Hal-le-lu-ja.

T: nach Neh 8,10, M: GGB 2010

→ Benedictus (Nr. 617,2)

ORATION *vom Tag, z. B.:*

V Herr, unser Gott, durch den Tod und die Auferstehung deines Sohnes sind wir dein Volk geworden. Lass die Freude über die Erlösung in uns mächtig werden, damit sie unser ganzes Leben bestimmt. Darum bitten wir durch Jesus Christus, deinen Sohn, unseren Herrn und Gott, der in der Einheit des Heiligen Geistes mit dir lebt und herrscht in alle Ewigkeit.

A Amen.

An Marienfesten 625

HYMNUS → „Du große Herrin, schönste Frau" *(Nr. 648)*
oder ein geeignetes Marienlied (Nr. 520–537)

GESANG AUS DEM ALTEN TESTAMENT *1 Sam 2,1–10*

Kv Mein Herz ist voll Freu-de ü-ber den Herrn; er er-nied-rigt und er er-höht.

T: 1 Sam 2,1.7, M: Godehard Joppich 2009

K 1 Mein Herz ist voll Freude über den Herrn,
große Kraft gibt mir der Herr.
Weit öffnet sich mein Mund gegen meine Feinde;
denn ich freue mich über deine Hilfe.

Ruf nach jedem Vorsängervers:

A Mein Herz ist voll Freu-de ü-ber den Herrn.

K 2 Niemand ist heilig,
nur der Herr,
denn außer dir gibt es keinen Gott;
keiner ist ein Fels wie unser Gott. Ruf

625
4

K 3 Redet nicht immer so vermessen,
kein freches Wort komme aus eurem Mund;
denn der Herr ist ein wissender Gott,
und bei ihm werden die Taten geprüft. Ruf

4 Der Bogen der Helden wird zerbrochen,
die Wankenden aber gürten sich mit Kraft.
Die Satten verdingen sich um Brot,
doch die Hungrigen können feiern für immer. Ruf

5 Die Unfruchtbare bekommt sieben Kinder,
doch die Kinderreiche welkt dahin.
Der Herr macht tot und lebendig,
er führt zum Totenreich hinab und führt auch herauf. Ruf

6 Der Herr macht arm und macht reich,
er erniedrigt und er erhöht.
Den Schwachen hebt er empor aus dem Staub
und erhöht den Armen, der im Schmutz liegt; Ruf

7 er gibt ihm einen Sitz bei den Edlen,
einen Ehrenplatz weist er ihm zu.
Ja, dem Herrn gehören die Pfeiler der Erde;
auf sie hat er den Erdkreis gegründet. Ruf

8 Er behütet die Schritte seiner Frommen,
doch die Frevler verstummen in der Finsternis;
denn der Mensch ist nicht stark aus eigener Kraft.
Wer gegen den Herrn streitet, wird zerbrechen; Ruf

9 der Höchste lässt es donnern am Himmel.
Der Herr hält Gericht bis an die Grenzen der Erde.
Seinem König gebe er Kraft
und erhöhe die Macht seines Gesalbten. Ruf

10 Ehre sei dem Vater und dem Sohn
und dem Heiligen Geist.
Wie im Anfang, so auch jetzt und allezeit
und in Ewigkeit. Amen. Kv

M: Godehard Joppich 2009

SCHRIFTLESUNG   *Gal 4,4–5*

L Als die Zeit erfüllt war, sandte Gott seinen Sohn, geboren von einer Frau und dem Gesetz unterstellt, damit er die freikaufe, die unter dem Gesetz stehen, und damit wir die Sohnschaft erlangen.

LOBGESANG DES ZACHARIAS

Kv Du bist der Ruhm Jerusalems, du bist Israels Freude, eine Krone der Ehre für unser Volk.

T: nach Jdt 15,9, M: Rhabanus Erbacher 2009

→ *Benedictus (Nr. 617,2)*

ORATION

V Herr, unser Gott, als die selige Jungfrau Maria mit den Aposteln betete, hast du sie mit den Gaben des Heiligen Geistes reich beschenkt. Auf ihre Fürsprache erfülle auch uns mit diesem Geist. Lass uns einmütig im Gebet verharren und unseren Brüdern und Schwestern die Frohbotschaft vom Heil verkünden. Darum bitten wir durch Jesus Christus, deinen Sohn, unsern Herrn und Gott, der in der Einheit des Heiligen Geistes mit dir lebt und herrscht in alle Ewigkeit.
A Amen.

626 Statio während des Tages

Dankbar empfangen wir den Tag von Gott und geben ihn voll Vertrauen am Abend in seine Hände zurück. Jeder Tag ist uns von ihm geschenkt. Das soll uns den ganzen Tag über bewusst bleiben. Neben der Feier des Stundengebets und dem „Engel des Herrn" (Nr. 3,6) kann auch das folgende Modell einer Statio den Tageslauf begleiten.

1 ### Eröffnung
V Im Namen des Vaters und des Sohnes
und des Heiligen Geistes.
A Amen.

2 ### Hymnus → „Nun bitten wir den Heiligen Geist" *(Nr. 348)*
oder ein anderes geeignetes Lied

3 ### Schriftlesung   Mt 6,31–34
L Im Evangelium nach Matthäus lesen wir:
Macht euch keine Sorgen und fragt nicht: Was sollen wir essen? Was sollen wir trinken? Was sollen wir anziehen? Denn um all das geht es den Heiden. Euer himmlischer Vater weiß, dass ihr das alles braucht. Euch aber muss es zuerst um sein Reich und um seine Gerechtigkeit gehen; dann wird euch alles andere dazugegeben. Sorgt euch also nicht um morgen; denn der morgige Tag wird für sich selbst sorgen. Jeder Tag hat genug eigene Plage.

oder eine andere geeignete Schriftlesung

Stille

4 ### Vaterunser
V Wir beten gemeinsam, wie der Herr uns zu beten gelehrt hat:
A Vater unser im Himmel ... Denn dein ist das Reich ...

SEGEN   626

V Der Herr segne und behüte uns. Der Herr lasse sein Angesicht über uns leuchten und sei uns gnädig. Der Herr wende uns sein Angesicht zu und schenke uns seinen Frieden.

Und der Segen des allmächtigen Gottes, des Vaters und des Sohnes und des Heiligen Geistes, komme auf uns herab und bleibe bei uns allezeit.
A Amen.

VESPER   627

ERÖFFNUNG   *(alle stehen)*

V O Gott, komm mir zu Hilfe.
A Herr, eile mir zu helfen. Ehre sei dem Vater und dem Sohn und dem Heiligen Geist. Wie im Anfang, so auch jetzt und allezeit und in Ewigkeit. Amen. * Halleluja.

T: Liturgie nach Ps 70,2, M: Antiphonale zum Stundengebet 1979

* Das Halleluja entfällt in der Österlichen Bußzeit.

HYMNUS

628

1 O Gott, dein Wille schuf die Welt
2 Als Dank für den vollbrachten Tag,
3 Dir schließt sich unsre Seele auf,

1 und ordnet der Gestirne Bahn,
2 den deine Güte uns geschenkt,
3 voll Freude preist dich unser Mund,

1 umgibt den Tag mit hellem Licht,
2 nimm an des Wortes heilgen Dienst,
3 in Ehrfurcht dient dir unser Geist,

1 gewährt zur Ruhe uns die Nacht.
2 den Lobgesang zu deinem Ruhm.
3 in Liebe sucht dich unser Herz.

4 Wenn uns die Sonne untergeht / und Finsternis den Tag beschließt, / kennt unser Glaube keine Nacht: / Im Dunkel strahlt sein Licht uns auf.

5 Den Sohn und Vater bitten wir / und auch den Geist, der beide eint: / Du starker Gott, Dreifaltigkeit, / behüte, die auf dich vertraun.

T: nach Ambrosius von Mailand († 397), „Deus creator omnium", Ü: Friedrich Dörr 1978, M: nach Robert Schumann 1839

Psalmodie A *(alle setzen sich)* 629 A

Erster Psalm

Kv Du führst mich hi-naus ins Wei-te,
du machst mei-ne Fin-ster-nis hell.

T: nach Ps 18,20.29, M: Gerhard Kronberg (1913–2001)

Psalm 30: Dank für die Rettung aus Todesnot

1 Ich will dich rühmen, Herr, /
denn du hast mich aus der Tiefe gezogen *
und lässt meine Feinde nicht über mich triumphieren.
    2 Herr, mein Gott, ich habe zu dir geschrien *
    und du hast mich geheilt.
3 Herr, du hast mich herausgeholt aus dem Reich des Todes, *
aus der Schar der Todgeweihten mich zum Leben gerufen.
    4 Singt und spielt dem Herrn, ihr seine Frommen, *
    preist seinen heiligen Namen!
5 Denn sein Zorn dauert nur einen Augenblick, *
doch seine Güte ein Leben lang.
    6 Wenn man am Abend auch weint, *
    am Morgen herrscht wieder Jubel.
7 Im sicheren Glück dachte ich einst: *
Ich werde niemals wanken.
    8 Herr, in deiner Güte *
    stelltest du mich auf den schützenden Berg.
9 Doch dann hast du dein Gesicht verborgen. *
Da bin ich erschrocken.
    10 Zu dir, Herr, rief ich um Hilfe, *
    ich flehte meinen Herrn um Gnade an.

629

2
11 Ich sagte: /
Was nützt dir mein Blut, wenn ich begraben bin? *
Kann der Staub dich preisen, deine Treue verkünden?
  12 Höre mich, Herr, sei mir gnädig! *
  Herr, sei du mein Helfer!
13 Da hast du mein Klagen in Tanzen verwandelt, *
hast mir das Trauergewand ausgezogen und mich mit Freude umgürtet.
  14 Darum singt dir mein Herz und will nicht verstummen. *
  Herr, mein Gott, ich will dir danken in Ewigkeit.

15 Ehre sei dem Vater und dem Sohn *
und dem Heiligen Geist,
  16 wie im Anfang, so auch jetzt und allezeit *
  und in Ewigkeit. Amen. Kv

ZWEITER PSALM

T: nach Ps 116,9, M: Heinrich Rohr (1902–1997)

Psalm 116: Der Dank für Rettung aus Todesnot

4

1 Ich liebe den Herrn; *
denn er hat mein lautes Flehen gehört
  2 und sein Ohr mir zugeneigt *
  an dem Tag, als ich zu ihm rief.

3 Mich umfingen die Fesseln des Todes, /
mich befielen die Ängste der Unterwelt, *
mich trafen Bedrängnis und Kummer.

    4 Da rief ich den Namen des Herrn an: *
    „Ach Herr, rette mein Leben!"

5 Der Herr ist gnädig und gerecht, *
unser Gott ist barmherzig.

    6 Der Herr behütet die schlichten Herzen; *
    ich war in Not und er brachte mir Hilfe.

7 Komm wieder zur Ruhe, mein Herz! *
Denn der Herr hat dir Gutes getan.

    8 Ja, du hast mein Leben dem Tod entrissen, /
    meine Tränen getrocknet, *
    meinen Fuß bewahrt vor dem Gleiten.

9 So gehe ich meinen Weg vor dem Herrn *
im Land der Lebenden.

    10 Ehre sei dem Vater und dem Sohne *
    und dem Heiligen Geiste.

11 Wie im Anfang, so auch jetzt und allezeit *
und in Ewigkeit. Amen. Kv

GESANG AUS DEM NEUEN TESTAMENT *Phil 2,6–11*

Kv Chri-stus Sie - ger, Chri-stus Kö - nig, Chri-stus Herr in E - wig - keit.

T: EGB 1973, M: „Christus vincit" bei Beat Reiser „Laudes festivae" 1940

K Christus Jesus war Gott gleich, hielt aber nicht da-ran fest, wie Gott zu sein; son-dern er ent - äußerte sich,

T: nach Phil 2,6–11, M: GGB 2008

PSALMODIE B (alle setzen sich) 630

ERSTER PSALM → Ps 110 (Nr. 59) oder Ps 122 (Nr. 68)

ZWEITER PSALM → Ps 111 (Nr. 60)

GESANG AUS DEM NEUEN TESTAMENT

nach Offb 19,1.2.5–7

Kv Hal-le-lu-ja, Hal-le-lu-ja, Hal-le-lu-ja.

T: Liturgie, M: Josef Seuffert (*1926) nach verschiedenen Vorlagen

K Das Heil und die Herrlichkeit und die Macht ist bei unserm Gott. A Hal-le-lu-ja. K Seine Urteile sind wahr und gerecht. A Hal-le-lu-ja, Hal-le-lu-ja. K Preist unsern Gott, all seine Knechte und alle, die ihn fürchten, Kleine und Große. A Hal-le-lu-ja. K Denn König geworden ist der Herr, unser Gott, der Herrscher über die ganze Schöpfung. A Hal-le-lu-ja, Hal-le-lu-ja. K Wir wollen uns freuen

T: nach Offb 19,1.2.5–7, M: GGB 2008

3 **SCHRIFTLESUNG** *vom Tag, z. B.: Röm 10,9–11*
L Wenn du mit deinem Mund bekennst: „Jesus ist der Herr" und in deinem Herzen glaubst: „Gott hat ihn von den Toten auferweckt", so wirst du gerettet werden. Wer mit dem Herzen glaubt und mit dem Mund bekennt, wird Gerechtigkeit und Heil erlangen. Denn die Schrift sagt: Wer an ihn glaubt, wird nicht zugrunde gehen.

RESPONSORIUM 630

K/A Dein Wort ist Licht und Wahrheit; es leuchtet mir auf all meinen Wegen. K Leben und Freude gibt es meinem Herzen. A Es leuchtet mir auf all meinen Wegen. K Ehre sei dem Vater und dem Sohne und dem Heiligen Geiste. A Dein Wort ist …

T: EGB 1975 nach Ps 119,105, M: nach einem gregorianischen Modell

[HOMILIE] *(nach einer kurzen Stille stehen alle auf)*

LOBGESANG MARIENS 631

Kv 1 Singt, ihr Christen, singt dem Herrn:
   2 Auf, werde licht, Jerusalem!
Halleluja, Halleluja, Halleluja!

T u. M: Heinrich Rohr (1902–1997)

631 *oder*

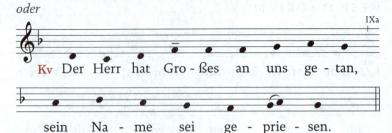

Kv Der Herr hat Großes an uns getan, sein Name sei gepriesen.

T: nach Ps 126,3 und Ps 113,2, M: Franz Karl Praßl

Lk 1,46–55: Magnificat

1 Meine Seele preist die Größe des Herrn, *
und mein Geist jubelt über Gott, meinen Retter.
   2 Denn auf die Niedrigkeit seiner Magd hat er geschaut. *
   Siehe, von nun an preisen mich selig alle Geschlechter.
3 Denn der Mächtige hat Großes an mir getan *
und sein Name ist heilig.
   4 Er erbarmt sich von Geschlecht zu Geschlecht *
   über alle, die ihn fürchten.
5 Er vollbringt mit seinem Arm machtvolle Taten: *
Er zerstreut, die im Herzen voll Hochmut sind;
   6 er stürzt die Mächtigen vom Thron *
   und erhöht die Niedrigen.
7 Die Hungernden beschenkt er mit seinen Gaben *
und lässt die Reichen leer ausgehn.
   8 Er nimmt sich seines Knechtes Israel an *
   und denkt an sein Erbarmen,
9 das er unsern Vätern verheißen hat, *
Abraham und seinen Nachkommen auf ewig.

   10 Ehre sei dem Vater und dem Sohn *
   und dem Heiligen Geist.
11 Wie im Anfang, so auch jetzt und allezeit *
und in Ewigkeit. Amen. Kv

Magnificat

Kv Be-ne-dic, á-ni-ma me-a, Dó-mi-no.

T: Ps 103,1, M: gregorianisch, Ü: Meine Seele, preise den Herrn.

in der Weihnachtszeit:

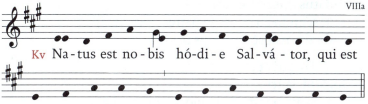

Kv Na-tus est no-bis hó-di-e Sal-vá-tor, qui est Chri-stus Dó-mi-nus in ci-vi-tá-te Da-vid.

T: nach Lk 2,11, M: gregorianisch, Ü: Geboren ist uns heute in der Stadt Davids der Retter, Christus der Herr.

in der Osterzeit:

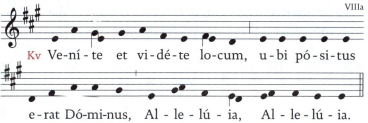

Kv Ve-ní-te et vi-dé-te lo-cum, u-bi pó-si-tus e-rat Dó-mi-nus, Al-le-lú-ia, Al-le-lú-ia.

T: nach Mt 28,6, M: gregorianisch, Ü: Kommt und seht den Ort, an den der Herr gelegt wurde, Halleluja.

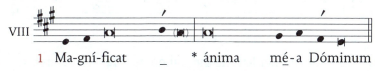

1 Ma-gní-ficat _ * ánima mé-a Dóminum

2 et exsultávit spíritus meus *
  in Deo salvatóre meo,
3 quia respéxit humilitátem ancíllae suae. *
Ecce enim ex hoc beátam me dicent omnes generatiónes,
  4 quia fecit mihi magna, qui potens est, *
  et sanctum nomen eius,
5 et misericórdia eius in progénies et progénies *
timéntibus eum.

631

8

6 Fecit poténtiam in bráchio s_uo, *
   dispérsit supérbos mente c_ordis sui,
7 depósuit poténtes de s_ede, *
et exalt_ávit húmil_es;
   8 esuriéntes implévit b_onis, *
   et dívites dimís_it inánes.
9 Suscépit Israel, púerum s_uum, *
recordátus mis_ericórdi_ae;
   10 sicut locútus est ad patres n_ostros, *
   Abraham et sémini ei_us in sáecul_a. –

11 Glória Patri et F_íli_o *
et Spirít_ui Sancto.
   12 Sicut erat in princípio, et nunc et s_emper *
   et in sáecula saecul_órum. Amen. Kv

632 FÜRBITTEN

V Lasst uns beten zu Gott, dem Vater, der durch die Auferstehung seines Sohnes die Welt erneuert hat:

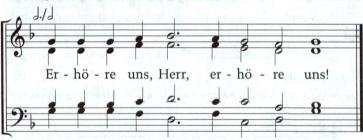

Er - hö - re uns, Herr, er - hö - re uns!

T: Liturgie, M u. S: Verein Kultur-Liturgie-Spiritualität e.V., Mainz

V1 Schenke deiner Kirche die Gaben des Heiligen Geistes; mach sie inmitten der Welt zu einem Zeichen des neuen Lebens.
A Erhöre uns, Herr …
V1 Bewahre die Völker vor Angst und Verzweiflung; schenke der Welt Frieden und Sicherheit.
V1 Gewähre deine Hilfe allen, die nach Gerechtigkeit streben; stehe den Unterdrückten bei.

Fürbitten in besonderen Anliegen können eingefügt werden.

V₁ Du hast deinen Sohn durch den Tod hindurch in die Herrlichkeit geführt; lass unsere Verstorbenen mit ihm auferstehen zum ewigen Leben.

VATERUNSER

V Lasst uns be-ten, wie der Herr uns ge-lehrt hat:

A Va-ter un-ser im Him-mel, ge-hei-ligt werde dein Name. Dein Reich kom-me. Dein Wil-le ge-sche-he, wie im Him-mel so auf Er-den. Un-ser täg-li-ches Brot gib uns heu-te. Und ver-gib uns un-se-re Schuld, wie auch wir ver-ge-ben un-sern Schul-di-gern. Und füh-re uns nicht in Ver-su-chung, son-dern er-lö-se uns von dem Bö-sen.

T: Liturgie, M: Antiphonale Romanum

oder lateinisch (Nr. 589,3)

632 ORATION

vom Tag, z. B.:

3 V Gott, dein Name ist heilig und deine Barmherzigkeit wird gerühmt von Geschlecht zu Geschlecht. Nimm das Abendgebet deiner Kirche an und gib, dass in ihr dein Lobpreis niemals verstumme. Darum bitten wir durch Jesus Christus, deinen Sohn, unseren Herrn und Gott, der in der Einheit des Heiligen Geistes mit dir lebt und herrscht in alle Ewigkeit. A Amen.

SEGEN UND ENTLASSUNG

Wenn ein Priester oder Diakon der Feier vorsteht, folgen Segen und Entlassruf wie am Ende der Messfeier (Nr. 591,4–7). Wenn ein Laie die Feier leitet, beschließt er die Feier mit der Segensbitte:

4

V Der Herr seg-ne uns, er be-wah-re uns vor Un-heil und füh-re uns zum e-wi-gen Le-ben. A A-men.

Die Vesper kann mit einer Marianischen Antiphon (Nr. 666) oder einem Marienlied schließen.

633 VESPER IM ADVENT

1 ERÖFFNUNG → *Nr. 627,1*

2 HYMNUS → „Gott, heilger Schöpfer" *(Nr. 230)*
 oder ein anderes Adventslied

Psalmodie
Erster Psalm

Kv Hebt euch, ihr Tore, hebt euch, ihr Tore! Unser König kommt.

T: nach Ps 24,7, M: Christian Matthias Heiß 2009

Psalm 24: Der Einzug des Herrn in sein Heiligtum

1 Dem Herrn gehört die Erde und was sie erfüllt, *
der Erdkreis und seine Bewohner.
    2 Denn er hat ihn auf Meere gegründet, *
    ihn über Strömen befestigt.
3 Wer darf hinaufziehn zum Berg des Herrn, *
wer darf stehn an seiner heiligen Stätte?
    4 Der reine Hände hat und ein lauteres Herz, *
    der nicht betrügt und keinen Meineid schwört.
5 Er wird Segen empfangen vom Herrn *
und Heil von Gott, seinem Helfer.
    6 Das sind die Menschen, die nach ihm fragen, *
    die dein Antlitz suchen, Gott Jakobs.
7 Ihr Tore, hebt euch nach oben, /
hebt euch, ihr uralten Pforten; *
denn es kommt der König der Herrlichkeit.
    8 Wer ist der König der Herrlichkeit? /
    Der Herr, stark und gewaltig, *
    der Herr, mächtig im Kampf.
9 Ihr Tore, hebt euch nach oben, /
hebt euch, ihr uralten Pforten; *
denn es kommt der König der Herrlichkeit.

10 Wer ist der König der Herrlichkeit? /
   Der Herr der Heerscharen, *
   er ist der König der Herrlichkeit.

11 Ehre sei dem Vater und dem Sohn *
und dem Heiligen Geist.
   12 Wie im Anfang, so auch jetzt und allezeit *
   und in Ewigkeit. Amen. Kv

ZWEITER PSALM

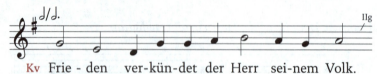

T: nach Ps 85,9.10, M: Peter Planyavsky 2009

Psalm 85: Bitte um das verheißene Heil

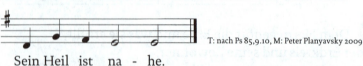

oder

1 Einst hast du, Herr, dein Land begnadet *
und Jakobs Unglück gewendet,
   2 hast deinem Volk die Schuld vergeben, *
   all seine Sünden zugedeckt,
3 hast zurückgezogen deinen ganzen Grimm *
und deinen glühenden Zorn gedämpft.
   4 Gott, unser Retter, richte uns wieder auf, *
   lass von deinem Unmut gegen uns ab!

633

5 Willst du uns ewig zürnen, *
soll dein Zorn dauern von Geschlecht zu Geschlecht?
  6 Willst du uns nicht wieder beleben, *
  sodass dein Volk sich an dir freuen kann?
7 Erweise uns, Herr, deine Huld *
und gewähre uns dein Heil!
  8 Ich will hören, was Gott redet: /
  Frieden verkündet der Herr seinem Volk und seinen Frommen, *
  den Menschen mit redlichem Herzen.
9 Sein Heil ist denen nahe, die ihn fürchten. *
Seine Herrlichkeit wohne in unserm Land.
  10 Es begegnen einander Huld und Treue; *
  Gerechtigkeit und Friede küssen sich.
11 Treue sprosst aus der Erde hervor; *
Gerechtigkeit blickt vom Himmel hernieder.
  12 Auch spendet der Herr dann Segen *
  und unser Land gibt seinen Ertrag.
13 Gerechtigkeit geht vor ihm her *
und Heil folgt der Spur seiner Schritte.

  14 Ehre sei dem Vater und dem Sohn *
  und dem Heiligen Geist.
15 Wie im Anfang, so auch jetzt und allezeit *
und in Ewigkeit. Amen. Kv

oder Ps 80 (Nr. 48) oder Ps 42 (Nr. 42,1–2)

GESANG AUS DEM NEUEN TESTAMENT *Kol 1,12–20*

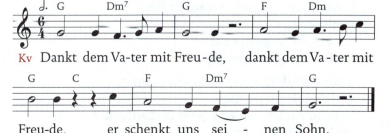

T: nach Kol 1,12, M: Johannes Ebenbauer 2008

633

K 1 Dankt dem Vater mit Freude!
Er hat euch fähig gemacht,
Anteil zu haben am Los der Heiligen,
die im Licht sind. Kv

2 Er hat uns der Macht der Finsternis entrissen
und aufgenommen in das Reich seines geliebten Sohnes.
Durch ihn haben wir die Erlösung,
die Vergebung der Sünden. Kv

3 Er ist das Ebenbild des unsichtbaren Gottes,
der Erstgeborene der ganzen Schöpfung.
Denn in ihm wurde alles erschaffen
im Himmel und auf Erden, Kv

4 das Sichtbare und das Unsichtbare,
Throne und Herrschaften, Mächte und Gewalten;
alles ist durch ihn
und auf ihn hin geschaffen. Kv

5 Er ist vor aller Schöpfung,
in ihm hat alles Bestand.
Er ist das Haupt des Leibes,
der Leib aber ist die Kirche. Kv

6 Er ist der Ursprung, der Erstgeborene der Toten;
so hat er in allem den Vorrang.
Denn Gott wollte mit seiner ganzen Fülle in ihm wohnen,
um durch ihn alles zu versöhnen. Kv

7 Alles im Himmel und auf Erden
wollte er zu Christus führen,
der Frieden gestiftet hat
am Kreuz durch sein Blut. Kv

8 Ehre sei dem Vater und dem Sohn
und dem Heiligen Geist.
Wie im Anfang, so auch jetzt und allezeit
und in Ewigkeit. Amen. Kv

M: GGB 2009

SCHRIFTLESUNG *vom Tag, z. B.: Phil 4,4–5*

L Freut euch im Herrn zu jeder Zeit! Noch einmal sage ich euch: Freut euch! Eure Güte werde allen Menschen bekannt. Der Herr ist nahe.

RESPONSORIUM → *Nr. 616,8*

oder Kanon:

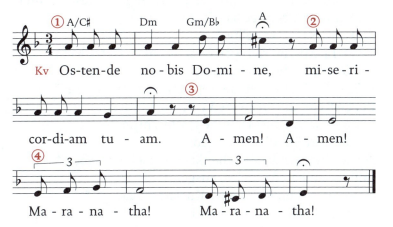

T: nach Ps 85,8; 1 Kor 16,22, M: Jacques Berthier (1923–1994), Gesang aus Taizé, Ü: Zeige uns, Herr, dein Erbarmen. Amen. Komm bald!

LOBGESANG MARIENS

T: nach Lk 21,28, M: Heinrich Rohr (1902–1997)

634 Lk 1,46–55: Magnificat

1 Meine Seele preist die Größe des Herrn, *
und mein Geist jubelt über Gott, meinen Retter.
   2 Denn auf die Niedrigkeit seiner Magd hat er geschaut. *
   Siehe, von nun an preisen mich selig alle Geschlechter.
3 Denn der Mächtige hat Großes an mir getan *
und sein Name ist heilig.
   4 Er erbarmt sich von Geschlecht zu Geschlecht *
   über alle, die ihn fürchten.
5 Er vollbringt mit seinem Arm machtvolle Taten: *
Er zerstreut, die im Herzen voll Hochmut sind;
   6 er stürzt die Mächtigen vom Thron *
   und erhöht die Niedrigen.
7 Die Hungernden beschenkt er mit seinen Gaben *
und lässt die Reichen leer ausgehn.
   8 Er nimmt sich seines Knechtes Israel an *
   und denkt an sein Erbarmen,
9 das er unsern Vätern verheißen hat, *
Abraham und seinen Nachkommen auf ewig.

   10 Ehre sei dem Vater und dem Sohne *
   und dem Heiligen Geiste.
11 Wie im Anfang, so auch jetzt und allezeit *
und in Ewigkeit. Amen. Kv

FÜRBITTEN

V Lasst uns beten zu Jesus Christus, den die Propheten als das Licht der Welt verkündet haben:

T: Liturgie, M: Antiphonale zum Stundengebet 1979

| V1 | Du bist ein sterblicher Mensch geworden; hab Erbarmen mit allem, was sterblich ist.
| A | Komm, Herr Jesus ...
| V1 | Du bist gekommen, dir ein Volk zu erwerben; hilf deiner Kirche, dir treu zu bleiben.
| V1 | Du bist das Licht, das jeden Menschen erleuchtet; führe die Suchenden auf den rechten Weg.
| V1 | Du bist der eingeborene Sohn des lebendigen Gottes; offenbare der Welt die Güte des Vaters.

Fürbitten in besonderen Anliegen können eingefügt werden.

| V1 | Du bist die Tür zum Leben; lass unsere Verstorbenen eintreten zum ewigen Hochzeitsmahl.

VATERUNSER → Nr. 632,2

ORATION *vom Tag, z. B.:*

V Biete auf deine Macht, Herr, unser Gott, und komm. Entreiße uns den Gefahren, in die unsere Sünden uns bringen. Mache uns frei und rette uns. Darum bitten wir durch Jesus Christus, deinen Sohn, unseren Herrn und Gott, der in der Einheit des Heiligen Geistes mit dir lebt und herrscht in alle Ewigkeit. A Amen.

SEGEN UND ENTLASSUNG → Nr. 632,4

Die Vesper kann mit der Marianischen Antiphon „Alma Redemptoris Mater" (Nr. 666,1) oder „Maria, Mutter unsres Herrn" (Nr. 530) schließen.

635 VESPER IN DER WEIHNACHTSZEIT

1   ERÖFFNUNG → *Nr. 627,1*

2   HYMNUS → „Lobt Gott, ihr Christen" *(Nr. 247)*
oder ein anderes Lied zur Weihnachtszeit

PSALMODIE
ERSTER PSALM

Kv 3 Heute ist uns der Heiland geboren,
4 Heute erstrahlt ein Licht über uns:
Christus, der Herr.

T: nach Lk 2,11 (Kv 1); nach Jes 9,1, Lk 2,11 (Kv 2),
M: Josef Seuffert (*1926)

Psalm 72: Der Friedenskönig und sein Reich

1 Verleih dein Richteramt, o Gott, dem König, *
dem Königssohn gib dein gerechtes Walten!
    2 Er regiere dein Volk in Gerechtigkeit *
    und deine Armen durch rechtes Urteil.
3 Dann tragen die Berge Frieden für das Volk *
und die Höhen Gerechtigkeit.
    4 Er wird Recht verschaffen den Gebeugten im Volk, /
    Hilfe bringen den Kindern der Armen, *
    er wird die Unterdrücker zermalmen.
5 Er soll leben, solange die Sonne bleibt und der Mond, *
bis zu den fernsten Geschlechtern.
    6 Er ströme wie Regen herab auf die Felder, *
    wie Regenschauer, die die Erde benetzen.

7 Die Gerechtigkeit blühe auf in seinen Tagen *
und großer Friede, bis der Mond nicht mehr da ist.
   8 Er herrsche von Meer zu Meer, *
   vom Strom bis an die Enden der Erde.
9 Vor ihm sollen seine Gegner sich beugen, *
Staub sollen lecken all seine Feinde.
   10 Die Könige von Tarschisch und von den Inseln
   bringen Geschenke, *
   die Könige von Saba und Seba kommen mit Gaben.
11 Alle Könige müssen ihm huldigen, *
alle Völker ihm dienen.
   12 Denn er rettet den Gebeugten, der um Hilfe schreit, *
   den Armen und den, der keinen Helfer hat.
13 Er erbarmt sich des Gebeugten und Schwachen, *
er rettet das Leben der Armen.
   14 Von Unterdrückung und Gewalttat befreit er sie, *
   ihr Blut ist in seinen Augen kostbar.
15 Er lebe und Gold von Saba soll man ihm geben! /
Man soll für ihn allezeit beten, *
stets für ihn Segen erflehen.
   16 Im Land gebe es Korn in Fülle. *
   Es rausche auf dem Gipfel der Berge.
17 Seine Frucht wird sein wie die Bäume des Libanon. *
Menschen blühn in der Stadt wie das Gras der Erde.
   18 Sein Name soll ewig bestehen; *
   solange die Sonne bleibt, sprosse sein Name.
19 Glücklich preisen sollen ihn alle Völker *
und in ihm sich segnen.
   20 Gepriesen sei der Herr, der Gott Israels! *
   Er allein tut Wunder.
21 Gepriesen sei sein herrlicher Name in Ewigkeit! /
Seine Herrlichkeit erfülle die ganze Erde. *
Amen, ja amen.

   22 Ehre sei dem Vater und dem Sohne *
   und dem Heiligen Geiste.
23 Wie im Anfang, so auch jetzt und allezeit *
und in Ewigkeit. Amen. Kv

635 ZWEITER PSALM

6
7

Kv 6–7 Der Himmel freu-e sich, die Er-de froh-lo-cke,

6 denn der Herr ist uns ge-bo-ren, Hal-le-lu-ja.
7 denn der Herr ist uns er-schie-nen, Hal-le-lu-ja.

T: nach Ps 96,11, M: GGB 2009

Psalm 96: Der Herr, König und Richter aller Welt

8

1 Singt dem Herrn ein neues Lied, *
singt dem Herrn, alle Länder der Erde!
    2 Singt dem Herrn und preist seinen Namen, *
    verkündet sein Heil von Tag zu Tag!
3 Erzählt bei den Völkern von seiner Herrlichkeit, *
bei allen Nationen von seinen Wundern!
    4 Denn groß ist der Herr und hoch zu preisen, *
    mehr zu fürchten als alle Götter.
5 Alle Götter der Heiden sind nichtig, *
der Herr aber hat den Himmel geschaffen.
    6 Hoheit und Pracht sind vor seinem Angesicht, *
    Macht und Glanz in seinem Heiligtum.
7 Bringt dar dem Herrn, ihr Stämme der Völker, *
bringt dar dem Herrn Lob und Ehre!
    8 Bringt dar dem Herrn die Ehre seines Namens, *
    spendet Opfergaben und tretet ein in sein Heiligtum!
9 In heiligem Schmuck werft euch nieder vor dem Herrn, *
erbebt vor ihm, alle Länder der Erde!
    10 Verkündet bei den Völkern: *
    Der Herr ist König.

11 Den Erdkreis hat er gegründet, sodass er nicht wankt. *
Er richtet die Nationen so, wie es recht ist.

   12 Der Himmel freue sich, die Erde frohlocke, *
   es brause das Meer und alles, was es erfüllt.
13 Es jauchze die Flur und was auf ihr wächst. *
Jubeln sollen alle Bäume des Waldes
   14 vor dem Herrn, wenn er kommt, *
   wenn er kommt, um die Erde zu richten.
15 Er richtet den Erdkreis gerecht *
und die Nationen nach seiner Treue.

   16 Ehre sei dem Vater und dem Sohne *
   und dem Heiligen Geiste.
17 Wie im Anfang, so auch jetzt und allezeit *
und in Ewigkeit. Amen. Kv

oder Ps 19 (Nr. 35) oder Ps 110 (Nr. 59)

GESANG AUS DEM NEUEN TESTAMENT *Joh 1,1–5.9–14* 636

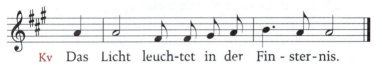

Kv Das Licht leuch-tet in der Fin - ster - nis.

T: Joh 1,5, M: Alan Wilson 2008

K 1 Im Anfang war das Wort, und das Wort war bei Gott, |
und das Wort war Gott. |
Im Anfang war es bei Gott. Alles ist durch das Wort
   geworden |
und ohne das Wort wurde nichts, was geworden ist. Kv

   2 In ihm war das Leben |
   und das Leben war das Licht der Menschen. |
   Und das Licht leuchtet in der Finsternis |
   und die Finsternis hat es nicht erfasst. Kv

636

3 Das wahre Licht, das jeden Menschen erleuchtet,
  kam in die Welt. |
Er war in der Welt und die Welt ist durch ihn geworden, |
aber die Welt erkannte ihn nicht. |
Er kam in sein Eigentum, aber die Seinen nahmen ihn
  nicht auf. Kv

4 Allen aber, die ihn aufnahmen, gab er Macht, Kinder
  Gottes zu werden, |
allen, die an seinen Namen glauben, |
die nicht aus dem Blut, nicht aus dem Willen des
  Fleisches, nicht aus dem Willen des Mannes, |
sondern aus Gott geboren sind. Kv

5 Und das Wort ist Fleisch geworden |
und hat unter uns gewohnt |
und wir haben seine Herrlichkeit gesehen, die Herrlichkeit des einzigen Sohnes vom Vater, |
voll Gnade und Wahrheit. Kv

6 Ehre sei dem Vater und dem Sohn |
und dem Heiligen Geist. |
Wie im Anfang, so auch jetzt und allezeit |
und in Ewigkeit. Amen. Kv

M: Alan Wilson 2008

SCHRIFTLESUNG *1 Joh 1, 1–4*

L Was von Anfang an war, was wir gehört haben, was wir mit unseren Augen gesehen, was wir geschaut und was unsere Hände angefasst haben, das verkünden wir: das Wort des Lebens. Denn das Leben wurde offenbart; wir haben gesehen und bezeugen und verkünden euch das ewige Leben, das beim Vater war und uns offenbart wurde. Was wir gesehen und gehört haben, das verkünden wir auch euch, damit auch ihr Gemeinschaft mit uns habt. Wir aber haben Gemeinschaft mit dem Vater und mit seinem Sohn Jesus Christus. Wir schreiben dies, damit unsere Freude vollkommen ist.

oder eine andere Schriftlesung

Responsorium

K/A Christus ist geboren, Halleluja, Halleluja.

K In ihm ist Gott erschienen. A Halleluja, Halleluja.

K Ehre sei dem Vater und dem Sohne und dem Heiligen Geiste. A Christus ist geboren, …

T: EGB 1975, M: nach einem gregorianischen Modell

Lobgesang Mariens *oder lateinisch (Nr. 631,6 u. 8)*

Kv Ehre sei Gott in der Höhe und Friede auf Erden den Menschen seiner Gnade, Halleluja.

T: nach Lk 2,14, M: GGB 2010

→ *Magnificat (Nr. 644,4)*

636 Fürbitten

6 **V** Einer ist Mittler zwischen Gott und den Menschen: der Mensch Christus Jesus. Zu ihm rufen wir:

K Christus, höre uns. **A** Christus, erhöre uns.

V1 Deine Geburt offenbart die Herrlichkeit des Vaters:
Lass in deiner Kirche das Lob Gottes nie verstummen.

V1 Du bist aufgewachsen in einer Familie:
Festige die Liebe zwischen Eltern und ihren Kindern. Bewahre vor Einsamkeit, die allein sind.

V1 Du bist den Armen ein Bruder geworden:
Eröffne denen Wege aus der Not, die nicht ein noch aus wissen. Sende Menschen, die ihnen beistehen.

V1 Das Fest deiner Geburt erfüllt viele mit Freude:
Lass diese Freude fruchtbar werden in Taten der Liebe.

Bitten in besonderen Anliegen können eingefügt werden.

V1 In deiner Menschwerdung hast du den Tod angenommen:
Schenke unseren Verstorbenen das ewige Leben.

7 ## Vaterunser → *Nr. 632,2*

8 ## Oration *vom Tag, z. B.:*

V Allmächtiger Gott, du hast den Menschen in seiner Würde wunderbar erschaffen und noch wunderbarer wiederhergestellt. Lass uns teilhaben an der Gottheit deines Sohnes, der unsere Menschennatur angenommen hat. Er, der in der Einheit des Heiligen Geistes mit dir lebt und herrscht in alle Ewigkeit.
A Amen.

9 ## Segen und Entlassung → *Nr. 632,4*

Die Vesper kann mit der Marianischen Antiphon „Alma Redemptoris Mater" (Nr. 666,1) oder „Maria, Mutter unsres Herrn" (Nr. 530) schließen.

Vesper in der Österlichen Bußzeit

Eröffnung → Nr. 627,1

Hymnus

1. Nun ist sie da, die rech-te Zeit, die Gottes Huld uns wieder schenkt, nun ist er da, der Tag des Heils, erfüllt von Christi hellem Licht.

2. Jetzt soll sich unser ganzes Herz durch Fasten und Gebet erneun, und durch Entsagung werde stark, was müde ist und schwach und krank.

3. Lass uns, o Herr, mit Geist und Leib / das Werk der Buße freudig tun, / dass wir den Übergang bestehn / zum Pascha, das kein Ende kennt.

4. Dir, höchster Gott, Dreifaltigkeit, / lobsinge alles, was da lebt. / Lass uns, durch deine Gnade neu, / dich preisen durch ein neues Lied.

T: nach „Nunc tempus acceptabile", spätestens 10. Jh., Ü: Maria Luise Thurmair, Stundenbuch 1978, M: bei Louis Pinck 1928, Kirchenlied 1938

oder „Du Sonne der Gerechtigkeit" (Nr. 269)

639 PSALMODIE
ERSTER PSALM

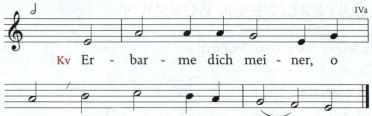

Kv Erbarme dich meiner, o Gott, erbarme dich meiner.

T: nach Ps 51,3, M: Heino Schubert (*1928)

Psalm 51: Bitte um Vergebung und Neuschaffung

1 Gott, sei mir gnädig nach deiner Huld, *
tilge meine Frevel nach deinem reichen Erbarmen!
    2 Wasch meine Schuld von mir ab *
    und mach mich rein von meiner Sünde!
3 Denn ich erkenne meine bösen Taten, *
meine Sünde steht mir immer vor Augen.
    4 Gegen dich allein habe ich gesündigt, *
    ich habe getan, was dir missfällt.
5 So behältst du recht mit deinem Urteil, *
rein stehst du da als Richter.
    6 Denn ich bin in Schuld geboren; *
    in Sünde hat mich meine Mutter empfangen.
7 Lauterer Sinn im Verborgenen gefällt dir, *
im Geheimen lehrst du mich Weisheit.
    8 Entsündige mich mit Ysop, dann werde ich rein; *
    wasche mich, dann werde ich weißer als Schnee.
9 Sättige mich mit Entzücken und Freude! *
Jubeln sollen die Glieder, die du zerschlagen hast.
    10 Verbirg dein Gesicht vor meinen Sünden, *
    tilge all meine Frevel!

11 Erschaffe mir, Gott, ein reines Herz *
und gib mir einen neuen, beständigen Geist!
    12 Verwirf mich nicht von deinem Angesicht *
    und nimm deinen heiligen Geist nicht von mir!
13 Mach mich wieder froh mit deinem Heil, *
mit einem willigen Geist rüste mich aus!
    14 Dann lehre ich Abtrünnige deine Wege *
    und die Sünder kehren um zu dir.
15 Befrei mich von Blutschuld, Herr, du Gott meines Heiles, *
dann wird meine Zunge jubeln über deine Gerechtigkeit.
    16 Herr, öffne mir die Lippen *
    und mein Mund wird deinen Ruhm verkünden.
17 Schlachtopfer willst du nicht, ich würde sie dir geben; *
an Brandopfern hast du kein Gefallen.
    18 Das Opfer, das Gott gefällt, ist ein zerknirschter Geist, *
    ein zerbrochenes und zerschlagenes Herz wirst du, Gott, nicht verschmähen.
19 In deiner Huld tu Gutes an Zion; *
bau die Mauern Jerusalems wieder auf!
    20 Dann hast du Freude an rechten Opfern, *
    dann opfert man Stiere auf deinem Altar.

21 Ehre sei dem Vater und dem Sohne *
und dem Heiligen Geiste.
    22 Wie im Anfang, so auch jetzt und allezeit *
    und in Ewigkeit. Amen. Kv

639 ZWEITER PSALM

Kv Beim Herrn ist Barmherzigkeit, bei ihm ist Erlösung in Fülle.

T: nach Ps 130,7, M: GGB 2010

Psalm 130: Bitte in tiefer Not

1 Aus der Tiefe rufe ich, Herr, zu dir: *
Herr, höre meine Stimme!
   2 Wende dein Ohr mir zu, *
   achte auf mein lautes Flehen!
3 Würdest du, Herr, unsere Sünden beachten, *
Herr, wer könnte bestehen?
   4 Doch bei dir ist Vergebung, *
   damit man in Ehrfurcht dir dient.
5 Ich hoffe auf den Herrn, es hofft meine Seele, *
ich warte voll Vertrauen auf sein Wort.
   6 Meine Seele wartet auf den Herrn *
   mehr als die Wächter auf den Morgen.
7 Mehr als die Wächter auf den Morgen *
soll Israel harren auf den Herrn.
   8 Denn beim Herrn ist die Huld, *
   bei ihm ist Erlösung in Fülle.
9 Ja, er wird Israel erlösen *
von all seinen Sünden.

   10 Ehre sei dem Vater und dem Sohne *
   und dem Heiligen Geiste.
11 Wie im Anfang, so auch jetzt und allezeit *
und in Ewigkeit. Amen. Kv

GESANG AUS DEM ALTEN TESTAMENT *Jes 55,6+7*

Kv Be-keh-re uns, ver-gib die Sün-de, schen-ke, Herr, uns neu dein Er-bar - men.

T: Joseph Seuffert (*1926), M: Alan Wilson 2009

K 1 Sucht den Herrn, solange er sich finden lässt,*
ruft ihn an, solange er nahe ist. Kv

2 Der Ruchlose soll seinen Weg verlassen,*
der Frevler seine Pläne. Kv

3 Er kehre um zum Herrn, damit er Erbarmen hat mit ihm,*
und zu unsrem Gott; denn er ist groß im Verzeihen. Kv

4 Ehre sei dem Vater und dem Sohn und dem Heiligen Geist.*
Wie im Anfang, so auch jetzt und allezeit und in Ewigkeit. Amen. Kv

M: Alan Wilson 2009

oder

GESANG AUS DEM NEUEN TESTAMENT *1 Petr 2,21–24*

Kv Durch Chri-sti Wun-den sind wir ge-heilt.

T: nach 1 Petr 2,24, M: Alan Wilson 2009

K 1 Christus hat für euch gelitten /
und euch ein Beispiel gegeben,*
damit ihr seinen Spuren folgt. Kv

2 Er hat keine Sünde begangen*
und in seinem Mund war kein trügerisches Wort. Kv

3 Er wurde geschmäht, schmähte aber nicht; /
er litt, drohte aber nicht,*
sondern überließ seine Sache dem gerechten Richter. Kv

4 Er hat unsere Sünden mit seinem Leib*
auf das Holz des Kreuzes getragen, Kv

5 damit wir tot seien für die Sünden und für die Gerechtigkeit leben.*
Durch seine Wunden seid ihr geheilt. Kv

6 Ehre sei dem Vater und dem Sohn /
und dem Heiligen Geist.*
Wie im Anfang, so auch jetzt und allezeit und in Ewigkeit. Amen. Kv

M: Alan Wilson 2009

SCHRIFTLESUNG

Röm 12,1–2

L Angesichts des Erbarmens Gottes ermahne ich euch, meine Brüder, euch selbst als lebendiges und heiliges Opfer darzubringen, das Gott gefällt; das ist für euch der wahre und angemessene Gottesdienst. Gleicht euch nicht dieser Welt an, sondern wandelt euch und erneuert euer Denken, damit ihr prüfen und erkennen könnt, was der Wille Gottes ist: was ihm gefällt, was gut und vollkommen ist.

RESPONSORIUM

640

K/A Herr, unser Gott, bekehre uns; dein Wort ist Licht und Leben. K Wer die Wahrheit tut, kommt ans Licht. A Dein Wort ist Licht und Leben. K Ehre sei dem Vater und dem Sohne und dem Heiligen Geiste. A Herr, unser Gott, …

T: EGB 1975, M: „Laudes festivae" Rom 1940

LOBGESANG MARIENS

[K] So sehr hat Gott die Welt geliebt, dass er seinen Sohn für uns hingab. [A] Wer an ihn glaubt, hat das ewige Leben.

T: nach Joh 3,16, M: GGB 2010

→ *Magnificat (Nr. 634,4)*

640 FÜRBITTEN

3 **V** Lasst uns beten zu Gott, dem Vater, der die Menschen durch Buße zum neuen Leben führt:

V/A Erbarme dich deines Volkes.

V1 Herr, unser Gott, wir bitten dich für die Kirche auf dem ganzen Erdkreis; gib deinen Gläubigen Verlangen nach dir und deinem Wort.

V1 Wir bitten dich für alle, die sich auf die Taufe vorbereiten; füge sie als lebendige Steine ein in den Bau deiner Kirche.

V1 Wir bitten dich für die Sünder; bewege ihr Herz zur Umkehr.

V1 Wir bitten dich für die Völker der Erde; hilf ihnen, den Weg zum Frieden finden.

Fürbitten in besonderen Anliegen können eingefügt werden.

V1 Wir bitten dich für unsere Verstorbenen; lass sie in ewiger Seligkeit dein Angesicht schauen.

4 **VATERUNSER** → *Nr. 632,2*

5 **ORATION** *vom Tag, z. B.:*
V Barmherziger Gott, wir haben aus menschlicher Schwachheit gefehlt und können aus eigener Kraft dem Netz der Sünde nicht entrinnen. Komm uns in deiner Güte zu Hilfe und befreie uns von aller Schuld. Darum bitten wir durch Jesus Christus, deinen Sohn, unseren Herrn und Gott, der in der Einheit des Heiligen Geistes mit dir lebt und herrscht in alle Ewigkeit. **A** Amen.

6 **SEGEN UND ENTLASSUNG** → *Nr. 632,4*

Die Vesper kann mit der Marianischen Antiphon „Ave Regina caelorum" (Nr. 666,2) oder einem Marienlied schließen.

Vesper in der Osterzeit   641

Eröffnung → *Nr. 627,1*

[Lichtritus]
Die Osterkerze wird entzündet.

Ruf

V Im Namen unseres Herrn Jesus Christus: Licht und Frieden. A Dank sei Gott.

T u. M: Liturgie

Hymnus → „O Licht der wunderbaren Nacht" *(Nr. 334)*

Lichtdanksagung
V Wir danken dir, Gott, durch Jesus, unseren Herrn. Durch ihn hast du unser Leben erhellt und uns dein nie endendes Licht geoffenbart. Wir haben die Länge des Tages durchmessen und sind an den Anfang der Nacht gelangt; wir sind satt geworden vom Licht des Tages, das du zu unserer Freude erschaffen hast. Durch dein Erbarmen fehlt uns auch jetzt am Abend nicht das tröstende Licht. Dafür loben und preisen wir dich durch Jesus Christus, deinen Sohn, unseren Herrn und Gott, der mit dir lebt und herrscht in alle Ewigkeit.
A Amen.

HYMNUS *(falls kein Lichtritus vorausgegangen ist)*

642

1. Zum Mahl des Lammes schreiten wir mit weißen Kleidern angetan, Christus, dem Sieger, singen wir, der uns durchs Rote Meer geführt.

2. Am Kreuze gab er seinen Leib für alle Welt zum Opfer hin; und wer von seinem Blute trinkt, wird eins mit ihm und lebt mit ihm.

3. Am Pascha-abend weist das Blut den Würgeengel von der Tür: Wir sind befreit aus harter Fron und von der Knechtschaft Pharaos.

4 Christus ist unser Osterlamm, / das uns zum Heil geschlachtet ward. / Er reicht uns seinen heilgen Leib / als Brot, das uns sein Leben schenkt.

5 Lamm Gottes, wahres Opferlamm, / durch das der Hölle Macht zerbrach! / Den Kerker hast du aufgesprengt, / zu neuem Leben uns befreit.

6 Erstanden ist der Herr vom Grab, / kehrt siegreich aus dem Tod zurück. / Gefesselt ist der Fürst der Welt, / und offen steht das Paradies.

7 Dem Herrn sei Preis und Herrlichkeit, / der aus dem Grabe auferstand, / dem Vater und dem Geist zugleich / durch alle Zeit und Ewigkeit.

T: nach „Ad cenam Agni providi", 5.–6. Jh., Ü: Abtei Münsterschwarzach 1972, Stundenbuch 1978, M: nach Hamburg 1690

PSALMODIE
ERSTER PSALM

Kv Hal-le-lu-ja, Hal-le-lu-ja, Hal-le-lu-ja.

T: Liturgie, M: gregorianisch

oder „Danket dem Herrn" (Nr. 404), „Tanze, du Erde" (Nr. 330)

Psalm 114: Lobpreis auf die Befreiung Israels

1 Als Israel aus Ägypten auszog, *
Jakobs Haus aus dem Volk mit fremder Sprache,
   2 da wurde Juda Gottes Heiligtum, *
   Israel das Gebiet seiner Herrschaft.
3 Das Meer sah es und floh, *
der Jordan wich zurück.
   4 Die Berge hüpften wie Widder, *
   die Hügel wie junge Lämmer.
5 Was ist mit dir, Meer, dass du fliehst, *
und mit dir, Jordan, dass du zurückweichst?
   6 Ihr Berge, was hüpft ihr wie Widder, *
   und ihr Hügel, wie junge Lämmer?
7 Vor dem Herrn erbebe, du Erde, *
vor dem Antlitz des Gottes Jakobs,
   8 der den Fels zur Wasserflut wandelt *
   und Kieselgestein zu quellendem Wasser.

9 Ehre sei dem Vater und dem Sohn *
und dem Heiligen Geist.
   10 Wie im Anfang, so auch jetzt und allezeit *
   und in Ewigkeit. Amen. Kv

oder Ps 30 (Nr. 629,1–2)

643 ZWEITER PSALM

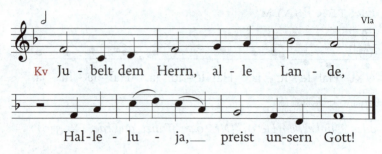

Kv Ju-belt dem Herrn, al-le Lan-de, Hal-le-lu-ja,— preist un-sern Gott!

T: nach Ps 47,2/Ps 66,2, M: Heinrich Rohr (1902–1997)

Psalm 118: Eine Dankliturgie

1 Danket dem Herrn, denn er ist gütig, *
denn seine Huld währt ewig.
   2 So soll Israel sagen: *
   Denn seine Huld währt ewig.
3 So soll das Haus Aaron sagen: *
Denn seine Huld währt ewig.
   4 So sollen alle sagen, die den Herrn fürchten
   und ehren: *
   Denn seine Huld währt ewig.

[Ruf]

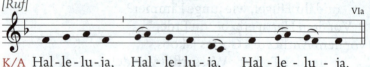

K/A Hal-le-lu-ja, Hal-le-lu-ja, Hal-le-lu-ja.

5 In der Bedrängnis rief ich zum Herrn; *
der Herr hat mich erhört und mich frei gemacht.
   6 Der Herr ist bei mir, ich fürchte mich nicht. *
   Was können Menschen mir antun?
7 Der Herr ist bei mir, er ist mein Helfer; *
ich aber schaue auf meine Hasser herab.

8 Besser, sich zu bergen beim Herrn, *
als auf Menschen zu bauen.
9 Besser, sich zu bergen beim Herrn, *
als auf Fürsten zu bauen.
   10 Alle Völker umringen mich; *
ich wehre sie ab im Namen des Herrn.
11 Sie umringen, ja, sie umringen mich; *
ich wehre sie ab im Namen des Herrn.
   12 Sie umschwirren mich wie Bienen, /
wie ein Strohfeuer verlöschen sie; *
ich wehre sie ab im Namen des Herrn.
13 Sie stießen mich hart, sie wollten mich stürzen; *
der Herr aber hat mir geholfen.
   14 Meine Stärke und mein Lied ist der Herr; *
er ist für mich zum Retter geworden. [Ruf]

15 Frohlocken und Jubel erschallt in den Zelten
der Gerechten: *
„Die Rechte des Herrn wirkt mit Macht!
   16 Die Rechte des Herrn ist erhoben, *
die Rechte des Herrn wirkt mit Macht!"
17 Ich werde nicht sterben, sondern leben, *
um die Taten des Herrn zu verkünden.
   18 Der Herr hat mich hart gezüchtigt, *
doch er hat mich nicht dem Tod übergeben. [Ruf]

19 Öffnet mir die Tore zur Gerechtigkeit, *
damit ich eintrete, um dem Herrn zu danken.
   20 Das ist das Tor zum Herrn, *
nur Gerechte treten hier ein.
21 Ich danke dir, dass du mich erhört hast; *
du bist für mich zum Retter geworden.
   22 Der Stein, den die Bauleute verwarfen, *
er ist zum Eckstein geworden.
23 Das hat der Herr vollbracht, *
vor unseren Augen geschah dieses Wunder.
   24 Dies ist der Tag, den der Herr gemacht hat; *
wir wollen jubeln und uns an ihm freuen. [Ruf]

643

25 Ach, Herr, bring doch Hilfe! *
Ach, Herr, gib doch Gelingen!
 26 Gesegnet sei er, der kommt im Namen des Herrn. /
Wir segnen euch vom Haus des Herrn her. *
Gott, der Herr, erleuchte uns.
27 Mit Zweigen in den Händen schließt euch
zusammen zum Reigen *
bis zu den Hörnern des Altars!
 28 Du bist mein Gott, dir will ich danken; *
mein Gott, dich will ich rühmen.
29 Danket dem Herrn, denn er ist gütig, *
denn seine Huld währt ewig. [Ruf]

 30 Ehre sei dem Vater und dem Sohne *
und dem Heiligen Geiste.
31 Wie im Anfang, so auch jetzt und allezeit *
und in Ewigkeit. Amen. Kv

6   GESANG AUS DEM NEUEN TESTAMENT
→ Nr. 630,1–2

7   SCHRIFTLESUNG   *vom Tag, z. B.: 1 Kor 15,1–5*

L Ich erinnere euch an das Evangelium, das ich euch verkündet habe. Ihr habt es angenommen; es ist der Grund, auf dem ihr steht. Durch dieses Evangelium werdet ihr gerettet, wenn ihr an dem Wortlaut festhaltet, den ich euch verkündet habe. Denn vor allem habe ich euch überliefert, was auch ich empfangen habe: Christus ist für unsere Sünden gestorben, gemäß der Schrift, und ist begraben worden. Er ist am dritten Tag auferweckt worden, gemäß der Schrift, und erschien dem Kephas, dann den Zwölf.

Responsorium

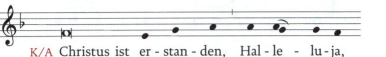

K/A Christus ist er-stan-den, Hal-le-lu-ja, Hal-le-lu-ja. K 1 Er hat den Tod be-zwun-gen. 2 Er ist erhöht zum Va-ter.

A Hal-le-lu-ja, Hal-le-lu-ja. K Ehre sei dem Va-ter

und dem Soh-ne und dem Hei-li-gen Gei-ste.

A Christus ist er-stan-den, Hal-le-lu-ja ...

T: EGB 1975, GGB 2010, M: EGB nach einem gregorianischen Modell

oder „Surrexit Dominus vere" (Nr. 321)

Lobgesang Mariens *oder lateinisch (Nr. 631,7–8)*

Kv Auf-er-stan-den ist der Herr, Hal-le-lu-ja, Hal-le-lu-ja, Hal-le-lu-ja.

T: Liturgie, M: Heinrich Rohr (1902–1997)

644 Lk 1,46–55: *Magnificat*

1 Meine Seele preist die Größe des Herrn, *
und mein Geist jubelt über Gott, meinen Retter.
   2 Denn auf die Niedrigkeit seiner Magd hat er geschaut. *
   Siehe, von nun an preisen mich selig alle Geschlechter!
3 Denn der Mächtige hat Großes an mir getan, *
und sein Name ist heilig.
   4 Er erbarmt sich von Geschlecht zu Geschlecht *
   über alle, die ihn fürchten.
5 Er vollbringt mit seinem Arm machtvolle Taten: *
er zerstreut, die im Herzen voll Hochmut sind;
   6 er stürzt die Mächtigen vom Thron *
   und erhöht die Niedrigen.
7 Die Hungernden beschenkt er mit seinen Gaben *
und lässt die Reichen leer ausgehn.
   8 Er nimmt sich seines Knechtes Israel an *
   und denkt an sein Erbarmen,
9 das er unsern Vätern verheißen hat, *
Abraham und seinen Nachkommen auf ewig.

   10 Ehre sei dem Vater und dem Sohn *
   und dem Heiligen Geist.
11 Wie im Anfang, so auch jetzt und allezeit *
und in Ewigkeit. Amen. **Kv**

Fürbitten

V   Das Grab ist leer. Christus ist wahrhaft auferstanden.
    Ihn bitten wir:
V1 Lass alle erfahren, dass Du lebst:
    alle, die im Dienst der Verkündigung stehen,
    unseren Papst N., unseren Bischof N.
    und alle, die die Osterbotschaft zu den Menschen tragen.
    Stille

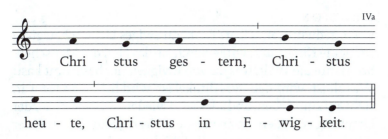

Chri-stus ges-tern, Chri-stus heu-te, Chri-stus in E-wig-keit.

T u. M: nach den „Laudes Hincmari", 8./9. Jh. (EGB 1975)

V1 Lass alle erfahren, dass du lebst:
alle, die in der Osternacht (in dieser Osterzeit) durch die Sakramente in die Kirche aufgenommen wurden.

V1 Lass alle erfahren, dass du lebst:
alle, die in dieser Osterzeit ihr Taufversprechen erneuern,
alle, die in diesen Wochen zur Erstkommunion gehen,
und alle, die in diesem Jahr das Sakrament der Firmung empfangen.

V1 Lass alle erfahren, dass du lebst:
alle, deren Glaubenskraft erlahmt ist,
und alle, die neu aufbrechen, dich zu suchen.

V1 Lass alle erfahren, dass du lebst:
alle, die sich (im Heiligen Land) um den Frieden bemühen,
und alle, die nach persönlichen Auseinandersetzungen einen neuen Anfang wagen.

Weitere Personen und Gruppen können hier genannt werden.

V1 Lass alle erfahren, dass du lebst:
alle, die vor Gräbern stehen,
und alle, die in Gräbern ruhen.

V Dich, den Auferstandenen, bitten wir,
dass alle mit uns erfahren,
dass du lebst und Leben schenkst.

VATERUNSER → *z. B. Nr. 632,2*

DIE TAGZEITENLITURGIE

644 ORATION *vom Tag, z. B.:*

8 V Gott, du unwandelbare Kraft, du ewiges Licht, schau gütig auf deine Kirche und wirke durch sie das Heil der Menschen. So erfahre die Welt, was du von Ewigkeit her bestimmt hast: Was alt ist, wird neu, was dunkel ist, wird licht, was tot war, steht auf zum Leben, und alles wird wieder heil in dem, der der Ursprung von allem ist, in unserem Herrn Jesus Christus, der mit dir lebt und herrscht in alle Ewigkeit.
A Amen.

9 ## SEGEN UND ENTLASSUNG → Nr. 632,4

Die Vesper kann mit der Marianischen Antiphon „Regina caeli" (Nr. 666,3) oder „Freu dich, du Himmelskönigin" (Nr. 525) schließen.

645 VESPER VOM HEILIGEN GEIST

1 ### ERÖFFNUNG → *Nr. 627,1*

2 ### HYMNUS → „Komm, Heilger Geist" *(Nr. 342)*
oder „Veni, creator spiritus" *(Nr. 341)*

PSALMODIE
ERSTER PSALM

Kv Sende aus deinen Geist, und das Antlitz der Erde wird neu.

T: nach Ps 104,30, M: Albert Jenny 1966

Psalm 104,24.27–35: Ein Loblied auf den Schöpfer **645**

1 Herr, wie zahlreich sind deine Werke! /
Mit Weisheit hast du sie alle gemacht, *
die Erde ist voll von deinen Geschöpfen.
   2 Sie alle warten auf dich, *
   dass du ihnen Speise gibst zur rechten Zeit.
3 Gibst du ihnen, dann sammeln sie ein; *
öffnest du deine Hand, werden sie satt an Gutem.
   4 Verbirgst du dein Gesicht, sind sie verstört; /
   nimmst du ihnen den Atem, so schwinden sie hin *
   und kehren zurück zum Staub der Erde.
5 Sendest du deinen Geist aus, so werden sie alle erschaffen *
und du erneuerst das Antlitz der Erde.
   6 Ewig währe die Herrlichkeit des Herrn; *
   der Herr freue sich seiner Werke.
7 Er blickt auf die Erde und sie erbebt; *
er rührt die Berge an und sie rauchen.
   8 Ich will dem Herrn singen, solange ich lebe, *
   will meinem Gott spielen, solange ich da bin.
9 Möge ihm mein Dichten gefallen. *
Ich will mich freuen am Herrn.
   10 Doch die Sünder sollen von der Erde verschwinden /
   und es sollen keine Frevler mehr da sein. *
   Lobe den Herrn, meine Seele!

11 Ehre sei dem Vater und dem Sohn *
und dem Heiligen Geist.
   12 Wie im Anfang, so auch jetzt und allezeit *
   und in Ewigkeit. Amen. Kv

645 Zweiter Psalm

Kv Alle wurden erfüllt mit Heiligem Geist und kündeten Gottes große Taten.

T: nach Apg 2,4.11, M: Willibald Bezler 2009

Psalm 147 A + B: Bekenntnis zu Gott, dem Retter Israels

A 1 Gut ist es, unserm Gott zu singen; *
schön ist es, ihn zu loben.
    2 Der Herr baut Jerusalem wieder auf, *
er sammelt die Versprengten Israels.
3 Er heilt die gebrochenen Herzen *
und verbindet ihre schmerzenden Wunden.
    4 Er bestimmt die Zahl der Sterne *
und ruft sie alle mit Namen.
5 Groß ist unser Herr und gewaltig an Kraft, *
unermesslich ist seine Weisheit.
    6 Der Herr hilft den Gebeugten auf *
und erniedrigt die Frevler.
7 Stimmt dem Herrn ein Danklied an, *
spielt unserm Gott auf der Harfe!
    8 Er bedeckt den Himmel mit Wolken, /
spendet der Erde Regen *
und lässt Gras auf den Bergen sprießen.
9 Er gibt dem Vieh seine Nahrung, *
gibt den jungen Raben, wonach sie schreien.
    10 Er hat keine Freude an der Kraft des Pferdes, *
kein Gefallen am schnellen Lauf des Mannes.

11 Gefallen hat der Herr an denen, die ihn fürchten und ehren, *
die voll Vertrauen warten auf seine Huld.

B 12 Jerusalem, preise den Herrn, *
lobsinge, Zion, deinem Gott!
13 Denn er hat die Riegel deiner Tore fest gemacht, *
die Kinder in deiner Mitte gesegnet;
  14 er verschafft deinen Grenzen Frieden *
  und sättigt dich mit bestem Weizen.
15 Er sendet sein Wort zur Erde, *
rasch eilt sein Befehl dahin.
  16 Er spendet Schnee wie Wolle, *
  streut den Reif aus wie Asche.
17 Eis wirft er herab in Brocken, *
vor seiner Kälte erstarren die Wasser.
  18 Er sendet sein Wort aus und sie schmelzen, *
  er lässt den Wind wehen, dann rieseln die Wasser.
19 Er verkündet Jakob sein Wort, *
Israel seine Gesetze und Rechte.
  20 An keinem andern Volk hat er so gehandelt, *
  keinem sonst seine Rechte verkündet.

21 Ehre sei dem Vater und dem Sohne *
und dem Heiligen Geiste.
  22 Wie im Anfang, so auch jetzt und allezeit *
  und in Ewigkeit. Amen. Kv

oder Ps 114 (Nr. 643,1–2)

Gesang aus dem Neuen Testament

→ *Nr. 630,1–2*

Schriftlesung *Tit 3, 4–7*

L Als die Güte und Menschenliebe Gottes, unseres Retters, erschien, hat er uns gerettet – nicht weil wir Werke vollbracht hätten, die uns gerecht machen können, sondern aufgrund seines Erbarmens – durch das Bad der Wiedergeburt und der Erneuerung im Heiligen Geist. Ihn hat er in reichem

645 Maß über uns ausgegossen durch Jesus Christus, unseren
8 Retter, damit wir durch seine Gnade gerecht gemacht werden und das ewige Leben erben, das wir erhoffen.

oder eine andere geeignete Schriftlesung

646 RESPONSORIUM

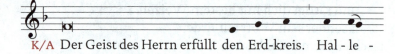

K/A Der Geist des Herrn erfüllt den Erd-kreis. Hal-le-

lu-ja, Hal-le-lu-ja. K Er, der das All um-fängt,

kennt je-de Spra-che. A Hal-le-lu-ja, Hal-le-lu-ja.

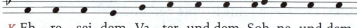

K Eh - re sei dem Va - ter und dem Soh - ne und dem

Hei - li - gen Gei-ste. A Der Geist des Herrn ...

T: Antiphonale zum Stundengebet 1979, M: nach einem gregorianischen Modell

LOBGESANG MARIENS

Kv Den Geist sei-nes Soh-nes hat Gott in un-ser

Herz ge-sandt. Hal-le-lu-ja, Hal-le-lu-ja.

T: nach Gal 4,6, M: Benediktinisches Antiphonale 1996/Rhabanus Erbacher (*1937)

→ *Magnificat (Nr. 644,4)*

Fürbitten

V Lasst uns beten zu Gott, dem Vater, der durch Christus seine Kirche im Heiligen Geist zusammenführt:
V/A Sende aus deinen Geist und erneuere die Welt.
V1 Du willst alle Menschen, die Christi Namen tragen, durch die eine Taufe vereinigen; gib, dass die Glaubenden ein Herz und eine Seele sind.
V1 Du hast den Heiligen Geist über den ganzen Erdkreis ausgegossen; stehe allen bei, die sich um den Frieden der Erde mühen.
V1 Du machst alles neu durch den Heiligen Geist; gib den Kranken und Betrübten neue Kraft.

Bitten in besonderen Anliegen können eingefügt werden.

V1 Durch den Heiligen Geist hast du deinen Sohn von den Toten auferweckt; erwecke die Verstorbenen zum ewigen Leben.

Vaterunser → *Nr. 632,2*

Oration *vom Tag, z. B.:*

V Gott und Herr, du heiligst deine Kirche in jedem Volk und jedem Land. Gieße die Gaben deines Geistes über die ganze Erde aus. Und was deine Gnade gewirkt hat, als die Frohe Botschaft ihren Anfang nahm, das wirke sie jetzt in den Herzen aller Gläubigen. Darum bitten wir durch Jesus Christus, deinen Sohn, unseren Herrn und Gott, der in der Einheit des Heiligen Geistes mit dir lebt und herrscht in alle Ewigkeit.
A Amen.

Segen und Entlassung → *Nr. 632,4*

Die Vesper kann mit einer Marianischen Antiphon (Nr. 666) oder einem Marienlied schließen.

647 Vesper an Marienfesten

1 ERÖFFNUNG Nr. 627,1

Hymnus

648

1 Du große Herrin, schönste Frau, / hoch über Sternen steht dein Thron! / Du trugst den Schöpfer, der dich schuf, / und nährtest ihn an deiner Brust.

2 Was Eva einst verloren sah, / gibst du im Sohne reich zurück. / Der Himmel öffnet sich in dir; / zur Heimkehr steht der Weg uns frei.

3 Du Pforte für den Königssohn, / des neuen Lichtes helles Tor, / in dir grüßt jauchzend alle Welt / das Leben, das du ihr geschenkt.

4 Herr Jesus, dir sei Ruhm und Preis, / Gott, den die Jungfrau uns gebar, / Lob auch dem Vater und dem Geist / durch alle Zeit und Ewigkeit.

T: „O gloriosa Domina", 7.–8. Jh., Übertragung: Abtei Münsterschwarzach, M: nach Paschasius Reinigius, 1586, Alternativmelodie: „Gott, aller Schöpfung heilger Herr" (Nr. 539)

oder ein anderer Hymnus, z. B. „Ave, maris stella" (Nr. 520)

Psalmodie
Erster Psalm

649

Kv Sei gegrüßt, Maria, voll der Gnade. Der Herr ist mit dir.

T: nach Lk 1,28, M: EGB-Kommission 1975

oder

Kv Behüte mich, Gott, behüte mich, denn ich vertraue auf dich; mein ganzes Glück bist du allein.

T: nach Ps 16,1.2, M: Leo Langer 2009

Psalm 16: Gott, der Anteil seiner Getreuen

1 Behüte mich, Gott, denn ich vertraue dir. /
Ich sage zum Herrn: „Du bist mein Herr; *
mein ganzes Glück bist du allein."

    2 An den Heiligen im Lande, den Herrlichen, *
    an ihnen nur hab ich mein Gefallen.

3 Viele Schmerzen leidet, wer fremden Göttern folgt. /
Ich will ihnen nicht opfern, *
ich nehme ihre Namen nicht auf meine Lippen.

649

4 Du, Herr, gibst mir das Erbe und reichst mir den Becher; *
du hältst mein Los in deinen Händen.
5 Auf schönem Land fiel mir mein Anteil zu. *
Ja, mein Erbe gefällt mir gut.
6 Ich preise den Herrn, der mich beraten hat. *
Auch mahnt mich mein Herz in der Nacht.
7 Ich habe den Herrn beständig vor Augen. *
Er steht mir zur Rechten, ich wanke nicht.
8 Darum freut sich mein Herz und frohlockt meine Seele; *
auch mein Leib wird wohnen in Sicherheit.
9 Denn du gibst mich nicht der Unterwelt preis; *
du lässt deinen Frommen das Grab nicht schauen.
10 Du zeigst mir den Pfad zum Leben. /
Vor deinem Angesicht herrscht Freude in Fülle, *
zu deiner Rechten Wonne für alle Zeit.

11 Ehre sei dem Vater und dem Sohne *
und dem Heiligen Geiste.
12 Wie im Anfang, so auch jetzt und allezeit *
und in Ewigkeit. Amen. Kv

ZWEITER PSALM

Kv Siehe, ich bin die Magd des Herrn,
mir geschehe nach deinem Wort.

T: nach Lk 1,38, M: Willibald Bezler 2009

oder

Kv Mein Herz ist be-reit, o Gott, ich will dir sin-gen und spie-len.

T: Ps 57,8, M: Johannes Lenius 2009

Psalm 57: Geborgenheit im Schutz Gottes

1 Sei mir gnädig, o Gott, sei mir gnädig; *
denn ich flüchte mich zu dir.
    2 Im Schatten deiner Flügel finde ich Zuflucht, *
    bis das Unheil vorübergeht.
3 Ich rufe zu Gott, dem Höchsten, *
zu Gott, der mir beisteht.
    4 Er sende mir Hilfe vom Himmel; /
    meine Feinde schmähen mich. *
    Gott sende seine Huld und Treue.
5 Ich muss mich mitten unter Löwen lagern, *
die gierig auf Menschen sind.
    6 Ihre Zähne sind Spieße und Pfeile, *
    ein scharfes Schwert ihre Zunge.
7 Sie haben meinen Schritten ein Netz gelegt *
und meine Seele gebeugt.
    8 Sie haben mir eine Grube gegraben; *
    doch fielen sie selbst hinein.
9 Erheb dich über die Himmel, o Gott! *
Deine Herrlichkeit erscheine über der ganzen Erde.
    10 Mein Herz ist bereit, o Gott, /
    mein Herz ist bereit, *
    ich will dir singen und spielen.

649
6

11 Wach auf, meine Seele! /
Wacht auf, Harfe und Saitenspiel! *
Ich will das Morgenrot wecken.
    12 Ich will dich vor den Völkern preisen, Herr, *
    dir vor den Nationen lobsingen.
13 Denn deine Güte reicht, so weit der Himmel ist, *
deine Treue, so weit die Wolken ziehn.
    14 Erheb dich über die Himmel, o Gott; *
    deine Herrlichkeit erscheine über der ganzen Erde.

15 Ehre sei dem Vater und dem Sohn *
und dem Heiligen Geist.
    16 Wie im Anfang, so auch jetzt und allezeit *
    und in Ewigkeit. Amen. Kv

GESANG AUS DEM NEUEN TESTAMENT

nach Eph 1,3–10

7

Kv Ge-be-ne-deit bist du un-ter den Frau-en;
ge-be-ne-deit ist die Frucht deines Lei-bes.

T: nach Lk 1,42, M: Josef Bogensberger 2009

8

K 1 Gepriesen sei Gott,
der Gott und Vater unseres Herrn Jesus Christus:
Er hat uns mit allem Segen seines Geistes gesegnet
durch unsere Gemeinschaft mit Christus im Himmel. Kv

2 Denn in ihm hat er uns erwählt
vor der Erschaffung der Welt,
damit wir heilig und untadelig
leben vor Gott; Kv

3 er hat uns aus Liebe im Voraus dazu bestimmt,
seine Söhne zu werden durch Jesus Christus
und zu ihm zu gelangen nach seinem gnädigen Willen,
zum Lob seiner herrlichen Gnade. Kv

4 Er hat sie uns geschenkt in seinem geliebten Sohn;
durch sein Blut haben wir die Erlösung,
die Vergebung der Sünden
nach dem Reichtum seiner Gnade. Kv

5 Durch sie hat er uns reich beschenkt
mit aller Weisheit und Einsicht
und hat uns das Geheimnis seines Willens kundgetan,
wie er es gnädig im Voraus bestimmt hat: Kv

6 die Fülle der Zeiten
heraufzuführen in Christus
und alles, was im Himmel und auf Erden ist,
in ihm zu vereinen. Kv

7 Ehre sei dem Vater und dem Sohne
und dem Heiligen Geiste.
Wie im Anfang, so auch jetzt und allezeit
und in Ewigkeit. Amen. Kv

M: GGB 2009

SCHRIFTLESUNG Joh 2,1–5

L Am dritten Tag fand in Kana in Galiläa eine Hochzeit statt und die Mutter Jesu war dabei. Auch Jesus und seine Jünger waren zur Hochzeit eingeladen. Als der Wein ausging, sagte die Mutter Jesu zu ihm: Sie haben keinen Wein mehr. Jesus erwiderte ihr: Was willst du von mir, Frau? Meine Stunde ist noch nicht gekommen. Seine Mutter sagte zu den Dienern: Was er euch sagt, das tut!

oder eine andere Schriftlesung

650 Responsorium

K/A Ge-grü-ßet seist du, Ma-ri-a; du bist voll der Gna-de. K Ge-seg-net ist die Frucht dei-nes Lei-bes. A Du bist voll der Gna-de. K Eh-re sei dem Va-ter und dem Soh-ne und dem Hei-li-gen Gei-ste. A Ge-grü-ßet seist du, Ma-ri-a …

T: EGB 1975, GGB 2010, nach Lk 1,42, M: „Laudes festivae" Rom 1940

Lobgesang Mariens

Kv Mein Geist ju-belt ü-ber Gott, mei-nen Herrn, mei-nen Ret-ter.

T: nach Lk 1,47, M: Peter Planyavsky 2009

oder

650

Kv Mei - ne See - le, prei - se den Herrn.

T: nach Ps 104,1, M: Hans Zihlmann 1966

→ *Magnificat (Nr. 634,4)*

FÜRBITTEN

V Lasst uns beten zu Gott, dem allmächtigen Vater, der Maria, die Mutter seines Sohnes, den Menschen zur Fürsprecherin gegeben hat:

V/A Höre auf die Fürbitte der seligen Jungfrau.

V1 Du hast Maria die Gnade geschenkt, deinem Ruf zu folgen; auf ihre Fürsprache hilf allen, die sich in deinen Dienst gestellt haben.

V1 Du hast Maria den Menschen zur Mutter gegeben; auf ihre Fürsprache gewähre den Kranken Heilung und den Trauernden Trost.

V1 Du hast Maria die Fülle deiner Gnade geschenkt; auf ihre Fürsprache schenke den Sündern Vergebung und allen Menschen Frieden und Heil.

V1 Du hast Maria zum Urbild deiner Kirche gemacht; gib, dass deine Gläubigen einmütig mit Maria im Gebet verharren.

Bitten in besonderen Anliegen können eingefügt werden.

V1 Du hast Maria zur Königin des Himmels gekrönt; schenke unseren Verstorbenen die ewige Freude mit Maria und all deinen Heiligen.

650 Vaterunser → Nr. 632,2

5

6 ### Oration
V Allmächtiger Gott, du hast die Jungfrau Maria zur Mutter deines ewigen Sohnes erwählt. Du hast auf deine niedrige Magd geschaut und sie mit Herrlichkeit gekrönt. Höre auf ihre Fürsprache und nimm auch uns in deine Herrlichkeit auf, da du uns erlöst hast durch den Tod und die Auferstehung deines Sohnes, unseres Herrn Jesus Christus, der in der Einheit des Heiligen Geistes mit dir lebt und herrscht in alle Ewigkeit. A Amen.

7 ### Segen und Entlassung → Nr. 632,4

Die Vesper kann mit einer Marianischen Antiphon (Nr. 666) oder einem Marienlied schließen.

651 Vesper an Heiligenfesten

1 ### Eröffnung → Nr. 627,1

2 ### Hymnus
→ *außerhalb der Österlichen Bußzeit: „Für alle Heilgen" (Nr. 548),*
an Apostelfesten: „Christus, du Licht" (Nr. 546),
an Festen heiliger Jungfrauen: „Du, Herr" (Nr. 547)
oder ein anderes geeignetes Lied zum Heiligenfest

PSALMODIE
ERSTER PSALM

Kv Ich suchte den Herrn, und er hat mich erhört,

all meinen Ängsten hat er mich entrissen.

T: nach Ps 34,5, M: Andreas Boltz 2009

Psalm 34, 2–11: Unter Gottes Schutz

1 Ich will den Herrn allezeit preisen; *
immer sei sein Lob in meinem Mund.
   2 Meine Seele rühme sich des Herrn; *
   die Armen sollen es hören und sich freuen.
3 Verherrlicht mit mir den Herrn, *
lasst uns gemeinsam seinen Namen rühmen.
   4 Ich suchte den Herrn und er hat mich erhört, *
   er hat mich all meinen Ängsten entrissen.
5 Blickt auf zu ihm, so wird euer Gesicht leuchten *
und ihr braucht nicht zu erröten.
   6 Da ist ein Armer; er rief und der Herr erhörte ihn. *
   Er half ihm aus all seinen Nöten.
7 Der Engel des Herrn umschirmt alle, die ihn fürchten und ehren, *
und er befreit sie.
   8 Kostet und seht, wie gütig der Herr ist; *
   wohl dem, der zu ihm sich flüchtet!
9 Fürchtet den Herrn, ihr seine Heiligen; *
denn wer ihn fürchtet, leidet keinen Mangel.

10 Reiche müssen darben und hungern; *
wer aber den Herrn sucht, braucht kein Gut zu entbehren.

11 Ehre sei dem Vater und dem Sohne *
und dem Heiligen Geiste.
12 Wie im Anfang, so auch jetzt und allezeit *
und in Ewigkeit. Amen. Kv

ZWEITER PSALM

Kv Freut euch: Wir sind Gottes Volk, erwählt durch seine Gnade.

T: nach Ps 100,3, M: Heinrich Rohr (1902–1997)

Psalm 34,12–23: Unter Gottes Schutz

1 Kommt, ihr Kinder, hört mir zu! *
Ich will euch in der Furcht des Herrn unterweisen.
2 Wer ist der Mensch, der das Leben liebt *
und gute Tage zu sehen wünscht?
3 Bewahre deine Zunge vor Bösem *
und deine Lippen vor falscher Rede!
4 Meide das Böse und tu das Gute; *
suche Frieden und jage ihm nach!
5 Die Augen des Herrn blicken auf die Gerechten, *
seine Ohren hören ihr Schreien.

6 Das Antlitz des Herrn richtet sich gegen die Bösen, *
um ihr Andenken von der Erde zu tilgen.
7 Schreien die Gerechten, so hört sie der Herr; *
er entreißt sie all ihren Ängsten.
    8 Nahe ist der Herr den zerbrochenen Herzen, *
er hilft denen auf, die zerknirscht sind.
9 Der Gerechte muss viel leiden, *
doch allem wird der Herr ihn entreißen.
    10 Er behütet all seine Glieder, *
nicht eines von ihnen wird zerbrochen.
11 Den Frevler wird seine Bosheit töten; *
wer den Gerechten hasst, muss es büßen.
    12 Der Herr erlöst seine Knechte; *
straflos bleibt, wer zu ihm sich flüchtet.

13 Ehre sei dem Vater und dem Sohne *
und dem Heiligen Geiste.
    14 Wie im Anfang, so auch jetzt und allezeit *
und in Ewigkeit. Amen. Kv

oder
für alle Heiligen: Ps 100 (Nr. 56),
vor allem für heilige Frauen: Ps 45 (Nr. 43),
vor allem für heilige Männer: Ps 112 (Nr. 61)

GESANG AUS DEM NEUEN TESTAMENT

Kv Se-lig, die bei dir woh-nen, Herr,
die dich lo-ben al-le Zeit.

T: nach Ps 84,5, M: Josef Seuffert (*1926)

651 Mt 5,3–10: Die Seligpreisungen

1 Selig, die arm sind vor Gott;
denn ihnen gehört das Himmelreich.
Selig die Trauernden;
denn sie werden getröstet werden. Kv

2 Selig, die keine Gewalt anwenden;
denn sie werden das Land erben.
Selig, die hungern und dürsten nach der Gerechtigkeit;
denn sie werden satt werden. Kv

3 Selig die Barmherzigen;
denn sie werden Erbarmen finden.
Selig, die ein reines Herz haben;
denn sie werden Gott schauen. Kv

4 Selig, die Frieden stiften;
denn sie werden Söhne Gottes genannt werden.
Selig, die um der Gerechtigkeit willen verfolgt werden;
denn ihnen gehört das Himmelreich. Kv

M: GGB 2009

oder „Seligpreisungen" (Nr. 544)

SCHRIFTLESUNG *vom Heiligenfest, z. B.: Eph 4,29–32*

L Über eure Lippen komme kein böses Wort, sondern nur ein gutes, das den, der es braucht, stärkt und dem, der es hört, Nutzen bringt. Beleidigt nicht den Heiligen Geist Gottes, dessen Siegel ihr tragt für den Tag der Erlösung. Jede Art von Bitterkeit, Wut, Zorn, Geschrei und Lästerung und alles Böse verbannt aus eurer Mitte! Seid gütig zueinander, seid barmherzig, vergebt einander, weil auch Gott euch durch Christus vergeben hat.

Responsorium 652

K/A Du hast uns er-löst mit dei-nem Blut –

aus al-len Spra-chen, Stäm-men und Völ-kern.

K Du rufst uns in das Reich dei-nes Va-ters,

A aus al-len Spra-chen, Stäm-men und Völ-kern.

K Eh-re sei dem Va-ter und dem Soh-ne und dem

Hei-li-gen Gei-ste. A Du hast uns er-löst …

T: EGB 1975, GGB 2010, M: EGB nach einem gregorianischen Modell

Lobgesang Mariens

VIIa

Kv Ich bin das Licht der Welt; wer mir nach-

T: nach Joh 8,12,
M: GGB 2009

folgt, hat das Licht des Le-bens.

→ *Magnificat (Nr. 644,4)*

652 FÜRBITTEN

3 V Lasst uns beten zu Gott, unserem Vater, dem Quell aller Heiligkeit:

V/A Herr, heilige dein Volk.

- V Du bist wunderbar in deinen Heiligen;
  sende auch unserer Zeit heilige Frauen und Männer.
- V Du hast immer wieder Heilige berufen, dass sie deine Herrschaft in der Welt sichtbar machen;
  steh allen bei, denen ein Dienst in der Welt aufgetragen ist.
- V Auf die Fürsprache der Heiligen (des/der heiligen N.) stärke alle, die an dich glauben;
  hilf ihnen, deinen Auftrag zu erfüllen, wo immer sie stehen.
- V Die Heiligen haben (Der/Die heilige N. hat) in den Prüfungen des Lebens standgehalten;
  gib allen Christen Großmut und Tapferkeit.

Bitten in besonderen Anliegen können eingefügt werden.

- V Vergib den Sündern ihre Schuld
  und lass dein Antlitz leuchten über unseren Verstorbenen.

4 VATERUNSER → *Nr. 632,2*

5 ORATION *vom Tag, z. B.:*

V Herr, unser Gott, du allein bist der Heilige, und niemand ist gut ohne deine Hilfe. Gib, dass wir auf die Fürbitte der Heiligen (des/der heiligen N.) unser Leben nach deinem Willen gestalten und die Herrlichkeit erreichen, die du uns geben willst. Darum bitten wir durch Jesus Christus, deinen Sohn, unseren Herrn und Gott, der in der Einheit des Heiligen Geistes mit dir lebt und herrscht in alle Ewigkeit.
A Amen.

6 SEGEN UND ENTLASSUNG → *Nr. 632,4*

Die Vesper kann mit einer Marianischen Antiphon (Nr. 666) oder einem Marienlied schließen.

Vesper von der Kirche 653

Eröffnung → *Nr. 627,1*

Hymnus → „Eine große Stadt ersteht" *(Nr. 479)*

Psalmodie
Erster Psalm

Kv Selig, die bei dir wohnen, Herr, die dich loben alle Zeit.

T: nach Ps 84,5, M: Josef Seuffert (*1926)

Psalm 84: Die Freude am Heiligtum

1 Wie liebenswert ist deine Wohnung, Herr der Heerscharen! /
Meine Seele verzehrt sich in Sehnsucht *
nach dem Tempel des Herrn.
   2 Mein Herz und mein Leib jauchzen ihm zu, *
   ihm, dem lebendigen Gott.
3 Auch der Sperling findet ein Haus /
und die Schwalbe ein Nest für ihre Jungen – *
deine Altäre, Herr der Heerscharen, mein Gott und mein König.
   4 Wohl denen, die wohnen in deinem Haus, *
   die dich allezeit loben!

653
4

5 Wohl den Menschen, die Kraft finden in dir, *
wenn sie sich zur Wallfahrt rüsten.
  6 Ziehen sie durch das trostlose Tal, /
  wird es für sie zum Quellgrund *
  und Frühregen hüllt es in Segen.
7 Sie schreiten dahin mit wachsender Kraft; *
dann schauen sie Gott auf dem Zion.
  8 Herr der Heerscharen, höre mein Beten, *
  vernimm es, Gott Jakobs!
9 Gott, sieh her auf unsern Schild, *
schau auf das Antlitz deines Gesalbten!
  10 Denn ein einziger Tag in den Vorhöfen deines
  Heiligtums *
  ist besser als tausend andere.
11 Lieber an der Schwelle stehen im Haus meines Gottes *
als wohnen in den Zelten der Frevler.
  12 Denn Gott der Herr ist Sonne und Schild. *
  Er schenkt Gnade und Herrlichkeit;
13 der Herr versagt denen, die rechtschaffen sind, keine
Gabe. *
Herr der Heerscharen, wohl dem, der dir vertraut!

  14 Ehre sei dem Vater und dem Sohne *
  und dem Heiligen Geiste.
15 Wie im Anfang, so auch jetzt und allezeit *
und in Ewigkeit. Amen. Kv

ZWEITER PSALM

5

T: nach Ps 46,12, M: Josef Bogensberger 2009

Psalm 46: Gott, unsre Burg

1 Gott ist uns Zuflucht und Stärke, *
ein bewährter Helfer in allen Nöten.
  2 Darum fürchten wir uns nicht, wenn die Erde auch wankt, *
  wenn Berge stürzen in die Tiefe des Meeres,
3 wenn seine Wasserwogen tosen und schäumen *
und vor seinem Ungestüm die Berge erzittern.
  4 Der Herr der Heerscharen ist mit uns, *
  der Gott Jakobs ist unsre Burg.
5 Die Wasser eines Stromes erquicken die Gottesstadt, *
des Höchsten heilige Wohnung.
  6 Gott ist in ihrer Mitte, darum wird sie niemals wanken; *
  Gott hilft ihr, wenn der Morgen anbricht.
7 Völker toben, Reiche wanken, *
es dröhnt sein Donner, da zerschmilzt die Erde.
  8 Der Herr der Heerscharen ist mit uns, *
  der Gott Jakobs ist unsre Burg.
9 Kommt und schaut die Taten des Herrn, *
der Furchtbares vollbringt auf der Erde.
  10 Er setzt den Kriegen ein Ende *
  bis an die Grenzen der Erde;
11 er zerbricht die Bogen, zerschlägt die Lanzen, *
im Feuer verbrennt er die Schilde.
  12 „Lasst ab und erkennt, dass ich Gott bin, *
  erhaben über die Völker, erhaben auf Erden."
13 Der Herr der Heerscharen ist mit uns, *
der Gott Jakobs ist unsre Burg.

  14 Ehre sei dem Vater und dem Sohn *
  und dem Heiligen Geist.
15 Wie im Anfang, so auch jetzt und allezeit *
und in Ewigkeit. Amen. Kv

653 GESANG AUS DEM NEUEN TESTAMENT

Offb 4,11;5,9.10.12

7 Kv Wür-dig ist das Lamm, Macht zu emp-fan-gen, Herr-lich-keit und Eh-re.

T: nach Offb 4,11, M: Frederik Punsmann 2009

8
K Würdig bist du, unser Herr und Gott,
Herrlichkeit zu emp-fan-gen und Eh-re und Macht.
Denn du bist es, der die Welt er-schaffen hat,
durch deinen Willen war sie und wur-de sie er-schaffen. Kv K Herr, du bist würdig, das Buch zu nehmen und sei-ne Sie-gel zu öffnen;
denn du wurdest ge-schlachtet und hast mit deinem Blut

653 SCHRIFTLESUNG *1 Petr 2,3–5*

L Ihr habt erfahren, wie gütig der Herr ist. Kommt zu ihm, dem lebendigen Stein, der von den Menschen verworfen, aber von Gott auserwählt und geehrt worden ist. Lasst euch als lebendige Steine zu einem geistigen Haus aufbauen, zu einer heiligen Priesterschaft, um durch Jesus Christus geistige Opfer darzubringen, die Gott gefallen.

654 RESPONSORIUM

K/A Ihr seid der Tem-pel Got-tes; in euch wohnt Got-tes Geist. K Ihr seid auf-erbaut in Chri-stus. A In euch wohnt Got-tes Geist. K Eh-re sei dem Vater und dem Soh-ne und dem Hei-li-gen Gei-ste. A Ihr seid der Tem-pel …

T: EGB 1975 nach 1 Kor 3,16, M: Modell aus „Laudes festivae" Rom 1940

LOBGESANG MARIENS 654

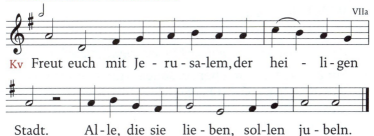

Kv Freut euch mit Jerusalem, der heiligen Stadt. Alle, die sie lieben, sollen jubeln.

T: nach Jes 66,10, M: Hans Leitner 2009

→ *Magnificat (Nr. 644,4)*

FÜRBITTEN

V Voll Vertrauen wenden wir uns an Jesus Christus, den Herrn der Kirche, und beten in Stille für unsere Schwestern und Brüder im Glauben:

V1 Für unseren Papst N., unseren Bischof N. und für alle, die der Einheit der Kirche dienen.
Stille

V1 Für die Priester und Diakone, für die Ordensleute und für alle, die im Dienst der Verkündigung stehen.
Stille

V1 Für die Menschen in unseren Gemeinden – für alle, denen die Kirche Heimat ist, aber auch für jene, denen die Kirche fremd geworden ist.
Stille

V1 Für die Kinder und Jugendlichen, besonders für jene, die das Leben unserer Gemeinden mitgestalten.
Stille

V1 Für unsere kranken und alten Menschen.
Stille

V1 Für die Christen in der Diaspora und in den jungen Kirchen.
Stille

654

3

V₁ Für die Christen aller Konfessionen und für alle, die die Wahrheit suchen.
Stille

Bitten in besonderen Anliegen können eingefügt werden.

V₁ Für unsere Verstorbenen, besonders für jene, die uns zum Glauben geführt haben.
Stille

4 ## VATERUNSER → *Nr. 632,2*

5 ## ORATION

V Gott und Vater unseres Herrn Jesus Christus, im Neuen Bund berufst du die Menschen aus allen Völkern und führst sie im Heiligen Geist zur Einheit zusammen. Gib, dass deine Kirche ihrer Sendung treu bleibt, dass sie Sauerteig ist für die Menschheit, die du in Christus erneuern und zu einer Familie umgestalten willst. Darum bitten wir durch Jesus Christus, deinen Sohn, unseren Herrn und Gott, der in der Einheit des Heiligen Geistes mit dir lebt und herrscht in alle Ewigkeit.
A Amen.

6 ## SEGEN UND ENTLASSUNG → *Nr. 632,4*

Die Vesper kann mit einer Marianischen Antiphon (Nr. 666) oder einem Marienlied schließen.

TOTENVESPER

ERÖFFNUNG → Nr. 627,1

HYMNUS

1 Tod und Vergehen waltet in allem, steht über Menschen, Pflanzen und Tieren, Sternbild und Zeit.

2 Du hast ins Leben alles gerufen. Herr, deine Schöpfung neigt sich zum Tode: Hole sie heim.

3 Schenke im Ende / auch die Vollendung. / Nicht in die Leere / falle die Vielfalt / irdischen Seins.

4 Herr, deine Pläne / bleiben uns dunkel. – / Doch singen Lob wir / dir, dem dreieinen, / ewigen Gott.

T: Polykarp Uehlein 1978, M: Franz Forsthuber (*1943)

oder „Christus, der ist mein Leben" (Nr. 507)

PSALMODIE
ERSTER PSALM

Kv Vor dir ist auch die Finsternis nicht finster,

657

die Nacht, sie leuch-tet wie der Tag.

T: nach Ps 139,12, M: Karl-Bernhardin Kropf 2009

Psalm 139,1–18.23–24: Der Mensch vor dem allwissenden Gott

1 Herr, du hast mich erforscht und du kennst mich. /
Ob ich sitze oder stehe, du weißt von mir. *
Von fern erkennst du meine Gedanken.

    2 Ob ich gehe oder ruhe, es ist dir bekannt; *
    du bist vertraut mit all meinen Wegen.

3 Noch liegt mir das Wort nicht auf der Zunge *
du, Herr, kennst es bereits.

    4 Du umschließt mich von allen Seiten *
    und legst deine Hand auf mich.

5 Zu wunderbar ist für mich dieses Wissen, *
zu hoch, ich kann es nicht begreifen.

    6 Wohin könnte ich fliehen vor deinem Geist, *
    wohin mich vor deinem Angesicht flüchten?

7 Steige ich hinauf in den Himmel, so bist du dort; *
bette ich mich in der Unterwelt, bist du zugegen.

    8 Nehme ich die Flügel des Morgenrots *
    und lasse mich nieder am äußersten Meer,

9 auch dort wird deine Hand mich ergreifen *
und deine Rechte mich fassen.

    10 Würde ich sagen: „Finsternis soll mich bedecken, /
    statt Licht soll Nacht mich umgeben", *
    auch die Finsternis wäre für dich nicht finster,

11 die Nacht würde leuchten wie der Tag, *
die Finsternis wäre wie Licht.

    12 Denn du hast mein Inneres geschaffen, *
    mich gewoben im Schoß meiner Mutter.

13 Ich danke dir, dass du mich so wunderbar gestaltet hast. *
Ich weiß: Staunenswert sind deine Werke.
  14 Als ich geformt wurde im Dunkeln, /
  kunstvoll gewirkt in den Tiefen der Erde, *
  waren meine Glieder dir nicht verborgen.
15 Deine Augen sahen, wie ich entstand, *
in deinem Buch war schon alles verzeichnet;
  16 meine Tage waren schon gebildet, *
  als noch keiner von ihnen da war.
17 Wie schwierig sind für mich, o Gott, deine Gedanken, *
wie gewaltig ist ihre Zahl!
  18 Wollte ich sie zählen, es wären mehr als der Sand. *
  Käme ich bis zum Ende, wäre ich noch immer bei dir.
19 Erforsche mich, Gott, und erkenne mein Herz, *
prüfe mich und erkenne mein Denken!
  20 Sieh her, ob ich auf dem Weg bin, der dich kränkt, *
  und leite mich auf dem altbewährten Weg!

21 Ehre sei dem Vater und dem Sohne *
und dem Heiligen Geiste.
  22 Wie im Anfang, so auch jetzt und allezeit *
  und in Ewigkeit. Amen. Kv

oder Ps 27 (Nr. 38) oder Ps 130 (Nr. 639,3–4)

Zweiter Psalm

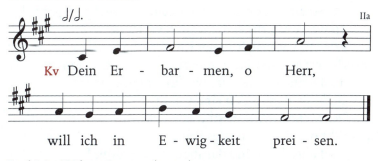

Kv Dein Erbarmen, o Herr, will ich in Ewigkeit preisen.

T: nach Ps 89,2, M: Johannes Aengenvoort (1917–1979)

657 *Psalm 103: Ein Loblied auf den gütigen und verzeihenden Gott*

1 Lobe den Herrn, meine Seele, *
und alles in mir seinen heiligen Namen!
 2 Lobe den Herrn, meine Seele, *
 und vergiss nicht, was er dir Gutes getan hat:
3 der dir all deine Schuld vergibt *
und all deine Gebrechen heilt,
 4 der dein Leben vor dem Untergang rettet *
 und dich mit Huld und Erbarmen krönt,
5 der dich dein Leben lang mit seinen Gaben sättigt; *
wie dem Adler wird dir die Jugend erneuert.
 6 Der Herr vollbringt Taten des Heiles, *
 Recht verschafft er allen Bedrängten.
7 Er hat Mose seine Wege kundgetan, *
den Kindern Israels seine Werke.
 8 Der Herr ist barmherzig und gnädig, *
 langmütig und reich an Güte.
9 Er wird nicht immer zürnen, *
nicht ewig im Groll verharren.
 10 Er handelt an uns nicht nach unsern Sünden *
 und vergilt uns nicht nach unsrer Schuld.
11 Denn so hoch der Himmel über der Erde ist, *
so hoch ist seine Huld über denen, die ihn fürchten.
 12 So weit der Aufgang entfernt ist vom Untergang, *
 so weit entfernt er die Schuld von uns.
13 Wie ein Vater sich seiner Kinder erbarmt, *
so erbarmt sich der Herr über alle, die ihn fürchten.
 14 Denn er weiß, was wir für Gebilde sind; *
 er denkt daran: Wir sind nur Staub.
15 Des Menschen Tage sind wie Gras, *
er blüht wie die Blume des Feldes.
 16 Fährt der Wind darüber, ist sie dahin; *
 der Ort, wo sie stand, weiß von ihr nichts mehr.

17 Doch die Huld des Herrn währt immer und ewig *
für alle, die ihn fürchten und ehren;
    18 sein Heil erfahren noch Kinder und Enkel; /
alle, die seinen Bund bewahren, *
an seine Gebote denken und danach handeln.
19 Der Herr hat seinen Thron errichtet im Himmel, *
seine königliche Macht beherrscht das All.
    20 Lobt den Herrn, ihr seine Engel, /
ihr starken Helden, die seine Befehle vollstrecken, *
seinen Worten gehorsam!
21 Lobt den Herrn, all seine Scharen, *
seine Diener, die seinen Willen vollziehen!
    22 Lobt den Herrn, all seine Werke, /
an jedem Ort seiner Herrschaft! *
Lobe den Herrn, meine Seele!

23 Ehre sei dem Vater und dem Sohne *
und dem Heiligen Geiste.
    24 Wie im Anfang, so auch jetzt und allezeit *
und in Ewigkeit. Amen. Kv

oder Ps 121 (Nr. 67)

GESANG AUS DEM NEUEN TESTAMENT

Kv Chri-stus war für uns ge-hor-sam bis zum Tod, bis zum Tod am Kreu-ze.

T: nach Phil 2,8, M: Antiphonale zum Stundengebet 1979

→ „Christus Jesus war Gott gleich" *(Nr. 629,6)*

657 *oder* **GESANG AUS DEM ALTEN TESTAMENT**

B
6

Kv Misericordias Domini in aeternum cantabo.

T: nach Ps 89, M u. S: Jacques Berthier (1923–1994), Gesang aus Taizé, Ü: Das Erbarmen des Herrn will ich ewig preisen.

Jes 38,10–12.16.20: Angst des Kranken, Freude des Geheilten

7

1 Ich sagte: In der Mitte meiner Tage /
muss ich hinab zu den Pforten der Unterwelt, *
man raubt mir den Rest meiner Jahre.

    2 Ich darf den Herrn nicht mehr schauen im Land
    der Lebenden, *
    keinen Menschen mehr sehen bei den Bewohnern
    der Erde.

3 Meine Hütte bricht man über mir ab, *
man schafft sie weg wie das Zelt eines Hirten.

    4 Wie ein Weber hast du mein Leben zu Ende gewoben, *
    du schneidest mich ab wie ein fertig gewobenes Tuch.

5 Vom Anbruch des Tages bis in die Nacht *
gibst du mich völlig preis.

6 Herr, ich vertraue auf dich; du hast mich geprüft. *
Mach mich gesund und lass mich wieder genesen!
7 Der Herr war bereit, mir zu helfen; *
wir wollen singen und spielen im Haus des Herrn,
solange wir leben.

8 Ehre sei dem Vater und dem Sohn *
und dem Heiligen Geist.
9 Wie im Anfang, so auch jetzt und allezeit *
und in Ewigkeit. Amen. Kv

SCHRIFTLESUNG *Röm 14,7–9*

L Schwestern und Brüder! Keiner von uns lebt sich selber und keiner stirbt sich selber: Leben wir, so leben wir dem Herrn, sterben wir, so sterben wir dem Herrn. Ob wir leben oder ob wir sterben, wir gehören dem Herrn. Denn Christus ist gestorben und lebendig geworden, um Herr zu sein über Tote und Lebende.

RESPONSORIUM → „Herr, auf dich vertraue ich" *(Nr. 665,1)*
oder

Kv In manus tuas, Pa - ter, com-men-do
(spi - ri-tum) me - um, in manus tu - as,
spi-ri-tum

658

1

T: nach Lk 23,46, M u. S: Gesang aus Taizé, Ü: In deine Hände, Vater, lege ich meinen Geist.

2 **LOBGESANG MARIENS** → *Nr. 634,3–4*
oder „Lobgesang des Simeon" (Nr. 665,2–3)

3 **FÜRBITTEN**
Die Fürbitten können von der Gemeinde mit dem Ruf „Wir bitten dich, erhöre uns" beantwortet werden. Stattdessen kann auch Stille gehalten werden.

V Wir wenden uns an unseren Herrn Jesus Christus.
   Reich ist seine Barmherzigkeit.

4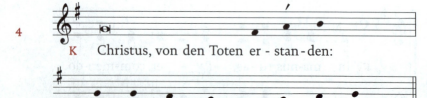

V₁ Für unseren verstorbenen Bruder N. (unsere verstorbene Schwester N.): Nimm ihn (sie) auf in deine Herrlichkeit.
K Christus, von den … A Wir bitten dich, …
V₁ Vergilt ihm (ihr) alles, was er (sie) Gutes getan hat.
V₁ Verzeihe ihm (ihr) alle Sünde und Schuld.
V₁ Für alle, die dieser Tod erschüttert hat: Tröste die Betrübten und steh den Verlassenen bei.

658

V1 Für uns alle, die wir dem Tod entgegengehen: Stärke uns im Glauben und in der Treue zu dir.

4

Fürbitten in besonderen Anliegen können eingefügt werden.

V1 Für alle Verstorbenen, an die wir jetzt denken, aber auch für jene, die schon vergessen sind: Lass sie leben in deinem Licht.

VATERUNSER → *Nr. 632,2*

5

ORATION

6

V Vater im Himmel, wir wissen, bei dir nimmt alles seinen Anfang, durch dich erhält alles sein Leben und in dir hat alles sein Ziel. Darum vertrauen wir auf dich und dein Wort, Jesus Christus, deinen Sohn, unseren Herrn und Gott, der in der Einheit des Heiligen Geistes mit dir lebt und herrscht in alle Ewigkeit.
A Amen.

SEGEN UND ENTLASSUNG → *Nr. 632,4*

7

Dem Segen bzw. der Segensbitte kann man hinzufügen:
V Herr, gib N. und allen Verstorbenen die ewige Ruhe.
A Und das ewige Licht leuchte ihnen.
V Lass sie ruhen in Frieden.
A Amen.

Die Totenvesper kann mit einer Marianischen Antiphon (Nr. 666), einem Marienlied oder einem Mariengebet schließen.

659 ABENDLOB

LICHTRITUS

Zum Einzug wird eine brennende Kerze in den dunklen Raum hereingetragen, in der Osterzeit immer die Osterkerze.

RUF

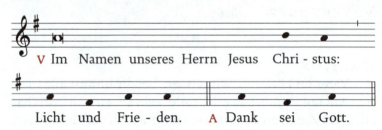

V Im Namen unseres Herrn Jesus Chri-stus:

Licht und Frie-den. A Dank sei Gott.

T u. M: Liturgie

Die Kerzen im Kirchenraum (und gegebenenfalls die Kerzen der Mitfeiernden) werden entzündet.

HYMNUS

660

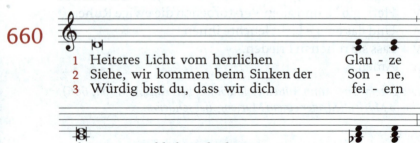

1 Heiteres Licht vom herrlichen Glan-ze
2 Siehe, wir kommen beim Sinken der Son-ne,
3 Würdig bist du, dass wir dich fei-ern

1 deines unsterblichen, heiligen, seligen himmlischen Va-ters:
2 grüßen das freundliche Licht des A-bends,
3 zu allen Zeiten mit heiligen Lie-dern,

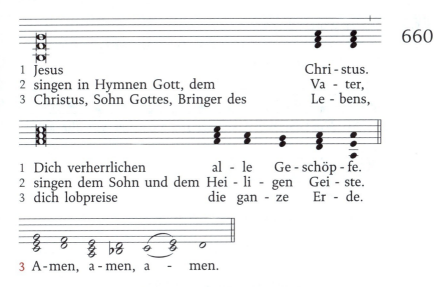

660

1 Jesus Christus.
2 singen in Hymnen Gott, dem Va - ter,
3 Christus, Sohn Gottes, Bringer des Le - bens,

1 Dich verherrlichen al - le Ge - schöp - fe.
2 singen dem Sohn und dem Hei - li - gen Gei - ste.
3 dich lobpreise die gan - ze Er - de.

3 A - men, a - men, a - men.

T: nach „Phos hilaron", Mitte 2. Jh., Ü: Maria Luise Thurmair, Stundenbuch 1978, M u. S: GGB 2009

LICHTDANKSAGUNG

661

1

V Unsere Hilfe ist im Namen des Herrn.
A Der Himmel und Erde erschaffen hat.

V Lasset uns beten.
Sei gepriesen, Herr, unser Gott. Dein ist der Tag, und dein ist auch die Nacht. Wir sagen dir Dank für das Licht, die erste Gabe deiner Schöpfung, und wir bitten dich: Lass Christus, die Sonne der Gerechtigkeit, in unseren Herzen nicht untergehen, damit wir aus dieser Zeit, die überschattet ist von Angst und Zweifel, in das Licht gelangen, in dem du wohnst. Darum bitten wir durch ihn, Jesus Christus, deinen Sohn, unseren Herrn und Gott, der in der Einheit des Heiligen Geistes mit dir lebt und herrscht in alle Ewigkeit.
A Amen.

DIE TAGZEITENLITURGIE

661 PSALMODIE

Zum folgenden Psalm kann von den Feiernden Weihrauch in eine Schale eingelegt werden.

Kv Wie Weihrauch steige mein Gebet vor dir auf,

Herr, du mein Gott.

T: nach Ps 141,2, M: Antiphonale zum Stundengebet 1979

oder „Herr, mein Beten" (Nr. 98); hierzu wird der Psalm gesprochen.

Psalm 141,1–9: Bitte um Bewahrung vor Sünde

1 Herr, ich rufe zu dir. /
Eile mir zu Hilfe; *
höre auf meine Stimme, wenn ich zu dir rufe.
    2 Wie ein Rauchopfer steige mein Gebet vor dir auf; *
    als Abendopfer gelte vor dir, wenn ich meine Hände
    erhebe.
3 Herr, stell eine Wache vor meinen Mund, *
eine Wehr vor das Tor meiner Lippen!
    4 Gib, dass mein Herz sich bösen Worten nicht zuneigt, *
    dass ich nichts tue, was schändlich ist,
5 zusammen mit Menschen, die Unrecht tun. *
Von ihren Leckerbissen will ich nicht kosten.
    6 Der Gerechte mag mich schlagen aus Güte: /
    Wenn er mich bessert, ist es Salböl für mein Haupt; *
    da wird sich mein Haupt nicht sträuben.
7 Ist er in Not, *
will ich stets für ihn beten.

8 Haben ihre Richter sich auch die Felsen hinabgestürzt, *
sie sollen hören, dass mein Wort für sie freundlich ist.
9 Wie wenn man Furchen zieht und das Erdreich aufreißt, *
so sind unsre Glieder hingestreut an den Rand der Unterwelt.

10 Mein Herr und Gott, meine Augen richten sich auf dich; *
bei dir berge ich mich. Gieß mein Leben nicht aus!
11 Vor der Schlinge, die sie mir legten, bewahre mich, *
vor den Fallen derer, die Unrecht tun!

12 Ehre sei dem Vater und dem Sohne *
und dem Heiligen Geiste.
13 Wie im Anfang, so auch jetzt und allezeit *
und in Ewigkeit. Amen. Kv

Es können ein weiterer Psalm (z. B. Ps 27, Nr. 38) und ein „Gesang aus dem Neuen Testament" (z. B. Offb 4, Nr. 653,7–8) folgen.

SCHRIFTLESUNG   *vom Tag, z. B.: 1 Petr 2,9*

L Ihr seid ein auserwähltes Geschlecht, eine königliche Priesterschaft, ein heiliger Stamm, ein Volk, das sein besonderes Eigentum wurde, damit ihr die großen Taten dessen verkündet, der euch aus der Finsternis in sein wunderbares Licht gerufen hat.

RESPONSORIUM

K/A Der Na-me des Herrn sei ge-prie-sen vom Auf-

gang der Son-ne bis zu ih-rem Un-ter-gang.

K Sei-ne Herr-lich-keit ü-ber-ragt die Him-mel

661

5

A vom Auf-gang der Son-ne bis zu ih-rem Un-ter-gang. K Ehre sei dem Vater und dem Soh-ne und dem Hei-li-gen Gei-ste. A Der Na-me des...

T u. M: Antiphonale zum Stundengebet 1979, nach Ps 113,2–4

Statt des Responsoriums kann auch eine Zeit der Stille oder Instrumentalmusik erfolgen.

6 **LOBGESANG MARIENS**
→ „Den Herren will ich loben" *(Nr. 395)*
oder „Auf, werde licht" (Nr. 631,2 u. 4)

7 **FÜRBITTEN**
Die Fürbitten können frei formuliert werden. Es können auch die folgenden Gebetseinladungen zum stillen Bittgebet hinführen.

Lasst uns beten für unsere Kirche... *(Stille)*
Lasst uns beten um Gerechtigkeit und Frieden...
Lasst uns beten für die Menschen, um deren Leid wir wissen...
Lasst uns beten in den Anliegen, die uns heute bewegen...
Lasst uns beten für unsere Verstorbenen...

8 **VATERUNSER**

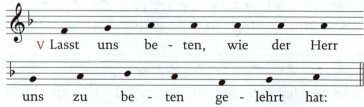

V Lasst uns be-ten, wie der Herr uns zu be-ten ge-lehrt hat:

661

in Ver-su-chung, sondern erlöse uns von dem Bö - sen. Denn dein ist das Reich und die Kraft und die Herr - lich-keit in E - wigkeit. A-men. A - men.

T: Liturgie, M: Nikolaj Rimskij-Korsakov, Textunterlegung: Irenäus Totzke, Wolfgang Bretschneider (Doxologie)

9 SEGEN UND ENTLASSUNG

Wenn ein Priester oder Diakon der Feier vorsteht, folgen Segen und Entlassruf wie am Ende der Messfeier (Nr. 591,2.4–7). Wenn ein Laie die Feier leitet, beschließt er die Feier mit der Segensbitte:

V Der Herr segne uns,
er bewahre uns vor Unheil
und führe uns zum ewigen Leben.
A Amen.

Wo es üblich ist, werden die Kerzen vor ein Marienbild gebracht. Das Abendlob kann mit einer Marianischen Antiphon (Nr. 666) oder einem Marienlied schließen.

Komplet 662

Eröffnung → Nr. 627,1

[Gewissenserforschung und Schuldbekenntnis]

Man kann die Komplet mit einer Gewissenserforschung und dem Schuldbekenntnis beginnen.

V Lasst uns dankbar auf den Tag zurückschauen. –
Fragen wir uns aber auch, wo wir vor Gott und den Menschen schuldig geworden sind.

Stille zur Gewissenserforschung

A Ich bekenne Gott, dem Allmächtigen ... (→ Nr. 582,4)

V Der allmächtige Gott erbarme sich unser. Er lasse uns die Sünden nach und führe uns zum ewigen Leben.
A Amen.

Hymnus

663 ö

1 Bevor des Tages Licht vergeht, o Herr der Welt, hör dies Gebet:
2 Hüllt Schlaf die müden Glieder ein, lass uns in dir geborgen sein
3 Dank dir, o Vater reich an Macht, der über uns voll Güte wacht

663

1. Behüte uns in dieser Nacht durch deine große Güt und Macht.
2. und mach am Morgen uns bereit zum Lobe deiner Herrlichkeit.
3. und mit dem Sohn und Heilgen Geist des Lebens Fülle uns verheißt. Amen.

T: 1. Str.: „Te lucis ante terminum" 5.–6. Jh., 2. Str.: „Christe, precamur, adnue" 6. Jh., Ü: Friedrich Dörr 1969, M: nach Verona 11. Jh.

oder „Christus, du bist der helle Tag" (Nr. 90)

664 PSALMODIE

Kv Sei mir gnädig, Herr, und höre auf mein Flehen.

T: nach Ps 4,2, M: Antiphonale zum Stundengebet 1979

Psalm 4: Gottes Schutz in der Nacht

1 Wenn ich rufe, erhöre mich, *
Gott, du mein Retter!

2 Du hast mir Raum geschaffen, als mir angst war. *
Sei mir gnädig und hör auf mein Flehen!

3 Ihr Mächtigen, wie lange noch schmäht ihr meine Ehre, *
warum liebt ihr den Schein und sinnt auf Lügen?

4 Erkennt doch: Wunderbar handelt der Herr an den Frommen; *
der Herr erhört mich, wenn ich zu ihm rufe.

5 Ereifert ihr euch, so sündigt nicht! *
Bedenkt es auf eurem Lager und werdet stille!
    6 Bringt rechte Opfer dar *
    und vertraut auf den Herrn!
7 Viele sagen: „Wer lässt uns Gutes erleben?" *
Herr, lass dein Angesicht über uns leuchten!
    8 Du legst mir größere Freude ins Herz, *
    als andere haben bei Korn und Wein in Fülle.
9 In Frieden leg ich mich nieder und schlafe ein; *
denn du allein, Herr, lässt mich sorglos ruhen.

    10 Ehre sei dem Vater und dem Sohne *
    und dem Heiligen Geiste.
11 Wie im Anfang, so auch jetzt und allezeit *
und in Ewigkeit. Amen. Kv

Kv Zu nächt - li - cher Stun-de prei - set den Herrn.

T: nach Ps 134,1, M: Antiphonale zum Stundengebet 1979

Psalm 134: Nächtliches Loblied im Tempel

1 Wohlan, nun preiset den Herrn, *
all ihr Knechte des Herrn,
    2 die ihr steht im Hause des Herrn, *
    zu nächtlicher Stunde.
3 Erhebt eure Hände zum Heiligtum *
und preiset den Herrn!
    4 Es segne dich der Herr vom Zion her, *
    der Herr, der Himmel und Erde gemacht hat. ↘

664

5 Ehre sei dem Vater und dem S*o*hne *
und dem Heil*i*gen Geiste.

    6 Wie im Anfang, so auch jetzt und all*e*zeit *
    und in Ew*i*gkeit. Amen. Kv

oder

Kv Er be-fiehlt seinen Engeln, dich zu behüten auf all deinen Wegen.

T: Ps 91,11, M: Reiner Schuhenn 2004

Psalm 91: Unter dem Schutz des Höchsten

1 Wer im Schutz des H*ö*chsten wohnt *
und ruht im Schatten d*e*s Allmächtigen,

    2 der sagt zum Herrn: „Du bist für mich Zuflucht
    und B*u*rg, *
    mein Gott, dem *i*ch vertraue."

3 Er rettet dich aus der Schlinge des J*ä*gers *
und aus *a*llem Verderben.

    4 Er beschirmt dich mit seinen Flügeln, /
    unter seinen Schwingen findest du Zuflucht, *
    Schild und Schutz ist dir s*ei*ne Treue.

5 Du brauchst dich vor dem Schrecken der Nacht nicht zu
f*ü*rchten, *
noch vor dem Pfeil, der am T*a*g dahinfliegt,

    6 nicht vor der Pest, die im F*i*nstern schleicht, *
    vor der Seuche, die w*ü*tet am Mittag.

7 Fallen auch tausend zu deiner Seite, /
dir zur Rechten zehnmal tausend, *
so wird es doch dich nicht treffen.
   8 Ja, du wirst es sehen mit eigenen Augen, *
   wirst zuschauen, wie den Frevlern vergolten wird.
9 Denn der Herr ist deine Zuflucht, *
du hast dir den Höchsten als Schutz erwählt.
   10 Dir begegnet kein Unheil, *
   kein Unglück naht deinem Zelt.
11 Denn er befiehlt seinen Engeln, *
dich zu behüten auf all deinen Wegen.
   12 Sie tragen dich auf ihren Händen, *
   damit dein Fuß nicht an einen Stein stößt;
13 du schreitest über Löwen und Nattern, *
trittst auf Löwen und Drachen.
   14 „Weil er an mir hängt, will ich ihn retten; *
   ich will ihn schützen, denn er kennt meinen Namen.
15 Wenn er mich anruft, dann will ich ihn erhören. /
Ich bin bei ihm in der Not, *
befreie ihn und bringe ihn zu Ehren.
   16 Ich sättige ihn mit langem Leben *
   und lasse ihn schauen mein Heil."

17 Ehre sei dem Vater und dem Sohne *
und dem Heiligen Geiste.
   18 Wie im Anfang, so auch jetzt und allezeit *
   und in Ewigkeit. Amen. Kv

SCHRIFTLESUNG *vom Tag, z. B.: Jer 14,9* 7

L Du bist in unsrer Mitte, Herr, und dein Name ist über uns ausgerufen; verlass uns nicht, Herr, unser Gott!

665 RESPONSORIUM

K/A Herr, auf dich vertraue ich, in deine Hände lege ich mein Leben. K Lass leuchten über deinem Knecht dein Antlitz, hilf mir in deiner Güte! A In deine Hände lege ich mein Leben. K Ehre sei dem Vater und dem Sohne und dem Heiligen Geiste. A Herr, auf dich vertraue …

T: Antiphonale zum Stundengebet 1979, M: nach einem gregorianischen Modell

LOBGESANG DES SIMEON

Kv (K) Sei unser Heil, o Herr, derweil wir wachen, (A) behüte uns, da wir schlafen, auf dass wir wachen mit Christus und ruhen in Frieden.

T: Stundenbuch, M: gregorianisch

Lk 2,29–32: Nunc dimittis

665

1 Nun lässt du, Herr, deinen Knecht, *
wie du gesagt hast, in Frieden scheiden.
    2 Denn meine Augen haben das Heil gesehen, *
    das du vor allen Völkern bereitet hast,
3 ein Licht, das die Heiden erleuchtet, *
und Herrlichkeit für dein Volk Israel.

    4 Ehre sei dem Vater und dem Sohn *
    und dem Heiligen Geist.
5 Wie im Anfang, so auch jetzt und allezeit*
und in Ewigkeit. Amen. Kv

oder „Nun lässest du, o Herr" (Nr. 500)

ORATION

V Herr und Gott, kehre ein in dieses Haus und halte alle Nachstellungen des Feindes von ihm fern. Deine heiligen Engel mögen darin wohnen und uns im Frieden bewahren. Und dein Segen sei über uns allezeit. Darum bitten wir durch Christus, unseren Herrn.
A Amen.

SEGEN UND ENTLASSUNG

V Eine ruhige Nacht und ein gutes Ende
gewähre uns der allmächtige Herr.
A Amen.

Die Komplet schließt mit einer Marianischen Antiphon (Nr. 666) oder einem Marienlied.

666 MARIANISCHE ANTIPHONEN

(im Weihnachtsfestkreis)

1
Al - ma Red-em-ptó-ris Ma-ter, quae pér - vi - a
Erhabne Mutter des Erlösers, du allezeit offene

cae - li por - ta ma-nes, et stel-la ma-ris suc-cúr-re
Pforte des Himmels und Stern des Meeres, komm,

ca - dén - ti, súr - ge - re qui cu - rat, pó - pu - lo:
hilf deinem Volke, das sich müht, vom Falle aufzustehen.

Tu quae gé - nu - í - sti, na - tú - ra mi - rán - te,
Du hast geboren, der Natur zum Staunen,

tu - um san-ctum Ge - ni - tó - rem, Vir-go pri-us ac
deinen heiligen Schöpfer. Unversehrte Jungfrau,

po - sté - ri - us, Ga - bri - é - lis ab o - re su-mens
die du aus Gabriels Mund nahmst

il - lud A - ve, pec-ca - tó - rum mi - se - ré - re.
das selige Ave, o erbarme dich der Sünder.

T: Caesarius von Heisterbach († 1240), M: Paris 12. Jh.

(in der Österlichen Bußzeit)

2
A - ve Re - gí - na cae - ló - rum, a - ve Dó - mi - na
Ave, du Himmelskönigin, Ave, der Engel Herrscherin,

an - ge - ló - rum, sal - ve ra - dix, sal - ve por - ta, ex qua
Wurzel, der das Heil entsprossen, Tür, die uns

mun-do lux est or - ta. Gau-de, Vir-go glo - ri - ó - sa,
das Licht erschlossen: Freu dich, Jungfrau, voll der Ehre,

su - per om-nes spe - ci - ó - sa; va - le, o val - de
über allen Seligen Hehre, sei gegrüßt, des Himmels

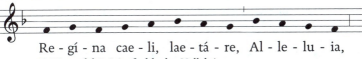

de - có - ra, et pro no - bis Christum ex - ó - ra.
Krone, bitt für uns bei deinem Sohne.

T: um 1100, M: 17. Jh.

in der Osterzeit

Re - gí - na cae - li, lae - tá - re, Al - le - lu - ia,
O Himmelskönigin, frohlocke. Halleluja.

qui - a, quem me - ru - í - sti por - tá - re, Al - le - lu - ia;
Denn er, den du zu tragen würdig warst, Halleluja,

re - sur - ré - xit, si - cut di - xit, Al - le - lu - ia;
ist erstanden, wie er sagte. Halleluja.

o - ra pro no - bis De - um, Al - le - lu - ia.
Bitt Gott für uns, Maria. Halleluja.

T: Rom um 1170, M: 16. Jh. nach Vorlage aus 12. Jh.

(außerhalb der geprägten Zeiten)

Sal - ve, Re - gí - na, ma - ter mi - se - ri - cór - di - ae,
Sei gegrüßt, o Königin, Mutter der Barmherzigkeit,

666

vi - ta, dul - cé - do, et spes no - stra, sal - ve.
unser Leben, unsre Wonne und unsre Hoffnung, sei gegrüßt!

Ad te cla - má - mus, éx - su - les, fí - li - i E - vae.
Zu dir rufen wir verbannte Kinder Evas;

Ad te su - spi - rá - mus, ge - mén - tes et flen - tes
zu dir seufzen wir trauernd und weinend

in hac la - cri - má - rum val - le. E - ia er - go,
in diesem Tal der Tränen. Wohlan denn,

ad - vo - cá - ta no - stra, il - los tu - os mi - se - ri - cór - des
unsere Fürsprecherin, wende deine barmherzigen

ó - cu - los ad nos con - vér - te. Et Ie - sum,
Augen uns zu, und nach diesem Elend zeige uns Jesus,

be - ne - dí - ctum fructum ven - tris tu - i, no - bis
die gebenedeite Frucht deines Leibes.

post hoc ex - sí - li - um o - stén - de. O cle - mens,
O gütige,

o pi - a, o dul - cis Vir - go Ma - ri - a.
o milde, o süße Jungfrau Maria!

T: 11. Jh., M: 17. Jh. nach Henri Du Mont

Nachtgebet 667

Eröffnung 1
V Im Namen des Vaters und des Sohnes
und des Heiligen Geistes.
A Amen.

Tagesrückblick vor Gott 2
V Gott hat uns diesen Tag geschenkt. Angekommen an der Schwelle des Abends, bedenken wir den Tag und geben ihn in Gottes Hand zurück. –

Ich denke an die Menschen, die mir begegnet sind. Ich schaue auf die Aufgaben, die mir aufgetragen waren. Ich rufe in Erinnerung, was mich beschäftigt hat.

Stille

V Ich frage nach dem Guten, das ich erfahren habe. Wo habe ich Gottes Spuren in meinem Leben entdecken können? Wofür will ich ihm danken?

Stille

V Ich frage aber auch nach dem, was mich am Ende dieses Tages bedrückt. Habe ich versagt? Habe ich Schuld auf mich geladen? Was will ich der Barmherzigkeit Gottes empfehlen?

Stille

V Herr, in deine Hände legen wir diesen Tag. Wir danken dir für alles Gute, das du uns heute geschenkt hast. Wo wir aber gefehlt haben, da schenke du uns Verzeihung und Frieden durch Christus, unsern Herrn.
A Amen.

667 SCHRIFTLESUNG *1 Thess 5,9–10*

L Paulus schreibt an die Thessalonicher:
Gott hat uns nicht für das Gericht seines Zorns bestimmt, sondern dafür, dass wir durch Jesus Christus, unseren Herrn, das Heil erlangen. Er ist für uns gestorben, damit wir vereint mit ihm leben, ob wir nun wachen oder schlafen.

ABENDGESANG
„Du lässt den Tag, o Gott, nun enden" *(Nr. 96)*
oder ein Psalm, vor allem aus der Komplet (Nr. 664)

ORATION
V Lasset uns beten.
Herr, gütiger Vater, sei du unsere Leuchte im Dunkel der Nacht. Gib, dass wir in Frieden schlafen, damit wir uns beim Anbruch des neuen Tages in deinem Namen freudig erheben. Darum bitten wir durch Christus, unsern Herrn.
A Amen.

SEGEN UND ENTLASSUNG
V So behüte uns in dieser Nacht der allmächtige Gott,
der Vater und der Sohn und der Heilige Geist.
A Amen.

Nach dem Segen können sich alle mit Weihwasser bekreuzigen. Das Nachtgebet kann mit einem Marienlied oder mit dem Lied „In dieser Nacht" (Nr. 91) schließen.

Die Wort-Gottes-Feier

(EINFÜHRUNG) 668,1

DIE FEIER 669
   Eröffnung 669,1
   Verkündigung des Wortes Gottes 669,5
   Antwort der Gemeinde 670
      Verehrung des Wortes Gottes 670,1
      Glaubensbekenntnis 670,2
      Lied 670,3
      Schuldbekenntnis und Vergebungsbitte 670,4
      Wechselgebet 670,5
      Segnungen 670,6
      Friedenszeichen 670,7
      Lobpreis 670,8
   Abschluss 671,3

Die Wort-Gottes-Feier 668

Jesus Christus ist das Wort Gottes, das Mensch geworden ist. Er ist gegenwärtig, wenn sich die Gemeinde versammelt, das Wort Gottes hört und in Gebet und Gesang Antwort gibt. So vollzieht sich in der Wort-Gottes-Feier ein Dialog zwischen Gott und den Menschen.

Die Wort-Gottes-Feier ist eine eigenständige Form, Gottes befreiende und heilende Zuwendung zum Menschen zu feiern. Sie gliedert sich in der Regel in vier Teile:
... Eröffnung
... Verkündigung des Wortes Gottes
... Antwort der Gemeinde
... Abschluss

Im Eröffnungsteil werden die Versammelten zu einer gottesdienstlichen Gemeinschaft verbunden. Die Verkündigung, bestehend aus einer oder mehreren Lesungen aus der Heiligen Schrift, lässt Gott in seinem Wort zur Sprache kommen. Durch Gesang, Schriftauslegung, Instrumentalmusik und Stille können die Lesungen vertieft und in den Hörenden stärker wirksam werden. Danach antwortet die Gemeinde im lobpreisenden, dankenden und bittenden Gebet. Der kurze Abschlussteil bildet die Brücke von der Feier zum Alltag.

Das Zweite Vatikanische Konzil empfiehlt die Wort-Gottes-Feiern als eigenständige Gottesdienste. In ihnen kommt die Gemeinde zusammen, um die Gegenwart des auferstandenen Herrn in seinem Wort zu feiern und das Leben auf ihn auszurichten. So vertieft die Wort-Gottes-Feier wie die Tagzeitenliturgie, was in der Eucharistie, der Mitte und dem Höhepunkt des liturgischen Lebens, gefeiert wird.

668
3

Wird die Leitung nicht durch einen Priester oder Diakon wahrgenommen, können beauftragte Laien die Wort-Gottes-Feier nach der folgenden Ordnung leiten. Nach Möglichkeit sollen weitere liturgische Dienste (z. B. Lektoren, Kantoren, Chor, Schola, Organisten, Ministranten) beteiligt sein. Nähere Bestimmungen zur Wort-Gottes-Feier haben die Bischofskonferenzen sowie einzelne Diözesen erlassen.

669 DIE FEIER

ERÖFFNUNG

1 GESANG ZUR ERÖFFNUNG

2 KREUZZEICHEN UND LITURGISCHER GRUSS
Lt Im Namen des Vaters und des Sohnes
und des Heiligen Geistes.
A Amen.

Alle bekreuzigen sich. Es folgt der liturgische Gruß, z. B.:
Lt Der Name des Herrn sei gepriesen.
A Von nun an bis in Ewigkeit.

Mit wenigen Worten kann in die Feier eingeführt werden.

3 CHRISTUSRUFE
Lt Herr Jesus Christus, du bist das lebendige Wort Gottes.
Herr, erbarme dich.
A Herr, erbarme dich.
Lt Dein Wort ist das Licht auf unseren Wegen.
Christus, erbarme dich.
A Christus, erbarme dich.
Lt Du hast Worte des ewigen Lebens.
Herr, erbarme dich.
A Herr, erbarme dich.

oder andere Christusrufe (Nr. 582,6 oder Nr. 27,4)

Eröffnungsgebet 669

Lt Gott, wir danken dir, dass du uns hier zusammengeführt hast. Lass uns erkennen, wer wir sind. Lass uns glauben, was wir beten. Lass uns tun, was du uns sagst. Darum bitten wir durch Jesus Christus, deinen Sohn, unseren Herrn und Gott, der in der Einheit des Heiligen Geistes mit dir lebt und herrscht in alle Ewigkeit.
A Amen.

oder eine andere geeignete Oration

Verkündigung des Wortes Gottes
Erste Lesung
Ein Lektor oder eine Lektorin trägt vom Ambo aus die Lesung vor:
L Lesung aus ... (→ z. B. Nr. 584,1)

Nach der Lesung fügt der Lektor oder die Lektorin an:
L Wort des lebendigen Gottes.
A Dank sei Gott.

Psalm
Der Kantor oder die Kantorin singt den Kehrvers, der von allen wiederholt wird. Der Psalm wird in gewohnter Weise vorgetragen.

An Sonntagen und Hochfesten folgt die zweite Lesung (z. B. Nr. 584,5–6).

Ruf vor dem Evangelium
außerhalb der Österlichen Bußzeit: „Halleluja" *(z. B. Nr. 584,8)*
in der Österlichen Bußzeit: Christusruf *(z. B. Nr. 584,9)*

Evangelium
Ein Lektor oder eine Lektorin verkündet vom Ambo aus das Evangelium.
L Aus dem heiligen Evangelium nach ... (→ z. B. Nr. 585,1)
A Ehre sei dir, o Herr.

Nach dem Evangelium fügt der Lektor oder die Lektorin an:
L Evangelium unseres Herrn Jesus Christus.
A Lob sei dir, Christus.

669 Auslegung und Deutung

9 *Die Lesungen können durch eine Lesepredigt, ein Glaubenszeugnis, durch geistliche Impulse, eine längere Stille oder auf andere Weise vertieft werden.*

670 Antwort der Gemeinde

Aus den folgenden Elementen (A–H) wird ausgewählt. Fürbitten und das Vaterunser bilden regelmäßig den Abschluss dieses Teils.

A
1
[A – Verehrung des Wortes Gottes]
Gesang: „Dein Wort ist Licht und Wahrheit" *(Nr. 630,4)*

Während des Gesangs oder danach können die Anwesenden ihre Verehrung der Heiligen Schrift durch eine Verneigung oder eine Berührung des Buchs mit der Hand zeigen.

B
2
[B – Glaubensbekenntnis]
An dafür vorgesehenen Tagen folgt das Große Glaubensbekenntnis (Nr. 586,2) oder das Apostolische Glaubensbekenntnis (Nr. 3,4).

C
3
[C – Lied]
Es kann ein geeignetes Lied (z. B. „Wohl denen, die da wandeln", Nr. 543) gesungen werden. Bei bestimmten Anlässen eignet sich ein entsprechender Lobgesang oder ein Hymnus.

D
4
[D – Schuldbekenntnis und Vergebungsbitte]
Vor allem in der Österlichen Bußzeit oder an Tagen mit Bußcharakter kann das Schuldbekenntnis (Nr. 582,4) folgen. Es kann auch ein Bußpsalm gesungen oder gesprochen werden, z. B. Ps 51 (Nr. 639,1–2) oder Ps 130 (Nr. 639,3–4). Danach folgt die Vergebungsbitte:

Lt Der allmächtige Gott erbarme sich unser.
Er lasse uns die Sünden nach
und führe uns zum ewigen Leben.
A Amen.

[E – WECHSELGEBET] 670

K/A Der Herr hat uns befreit; auf ewig besteht sein Bund.
(→ Nr. 60,1)

V1 Herr Jesus Christus, du kennst uns
und unsere Sehnsucht nach Liebe.
V2 Du kennst uns
und unsere Suche nach Verständnis.
V1 Du kennst uns
und unser Sehnen nach Geborgenheit.
V2 Du kennst uns
und unseren Hunger nach Anerkennung.
V1 Du kennst uns
und unseren Durst nach Leben.

K/A Der Herr hat uns befreit; auf ewig besteht sein Bund.

V2 Jesus Christus, du gibst uns Zuflucht und Halt
in Angst und Einsamkeit.
V1 Du gibst Zuflucht und Halt
in Dunkelheit und Trauer.
V2 Du gibst Zuflucht und Halt
in Missachtung und Ablehnung.
V1 Du gibst Zuflucht und Halt
in Not und Ratlosigkeit.
V2 Du gibst Zuflucht und Halt
in Bedrängnis und Schuld.

K/A Der Herr hat uns befreit; auf ewig besteht sein Bund.

V1 Jesus Christus, du schenkst Vergebung und Zukunft
und weckst Verständnis füreinander.
V2 Du schenkst Vergebung und Zukunft
und nimmst die Angst voreinander.
V1 Du schenkst Vergebung und Zukunft
und führst auf Wege zueinander.
V2 Du schenkst Vergebung und Zukunft
und lehrst das Hören aufeinander. ↘

DIE WORT-GOTTES-FEIER

670

V1 5
Du schenkst Vergebung und Zukunft
und befreist zu einem neuen Leben miteinander.

K/A Der Herr hat uns befreit; auf ewig besteht sein Bund.

oder ein anderes Wechselgebet (z. B. Nr. 679,4)

F [F – SEGNUNGEN]
6 *Mit bischöflicher Beauftragung können Laien Segnungen vornehmen, die für den entsprechenden Tag vorgesehen sind.*

G [G – FRIEDENSZEICHEN]
7 Lt Jesus Christus ist unser Friede und unsere Versöhnung.
   Sein Geist stiftet Frieden unter uns Menschen.
   Geben wir einander ein Zeichen dieses Friedens.

Alle geben einander ein Zeichen des Friedens. Dabei kann auch ein Friedenslied gesungen werden.

H [H – LOBPREIS]
   An Sonn- und Festtagen sowie bei besonderen Feiern folgt ein Lob- und Dankgebet, z. B.: Lobpreis des dreieinigen Gottes.

8

K/A Dir sei Preis und Dank und Eh - re!

T: Liturgie, M und S: Franz Forsthuber (*1943)

9 Lt Gepriesen bist du, Herr, unser Gott,
   für das Leben, das du geschaffen hast.
   Die ganze Welt hältst du in der Hand,
   und wir dürfen dich unseren Vater nennen.
   A Dir sei Preis und Dank und Ehre!

Lt Wir danken dir für deinen Sohn Jesus Christus,
unseren Herrn und Bruder.
Durch ihn wurde deine Güte
in menschlicher Gestalt sichtbar.
In seinem Tod und seiner Auferstehung hast du uns
erlöst und bleibende Hoffnung geschenkt.
Er ist das Wort, das uns den Weg weist,
er ist die Wahrheit, die uns frei macht.
A Dir sei Preis und Dank und Ehre!

Lt Wir preisen dich für den Heiligen Geist,
der uns zusammenführt und als Kirche eint.
Aus seiner Fülle haben wir empfangen,
aus seiner Kraft dürfen wir leben.
A Dir sei Preis und Dank und Ehre!

Lt Wir danken dir
für alle, die den Weg mit uns gemeinsam gehen
und ihr Leben mit uns teilen;
für alle, die bei uns bleiben in Stunden der Freude,
aber auch in Stunden der Not und der Angst.
A Dir sei Preis und Dank und Ehre!

Lt Wir preisen dich, Herr, unser Gott,
durch ihn, Jesus Christus, deinen Sohn,
im Heiligen Geist
und stimmen ein in den Lobgesang
der himmlischen Chöre:

Außerhalb des Advents und der Österlichen Bußzeit mündet der Lobpreis in das Gloria oder ein Gloria-Lied, im Advent und in der Österlichen Bußzeit in den Kanon „Alles, was Odem hat" (Nr. 619,1) oder einen anderen geeigneten Gesang.

FÜRBITTEN (ALLGEMEINES GEBET)

Die Fürbitten sollen in einfacher Form die Anliegen der Kirche und der Welt, der Notleidenden und der Gemeinde aufgreifen. Man kann auch Fürbitten aus der Messfeier (Nr. 586,4) oder einer Vesper (z. B. Nr. 632,1) übernehmen.

671 VATERUNSER

2 **Lt** Lasst uns beten, wie der Herr uns zu beten gelehrt hat:
A Vater unser ... Denn dein ...

ABSCHLUSS

3 ### SEGENSBITTE
Lt Der Friede Gottes, der alles Verstehen übersteigt,
bewahre unsere Herzen und Gedanken
in der Gemeinschaft mit Christus Jesus.
Und so segne uns der allmächtige Gott,
der Vater und der Sohn und der Heilige Geist.
A Amen.

4 ### ENTLASSUNG
Lt Singet Lob und Preis.
A Dank sei Gott, dem Herrn.

5 ### LIED
Am Ende kann ein Lied oder eine Marianische Antiphon (Nr. 666) gesungen werden.

Andachten

(EINFÜHRUNG) 672,1

ERÖFFNUNG
    mit Lobpreis des dreifaltigen Gottes 673
    mit Aussetzung des Allerheiligsten 674

ANDACHTSABSCHNITTE
    Erwartung 675,1
    Menschwerdung 675,2
    Kreuz und Leiden 675,3
    Auferstehung 675,4
    Heiliger Geist 675,5
    Zu seinem Gedächtnis 675,6
    Lebendiges Brot 675,8
    Wahre Speise 676,1
    Herz Jesu 676,3
    Maria 676,4
    Engel 676,5
    Heilige 676,6
    Taufe 676,7
    Umkehr und Buße 677,1
    Glaube 677,3
    Hoffnung 677,4
    Liebe 677,6
    Kirche in der Welt 677,8
    Einheit der Kirche 677,9
    Charismen und Dienste 678,1

Geistliche Berufe	678,2
Ehe und Familie	678,4
Lob	679,1
Dank	679,3
Bitte	679,6
Gerechtigkeit	680,1
Friede	680,2
Schöpfung	680,4
Krankheit und Not	680,5
Trauer und Klage	680,7
Tod und Vollendung	680,8
Wiederkunft	680,9

ABSCHLUSS
mit Gebet des Herrn	681
mit Eucharistischem Segen	682

KREUZWEGANDACHT … 683

Vorschläge geeigneter Andachtsabschnitte für Andachten:

ADVENT
Erwartung	675,1	Umkehr und Buße	677,1
Hoffnung	677,4	Menschwerdung	675,2
Maria	676,4	Wiederkunft	680,9

WEIHNACHTSZEIT
Menschwerdung	675,2	Maria	676,4
Hoffnung	677,4	Liebe	677,6
Friede	680,2	Ehe und Familie	678,4

FASTENZEIT/PASSION
Kreuz und Leiden	675,3	Herz Jesu	676,3
Umkehr und Buße	677,1	Hoffnung	677,4
Taufe	676,7	Gerechtigkeit	680,1

OSTERZEIT

Kreuz und Leiden	675,3	Auferstehung	675,4
Heiliger Geist	675,5	Herz Jesu	676,3
Taufe	676,7	Lob	679,1

PFINGSTNOVENE/HEILIGER GEIST

Heiliger Geist	675,5	Taufe	676,7
Hoffnung	677,4	Einheit der Kirche	677,9
Gerechtigkeit	680,1	Schöpfung	680,4

JESUS CHRISTUS

Erwartung	675,1	Menschwerdung	675,2
Kreuz und Leiden	675,3	Auferstehung	675,4
Herz Jesu	676,3	Wiederkunft	680,9

HERZ JESU

Kreuz und Leiden	675,3	Herz Jesu	676,3
Zu seinem Gedächtnis	675,6	Lebendiges Brot	675,8
Wahre Speise	676,1	Liebe	677,6

EUCHARISTISCHE ANDACHT

Kreuz und Leiden	675,3	Auferstehung	675,4
Zu seinem Gedächtnis	675,6	Lebendiges Brot	675,8
Wahre Speise	676,1	Herz Jesu	676,3

ERSTKOMMUNION

Zu seinem Gedächtnis	675,6	Lebendiges Brot	675,8
Wahre Speise	676,1	Dank	679,3
Lob	679,1		

MARIA

Erwartung	675,1	Menschwerdung	675,2
Maria	676,4	Friede	680,2
Kirche in der Welt	677,8	Liebe	677,6

KIRCHE/TAUFGEDENKEN

Taufe	676,7	Kirche in der Welt	677,8
Einheit der Kirche	677,9	Charismen und Dienste	678,1
Geistliche Berufe	678,2	Ehe und Familie	678,4

Leben aus dem Glauben
Taufe 676,7
Ehe und Familie 678,4
Geistliche Berufe 678,2
Glaube 677,3
Hoffnung 677,4
Liebe 677,6

Lob- und Dankandacht
Lob 679,1
Dank 679,3
Menschwerdung 675,2
Auferstehung 675,4
Charismen und Dienste 678,1
Ehe und Familie 678,4

Schöpfung/Erntedank
Schöpfung 680,4
Lob 679,1
Dank 679,3
Bitte 679,6
Gerechtigkeit 680,1
Wiederkunft 680,9

Bittandacht
Gerechtigkeit 680,1
Friede 680,2
Schöpfung 680,4
Bitte 679,6
Geistliche Berufe 678,2
Krankheit und Not .. 680,5

Friede
Friede 680,2
Bitte 679,6
Gerechtigkeit 680,1
Liebe 677,6
Einheit der Kirche ... 677,9
Auferstehung 675,4

Firmandacht
Taufe 676,7
Heiliger Geist 675,5
Einheit der Kirche ... 677,9
Kirche in der Welt 677,8
Charismen und Dienste 678,1
Glaube 677,3

Buße
Umkehr und Buße .. 677,1
Kreuz und Leiden ... 675,3
Friede 680,2
Glaube 677,3
Hoffnung 677,4
Liebe 677,6

Totengedenken
Kreuz und Leiden ... 675,3
Auferstehung 675,4
Hoffnung 677,4
Trauer und Klage ... 680,7
Tod und Vollendung .. 680,8
Wiederkunft 680,9

Andachten 672

Andachten sind gottesdienstliche Feiern, in denen durch Gebet und Betrachtung Gott angebetet wird. Sie führen zur Liturgie der Kirche hin und vertiefen die in ihr gefeierten Glaubensgeheimnisse. Dies gilt in besonderer Weise für *eucharistische Andachten*, in denen die Anbetung des Herrn im eucharistischen Sakrament ein Lobpreis der Barmherzigkeit Gottes ist.

Andachten haben keine allgemein verbindliche Form. Vieles folgt daher dem Ortsbrauch. Im Mittelpunkt stehen das betrachtende Gebet und die Anbetung Gottes. Ausgehend von biblischen Impulsen, prägen Wechselgebete, Litaneien, Lieder sowie kurze Betrachtungstexte die Andachten. Lob, Dank und Bitte können auf die vielfältigen Anliegen des Lebens bezogen werden und so die menschlichen Erfahrungen und Bedürfnisse aufgreifen. Andachten werden sowohl als Gemeindegottesdienst gefeiert als auch von einzelnen Gruppen oder im kleinen Kreis.

Aus den folgenden „Andachtsabschnitten" können Andachten so zusammengestellt werden, wie es dem Anlass und der Feiergemeinde entspricht. Den ausgewählten Abschnitten geht immer die „Eröffnung" (Nr. 673 u. 674) voraus. Die Andacht endet mit einem „Abschluss" (Nr. 681 u. 682).

In einzelnen Andachtsabschnitten ist es möglich, die Vorbetertexte im Wechsel mit der Gemeinde zu beten; in diesem Fall übernimmt die Gemeinde – anstelle der Wiederholung der Gemeindeantwort – jeden zweiten Vorbetervers.

673 ERÖFFNUNG
MIT LOBPREIS DES DREIFALTIGEN GOTTES

1 LIED
dem Inhalt und den Anliegen der Andacht entsprechend

2 V Im Namen des Vaters und des Sohnes
und des Heiligen Geistes.
A Amen.

V Gott, unser Vater,
Schöpfer des Himmels und der Erde,
in dir leben wir, in dir bewegen wir uns und sind wir.
A Dir sei Ehre in Ewigkeit.

V Jesus Christus,
aus dem Vater geboren vor aller Zeit,
Gott von Gott, Licht vom Licht,
wahrer Gott vom wahren Gott,
als Mensch bist du unser Bruder geworden.
A Dir sei Ehre in Ewigkeit.

V Heiliger Geist,
eins mit dem Vater und dem Sohn,
du erleuchtest die Herzen der Menschen
und erfüllst sie mit deiner Liebe.
A Dir sei Ehre in Ewigkeit.

V Ehre sei dem Vater und dem Sohn
und dem Heiligen Geist.
A Wie im Anfang, so auch jetzt und allezeit
und in Ewigkeit. Amen.

3 LIED: *z. B. „Nun lobet Gott" (Nr. 393)*
„Nun jauchzt dem Herren" (Nr. 144,1–2 u. 7)
„O heiligste Dreifaltigkeit" (Nr. 352)

MIT AUSSETZUNG DES ALLERHEILIGSTEN   674

Zur Aussetzung des Allerheiligsten → Nr. 592,1

LIED ZUR AUSSETZUNG: *z. B. „Preise, Zunge" (Nr. 493)*   1

V Gelobt und gepriesen sei ohne End   2
A Jesus Christus im allerheiligsten Sakrament.

V Gepriesen seist du, Herr Jesus Christus,
gegenwärtig mit deiner Menschwerdung, deinem Tod
und deiner Auferstehung.
A Ehre sei dir.

V Gepriesen seist du, Herr Jesus Christus,
gegenwärtig mit deinem Wort, deiner Wahrheit
und deiner Botschaft.
A Ehre sei dir.

V Gepriesen seist du, Herr Jesus Christus,
gegenwärtig mit deiner Liebe, deinem Frieden
und deinem Geist.
A Ehre sei dir.

V Gepriesen seist du, Herr Jesus Christus,
gegenwärtig mit deiner Treue, deiner Wiederkunft
und deiner Ewigkeit.
A Ehre sei dir.

V Gelobt und gepriesen sei ohne End
A Jesus Christus im allerheiligsten Sakrament.

LIED: *z. B. „In der Nacht beim letzten Mahle" (Nr. 493,3–4)*   3
    oder ein Lied dem Anlass entsprechend

675 Andachtsabschnitte

1 Erwartung

V Wir möchten alle, dass unser Leben gelingt. Wie soll das geschehen? Erwarten wir das von uns selber, von Mitmenschen, von der Politik, von irgendwelchen Heilsbringern? Oder schauen wir auf Gott? Kommt er uns zu Hilfe?

L Durch die barmherzige Liebe unseres Gottes wird uns besuchen das aufstrahlende Licht aus der Höhe, um allen zu leuchten, die in Finsternis sitzen und im Schatten des Todes, und unsre Schritte zu lenken auf den Weg des Friedens.
Lk 1,78–79

Stille

V Du Gott der Schöpfung.
A Erbarme dich unser.
V Du Gott des Volkes Israel. A Erbarme …
V Du Gott der Propheten. A …
V Du Gott der Verheißung. A …

V Du Gott im Zeichen des Regenbogens. A …
V Du Gott im brennenden Dornbusch. A …
V Du Gott in den Geboten vom Sinai. A …
V Du Gott im Tempel Salomos. A …

V Du Gott, der Welt und Menschen liebt. A …
V Du Gott, der stets von Neuem auf Heil sinnt. A …
V Du Gott, der zuletzt seinen Sohn als Retter sendet. A …
V Du Gott, der mit ihm den neuen und ewigen Bund begründet. A …

V Komm, du Heiland, heile uns.

A Heile unsre Ängste, dass sie werden licht.
Heile unsre Zweifel, dass sie werden stumm.
Heile unsre Ichsucht, dass sie werde still.
Heile unsre Bosheit, dass sie werde stumpf.

V Komm, du Heiland, heile uns.
Komm, du Wort, und weise uns.

A Heile unsre Herzen, dass sie werden weit.
Heile unsre Sinne, dass sie werden klar.
Heile unsre Worte, dass sie werden wahr.
Heile unsre Hände, dass sie werden rein.

V Komm, du Heiland, heile uns.
Komm, du Wort, und weise uns.
Komm, du Licht, und leuchte uns.

A Heile jeden Menschen, dass er werde ganz.
Heile unsre Kirche, dass sie werde eins.
Heile alle Völker, dass sie werden frei.
Heil' die ganze Erde, dass sie friedvoll sei.

V Komm, du Heiland, heile uns.
Komm, du Wort, und weise uns.
Komm, du Licht, und leuchte uns.
Komm, du Leben, trage uns.

A Komm, du Heiland, heile.
Komm, die Zeit ist reif.
Heile du mit Liebe,
heile du mit Macht,
heil' mit deinem Geiste,
der das Neue schafft.

V Ehre sei dem Vater… A Wie im Anfang…

LIED: „Komm, du Heiland aller Welt" (Nr. 227)

675 MENSCHWERDUNG

2 V In Jesus ist Gott Mensch geworden. In ihm wird offenbar, wie Gott uns Menschen will. So Mensch sein, so leben, wie geht das?

L Das Wort ist Fleisch geworden und hat unter uns gewohnt und wir haben seine Herrlichkeit gesehen, die Herrlichkeit des einzigen Sohnes vom Vater, voll Gnade und Wahrheit. Joh 1,14

Stille

V Jesus Christus, Wort bei Gott von Urbeginn.
A Erbarme dich unser.
V Jesus Christus, Sohn des Vaters. A Erbarme …
V Jesus Christus, Licht und Leben. A …
V Jesus Christus, Gnade und Wahrheit. A …

V Du Fleisch gewordenes Wort. A …
V Du Mensch gewordener Sohn. A …
V Du Erde gewordener Himmel. A …
V Du Zeit gewordene Ewigkeit. A …

V Du Wort und Zusage. A …
V Du Wort und Maßstab. A …
V Du Wort und Wegweisung. A …
V Du Wort und Liebe. A …

V/A Wort Gottes, Mensch geworden,
   lehre uns, Mensch zu werden.

V Lehre uns die Freiheit der Seligpreisungen,
   wie du sie verkündet hast.
   Lehre uns die Armut vor Gott,
   wie du sie gelebt hast.
   Lehre uns die Trauer,
   wie du sie empfunden hast.

A Wort Gottes, Mensch geworden,
lehre uns, Mensch zu werden.

V Lehre uns die Gewaltlosigkeit,
wie du sie geübt hast.
Lehre uns die Barmherzigkeit,
wie du sie geschenkt hast.
Lehre uns, reinen Herzens zu sein,
wie du es gewesen bist.

A Wort Gottes, Mensch geworden,
lehre uns, Mensch zu werden.

V Lehre uns den Frieden stiften,
wie du es getan hast.
Lehre uns die Gerechtigkeit suchen,
für die du gestritten hast.
Lehre uns die Wahrheit bezeugen,
für die du gelitten hast.

A Wort Gottes, Mensch geworden,
lehre uns, Mensch zu werden.

V Lehre uns die Schöpfung achten,
die du so geliebt hast.
Lehre uns den Vater ehren,
den du so verherrlicht hast.
Lehre uns seine Söhne und Töchter sein,
weil du unser Bruder bist.

A Wort Gottes, Mensch geworden,
lehre uns, Mensch zu werden wie du.

V Ehre sei dem Vater… A Wie im Anfang…

LIED: *„Ich steh an deiner Krippe hier" (Nr. 256)*

675   Kreuz und Leiden

3   v   Unrecht, Gewalt, Krieg und Terror machen unzählige Menschen zu Opfern. Krankheit, Untreue, Unfälle und Katastrophen schaffen Qualen und Schmerzen. Wer steht uns bei, wenn Finsternis uns bedrängt?

l   Christus hat unsere Sünden mit seinem Leib auf das Holz des Kreuzes getragen, damit wir tot seien für die Sünden und für die Gerechtigkeit leben. Durch seine Wunden seid ihr geheilt. 1 Petr 2,24

Stille

v   Jesus Christus, uns in allem gleich, außer der Sünde.
a   Erbarme dich unser.
v   Jesus Christus, unschuldig verurteilt. a Erbarme …
v   Jesus Christus, mit dem Kreuz beladen. a …
v   Jesus Christus, ans Kreuz gehängt und zu Tode gebracht. a …

v   Du hast das Leben geliebt. a …
v   Du hast die Menschen umarmt. a …
v   Du hast die Schöpfung geachtet. a …
v   Du hast die Wahrheit gebracht. a …

v   Du reines Lamm, für uns zum Opfer geworden. a …
v   Du einziger Gerechter, der alle Bosheit der Welt trägt. a …
v   Du Stellvertreter, der für uns alle eintritt. a …
v   Du Lamm Gottes, das Sünde und Tod auf sich nimmt. a …

v/a   Wir beten dich an, Herr Jesus Christus, und preisen dich, denn durch dein heiliges Kreuz hast du die Welt erlöst.

v   Sieh auf die Ängste und die Verwirrung vieler:
Du weißt, was Angst ist, erlitten am Ölberg.
Sieh auf die Zwänge und Fesseln, die das Leben einengen:
Du weißt, was es bedeutet, unfrei zu sein.

A Wir beten dich an, Herr Jesus Christus, und preisen dich,
denn durch dein heiliges Kreuz hast du die Welt erlöst.

V Schau auf die Lasten und Kreuze, die Menschen tragen:
Du weißt, wie drückend ein Kreuz sein kann.
Schau auf die Leidenden, die an Leib und Seele ausbluten:
Du weißt, wie Schmerz und Kummer quälen.
A Wir beten dich an, Herr Jesus Christus, und preisen dich,
denn durch dein heiliges Kreuz hast du die Welt erlöst.

V Hör auf die Schreie der Geschundenen und Geschlagenen:
Du weißt, was es heißt, Opfer der Menschen zu sein.
Hör auf das Flehen der Kranken und Sterbenden:
Du weißt, was Einsamkeit und Verlassenheit ist.
A Wir beten dich an, Herr Jesus Christus, und preisen dich,
denn durch dein heiliges Kreuz hast du die Welt erlöst.

V Blick auf die Menschheit, die dem Tod verfallen ist:
Du hast den Tod überwunden.
Blick auf die Toten aller Zeiten:
Du bist in deinem Tod hinabgestiegen in das Reich der
Toten und hast die Auferstehung kundgetan.
A Wir beten dich an, Herr Jesus Christus, und preisen dich,
denn durch dein heiliges Kreuz hast du die Welt erlöst.

V Ehre sei dem Vater… **A** Wie im Anfang…

LIED: *„Wir danken dir, Herr Jesu Christ" (Nr. 297)*
„Fürwahr, er trug unsre Krankheit" (Nr. 292)

675 AUFERSTEHUNG

4 V Die Auferstehung Jesu ist die Mitte unseres Glaubens. Wer diesen Glauben wagt, sieht bereits jetzt sein Leben mit neuen Augen. Wer glaubt, sieht über den Tod hinaus.

L Paulus sagt: Denn vor allem habe ich euch überliefert, was auch ich empfangen habe: Christus ist für unsere Sünden gestorben, gemäß der Schrift, und ist begraben worden. Er ist am dritten Tag auferweckt worden, gemäß der Schrift, und erschien dem Kephas, dann den Zwölf. 1 Kor 15,3–5

Stille

V Herr Jesus Christus,
  du bist der Auferstandene und lässt uns nicht allein,
  auch wenn unser Leben Trauer und Dunkel kennt,
  Enttäuschung und Zweifel, Mutlosigkeit und Angst,
  Sorge und Verwirrung.
A Ich weiß, dass mein Erlöser lebt.

V Du wandelst Trauer in jubelnde Freude,
  Zweifel in unerschütterliches Vertrauen,
  Mutlosigkeit in phantasievollen Einsatz,
  Sorge in neue Zuversicht. A Ich weiß, dass ...

V Du glättest die Wogen der Verwirrung.
  Du erhellst das Dunkel unseres Herzens.
  Du tränkst die Dürre unserer Seele.
  Du heilst die Wunden in unserem Leben. A ...

V In Unsicherheit und Unentschlossenheit sendest du den Geist der Stärke.
  In Streit und Unfrieden sendest du den Geist der Einheit.
  In Langeweile und Überdruss sendest du den Geist der Freude.
  In Gedankenlosigkeit und Egoismus sendest du den Geist der Liebe. A ...

675

4

V Durch die Taufe gehören wir zur Gemeinschaft deiner Kirche, und dein Leben erfüllt auch uns.
Wenn wir deine Liebe weitertragen,
A bricht das neue Leben an.
V Wenn Menschen sich durch die Not der anderen im Herzen berühren lassen, A bricht …
V Wenn Klagende ein offenes Ohr und eine stützende Hand finden, A …
V Wenn Menschen den stummen Schrei der Mutlosen und Ausgebeuteten nicht überhören, A …
V Wenn Unversöhnte den ersten Schritt zueinander wagen, A …
V Wenn Menschen sich öffnen für deinen Frieden und ihn weitergeben, A …
V Wenn durch die liebende Hand von Menschen die Barmherzigkeit Gottes erfahrbar wird, A …
V Wenn Schwierigkeiten und Sorgen von Zuversicht überstrahlt werden, A …
V Wenn Sterbende ihr Leben in deine Hand zurückgeben, A …

Stille

V Der Friede des Auferstandenen wohne in uns.
Die Freude des Auferstandenen erfülle uns.
Die Liebe des Auferstandenen durchdringe uns.
Der Segen des Auferstandenen begleite uns.
A Amen.

LIED: *„Das ist der Tag, den Gott macht"* (Nr. 329)

675 Heiliger Geist

V Gottes Geist, der die Kirche zusammenführt und eint, wohnt in uns. Er beschenkt uns mit göttlicher Lebenskraft.

L Jesus sagt: Der Beistand aber, der Heilige Geist, den der Vater in meinem Namen senden wird, der wird euch alles lehren und euch an alles erinnern, was ich euch gesagt habe.
Joh 14,26

Stille

V Du bist der Geist, der Leben schafft, durch dich wurde Adam zu einem lebendigen Menschen.
A Du bist der Geist, der Leben schafft.
V Durch dich nahm Gottes Sohn in Maria menschliches Leben an. **A** Du bist …
V An Pfingsten hast du die Kirche gestiftet. **A** …
V Im Wasser der Taufe wurden wir zu neuem Leben geboren. **A** …
V In dir und aus dir leben wir. **A** …
V In der Firmung stärkst du uns. **A** …
V In Brot und Wein schenkst du uns Leib und Blut Christi. **A** …
V Durch dich und mit dir sind wir Gottes Volk. **A** …
V Immer neu werden wir von dir beschenkt. **A** …
V Deine Gaben mögen in uns wachsen und reiche Frucht bringen. **A** …

V Wir beten zum Heiligen Geist, der uns gesandt wurde, um uns beizustehen.
A Erfülle und begleite uns.
V Wir möchten dich hören, Heiliger Geist, dir vertrauen. **A** Erfülle …
V In unserem Suchen und Fragen. **A** …
V Auf all unseren Lebenswegen. **A** …
V Mit göttlicher Wahrheit. **A** …
V Mit Licht und Stärke. **A** …

V Mit Langmut und Sanftmut. A …
V Mit Freude und Güte. A …
V Mit Liebe und Frieden. A …

V Um unserer Lebendigkeit willen beten wir zu dir, Heiliger Geist.
A Stärke uns, o Heiliger Geist.
V Wenn wir ängstlich, misstrauisch oder eifersüchtig sind. A Stärke uns …
V Wenn wir ausweichen, einander und uns selbst verlieren. A …
V Wenn wir uns einsam und verlassen fühlen. A …
V Wenn alles zerbrochen ist. A …
V Wenn uns die Sorgen des Alltags gefangen halten. A …
V Wenn wir uns in Abhängigkeiten verstrickt haben. A …
V Wenn wir krank sind, dem Leben nicht mehr trauen können. A …
V Wenn wir zweifeln, stärke du unseren Glauben. A …
V Wenn alles aussichtslos erscheint, stärke du unsere Hoffnung. A …
V Wenn wir nicht lieben können, entfache du unsere Liebe. A …
V Wenn uns die Kräfte schwinden und uns der Mut verlässt, sei du unsere Kraft. A …
V Du bist der Geist, der verbinden kann, was getrennt ist. A …
V Mit dir, guter Geist, können wir einen neuen Anfang wagen. A …

Stille

V Guter Gott, du sendest deinen Geist aus, die kostbare Gabe. So willst du uns dazu bewegen, dich und einander zu lieben. Lass in uns den Geist deiner Liebe so groß werden, dass unser Leben ganz von ihm erfüllt ist. Durch Christus, unseren Herrn.
A Amen.

LIED: *„Komm herab, o Heilger Geist"* (Nr. 344)
 „Komm, Schöpfer Geist" (Nr. 351)
 „Atme in uns" (Nr. 346)

675   Zu seinem Gedächtnis

6   V   Jesus sagt: Tut dies zu meinem Gedächtnis – Auftrag, Testament, Sendung für uns. Wir hören und fragen, wir wundern uns und staunen. Geheimnis des Glaubens.

L   Jesus nahm Brot, sprach das Dankgebet, brach das Brot und reichte es seinen Jüngern mit den Worten: Das ist mein Leib, der für euch hingegeben wird. Tut dies zu meinem Gedächtnis! Ebenso nahm er nach dem Mahl den Kelch und sagte: Dieser Kelch ist der Neue Bund in meinem Blut, das für euch vergossen wird. Lk 22,19–20

V   Deinen Tod, o Herr, verkünden wir.
A   Und deine Auferstehung preisen wir,
bis du kommst in Herrlichkeit.

Stille

V   Herr Jesus Christus, zum Abendmahl mit den Jüngern versammelt.
A   Wir beten dich an und preisen dich.
V   Du, Herr, stehst am Ende deines irdischen Weges. A …
V   Du, Herr, blickst auf deinen drohenden Tod. A …
V   Du, Herr, nimmst deine Hingabe am Kreuz vorweg. A …

V   Du selbst wirst Paschalamm. A …
V   Du stiftest das Mahl des neuen und ewigen Bundes. A …
V   Du begründest die Eucharistie der Kirche. A …
V   Du eröffnest das ewige Hochzeitsmahl. A …

V   Du teilst mit uns dein Leiden. A …
V   Du teilst mit uns deinen Tod. A …
V   Du teilst mit uns deine Auferstehung. A …
V   Du teilst mit uns dein Ostern. A …

V   Wir beten dich an, Herr Jesus Christus, und preisen dich, gegenwärtig im allerheiligsten Sakrament.
A   Du schenkst dich uns, wenn wir dein Gedächtnis begehen.

V Dein Leiden am Kreuz verurteilt alle,
die Menschen zu Opfern machen:
Dein Opfer ist ihr schärfstes Gericht und schreit nach
Gerechtigkeit.
A Herr Jesus Christus, für uns und für alle gekreuzigt,
du bist unter uns, wenn wir deiner gedenken.

V Dein Tod auf Golgota beschämt alle,
die deine Botschaft verwerfen:
Dein Sterben ist dein stärkstes Zeugnis und lädt zur
Nachfolge.
A Herr Jesus Christus, für uns und für alle gestorben,
du bist in unserer Mitte, wenn wir dein Mahl feiern.

V Deine Auferstehung aus dem Grab besiegt alle,
die Gottes Macht bezweifeln:
Dein Ostern ist sein größter Triumph und ruft zur Mission.
A Herr Jesus Christus, für uns und für alle auferstanden,
du bist bei uns, wo zwei oder drei in deinem Namen
versammelt sind.

V Wir bitten gemeinsam:
A Vermächtnis des Herrn, ernähre mich.
Tod Christi, präge mich.
Auferstehung Christi, berge mich.
Werk Christi, rufe mich.
Sendung Christi, sende mich.
Geheimnis Christi, öffne dich.
In deine Nähe ziehe mich.
Vor allem Bösen schütze mich.
Aus deiner Fülle speise mich,
damit ich lebe ewiglich.

V Ehre sei dem Vater ... A Wie im Anfang ...

LIED: *„Beim letzten Abendmahle" (Nr. 282)*

675 LEBENDIGES BROT

8 V Jesus sagt: Ich bin das lebendige Brot, das vom Himmel kommt – Brot, Himmel, Leben für uns. Wir hören und fragen, wir wundern uns und staunen. Geheimnis des Glaubens.

L Amen, amen, ich sage euch: Nicht Mose hat euch das Brot vom Himmel gegeben, sondern mein Vater gibt euch das wahre Brot vom Himmel. Denn das Brot, das Gott gibt, kommt vom Himmel herab und gibt der Welt das Leben. Ich bin das lebendige Brot, das vom Himmel herabgekommen ist. Joh 6,32–33.51

V Deinem Wort, o Herr, vertrauen wir.
A Und deiner Wahrheit glauben wir, bis du kommst in Herrlichkeit.

Stille

V Herr Jesus Christus, lebendiges Brot vom Himmel.
A Wir beten dich an und preisen dich.
V Du kommst vom Vater. A Wir beten dich an …
V Du bist von Anfang an. A …
V Du bist der ganzen Schöpfung gegeben. A …

V Du Brot aus dem Herzen Gottes. A …
V Du Brot aus der Liebe Gottes. A …
V Du Brot aus dem Erbarmen Gottes. A …
V Du Brot aus dem Frieden Gottes. A …

V Du Brot und Leben. A …
V Du Brot und Weisung. A …
V Du Brot und Licht. A …
V Du Brot und Wahrheit. A …

V Wir beten dich an, Herr Jesus Christus, und preisen dich, gegenwärtig im allerheiligsten Sakrament.
A Du bist das Brot, das vom Himmel kommt.

675

V Wir hungern nach Leben,
 das wahr ist und ewig.
 Du bist Leben und Liebe.
A Herr Jesus Christus, Brot von Gott,
 gib dich uns mit deinem Geist.

V Wir suchen nach Wegen,
 die licht sind und sinnvoll.
 Du bist Weg und Richtung.
A Herr Jesus Christus, Brot von Gott,
 gib dich uns mit deiner Kraft.

V Wir fragen nach Worten,
 die klar sind und gültig.
 Du bist Wort und Wahrheit.
A Herr Jesus Christus, Brot von Gott,
 gib dich uns mit deiner Botschaft.

V Wir bitten gemeinsam:
A Brot vom Himmel, nähre mich.
 Gottheit Christi, rette mich.
 Menschsein Christi, heile mich.
 Wort Christi, leite mich.
 Maßstab Christi, forme mich.
 Geheimnis Christi, öffne dich.
 In deine Nähe ziehe mich.
 Vor allem Bösen schütze mich.
 Aus deiner Fülle speise mich,
 damit ich lebe ewiglich.

V Ehre sei dem Vater... A Wie im Anfang...

LIED: *„O Jesu, all mein Leben bist du" (Nr. 377)*

676 Wahre Speise

1   V   Jesus sagt: Ich gebe euch mein Fleisch und Blut – Nahrung, Speise und Trank für uns. Wir hören und fragen, wir wundern uns und staunen. Geheimnis des Glaubens.

L   Wer mein Fleisch isst und mein Blut trinkt, hat das ewige Leben, und ich werde ihn auferwecken am Letzten Tag. Denn mein Fleisch ist wirklich eine Speise und mein Blut ist wirklich ein Trank. Joh 6,54–55

V   Deine Macht, o Herr, verkünden wir.
A   Und deine Gegenwart bekennen wir, bis du kommst in Herrlichkeit.

Stille

V   Herr Jesus Christus, gegeben als Speise und Trank.
A   Wir beten dich an und preisen dich.
V   Du, Herr – Fleisch und Blut. A   Wir beten …
V   Du, Herr – Leib und Seele. A   …
V   Du, Herr – Gott und Mensch. A   …
V   Du, Herr – Speise und Trank. A   …

V   Du schenkst uns dein Leben. A   …
V   Du schenkst uns deinen Geist. A   …
V   Du schenkst uns deine Liebe. A   …
V   Du schenkst uns deine Kraft. A   …

V   Du bist gegenwärtig in deinem Mahl. A   …
V   Du bist wirklich und wirksam in Brot und Wein. A   …
V   Du bist Stärkung auf unserem Lebensweg. A   …
V   Du bist Wegzehr auf unserer letzten Reise. A   …

V   Wir beten dich an, Herr Jesus Christus, und preisen dich, gegenwärtig im allerheiligsten Sakrament.
A   Du gibst dich uns mit Fleisch und Blut.

676

1
- V Herr Jesus Christus, wahrhaft Speise,
  wandle uns in deinem Mahl.
- A Lass uns essen, dass wir glauben,
  dass wir hoffen, dass wir lieben:
  neu verwandelt in dein Bild.

- V Herr Jesus Christus, wahrhaft Speise,
  wandle uns an deinem Tisch.
- A Lass uns wachsen, dass wir reifen,
  dass wir blühen, Früchte tragen:
  neu geworden durch den Geist.

- V Herr Jesus Christus, wahrhaft Speise,
  wandle uns mit deiner Macht.
- A Lass uns eins sein, dass wir stark sind,
  dass wir wirken, dass wir handeln:
  neu geschaffen für dein Reich.

2
- V Wir beten gemeinsam:
- A Mahl des Herrn, ernähre mich.
  Leib Christi, erlöse mich.
  Blut Christi, tränke mich.
  Leben Christi, stärke mich.
  Geist Christi, durchdringe mich.
  Geheimnis Christi, öffne dich.
  In deine Nähe ziehe mich.
  Vor allem Bösen schütze mich.
  Aus deiner Fülle speise mich,
  damit ich lebe ewiglich.

- V Ehre sei dem Vater… A Wie im Anfang…

LIED: *„Gottheit tief verborgen" (Nr. 497)*

676 HERZ JESU

3

V Das Herz ist ein Bild für die Liebe: die Liebe, die Menschen einander schenken, und die Liebe, die Gott schenkt. In seiner Barmherzigkeit ist er uns nahe gekommen in seinem Sohn. Jesus Christus wurde in allem uns gleich – außer der Sünde. Er hat die dunkle Macht der Sünde gebrochen durch seinen Tod am Kreuz.

L Als sie aber zu Jesus kamen und sahen, dass er schon tot war, zerschlugen sie ihm die Beine nicht, sondern einer der Soldaten stieß mit der Lanze in seine Seite, und sogleich floss Blut und Wasser heraus. Joh 19,33–34

Stille

V Gott hat ein Herz für die Menschen; er liebt sein Volk wie Eltern ihre Kinder. Dieser liebende Gott hat sich uns in seinem Sohn offenbart. Dafür danken wir und beten: Herr Jesus, Abbild und Wesen des Vaters,
A bilde unser Herz nach deinem Herzen.

V Von Anfang an scheiden sich an Jesus die Geister. Seine Liebe erfährt nicht immer Antwort. Doch der greise Simeon jubelt im Tempel über Jesus, den Messias: Er ist das Licht der Welt und das Heil aller Völker. Das bekennen auch wir und beten: Herr Jesus, Sohn des lebendigen Gottes, A bilde unser Herz …

V Jesus wendet sich den Armen und Kranken zu, er tröstet Schwache und Einsame, er schenkt Heilung und Zuversicht. Das erhoffen auch wir und beten: Herr Jesus, Heiland der Kranken, A …

V Eine Frau salbt Jesus mit Nardenöl. Der Herr spricht ihr die Vergebung der Sünden zu, weil sie so viel Liebe gezeigt hat. Er sitzt mit dem Sünder Zachäus zu Tisch und sagt ihm, dass seinem Haus Heil geschenkt ist. Jesus vergibt, wo Menschen Reue zeigen. Das erbitten auch wir und beten: Herr Jesus, Retter und Erlöser, A …

V Aus Jesu geöffneter Seite strömen Blut und Wasser, aus seinem durchbohrten Herzen entspringen die Sakramente der Kirche. Das Herz des Erlösers steht offen für alle, damit sie freudig schöpfen aus den Quellen des Heiles. Dafür danken wir und beten: Herr Jesus, Brot des Lebens, **A** …

V Viele Menschen haben erfahren, dass Jesus ihnen nahe ist, dass er unendlich geduldig ist, verhärtete Herzen aufbricht und Frieden schenkt. Darüber staunen wir und beten: Herr Jesus, Freund deiner Freunde, **A** …

V Wer sich dem Herzen Jesu anvertraut, empfängt Kraft, das eigene Kreuz zu tragen, schwierige Situationen zu meistern und Liebe auch dort zu schenken, wo keine Gegenliebe zu erwarten ist. Dankbar für jedes Zeugnis christlicher Hoffnung beten wir: Herr Jesus, gütig und selbstlos von Herzen, **A** …

V Herr Jesu, durchbohrt von der Lanze,
A erbarme dich unser.
V Herz Jesu, geduldig und voll Erbarmen, **A** erbarme…
V Herz Jesu, du Sühne für unsere Sünden, **A** …
V Herz Jesu, unser Friede und unsere Versöhnung, **A** …
V Herz Jesu, du Retter aller, die auf dich hoffen, **A** …
V Herz Jesu, du Hoffnung aller, die in dir sterben, **A** …
V Herz Jesu, würdig allen Lobes, **A** …
V Herz Jesu, dir vertrauen wir, **A** …

V Gott der Langmut und Liebe, in der Hingabe deines Sohnes am Kreuz umarmst du die ganze Menschheit. Wir danken dir für deine Barmherzigkeit, die du uns schenkst, in der wir angenommen und geborgen sind als deine Töchter und Söhne, als Schwestern und Brüder Jesu Christi, der mit dir und dem Heiligen Geist lebt und wirkt in Ewigkeit.
A Amen.

LIED: *„Ich will dich lieben"* (Nr. 358)

676 Maria

4 **V** Maria ist die Hörende, die Empfangende, die für Gott ganz Offene. An der Wende vom Alten zum Neuen Testament steht sie als fragende und glaubende Frau. Mit dem sorgenden Herzen der Mutter und mit dem hörenden Herzen der Jüngerin begleitet sie den Sohn Gottes auf seinem Lebensweg.

L Eine Frau aus der Menge rief Jesus zu: Selig die Frau, deren Leib dich getragen und deren Brust dich genährt hat. Er aber erwiderte: Selig sind vielmehr die, die das Wort Gottes hören und es befolgen. Lk 11,27–28

Stille

V Maria, du Magd des Herrn, du bist uns nahe,
du bist gemeinsam mit uns auf dem Weg.
Du bist uns Hilfe, Stütze und Führung.
A Maria, Schwester im Glauben, bitte für uns!

V Vorbild bist du – aus unseren Reihen,
Freude des Herrn und Segen der Welt,
du hast dein Ziel, in Gott zu leben, gefunden,
und begleitest voll Liebe alle, die ihn suchen. **A** Maria …

V Dein Leben war geprägt von der Treue zum Herrn.
Du hast Jesu Worte in deinem Herzen bewahrt,
du hast mitten unter den Aposteln im Gebet verharrt
und gemeinsam mit ihnen den Heiligen Geist
empfangen. **A** …

V Du, Maria, bist das Urbild der Kirche,
ein Mensch, ganz so, wie Gott ihn erdacht.
Du bist zugegen auch in der Kirche von heute,
voll liebender Sorge begleitest du uns. **A** …

V Ehre sei Gott, dem Vater, der dich erwählt hat. **676**
Ehre sei dem Sohn, den du in deinem Leib getragen hast. 4
Ehre sei dem Heiligen Geist, der dich mit seiner Kraft erfüllt.
A Ehre sei dem dreifaltigen Gott.

Stille

V Maria, du warst in deinem Leben ganz auf Gott ausgerichtet. –
Hilf uns, zu hören wie du
A die Botschaft des Herrn für uns.
V Hilf uns, zu glauben wie du
A an den lebendigen und erfahrbaren Gott.
V Hilf uns, zu vertrauen wie du
A mit einem sehenden Herzen.
V Hilf uns, zu lieben wie du
A behutsam und bewahrend.
V Hilf uns, Unbegreifliches anzunehmen wie du
A in großer Zuversicht.
V Hilf uns, zu warten wie du
A mit bereitem Herzen, mit offenen Augen und Ohren und einer wachen Seele.
V Maria, Mutter des Herrn,
A hilf uns, zu glauben wie du.

V Maria, mit ganzem Herzen, mit ganzer Seele und all deinen Kräften hast du Gott geliebt. Du Königin des Himmels, erbitte auch uns die Gabe lebendiger Gottes- und Nächstenliebe.
A Mit dir preisen wir den dreifaltigen Gott.

V Ehre sei dem Vater... **A** Wie im Anfang...

LIED: *„Maria, dich lieben" (Nr. 521)*

676 Engel

V Engel sind von Gott geschaffen und stehen anbetend um seinen Thron. Den Menschen vermitteln sie seine Botschaft auf vielfältige Weise. Sie überbringen die Lebensberufung wie bei Maria, sie leiten auf dem Weg wie beim Seher Bileam, sie verkünden neues Leben – den Hirten auf dem Feld oder den Frauen am leeren Grab. Sie bringen Stärkung – Elija unter dem Ginsterstrauch oder Jesus in der Wüste und am Ölberg. Zu uns Menschen sind sie gesandt, uns zu helfen, uns zu geleiten und zu führen, damit wir mit ihnen unser Ziel bei Gott erreichen.

L Denn er befiehlt seinen Engeln, dich zu behüten auf all deinen Wegen. Sie tragen dich auf ihren Händen, damit dein Fuß nicht an einen Stein stößt. Ps 91,11–12

Stille

V Ihr Engel, Verkünder der Botschaft des Herrn,
A macht unser Herz bereit.
V Damit wir das Wort Gottes mit einem hörenden Herzen verstehen, damit wir es wagen, uns auf unseren Glauben einzulassen, damit wir voll Freude die Botschaft Gottes in unserem Leben entdecken, A macht unser …
V Damit wir unseren Alltag bewusst gestalten, damit wir das Kleine und Unscheinbare nicht übersehen, damit wir anderen freundlich und offen begegnen, A …

V Ihr Engel, Verkünder der Berufung durch Gott,
A zeigt uns unseren Weg.
V Damit wir unseren Platz im Leben finden, damit wir unsere Talente entfalten, damit wir in unserem Leben Gottes Willen erkennen, A zeigt uns …
V Damit auch wir andere stützen, damit wir für die uns Anvertrauten zum Segen werden, A …

676

V Ihr Engel, als Schützer uns an die Seite gegeben,
A geleitet uns auf dem Weg.
V Schützt uns auf unbekannten Pfaden und gefährlichen Wegen, schützt uns davor, unser Ziel zu verfehlen. A …
V Verwandelt unser Klagen in Lobpreis, unsere Angst in Vertrauen, unsere Sorge in Zuversicht, A …

V Ihr Engel, uns als Helfer gesandt,
A stärkt uns auf dem Weg.
V Wenn wir müde und erschöpft aufgeben wollen, wenn wir Orientierung und Ziel aus den Augen verloren haben, A stärkt uns …
V Wenn wir uns alleine und verlassen fühlen, A …

V Ihr Engel, anbetend vor dem Throne Gottes,
A lasst uns einstimmen in euren Lobpreis.
V Im Empfangen der Sakramente, in der Anbetung der Eucharistie, in Betrachtung des Leidens und der Auferstehung Jesu, A lasst uns einstimmen …
V In Feier und Gebet, in persönlichem Dank, in Stille und Besinnung, A …

Stille

V Ihr Erzengel – Gabriel, Michael und Raphael –,
A bittet für uns!
V Ihr Schutzengel, A bittet …
V Ihr Kerubim und Serafim, A …
V All ihr himmlischen Heerscharen, A …

V Mit euch rufen wir:
A Heilig, heilig, heilig ist der Herr der Heere.
Von seiner Herrlichkeit ist die ganze Erde erfüllt.

LIED: *„Gott, aller Schöpfung heilger Herr" (Nr. 539)*

676 Heilige

V Heilige gibt es zu allen Zeiten, in allen Völkern und Schichten. Sie machen uns Mut, an Gott zu glauben und ihn zu loben. Sie sind Menschen, die ihr Ziel bei Gott bereits erreicht haben. Sie sind uns nahe, weil sie um unsere Schwierigkeiten und Sorgen wissen. Sie sind Gott nahe, weil sie sich in ihrem Leben ‚trotz allem' immer wieder auf ihn hin ausgerichtet haben.

L Ich sah eine große Schar aus allen Nationen und Stämmen, Völkern und Sprachen; niemand konnte sie zählen. Sie standen in weißen Gewändern vor dem Thron und vor dem Lamm und trugen Palmzweige in den Händen. Sie riefen mit lauter Stimme: Die Rettung kommt von unserem Gott, der auf dem Thron sitzt, und von dem Lamm. Offb 7,9–10

Stille

V Unzählbar ist die Schar vor Gottes Thron. Märtyrer und Bekenner, Eheleute, Priester und Ordensangehörige, Frauen und Männer – als pilgerndes Gottesvolk waren sie unterwegs, als suchende Menschen waren sie vertraut mit all dem, was auch uns heute bewegt. Deshalb rufen wir zu ihnen, die mit ihrem ganzen Leben das Lob Gottes singen:

V Wenn wir geliebt und angenommen sind,
A lasst uns einstimmen in euer Lob.
V Wenn wir von der Freude gelungener Gemeinschaft erfüllt sind, **A** lasst uns ...
V Wenn wir Vergebung und Versöhnung schenken dürfen, **A** ...
V Wenn wir Schaffenskraft und geglückte Arbeit erleben, **A** ...
V Wenn wir Gott in den kleinen Dingen des Alltags entdecken, **A** ...
V Wenn wir mit liebevollen Aufmerksamkeiten beschenkt werden, **A** ...
V Wenn sich Probleme unerwartet lösen, **A** ...
V Wenn uns Freude und Jubel erfüllen, **A** ...

V In der Sorge um unsere Familien
A erbittet uns Kraft.
V In der Sorge um unsere Kinder und Jugendlichen
A erbittet uns …
V In der Sorge um alte und gebrechliche Eltern **A** …
V In der Sorge um unsere Arbeitsstelle **A** …
V In Verzicht und Verlust **A** …
V In der Angst vor der Zukunft **A** …
V In schweren Entscheidungen **A** …
V Wenn uns Enttäuschung und Bitterkeit befallen, **A** …
V Im Widerstand gegen Ungerechtigkeit und Gewalt **A** …
V Wenn unsere Träume zerbrechen, **A** …
V Wenn unsere Lebensfreude zu ersterben droht, **A** …
V Wenn unsere Beziehungen gefährdet sind, **A** …
V In Krankheit und Schwachheit **A** …
V In Einsamkeit und Leere **A** …
V In Schmerz und Trauer **A** …
V In Not und Dunkel **A** …

V Wenn wir versuchen, im Alltag die Liebe Gottes weiterzugeben,
A erfleht uns Gottes Segen.
V Wenn wir es wagen, mit anderen von unserem Glauben zu sprechen, **A** erfleht uns …
V Wenn wir versuchen, in unserer Umgebung Gerechtigkeit und Frieden zu schaffen, **A** …
V Wenn wir uns um lebendigen Glauben mühen, **A** …
V Wenn wir um tätige Nächstenliebe ringen, **A** …
V Wenn wir das Wort Gottes hören und feiern, **A** …

Stille

V Mit euch preisen wir den Vater und den Sohn und den Heiligen Geist. Mit euch beten wir das Lamm an, das uns neue Freiheit gebracht hat. Wir hoffen, dass wir mit euch einst die Herrlichkeit des Herrn schauen dürfen in Ewigkeit.
A Amen.

LIED: *„Ihr Freunde Gottes"* (Nr. 542); *„Für alle Heilgen"* (Nr. 548)

676 Taufe

7 V Wir nennen uns Christen, weil wir auf Jesus Christus getauft und mit dem Geist Gottes gesalbt sind. Durch Wasser und Heiligen Geist gehören wir zu ihm. Wer den Glauben an den Herrn wagt, findet die Quelle der Hoffnung. Um die Zuversicht zu erneuern, erinnern wir uns an unsere Taufe. Wir danken Gott für seine Gabe und beten für alle Getauften.

L Jesus spricht: Mir ist alle Macht gegeben im Himmel und auf der Erde. Darum geht zu allen Völkern und macht alle Menschen zu meinen Jüngern; tauft sie auf den Namen des Vaters und des Sohnes und des Heiligen Geistes, und lehrt sie, alles zu befolgen, was ich euch geboten habe. Seid gewiss: Ich bin bei euch alle Tage bis zum Ende der Welt. Mt 28,18–20

Stille

V Herr Jesus Christus, in der Taufe sind wir zu neuem Leben geboren. Wir sind mit dir gestorben, um mit dir zu leben. Dieses neue Leben ist wie eine erfrischende Quelle, aus der wir schöpfen dürfen.
A Alle meine Quellen entspringen in dir.
V Du zeigst Suchenden den Weg. Du fängst Verzweifelte auf. Du schenkst Streitenden Versöhnung. A Alle meine …
V Du führst Einsame zur Gemeinschaft. Du tröstest Trauernde. Du ermutigst Gescheiterte. A …
V Du vergibst denen, die schuldig geworden sind. Du stehst auf der Seite der Unvollkommenen. Du öffnest Sterbenden die Tür zum Leben. A …
V Du verleihst Friedfertigen Ausstrahlung. Du machst Getaufte zum Salz der Erde. Du rufst uns zu Zeugen deiner Liebe. A …

V Durch unsere Taufe gehören wir zu deiner Kirche. Du nennst uns nicht mehr Knechte, sondern Freunde. Wir danken dir, dass wir deine Freunde sind.
A Wir danken dir für das Geschenk der Taufe.

V Du bist gegenwärtig, wo Menschen auf dein Wort hören und dein Mahl feiern. A Wir danken dir …
V Du bist gegenwärtig, wo Menschen einander die Hände reichen und Rache der Vergebung weicht. A …
V Du bist gegenwärtig, wo Menschen einander Tränen trocknen und Zuversicht säen. A …
V Du bist gegenwärtig, wo Menschen einander Wege des Friedens weisen und Waffen vernichten. A …
V Du bist gegenwärtig, wo Menschen einander Gehör schenken und die Vielfalt der Meinungen achten. A …
V Du bist gegenwärtig, wo Menschen mutig in deine Fußspur treten und so der Kirche Glaubwürdigkeit verleihen. A …

V/A Erneuere, Herr, die Gnade der Taufe.
V Wenn Wüsten der Lieblosigkeit sich ausbreiten und Menschen einander beherrschen, A erneuere …
V Wenn Schuld niederdrückt und Vergebung schwerfällt, A …
V Wenn Hoffnung ins Schwanken gerät und nur Unzufriedenheit über die Lippen kommt, A …
V Wenn wir uns hinter Kirchenmauern zurückziehen und keine Verantwortung in der Welt übernehmen, A …
V Wenn das Zeugnis für deine Liebe müde wird und Begeisterung erlahmt, A …
V Wenn wir an die Schwelle des Todes gelangen und Zukunft ersehnen, A …

V Wir beten gemeinsam:
A Herr, es ist deine Freude, bei den Menschen zu wohnen. Belebe, was du in der Taufe an uns gewirkt hast. Begleite die Getauften und alle, die sich auf die Taufe vorbereiten. Mache uns gemeinsam zu Boten der Hoffnung und des Friedens. Unser Leben verkünde stets dein Lob.
V Ehre sei dem Vater … A Wie im Anfang …

LIED: *„Wir sind getauft"* (Nr. 329,3)

677 Umkehr und Buße

1 V Schuld ist eine Grunderfahrung unseres Lebens. Sie trennt von Gott und reißt Gräben zwischen den Menschen auf. Obwohl die Schuld schwer auf der Seele lasten kann, wird sie oft verdrängt. Vor Gott dürfen wir unsere Sünden eingestehen. In seiner Barmherzigkeit ebnet er den Weg für einen Neuanfang. Wer sich seiner Liebe überlässt, den wird er auf diesen Weg führen.

L Jesus verkündete das Evangelium Gottes und sprach: Die Zeit ist erfüllt, das Reich Gottes ist nahe. Kehrt um, und glaubt an das Evangelium! Mk 1,14–15

Stille

V Herr Jesus Christus, schuldbeladen stehen wir vor dir. Wir sehnen uns nach Umkehr und Neubeginn. Doch aus eigener Kraft sind wir zu schwach. Übermächtig ist die Angst, Schuld einzugestehen. Verlockend ist die Versuchung, sie zu leugnen. Du gibst Mut zur Wahrheit und befreist uns von der Last unserer Sünden.

V/A Wir danken dir für das Geschenk deines Erbarmens.
V Du hast die Sünder an deinen Tisch gerufen. A Wir …
V Du bist gegenwärtig, wenn die Vergebung über die Vergeltung siegt. A …
V Du bist mit allen verbunden, die in ihrer Schuld Gott suchen. A …
V Du bist das endgültige Ja-Wort Gottes zu den Menschen. A …

V/A Schenke uns, Herr, dein Erbarmen.
V Wo wir dir den Rücken zugekehrt haben, A schenke …
V Wo wir in Gewohnheiten gefesselt waren, A …
V Wo wir den Schmerz anderer übersehen haben, A …
V Wo wir nur unser eigenes Wohl verfolgt haben, A …
V Wo wir Gutes unterlassen haben, A …

677

V Wo wir Bösem nicht Einhalt geboten haben, A ...
V Wo wir zu ängstlich waren, für eine gerechte Sache zu streiten, A ...
V Wo wir die Schuld anderer nicht vergeben können, A ...
V Wo wir uns schwer tun, Vergebung anzunehmen, A ...

1

V Herr, wenn wir unseren Fuß in deine Fußspur setzen, dann öffnen sich neue Wege zu dir, zueinander und zu uns selbst. Dann kann Versöhnung gelingen und es blüht neues Leben. Deshalb rufen wir:
A Zeige, Herr, Wege der Versöhnung.
V Missgunst, Selbstsucht und Verachtung zerstören Vertrauen. Schenke offene Augen, die die Schätze im Herzen der anderen erkennen. A Zeige, Herr ...
V Freundschaften, Familien und Partnerschaften zerbrechen. Schenke Bereitschaft, Trennendes zu überwinden und Gemeinsames zu stärken. A ...
V Gleichgültigkeit lähmt. Schenke aufrichtende Worte und zupackende Hände, die im Vertrauen auf dich das Gute wagen. A ...
V Völker ringen um Wege zueinander. Schenke Phantasie, zwischen den Nationen Frieden und Ausgleich zu schaffen. A ...

V Wir beten gemeinsam:
A Herr, erbarme dich aller, die umkehren und neu anfangen wollen. Wir danken dir, dass du von Schuld und Sünde befreist und Vergebung schenkst. Ermutige uns, einander die Schuld zu verzeihen. Lege deine Gedanken der Versöhnung in unser Herz, damit wir zueinander und zu dir finden. Mache uns zu Zeugen deiner Barmherzigkeit.

2

V Ehre sei dem Vater ... A Wie im Anfang ...

LIED: *„O Herr, aus tiefer Klage"* (Nr. 271)

677 GLAUBE

3   V Solange wir leben, suchen wir nach Halt. Wir schauen nach rechts und links und tasten nach festem Boden unter den Füßen. Glaubend strecken wir uns aus nach Gott. Doch wer glaubt, kennt auch Zweifel. Im Glauben vereint, bitten wir, Gott möge unseren Glauben stärken.

L Ein Mann sagte: Wenn du kannst, hilf uns; hab Mitleid mit uns! Jesus sagte zu ihm: Wenn du kannst? Alles kann, wer glaubt. Da rief der Mann: Ich glaube; hilf meinem Unglauben! vgl. Mk 9,22–24

Stille

V/**A** Ich glaube, Herr. Hilf meinem Unglauben!
V Du Gott der Suchenden. A Ich glaube, Herr…
V Du Gott der Fragenden. A …
V Du Gott der Zweifelnden. A …
V Du Gott der Mutlosen. A …
V Du Gott der Schwachen. A …
V Du Gott der Gescheiterten. A …
V Du Gott der Gefangenen. A …
V Du Gott der Sterbenden. A …

V Herr, du bist treu. Wenn uns auch Zweifel und Unsicherheit erdrücken, so bleibst du dennoch nahe. Du bist vertraut mit allen unseren Wegen. Du umgibst uns von allen Seiten und hast deine Hand auf uns gelegt. Daran dürfen wir glauben. Daran dürfen wir uns festhalten.

V/**A** Wende unsere Herzen neu zu dir.
V Gestärkt sind wir durch deinen Geist,
   gewollt sind wir von deiner Liebe,
   getragen sind wir durch deine Nähe,
   gestützt sind wir durch dein Erbarmen. A Wende…

677

3

V Gehalten sind wir in den Stürmen unseres Lebens,
geborgen sind wir in den Tiefen der Unsicherheit,
geliebt sind wir in den Wüsten der Angst,
geführt sind wir auf den Wegen des Alltags. A …

V Geleitet sind wir durch dein Wort,
geeint sind wir in der Gemeinschaft deiner Kirche,
gerufen sind wir an deinen Tisch,
gesandt sind wir als Zeugen deiner Treue. A …

V Wo Menschen ihre Kräfte überschätzen und allein auf eigene Leistung bauen,
A schenke, Herr, die Gabe des Glaubens.
V Wo Menschen sich zu Herrschern über andere machen und einander Schmerzen zufügen, A schenke …
V Wo Menschen Tränen der Enttäuschung weinen und durch ihren Alltag taumeln, A …
V Wo Menschen nach dem richtigen Weg für ihr Leben suchen, A …
V Wo Christen sich auf einen kirchlichen Beruf vorbereiten, A …
V Wo Christen in Gleichgültigkeit erstarren oder ihnen die Kräfte schwinden, A …
V Wo Christen die Freude an dir verlieren, A …
V Wo wir als Kinder, Jugendliche und Erwachsene zusammen leben, A …
V Wo wir einander tragen und ertragen, A …
V Wo wir Brücken zueinander bauen, A …

V Herr, wer auf dich baut, gewinnt Vertrauen; wer auf dich baut, gewinnt das Leben. Sende deinen Geist, damit er unseren Glauben stärke. Er richte auf, was schwach und gestrauchelt ist. Mache uns füreinander zu Zeugen des Glaubens, damit wir mit deiner Hilfe immer mehr erkennen, wie nahe du uns bist. Im Glauben vereint singen wir dir unser Lob, heute und in Ewigkeit. A Amen.

LIED: *„Herr, unser Herr, wie bist du zugegen" (Nr. 414)*

677 Hoffnung

V Solange wir leben, hoffen wir. Leben ohne Hoffnung ist finster und dumpf. Ohne Aussicht und Zuversicht verwelken wir. Es genügt nicht, sich selber Hoffnung zu machen. Hoffnung braucht einen Grund.

L Denn ich, ich kenne meine Pläne, die ich für euch habe – Spruch des Herrn –, Pläne des Heils und nicht des Unheils; denn ich will euch eine Zukunft und eine Hoffnung geben.
Jer 29,11

V Deinen Bund, o Herr, verkünden wir.
A Und deine Treue preisen wir,
bis du kommst in Herrlichkeit.

Stille

V Du Gott und Ursprung unseres Lebens.
A Wir hoffen auf dich.
V Du Gott und Atem unseres Lebens. **A** Wir hoffen ...
V Du Gott und Ziel unseres Lebens. **A** ...
V Du Gott und Zukunft unseres Lebens. **A** ...

V Du bist deiner Schöpfung treu geblieben. **A** ...
V Du hast dein Volk Israel durch die Geschichte geleitet. **A** ...
V Du hast es aus Ägypten und aus dem Exil befreit. **A** ...
V Du hast zuletzt deinen Sohn als Retter gesandt. **A** ...

V Dein Sohn ist dein endgültiges Ja-Wort zu uns. **A** ...
V Dein Sohn hat das Kommen deines Reiches verkündet. **A** ...
V Dein Sohn hat Sünde und Tod am Kreuz besiegt. **A** ...
V Dein Sohn hat das Tor zur Auferstehung aufgestoßen. **A** ...

V Der Herr hat uns befreit.
A Auf ewig besteht sein Bund.

677

V Zwischen Angst und Hoffnung leben wir
und möchten doch gern glücklich sein und Sinn erfahren.
Wenn Zweifel und Enttäuschung uns bedrängen:
Schenke uns Zukunft und Hoffnung.
A Gott des Lebens, Grund unserer Hoffnung.

V Zwischen Angst und Hoffnung treiben wir
und möchten doch gern vorwärts gehn und Ziele sehen.
Wenn Dunkelheit und Finsternis über uns kommen:
Rette uns ins Licht und in die Freiheit.
A Gott der Menschen, Grund unserer Hoffnung.

V Zwischen Angst und Hoffnung schwanken wir und
möchten doch dein Schöpfungswerk erhalten und bewahren.
Wenn Verschwendung und Zerstörung überhand nehmen:
Gib uns Phantasie und Tatkraft.
A Gott der Schöpfung, Grund unsrer Hoffnung.

V Zwischen Angst und Hoffnung träumen wir
und möchten eine neue Welt und einen neuen Menschen.
Wenn Armut und Gewalt die Völker entzweien:
Hilf uns zu Gerechtigkeit und Frieden.
A Gott der Geschichte, Grund unserer Hoffnung.

V Wir beten gemeinsam:
A Gott, du bist ein Freund des Lebens
und willst, dass wir das Leben in Fülle haben.
Mach uns zu Zeugen dieser Botschaft:
dass wir Vertrauen säen, wo Ängste sind;
dass wir Mut machen, wo Verzagtheit ist;
dass wir Kraft schenken, wo Schwachheit lähmt.
Lass uns Diener der Hoffnung und Freunde des Lebens sein.

V Ehre sei dem Vater ... A Wie im Anfang ...

LIED: *„Wer nur den lieben Gott lässt walten" (Nr. 424)*

677 Liebe

6   V Jesus hat die Liebe Gottes verkündet und mit seinem Leben bezeugt. Gott ist die Liebe. Wer sich auf diese Liebe einlässt, wächst über sich hinaus und wird selbst zu einem Boten der Liebe.

L Ein neues Gebot gebe ich euch: Liebt einander! Wie ich euch geliebt habe, so sollt auch ihr einander lieben. Daran werden alle erkennen, dass ihr meine Jünger seid: wenn ihr einander liebt. Joh 13,34–35

Stille

V Jesus Christus, du bist die menschgewordene Liebe Gottes.
A Dir singen wir unser Lob.
V Jesus Christus, du bist die gekreuzigte Liebe Gottes. A …
V Jesus Christus, du bist die auferstandene Liebe Gottes. A …
V Jesus Christus, du bist die Leidenschaft Gottes für uns. A …

V Sündern hast du vergeben. A …
V Kranke hast du aufgerichtet. A …
V Ängstliche hast du ermutigt. A …
V Trauernde hast du getröstet. A …
V Hungernde hast du gesättigt. A …
V Verlassenen hast du Gemeinschaft geschenkt. A …
V Ausgestoßenen hast du Recht verschafft. A …
V Die Jünger hast du zu Zeugen deiner Liebe berufen. A …

V Herr, rüttle unsere Herzen auf, dass wir erkennen, was deine Liebe wirken will. Rüttle unsere Herzen auf, dass wir erkennen, was deine Liebe durch uns wirken will.

677

V/A Entzünde in uns das Feuer deiner Liebe.

6

V Schenke allen ein brennendes Herz, die einander überdrüssig sind und verlernt haben, füreinander Verantwortung zu übernehmen. A Entzünde in uns …

V Schenke allen ein brennendes Herz, die miteinander verfeindet sind und sich tiefe Wunden zugefügt haben. A …

V Schenke allen ein brennendes Herz, die sich verlassen fühlen und sich nach einem tröstenden Wort und einer helfenden Hand sehnen. A …

V Schenke allen ein brennendes Herz, die gefesselt sind von ihrer Gier nach Ansehen, Macht und Geld. A …

V Schenke allen ein brennendes Herz, die zu Opfern einer ungerechten Verteilung von Gütern werden. A …

V Schenke allen ein brennendes Herz, denen die Anforderungen des Alltags über den Kopf wachsen. A …

V Schenke allen ein brennendes Herz, die schwer an dem Verlust eines geliebten Menschen tragen. A …

V Schenke allen ein brennendes Herz, die in Familie und Ehe einander in Liebe verbunden sind. A …

V Schenke allen ein brennendes Herz, die sich zu dir bekennen und um Glaubwürdigkeit der Kirche ringen. A …

V Wir beten gemeinsam:

A Herr, bei dir finden wir Liebe in Fülle. Wir danken dir, dass du uns zu Zeugen dieser Liebe machst. Durchdringe uns mit der Glut deiner Liebe, dass wir hellsichtig werden für die Not anderer. Festige in uns Tatkraft und Mut, deine Leidenschaft für die Menschen zu bezeugen. Dir sei Lob in Ewigkeit.

7

V Ehre sei dem Vater … A Wie im Anfang …

LIED: *„Das Weizenkorn muss sterben"* (Nr. 210)

677   Kirche in der Welt

8   V Wer zur Gemeinschaft der Getauften zählt, darf sich verbunden wissen mit der weltumspannenden Kirche. Mögen auch Grenzen von Sprache und Nation voneinander trennen, Gott hat ein Band geknüpft, das alle Schranken überwindet. Er eint uns als sein Volk und macht uns zu Schwestern und Brüdern.

L Ihr seid also jetzt nicht mehr Fremde ohne Bürgerrecht, sondern Mitbürger der Heiligen und Hausgenossen Gottes. Ihr seid auf das Fundament der Apostel und Propheten gebaut; der Schlussstein ist Christus Jesus selbst. Eph 2,19–20

Stille

V Herr Jesus Christus, du hast deinen Jüngern das Werk deiner Liebe anvertraut.
A Wir danken dir, dass du uns berufen hast, dein Volk zu sein.
V Du bist die Mitte und das Haupt deiner Kirche. A Wir …
V Du hast deiner Kirche Bestand in allen Stürmen der Zeit verheißen. A …
V Du hast deiner Kirche Maria als Vorbild im Glauben an die Seite gestellt. A …

V Steh unserem Papst N. bei, dass er Worte finde, die ermutigen, dass er Kraft finde zu einen, dass er Weisheit finde zu lehren.
A Gedenke, Herr, deiner Kirche und stärke sie.

V Steh unserem Bischof N. bei, dass er Vorbild sei im Glauben, uns erhalte in der Hoffnung und den Weg zu deiner Liebe weise. A Gedenke, Herr …

V Steh allen bei, die zur Verkündigung des Evangeliums bestellt sind, dass sie die Nöte der Zeit erkennen, ihre Ohren für die Menschen weit öffnen und glaubwürdig als deine Zeugen auftreten. A …

V Steh allen Getauften bei, in den Familien, in der Schule, am Arbeitsplatz, in der Politik und Wirtschaft und in anderen Bereichen des Alltags zu bekennen, dass du die Mitte ihres Lebens bist. A …

677
8

Stille

V Wo die Kirche Christus bezeugt, braucht sie Phantasie, um seine Botschaft in den Alltag zu übersetzen. Sie braucht Respekt, um mit Andersdenkenden das Gespräch zu suchen. Sie braucht offene Augen, um auch im Fremden das Wirken Gottes zu erkennen. Deshalb rufen wir:
A Führe deine Kirche und begleite sie.
V Verleihe deinem Volk die Gaben der Aufmerksamkeit und der Geduld. A Führe deine Kirche …
V Verleihe deinem Volk die Gaben des Hörens und der Zurückhaltung. A …
V Verleihe deinem Volk die Gaben der Achtung und des Interesses füreinander. A …
V Verleihe deinem Volk die Gaben der Phantasie und der Tatkraft. A …

V Herr, aus allen Völkern hast du deine Kirche zusammengeführt. Mache sie zum Werkzeug deiner Liebe unter den Menschen. Gib ihr eine Sprache, die die Menschen verstehen. Bewahre sie vor Erstarrung und stärke sie auf ihrem Weg. Der du lebst und herrschst in Ewigkeit.
A Amen.

LIED: *„Sonne der Gerechtigkeit" (Nr. 481)*
„Gott ruft sein Volk zusammen" (Nr. 477)

677 Einheit der Kirche

9 V Das Pfingstfest ist die Geburtsstunde der Kirche Jesu Christi. Von Jerusalem aus wächst sie über die ganze Welt. Doch seit den ersten Tagen gibt es auch Uneinigkeit und Spaltung. Christen jeder Generation sind immer neu gefordert, Wege gemeinsamen Handelns zu suchen und das Trennende im Geist des Evangeliums zu überwinden.

L Alle sollen eins sein: Wie du, Vater, in mir bist und ich in dir bin, sollen auch sie in uns sein, damit die Welt glaubt, dass du mich gesandt hast. Joh 17,21

Stille

V Im Sakrament der Taufe sind alle Christen miteinander verbunden. Darum gilt es, dass wir einander in Achtung und Liebe begegnen, die unterschiedlichen Frömmigkeitsformen achten und gemeinsam nach Gottes Willen in der Heiligen Schrift suchen. Dankbar für alle geschwisterliche Weggemeinschaft, die wir erfahren, beten wir:
A Himmlischer Vater, schenke uns ein hörendes Herz und lebendigen Glauben.

V Die fehlende Einheit der Kirche beeinträchtigt das Leben vieler Gemeinden. In einer Umgebung, die anders glaubt und denkt, fühlen sich Christen oft allein. Doch gibt es gerade in der Diaspora einen großen Einsatz für das Leben der Kirche und ein gutes Miteinander der Konfessionen. Dankbar für alle Hilfe und jedes gemeinsame Tun, das wir erfahren, beten wir:
A Himmlischer Vater, schenke uns ein hörendes Herz und lebendigen Glauben.

V Im Abendmahlssaal betet Jesus um die Einheit der Seinen und hinterlässt ihnen seinen Frieden. Doch die Einheit der Kirche ist von Anfang an gefährdet und immer wieder zerbrochen. Eins in der Taufe und der gemeinsamen Sen-

dung, empfinden viele schmerzlich die Trennung in der Eucharistie. Dankbar für alle Sehnsucht nach der Gemeinschaft mit Christus im Sakrament des Altares beten wir:
A Himmlischer Vater, sende uns den Geist der Einheit, der wegnimmt, was trennt.

V Vielfalt ist wertvoll. Tradition gibt Heimat. Doch Vielfalt und Tradition können auch ein Miteinander und einen Aufbruch verhindern. Darum ist der Weg zur Einheit im Glauben nur im Geist der Versöhnung und der Liebe möglich. Dankbar für alles geschwisterliche Miteinander, das wir erfahren, beten wir:
A Himmlischer Vater, sende uns den Geist der Einheit, der wegnimmt, was trennt.

V Die Spaltung schwächt das Zeugnis der Kirche in unserer Gesellschaft. Sie bringt in Ehen und Familien Bedrückung und Schmerz. Darum ist die Einheit der Kirche um ihrer Sendung willen mutig anzugehen. Dankbar für jeden kleinen Schritt, den wir aufeinander zugehen, beten wir:
A Himmlischer Vater, sende uns den Geist der Einheit, der wegnimmt, was trennt.

V Allmächtiger Gott, du führst zusammen, was getrennt ist, und bewahrst in der Einheit, was du verbunden hast. Schau voll Erbarmen auf alle, die durch die eine Taufe geheiligt sind und Christus angehören. Mache sie eins durch das Band des unversehrten Glaubens und der brüderlichen Liebe. Darum bitten wir durch Christus, unseren Herrn.
A Amen.

LIED: *„Dank sei dir, Vater" (Nr. 484)*

678 Charismen und Dienste

1   V Die Kirche ist lebendig, weil sie aus der Fülle der Gnadengaben lebt. Denn alle Getauften sind gerufen, ihre Charismen einzubringen. Diese sind immer Gabe für andere, damit die Kirche ihre Sendung zu jeder Zeit erfüllen kann.

L Es gibt verschiedene Gnadengaben, aber nur den einen Geist. Es gibt verschiedene Dienste, aber nur den einen Herrn. Es gibt verschiedene Kräfte, die wirken, aber nur den einen Gott: Er bewirkt alles in allen. Jedem aber wird die Offenbarung des Geistes geschenkt, damit sie anderen nützt. 1 Kor 12,4–7

Stille

V Für unseren Papst N., der unsere Kirche leitet,
für unseren Bischof N., der uns Seelsorger und Hirte ist,
für die Priester und Diakone, die mit uns die Sakramente feiern,
A danken wir dir, Gott, du ewiger Hirte.

V Für alle Frauen und Männer, die in der Seelsorge mitarbeiten,
für die Eltern, die ihre Kinder zur Taufe bringen,
für die Eheleute, die jungen Menschen ein Vorbild gelingenden Lebens sind,
A danken wir dir, Gott, du ewiger Hirte.

V Für jene, die Kinder, Jugendliche und alle Suchenden in das Geheimnis des Glaubens begleiten,
für alle, die sich einsetzen für die Schönheit der Liturgie,
für die Frauen und Männer, die das Gut der Gemeinde verwalten,
A danken wir dir, Gott, du ewiger Hirte.

V Für die Mütter und Väter, die ihre Kinder beten lehren,
für die Erzieherinnen und Erzieher in unseren Kindergärten,
für die Frauen und Männer in Religionsunterricht und Katechese
A danken wir dir, Gott, du unser Vater.

V Für jene, die ihre Gaben spenden,
   für alle, die andere im Glauben ermutigen und begleiten,
   für jene, die Einsamkeit und Not sehen und lindern,
A danken wir dir, Gott, du unser Vater.

V Für ein Miteinander in Frieden und Gerechtigkeit,
   für die Achtung des Lebens vom Anfang bis zum Ende,
   für alle Solidarität und Nächstenliebe
A danken wir dir, Gott, du Freund des Lebens.

V Für allen Respekt vor der Schöpfung und ihrer Ordnung,
   für alle Verantwortung in Wissenschaft und Forschung,
   für alle Freude und alles Glück dieser Erde
A danken wir dir, Gott, du Freund des Lebens.

V Für alle, die Begabungen anderer sehen und fördern,
   für jene, die beten, die dulden und verzeihen,
   für alle, die für andere ein Segen sind,
A danken wir dir, Gott, du Freund des Lebens.

V Gott, du bewirkst alles in allen. Dein Geist hat uns in der Taufe in den Leib aufgenommen, der die Kirche ist. Wir danken dir für alle, die ihre Gnadengaben, Talente und Fähigkeiten einbringen und so dem Leben der Kirche Reichtum und Ausstrahlung, Glaubwürdigkeit und Tiefe verleihen. Stärke uns, füreinander und miteinander Zeugnis zu geben von deiner Liebe, die keinen Menschen ausschließt. Darum bitten wir durch Jesus Christus, unseren Erlöser und Heiland, der mit dir und dem Heiligen Geist lebt und herrscht in Ewigkeit.
A Amen.

LIED: *„Wohl denen, die da wandeln"* (Nr. 543)
       „Alles meinem Gott" (Nr. 455)
       „Wenn das Brot, das wir teilen" (Nr. 470)

678   Geistliche Berufe

V Durch die Taufe ruft Gott in die Gemeinschaft der Glaubenden. Getaufte fragen: Was erwartet Gott in dieser Gemeinschaft von mir? Was ist meine Berufung? Die Antwort auf diese Frage hat Folgen für die Gestaltung des Lebens. Das gilt auch für jene, die Christus zu den Diensten und Ämtern der Kirche berufen will.

L Da sagte Jesus zu seinen Jüngern: Die Ernte ist groß, aber es gibt nur wenig Arbeiter. Bittet also den Herrn der Ernte, Arbeiter für seine Ernte auszusenden. Mt 9,37–38

Stille

V Wir wenden uns an den Herrn der Ernte, der zu allen Zeiten Frauen und Männer braucht, die sich in den Dienst der Kirche stellen:

V Wir beten für alle, die Verantwortung übernehmen für die Weitergabe des Glaubens, dass sie im alltäglichen Leben Zeugnis ablegen für das Evangelium.
A Herr, sende Arbeiter in deine Ernte.

V Wir beten um Familien,
in denen die Heranwachsenden den Glauben als wertvoll erleben und eine geistliche Berufung entdecken können.
A Herr, sende Arbeiter in deine Ernte.

V Wir beten um Männer, die bereit sind, das Sakrament der Priesterweihe zu empfangen und Diener der Freude zu sein in der Gemeinschaft der Glaubenden.
A Herr, sende Arbeiter in deine Ernte.

V Wir beten um Diakone, die den Gemeinden in Caritas und Liturgie dienen und in ihrer Verkündigung Zeugnis geben von deiner Menschenfreundlichkeit.
A Herr, sende Arbeiter in deine Ernte.

678

2

V Wir beten um Frauen und Männer,
die in den pastoralen Berufen der Kirche Menschen
begleiten und das Evangelium in Schule, Krankenhaus
und Gefängnis, in die Welt der Arbeit und Freizeit tragen.
A Herr, sende Arbeiter in deine Ernte.

V Wir beten um Frauen und Männer,
die als Ordenschristen durch ihr Gebet und ihre Arbeit
Zeugnis geben für den Reichtum des Evangeliums.
A Herr, sende Arbeiter in deine Ernte.

V Wir beten um Frauen und Männer,
die in geistlichen Gruppen und Bewegungen ihren Ort
entdecken, das Evangelium zu leben und in unserer Zeit
zu bezeugen.
A Herr, sende Arbeiter in deine Ernte.

V Wir beten um Missionarinnen und Missionare,
die in anderen Ländern und Kontinenten den Glauben
verkünden und den Menschen zur Seite stehen in ihrem
Hunger nach Wohlergehen, Frieden und Gerechtigkeit.
A Herr, sende Arbeiter in deine Ernte.

V Wir beten gemeinsam:
A Gott, du bist treu. Die Kirche lebt aus dem Reichtum der
Begabungen und Charismen, die du schenkst. Wir danken dir für alle, die deinen Ruf vernommen haben und
den Weg der Nachfolge gegangen sind. Wir danken dir
für alle, die heute deinen Ruf hören und ihm folgen.
Wir bitten dich: Schenke den Suchenden Zeichen deiner
Nähe. Mache junge Menschen hellhörig für deinen Ruf,
einen geistlichen Beruf zu wählen, damit die Kirche zu
jeder Zeit das Evangelium kraftvoll lebt und kündet.

3

V Ehre sei dem Vater... A Wie im Anfang...

LIED: *„Ich bin getauft" (Nr. 491)*

678 Ehe und Familie

4 V Wie sich Mann und Frau aneinander freuen, so freut sich Gott über uns, seine Geschöpfe. Gott ist die Liebe. In Ehe und Familie dürfen wir seine Liebe erfahren und weiterschenken.

L Gott schuf also den Menschen als sein Abbild; als Abbild Gottes schuf er ihn. Als Mann und Frau schuf er sie. Gen 1,27

Stille

V Gott hat uns geformt und mit Atem belebt. Wir leben aus der Begegnung mit ihm. Ihn, unseren Vater, loben wir:
Naher Gott, du lässt Mann und Frau einander lieben.
A Dich, Gott, loben wir.
V Unbegreiflicher Gott, du lässt sie einander achten und ehren. A Dich, Gott …
V Einziger Gott, du bist der Quell der ehelichen Liebe. A …
V Dreifaltiger Gott, du ermöglichst Gemeinschaft in Vielfalt. A …
V Geduldiger Gott, du gibst Ehepartnern die Kraft, einander die Treue zu halten. A …
V Barmherziger Gott, du schenkst Kindern Geborgenheit bei ihren Vätern und Müttern. A …
V Erhabener Gott, du befähigst uns zu kindlichem Staunen. A …

V Jesus Christus hat uns zugesagt, bei uns zu sein alle Tage bis zum Ende der Welt. Zu ihm rufen wir:
Jesus, wir danken dir für deine Gegenwart.
Wenn Eheleute einander zärtlich annehmen:
A Jesus, wir danken dir.
V Wenn sie einander beistehen in guten und bösen Tagen: A Jesus …
V Wenn sie Krisen meistern und neu anfangen: A …
V Wenn Liebe ihren Umgang prägt: A …
V Wenn Familien miteinander beten: A …

V Wenn Angehörige für Alte und Kranke sorgen: A …
V Wenn wir tiefe Freundschaften pflegen: A …
V Wenn wir das Gewöhnliche des Alltags mit außergewöhnlicher Liebe tun: A …
V Wenn Trauernde ein Wiedersehen am Ende der Tage erhoffen: A …

V Der Heilige Geist ist die Leben schaffende und alles verbindende Kraft. Ihn bitten wir um Kraft für Menschen in Sorge und Not. Für Ehepartner, die sich fremd geworden sind:
A Stärke sie, du Band der Liebe!
V Für Männer und Frauen, die vor den Bruchstücken ihrer Beziehung stehen: A Stärke sie …
V Für Eltern und Kinder, die nach einer Trennung innerlich zerbrechen: A …
V Für Paare, deren Kinderwunsch unerfüllt bleibt: A …
V Für Alleinerziehende, die sich überfordert fühlen: A …
V Für Menschen, die alleine leben und daran leiden: A …
V Für Eltern, die um ein verlorenes Kind trauern: A …
V Für Kinder, die ihre Eltern schmerzlich vermissen: A …
V Für Eltern und Kinder, die sich nicht verstehen: A …
V Für Jugendliche auf ihrem schwierigen Weg zu sich selbst: A …
V Für Familienangehörige, die aneinander vorbei leben: A …
V Für die verschiedenen Generationen in unseren Familien: A …
V Für Menschen, die sich schwer tun, Freunde zu finden: A …

V Gott, unser Vater, wir danken dir für Jesus Christus. In der Kraft seines Geistes können wir voll Hingabe in Ehe und Familie, in Kirche und Welt leben. Stärke unser Miteinander und schenke uns Geborgenheit in dir, jetzt und alle Tage bis in Ewigkeit. A Amen.

LIED: *„Gott, der nach seinem Bilde"* (Nr. 499)
   „Ubi caritas et amor" (Nr. 445; 285)

679 Lob

1   V Gott ist groß und unbegreiflich. Staunend stehen wir Menschen vor seinem Geheimnis.

L Lobe den Herrn, meine Seele, und alles in mir seinen heiligen Namen! Lobe den Herrn, meine Seele, und vergiss nicht, was er dir Gutes getan hat. Ps 103,1–2

V Du bist der allmächtige und große Gott. Nichts war vor dir und nichts ist ohne dich.
A Wir loben dich, wir preisen dich, denn groß ist deine Herrlichkeit.
V Du bist der Anfang, du bist das Ende, du bist der eine und einzige Gott, gestern, heute und in Ewigkeit.
A Wir loben dich …
V Du bist die Liebe und der Ursprung des Lebens. In dir leben wir, bewegen wir uns und sind wir. A …

L Gepriesen bist du, Herr, Gott unseres Vaters Israel, von Ewigkeit zu Ewigkeit. Dein, Herr, sind Größe und Kraft, Ruhm und Glanz und Hoheit; dein ist alles im Himmel und auf Erden. Herr, dein ist das Königtum. Du erhebst dich als Haupt über alles. 1 Chr 29,10–11

V Groß bist du in deinen Werken. In der Schöpfung können wir dich erkennen. Wunderbar ist alles, was du geschaffen hast.
A Wir loben dich, wir preisen dich, denn groß ist deine Herrlichkeit.
V Stärker als der Tod ist dein Leben, stärker als die Sünde ist deine Liebe, stärker als die Mächte der Unterwelt bist du, denn du bist Gott von Ewigkeit zu Ewigkeit.
A Wir loben dich …
V Du selbst bist der Quell aller Liebe: Es ist dein Geschenk, dass wir lieben und Freundschaft schenken können. A …

679

L Gepriesen sei Gott, der in Ewigkeit lebt, sein Königtum sei gepriesen. Bekennt euch zu ihm vor allen Völkern, ihr Kinder Israels; denn er selbst hat uns unter die Völker zerstreut. Verkündet dort seine erhabene Größe, preist ihn laut vor allem, was lebt. Denn er ist unser Herr und Gott, er ist unser Vater in alle Ewigkeit. Tob 13,2a.3–4

1

V Deine Größe preisen Himmel und Erde. Du schenkst uns die Gnade, dich zu verehren und anzubeten.
A Wir loben dich, wir preisen dich, denn groß ist deine Herrlichkeit.
V Du bist Herr aller Herren, hoch erhaben über uns und doch ganz nah. A Wir loben dich …
V Du bist der eine Gott in drei Personen, Vater und Sohn und Heiliger Geist. A …

Stille

V Wir stimmen ein in den großen Lobgesang der Kirche:

A Dich, Gott, loben wir, / dich, Herr, preisen wir. / Dir, dem ewigen Vater, huldigt das Erdenrund.
V Dir rufen die Engel alle, / dir Himmel und Mächte insgesamt, / die Kerubim dir und die Serafim / mit niemals endender Stimme zu:
A Heilig, heilig, heilig der Herr, der Gott der Scharen! / Voll sind Himmel und Erde von deiner hohen Herrlichkeit.
V Dich preist der glorreiche Chor der Apostel; / dich der Propheten lobwürdige Zahl; / dich der Märtyrer leuchtendes Heer;
A dich preist über das Erdenrund die heilige Kirche; / dich, den Vater unermessbarer Majestät; / deinen wahren und einzigen Sohn; / und den Heiligen Fürsprecher Geist.

2

LIED: *„Nun lobet Gott im hohen Thron" (Nr. 393)*
„Ich lobe meinen Gott von ganzem Herzen" (Nr. 400)

679 Dank

3 V Gott liebt uns Menschen. Er hat uns geschaffen und erhält unser Leben. Für alles, was er an uns getan hat, wollen wir ihm danken.

L Einer von ihnen aber kehrte um, als er sah, dass er geheilt war; und er lobte Gott mit lauter Stimme. Er warf sich vor den Füßen Jesu zu Boden und dankte ihm. Dieser Mann war aus Samarien. Lk 17,15–16

Stille

4 V Danket dem Herrn, denn er ist gütig,
A denn seine Huld währt ewig.
V Danket dem Gott aller Götter, A denn seine Huld…
V Danket dem Herrn aller Herren, A …
V Der allein große Wunder tut, A …
V Der Himmel und Erde erschaffen hat, A …
V Der den Menschen als Mann und Frau erschaffen hat, A …
V Der die Menschen mit Charismen beschenkt, A …
V Gott, Schöpfer des Himmels und der Erde,
A wir danken dir für alle deine Gaben und Gnaden, mit denen du uns reich beschenkst. Lob sei dir und Ehre in Ewigkeit.

V Danket dem Herrn, A denn seine Huld…
V Der mit Israel seinen Bund geschlossen hat, A …
V Der durch die Propheten zu seinem Volk gesprochen hat, A …
V Der uns durch seinen Sohn erlöst hat, A …
V Der seinen Sohn von den Toten erweckt hat, A …
V Der seinen Geist ausgesandt hat, A …
V Der uns in seine Kirche berufen hat, A …
V Gott, Hirt deines Volkes und Herr der Kirche,
A wir danken dir für alle deine Gaben und Gnaden, mit denen du uns reich beschenkst. Lob sei dir und Ehre in Ewigkeit.

679

V Danket dem Herrn, A denn seine Huld…
V Der seine Schöpfung erhält und die Früchte wachsen lässt, A …
V Der unser Leben bewahrt, A …
V Der uns Speise und Trank finden lässt, A …
V Der uns mit dem Brot des Himmels sättigt, A …
V Der uns auf allen Wegen begleitet, A …
V Der uns auch in der Stunde des Todes nicht verlässt, A …
V Gott, Freund des Lebens und Ziel unserer Hoffnung,
A wir danken dir für alle deine Gaben und Gnaden, mit denen du uns reich beschenkst. Lob sei dir und Ehre in Ewigkeit.

4

V Wir danken für alles, was Gott für uns getan hat, besonders für das Werk der Erlösung, und rufen mit den Worten des großen Lobgesangs:

A Du König der Herrlichkeit, Christus. / Du bist des Vaters alleiwger Sohn.
V Du hast der Jungfrau Schoß nicht verschmäht, / bist Mensch geworden, / den Menschen zu befreien.
A Du hast bezwungen des Todes Stachel / und denen, die glauben, / die Reiche der Himmel aufgetan.
V Du sitzest zur Rechten Gottes / in deines Vaters Herrlichkeit.
A Als Richter, so glauben wir, / kehrst du einst wieder.

5

V Ehre sei dem Vater… A Wie im Anfang…

LIED: *„Nun danket alle Gott" (Nr. 405)*
„Ein Danklied sei dem Herrn" (Nr. 382)

679 Bitte

6 **V** Unser Leben liegt in der Hand Gottes. Aus diesem Vertrauen heraus wenden wir uns in allen Nöten an den lebendigen Gott.

L Bittet, dann wird euch gegeben; sucht, dann werdet ihr finden; klopft an, dann wird euch geöffnet. Denn wer bittet, der empfängt; wer sucht, der findet; und wer anklopft, dem wird geöffnet. Mt 7,7–8

Stille

V Allmächtiger und barmherziger Gott, zu dir rufen wir: Du willst, dass die Kirche Zeichen deines Reiches und Sakrament des Heiles für die Welt ist. Stärke alle Getauften im Glauben, erfülle alle Amtsträger mit dem Geist des Rates und berufe Männer und Frauen zum Dienst in deiner Kirche.
A Erhöre uns, allmächtiger Gott, und wende alle Not. Komm uns zu Hilfe und stärke uns, damit in allem dein Wille geschehe.

V Du willst, dass die Menschen in Frieden und Gerechtigkeit zusammenleben. Steh denen bei, die verfolgt und unterdrückt werden. Erbarme dich der Opfer von Krieg, Terror und Gewalt. Stärke in uns die Gedanken des Friedens, damit wir Hass und Neid überwinden. **A** Erhöre uns …

V Du hast den Menschen als Mann und Frau erschaffen, damit sie einander lieben und das Leben weiterschenken. Stärke die Eheleute in der Treue zueinander, erhalte unsere Familien in gegenseitiger Achtung und Liebe, gib, dass die Kinder und Jugendlichen Geborgenheit finden und den Weg gehen, auf den du sie führen willst. **A** …

V Die Erde und alles, was auf ihr wächst, hast du geschaffen, damit es den Menschen zur Nahrung dient. Schenke uns das richtige Wetter, das alles wachsen lässt, was wir

zum Leben brauchen. Segne die Mühen aller, die sich einsetzen, dass niemand hungern und dürsten muss. A ...

V Du willst das Heil aller Menschen. Erfülle die Verantwortlichen in Politik, Wirtschaft und Gesellschaft mit
deinem Geist. Segne das Tun der Menschen in Arbeit und
Freizeit. Steh denen bei, die keine Arbeit haben. A ...

V Du bist ein Freund der Armen und stehst auf der Seite
der Schwachen. Schau auf die Menschen, die nichts mehr
vom Leben erwarten. Richte auf, die durch Krankheit,
Misserfolge und Enttäuschungen am Boden liegen. A ...

V Du bist ein Gott des Lebens und der Liebe. Tröste alle,
die trauern, ermutige, die der Tod einsam zurücklässt, und
führe unsere Verstorbenen in dein Reich. A ...

V Zu Christus, dem Richter der Lebenden und Toten,
rufen wir mit den Worten des großen Lobgesangs:

A Dich bitten wir denn, / komm deinen Dienern zu Hilfe, /
die du erlöst mit kostbarem Blut.
V In der ewigen Herrlichkeit zähle uns deinen Heiligen zu.
A Rette dein Volk, o Herr, und segne dein Erbe; / und führe
sie und erhebe sie bis in Ewigkeit.
V An jedem Tag benedeien wir dich / und loben in Ewig-
keit deinen Namen, / ja in der ewigen Ewigkeit.
A In Gnaden wollest du, Herr, an diesem Tag uns ohne
Schuld bewahren.
V Erbarme dich unser, o Herr, erbarme dich unser. / Lass
über uns dein Erbarmen geschehn, wie wir gehofft auf dich.
A Auf dich, o Herr, habe ich meine Hoffnung gesetzt. / In
Ewigkeit werde ich nicht zuschanden.

LIED: *„Was Gott tut" (Nr. 416)*
  „Bewahre uns, Gott" (Nr. 453)

680 GERECHTIGKEIT

1 V Ohne Gerechtigkeit gibt es keinen Frieden auf Erden. Doch immer wieder werden Menschen ausgenutzt und ausgegrenzt und um ihre Rechte betrogen. Beten wir, dass die Gerechtigkeit, die Gott uns verheißen hat, schon in dieser Zeit sichtbar wird.

L So spricht der Herr: Wahrt das Recht und sorgt für Gerechtigkeit; denn bald kommt von mir das Heil, meine Gerechtigkeit wird sich bald offenbaren. Jes 56,1

Stille

V Schon die Propheten haben Israel gelehrt, dass Gott nicht Brandopfer will, sondern Freude hat an Recht und Gerechtigkeit.
A Das Reich Gottes ist Gerechtigkeit, Friede und Freude im Heiligen Geist.
V Christus bekennen wir als die Sonne der Gerechtigkeit, denn er ist gekommen, das Böse zu überwinden.
A Das Reich Gottes …
V Mitten in diese Welt ist die Kirche als Anwältin der Armen und Entrechteten gesandt. A …

V Das Reich Gottes ist Gerechtigkeit, Friede und Freude im Heiligen Geist. Aber jetzt schon hoffen wir, dass dieses Reich sichtbar wird. Deshalb rufen wir voll Sehnsucht:
A Gerechtigkeit blühe auf in unseren Tagen.
V Unsere Welt kennt arme und reiche Länder, Völker, die im Überfluss leben, und andere, die Hunger leiden.
A Gerechtigkeit blühe auf …
V Nicht alle Kinder und Jugendliche haben Zugang zu Bildung und Ausbildung, viele haben kaum Chancen auf eine sichere Zukunft. A …
V Menschen suchen vergeblich Arbeit, sind überfordert und wissen nicht, wie es weitergehen soll. A …

680

1

V Ohnmächtig müssen viele erleben, dass ihre Rechte mit Füßen getreten werden, dass sie kein Recht erhalten und nicht vor Unrecht geschützt werden. A …
V Menschen werden der Freiheit beraubt, weil sie die Mächtigen stören oder zum Faustpfand im Kampf um Einfluss und Geld werden. A …
V Gefangene, die ihre Strafe abgebüßt haben, hoffen auf neue Chancen im gemeinsamen Zusammenleben. A …

V Gerechtigkeit im Himmel fängt auf der Erde an. Wo Gottes Wille geschieht, wird sein Reich bezeugt. Deshalb beten wir:
A Dein Reich komme. Dein Wille geschehe, wie im Himmel so auf Erden.
V Stärke alle, die an dich glauben, dass sie mutig für Wahrheit und Gerechtigkeit eintreten. A Dein Reich …
V Stärke alle, die gegen Ungerechtigkeit kämpfen, und erfülle sie mit dem Geist des Friedens, der Unerschrockenheit und der Ausdauer. A …
V Stärke den Respekt vor der Würde jedes Menschen, damit aus dem Einsatz gegen Unterdrückung Recht und Gerechtigkeit erwachsen. A …
V Stärke das Vertrauen unter den Völkern und Religionen, damit Friede und Freiheit für alle Menschen möglich werden. A …

V Treuer Gott, deiner Verheißung gemäß erwarten wir einen neuen Himmel und eine neue Erde, in denen die Gerechtigkeit wohnt. Mache uns zu Zeugen dieser Gerechtigkeit. Lass uns nicht müde werden im Einsatz für eine Welt, wie du sie willst. Durch Christus, unseren Herrn.
A Amen.

LIED: *„O ewger Gott, wir bitten dich" (Nr. 471)*

680 FRIEDE

2 V Täglich ist irgendwo auf der Erde Krieg. Täglich leiden und sterben Menschen, weil kein Friede ist. Unser Herz möchte verzagen. Doch Jesus hat durch das Beispiel seines Lebens, durch sein Wort, in seinem Tod und seiner Auferstehung Frieden in die Welt gebracht. Der wahre Friede gründet in Gott.

L Frieden hinterlasse ich euch, meinen Frieden gebe ich euch; nicht einen Frieden, wie die Welt ihn gibt, gebe ich euch. Euer Herz beunruhige sich nicht und verzage nicht. Joh 14,27

Stille

V Als Jesus geboren wurde, verkündeten Engel der Welt den Frieden: „Verherrlicht ist Gott in der Höhe."
A Friede den Menschen auf Erden.
V Menschen aller Religionen und Nationen beten um den Frieden. A Friede den Menschen …
V Verantwortliche in Politik und Gesellschaft folgen der Stimme ihres Gewissens und setzen sich für Frieden und Gerechtigkeit ein. A …
V Familien und Gemeinschaften hören nicht auf, in Geduld und Liebe einen neuen Anfang im Miteinander zu suchen. A …

V Jesus hat seine Jünger zu den Menschen gesandt, ihnen den Frieden zu bringen. „Wenn ihr in ein Haus kommt, sagt als Erstes: Friede diesem Haus." Unzählige Männer und Frauen folgen seinem Auftrag.
A Herr, lenke ihre Schritte auf den Weg des Friedens.
V Begleite Priester, Ordenschristen und alle, die weltweit in unterschiedlichen Berufen für den Frieden arbeiten.
A Herr, lenke …
V Fördere Regierungen, Diplomaten und Soldaten, die dem Frieden dienen. A …

V Stärke die Menschen, die zu den Hungernden und Obdachlosen, zu den Flüchtlingen und in die Gefängnisse gehen. A …

V Der auferstandene Herr hat der Kirche und der Welt seinen Frieden hinterlassen. Am Osterabend sagte er zu seinen Jüngern: „Friede sei mit euch."
A Herr, bewahre uns in deinem Frieden.
V Der Friede lebt, wenn wir uns am Willen Gottes orientieren. A Herr, bewahre uns …
V Der Friede lebt, wenn Versöhnung geschieht. A …
V Der Friede lebt, wenn wir die Hoffnung auf den Frieden Gottes nicht verlieren. A …

V Wir beten gemeinsam:

A Herr, mach mich zu einem Werkzeug deines Friedens, / dass ich liebe, wo man hasst; / dass ich verzeihe, wo man beleidigt; / dass ich verbinde, wo Streit ist; / dass ich die Wahrheit sage, wo Irrtum ist; / dass ich Glauben bringe, wo Zweifel droht; / dass ich Hoffnung wecke, wo Verzweiflung quält; / dass ich Licht entzünde, wo Finsternis regiert; / dass ich Freude bringe, wo der Kummer wohnt.
Herr, lass mich trachten, / nicht, dass ich getröstet werde, sondern dass ich tröste; / nicht, dass ich verstanden werde, sondern dass ich verstehe; / nicht, dass ich geliebt werde, sondern dass ich liebe.
Denn wer sich hingibt, der empfängt; / wer sich selbst vergisst, der findet; / wer verzeiht, dem wird verziehen; / und wer stirbt, der erwacht zum ewigen Leben.

V Ehre sei dem Vater … A Wie im Anfang …

LIED: *„Im Frieden dein"* (Nr. 216)

680 SCHÖPFUNG

4 V Die Schöpfung ist uns geschenkt als ein Ort des Lebens: unsere Welt – eine einmalige Gabe in der Zeit. Die Erde, unsere Heimat in ihrer Schönheit, aber auch in ihrer Verletzlichkeit, ist uns vom Schöpfer anvertraut.

L Herr, wie zahlreich sind deine Werke! Mit Weisheit hast du sie alle gemacht, die Erde ist voll von deinen Geschöpfen.
Ps 104,24

V Die Sterne, Planeten und Sonnensysteme,
A von dir gesegnet, guter Gott.
V Unsere Welt – ein Haus des Lebens, A von dir gesegnet…
V Die Lebensenergie, die allem innewohnt, A …
V Unzählige Muster, Formen und Farben, A …
V Die Kontinente und Meere, die Berge und Täler, A …
V Gräser, Kräuter, Blumen und Bäume, A …
V Tausende Blätter an einem Baum – keines gleicht dem anderen, A …
V Insekten, Fische, Vögel und Säugetiere, A …
V Millionen von verschiedenen Tieren – alle finden ihren Platz, A …
V Milliarden von Menschen – jeder ist und bleibt einmalig, A …
V Vererbung und Entwicklung, Anpassung und Entfaltung, A …

V Uns Menschen hast du einen besonderen Platz eingeräumt,
A bleibe bei uns, guter Gott.
V Du hast uns die Erde anvertraut, A bleibe bei uns…
V Du gibst uns Würde, die uns kein Mensch nehmen kann, A …
V Mit deinem Atem hast du uns beseelt, A …
V Vor allen Geschöpfen rufst du uns beim Namen, A …
V Auf den anderen hin hast du uns geschaffen, A …

680
4

V In deinem Sohn bist du uns gleich geworden, A …
V Und doch nutzen wir unsere schöpferische Kraft nicht immer zum Guten, A …
V Dennoch gefährden wir auch unsere Umwelt, A …
V Die Erde seufzt bis zum heutigen Tag und hofft auf unsere Umkehr, A …
V Auf dem Weg der Welt zu deinem Reich A …

V Guter Gott, du hast uns in deiner Schöpfung reich beschenkt.
A Lass uns ein Segen sein.
V Aufmerksamkeit präge unser Leben, denn die Welt ist vielfältig und schön. A Lass uns …
V Achtsamkeit bestimme unser Handeln, denn unsere Welt ist verletzlich und zerbrechlich. A …
V Dankbarkeit für das Leben sei unsere Quelle, denn es wurde uns geschenkt. A …
V Achtung vor allem Leben sei unsere Haltung, denn jedes Geschöpf hat seine Würde. A …

V Wir wollen einander Licht und Wärme sein, wie unser Bruder, das Feuer. A …
V Wir wollen einander nützlich sein wie unsere Schwester, das Wasser. A …
V Wir wollen einander beleben wie unser Bruder, der Wind. A …
V Wir wollen einander nähren wie unsere Schwester, die Erde. A …

V Gott Vater, du bist deiner Schöpfung immer treu geblieben. Durch deinen Sohn, Jesus Christus, bist du selbst Teil von ihr geworden. In deinem Geist bist du ihr in vielfältiger Weise nahe. Führe alles Werden und Vergehen in die Vollendung und uns Menschen zur Freiheit und Herrlichkeit der Kinder Gottes. Sei gepriesen in Ewigkeit.
A Amen.

LIED: *„Erfreue dich, Himmel"* (Nr. 467)

680   Krankheit und Not

V Leiden und Not, Krankheit und Tod gehören zu unserem Leben. Menschliche Ohnmacht kann zur Verzweiflung führen. Doch Gott hat uns in seinem Sohn gezeigt, dass wir im Leiden nicht allein sind und dass die Mächte der Finsternis nicht das letzte Wort haben werden.

L Vom Gottesknecht sagt der Prophet: Er wurde verachtet und von den Menschen gemieden, ein Mann voller Schmerzen, mit Krankheit vertraut. Wie einer, vor dem man das Gesicht verhüllt, war er verachtet; wir schätzten ihn nicht. Aber er hat unsere Krankheit getragen und unsere Schmerzen auf sich geladen. Jes 53,3–4

Stille

V Herr Jesus Christus, einst hast du Aussätzige und Kranke geheilt. Sei ihnen auch heute nahe. Richte sie auf in ihrer Krankheit und stärke sie im Glauben. Wir rufen zu dir:
A Erbarme dich über uns und über die ganze Welt.

V Du hast Blinde sehend und Lahme gehend gemacht. Stärke alle, die nicht mehr aus noch ein wissen, die sich nicht selbst helfen können und die für sich keine Zukunft sehen. Wir rufen zu dir: A Erbarme dich …

V Einst hast du die Menschen gelehrt und dich ihrer erbarmt, weil sie wie Schafe ohne Hirten waren. Zeige uns Wege, allen Menschen Zugang zur Bildung zu verschaffen, und lass sie erfahren, dass du die letzte Wahrheit ihres Lebens bist. Wir rufen zu dir: A Erbarme dich …

V Du hast dich der Sünder erbarmt und ihnen Verzeihung geschenkt. Sei auch heute denen nahe, die sich in Schuld verstrickt haben. Schenke ihnen Vergebung ihrer Sünden und lass sie erkennen, wie ein Neuanfang möglich ist. Wir rufen zu dir: A Erbarme dich …

V Einst hast du den Jüngling von Nain wieder zum Leben **680**
erweckt und so der Witwe ihren Sohn wiedergegeben. 5
Tröste die Trauernden und schenke ihnen die Zuversicht, dass wir alle ein neues Leben bei dir finden werden. Wir rufen zu dir: A Erbarme dich ...

V Einst bist du verspottet und gegeißelt worden. Pilatus hat dich verurteilt, obwohl du ohne Schuld warst. Gib allen Kraft, die unter Krieg, Terror und Gewalt leiden. Bewahre sie vor Gedanken der Rache und Vergeltung. Wir rufen zu dir: A Erbarme dich ...

V Du hast das schwere Kreuz auf dich genommen und bist unter der Last zusammengebrochen. Stärke alle, deren Leben und Zukunft durch Katastrophen zerstört werden. Lass sie erfahren, dass sie in ihrem Leid nicht allein sind. Wir rufen zu dir: A Erbarme dich ...

V Einst hat du dem Verbrecher am Kreuz Hoffnung gegeben und gesagt: Heute noch wirst du mit mir im Paradies sein. Sei den Sterbenden in ihrer Todesstunde nahe und geleite sie in das himmlische Jerusalem. Wir rufen zu dir:
A Erbarme dich ...

V Wir sprechen gemeinsam:
A Seele Christi, heilige mich. Leib Christi, rette mich. Blut 6
Christi, tränke mich. Wasser der Seite Christi, wasche mich. Leiden Christi, stärke mich. O guter Jesus, erhöre mich. Birg in deinen Wunden mich. Von dir lass nimmer scheiden mich. Vor dem bösen Feind beschütze mich. In meiner Todesstunde rufe mich, zu dir zu kommen heiße mich, mit deinen Heiligen zu loben dich in deinem Reiche ewiglich.

V Ehre sei dem Vater ... A Wie im Anfang ...

LIED: „Wer unterm Schutz" (Nr. 423)

680 Trauer und Klage

7 V Neben Freude und tiefem Glück gibt es in jedem Leben auch Traurigkeit. Kein Leben bleibt ohne Klage, jeder Mensch kennt die Trauer. Glaubende Menschen haben zu allen Zeiten ihre Trauer und Klage vor Gott gebracht. Auch Jesus hat zu seinem Vater geschrien.

L Mit lauter Stimme schrei ich zum Herrn, laut flehe ich zum Herrn um Gnade. Ich schütte vor ihm meine Klagen aus, eröffne ihm meine Not. Ps 142,2–3

Stille

V Wir klagen mit denen, die Opfer der Kriege und menschlicher Willkür geworden sind: Bring du uns Hilfe!
A Denn ohne dich vermögen wir nichts.
V Wir klagen mit denen, die vertrieben wurden und ihre Heimat verloren haben: Bring du uns Hilfe! A Denn…
V Wir klagen mit den Kindern, die zu Waisen wurden, und mit den Alten, die allein geblieben sind: Bring du uns Hilfe! A …
V Wir klagen mit denen, die um ihres Glaubens willen verfolgt und unterdrückt werden: Bring du uns Hilfe! A …

V Wir trauern mit denen, deren Liebe und Lebensgemeinschaft zerbrochen ist: Hilf mit deiner Rechten,
A erhöre uns.
V Wir trauern mit denen, die der Tod allein gelassen hat: Hilf mit deiner Rechten, A erhöre …
V Wir trauern mit denen, deren Kinder schon sterben mussten, bevor sie geboren wurden: Hilf mit deiner Rechten, A …
V Wir trauern mit denen, deren Leben durch Neid, Hass und Ungerechtigkeit zerstört wurde: Hilf mit deiner Rechten, A …

680

7

V Wir klagen mit denen, die täglich Hunger und Durst leiden: Gott der Heerscharen, richte uns wieder auf!
A Lass dein Angesicht leuchten, dann ist uns geholfen.
V Wir klagen mit den Opfern der Naturkatastrophen: Gott der Heerscharen, richte uns wieder auf! A Lass ...
V Wir klagen mit denen, die unheilbar erkrankt sind: Gott der Heerscharen, richte uns wieder auf! A ...
V Wir klagen mit denen, die helfen möchten und dabei ihre Grenzen erfahren: Gott der Heerscharen, richte uns wieder auf! A ...

V Wir trauern mit denen, die trotz ihrer Sehnsucht nicht zum Licht des Glaubens finden können: Steh auf und hilf uns!
A In deiner Huld erlöse uns.
V Wir trauern mit denen, deren Glaube an deine Güte zerbrochen ist: Steh auf und hilf uns! A In deiner Huld ...
V Wir trauern mit denen, die unter der Last ihrer Sünden und ihres Versagens zu leiden haben: Steh auf und hilf uns! A ...
V Wir trauern mit denen, die nicht mehr die Kraft zu einem neuen Anfang in ihrem Leben haben: Steh auf und hilf uns! A ...

V Treuer Gott, du hast deinen Sohn im Tod nicht verlassen, sondern ihm das neue Leben der Auferstehung geschenkt. Gib, dass auch wir in aller Not und Bedrängnis deine Nähe spüren und Trost finden bei dir durch Christus, unsern Herrn. A Amen.

LIED: *„Herr, dir ist nichts verborgen"* (Nr. 428)

680 TOD UND VOLLENDUNG

8 V Unseren eigenen Tod müssen wir sterben. Mit dem Tod der anderen müssen wir leben. Deshalb beten wir im Angesicht von Sterben und Tod. Wir danken Gott für das Leben unserer Verstorbenen und beten für sie. Im Glauben vereint, hoffen wir auf Vollendung.

L Wir wollen euch über die Verstorbenen nicht in Unkenntnis lassen, damit ihr nicht trauert wie die anderen, die keine Hoffnung haben. Wenn Jesus – und das ist unser Glaube – gestorben und auferstanden ist, dann wird Gott durch Jesus auch die Verstorbenen zusammen mit ihm zur Herrlichkeit führen. 1 Thess 4,13–14

Stille

V Wir beten zu Gott im Angesicht von Sterben und Tod:
Wenn wir um einen Menschen trauern,
A sei du unsere Hoffnung.
V Wenn jemand stirbt, den wir sehr geliebt haben, A sei …
V Wenn Verzweiflung um sich greift und wir fragen: Warum?, A …
V Wenn wir den Schmerz miteinander teilen, A …
V Wenn wir einander trösten als Glaubende, A …
V Wenn wir im Sterben den Keim des Lebens sehen, A …

V Wir danken Gott für das Leben unserer Verstorbenen:
Für jedes gute Wort, das wir hören durften,
A danken wir dir.
V Für jedes Zeichen der Liebe, das uns geschenkt wurde,
A danken …
V Für alles Gute, das wir empfangen haben, A …
V Für das Schöne, das wir miteinander erleben konnten, A …
V Für das Schwere, das uns aneinander reifen ließ, A …
V Für den Glauben, den unsere Verstorbenen bezeugt haben, A …

V Im Glauben vereint, hoffen wir auf Vollendung durch Gott:
Leben wir, so leben wir dem Herrn; sterben wir, so
sterben wir dem Herrn. Ob wir leben oder ob wir sterben:
Wir gehören dem Herrn.
A Rufe unsere Verstorbenen in deine Herrlichkeit!
V In Christus sind wir eine neue Schöpfung. Sind wir
durch die Taufe mit ihm begraben worden, so glauben
wir, dass wir auch mit ihm leben werden. A Rufe …
V Du vergibst die Schuld und vollendest unsere Liebe;
du ergänzt, was uns noch fehlt. Wir werden dich sehen,
wie du bist – in der Gemeinschaft der Heiligen. A …

V In christlicher Zuversicht rufen wir:
Gott, du hast uns zum Leben erschaffen.
A Denn du bist ein Gott des Lebens.
V Du hast uns deinen Sohn Jesus als Erlöser gesandt. A …
V Mit ihm hat dein Reich bereits begonnen. A …
V Du hast Christus, der für uns gestorben ist,
auferweckt. A …
V Du hast ihm ein Leben gegeben, das keinen Tod mehr
kennt. A …
V Mit Christus rufst du unsere Verstorbenen zur Auferstehung. A …

V Heiliger, lebendiger Gott! Solange wir leben, bist du bei
uns, und wenn wir sterben, sind wir bei dir. Du hast deinen
Sohn nicht im Dunkel des Todes gelassen, sondern auferweckt zum neuen und unvergänglichen Leben. So geleite
auch unsere Verstorbenen durch den Tod zum Leben; uns
aber führe durch die Trauer in die Freude. Darum bitten wir
durch ihn, Jesus Christus, unseren Herrn. A Amen.

V Herr, gib unseren Verstorbenen die ewige Ruhe.
A Und das ewige Licht leuchte ihnen.
V Lass sie ruhen in Frieden.
A Amen.

LIED: *„Christus, der ist mein Leben"* (Nr. 507)

680
8

680 WIEDERKUNFT

9
V Am Ende der Zeiten wird Jesus Christus wiederkommen in Herrlichkeit. Den Tag seines Kommens weiß nur der Vater. Aber, dass er kommt, ist gewiss. Was bewegt uns, wenn wir daran denken: Angst oder Erwartung, Bangen oder Hoffnung?

L Ihr Männer von Galiläa, was steht ihr da und schaut zum Himmel empor? Dieser Jesus, der von euch ging und in den Himmel aufgenommen wurde, wird ebenso wiederkommen, wie ihr ihn habt zum Himmel hingehen sehen. Apg 1,11

V Deinen Tag, o Herr, verkünden wir.
A Und deine Wiederkunft erwarten wir,
bis du kommst in Herrlichkeit.

Stille

V Herr Jesus Christus, du wirst wiederkommen in Herrlichkeit.
A Komm, Herr Jesus.
V Du wirst Gericht halten über Lebende und Tote. A ...
V Du wirst die Völker vor dir sammeln. A ...
V Du wirst die Schöpfung vollenden. A ...
V Du selbst wirst alles in allem sein. A ...

V Wir werden vor dir stehen. A ...
V Wir werden uns unter deinem Blick erkennen. A ...
V Wir werden dem Feuer deiner Liebe ausgesetzt sein. A ...
V Wir werden deine Gerechtigkeit und Barmherzigkeit erfahren. A ...

V Du wirst einen neuen Himmel und eine neue Erde schaffen. A ...
V Du wirst Trauer und Tod endgültig überwinden. A ...
V Du wirst die Menschen und Völker aller Zeiten versöhnen. A ...
V Du wirst als Lamm strahlen im himmlischen Jerusalem. A ...

680

V/A Herr Jesus Christus, einst wirst du kommen, um alles zu vollenden.

9

V Dann werden die Mächte des Bösen entmachtet
und der Tag deines Reiches bricht an.
Dann werden die Herren der Welt entwaffnet
und deine Herrschaft wird offenbar.
A Herr Jesus Christus …

V Dann wird die Schuld der Sünder beglichen
und der Himmel der Liebe geht auf.
Dann werden die Waffen der Lüge vernichtet
und der Friede der Wahrheit blüht auf.
A Herr Jesus Christus …

V Dann werden die Schmerzen aller Opfer gestillt sein
und der Jubel der Befreiten braust auf.
Dann werden die Tränen aller Augen getrocknet
und die Freude der Erlösten strahlt auf.
A Herr Jesus Christus …

V Dann werden die Nächte der Trauer gelichtet
und die Sonne der Ewigkeit flammt auf.
Dann werden die Engel des Todes geschlagen
und das Leben des Lebens beginnt.
A Herr Jesus Christus …

V Herr Jesus Christus, deine Wiederkunft wird Gericht sein und in ein Fest münden. Der Himmel wird neu, die Erde wird neu. Die Völker werden sich in deinem Frieden versammeln. Ostern wird sein für alle im himmlischen Jerusalem. Lass uns dabei sein und leben in Ewigkeit.
A Amen.

LIED: *„Gelobt seist du, Herr Jesu Christ" (Nr. 375)*
„Jerusalem, du hochgebaute Stadt" (Nr. 553)

681 ABSCHLUSS
MIT GEBET DES HERRN

Die Andacht endet mit dem Vaterunser und einem Segenswort. Diesen können eine Litanei oder Fürbitten oder das Allgemeine Gebet des Petrus Canisius vorausgehen.

1 [LITANEI]
A → *z. B. Christus-Rufe (Nr. 560), Schöpfungslob (Nr. 619,1–2), Sonnengesang des Heiligen Franziskus (Nr. 559), Allerheiligen-Litanei (Nr. 556), Lauretanische Litanei (Nr. 566), Grüssauer Marienrufe (Nr. 568)*

oder

2 [FÜRBITTEN]
B → *zum Anlass passende Fürbitten (z. B. Nr. 586,4; 632,1)*

oder

3 [ALLGEMEINES GEBET]
C V Allmächtiger, ewiger Gott; Herr, himmlischer Vater! Sieh an mit den Augen deiner Barmherzigkeit das Elend und die Not der Menschen. Erbarme dich aller Gläubigen, für die dein Sohn, unser Herr und Heiland Jesus Christus, sich freiwillig in die Hände der Sünder gegeben und sein kostbares Blut am Stamm des Kreuzes vergossen hat.
A Durch diesen Herrn Jesus Christus verschone uns, gütiger Vater, vor allen Strafen / wende ab gegenwärtige und zukünftige Gefahren, / Terror, Gewalt und Krieg, / Krankheiten und alles Unheil.

V Erleuchte und stärke in allem Guten die Verantwortlichen in Kirche und Welt, damit sie alles fördern, was deiner Ehre und unserem Heil dient, zum allgemeinen Frieden und zum Wohl der ganzen Welt.
A Verleihe uns, o Gott des Friedens, / rechte Einheit im Glauben ohne alle Spaltung und Trennung. / Bekehre unsere Herzen zur wahren Buße und Besserung des Lebens. / Entzünde in uns das Feuer deiner Liebe. / Gib uns Eifer

681

und Hunger nach aller Gerechtigkeit, / damit wir, deinem Willen gehorsam, im Leben und Sterben dir gefallen.

3

V Wie du willst, o Gott, dass wir bitten sollen, bitten wir dich für unsere Freunde und Feinde, für Gesunde und Kranke, für Betrübte und Bedrängte, für Lebende und Verstorbene.
A Dir, o Gott, sei empfohlen unser Tun und Lassen, / unser Handel und Wandel, / unser Leben und Sterben. / Lass uns hier in deiner Gnade leben / und dort in der Gemeinschaft der Heiligen dich ewig loben und ehren. / Das verleihe uns, Herr, himmlischer Vater, / durch Jesus Christus, deinen lieben Sohn, unseren Herrn und Heiland, / der mit dir und dem Heiligen Geist als derselbe Gott lebt und herrscht in Ewigkeit. Amen.

NACH PETRUS CANISIUS (1521–1597)

VATERUNSER

4

V Lasst uns beten, wie der Herr uns gelehrt hat.
A Vater unser ... Denn dein ...

oder gesungen, z.B. Nr. 661,8; 589,2–5

SEGENSWORT

5

V Es segne uns der allmächtige Gott,
der Vater und der Sohn und der Heilige Geist.
A Amen.

oder Nr. 632,4

LIED: *Zum Abschluss kann ein Marienlied oder ein Lied passend zu Inhalt und Anliegen der Andacht gesungen werden.*

6

682 Abschluss mit eucharistischem Segen

1 V Gepriesen bist du, Herr Jesus Christus,
gegenwärtig im allerheiligsten Sakrament.

A Wir beten dich an und preisen dich.
Du bist uns nah in diesem Brot.

V Hier bist du gegenwärtig aus dem Mahl,
das du deiner Kirche als Vermächtnis aufgetragen hast.
Hier bist du gegenwärtig im Zeichen des Brotes,
in dem du dich uns schenkst.
Hier bist du gegenwärtig im Brot des Neuen Bundes,
den du gestiftet hast. A Wir beten dich …

V Hier bist du gegenwärtig mit deinem Leben,
das du mit uns geteilt hast.
Hier bist du gegenwärtig mit deinem Wort,
das du uns verkündet hast.
Hier bist du gegenwärtig mit deiner Liebe,
mit der du uns alle umfangen hast. A …

V Hier bist du gegenwärtig mit deinem Leiden,
das du für uns ertragen hast.
Hier bist du gegenwärtig mit deiner Verlassenheit,
die du für uns erduldet hast.
Hier bist du gegenwärtig mit deinem Tod,
den du für uns gestorben bist. A …

V Hier bist du gegenwärtig kraft deines Sieges über
Sünde und Tod, den du am Kreuz errungen hast.
Hier bist du gegenwärtig kraft deiner Auferstehung,
mit der du uns das ewige Leben erworben hast.
Hier bist du gegenwärtig kraft deiner Erhöhung,
die dich zur Rechten des Vaters erhob. A …

682

V Hier bist du gegenwärtig als das Lamm,
das im himmlischen Jerusalem thront.
Hier bist du gegenwärtig als Richter der Lebenden
und der Toten, der einst wiederkommen wird.
Hier bist du gegenwärtig mit deinem Geist,
um das Antlitz der Erde zu erneuern. A ...

LIED: *„Tantum ergo" (z. B. Nr. 494,5–6; Nr. 496)*
„Sakrament der Liebe Gottes" (Nr. 495)

V Brot vom Himmel hast du uns gegeben. (Halleluja.)
A Das alle Erquickung in sich birgt. (Halleluja.)

V Lasset uns beten:
Herr Jesus Christus, im wunderbaren Sakrament des Altares hast du uns das Gedächtnis deines Leidens und deiner Auferstehung hinterlassen. Gib uns die Gnade, die heiligen Geheimnisse deines Leibes und Blutes so zu verehren, dass uns die Frucht der Erlösung zuteil wird. Der du lebst und herrschest in alle Ewigkeit.
A Amen.

→ *Lateinische Oration (Nr. 592,4)*

SEGEN
Der Priester oder Diakon erteilt den eucharistischen Segen.
Wenn ein Laie die Feier leitet, singt oder spricht er nur den Lobpreis und die Oration. Anschließend wird das Allerheiligste in den Tabernakel zurückgestellt.

LIED: *Zum Abschluss kann ein Marienlied oder ein Lied passend*
zu Inhalt und Anliegen der Andacht gesungen werden.

683 Kreuzwegandacht

Eröffnung
V Im Namen des Vaters und des Sohnes
und des Heiligen Geistes.
A Amen.
V Mit Jesus Christus sind wir auf dem Weg.
A Mit Jesus Christus gehen wir den Kreuzweg.

Hier und nach jeder Station kann ein Lied oder eine Liedstrophe gesungen werden.

1 **1. Station:** *Jesus wird zum Tode verurteilt*
V Wir beten dich an, Herr Jesus Christus, und preisen dich.
A Denn durch dein heiliges Kreuz hast du die Welt erlöst.

L Es war am Rüsttag des Paschafestes, ungefähr um die sechste Stunde. Pilatus sagte zu den Juden: Da ist euer König! Sie aber schrien: Weg mit ihm, kreuzige ihn! Pilatus aber sagte zu ihnen: Euren König soll ich kreuzigen? Die Hohenpriester antworteten: Wir haben keinen König außer dem Kaiser. Da lieferte er ihnen Jesus aus, damit er gekreuzigt würde. Joh 19,14–16

Meditation
V Jesus vor Pilatus.
  Ecce homo. – Seht da, der Mensch!
  Spottfigur im Spottgewand.
  Aller Ehre beraubt.
  Ecce homo.
  Ohne Ansehen.
  Er schaut mich an.

Stille

V Gepriesen seist du, Herr Jesus Christus, der du das Kreuz der Gedemütigten mit uns getragen hast. Wir bitten dich:
A Erbarme dich über uns und über die ganze Welt.

[Lied: z. B. „Herzliebster Jesu", Nr. 290]

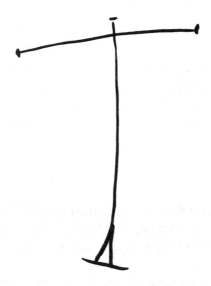

683

2. Station: *Jesus nimmt das Kreuz auf seine Schultern*
V Wir beten dich an, Herr Jesus Christus, und preisen dich.
A Denn durch dein heiliges Kreuz hast du die Welt erlöst.

L Er hat unsere Krankheit getragen und unsere Schmerzen auf sich geladen. Wir meinten, er sei von Gott geschlagen, von ihm getroffen und gebeugt. Doch er wurde durchbohrt wegen unserer Verbrechen, wegen unserer Sünden zermalmt. Zu unserem Heil lag die Strafe auf ihm, durch seine Wunden sind wir geheilt. Jes 53,4–5

MEDITATION
V Jesus wird unter das Kreuz gezwungen.
  Via dolorosa. – Weg der Schmerzen.
  Er geht im Kleid eines Gezeichneten.
  Er trägt das Leid der Menschen.
  Er trägt unsere Schuld.

Stille

V Gepriesen seist du, Herr Jesus Christus,
  der du das Kreuz der Leidenden getragen hast.
  Wir bitten dich:
A Erbarme dich über uns und über die ganze Welt.

[Lied: z. B. „Holz auf Jesu Schulter", Nr. 291]

3. Station: *Jesus fällt zum ersten Mal unter dem Kreuz*
V Wir beten dich an, Herr Jesus Christus, und preisen dich.
A Denn durch dein heiliges Kreuz hast du die Welt erlöst.

L Der Herr lud auf ihn die Schuld von uns allen. Er wurde misshandelt und niedergedrückt, aber er tat seinen Mund nicht auf. Wie ein Lamm, das man zum Schlachten führt, und wie ein Schaf angesichts seiner Scherer, so tat auch er seinen Mund nicht auf. Jes 53,6b–7

MEDITATION 683

V Jesus liegt am Boden. 3
  Im Staub der Erde.
  Er hat kein Gesicht mehr.
  Vom Kreuz in die Knie gezwungen.
  Doch er steht wieder auf.

Stille

V Gepriesen seist du, mein Herr und Gott,
  der du ehrlos am Boden gelegen hast.
  Wir bitten dich:
A Erbarme dich über uns und über die ganze Welt.

[Lied: z. B. „O Haupt voll Blut", Nr. 289]

4. STATION: *Jesus begegnet seiner Mutter* 4

V Wir beten dich an, Herr Jesus Christus, und preisen dich.
A Denn durch dein heiliges Kreuz hast du die Welt erlöst.

L Bei dem Kreuz Jesu standen seine Mutter und die Schwester seiner Mutter, Maria, die Frau des Klopas, und Maria von Magdala. Als Jesus seine Mutter sah und bei ihr den Jünger, den er liebte, sagte er zu seiner Mutter: Frau, siehe, dein Sohn! Dann sagte er zu dem Jünger: Siehe, deine Mutter!
Joh 19,25–27a

MEDITATION

V Jesus und seine Mutter.
  Begegnung im Leid.
  Begegnung auf dem Kreuzweg.
  Stark wie der Tod ist die Liebe.

Stille

683
4
V Gepriesen seist du, mein Herr und mein Gott,
der du den Menschen in Liebe begegnet bist.
Wir bitten dich:
A Erbarme dich über uns und über die ganze Welt.

[Lied: z. B. „Christi Mutter stand mit Schmerzen", Nr. 532]

5
5. STATION: *Simon von Zyrene hilft Jesus das Kreuz tragen*
V Wir beten dich an, Herr Jesus Christus, und preisen dich.
A Denn durch dein heiliges Kreuz hast du die Welt erlöst.

L Als sie Jesus hinausführten, ergriffen sie einen Mann aus Zyrene namens Simon, der gerade vom Feld kam. Ihm luden sie das Kreuz auf, damit er es hinter Jesus hertrage. Lk 23,26

MEDITATION
V Jesus und Simon.
Sie werden Brüder auf dem Kreuzweg.
Geschwisterliche Kirche.
Einer trage des anderen Last;
so erfüllt ihr das Gebot Christi.

Stille

V Gepriesen seist du, Herr Jesus Christus,
der du die Last der Ohnmächtigen getragen hast.
Wir bitten dich:
A Erbarme dich über uns und über die ganze Welt.

[Lied: z. B. „Das Weizenkorn muss sterben", Nr. 210]

6
6. STATION: *Veronika reicht Jesus das Schweißtuch*
V Wir beten dich an, Herr Jesus Christus, und preisen dich.
A Denn durch dein heiliges Kreuz hast du die Welt erlöst.

L Ich hielt meinen Rücken denen hin, die mich schlugen, und denen, die mir den Bart ausrissen, meine Wangen. Mein Gesicht verbarg ich nicht vor Schmähungen und Speichel. Jes 50,6

MEDITATION
V Jesus und Veronika.
 Das Mitgefühl einer Frau.
 Christi Bild in ihren Händen,
 Christi Bild in ihrem Herzen.

Stille

V Gepriesen seist du, Herr Jesus Christus,
 der du uns in der Taufe dein Bild eingeprägt hast.
 Wir bitten dich:
A Erbarme dich über uns und über die ganze Welt.

[Lied: z. B. „Du edles Angesichte", Nr. 289,2]

7. STATION: *Jesus fällt zum zweiten Mal unter dem Kreuz*
V Wir beten dich an, Herr Jesus Christus, und preisen dich.
A Denn durch dein heiliges Kreuz hast du die Welt erlöst.

L Ich aber bin ein Wurm und kein Mensch, der Leute Spott, vom Volk verachtet. Alle, die mich sehen, verlachen mich, verziehen die Lippen, schütteln den Kopf: „Er wälze die Last auf den Herrn, der soll ihn befreien! Der reiße ihn heraus, wenn er an ihm Gefallen hat." Ps 22,7–9

MEDITATION
V Jesus, niedergestreckt auf dem Weg nach Golgota.
 Ein Wurm und kein Mensch mehr.
 Hass und Gewalt,
 Terror, Krieg und Völkermord –
 „Die Sonne wurde schwarz wie ein Trauergewand
 und der ganze Mond wurde wie Blut." Offb 6,12

Stille

683

7

V Gepriesen seist du, Herr Jesus Christus,
der du das Kreuz der Wehrlosen getragen hast.
Wir bitten dich:
A Erbarme dich über uns und über die ganze Welt.

[Lied: z. B. „Aus tiefer Not", Nr. 277]

8

8. STATION: *Jesus begegnet den weinenden Frauen*
V Wir beten dich an, Herr Jesus Christus, und preisen dich.
A Denn durch dein heiliges Kreuz hast du die Welt erlöst.

L Es folgte eine große Menschenmenge, darunter auch Frauen, die um ihn klagten und weinten. Jesus wandte sich zu ihnen um und sagte: Ihr Frauen von Jerusalem, weint nicht über mich; weint über euch und eure Kinder! Lk 23,27–28

MEDITATION
V Jesus und die Frauen.
Trauer und Verzweiflung.
Miserére. – Erbarme dich.
Jesus nimmt Anteil:
„Weint nicht über mich!
Weint über euch und eure Kinder!"
Miserére.

Stille

V Gepriesen seist du, Herr Jesus Christus,
der du Anteil nimmst an unserem Leid.
Wir bitten dich:
A Erbarme dich über uns und über die ganze Welt.

[Lied: z. B. „Fürwahr, er trug unsre Krankheit", Nr. 292]

9

9. STATION: *Jesus fällt zum dritten Mal unter dem Kreuz*
V Wir beten dich an, Herr Jesus Christus, und preisen dich.
A Denn durch dein heiliges Kreuz hast du die Welt erlöst.

L Ich bin hingeschüttet wie Wasser, gelöst haben sich all meine Glieder. Mein Herz ist in meinem Leib wie Wachs zerflossen. Meine Kehle ist trocken wie eine Scherbe, die Zunge klebt mir am Gaumen, du legst mich in den Staub des Todes. Viele Hunde umlagern mich, eine Rotte von Bösen umkreist mich. Sie durchbohren mir Hände und Füße. Ps 22,15–17

MEDITATION
V Jesus erneut am Boden.
Er kann nicht mehr.
Wann ist endlich Schluss? –
Menschen sind am Ende.
Ohnmacht.
Neue Kraft vom ohnmächtigen Christus.

Stille

V Gepriesen seist du, Herr Jesus Christus,
der du das Kreuz der Verzweifelten getragen hast.
Wir bitten dich:
A Erbarme dich über uns und über die ganze Welt.

[Lied: z. B. „Die Farbe deiner Wangen", Nr. 289,3]

10. STATION: *Jesus wird seiner Kleider beraubt*
V Wir beten dich an, Herr Jesus Christus, und preisen dich.
A Denn durch dein heiliges Kreuz hast du die Welt erlöst.

L Die Soldaten nahmen seine Kleider und machten vier Teile daraus, für jeden Soldaten einen. Sie nahmen auch sein Untergewand, das von oben her ganz durchgewebt und ohne Naht war. Sie sagten zueinander: Wir wollen es nicht zerteilen, sondern darum losen, wem es gehören soll. So sollte sich das Schriftwort erfüllen: Sie verteilten meine Kleider unter sich und warfen das Los um mein Gewand. Dies führten die Soldaten aus. Joh 19,23–24

684 MEDITATION

1 V Jesus auf dem Kalvarienberg.
Die Kleider vom Leib gerissen.
Wie Adam und Eva entblößt.
Das letzte Ansehen ist ihm genommen.
Unser Herr im Elend.
Menschenrechte?
Menschenwürde?

Stille

V Gepriesen seist du, Herr Jesus Christus,
der du das Kreuz der Schande für uns getragen hast.
Wir bitten dich:
A Erbarme dich über uns und über die ganze Welt.

[Lied: z. B. „Was du, Herr, hast erduldet", Nr. 289,4]

2 11. STATION: *Jesus wird an das Kreuz genagelt*
V Wir beten dich an, Herr Jesus Christus, und preisen dich.
A Denn durch dein heiliges Kreuz hast du die Welt erlöst.

L Sie kamen zur Schädelhöhe; dort kreuzigten sie ihn und die Verbrecher, den einen rechts von ihm, den andern links. Jesus aber betete: Vater, vergib ihnen, denn sie wissen nicht, was sie tun. Lk 23,33–34

MEDITATION
V Jesus hingestreckt auf dem Galgen des Kreuzes.
Sie nageln ihn fest auf seine Liebe zu den Menschen.
Der leidende Gottesknecht – zwischen Himmel und Erde.
Opferlamm.
Hände,
die schlagen,
die foltern,
die töten.
Hände,

die pflegen,
die Zärtlichkeit schenken,
die heilen.

Stille

V Gepriesen seist du, Herr Jesus Christus,
der du für uns ans Kreuz geschlagen worden bist.
Wir bitten dich:
A Erbarme dich über uns und über die ganze Welt.

[Lied: z. B. „O Lamm Gottes unschuldig", Nr. 203]

12. STATION: *Jesus stirbt am Kreuz*
V Wir beten dich an, Herr Jesus Christus, und preisen dich.
A Denn durch dein heiliges Kreuz hast du die Welt erlöst.

L Es war etwa um die sechste Stunde, als eine Finsternis über das ganze Land hereinbrach. Sie dauerte bis zur neunten Stunde. Die Sonne verdunkelte sich. Der Vorhang im Tempel riss mitten entzwei, und Jesus rief laut: Vater, in deine Hände lege ich meinen Geist. Nach diesen Worten hauchte er den Geist aus. Lk 23,44–46

MEDITATION
V Jesus im Todeskampf.
„Mein Gott, mein Gott,
warum hast du mich verlassen?"
Sein letztes Gebet:
„Vater, in deine Hände lege ich meinen Geist."
Sein letztes Gebot:
„Liebt einander, wie ich euch geliebt habe!"
Sein letztes Wort:
„Es ist vollbracht."
Totenstille des Karfreitags.
Im Kreuz ist Heil.
Im Kreuz ist Hoffnung.
Im Kreuz ist Leben.

684

3 *Stille*

V Gepriesen seist du, Herr Jesus Christus,
der du dein Leben für uns hingegeben hast.
Wir bitten dich:
A Erbarme dich über uns und über die ganze Welt.

[Lied: z. B. „Wir danken dir, Herr Jesu Christ", Nr. 297]

4 13. STATION: *Jesus wird vom Kreuz abgenommen und in den Schoß seiner Mutter gelegt*

V Wir beten dich an, Herr Jesus Christus, und preisen dich.
A Denn durch dein heiliges Kreuz hast du die Welt erlöst.

L Josef aus Arimathäa war ein Jünger Jesu, aber aus Furcht vor den Juden nur heimlich. Er bat Pilatus, den Leichnam Jesu abnehmen zu dürfen, und Pilatus erlaubte es. Also kam er und nahm den Leichnam ab. Joh 19,38

MEDITATION
V Der tote Leib Jesu im Schoß der Mutter.
Pietà.
Maria hüllt ihn in den Mantel ihrer Liebe.
Stärker als der Tod ist die Liebe.
Die Schmerzensmutter.
Zuflucht der Menschen.
In Not und Leid.
Mutter des Trostes.

Stille

V Gepriesen seist du, Herr Jesus Christus,
der du die Menschen in ihrer Trauer nicht allein lässt.
Wir bitten dich:
A Erbarme dich über uns und über die ganze Welt.

[Lied: z. B. „Wer leben will wie Gott", Nr. 460]

14. STATION: *Der heilige Leichnam Jesu wird in das Grab gelegt*

V Wir beten dich an, Herr Jesus Christus, und preisen dich.
A Denn durch dein heiliges Kreuz hast du die Welt erlöst.

L Und Josef von Arimathäa nahm ihn vom Kreuz, hüllte ihn in ein Leinentuch und legte ihn in ein Felsengrab, in dem noch niemand bestattet worden war. Das war am Rüsttag, kurz bevor der Sabbat anbrach. Die Frauen, die mit Jesus aus Galiläa gekommen waren, gaben ihm das Geleit und sahen zu, wie der Leichnam in das Grab gelegt wurde. Lk 23,53–55

MEDITATION
V Jesus ist hinabgestiegen in das Reich des Todes.
   Die Trauer des Karfreitags.
   Die Ruhe des Karsamstags.
   Mächtiger als der Tod ist das Leben.
   „Wenn wir mit Christus gestorben sind,
   werden wir auch mit ihm leben."

Stille

V Gepriesen seist du, Herr Jesus Christus,
   der du tot im Grab gelegen bist.
   Wir bitten dich:
A Erbarme dich über uns und über die ganze Welt.

V Deinen Tod, o Herr, verkünden wir,
A und deine Auferstehung preisen wir,
   bis du kommst in Herrlichkeit.

684 Schlussgebet

6 V Lasset uns beten.
Herr Jesus Christus, Sieger über Sünde und Tod, du hast uns auf dem Kreuzweg durch die Geheimnisse deines Leidens und deiner Auferstehung gestärkt und aufgerichtet. Begleite uns alle Tage auf unserem Lebensweg und führe uns an das Ziel aller Pilgerschaft. Der du mit Gott, dem Vater, in der Einheit des Heiligen Geistes lebst und herrschst in alle Ewigkeit.
A Amen.

[Lied: z. B. „‚Mir nach‘, spricht Christus, unser Held", Nr. 461]

Eröffnungsbild im Diözesanteil Augsburg,
„Maria Knotenlöserin (um 1700), St. Peter am Perlach, Augsburg"
© Bürgerverein St. Peter am Perlach e.V., Augsburg

Eigenteil des Bistums Augsburg

I. Das Bistum Augsburg

Geschichte des Bistums Augsburg ....
Heilige und Selige im Bistum Augsburg ....

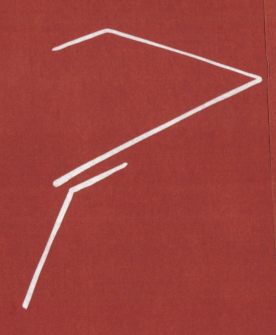

Geschichte des Bistums Augsburg 700

Die spätrömische Zeit

Augsburg ist wohl der älteste Bischofssitz im heutigen Bayern. Das als Siedlung bei einem römischen Militärlager entstandene „Augusta Vindelicum" wurde Mitte des ersten Jahrhunderts n. Chr. Verwaltungssitz der Provinz „Raetia". Da sich die kirchlichen Strukturen an die staatlichen Provinzgrenzen anglichen, darf angenommen werden, dass schon im vierten Jahrhundert in Augsburg ein Bischof wirkte. Die Christenverfolgungen im Römischen Reich erreichten unter Kaiser Diokletian im Jahr 304/05 ihren Höhepunkt. Aus dieser Zeit ist in unserem Raum das Martyrium der heiligen Afra in Augsburg überliefert. Ihr Kult hat die Zeit der Völkerwanderung überdauert, was ohne eine an diesem Ort versammelte Christengemeinde kaum möglich gewesen wäre.

Das Mittelalter

Unsicher ist, ob der Augsburger Bischofssitz in dieser Umbruchphase fortbestand oder im siebten Jahrhundert erst wieder neu begründet wurde. Für das achte Jahrhundert ist das Wirken des heiligen Magnus im östlichen Allgäu und am oberen Lech bezeugt. In dieser Zeit erscheint mit Wikterp der erste urkundlich gesicherte Augsburger Bischof. Dessen zweiter Nachfolger, Bischof Simpert (um 778 bis 807), hat die bayerischen Bistumsgebiete endgültig mit den schwäbischen vereinigt. Über das Wirken des für die Geschichte der Diözese und des Reiches so bedeutenden Bischofs Ulrich (923–973) berichtet die zeitgenössische Lebensbeschreibung des Augsburger Dompropstes Gerhard. Weithin bekannt geworden ist Bischof Ulrich durch die Lechfeldschlacht von 955; er war es auch, der – soweit wir wissen – als Erster von einem Papst heilig gesprochen wurde (993). Die Bischöfe hatten seit dieser Zeit eine Doppelfunktion inne: sie waren geistliche Leiter ihres Bistums, hatten aber auch weltliche Aufgaben als Herren ihres Hochstifts wahrzunehmen und den König bei der Verwaltung und Verteidigung des „Heiligen Römischen Reiches" zu unterstützen. Im 13. Jahrhundert verloren die Bischöfe infolge der Emanzipierung der Bürgerschaft die Herrschaft über die nun freie Reichsstadt Augsburg. Hierauf entwickelte sich in Dillingen eine zweite Bischofsresidenz.

DIE NEUZEIT

Durch die Reformation kam es im Bistum zu großen Einbrüchen: elf der zwölf Reichsstädte im Bistumsgebiet, darunter auch Augsburg, ferner die Bistumsgebiete in Württemberg, Oettingen und Pfalz-Neuburg gingen zum neuen Glauben über. In Augsburg, wo 1530 der Reichstag mit der Übergabe der „Confessio Augustana" an Kaiser Karl V. stattfand, wurde 1537 der katholische Gottesdienst verboten. Die beim alten Glauben gebliebenen Priester und Ordensleute wurden vertrieben, das Domkapitel ging nach Dillingen ins Exil. Bischof Otto Kardinal Truchsess von Waldburg (1543–1573) konnte erst nach zehn Jahren mit Unterstützung Karls V. wieder nach Augsburg zurückkehren. Auf dem Reichstag von 1555 wurde der Augsburger Religionsfriede geschlossen mit dem bekannten Prinzip „cuius regio – eius religio". Die Untertanen hatten das Bekenntnis des Landesfürsten anzunehmen oder mussten ihre Heimat verlassen. In den Reichsstädten durften beide Konfessionen nebeneinander bestehen. Der Augsburger Bischof versuchte im Geiste der Reformbemühungen des Konzils von Trient und mit Hilfe des Jesuiten Petrus Kanisius (1521–1597) die Bürger wieder für den katholischen

Glauben zu gewinnen. In Dillingen gründete er 1549 ein Kolleg, das schon zwei Jahre später zur Universität erhoben wurde. Im Jahr 1563 wurde diese dem Jesuitenorden übertragen, der in der Zeit der Katholischen Reform und „Konfessionalisierung" segensreich wirkte. Mit der Errichtung der Katholisch-Theologischen Fakultät der Universität Augsburg 1971 endete die über 400-jährige Geschichte der Dillinger Hohen Schule. Im Dreißigjährigen Krieg (1618 bis 1648) wurde auch das Bistum Augsburg schwer in Mitleidenschaft gezogen. Nach den Wirren und dem großen Leid des Krieges erstanden zahlreiche Kirchen und Klöster im festlichen Stil des Barock und Rokoko, in dem sich das wiedergewonnene Selbstbewusstsein der Kirche nach der Reformationsepoche dokumentiert. Durch die Säkularisation von 1802/03 verlor der Augsburger Fürstbischof Clemens Wenzeslaus von Sachsen (1739–1812), zugleich Erzbischof und Kurfürst von Trier sowie Fürstpropst von Ellwangen, seine weltliche Herrschaft im Hochstift Augsburg an Bayern. Im Bereich des Bistums Augsburg gingen 98 Stifte und Klöster verloren.

Das 19. und 20. Jahrhundert

Die heute bestehende Ordnung der Diözese Augsburg geht auf die Neuorganisation der kirchlichen Verhältnisse nach der Säkularisation im Bayerischen Konkordat von 1817/21 zurück. Die Diözesangrenzen wurden an die Landesgrenzen angepasst. Die Diözese Augsburg verlor die auf württembergischem Gebiet gelegenen Bistumsteile sowie einige Pfarreien in Tirol und Vorarlberg, gewann aber größere Teile des aufgelösten Bistums Konstanz hinzu. Am geistigen Wiederaufbau des Kirchenwesens hatten Johann Michael Sailer (1751–1832), der spätere Bischof von Regensburg, und sein Schülerkreis entscheidenden Anteil. Zu diesem gehörte auch der Kronprinz und spätere König Ludwig I., der das Wiedererstehen der Klöster und Bildungsstätten ermöglichte und mit seinen Privatmitteln förderte. Schon nach wenigen Jahrzehnten sollte es daher mehr Klöster und Ordenshäuser geben als vor der Säkularisation. Neben dem Wiederaufblühen der alten Orden und Gemeinschaften kam es zu bedeutenden Neugründungen. Dominikus Ringeisen (1835–1904) kümmerte sich mit großer Hingabe um Kranke und Behinderte und gründete 1897 die dem Franziskanerorden angeschlossene St. Josefskongregation. Der Dillinger Professor und Regens Johann Evangelist Wagner (1807–1886) nahm sich in den nach ihm benannten Anstalten – von den Dillinger Franziskanerinnen unterstützt – der Taubstummen und geistig Behinderten an. In der zweiten Hälfte des 19. Jahrhunderts wurde das Bistum von Bischof Pankratius von Dinkel (1858–1894) geleitet, der zur Förderung des Priesternachwuchses in Dillingen ein Knabenseminar errichtete. Sein Nachfolger, Bischof Petrus von Hötzl (1894/95–1902), führte Anfang 1897 in der Diözese die Ewige Anbetung ein. Die weiteren Bischöfe bis zur Gegenwart sind: Maximilian von Lingg (1902 bis 1930), der den Caritasverband gründete und 1910 das neue Priesterseminar in Dillingen erbauen ließ; Joseph Kumpfmüller (1930–1949), der in der drückenden Zeit des Nationalsozialismus das Bistum gewissenhaft leitete; Joseph Freundorfer (1949–1963), der die Wiedererrichtung und den Neubau von Kirchen sowie die Familienseelsorge und die Ulrichswallfahrt nachdrücklich förderte; Josef Stimpfle (1963–1992), der die Reformen des Zweiten Vatikanischen Konzils im Bistum leidenschaftlich umsetzte, die Verlegung des theologischen Studiums nach Augsburg vollzog und den Neubau des Priesterseminars initiierte; Viktor Josef Dammertz (1992–2004), Walter Mixa (2005–2010) und Konrad Zdarsa (seit 2010).

Heilige und Selige im Bistum Augsburg

Die Bistumspatrone

4. Juli – Heiliger Ulrich
(um 890 in Augsburg, Dillingen, Wittislingen oder Sulmetingen – 973 in Augsburg)
Alemannischer Adeliger, Ausbildung im Kloster St. Gallen, 923 Bischof von Augsburg, Förderer des religiösen Lebens, Idealbild eines ottonischen Reichsbischofs, großer Einsatz in Reichsangelegenheiten, 955 Verteidiger Augsburgs gegen die Ungarn, 993 Heiligsprechung.

7. August – Heilige Afra
(gestorben um 304 in Augsburg)
Märtyrin in der diokletianischen Christenverfolgung, legendäre Bekehrungs- und Leidensgeschichte aus dem achten Jahrhundert, Verehrung des Grabes in der heutigen Basilika St. Ulrich und Afra.

13. Oktober – Heiliger Simpert
(um 750–807)
778 Bischof von Augsburg, Vereinigung des bayerischen Bistums Neuburg-Staffelsee mit dem Bistum Augsburg, wohl am 28. September 807 Weihe des neuerbauten Domes, Grab in St. Ulrich und Afra in Augsburg, Patron der Kinder und Jugendlichen.

701 Weitere Heilige und Selige

5. Januar – Heiliger Johann Nepomuk Neumann
(1811 in Prachatitz/Böhmen – 1860 in Philadelphia/USA)
1836 Priesterweihe in New York, Wirken als Missionar in Williamsville, 1840 Eintritt in den Redemptoristenorden, 1852 Bischof von Philadelphia, Aufbau der Diözese, Verfasser zweier Katechismen, Förderer der Armen Schulschwestern, 1977 Heiligsprechung. Aufgrund der besonderen Verehrung durch die in der Diözese heimisch gewordenen Sudetendeutschen wurde er in den Diözesankalender aufgenommen.

22. Januar – Heiliger Vinzenz Pallotti
(1795 in Rom – 1850 in Rom)
1818 Priesterweihe in Rom, Seelsorger, Volksmissionar und Beichtvater, 1835 Gründung der Gemeinschaft der Pallottiner, 1843 der Pallottinerinnen, Förderer des Laienapostolats und der Mission, 1963 Heiligsprechung. Die Pallottiner wirken in der Diözese in Friedberg bei Augsburg, wo auch der Sitz ihres Provinzialates ist.

5. April – Heilige Krescentia Höß von Kaufbeuren
(1682 in Kaufbeuren – 1744 in Kaufbeuren)
1703 Eintritt in das Franziskanerinnenkloster in Kaufbeuren, Krankheiten und Demütigungen ertragend, seit 1710 als Pförtnerin, seit 1741 als Oberin Ratgeberin auch höchster Persönlichkeiten, Verehrerin der Leiden Christi und des Heiligen Geistes, 2001 Heiligsprechung.

27. April – Heiliger Petrus Kanisius
(1521 in Nimwegen/Niederlande – 1597 in Freiburg/Schweiz)

1543 Eintritt in den Jesuitenorden und Priesterweihe in Köln, 1547 Gesandter des Augsburger Bischofs auf dem Konzil von Trient, 1549 Doktor der Theologie in Bologna, anschließend Professor der Theologie an der Universität Ingolstadt, 1552 Aufenthalt in Wien, 1554 Administrator der Diözese Wien, 1556–1569 Leiter der oberdeutschen Provinz, 1559 Domprediger in Augsburg, 1566 Wechsel nach Dillingen (dort am Aufbau der Universität beteiligt), 1580 in Freiburg/Schweiz, Verfasser von Katechismen, als zweiter Apostel Deutschlands verehrt (nach Bonifatius), 1925 Heiligsprechung, zugleich Ernennung zum Kirchenlehrer.

9. Mai – Selige Maria Theresia von Jesu Gerhardinger

(1797 in Stadtamhof bei Regensburg – 1879 in München)
1833 Gründerin der Gemeinschaft der Armen Schulschwestern in Neunburg vorm Wald, 1843 Umzug in das ehemalige Angerkloster nach München, 1852 Eröffnung eines Waisen-, Armen- und Kinderhauses in Augsburg, 1854 päpstliche Approbation des Ordens, 1985 Seligsprechung. Die Armen Schulschwestern wirken bis heute an verschiedenen Orten in der Diözese.

20. Juni – Margarete Ebner

(um 1291 in Donauwörth – 1351 in Mödingen)
Um 1306 Eintritt in das Dominikanerinnenkloster Maria Medingen, Vertreterin der ausklingenden mittelalterlichen Frauenmystik, Briefwechsel mit ihrem Seelenführer Heinrich von Nördlingen (älteste erhaltene Briefsammlung in deutscher Sprache), seit 1344 Aufzeichnung ihrer Offenbarungen, Grab im Kloster Maria Medingen, 1979 Erlaubnis zur kultischen Verehrung.

701   **1. Juli – Heilige Radegundis von Wellenburg**
(um 1300, geboren wohl in Wulfertshausen)
Dienstmagd der Herren von Wellenburg, nach der Legende im Dienst der Nächstenliebe ihr Leben in der Krankenpflege aufopfernd, von einem Wolf angefallen und tödlich verletzt, Errichtung einer Kapelle über ihrem Grab schon bald nach ihrem Tod, 1812/18 Übertragung der Gebeine aus der Kapelle von Wellenburg in die Kirche von Waldberg.

9. August – Heilige Theresia Benedicta vom Kreuz – Edith Stein
(1891 in Breslau – 1942 im Konzentrationslager Auschwitz-Birkenau)
Jüdischer Abstammung, 1916 Doktor der Philosophie in Freiburg (Schülerin Edmund Husserls), 1922 Taufe, 1923 Lehrerin an einer Mädchenschule der Dominikanerinnen in Speyer, 1932 Dozentin am Deutschen Institut für wissenschaftliche Pädagogik in Münster/Westfalen, 1933 Lehrverbot durch die Nationalsozialisten, 1933 Eintritt in den Kölner Karmel, 1938 Wechsel nach Echt/Niederlande, 1942 Verhaftung, Deportation und Vergasung, 1998 Heiligsprechung, 1999 Patronin Europas (zusammen mit Birgitta von Schweden und Katharina von Siena). Namensgeberin für mehrere Schulen im Bistum und das Haus der Katholischen Hochschulgemeinde in Augsburg.

16. August – Seliger Abt Rupert I. von Ottobeuren
(um 1050–1145 in Ottobeuren)
Prior im Benediktinerkloster St. Georgen im Schwarzwald, 1102 Abt des Benediktinerklosters Ottobeuren, großer Reformer, bald im Kloster und vom Volk als Seliger verehrt, 1270 Gebeine in die Klosterkirche überführt, lokale Verehrung in Ottobeuren (eigenes Offizium und Messformular).

6. September – Heiliger Magnus
(um 700 – um 750 in Füssen)
Mönch, Glaubensbote im Allgäu („Apostel des Allgäus"), Gründer der Zelle in Füssen als Vorläufer des Benediktinerklosters St. Mang, Lebensbeschreibung aus dem achten Jahrhundert mit legendären Zügen, um 840/50 Erhebung der Gebeine, Reliquien seit den Ungarneinfällen verschollen (Kelch und Stab aus dem Hochgrab erhalten).

5. Oktober – Seliger Franz Xaver Seelos
(1819 in Füssen – 1867 in New Orleans/USA)
Studium der Philosophie an der Universität München, 1842 Ordenseintritt bei den Redemptoristen, 1843 Übersiedlung in die USA, 1844 Ewige Profess und Priesterweihe, Wirken als Pfarrseelsorger und Volksmissionar, bald auch als Oberer und Novizenmeister, Sorge besonders um Arme, Kranke und Verlassene, zudem ein gefragter Beichtvater und geistlicher Begleiter, bei der Betreuung von Gelbfieberpatienten Erkrankung und Tod, 2000 Seligsprechung.

16. Oktober – Heilige Hedwig von Andechs
(um 1174 in Andechs – 1243 in Trebnitz/Schlesien)
Tochter Graf Bertholds IV. von Andechs-Meranien, 1189/90 Herzogin von Schlesien, schon zu Lebzeiten wegen ihrer Frömmigkeit und Nächstenliebe verehrt, 1203 Gründerin des Zisterzienserinnenklosters Trebnitz zusammen mit ihrem Gemahl, 1238 als Witwe Rückzug ins Kloster, 1267 Heiligsprechung, gilt als Patronin der Versöhnung zwischen Deutschland und Polen.

16. Oktober – Heiliger Gallus
(um 550 wohl in Irland – um 640/45 in Arbon/Schweiz)
Nach der Lebensbeschreibung aus dem achten/neunten Jahrhundert als Mönch in Begleitung des heiligen Colum-

701 ban Missionar bei den Alemannen, Glaubensbote am Bodensee, nach der Trennung von Columban Einsiedler in einer Zelle an der Steinach, dort Ursprung des Klosters St. Gallen.

27. Oktober – Heiliger Wolfhard (Gualfardus) von Augsburg
(um 1070/75 in Augsburg – 1117/1127 in Verona)
Sattlergeselle auf Wanderschaft, 1096/97 Arbeit in Verona, Einsiedler in den Wäldern der Etsch bei Verona, 1117 Eintritt in das Kamaldulenserkloster in Verona als Rekluse, dort begraben, 1602 Überführung von Reliquien in die neu erbaute Kapuzinerkirche St. Sebastian in Augsburg.

31. Oktober – Heiliger Wolfgang
(um 920/24 in Schwaben, evtl. Pfullingen – 994 in Pupping)
964 Rückzug ins Kloster Einsiedeln, 968 Priesterweihe durch Bischof Ulrich, 971 Missionar in Ungarn, 972 Bischof von Regensburg, 973 Einwilligung in die Abtretung Böhmens, 973 Bestattung von Bischof Ulrich in Augsburg, Förderer der Klosterreformen, 1052 Heiligsprechung, Patron des Bistums Regensburg.

3. November – Seliger Rupert Mayer
(1876 in Stuttgart – 1945 in München)
1899 Priesterweihe für das Bistum Rottenburg, 1900 Eintritt in den Jesuitenorden in Tisis/Feldkirch, 1906 Volksmissionen im deutschsprachigen Raum, 1912 Seelsorger für die Zuwanderer in München, 1915 Divisionspfarrer im Ersten Weltkrieg (1916 Amputation des linken Beins), 1921 Präses der Marianischen Männerkongregation, 1925 Einführung der sonntäglichen Bahnhofsgottesdienste, entschiedener Gegner des Nationalsozialismus, 1937 Rede- und Predigtverbot, mehrmalige Verhaftung, 1939 Einweisung in das Konzen-

trationslager Sachsenhausen-Oranienburg, 1940 Isolation im Kloster Ettal, 1945 Rückkehr nach München und baldiger Tod, 1948 Überführung seiner Gebeine in die Unterkirche der Münchener Bürgersaalkirche, 1987 Seligsprechung. Er predigte wiederholt im Gebiet des Bistums Augsburg.

13. November – Heiliger Stanislaus Kostka
(um 1550 in Polen – 1568 in Rom)
Seit 1564 in Wien, 1567 in Kontakt mit Petrus Kanisius in Dillingen, anschl. Noviziat in Rom, dort im Alter von 18 Jahren verstorben, 1726 Heiligsprechung, Patron der studierenden Jugend.

15. November – Heiliger Albertus Magnus
(um 1200 in Lauingen an der Donau – 1280 in Köln)
Studium an der Universität Padua, 1223 Ordenseintritt bei den Dominikanern, 1227/28 Ordenslehrer in Köln, seit 1233 in Freiburg i. Br., Regensburg und Hildesheim, 1243/44 an der Universität Paris (1246 Doktor der Theologie), Lehrer des Thomas von Aquin, 1260–1262 Bischof von Regensburg, 1263 Kreuzzugsprediger und Nuntius der deutschsprachigen Länder, einer der größten Universalgelehrten des Mittelalters, 1622 Seligsprechung, 1931 Heiligsprechung, zugleich zum Kirchenlehrer erhoben.

26. November – Heilige Konrad und Gebhard
Konrad (um 900 auf dem Martinsberg bei Weingarten – 975 in Konstanz) Erziehung in der Klosterschule St. Gallen, 934 Bischof von Konstanz, mit Ulrich von Augsburg befreundet, 1123 Heiligsprechung.

Gebhard II. (vor 979 in Bregenz – 995 in Konstanz) 979 Bischof von Konstanz, 992 Gründung des Klosters Petershausen, 1134 Heiligsprechung.

701 Das westlich der Iller gelegene Augsburger Diözesangebiet gehörte bis 1821 zur Diözese Konstanz.

16. Dezember – Heilige Adelheid von Burgund
(931 in Burgund – 999 im Kloster Selz/Elsass)
Tochter des Königs Rudolf II. von Burgund, 950 Tod ihres ersten Gatten Lothar von Italien, 951 Heirat mit König Otto I., 962 Kaiserkrönung, Klostergründerin, um die geistliche Erneuerung der Benediktinerklöster bemüht, unterstützte den Wiederaufbau des 994 eingestürzten Westteils des Augsburger Domes, 1097 Heiligsprechung.

Ich bin berufen, etwas zu tun oder zu sein,
wofür kein anderer berufen ist.
Ich habe einen Platz in Gottes Plan auf Gottes Erde,
den kein anderer hat.
Ob ich reich bin oder arm,
verachtet oder geehrt bei den Menschen:
Gott kennt mich und ruft mich bei meinem Namen.

JOHN HENRY NEWMAN

II. Geistliche Impulse für das tägliche Leben

Wessobrunner Gebet 702
Hausgebet beim Ostermahl 703

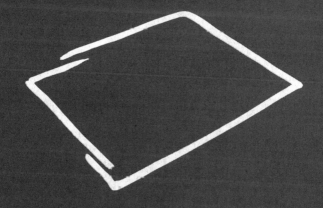

Wessobrunner Gebet 702

Das „Wessobrunner Gebet" entstand gegen Ende des achten Jahrhunderts. Es gilt als das älteste erhaltene Dokument in althochdeutscher Sprache und ist zugleich das früheste christliche Gedicht der deutschsprachigen Literatur. Aufgefunden wurde es im Kloster Wessobrunn (Bistum Augsburg). Dieses kostbare Erbe unserer Vorfahren ist ein Hymnus auf Gott, den Schöpfer.

Das erfragte ich unter den Menschen
als gewaltigstes Wunder:
Als Erde nicht war noch hoher Himmel,
noch Baum, noch Berg nicht war,
noch Sonne nicht schien, noch Stern,
noch Mond nicht leuchtete,
noch das mächtige Meer,
als nirgends nichts war aller Enden und Wenden:
Da war der eine allmächtige Gott,
der Herren mildester;
bei ihm viele Geister voll Herrlichkeit.
Doch eher als sie war der heilige Gott.
Allmächtiger Gott,
der du Himmel und Erde geschaffen
und den Menschen viel Gutes gegeben hast,
verleihe mir in deiner Huld den rechten Glauben,
gewähre mir Weisheit und Klugheit und Kraft,
dem Verderber zu widerstehn,
das Böse zu meiden
und deinen Willen zu vollbringen.
Amen.

703 Hausgebet beim Ostermahl

1 ### ERÖFFNUNG
LIED: *„Das ist der Tag, den Gott gemacht" (Nr. 329);*
„Wir wollen alle fröhlich sein" (Nr. 326)

KREUZZEICHEN
Lt Im Namen des Vaters und des Sohnes und des Heiligen Geistes.
A Amen.

BEGRÜSSUNG DES OSTERLICHTES
Die Osterkerze auf dem Tisch wird entzündet. Falls das Osterlicht aus dem Gottesdienst mitgebracht wurde, stellt man es nun auf den Tisch.

Lt Christus ist glorreich auferstanden vom Tod.
A Sein Licht vertreibe das Dunkel der Herzen.

2 ### SCHRIFTLESUNG
L Aus dem Evangelium nach Lukas.
Am gleichen Tag waren zwei von den Jüngern auf dem Weg in ein Dorf namens Emmaus, das sechzig Stadien von Jerusalem entfernt ist. Während sie redeten und ihre Gedanken austauschten, kam Jesus hinzu und ging mit ihnen.
Und er legte ihnen dar, ausgehend von Mose und allen Propheten, was in der gesamten Schrift über ihn geschrieben steht. So erreichten sie das Dorf, zu dem sie unterwegs waren. Jesus tat, als wolle er weitergehen, aber sie drängten ihn und sagten: Bleib doch bei uns; denn es wird bald Abend, der Tag hat sich schon geneigt. Da ging er mit hinein, um bei ihnen zu bleiben. Und als er mit ihnen bei

Tisch war, nahm er das Brot, sprach den Lobpreis, brach das Brot und gab es ihnen. Da gingen ihnen die Augen auf und sie erkannten ihn; dann sahen sie ihn nicht mehr. Und sie sagten zueinander: Brannte uns nicht das Herz in der Brust, als er unterwegs mit uns redete und uns den Sinn der Schrift erschloss? Lk 24,13.15.27-32

TISCHSEGEN

Lt Das ist der Tag, den der Herr gemacht hat. Halleluja.
A Lasst uns jubeln und seiner uns freuen. Halleluja.
→ oder:

Das ist der Tag, den der Herr ge-macht.
Lasst uns froh-lo-cken und fröh-lich sein an ihm!

T: Liturgie, M: Norbert Weber

Lt Gepriesen bist du, Herr, unser Gott. Heute hast du deinen Sohn von den Toten auferweckt und uns so das Tor zum Leben geöffnet. Dein Sohn ist nach seiner Auferstehung den Jüngern erschienen und hat mit ihnen Mahl gehalten. Wir glauben, dass er auch in unserer Mitte ist und bitten dich: Segne unser österliches Mahl. Lass uns wachsen in der Liebe zueinander und in der österlichen Freude. Versammle uns alle zu deinem ewigen Ostermahl, der du lebst und herrschest in Ewigkeit.
A Amen.

703 BITTGEBET

4 Lt Lasst uns beten zu Jesus Christus, dem auferstandenen Herrn:
V Du bist von den Toten auferstanden.
A Bleibe bei uns, Herr.
V Du willst uns Anteil an deiner Auferstehung geben.
A Bleibe bei uns, Herr.
V Erfülle alle Christen mit der Freude über deine Auferstehung.
A Bleibe bei uns, Herr.
V Schenke der Welt deinen österlichen Frieden.
A Bleibe bei uns, Herr.
V Gib uns Liebe zueinander, Verständnis und Vertrauen.
A Bleibe bei uns, Herr.
V Gib unseren Verstorbenen Anteil an deinem ewigen Leben.
A Bleibe bei uns, Herr.

5 VATERUNSER

Lt Lasst uns beten, wie der Herr uns gelehrt hat:
A Vater unser im Himmel …
Denn dein ist das Reich …

6 SEGENSBITTE

Lt Gnade und unvergängliches Leben sei mit uns allen.
A Amen.
Lt Es segne uns der allmächtige Gott, der Vater und der Sohn und der Heilige Geist.
A Amen.

LIED: *„Jesus lebt"* (Nr. 336); *„Freu dich, erlöste Christenheit"* (Nr. 337)

III. Gesänge

Tag
- Morgen 704
- Abend 705

Woche
- Sonntag 707
- Messgesänge 709
  - Gesang zur Eröffnung 709
  - Kyrie 710
  - Gloria 712
  - Kehrverse zum Antwortgesang 716
  - Rufe vor dem Evangelium 717
  - Fürbittruf 720
  - Gesänge zur Gabenbereitung 721
  - Sanctus 724
  - Akklamationen im Hochgebet 728
  - Vaterunser 731
  - Agnus Dei 732
  - Gesänge zur Kommunion – Dank nach der Kommunion 738

Jahr
- Advent 741
- Weihnachten 750
- Jahresschluss – Neujahr 755
- Erscheinung des Herrn 756
- Darstellung des Herrn 758,5
- Österliche Bußzeit 759
- Palmsonntag 765
- Passion 767
- Ostern 774
- Christi Himmelfahrt 780
- Pfingsten – Heiliger Geist 781

Leben

Leben in Gott
- Der dreieine Gott 786
- Jesus Christus 789
- Lob, Dank und Anbetung 803
- Vertrauen und Trost 809
- Bitte und Klage 814
- Glaube – Hoffnung – Liebe 817
- Wort Gottes 819
- Segen 821

Leben in der Welt
- Sendung und Nachfolge 823
- Schöpfung 828
- Gerechtigkeit und Friede 831

Leben in der Kirche
- Kirche 837
- Taufe 839
- Eucharistie 843
- Trauung 853
- Tod und Vollendung 854
- Maria 859
- Engel 876
- Heilige 877

Tag

MORGEN

704

1. Die güldene Sonne bringt Leben und Wonne, die Finsternis weicht. Der Morgen sich zeiget, die Röte aufsteiget, der Monde verbleicht.

2. Nun sollen wir loben den Höchsten dort oben, dass er uns die Nacht hat wollen behüten vor Schrecken und Wüten der höllischen Macht.

3. Kommt, lasset uns singen, die Stimmen erschwingen, zu danken dem Herrn! Ei, bittet und flehet, dass er uns beistehet und weichet nicht fern!

4 Es sei ihm ergeben / mein Leben und Streben, / mein Gehen und Stehn. / Er gebe mir Gaben / zu meinem Vorhaben, / lass richtig mich gehn.

5 In meinem Studieren / wird er mich wohl führen / und bleiben bei mir, / wird schärfen die Sinnen / zu meinem Beginnen / und öffnen die Tür.

T: Philipp von Zesen 1641, M: Johann Georg Ahle 1671

Abend

705

1. Gnä-dig-ster Er-bar-mer, zu dir komm ich Armer nach voll-brachter Fahrt.
Du hast heut aus Gnaden mich vor allem Schaden als dein Kind be-wahrt.
Keine Not, kein Leid, kein Tod hat, o Vater, mich be-rüh-ret, weil du mich ge-füh-ret.

2 Herr, auf meinen Wegen / hab ich deinen Segen / überall gespürt. / Du hast meine Tritte, / alle meine Schritte / gnädiglich regiert. / Nun kann ich mit Freuden dich, / meinen Hort und Helfer, preisen / und dir Dank erweisen.

3 Ja, ich will dich loben / hier und einst dort oben / und mich deiner freun. / Stets soll mein Gemüte / für die große Güte / fromm und dankbar sein. / Doch, mein Licht, verlass mich nicht, / schütze ferner Leib und Seele, / die ich dir befehle!

T: Geistliches Bergmannslied 1656, M: nach Johann Crüger 1653

706

1 Gott, be-hü-te uns. Der A-bend bricht her-ein. Bleib bei uns mit dei-nem Licht, misch zum Schlaf die Zu-ver-sicht. Stell dich gnä-dig ein: Gott, be-hü-te uns.

2 Gott, be-hü-te uns. Schenk ei-ne gu-te Nacht. Nimm von uns, was uns be-schwert, mach uns leicht und lie-bens-wert. Bis der Mor-gen lacht: Gott, be-hü-te uns.

3 Gott, be-hü-te uns. Der A-bend-hauch ist kalt. Die wir lie-ben, hal-te warm, nimm auch uns in dei-nen Arm. Du, gib Schutz und Halt: Gott, be-hü-te uns.

T: Eugen Eckert, M: Norbert M. Becker

Gott segne Euch!
Das ist mein kurzes, aber immer wiederholtes
Gebet untertags und nächtens,
besonders in kritischen Stunden.

MAX JOSEF METZGER

Woche

SONNTAG

707

1 Das ist dein Tag, Herr Jesus Christ, der Tag, von deinem Glanz erhellt, da du vom Tod erstanden bist als König der erlösten Welt.

2 Nun hilf uns aus der Dunkelheit mit dir ins Reich des Lichtes gehn und lass dereinst auch unsern Leib verklärt zum Leben auferstehn.

3 Ruf uns zu dir, wenn du erscheinst am großen Tag des Endgerichts, du Sieger über Welt und Tod, mit dir zu herrschen, Gott des Lichts.

4 Dann schauen wir dein Angesicht / und werden deinem Bilde gleich, / und wir erkennen, wie du bist: / an Herrlichkeit und Güte reich.

5 Die siebenfach dein Geist gesalbt, / erfüllt dein Blick mit Seligkeit; / du führst uns deinem Vater zu / ins Leben der Dreieinigkeit.

T: Nach „Dies aetasque ceteris" vor 1100, Übertragung Friedrich Dörr 1978, M: Johannes Leisentritt 1567

1. Dein Tag, o Herr, uns hell anbricht nach dieser Woche Sorgen. Es strahlt uns auf in seinem Licht ein neuer Ostermorgen und kündet, dass wir sind erlöst durch deinen Tod und neu getröst durch deine Auferstehung.

2 Ein Tag des Friedens hebt nun an, / der Gnade und der Güte. / Dein Heil, das du uns kundgetan, / in uns allzeit behüte! / Und gib, dass deiner Wahrheit Licht / in unserm Leben aufgericht / und wachsam sei geborgen!

3 Lass uns empfangen, Herr, dein Wort / in gläubigem Vertrauen! / Und auch dein Brot, der Liebe Hort, / lass kosten uns und schauen! / Und dass wir eines Sinnes sei'n, / dich, unsern Herrn, zu benedei'n, / das schenke uns in Güte!

4 Gelobet seist du, Gott und Herr, / am Tage deiner Gnaden! / Dein Heil zu schaun und deine Ehr, / hast du uns all geladen. / Dir, ewger König aller Zeit, / sei Preis und Ruhm und Herrlichkeit / im Himmel und auf Erden!

T: Maria Luise Thurmair 1941, M: Straßburg 1538

Messgesänge

Gesang zur Eröffnung

709
(ö)

1 Unser Leben sei ein Fest, Jesu Geist in unserer Mitte, Jesu Werk in unseren Händen, Jesu Geist in unseren Werken. Unser Leben sei ein Fest *in dieser Stunde und jeden Tag.

2 Unser Leben sei ein Fest, Jesu Hand auf unserem Leben, Jesu Licht auf unseren Wegen, Jesu Wort als Quell unsrer Freude. Unser Leben sei ein Fest *in dieser Stunde und jeden Tag.

3 Unser Leben sei ein Fest, / Jesu Kraft als Grund unsrer Hoffnung, / Jesu Brot als Mahl der Gemeinschaft, / Jesu Wein als Trank neuen Lebens. / Unser Leben sei ein Fest / *in dieser Stunde und jeden Tag.

GESANG ZUR ERÖFFNUNG · KYRIE

709 **4** Unser Leben sei ein Fest, / Jesus Weinstock und wir die Reben, / unsre Taten Frucht seines Geistes, / Jesus selbst als Stamm der Gemeinde. / Unser Leben sei ein Fest / *in dieser Stunde und jeden Tag.

T: Josef Metternich Team 1972, M: Peter Janssens 1972

*alternativ: an diesem Morgen / an diesem Abend

KYRIE

710

K Der vom Grab erstand A und den Tod gebannt: Herr, erbarme dich!

K Der an dem Kreuze starb A und uns das Heil erwarb: Christus, erbarme dich!

K Sieger im Todesstreit, A König der Herrlichkeit: Herr, erbarme dich!

T: Maria Luise Thurmair 1952, M: Erhard Quack 1941

711

K Der im ew-gen Lich-te wohnt, A der zur Rech-ten Got-tes thront: Christus, Herr, er-bar-me dich!

K Der uns er-löst vom Tod, A der uns er-nährt im Brot: Chri-stus, er-bar-me dich!

K Der des Le-bens Fül-le gibt, A der uns oh-ne En-de liebt: Chri-stus, Herr, er-bar-me dich!

T: Maria Luise Thurmair 1952, M: Heinrich Rohr 1952

GLORIA

712

Preis dir, o Gott, auf höch-stem Thron,
Preis dir, Herr Je-sus, Got-tes Sohn,
Dank, Ruhm und Ehr sei dir ge-weiht!
der du vom Tod uns hast be-freit!

712

Lamm Got-tes, til - ge un - sre Schuld,
er - barm dich, sieh uns an mit Huld!
Den Va - ter und den Heil - gen Geist
und dich, Herr Chri-stus, al - les preist.

T: Wien 1884, M: nach „Harpffen Davids", Augsburg 1669

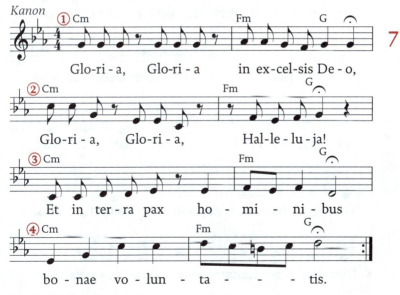

713

Kanon

① Cm — Fm — G
Glo-ri - a, Glo-ri - a in ex-cel-sis De - o,

② Cm — Fm — G
Glo-ri - a, Glo-ri - a, Hal-le - lu - ja!

③ Cm — Fm — G
Et in ter - ra pax ho - mi - ni - bus

④ Cm — Fm — G
bo - nae vo - lun - ta - - - tis.

T: Liturgie, M: Jacques Berthier († 1994)

Der Kanon kann als Kehrvers mit dem Gloria-Hymnus (Nr. 583,1) verbunden werden.

714 GLORIA

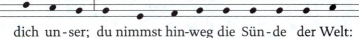
dich un-ser; du nimmst hin-weg die Sün-de der Welt:

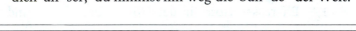
nimm an un-ser Ge-bet, du sit-zest zur

Rech-ten des Va-ters: er-bar-me dich un-ser.

A Denn du al-lein bist der Hei-li-ge,

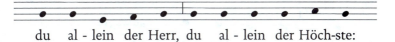
du al-lein der Herr, du al-lein der Höch-ste:

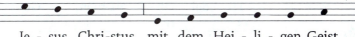
Je-sus Chri-stus, mit dem Hei-li-gen Geist,

zur Eh-re Got-tes des Va-ters. A-men.

T: Liturgie, M: Albrecht Kronenberger 1972, nach einem Lektionston

*Lass dir nichts genug sein,
was weniger ist als Gott.*
MARY WARD

Kehrverse zum Antwortgesang

716

1

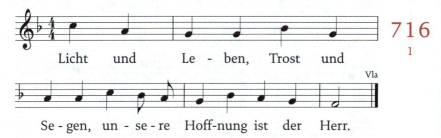

Licht und Leben, Trost und Segen, unsere Hoffnung ist der Herr.

T: Liturgie, M: Peter Planyavsky

2

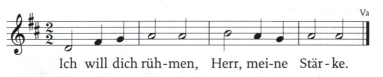

Ich will dich rühmen, Herr, meine Stärke.

T: Liturgie, M: AG GL-Salzburg

3

Kommt, lasst uns jubeln dem Herrn.

T: Liturgie, M: AG GL-Salzburg

4

Meine Seele dürstet nach dir, mein Herr und mein Gott.

T: Liturgie, M: Paul Beier

T und M: Dieter Trautwein

1 Wohl denen, deren Weg ohne Tadel ist,*
die leben nach der Weisung des Herrn.

    2 Herr, dein Wort bleibt auf ewig,*
    es steht fest wie der Himmel. – Kv

3 Gib mir Einsicht, damit ich deiner Weisung folge,*
und mich an sie halte aus ganzem Herzen.

    4 Herr, öffne mir die Augen,*
    für das Wunderbare an deiner Weisung! – Kv

5 Ich habe meine Freude an deinen Gesetzen,*
dein Wort will ich nicht vergessen.

    6 Dein Wort ist meinem Fuß eine Leuchte,*
    ein Licht für meine Pfade. – Kv

T: Liturgie/Ps 119, M: Kv: Stefan Ulrich Kling 2011, Psalmodie: Stefan Niebler 2011

716

Dein Wort, o— Herr, ist Licht ü-ber mei-nem Pfad.

T: Ps 119,105, M: Gerhard Kronberg (1913–2001)

8

Das ist der Tag, den der Herr ge-macht.

Lasst uns froh-lo-cken und fröh-lich sein an ihm!

T: Liturgie, M: Norbert Weber

Rufe vor dem Evangelium

717

Hal-le-lu-ja, Hal-le-lu-ja.

Hal-le-lu-ja, Hal-le-lu-ja.

T: Liturgie, M: Frankreich 13. Jh.

Kanon auslaufen lassen

2 ö

Hal-le-lu-ja, Hal-le-lu-ja.

T: Liturgie, M: Heino Schubert (* 1928)

T: Liturgie, M: Stephan Rommelspacher 2010

718

2 Freut euch, ihr Christen, verkündigt, was geschehn. / Gott gibt die Welt nicht verloren; / er lässt uns nicht in den Finsternissen stehn: / Christus, der Herr, ist geboren. Kv

3 Mit der Geburt in die Nacht und in die Not / ist für das Leben entschieden. / Herr, deine Liebe ist stärker als der Tod! / Gib unsrer Welt deinen Frieden. Kv

4 Freut euch, ihr Christen, erstanden ist der Herr; / er lebt, und wir sollen leben. / Not, Angst und Tod kann uns nicht besiegen mehr. / Gott hat den Sieg uns gegeben. Kv

5 Was uns bedroht, Herr, hat keine letzte Macht, / du hast das Dunkel bezwungen, / Leben und Hoffnung und Freiheit uns gebracht. / Gott, dir sei dankbar gesungen. Kv

6 Freut euch, ihr Christen, nehmt wahr, was Gott verheißt, / dass wir im Dunkel nicht treiben: / Wahrheit und Licht und die Kraft, durch seinen Geist / in seiner Liebe zu bleiben. Kv

7 Komm, Heilger Geist, und erfüll mit deiner Kraft, / kannst neues Leben uns bringen! / Lass diese Welt nicht in auswegloser Nacht, / dass dir die Völker lobsingen. Kv

T: Gerhard Hopfer, M: Karen Lafferty 1971/1972

719

Halleluja, Halleluja, Halleluja.

T: Liturgie, M: Klaus Fischbach 2010

GESÄNGE

FÜRBITTRUF

720

K/A Herr, er-hö-re un-ser Be-ten,
sen-de dei-nen Geist und stär-ke uns!

T und M: Werner Zuber 2010

GESÄNGE ZUR GABENBEREITUNG

721

1 Nimm an, o Vater, Brot und Wein, die sie sol-len aus-er-se-hen sein vor wir zum Mah-le brin-gen; al-len Er-den-din-gen. Sie wer-den nun in Chri-sti Tod zum Le-bens-trank, zum Him-mels-brot; nimm an, o Herr, in Gna-den!

2 Nimm an auch uns, o guter Gott, / mit diesen armen Gaben; / nimm uns hinein in Jesu Tod / mit allem, was wir haben. / Lass uns in dieses Opfers Kraft / vollenden unsre Pilgerschaft, / bis wir einst auferstehen.

T: Maria Luise Thurmair 1941, M: Straßburg 1538

1. Wir weih'n, wie du geboten, dir, Herr Gott, Brot und Wein. Das Opfer, hoch erhaben, wird Christus selber sein. Es wend uns deinen Frieden und dein Erbarmen zu; dem, der im Herrn verschieden, bring es die ew'ge Ruh.

2. Wir bringen in den Gaben uns selbst mit frohem Sinn; nimm uns und was wir haben, o Vater, gnädig hin. Du gabst es uns aus Güte zu unsrer Seligkeit; mit dankbarem Gemüte sei's dir, o Herr, geweiht.

T: Christoph Bernhard Verspoells Gesangbuch 1810, M: Albert Höfer († 1857)

T und M: Werner Zuber 2010

Sanctus

T: nach Tillmanns Gesangbuch 1796, M: Gesangbuch Melchior Ludwig Herold 1808

725

Kv Heilig, heilig, Herr! Heilig, heilig, Herr! Heilig, heilig, Herr! Du bist der Herr der Scharen.

1. Himmel und Erde, Sonne und Stern künden die Größe Gottes des Herrn. Menschengedanken ahnen es nur: die Wunder alle sind seine Spur. Kv
2. Singet Hosanna, singet es gern, ihm, der da kommt im Namen des Herrn. Loben soll ihn unser froher Gesang. Wir preisen ihn unser Leben lang. Kv

T und M: Hermann Ritter 1970

GESÄNGE 1004

726

Hoch-hei-lig, hei-lig, hei-lig bist du, Gott Ze-ba-ot. All-mäch-tig und barm-her-zig bist du, Herr, un-ser Gott. Ge-lobt, ge-prie-sen wer-de, der kommt in uns-re Zeit, der Heil schenkt uns-rer Er-de, der Herr der Herr-lich-keit, der Herr der Herr-lich-keit.

T: Augsburg 1981, M: Michael Haydn († 1806)

727

Hei-lig, hei-lig, hei-lig ist der Herr des Him-mels und der Er-de. Al-le Völ-ker der

T: Giovanni Zappala, M: Antonio Mancuso

Akklamationen im Hochgebet

728

T: Liturgie, M: Norbert M. Becker

729

T: Liturgie, M: Norbert M. Becker

730 AKKLAMATION IM HOCHGEBET

P Durch ihn und mit ihm und in ihm
A A - - - men, P ist dir, Gott, all-mäch-ti-ger Va-ter, A A - - men, P in der Ein-heit des Hei-li-gen Gei-stes al-le Herr-lich-keit und Eh-re jetzt und in E-wig-keit. A A - men.

T: Liturgie, M: Jean-Paul Lécot

VATERUNSER

731 (ö)

731

su - chung, son-dern er - lö - se uns von dem Bö - sen. Denn dein ist das Reich und die Kraft und die Herr-lich-keit in E - wig-keit. A - men, A - men.

T: Liturgie, M: Peter Janssens 1972

Agnus Dei

732

K O du Lamm Got - tes, das du hin - weg-nimmst die Sün - de der Welt, A er - bar - me dich un - ser. Welt: A schenk uns den Frie - den.

T: Liturgie, M: Gregor Molitor (1867-1926)

733

1-3 Gottes Lamm, Herr Jesu Christ,

1 sei gnädig mit uns Armen,
2 o neig dich zu uns Armen,
3 dem Macht und Ruhm beschieden,

1 deren Lösegeld du bist:
2 deren himmlisch Mahl du bist:
3 dessen Herrschaft ewig ist:

1 schenk uns dein Erbarmen.
2 schenk uns dein Erbarmen.
3 schenk uns deinen Frieden.

T: Maria Luise Thurmair 1952, M: Erhard Quack 1941

IN DER ÖSTERLICHEN BUSSZEIT

734 1 Gottes Lamm, Herr Jesu Christ, / mit ausgestreckten Armen / du am Kreuz gestorben bist: / schenk uns dein Erbarmen.

2 Gottes Lamm, Herr Jesu Christ, / du sühnest unsre Sünden. / Wer mit Schuld beladen ist, / wird Erbarmen finden.

3 Gottes Lamm, Herr Jesu Christ, / du gibst dich uns hienieden / in dem Brot, das Leben ist: / schenk uns deinen Frieden.

T: Erhard Quack 1945

AGNUS DEI

735

1. O Lamm Gottes, erstanden
und in den Himmel erhoben,
befreit von Sünden und Banden
naht sich dein Volk, dich zu loben.
Du hast den Tod bezwungen,
uns ewges Heil errungen:
Erbarm dich unser, o Jesu!

2. O Lamm Gottes im Lichte,
das uns zur Hochzeit geladen:
verschone uns im Gerichte,
führ uns zum Mahl deiner Gnaden!
Lass alle hier auf Erden
bei dir einst selig werden:
Gib uns den Frieden, o Jesu!

T: Maria Luise Thurmair 1958, M: nach Nicolaus Decius 1522

736

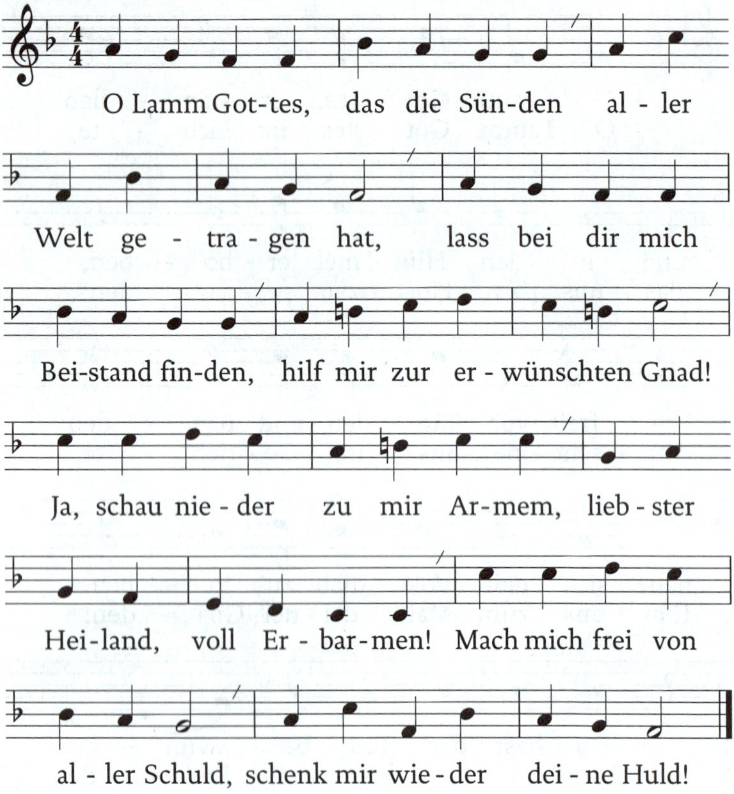

O Lamm Got-tes, das die Sün-den al - ler
Welt ge - tra - gen hat, lass bei dir mich
Bei-stand fin-den, hilf mir zur er - wünschten Gnad!
Ja, schau nie - der zu mir Ar-mem, lieb - ster
Hei-land, voll Er - bar-men! Mach mich frei von
al - ler Schuld, schenk mir wie - der dei - ne Huld!

T und M: Straßburger Gesangbuch 1789

737

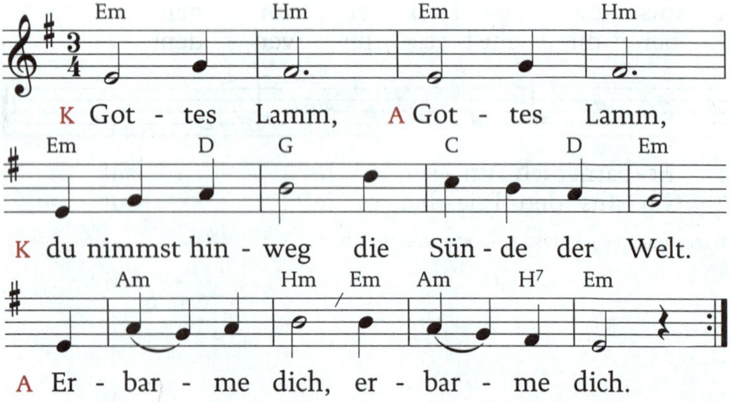

Em Hm Em Hm
K Got - tes Lamm, A Got - tes Lamm,
Em D G C D Em
K du nimmst hin - weg die Sün - de der Welt.
Am Hm Em Am H7 Em
A Er - bar - me dich, er - bar - me dich.

737

K Got-tes Lamm, A Got-tes Lamm,
K du nimmst hin-weg die Sün-de der Welt.
A Gib Frie-den, Herr, gib Frie-den, Herr.

T: Liturgie, Fassung: Hans-Hermann Bittger, M: Paul Inwood, Bearb.: Markus Eham

GESÄNGE ZUR KOMMUNION – DANK NACH DER KOMMUNION

738

1 Nun seg-ne, Herr, uns all-zu-mal mit
2 Führ uns zum Berg der Herr-lich-keit, zu

1 dei-ner Va-ter-hand und leit uns durch dies
2 dei-ner Heil-gen Zahl, wo für uns e-wig

1 Er-den-tal zum ew-gen Hei-mat-land.
2 ist be-reit des Lam-mes Hoch-zeits-mahl.

3 Wir schreiten in die Welt hinein / als deine Jüngerschar. / Uns führet deine Gnad allein, / der Segen vom Altar.

4 Dein sind wir, Herr, zu aller Zeit, / erkauft mit deinem Blut, / zu deinem Dienste froh bereit: / verleih uns Kraft und Mut.

T: 1. und 2. Strophe: Heinrich Bone 1851, 3. und 4. Strophe: Würzburg 1931, M: Johann Crüger 1647

739 ö

K 1 Lob sei dem Herrn, Ruhm sei-nem Na-men!
2 Su - chet den Herrn, er wird euch ret-ten;
3 Naht euch dem Herrn, Freu - de im Ant-litz;

1 Hö - ret es all und freut euch in ihm.
2 al - le Be-dräng-nis nimmt er von euch.
3 ru - fet ihn an, er neigt sich euch zu.

A Ko - stet und seht, wie gü - tig der Herr.

Al - len wird Heil, die ihm ver - traun.

4 K Schaut auf den Herrn; / seht, seine Engel / walten um euch, zur Rettung gesandt. / A Kostet und seht ...

5 K Fürchtet den Herrn, / ihr seine Frommen; / denn die ihn fürchten, leiden nicht Not. / A Kostet und seht ...

6 K So spricht der Herr: / Lasset das Böse, / suchet den Frieden, jaget ihm nach. / A Kostet und seht ...

7 K Hofft auf den Herrn, / er ist bei allen, / die in des Herzens Drangsal ihm nahn. / A Kostet und seht ...

8 K Danket dem Herrn, / unserm Erlöser. / Nie geht zugrunde, wer auf ihn baut. / A Kostet und seht ...

T: Erhard Quack und Manuel Thomas 1940/1967 nach Psalm 34, M: Erhard Quack 1940

740

1. Jesus, du mein Leben, / dich hat Gott gegeben / uns zum heilgen Brot: / Kamst vom Himmel nieder, / nähre uns denn wieder / in der Zeit der Not! / Wer von diesem Brote isst, / den wirst du mit Freude füllen, / allen Hunger stillen.

2 Weinstock du der Reben, / lass dein göttlich Leben / kraftvoll in uns sein! / Fest an dich uns binde, / wehre alle Sünde, / mach die Reben rein! / Du in uns und wir in dir – / so nur kann es uns gelingen, / reiche Frucht zu bringen.

T: Albert Höfer (*1932), M: Johann Crüger 1653

Jahr

ADVENT

741

1 „Tau-et, Him-mel, den Ge - rech-ten, Wol-ken, reg-net ihn her - ab!", rief das Volk in ban-gen Näch-ten, die Ver-hei-ßung gab, einst den Mitt-ler selbst zu se-hen und zum Him-mel ein-zu-ge-hen; denn ver-schlos-sen war das Tor, bis der Hei-land

2 Voll Er-bar-men hört das Fle-hen Gott auf ho-hem Him-mels-thron; al-les Fleisch soll nun-mehr se-hen Got-tes Heil durch Got-tes Sohn. Ga-bri-el stieg ei-lig nie-der, brach-te die-se Ant-wort wie-der: „Sieh, ich bin des Her-ren Magd, mir ge-scheh, wie

741

1 trat her-vor; denn ver-schlossen war das
2 du ge-sagt, sieh, ich bin des Her-ren

1 Tor, bis der Hei-land trat her-vor.
2 Magd, mir ge-scheh, wie du ge-sagt."

3 Und in unsres Fleisches Hülle / kommt zur Welt des Vaters Sohn. / Leben, Licht und Gnadenfülle / bringt er uns vom Himmelsthron. / Erde, jauchze auf in Wonne / bei dem Strahl der neuen Sonne! / |: Bald erfüllet ist die Zeit, / macht ihm euer Herz bereit! :|

4 Lasst uns wie am Tage wandeln, / allzeit für den Herrn bereit; / suchet, um gerecht zu handeln, / Wahrheit, Fried und Einigkeit! / Lasset uns in diesen Zeiten / unser Herz zur Buß bereiten, / |: wandeln auf des Lichtes Bahn, / ziehen Jesus Christus an! :|

T: Johann Nepomuk Cosmas Michael Denis 1774, M: Michael Haydn (†1806)

742

Hebt euch, ihr To-re; un-ser Kö-nig kommt.

T: nach Ps 24,7, M: Fritz Schieri (1922–2009)

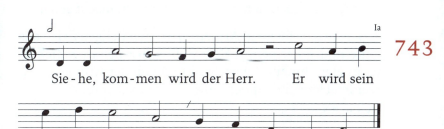

743

Sie-he, kom-men wird der Herr. Er wird sein Volk er-lö-sen; macht-voll schallt sein Ruf.

T: nach Jes 30,19–30, M: Heinrich Rohr (1902–1997)

744
ö

1 Mit Ernst, o Menschenkinder, / das Herz in euch bestellt, / bald wird das Heil der Sünder, / der wunderstarke Held, / den Gott aus Gnad allein / der Welt zum Licht und Leben / versprochen hat zu geben, / bei allen kehren ein.

2 Bereitet doch beizeiten / den Weg dem großen Gast / und rüstet euch mit Freuden, / lasst alles, was er hasst. / Macht eben jeden Pfad, / die Täler all erhöhet, / macht niedrig, was hoch stehet, / was krumm ist, macht gerad.

3 Ach, mache du mich Armen / zu dieser heilgen Zeit / aus Güte und Erbarmen, / Herr Jesu, selbst bereit. / Zieh in mein Herz hinein / vom Stall und von der Krippen, / so werden Herz und Lippen / dir allzeit dankbar sein.

T: Valentin Thilo 1642, 3. Strophe Hannoversches Gesangbuch, Lüneburg 1657, M: Lyon 1557/geistlich Erfurt 1572, Hans Leo Haßler 1608

3 Es leuchten drei Kerzen so hell mit ihrem Licht. / Gott hält sein Versprechen, er vergisst uns nicht. / |: Lasst uns ihm vertrauen hier und überall, / Zeichen seiner Liebe ist das Kind im Stall. :|

4 Vier Kerzen hell strahlen durch alle Dunkelheit. / Gott schenkt uns den Frieden, macht euch jetzt bereit. / |: Gott ist immer bei uns hier und überall, / darum lasst uns loben unsern Herrn im Stall! :|

T: Rolf Krenzer, M: Peter Janssens

746

1. O komm, o komm, Emmanuel! Nach dir sehnt sich dein Israel.
In Sünd und Elend klagen wir und flehn vertrauensvoll zu dir.
Freu dich, freu dich, o Israel! Bald kommt, bald kommt Emmanuel.

2 O komm, du wahres Licht der Welt, / das unsre Finsternis erhellt! / Wir irren hier in Trug und Wahn; / o führ uns auf des Lichtes Bahn! / Freu dich …

3 O komm, Erlöser, Gottes Sohn, / und bring uns Gnad von Gottes Thron! / Die Seele fühlt hier Hungersnot; / o gib uns dich, lebendig Brot! / Freu dich …

4 O „Gott mit uns", wir harren dein, / komm, tritt in unsre Mitte ein! / Die Sünde schloss die Himmelstür; / du öffnest sie, wir jubeln dir. / Freu dich …

T: nach Heinrich Bone, Cantate 1852, M: Kölner Gesangbuch 1852

747

1 Freut euch im Herrn! Denn er ist nah; / bald ist der Welt Erretter da. / Tragt eure Sorgen, eure Not / mit Dank und Bitten hin vor Gott. / Freuet euch, freuet euch! / Der Herr ist nah. / Bald ist der Welt Erretter da.

2 Du füllst mit Segen, Herr, dein Land / und alle Knechtschaft wird gewandt. / Du nimmst dem Volk, das dir sich naht, / all seine Schuld und Missetat. / Freuet euch …

3 Du bist der Gott, der uns erneut / und Leben seinem Volk verleiht. / Herr, zeige gnädig uns dein Heil, / dein Friede werde uns zuteil. / Freuet euch …

4 Du kommst herab von Gottes Thron: / das ewge Wort, des Vaters Sohn. / Drum freuet euch und jauchzt und singt / dem Herrn, der uns Erlösung bringt. / Freuet euch …

T: 1. Strophe: Phil 4,4-6, 2. Strophe: Ps 85,2f., 3. und 4. Strophe: Friedrich Dörr 1969, M: „O komm, o komm Emmanuel"

748

1 Und Unsrer Lieben Frauen, der traumete ein Traum: wie unter ihrem Herzen gewachsen war ein Baum.
2 Und wie der Baum ein'n Schatten gab wohl über alle Land: Herr Jesu Christ, der Heiland, also ist er genannt.
3 Herr Jesus Christ, der Heiland, ist unser Heil und Trost. Mit seiner bittern Marter hat er uns all erlöst.

1-3 Kyrie eleison.

T und M: Nikolaus Beuttner 1602

749

1 Die Menschen, die leben im Dunkeln,
2 Jetzt werden sie singen vor Freude,
3 Der Stock, der sie schlug, ist zerbrochen,

1 sie wohnen in finsterer Nacht.
2 die Angst und die Not sind vorbei,
3 kein Mensch wird mehr unterdrückt.

1 Sie sehen ein Licht erstrahlen,
2 der Feind ist nicht mehr zu sehen,
3 Man hat wieder Zeit zum Leben,

1 das hat ihnen Mut gemacht.
2 die Kinder, sie spielen frei.
3 das ist ein Beginn von Glück.

4 Ein Königskind ist uns geboren, / mit herrlichem Namen gekrönt; / und er ist der Fürst des Friedens, / der Gott und die Menschen versöhnt.

5 Er bringt das Leben auf Erden / in seine Herrschaft mit ein. / Die Menschen, die lebten im Dunkeln, / sie werden im Lichte sein.

T: Diethard Zils (*1935), M: Wim ter Burg (1914–1995)

WEIHNACHTEN

750

1 Es kam die gnadenvolle Nacht, die uns das Heil der Welt gebracht. Wie freute sich der Engel Schar, da Jesus Christ geboren war!

2 Froh jubelte der Engel Heer: Gott in der Höhe, Gott sei Ehr! Und Friede, Freude, Seligkeit herrsch auf der Erde weit und breit!

3 Die hocherfreuten Hirten gehn, in Windeln Gottes Sohn zu sehn. Sie finden in der Krippe ihn und fallen auf die Knie hin.

4 O du, der Trost und Gnade gibt, / der uns bis in den Tod geliebt, / der uns zu Himmelserben weiht, / sei hochgelobt in Ewigkeit.

5 Der du im Glanz als Siegesfürst / zur Erde wieder kommen wirst, / gewähre uns dein Gnadenlicht, / wenn unser Aug im Tode bricht!

T: Johann Caspar Lavater († 1801), M: Franz II. Bühler († 1824)

GESÄNGE

751

1 Ihr Hirten, erwacht! Erhellt ist die Nacht. Wie strahlt's aus der Ferne, wie schimmern die Sterne! Es mehret und naht sich die leuchtende Pracht; der Herr ist zugegen mit himmlischer Macht.
2 „O fürchtet euch nicht vor göttlichem Licht!" So tröstet in Freude auf Bethlems Weide ein Engel des Herren die Hirten im Feld, ein Bote des Friedens der leidenden Welt.
3 „Nicht länger verweilt, nach Bethlehem eilt! Da lieget im Stalle das Heil für euch alle, ein Kindlein, geboren in Armut und Not, um gnädig zu wenden, was alles uns droht!"

T: Georg Caspar Carli, Gesangbuch, Augsburg 1810, M: Straßburger Gesangbuch 1783

752
ö

1 Kommet, ihr Hirten, ihr
2 Lasset uns sehen in
3 Wahrlich, die Engel ver -

752 WEIHNACHTEN

1. Männer und Fraun, kommet, das liebliche Kindlein zu schaun! Christus, der Herr, ist heute geboren, den Gott zum Heiland euch hat erkoren. Fürchtet euch nicht!
2. Betlehems Stall, was uns verheißen der himmlische Schall! Was wir dort finden, lasset uns künden, lasset uns preisen in frommen Weisen, Halleluja!
3. kündigen heut Betlehems Hirtenvolk gar große Freud: Nun soll es werden Friede auf Erden, den Menschen allen ein Wohlgefallen. Ehre sei Gott!

T: Carl Riedel (1827–1888), M: Olmütz, Böhmen

753

er - schie - nen ist der Chri - sten - heit
Got - tes Sohn, den lo - ben wir in E - wig - keit.

3 A Zion, preis den Herren dein, / der uns macht von Sünden rein / und der Menschen Heil will sein: / Erschienen ist, den uns geborn Maria. K Nun erfüllt …

4 A Der im Himmelreich regiert, / kam zu uns als guter Hirt, / heimzuführn, was sich verirrt: / Erschienen ist, den uns geborn Maria. K Nun erfüllt …

T: Nach Kirchenlied 1938, 2.–4. Strophe 1973 nach „Resonet in laudibus" 14. Jh., M: Seckau 1345, Moosburg um 1365

754 ö

Nun sei uns will - kom - men, Her - re
Christ, der du un - ser al - ler Her - re
bist, will - kom - men auf Er - den.
(Erd.)

T: Aachen 13./14. Jh., M: Walter Rein 1934 nach einer niederländischen Melodiefassung um 1600

JAHRESSCHLUSS – NEUJAHR

755

1 Das alte Jahr vergangen ist, wir danken dir, Herr Jesus Christ! Bleib du bei uns in dieser Zeit und führe uns zur Ewigkeit.

2 Vergib uns, was vom Bösen war, des Guten Frucht mach offenbar. Schenk unsern Toten Licht und Ruh, wend ihnen dein Erbarmen zu.

3 Behüte uns im neuen Jahr vor aller Sünde und Gefahr, dass alles, was wir fangen an, durch deine Gnad sei wohlgetan.

4 Streck aus, o Gott, dein milde Hand / auf unser liebes Vaterland. / Den Völkern schenke Einigkeit / in Frieden und Gerechtigkeit.

5 Die Kirche schütz nach deinem Wort, / auf dass sie wachse fort und fort. / Erhalte uns des Glaubens Kraft / und gib uns gute Pilgerschaft.

6 Gelobt sei und gebenedeit / die Heiligste Dreieinigkeit, / Gott Vater, Sohn und Heilger Geist, / die Erd und Himmel ewig preist.

T: nach Heinrich Bone 1847, M: „Harpffen Davids", Augsburg 1669

ERSCHEINUNG DES HERRN

756 (ö)

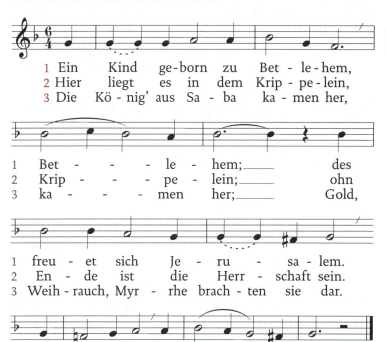

1 Ein Kind ge-born zu Bet-le-hem, Bet - - le - hem; des freu-et sich Je - ru - sa-lem.
2 Hier liegt es in dem Krip-pe-lein, Krip - - pe - lein; ohn En-de ist die Herr-schaft sein.
3 Die Kö-nig' aus Sa - ba ka-men her, ka - - men her; Gold, Weih-rauch, Myr-rhe brach-ten sie dar.

1-6 Hal - le - lu - ja, Ha - le - lu - ja.

4 Sie gingen in das Haus hinein, / Haus hinein / und grüßten das Kind und die Mutter sein. / Halleluja, Halleluja.

5 Sie fielen nieder auf ihre Knie, / ihre Knie / und sprachen: „Gott und Mensch ist hie." / Halleluja, Halleluja.

6 Für solche gnadenreiche Zeit, / reiche Zeit / sei Gott gelobt in Ewigkeit. / Halleluja, Halleluja.

T: 15. Jh. nach „Puer natus in Betlehem" 14. Jh./nach Babst 1545 und Leisentritt 1567, M: bei Lucas Lossius 1553

757

1 Sieh, dein Licht will kom-men, ste-he auf, du
2 Chri-stus ist ge-kom-men, er, der Herrscher,
3 Chri-stus ist er-schie-nen. Seht, die Zeit des

1 Stadt des Herrn; ü-ber dir er-strahlt der Stern,
2 er, der Herr, der das Reich, die Macht und Ehr
3 Heils be-gann; al-le Völ-ker be-ten an,

1 ist der Tag er-glom-men. Wer-de licht, Je-
2 in die Hand ge-nom-men. Freu-e dich, Je-
3 al-les wird ihm die-nen. Be-te an, Je-

1 ru-sa-lem, Chri-stus ist er-schie-nen.
2 ru-sa-lem, Chri-stus ist er-schie-nen.
3 ru-sa-lem, Chri-stus ist er-schie-nen.

T: Maria Luise Thurmair 1971, M: Markus Jenny 1971

758

1 O gött-li-ches Ge-heim-nis groß,
   der auf sich nahm des Men-schen Los,

da Je-sus uns ge-bo-ren,
zu ret-ten, was ver-lo-ren,

der wie ein Licht nach lan-ger Nacht uns neu-es Le-ben

758

hat ge-bracht. Lob - prei-set sein Er - schei-nen.

2 Die Weisen kamen her von fern, / ihn königlich zu ehren; / am Himmel glänzte hell sein Stern, / das Wunder uns zu lehren. / So ward es weltweit kundgetan: / in Jesus bricht das Heil uns an. / Lobpreiset sein Erscheinen.

3 Da Jesus hin zum Jordan ging / und sich der Taufe beugte, / aus offnem Himmel ihn umfing / der Geist, der ihn bezeugte, / und liebend gab des Vaters Mund / sein Wohlgefallen an ihm kund. / Lobpreiset sein Erscheinen.

4 Als Jesus, Gast beim Hochzeitsmahl, / das Wasser macht zum Weine, / aufleuchtet in des Wunders Strahl / sein Heil im Freudenscheine. / So ließ er schaun in dieser Zeit / das Zeichen seiner Herrlichkeit. / Lobpreiset sein Erscheinen.

Darstellung des Herrn

5 Die Eltern haben dann ihr Kind / zum Tempel hingetragen, / wie es, nach dem Gesetz bestimmt, / Pflicht war nach vierzig Tagen. / Sie taten es von Herzen gern / und weihten ihren Sohn dem Herrn. / Lobpreiset sein Erscheinen.

6 Es wartete im Tempel schon / – vom Heilgen Geist geleitet – / der fromme greise Simeon, / die Arme ausgebreitet. / Er nimmt das Kind in seine Hand. / Das Heil von Gott er in ihm fand. / Lobpreiset sein Erscheinen.

7 Er ist das Licht für alle Welt, / für jedes Volk auf Erden. / Aus Davids Stamm ist er erwählt, / Erlöser uns zu werden. / So lobet Gott aus Herzensgrund / wie Hanna auch in dieser Stund! / Lobpreiset sein Erscheinen.

T: 1.–4. Strophe: Georg Thurmair 1974, 5.–7. Strophe: Alois Zeller 1992, M: 15. Jh./geistlich: Wittenberg 1529

ÖSTERLICHE BUSSZEIT

759

1. Aus der Tiefe rufen wir zu dir, Herr und Vater, aller Vater! Sieh uns Sünder flehend hier.
2. Willst du nur auf unsre Sünden sehn, das nur zählen, was wir fehlen, Herr, wer kann dann noch bestehn?
3. Nein, Erbarmung ist dein Nam, o Gott! Denn vergeben, neu beleben wirst du uns in aller Not.

1-7 Herr und Vater, aller Vater! Sieh uns Sünder flehend hier.

4 Dein Versprechen, Vater, täuschet nicht. / Darum trauen wir und bauen / auf dein Wort mit Zuversicht. / Herr und Vater,…

5 So vertrau denn, Gottes Volk, dem Herrn! / Deine Sorgen von dem Morgen / bis zur Nacht vertrau dem Herrn! / Herr und Vater,…

6 Denn der Herr ist lauter Gütigkeit, / sich der Armen zu erbarmen, / sie zu retten stets bereit. / Herr und Vater,…

7 Uns, sein Volk, wird seine Vaterhand / gnädig retten aus den Ketten, / die um uns die Sünde wand. / Herr und Vater, ...

T: nach Psalm 130, M: Mainzer Gesangbuch 1725

760

1 Wacht auf, ihr Christen! Seid bereit,
euch Gott in dieser Gnadenzeit
von Herzen dazu bringen,
damit wir alle neu erlöst
am österlichen Freudenfest
das Halleluja singen.

2 Hilf, Gott, dass wir in dieser Zeit
mit Leib und Seele froh bereit
uns dir zum Opfer bringen!
Wer mit dem Herrn den Kreuzweg geht,
wird jubelnd, wenn er aufersteht,
das Halleluja singen.

T: Friedrich Dörr 1955, M: nach Görlitz 1587

9 in dein Licht: A Christus, Herr, erbarme dich.

T: Maria Luise Thurmair 1961, M: Heinrich Rohr 1961

762

K 1 Sag ja zu mir, wenn alles nein sagt,
2 Uns ist das Heil durch dich gegeben,
3 Gib mir den Mut, mich selbst zu kennen,

1 weil ich so vieles falsch gemacht.
2 denn du warst ganz für andre da.
3 mach mich bereit zu neuem Tun.

1 Wenn Menschen nicht verzeihen können,
2 An dir muss ich mein Leben messen;
3 Und reiß mich aus den alten Gleisen;

1 nimm du mich an trotz aller Schuld.
2 doch oft setz ich allein das Maß.
3 ich glaube, Herr, dann wird es gut.

A 1-6 Tu meinen Mund auf, dich zu loben,
und gib mir deinen neuen Geist.

762

4 K Denn wenn du ja sagst, kann ich leben; / stehst du zu mir, dann kann ich gehn, / dann kann ich neue Lieder singen / und selbst ein Lied für andre sein. / A Tu meinen Mund auf ...

5 K Zu viele sehen nur das Böse / und nicht das Gute, das geschieht. / Auch das Geringste, das wir geben, / es zählt bei dir, du machst es groß. / A Tu meinen Mund auf ...

6 K Drum ist mein Leben nicht vergeblich, / es kann für andre Hilfe sein. / Ich darf mich meines Lebens freuen / und andren Grund zur Freude sein. / A Tu meinen Mund auf ...

T: Diethard Zils 1970, M: Ignace de Sutter 1959

763

1 Mit Jesus auf dem Weg, Weg der Schwachen. Er wird uns gleich: Mensch unter Menschen. Gott unter uns im Gewand der Armen.

2 Mit Jesus auf dem Weg, Weg der Hoffnung. Er macht uns frei, löst unsre Fesseln. Gott unter uns im Gewand des Menschen.

3 Mit Jesus auf dem Weg, Weg des Dienens. Er bringt den Frieden Fernen und Nahen. Gott unter uns im Gewand der Einheit.

ÖSTERLICHE BUSSZEIT

763

1 Gott un-ter uns im Ge-wand der Ar-men.
2 Gott un-ter uns im Ge-wand des Men-schen.
3 Gott un-ter uns im Ge-wand der Ein-heit.

1-5 Ky-ri-e e-lei-son.

Ky-ri-e e-lei-son. lei-son.

4 Mit Jesus auf dem Weg, Weg der Liebe. / Er stirbt am Kreuz, schenkt uns das Leben. / |: Gott unter uns im Gewand des Todes. :| |: Kyrie eleison. Kyrie eleison. :|

5 Mit Jesus auf dem Weg, Weg des Lebens. / Er geht voraus, Tabor und Emmaus. / |: Gott unter uns im Gewand des Lichtes. :| |: Kyrie eleison. Kyrie eleison. :|

T: Josef Stiren 1996, M: Norbert M. Becker 1996

> *Es gibt zwei Arten von Christen:*
> *den Nachfolger Jesu*
> *und die billigere Ausgabe desselben:*
> *den Bewunderer.*
>
> SØREN KIERKEGAARD

764

K 1 O hö - re, Herr, er - hö - re mich,
2 Er - barm dich, Herr, und zeig Ge - duld,
3 Vor dei - nem heil - gen An - ge - sicht

1 aus mei - ner Not er - ret - te mich!
2 lass mich ver - trau - en dei - ner Huld.
3 ver - wirf mich ar - men Schuld - ner nicht.

A 1-7 Mein Herr und Gott, er - bar - me dich!

4 K Nimm deinen Geist nicht aus mir fort, / schick mir den Beistand durch dein Wort. / A Mein Herr und Gott …

5 K Ein reines Herz erschaff in mir, / dass würdig sei mein Dienst vor dir. / A Mein Herr und Gott …

6 K Lass deinen Willen mich verstehn, / den rechten Weg mit Freude gehn. / A Mein Herr und Gott …

7 K Hilf meiner Schwachheit, hilf mir auf; / führ du zum Ziel des Lebens Lauf. / A Mein Herr und Gott …

T: Georg Thurmair 1963, M: Graz 1602

Geh doch zu Gott
und seiest du noch
so zerlumpt und bettelfähig.

JOHANN EV. WAGNER

Palmsonntag

765 ö

1-6 Jesus zieht in Jerusalem ein, hosianna!
1 Alle Leute fangen auf der Straße an zu schrein:
2 Seht, er kommt geritten, auf dem Esel sitzt der Herr.
3 Kommt und legt ihm Zweige von den Bäumen auf den Weg!

1-5 Hosianna, hosianna, hosianna in der Höh! Hosianna, hosianna, hosianna in der Höh!

4 Jesus zieht in Jerusalem ein, hosianna! / Kommt und breitet Kleider auf der Straße vor ihm aus! / Hosianna …

5 Jesus zieht in Jerusalem ein, hosianna! / Alle Leute rufen laut und loben Gott, den Herrn: / Hosianna …

6 Jesus zieht in Jerusalem ein, hosianna! / Kommt und lasst uns bitten, statt das „Kreuzige" zu schrein: / Komm, Herr Jesu, komm, Herr Jesu, / komm, Herr Jesu, auch zu uns! / Komm, Herr Jesu, komm, Herr Jesu, / komm, Herr Jesu, auch zu uns!

T und M: Gottfried Neubert 1968

766

1 Öffne die Tore, Jerusalem, grüß ihn mit Palmen. Siehe, dein König naht, sing ihm die herrlichsten Psalmen. Gib ihm Geleit, / denn er ist sanft und bereit, / sterbend den Tod zu zermalmen.

2 Breit vor ihm Kleider aus, Sion, und ruf mit den Kindern: / Hoch sei gepriesen der Herr, der sich beugt zu den Sündern! / Sei nicht verzagt, / was dich auch kümmert und plagt! / Er kommt, die Leiden zu lindern.

3 Öffne die Tore, Jerusalem, eil ihm entgegen. / Folge ihm willig auf seinen hochheiligen Wegen. / Siehe, am Ziel, / wo er dich hinführen will, / wandelt sich alles in Segen.

4 Er ist das Leben und mag er auch sterbend erliegen. / Durch seinen Tod wird er Hölle und Sünde besiegen. / Er wird erstehn / und dich zum Vater erhöhn / und ewges Leben dir geben.

T: Vinzenz Stebler († 1997), M: Lobe den Herren 1665/Halle 1741

PASSION

767

1. O Herr, du bist am Ölberg gegangen, / plagt von Angst und Qual, / wirst in den Tod nun gehen, so ist es deine Wahl. / Verlass uns nicht im Leiden und schenk uns neuen Mut. / Stärk uns in dem Vertrauen: in dir wird alles gut.

2. Du bittest deinen Vater: / Nimm diesen Kelch von mir! / Doch wenn es ist dein Wille, / nehm ich ihn an von dir. / Hilf uns, Gott zu vertrauen, / wenn wir im Dunkeln gehn, / nach seinem Willen fragen, / lehr uns, ihn zu verstehn.

3. Du hoffst, dass deine Freunde / jetzt stehen treu zu dir. / Doch findest du sie schlafend, / du tadelst sie dafür. / Lass wach uns sein im Herzen, / wenn Müdigkeit uns droht. / Hilf beten uns und glauben / in der Versuchung Not.

4. Die Stunde ist gekommen, / du musst den Weg nun gehn. / Du gehst ihn ganz entschlossen, / kein Zögern ist zu sehn. / Hilf uns, das Leid zu tragen, / wie du es hast getan. / In allen unsren Nöten / geh du uns selbst voran.

T: Gerhard Kögel 2008, M: Hans Leo Haßler 1601

768
(ö)

K/A 1 Es sun-gen drei En-gel ein sü-ßen Ge-sang,
     2 Sie sun-gen, sie sun - gen al - le so wohl,
     3 Wir he - ben an, wir lo - ben Gott,

K/A 1 der in dem ho - hen Him - mel klang.
     2 den lie - ben Gott wir lo - ben solln.
     3 wir ru-fen ihn an, es tut uns Not.

4 Er speis uns mit dem Himmelsbrot,
das Jesus seinen zwölf Jüngern bot

5 wohl über den Tisch, da Jesus saß,
da er mit ihnen das Abendmahl aß.

6 Judas, der stund wohl nah dabei,
er wollt des Herren Verräter sein,

7 verriet den Herren bis in den Tod,
dadurch der Herr das Leben verlor

8 wohl an dem Kreuze, da er stund,
da er vergoss sein rosenfarbs Blut.

9 Herr Jesu Christ, wir suchen dich;
am heiligen Kreuz, da finden wir dich.

10 Maria, Gotts Mutter, reine Magd,
all unser Not sei dir geklagt.

11 Gott b'hüt uns vor der Höllen Pein,
dass wir armen Sünder nicht kommen darein.

T und M: Mainz 1605

769

1. Jesus, du mein Heil und Leben,
Jesus, Herr der Herrlichkeit,
der für uns sich hingegeben
in der Leiden Bitterkeit!
Mich zu retten vom Verderben,
wolltest du am Kreuze sterben.
Jesus, o wie danket dir
je mein Herz genug dafür!

2. Christi Kreuz, sei mir gegrüßet,
auf dem Hügel Golgota!
Heil und Leben dir entfließet,
Trost und Frieden find ich da;
finde Gnad, im Kampf zu siegen,
sterbend selbst nicht zu erliegen.
Jesus, o wie danket dir
je mein Herz genug dafür!

T: Christoph von Schmid 1812, M: Friedrich Kempter († 1864)

770

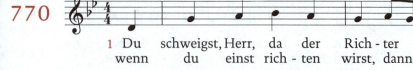

1. Du schweigst, Herr, da der Richter feige das ungerechte Urteil fällt,
wenn du einst richten wirst, dann zeige dich voll Erbarmen dieser Welt.

1-14 Herr Jesus, wende unsre Not zum Heil durch deinen Kreuzestod.

2 Du hast das Kreuz auf dich genommen, / die schwere Schuld der ganzen Welt; / wenn Not und Ängste auf uns kommen, / sei es dein Kreuz, Herr, das uns hält. / Herr Jesus, wende …

3 O Herr, du wankst und sinkst zur Erde, / die Last der Sünden wirft dich hin; / gib, dass dein Fall mir Stärkung werde, / sooft ich schwach und elend bin. / Herr Jesus, wende …

4 O Mutter, die den Sohn gesehen / am Weg der Schmach und bittern Pein, / erfleh uns Kraft, mit ihm zu gehen / und seinem Kreuze nah zu sein. / Herr Jesus, wende …

5 Es half dir einer, den sie zwangen, / und beugt sich unters Holz der Schmach; / gib, dass wir unser Kreuz umfangen / und dir in Liebe folgen nach. / Herr Jesus, wende …

6 Herr, präge uns dein Angesichte / für immer tief ins Herz hinein, / und wenn es aufstrahlt im Gerichte, / so lass es uns zum Heile sein. / Herr Jesus, wende …

7 Die Kraft verlässt dich, du fällst nieder / zum zweiten Mal; das Kreuz ist schwer. / Ich falle und ich falle wieder; / in meiner Schwachheit hilf mir, Herr. / Herr Jesus, wende …

8 Du redest mahnend mit den Frauen: / „Weint über euch, nicht über mich." / Wenn wir dich einst als Richter schauen, / Herr Jesus, dann erbarme dich. / Herr Jesus, wende …

9 Da liegst du, wie vom Kreuz erschlagen, / erschlagen von der Schuld der Welt. / Hilf mir, im Abgrund nicht verzagen / und hoffen, dass dein Kreuz mich hält. / Herr Jesus, wende …

10 Herr, unsre Schuld hat dich verraten; / sie ist's, die dich in Schande stößt. / Bedecke uns mit deinen Gnaden, / da wir so schmählich dich entblößt. / Herr Jesus, wende …

11 Du wirst, o Herr, ans Kreuz geschlagen, / wirst hingeopfert wie ein Lamm; / du hast die Schuld der Welt getragen / bis an des Kreuzes harten Stamm. / Herr Jesus, wende …

12 Dein Kreuz, o Herr, will ich erheben / und benedeien deinen Tod. / Von diesem Holz kam uns das Leben / und kam uns Freude in die Not. / Herr Jesus, wende …

13 O seht die Mutter voller Schmerzen, / wie sie den Sohn in Armen hält. / Sie fühlt das Schwert in ihrem Herzen, / trägt mit am Leid der ganzen Welt. / Herr Jesus, wende …

14 Er wird der Erde übergeben, / wie man den Weizen bettet ein; / doch wird er auferstehn und leben / und über alles herrlich sein. / Herr Jesus, wende …

T: Strophen: Maria Luise Thurmair 1959/1972, Kehrvers: Regensburg 2000, M: Georg Neumark 1657, Fassung: J. S. Bach

zu den Kreuzweg-Stationen

771

1. O Herr, an deinem Kreuze wird für uns offenbar
das Wunder deiner Liebe. Was du sagst, das ist wahr.
Herr, sprich zu uns, wir hören, befrei uns aus dem Tod.
Gib, dass wir uns bekehren zu dir, dem guten Gott.

2 O Herr, an deinem Kreuze, / da bist du uns ganz nah. / Wer könnte je begreifen, / was dort für uns geschah. / Du bittest für uns Sünder / und lädst uns alle ein, / einander zu vergeben, / und Fried wird endlich sein.

3 O Herr, an deinem Kreuze / bist du der Gute Hirt, / begleitest den Verlornen, / bis er gefunden wird. / Schenkst ihm dann deine Liebe / für alle Ewigkeit, / führst ihn zu deinem Reiche, / in deine Seligkeit.

4 O Herr, an deinem Kreuze / siehst du die große Pein / des Freundes und der Mutter. / Du lässt sie nicht allein. / Du zeigst den Weg der Treue, / befreist sie aus dem Schmerz. / Geheimnis aller Liebe: / wenn einer schenkt sein Herz.

6 K Ich schlug den Feind, gab dir sein Land; / und grausam schlägt mich deine Hand. / Das Königszepter gab ich dir, du gibst die Dornenkrone mir. A Heiliger Gott! ...

7 K Ich gab dir Gnaden ohne Zahl; / du schlägst mich an des Kreuzes Pfahl. / O du mein Volk, was tat ich dir? / Betrübt ich dich? Antworte mir! A Heiliger Gott! ...

T: Markus Fidelis Jäck 1817 nach „Popule meus", M: nach Köln 1844

773

1 Lass mich deine Leiden singen, dir des Dankes Opfer bringen, o du schuldlos Gotteslamm, unsre Sühn am Kreuzesstamm!

1-6 Jesus, drücke deine Schmerzen tief, recht tief in unsre Herzen, Herr, lass deines Todes Pein nicht an uns verloren sein!

2 Ins Gericht für Sünder treten / und zu deinem Vater beten / seh ich dich am Ölberg jetzt, / Herr, von blutgem Schweiß benetzt. / Jesus, drücke deine Schmerzen ...

3 Dich zu binden, dich zu schlagen, / zu beschimpfen und zu plagen, / naht sich deiner Feinde Schar, / und du gibst dich willig dar. / Jesus, drücke deine Schmerzen ...

773

4 Wirst von Richtern, die dich hassen, / rohen Knechten überlassen, / ach, wie strömt dein heilig Blut / von den Streichen ihrer Wut! / Jesus, drücke deine Schmerzen …

5 Unter lautem Spott und Hohne / drückt man eine Dornenkrone / dir aufs Haupt, die, scharf gespitzt, / Stirn und Schläfe schmerzlich ritzt. / Jesus, drücke deine Schmerzen …

6 Wundenvoll, erblasst, entkräftet, / an das Opferholz geheftet, / zeigst du, wie ein Gottmensch stirbt / und den Sündern Heil erwirbt. / Jesus, drücke deine Schmerzen …

7 Heiland! Unsre Missetaten / haben dich verkauft, verraten, / dich gegeißelt und gekrönt, / dich im Sterben noch verhöhnt. / Ach, es reuet uns von Herzen, / lass, o Heiland, deine Schmerzen, / deines Opfertodes Pein / nicht an uns verloren sein!

T: Johann Nepomuk Cosmas Michael Denis, M: aus Franken

OSTERN

774 ö

1 Er ist er-stan-den, Hal-le-lu-ja!
Denn un-ser Hei-land hat tri-um-phiert,

Freut euch und sin-get, Hal-le-lu-ja!
all sei-ne Feind ge-fan-gen er führt.

1-5 Lasst uns lob-sin-gen vor un-se-rem Gott,

PASSION · OSTERN

774

der uns er-löst hat vom e-wi-gen Tod.
Sünd ist ver-ge-ben, Hal-le-lu-ja!
Je-sus bringt Le-ben, Hal-le-lu-ja!

2 Er war begraben drei Tage lang. / Ihm sei auf ewig Lob, Preis und Dank; / denn die Gewalt des Tods ist zerstört; / selig ist, wer zu Jesus gehört. / Lasst uns lobsingen ...

3 Der Engel sagte: „Fürchtet euch nicht! / Ihr suchet Jesus, hier ist er nicht. / Sehet, das Grab ist leer, wo er lag: / er ist erstanden, wie er gesagt." / Lasst uns lobsingen ...

4 „Geht und verkündigt, dass Jesus lebt, / darüber freu sich alles, was lebt. / Was Gott geboten, ist nun vollbracht, / Christ hat das Leben wiedergebracht." / Lasst uns lobsingen ...

5 Er ist erstanden, hat uns befreit; / dafür sei Dank und Lob allezeit. / Uns kann nicht schaden Sünd oder Tod, / Christus versöhnt uns mit unserm Gott. / Lasst uns lobsingen ...

T: Ulrich S. Leupold 1969 nach dem Suaheli-Lied „Mfurahini, Haleluya" von Bernard Kyamanywa 1966, M: Bernard Kyamanywa

Das Osterlicht ist der Morgenglanz nicht dieser, sondern einer neuen Erde.

GERTRUD VON LE FORT

775

1 Christus ist erstanden! O tönt, ihr Jubellieder, tönt! Die Schafe hat das Lamm versöhnt; geschlachtet ward das Osterlamm, das von der Welt die Sünden nahm, Halleluja, Halleluja!

2 Christus ist erstanden! Es rang in wunderbarem Streit das Leben mit der Sterblichkeit. Es lebet, der gestorben ist, der Fürst des Lebens, Jesus Christ. Halleluja, Halleluja!

3 Christus ist erstanden! O Magdalena, künd uns an, was staunend deine Augen sahn! „Ich sah das Grab vom Tod befreit und des Erstandnen Herrlichkeit." Halleluja, Halleluja!

4 Christus ist erstanden! / „Ich sah, wie an des Grabes Rand / im Lichtglanz Gottes Engel stand, / das Kleid, das Leichentuch im Grab, / mit dem man seinen Leib umgab." / Halleluja, Halleluja!

5 Christus ist erstanden! / Wir wissen, dass der Herr erstand / und Tod und Hölle überwand. / O Sieger, König, sende du / uns allen dein Erbarmen zu. / Halleluja, Halleluja!

T: nach der Ostersequenz „Victimae paschali laudes", hier nach Joh. Weinzierl 1816, M: Joh. Paul Schiebel 1837

OSTERN

776

1 Hal-le-lu-ja lasst uns sin-gen,
Hoch in Lüf-ten lasst er-klin-gen,
denn die Freu-den-zeit ist da!
was im dunk-len Grab ge-schah.
Je-sus hat den Tod be-zwun-gen
und uns al-len Sieg er-run-gen.
1-4 Hal-le-lu-ja, Je-sus lebt, Je-sus lebt,
Je-sus lebt! Hal-le-lu-ja, Je-sus lebt!

2 Halleluja, der in Qualen / wie ein Wurm zertreten war, / hebt die Fahne, glänzt in Strahlen, / unverletzt und ewig klar; / wandelt leuchtend wie die Sonne, / spendet Licht und Kraft und Wonne. / Halleluja, Jesus lebt …

3 Halleluja, auferstanden / ist die Freude dieser Zeit, / denn aus Leiden, Schmerz und Banden / geht hervor die Herrlichkeit; / was im Tode scheint verloren, / wird in Christus neu geboren. / Halleluja, Jesus lebt …

4 Halleluja, Ostersegen, / komm herab wie Morgentau, / dich in jedes Herz zu legen, / dass es froh nach oben schau / und zu neuem Wuchs und Leben / sich in Christus mög erheben. / Halleluja, Jesus lebt …

T: Heinrich Bone (†1893), M: Gesangbuch v. Schmidts, Düsseldorf 1839

1. Nun freut euch hier und ü-ber-all, / der Herr ist auf-er-stan-den;
im Tod bracht er den Tod zu Fall / und macht die Höll zu-schan-den.
Des Lebens Leben lebet noch; / sein Arm hat aller Feinde Joch / mit aller Macht zerbrochen.

2 Die Morgenröte war noch nicht / mit ihrem Licht vorhanden; / und siehe, da war schon das Licht, / das ewig leucht, erstanden. / Die Sonne war noch nicht erwacht, / da wachte und ging auf voll Macht / die unerschaffne Sonne.

3 O Lebensfürst, o starker Held, / von Gott vorzeit versprochen, / vor dir die Hölle niederfällt, / da du ihr Tor zerbrochen. / Du hast gesiegt und trägst zum Lohn / ein allzeit unverwelkte Kron / als Herr all deiner Feinde.

4 Ich will von Sünden auferstehn, / wie du vom Grab aufstehest; / ich will zum andern Leben gehn, / wie du zum Himmel gehest. / Dies Leben ist doch lauter Tod; / drum komm und reiß aus aller Not / uns in das rechte Leben.

T: nach Paul Gerhardt 1653, M: Johann Crüger 1653

778

1. Nun freu - e dich, du Chri - sten - heit,
   an dem der Herr nach Kreuz und Leid
   der Tag, der ist ge - kom - men,
   die Schuld von uns ge - nom - men.
   Be - freit sind wir von Angst und Not,
   das Le - ben hat be - siegt den Tod:
   der Herr ist auf - er - stan - den.

2. An diesem österlichen Tag / lasst uns den Vater loben; / denn er, der alle Ding vermag, / hat seinen Sohn erhoben. / Das ist der Tag, den Gott gemacht; / das Leben ward uns neu gebracht: / der Herr ist auferstanden.

3. Du lieber Herre Jesu Christ, / da du erstanden heute, / so lobt dich alles, was da ist, / in übergroßer Freude. / Mit dir sind wir von Herzen froh, / wir rufen laut und singen so: / der Herr ist auferstanden.

T: EGB 1971 nach „Freut euch, alle Christenheit", Mainz um 1410, M: Mainz 1410/1947

779

1 Glor-rei-che Him-mels-kö-ni-gin,
  freu dich am höch-sten Thro-ne
  Hal-le-lu-ja, Hal-le-lu-ja!
  Den du als Mut-ter sehr be-klagt
  im Grab, am Kreuz, in Ban-den,
  er ist, wie er vor-her-ge-sagt,
  nun sieg-reich auf-er-stan-den.
  Hal-le-lu-ja, Hal-le-lu-ja!

  bei dem, der war von An-be-ginn,
  bei dei-nem lieb-sten Soh-ne!

2 Nun singt die ganze Christenheit, / erlöst am Kreuzesstamme: / Dank, Preis und Ehr und Herrlichkeit / sei unserm Osterlamme! / Halleluja, Halleluja! / Verwende dich beim höchsten Thron, / erhör der Kinder Flehen, / Maria, bitte deinen Sohn, / dass wir zur Freud erstehen. / Halleluja, Halleluja!

T: Kloster Banz, M: Michael Haydn († 1806)

CHRISTI HIMMELFAHRT

780
ö

1 Gen Himmel aufgefahren ist, Halleluja, der Ehren König Jesus Christ. Halleluja.
2 Er sitzt zu Gottes rechter Hand, Halleluja, herrscht über Himmel und alle Land. Halleluja.
3 Nun ist erfüllt, was gschrieben ist, Halleluja, in Psalmen von dem Herren Christ. Halleluja.

4 Drum jauchzen wir mit großem Schalln, / Halleluja, / dem Herren Christ zum Wohlgefalln. / Halleluja.

5 Der heiligen Dreieinigkeit, / Halleluja, / sei Lob und Preis in Ewigkeit. / Halleluja.

T: Frankfurt/Oder 1601 nach „Coelos ascendit hodie", 16. Jh., M: Melchior Franck 1627

PFINGSTEN – HEILIGER GEIST

781

1 Am Pfingstfest um die dritte Stunde
2 Seht, wie vor Sions Volkesscharen
3 So ward des Heilands Werk vollendet,

1 erhob mit Brausen sich ein Wind,
2 sich Gottes Wundermacht bewährt!
3 was er verheißen, wird vollbracht.

1 erschüttert bebt das Haus im Grunde,
2 Beherzt sind jetzt, die furchtsam waren,
3 Er, der zum Vater heimging, sendet

1 worin die Jünger Jesu sind.
2 die Ungelehrten sind gelehrt.
3 den Tröster, der uns heilig macht,

1 Gleich Zungen schweben Feuerflammen
2 Es nehmen Tausende mit Reue
3 den Geist, der uns die Wahrheit lehret

1 auf eines jeden Jüngers Haupt.
2 der Jünger Predigt gläubig an
3 und uns zu guten Werken lenkt,

PFINGSTEN – HEILIGER GEIST

781

1 Mit Jubel preisen allzusammen den Herrn, an den sie fest geglaubt, den Herrn, an den sie fest geglaubt.
2 und schwören ewig feste Treue dem, der so Großes hat getan, dem, der so Großes hat getan.
3 die Sünder durch sein Licht bekehret und in Betrübnis Freude schenkt, und in Betrübnis Freude schenkt.

T: Christoph von Schmid 1811, M: Albert Höfer († 1857)

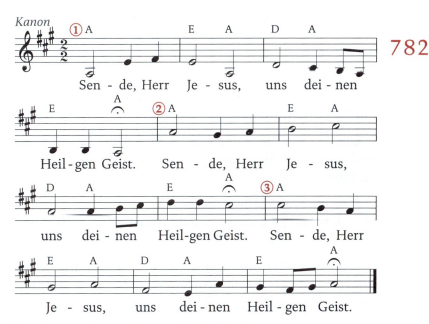

782

Sende, Herr Jesus, uns deinen Heilgen Geist.

T: Jesus-Bruderschaft, Gnadenthal, M: Antonio Caldara (1670–1736)

783

1 Komm, Gott des Lebens, Heilger Geist,
der uns den Weg zum Vater weist.
Durchdringe uns mit deiner Kraft,
die siebenfältig Gutes schafft.

2 Erfüll mit Weisheit unser Herz,
lenk all sein Sinnen himmelwärts,
dass es, von deinem Hauch berührt,
das Feuer deiner Liebe spürt. Amen.

3 Du bist als Lehrer uns gesandt:
gib uns Erkenntnis und Verstand.
Lass Gottes Wort uns Leitstern sein,
führ uns in alle Wahrheit ein.

4 Komm, steh uns bei mit deinem Rat / und führe uns auf sichrem Pfad: / die rechte Tat zur rechten Stund / mach uns durch deine Stimme kund.

5 Komm, Geist der Stärke, gib uns Kraft / für Christi Dienst und Zeugenschaft; / hilf uns den guten Kampf bestehn / und freudig Gott entgegengehn.

6 Senk uns dein helles Wissen ein / aus deiner Gottheit klarem Schein, / dass wir durchschauen Satans List / und tun, was uns zum Heile ist.

7 Wir sind als Tempel dir geweiht; / erfülle uns mit Frömmigkeit: / den Geist der Kindschaft gieße aus / und führ uns heim ins Vaterhaus.

8 Gib Ehrfurcht uns vor Gott dem Herrn / und halt der Sünde Unheil fern, / dass unser ganzes Leben preist / den Vater, Sohn und Heilgen Geist. / Amen.

T: Friedrich Dörr 1956/72, M: Kempten um 1000/Wittenberg 1524/Mainz 1947

T: Klaus Okonek, 2. Strophe: Hans-Joachim Raile, M: Volkslied aus Israel, Bearb. Sarah Levy-Tanai

785

1. Send deinen Geist, Herr Jesus Christ, der unser Trost und Anwalt ist, dass er dein Werk vollende, dass er uns lehre deine Lehr und unser Herz zu dir bekehr, uns nehm in seine Hände.

2. Dein Geist entflammt des Glaubens Licht, wo dein Geist weilt, erlischt es nicht, bleibt allzeit unbezwungen. Er sorgt, dass hell es scheint und lacht durch jede Finsternis der Nacht und alle Dämmerungen.

3. Dein Geist ist treu und voll Geduld, voll Mitleid stets und stets voll Huld, will von uns nie sich wenden, will in uns wohnen immerfort, uns allezeit an jedem Ort zum Dienst am Nächsten senden.

T: Friedrich Hüttemann 1939, überarbeitet Essen 1974, M: Volkslied vom Edelmann Schmid von der Linden, gen. „Lindenschmid-Ton", um 1490, Fassung „Rheinfelsisches Gesangbuch" 1666

Leben

LEBEN IN GOTT

DER DREIEINE GOTT – VATER, SOHN UND HEILIGER GEIST

786

1. Dreifaltiger verborgner Gott, / ein Licht aus dreier Sonnen Glanz, / drei Flammen einer Liebesglut, / Gott Vater, Sohn und Heilger Geist.

2. Allherrscher du von Ewigkeit, / Gott Vater, der die Welt erschuf, / du lenkst die Werke deiner Hand / und führst uns durch der Zeiten Lauf.

3. Gott Sohn, des Vaters Ebenbild, / du König der erlösten Welt, / in dir wird Gott uns Menschen gleich, / in dir der Mensch zu Gott erhöht.

4. Du Atem Gottes, Heilger Geist, / durchdringst die Welt mit Lebenskraft, / du senkst in uns die Liebe ein, / die alle eint und göttlich macht.

5. Du großer Gott, der in uns wohnt, / hochheilige Dreifaltigkeit, / dich loben und bekennen wir / jetzt und in alle Ewigkeit.

T: Friedrich Dörr 1969, M: Loys Bourgeois 1551

787

1 Ich glau-be an den ei-nen Gott, den
2 Der auf-er-stand und Kö-nig ist, ver-
3 Ich glau-be an den Heil-gen Geist, die

1 Va-ter, wal-tend auf dem Thron; an
2 hüllt in die-ser Wel-ten-zeit; der
3 Kir-che, die zum Heil uns führt, und

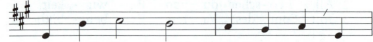

1 Je-sus Christ, den Men-schen-sohn, der
2 tri-um-phiert in Herr-lich-keit, wenn
3 dass mein Fleisch wird auf-er-stehn ins

1 uns er-löst durch sei-nen Tod.
2 einst sein Reich voll-en-det ist.
3 Le-ben, das kein En-de hat. A-men.

T: Maria Luise Thurmair 1941/1952, M: Heinrich Rohr 1961

1 Wir glau-ben und be-ken-nen, dass
2 Er starb für uns am Kreu-ze, der

1 Gott nach sei-nem Rat, er, den wir
2 Gott und Men-schen-sohn, be-sieg-te

T: Ignaz Franz 1766, 2. Strophe: Nikolaus Föhr, M: Albert Höfer († 1857)

JESUS CHRISTUS

T: Sabine Leonhard und Otmar Schulz 1972; M: Rudi Henkel

1 Der Gott war gleich von Ewigkeit,
ist Mensch geworden in der Zeit,
er ist uns Bruder, Freund und Herr
zu unserm Heil und Gott zur Ehr.

2 Als Jesus an den Jordan ging
und er die Taufe dort empfing,
wies Gott ihn aus vor aller Welt:
„Das ist mein Sohn, der mir gefällt!"

3 Am See sah Jesus Fischer stehn.
Er rief sie her, mit ihm zu gehn.
Die Jünger folgten ihm sogleich,
verkündeten nun Gottes Reich.

4 Die Kranken machte er gesund, / den Stummen schloss er auf den Mund, / Gelähmte konnten wieder gehn / und Blinde Gottes Schöpfung sehn.

5 Vom Berg aus sprach er: „Selig die, / die arm sind und gewaltsam nie, / auf die sich richten Schimpf und Hohn; / das Himmelreich wird sein ihr Lohn."

6 Er predigte von Gottes Reich: / „Erst ist es einem Senfkorn gleich, / ganz unscheinbar, man sieht es kaum, / doch später wird daraus ein Baum."

7 Die Jünger stiegen in ein Boot. / Ein Sturm kam auf und brachte Not. / Doch Jesus drohte ihm: „Sei still!" / Der Wind gehorcht, wie Jesus will.

8 Einst taten ihm die Menschen leid. / Er lehrte sie und nahm sich Zeit. / Fünf Brote reichten dazu aus, / dass keiner hungrig ging nach Haus.

9 Als er auf einem Berge stand, / ganz hell erstrahlte sein Gewand. / Die Stimme rief von Gottes Thron: / „Auf ihn nur hört! Er ist mein Sohn."

10 Er war gehorsam bis zum Tod, / am Kreuz erlitt er bittre Not. / Doch Gott erhob ihn aus dem Grab, / den größten Namen er ihm gab.

11 Vor ihm, da beugt sich jedes Knie, / sein Lobpreis darf verstummen nie. / Denn Jesus Christus ist der Herr, / zu unserm Heil und Gott zur Ehr.

T: Gerhard Kögel 2008, M: Stefan Ulrich Kling 2008

T: Liturgie, M: Jacques Berthier († 1994)

Ü: Christus Retter, Sohn des Vaters, gib uns Frieden.

792

1 Vom Vater, der die Liebe ist,
2 Du hast, o Herr, als dein Gebot
3 Du trugst nicht Glanz und Herrlichkeit,

1 kamst du auf unsre Erde,
2 uns tief ins Herz geschrieben:
3 da du bei uns erschienen.

1 damit durch dich, Herr Jesus Christ,
2 „Ich liebte euch bis in den Tod,
3 Als Gottes Sohn warst du bereit,

1 die Welt verwandelt werde.
2 ihr sollt einander lieben!"
3 in Knechtsgestalt zu dienen.

4 Wir sehen dich in Tat und Wort / dem Volk die Liebe künden: / bedrängten Menschen nimmst du fort / Gebrechen, Leid und Sünden.

5 Auf dein Geheiß voll Zuversicht / die Kranken sich erheben; / den Blinden schenkst du Augenlicht, / den Sündern Gottes Leben.

6 Auch wer verzagt an allem Glück / und nicht mehr wagt zu hoffen, / er wird von deinem Wort und Blick / bis in das Herz getroffen.

7 Uns mahnt dein Kreuz und Opfertod: / „Ihr sollt Erbarmen üben!" / Lass uns die Menschen in der Not / als deine Brüder lieben.

792

8 Lass uns den Kranken Hilfe sein / und deine Tröstung künden, / dass sie, geprüft durch Leid und Pein, / in dir den Frieden finden.

9 Herr, wer mit dir durchs Leben geht, / besiegt die Macht des Bösen: / wer andren dient und Liebe sät, / hilft dir die Welt erlösen.

T: Friedrich Dörr 1970, M: Strassburg, Jobin 1576

793

1 Du bist das Brot, das den Hunger stillt, / du bist der Wein, der die Krüge füllt. / Du bist das Leben, du bist das Leben, du bist das Leben, Gott.

2 Du bist der Atem der Ewigkeit, / du bist der Weg in die neue Zeit. / Du bist das Leben …

3 Du bist die Klage in Angst und Not, / du bist die Kraft, unser täglich Brot. / Du bist das Leben …

4 Du bist der Blick, der uns ganz durchdringt, / du bist das Licht, das uns Hoffnung bringt. / Du bist das Leben …

5 Du bist das Kreuz, das die Welt erlöst, / du bist der Halt, der uns Mut einflößt. / Du bist das Leben …

793

6 Du bist die Hand, die uns schützend nimmt, / du bist das Korn, das dem Tod entspringt. / Du bist das Leben …

7 Du bist das Wort, das uns Antwort gibt, / du bist ein Gott, der uns Menschen liebt. / Du bist das Leben …

T: 1. Strophe: Thomas Laubach, 2.–7. Strophe: Thomas Nesgen und Winfried Pilz, M: Thomas Nesgen

794 (ö)

1 Du höchstes Licht, du ewger Schein, du Gott und treuer Herre mein, von dir der Gnaden Glanz ausgeht und leuchtet schön so früh wie spät.

2 Das ist der Herre Jesus Christ, der ja die göttlich Wahrheit ist, mit seiner Lehr hell scheinet und leucht, bis er die Herzen zu sich zeucht.

3 Er ist das Licht der ganzen Welt, das jedem klar vor Augen stellt den hellen, schönen, lichten Tag, an dem er selig werden mag.

4 Zuletzt hilf uns zur heilgen Stadt, / die weder Nacht noch Tage hat, / da du, Gott, strahlst voll Herrlichkeit, / du schönstes Licht in Ewigkeit.

5 O Sonn der Gnad ohn Niedergang, / nimm von uns an den Lobgesang, / auf dass erklinge diese Weis / zum Guten uns und dir zum Preis.

T: Johannes Zwick vor 1542, M: Gesangbuch der Böhmischen Brüder, Nürnberg 1544

795

1. Christus, der den Tod bezwang, Herr der neuen Erde, wie dein Leib durch Mauern drang, nun zugegen werde, da Jünger beisammen in deinem heilgen Namen!

2. Herr, wie tratest du doch ein in der Menschen Mitte: Bruder wolltest du uns sein, unter zwein der dritte, als Gast zu verweilen, all unsre Not zu teilen.

3. Keinen, Herr, schlug deine Hand, wenn er auch voll Sünden. Den Verlorenen zugewandt, ließest du dich finden in großem Erbarmen von Elenden und Armen.

4 Arzt bist du, der Leben gibt, / Hirte, der uns weidet, / Heiland, der die Armen liebt, / unsre Blöße kleidet, / mit Jubel uns gürtet / und festlich froh bewirtet.

795

5 Trage du die harte Last, / Christus, aller Müden! / Biet den Heimatlosen Rast, / den Gequälten Frieden: / lass Kranke gesunden / und heile unsre Wunden!

6 Du wirst uns mit Glanz und Licht / kleiden und vollenden. / Komme, Herr, und säume nicht, / füll mit vollen Händen / doch bald bei uns allen / der Sehnsucht leere Schalen!

T: Albert Höfer, M: Stefan Ulrich Kling 2008 – nach einer Melodie von Erna Woll

796

1 Gelobt sei Jesus Christus in alle Ewigkeit, der uns im Sakramente zu laben ist bereit.

2 Gelobt sei Jesus Christus in alle Ewigkeit, der als der gute Hirte uns nährt zu jeder Zeit.

3 Gelobt sei Jesus Christus in alle Ewigkeit, / der Leben uns versprochen in Gnad und Gütigkeit.

4 Der du für unsre Sünden das ewge Opfer bist, / ach, lass uns Gnade finden, o Heiland, Jesus Christ.

T: Werkbuch zum Gesangbuch, Münster 1958, M: Melchior Vulpius 1609

JESUS CHRISTUS

1. Lob sei dir, Christus, du ewiger König der Zeiten, / du willst dein pilgerndes Volk auf dem Wege geleiten. / In dieser Welt hast du errichtet dein Zelt, um uns dein Mahl zu bereiten.

2. Herr, um dein Leben in unsere Herzen zu senken, / willst du im Opfermahl selber als Speise dich schenken. / „Esst meinen Leib, / dass ich in euch immer bleib. / Tut dies zu meinem Gedenken!"

3. Frieden hast du zwischen Gott und den Menschen verkündet, / ewig den Neuen Bund sterbend am Kreuze begründet. / Herr, durch dein Blut / machst du gerecht uns und gut, / Blut, das mit dir uns verbindet.

4. Ewiger Hirt, der zum heiligen Volke uns einte, / aus allen Völkern versammelst du deine Gemeinde. / Aus nah und fern / huldigen dir, unserm Herrn, / treu deine Jünger und Freunde.

T: Friedrich Dörr 1976, M: Stralsund 1665, Halle 1741

798

Kanon

Je-sus Chri-stus, das Le-ben der Welt, das Le-ben der Welt.

T: Liturgie, M: Rolf Schweizer 1982

799

1 Du Kö-nig auf dem Kreu-zes-thron,
2 Die dich ver-wor-fen und ver-höhnt,
3 O Quell, der uns-re See-le nährt,

1 Herr Je-sus Chri-stus, Got-tes Sohn:
2 hast du ge-hei-ligt und ver-söhnt;
3 o Herz, das sich für uns ver-zehrt,

1 dein Herz, ver-wun-det und be-trübt,
2 im Tod hast du, o Schmer-zens-mann,
3 schließ uns in dei-ne Lie-be ein

1 hat uns bis in den Tod ge-liebt.
2 dein gött-lich Herz uns auf-ge-tan.
3 und lass uns im-mer bei dir sein.

T: Friedrich Dörr 1972, M: Caspar Ulenberg 1582

JESUS CHRISTUS

800

1 Dem Herzen Jesu singe mein Herz in Dankbarkeit,
dem Herren aller Dinge sei all mein Dienst geweiht.
Gelobt, gebenedeit soll sein zu jeder Zeit
das heiligste Herz Jesu in alle Ewigkeit.

2 Herz Jesu, hingegeben / ans Kreuz und in den Tod, / zu retten unser Leben, / zu heilen unsre Not. / Gelobt ...

3 Auf dich, Herr, will ich hoffen / in allem Kampf und Streit. / Dein Herz steht mir stets offen, / führt mich zur Seligkeit. / Gelobt ...

4 Und wenn mich auch umgeben / Gefahren Tag und Nacht, / so bleibst du doch mein Leben, / dein Herz hält mich in Acht. / Gelobt ...

5 Schenk, Herr, mir deine Gnade, / halt mich in deiner Hand; / begleite meine Pfade, / führ mich ins Vaterland. / Gelobt ...

T: Aloys Schlör 1852, Neufassung Friedrich Kienecker 1973, M: Joseph Mohr, „Psälterlein" 1877

801

3 Im Herzen Jesu zeigt uns Gott die Größe seiner Liebe, / nimmt uns an mit allen Schwächen, / bleibt der Gott, der gibt. / Nimmt uns an mit allen Schwächen, / bleibt der Gott, der gibt.

4 Im Herzen Jesu schlägt ein Herz voll Sehnsucht für uns Menschen. / Gott bleibt seiner Liebe treu / und segnet unsern Weg. / Gott bleibt seiner Liebe treu / und segnet unsern Weg.

T und M: Norbert M. Becker

JESUS CHRISTUS

802 (ö)

1 Der Herr bricht ein um Mitternacht; / jetzt ist noch alles still. / O Elend, dass schier niemand wacht und ihm begegnen will.

2 Er hat es uns zuvor gesagt / und einen Tag bestellt. / Er kommt, wann niemand nach ihm fragt, noch es für möglich hält.

3 Wie liegt die Welt so blind und tot. / Sie schläft in Sicherheit / und meint, des großen Tages Not sei noch so fern und weit.

4 Wer waltet als ein kluger Knecht / im Hause so getreu, / dass, wenn der Herr kommt, er gerecht / und nicht zu strafen sei?

5 So wach denn auf, mein Geist und Sinn, / und schlummre ja nicht mehr. / Blick täglich auf sein Kommen hin, / als ob es heute wär.

6 Dein Teil und Heil ist schön und groß. / Auf, auf, du hast's in Macht. / Ergreif im Glauben du das Los, / das Gott dir zugedacht.

7 Der Herr bricht ein um Mitternacht; / jetzt ist noch alles still. / Wohl dem, der nun bereit sich macht / und ihm begegnen will.

T: nach Johann Christoph Rube 1712, M: Johann Crüger 1640

LOB, DANK UND ANBETUNG

803
ö

K/A Singt dem Herrn, alle Völker der Erde, Tag für Tag verkündet sein Heil.

K 1 Singt, als wär es zum ersten Mal, singt in allen Sprachen und Tönen. Singt und ruft seinen Namen aus. ──── Kv

K 2 Werdet nicht müde, von ihm zu sprechen, von seiner verborgenen Gegenwart in allem, was lebt und geschieht! ──── Kv

LOB, DANK UND ANBETUNG

803

*Die Seele nährt sich von dem,
an dem sie sich freut.*

AUGUSTINUS

804

1 Danket dem Herrn, denn er ist gut.
2 Danket dem Herrn, denn er ist gut.
3 Danket dem Herrn, denn er ist gut.

1 Ewig währet sein Erbarmen,
2 In der Trübsal meines Lebens,
3 Besser ist's, dem Herrn vertrauen,

1 alles ruht in seinen Armen.
2 wo mir alles war vergebens,
3 als nach Menschen umzuschauen;

1 Seine Macht ist grenzenlos,
2 hab ich Hilf vom Herrn begehrt,
3 besser, als bei Fürsten stehn,

1 seine Lieb unendlich groß.
2 und der Herr hat mich erhört.
3 ist's, empor zum Herrn zu sehn.

1-5 Lobt den Herrn, dankt dem Herrn!

Lobet den Herrn, denn er ist gut,

danket dem Herrn, denn er ist gut.

4 Danket dem Herrn, denn er ist gut. / Keine Macht kann mich erschrecken, / Gottes Rechte wird mich decken. / Er ist Helfer, ist mein Hort; / unvergänglich ist sein Wort. / Lobt den Herrn …

5 Danket dem Herrn, denn er ist gut. / Alles soll sein Lob verkünden / in den Höhen, in den Gründen. / Großes hat der Herr getan; / rufet seinen Namen an! / Lobt den Herrn …

T: Heinrich Bone nach Psalm 118, M: bei Heinrich Bone 1858

805 ö

1 König ist der Herr. Alle Macht hat er,
2 König ist der Herr. Alles Recht schafft er,
3 König ist der Herr. Groß und gut ist er,

1 thront auf Kerubim, alles bebt vor ihm.
2 gab dem Erdenrund seine Ordnung kund.
3 der die Knechtschaft brach, aus der Wolke sprach,

1 Seines Mantels Saum füllt den Weltenraum.
2 Alle, Herr wie Knecht, finden gleiches Recht.
3 der uns Schutz verleiht, Tag um Tag verzeiht.

1-3 Preiset seinen Namen. Er ist heilig. Amen.

T: Maria Luise Thurmair 1971 nach Psalm 99, M: Genf 1562

806

1. Lobt Gott, den Herrn, ihr Menschen all, lobt Gott von Herzensgrunde, dass er euch auserwählet hat und ausgeteilet seine Gnad in Christus, seinem Sohne. / preist ihn, ihr Völker, allzumal, dankt ihm zu aller Stunde,

2 Denn seine groß Barmherzigkeit / tut über uns stets walten, / sein Wahrheit, Gnad und Gütigkeit / erscheinet Jung und Alten / und währet bis in Ewigkeit, / schenkt uns aus Gnad die Seligkeit; / drum singet: Halleluja.

T: Joachim Sartorius um 1580 nach Ps 117, M: Melchior Vulpius 1609

807 (ö)

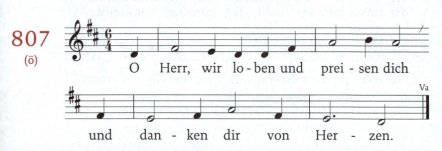

O Herr, wir loben und preisen dich und danken dir von Herzen.

T: Josef Klein, Heinrich Rohr 1969, M: Heinrich Rohr 1969

1 Singet, danket unserm Gott, der die Welt erschuf. Singet, danket unserm Gott und hört seinen Ruf.

2 Lobet täglich unsern Gott, der uns Leben gibt. Lobet täglich unsern Gott, der uns alle liebt.

3 Danket gerne unserm Gott, er gibt Wein und Brot. / Danket gerne unserm Gott, Retter aus der Not.

4 Singet, danket unserm Gott, der die Welt erschuf. / Singet, danket unserm Gott und folgt seinem Ruf.

T: Kurt Rommel 1963, M: Horst Weber 1963

Vertrauen und Trost

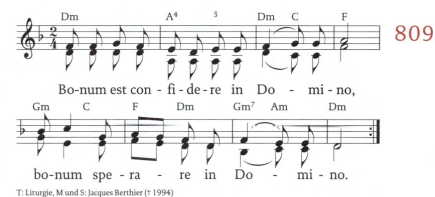

Bonum est confidere in Domino, bonum sperare in Domino.

T: Liturgie, M und S: Jacques Berthier († 1994)

Ü: Es ist gut, auf den Herrn zu vertrauen, es ist gut, auf den Herrn zu hoffen.

3 Es wird Zeit, dass wir Frieden sä'n, / weil die Hoffnung sonst stirbt, / es wird Zeit, dass die Liebe wächst, / weil der Mensch sonst verdirbt. / Menschen auf dem Weg …

4 Es wird Zeit, dass der Heilge Geist / unsre Herzen belebt, / es wird Zeit, dass bald seine Frucht / an jedem Ort aufgeht. / Menschen auf dem Weg …

T: Hubertus Tommek, M: Jo Akepsimas

811

1 Sei unser Gott, der alle Welt in seiner Liebe leitet, halt deine Hand so wie ein Zelt hoch über uns gebreitet.

2 Sei nah in allem, was geschieht, und tief in allen Dingen, sei unser Gott, der alles sieht, und hör, was wir dir singen.

3 Sei überall, wo Menschen sind, / wo immer Menschen träumen, / so leise wie ein sanfter Wind, / der umgeht in den Bäumen.

4 Sei unser Gott, der mit uns zieht / mit seinem großen Segen, / sei unser Leben, unser Lied, / ein Licht auf allen Wegen.

T: Lothar Zenetti, M: Winfried Heurich

1. Vertraut den neuen Wegen, auf die der Herr uns weist,
weil Leben heißt: sich regen, weil Leben wandern heißt.
Seit leuchtend Gottes Bogen am hohen Himmel stand,
sind Menschen ausgezogen in das gelobte Land.

2. Vertraut den neuen Wegen / und wandert in die Zeit! / Gott will, dass ihr ein Segen / für seine Erde seid. / Der uns in frühen Zeiten / das Leben eingehaucht, / der wird uns dahin leiten, / wo er uns will und braucht.

3. Vertraut den neuen Wegen, / auf die uns Gott gesandt! / Er selbst kommt uns entgegen. / Die Zukunft ist sein Land. / Wer aufbricht, der kann hoffen / in Zeit und Ewigkeit. / Die Tore stehen offen. / Das Land ist hell und weit.

T: Klaus Peter Hertzsch 1989, M: geistlich Nürnberg um 1535, Böhmische Brüder 1544, bei Otto Riethmüller 1932

813 ö

1. Ja, ich will euch tragen bis zum Alter hin. Und ihr sollt einst sagen, dass ich gnädig bin.
2. Ihr sollt nicht er-grauen, ohne dass ich's weiß, müsst dem Vater trauen, Kinder sein als Greis.
3. Ist mein Wort gegeben, will ich es auch tun, will euch milde heben: Ihr dürft stille ruhn.

4 Stets will ich euch tragen / recht nach Retterart. / Wer sah mich versagen, / wo gebetet ward?

5 Denkt der vor'gen Zeiten, / wie, der Väter Schar / voller Huld zu leiten, / ich am Werke war.

6 Denkt der frühern Jahre, / wie auf eurem Pfad / euch das Wunderbare / immer noch genaht.

7 Lasst nun euer Fragen, / Hilfe ist genug. / Ja, ich will euch tragen, / wie ich immer trug.

T: Jochen Klepper 1938, M: Friedrich Samuel Rothenberg 1939

BITTE UND KLAGE

814

1. Erhöre uns, Herr, unser Gott, und schau auf deines Volkes Not, das aufblickt, um zu beten. Im Namen des Herrn Jesus Christ, der unser Haupt und Mittler ist, sind wir vor dich getreten.

2. Du bist der Vater, der uns liebt und der uns alle Schuld vergibt, noch eh wir zu dir flehen. Du, Gott, von dem nur Gutes kommt, gib uns, was uns zum Heile frommt; dein Wille soll geschehen.

3. Gib, Vater, uns das täglich Brot, / bewahre uns vor jähem Tod, / vor Unheil und Gefahren; / lass in der Welt mit wachem Sinn / uns deinem Sohn entgegenziehn / und seiner Ankunft harren.

4 Nimm von den Völkern Hass und Streit, / schenk Frieden in Gerechtigkeit, / lösch aus des Krieges Flammen! / Gib allen Menschen gute Zeit / in Eintracht und Geborgenheit: / führ uns in dir zusammen!

T: Friedrich Dörr 1970, M: „Harpffen Davids", Augsburg 1669

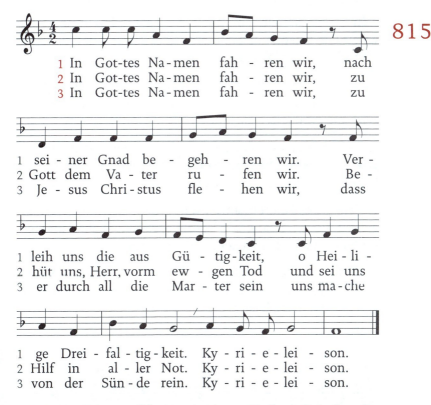

1 In Gottes Namen fahren wir, nach seiner Gnad begehren wir. Verleih uns die aus Gütigkeit, o Heilige Dreifaltigkeit. Kyrieleison.

2 In Gottes Namen fahren wir, zu Gott dem Vater rufen wir. Behüt uns, Herr, vorm ewgen Tod und sei uns Hilf in aller Not. Kyrieleison.

3 In Gottes Namen fahren wir, zu Jesus Christus flehen wir, dass er durch all die Marter sein uns mache von der Sünde rein. Kyrieleison.

4 In Gottes Namen fahren wir, / vom Heilgen Geist begehren wir, / dass er mit seiner Gnade Schein / uns allzeit woll im Herzen sein. / Kyrieleison.

5 In Gottes Namen fahren wir, / zu dir, Maria, kommen wir. / Bitt du für uns am Himmelsthron, / erlang uns Gnad bei deinem Sohn. / Kyrieleison.

815

6 In Gottes Namen fahren wir, / die lieben Heilgen bitten wir, / dass sie durch Christus, unsern Herrn, / des Vaters Huld für uns begehrn. / Kyrieleison.

7 In Gottes Namen fahren wir, / an dich allein, Herr, glauben wir. / Behüt uns vor des Teufels List, / der uns allzeit entgegen ist. / Kyrieleison.

8 In Gottes Namen fahren wir, / auf seine Tröstung hoffen wir. / Gib Frieden uns in dieser Zeit, / wend von uns alles Herzeleid. / Kyrieleison.

9 In Gottes Namen fahren wir, / auf seine Hilfe harren wir. / Die Frucht der Erde uns bewahr / und schenk uns ein gesegnet Jahr. / Kyrieleison.

10 In Gottes Namen fahren wir, / kein andern Helfer wissen wir. / Vor Krankheit, Krieg und Hungersnot / behüt uns, lieber Herre Gott. / Kyrieleison.

11 In Gottes Namen fahren wir, / dein Reich, o Herr, begehren wir. / Bewahr dein Kirch vor falscher Lehr / und unser Herz zur Wahrheit kehr. / Kyrieleison.

12 In Gottes Namen fahren wir, / dich, Herr, allein anbeten wir. / Vor allem Übel uns bewahr / und hilf uns zu der Heilgen Schar. / Kyrieleison.

T: 15. Jh. / bei Michael Vehe 1537, M: Johann Leisentritt 1567

816 ö

T: mündlich überliefert, M: Paul Ernst Ruppel 1951

GLAUBE – HOFFNUNG – LIEBE

817

1 Gott, du Geheimnis, ewig unergründet, ewig der Ferne, nah mit uns verbündet. Du bist in mir. Ich bin in Tod und Leben von dir umgeben.

2 Was je in mir geschieht in Furcht und Hoffen, vor deinen Augen liegt es alles offen. Was sich auch regt in Lieben oder Sorgen, ich bin geborgen.

3 Will ich entrinnen dir auf tausend Wegen, so kommst du mir bei jedem Schritt entgegen. Schwing ich hinauf mich, wo die Sterne gehen, ich bin gesehen.

4 Nähme ich Flügel wie die Morgenröte, / so bin ich doch, wohin der Wind mich wehte, / und sei es an der Meere fernsten Stränden, / in deinen Händen.

5 Will ich im Tod mich deiner Hand entwinden, / so werd ich dort in dir mich wiederfinden, / du wirst mich, stürz ich auch in Angst und Bangen, / mit Lieb umfangen.

6 Und machst du einst ein Ende meinen Wegen, / so will ich mich in deine Arme legen. / Dann werde ich, nichts wird den Frieden stören, / dir ganz gehören.

T: Jörg Zink nach Ps 139, M: Johann Crüger 1640

4 Du bist der Glaube, der uns prägt, / der uns stark macht, offen und bereit. / Ströme von lebendigem Wasser brechen hervor. / Alle meine Quellen …

818

5 Du bist die Liebe, die befreit, / die vergibt, wenn uns das Herz anklagt. / Ströme von lebendigem Wasser brechen hervor. / Alle meine Quellen …

6 Du bist das Licht in Dunkelheit, / du erleuchtest unsern Lebensweg. / Ströme von lebendigem Wasser brechen hervor. / Alle meine Quellen …

7 Du bist das Lamm, das sich erbarmt, / das uns rettet, uns erlöst und liebt. / Ströme von lebendigem Wasser brechen hervor. / Alle meine Quellen …

T und M: M. Leonore Heinzl

Wort Gottes

819

1. Herr, öff-ne mir die Herzenstür,
zieh mein Herz durch dein Wort zu dir,
lass mich dein Wort bewahren rein,
lass mich dein Kind und Erbe sein.

2. Dein Wort bewegt des Herzens Grund,
dein Wort macht Leib und Seel gesund,
dein Wort ist's, das mein Herz erfreut,
dein Wort gibt Trost und Seligkeit.

3. Ehr sei dem Vater und dem Sohn,
dem Heilgen Geist in einem Thron;
der Heiligen Dreieinigkeit
sei Lob und Preis in Ewigkeit.

T: Johann Olearius 1671, M: Görlitz 1648

820

2 K Wie am Leib die vielen Glieder / sind wir füreinander da, / denn als Schwestern und als Brüder / sind wir stets einander nah. / Kv

3 K Drum wird Nächstenliebe zeigen, / wer zu seinen Freunden zählt. / Niemand darf sein Wort verschweigen / für den Frieden in der Welt. / Kv

T: Herbert Schaal 1968/1972, M: Kehrvers aus Israel, Vorsängervers Winfried Offele 1971

SEGEN

821

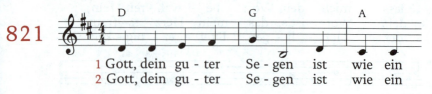

3 Gott, dein guter Segen / ist wie des Freundes Hand, / die mich hält, die mich führt / in ein weites Land. / Guter Gott, ich bitte dich: / Führe und begleite mich. / Lass mich …

821

4 Gott, dein guter Segen / ist wie der sanfte Wind, / der mich hebt, der mich trägt / wie ein kleines Kind. / Guter Gott, ich bitte dich: / Stärke und erquicke mich. / Lass mich ...

5 Gott, dein guter Segen / ist wie ein Mantelkleid, / das mich wärmt und beschützt / in der kalten Zeit. / Guter Gott, ich bitte dich: / Tröste und umsorge mich. / Lass mich ...

6 Gott, dein guter Segen / ist wie ein weiches Nest. / Danke, Gott, weil du mich / heute leben lässt. / Guter Gott, ich danke dir. / Deinen Segen schenkst du mir. / Und ich kann in deinem Segen / leben und ihn weitergeben. / Du bleibst bei uns alle Zeit, |: segnest uns, segnest uns, / denn der Weg ist weit. :|

T: Reinhard Bäcker, M: Detlev Jöcker

822

1 Nun ge-be Gott uns sei-nen Se-gen,
2 Und Chri-stus, der vom Tod er-stan-den,
3 Sein Geist, den wir den Trö-ster nen-nen,

1 sein Heil und sei-ne gro-ße Kraft.
2 mach uns von al-len Äng-sten frei,
3 der treu-e Bei-stand in der Nacht,

1 Er mö-ge uns das Herz be-we-gen zu
2 von Tod und Höl-le, die uns ban-den, dass
3 er ma-che uns-re Her-zen bren-nen, von

1 tun, was Mut und Hoff-nung schafft.
2 Licht und Klar-heit um uns sei.
3 sei-ner Lie-be an-ge-facht.

T: Jörg Zink, M: aus Frankreich

LEBEN IN DER WELT

SENDUNG UND NACHFOLGE

1. Herr Christ, mach uns zum Dienst bereit in unserm Amt und Stande! Wir tragen Leben, Amt und Zeit allein zum Lehn und Pfande. Drum präg uns tief nach deinem Sinn! Nimm uns dir ganz zu eigen hin! Bind uns durch feste Bande!

2. Herr, du hast keinen Dienst begehrt, / du gabst der Welt dein Leben, / sahst Gottes Erde leidbeschwert / und halfst die Lasten heben. / Du trugst der Welt gesamte Not / und hast bis in den dunklen Tod / dich dienend hingegeben.

3. Herr, lehr uns, dass sich selbst verführt, / wer irdisch Ding will halten, / doch Leben findet, wer's verliert / in deinem Dienst und Walten! / Zeig täglich neu, was Opfer heißt! / Wollst uns, Herr Christ, durch deinen Geist / ganz in dein Bild gestalten!

T: Arno Pötzsch († 1956), M: Johannes Petzold 1951

824

1. Öffne meine Augen, Herr, für die Wunder deiner Liebe. Mit dem Blinden rufe ich: Heiland, mache, dass ich sehe!
2. Öffne meine Ohren, Herr, für den Anruf meiner Brüder. Lass nicht zu, dass sich mein Herz ihrer großen Not verschließe.
3. Öffne meine Hände, Herr, Bettler stehn vor meiner Türe und erwarten ihren Teil. Christus mache, dass ich teile.

T: Vinzenz Stebler (†1997), M: Gerhard Kronberg 1974

825
ö

K/A Gleichwie mich mein Vater gesandt hat, so sende ich euch.

K 1 Er hat mich gesandt, zu predigen
2 Er hat mich gesandt, zu predigen

SENDUNG UND NACHFOLGE

825

1 den Ge-fan-ge-nen, dass sie los sein sol-len,
2 den Zer-schla-ge-nen, dass sie frei sein sol-len,

A 1 und ich sen-de euch, zu pre - di-gen
  2 und ich sen-de euch, zu pre - di-gen

1 den Ge-fan-ge-nen, dass sie los sein sol-len. Kv
2 den Zer-schla-ge-nen, dass sie frei sein sol-len. Kv

T: Joh 20,21/Lk 4,18, M: Paul Ernst Ruppel 1963

826 ö

1 Brich dem Hung-ri-gen dein Brot. Die im
2 Brich dem Hung-ri-gen dein Brot; du hasts
3 Der da ist des Le-bens Brot, will sich

1 E-lend wan-dern, füh-re in dein Haus
2 auch emp-fan-gen. De-nen, die in Angst
3 täg-lich ge-ben, tritt hi-nein in uns-

1 hi-nein; trag die Last der an-dern.
2 und Not, stil-le Angst und Ban-gen.
3 re Not, wird des Le - bens Le-ben.

826

4 Dank sei dir, Herr Jesu Christ, / dass wir dich noch haben / und dass du gekommen bist, / Leib und Seel zu laben.

5 Brich uns Hungrigen dein Brot, / Sündern wie den Frommen, / und hilf, dass an deinen Tisch / wir einst alle kommen.

T: Martin Jentzsch 1951, M: Gerhard Häußler 1953

827

K 1 Na - he wollt der Herr uns sein, nicht in
2 Ü - ber - all ist er uns nah, mensch - lich
3 Gott von Gott und Licht vom Licht, der die

1 Fer - nen thro - nen. Un - ter Men - schen
2 uns zu - ge - gen. Un - er - kannt kommt
3 Welt um - hü - tet, ist in mensch - li -

1 wie ein Mensch hat er wol - len woh - nen.
2 er zu uns auf ver - borg - nen We - gen.
3 cher Ge - stalt un - ser al - ler Bru - der.

A 1-5 Mit - ten un - ter euch steht er, den ihr nicht kennt. Mit - ten un - ter euch steht er, den ihr nicht kennt.

4 K Tut einander Gutes nur, so wie er geduldig; / bleibt um seinetwillen euch keine Liebe schuldig. / A Mitten unter euch …

5 K Freuet euch, von Sorge frei; tragt vor ihn die Bitte, / dass er uns ganz nahe sei, wohn in unsrer Mitte. / A Mitten unter euch …

T: Nicolas Schalz 1971 nach Huub Oosterhuis 1964, M: Bernhard Maria Huijbers 1964

SCHÖPFUNG

828 (ö)

1 Himmel, Erde, Luft und Meer, / zeugen von des Schöpfers Ehr, / meine Seele, singe du, / bring auch jetzt dein Lob herzu.

2 Seht das große Sonnenlicht, / wie es durch die Wolken bricht; / auch der Mond, der Sterne Pracht / jauchzen Gott bei stiller Nacht.

3 Seht, wie Gott der Erde Ball / hat gezieret überall. / Wälder, Felder, jedes Tier / zeigen Gottes Finger hier.

4 Seht, wie fliegt der Vögel Schar / in den Lüften Paar bei Paar. / Blitz und Donner, Hagel, Wind / seines Willens Diener sind.

828

5 Seht der Wasserwellen Lauf, / wie sie steigen ab und auf; / von der Quelle bis zum Meer / rauschen sie des Schöpfers Ehr.

6 Ach mein Gott, wie wunderbar / stellst du dich der Seele dar! / Drücke stets in meinen Sinn, / was du bist und was ich bin.

T: Joachim Neander 1680, M: Georg Christoph Strattner 1691

829

1 Mein Gott, wie schön ist deine Welt: der Wald ist grün, die Wiesen blühn, die großen Ströme ziehn dahin, vom Sonnenglanz erhellt; die Wolken und die Winde fliehn, das Leben rauscht und braust darauf, die Nacht erhellt der Sterne

2 Mein Gott, wie schön ist deine Welt: die Vögel jauchzen hoch hinauf, und niemand hemmt der Tiere Lauf da draußen auf dem Feld. Die Sonne bringt den Tag herauf, die Nacht erhellt der Sterne

829

1 hin. Mein Gott, wie schön ist deine Welt, wie schön ist deine Welt!
2 Lauf. Mein Gott, wie schön ist deine Welt, wie schön ist deine Welt!

3 Mein Gott, wie schön ist deine Welt: / der liebe Mensch mit Blut und Geist, / der seinen Schöpfer lobt und preist, / weil es ihm wohlgefällt. / Wie leuchtet alles weit und breit / und kündet deine Herrlichkeit! / Mein Gott, wie schön ist deine Welt, wie schön ist deine Welt!

4 Mein Gott, wie schön ist deine Welt: / drum lass uns allzeit fröhlich sein, / und brechen die Gewitter ein, / dann sei uns zugesellt; / dann lösch dein gutes Licht nicht aus / und bleibe wie ein Gast im Haus, / mein Gott, in deiner schönen Welt, in deiner schönen Welt!

T: Georg Thurmair 1936, M: Heinrich Neuss 1936

830

Danke, Gott, guter Gott, für die Ernte, guter Gott! Danke, Gott, guter Gott, für unser täglich Brot!

T: Rolf Krenzer († 2007), M: Robert Haas 2006

GERECHTIGKEIT UND FRIEDE

831 ö

He-we-nu scha-lom a-lej-chem,
he-we-nu scha-lom a-lej-chem,
he-we-nu scha-lom a-lej-chem, he-we-nu
scha-lom, scha-lom, scha-lom a-lej-chem.

T und M: Aus Israel

Ü: Wir brachten euch Frieden.

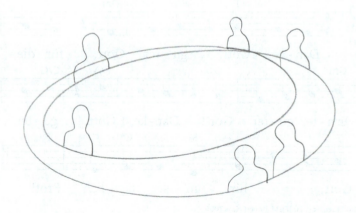

GERECHTIGKEIT UND FRIEDE

832

1 Großer König aller Völker,
  unsre Heimat schütze du!
  Sicher durch des Lebens Dunkel
  führ dein Volk dem Lichte zu!

2 Schöpfer Himmels und der Erde!
  Großer Gott, wir bitten dich,
  dass dein Volk geheiligt werde
  dir zum Ruhme ewiglich.

1+2 Höchster Herrscher, gib uns Gnade,
    segne unser Vaterland!
    Segne seines Volkes Pfade,
    leite seiner Lenker Hand!

T: Erich Przywara († 1972), M: Laudate Augsburg 1940

GERECHTIGKEIT UND FRIEDE

833

T: Uwe Seidel, M: Thomas Quast

834 ö

T: Liturgie, M: Ludger Edelkötter 1976

835

T: nach Ps 85,9, M: Josef Seuffert (*1926)

T: Thomas Laubach (*1964), M: Christoph Lehmann (*1947)

Leben in der Kirche

Kirche

837

1. Ein Haus steht wohl gegründet, ein Fels es trägt und hält, fest Stein mit Stein verbündet, Gott hat es hingestellt, Gott hat es hingestellt.
2. Der Hölle Mächte toben, gewaltig ist ihr Bund; das Haus steht ruhig oben auf seinem Felsengrund, auf seinem Felsengrund.

1–4 Herr, wir loben dich, Herr, wir bitten dich! Mach uns im Glauben treu, schaff Herz und Sinne neu!

3 Das ist des Heilands Treue, / die auf den Zinnen wacht; / das ist des Geistes Weihe, / |: die stark und einig macht. :| / Herr, wir loben dich …

837

4 O Geist, gieß deine Flammen / in unser Herz hinein! /
Schließ alle fest zusammen, / |: lass einen Leib uns sein! :| /
Herr, wir loben dich …

T: Augsburg 1854, M: Johann Michael Keller, Augsburg († 1865)

838

T: Mt 18,20, M: Jesus-Bruderschaft, Gnadenthal 1972

*Die Kirche lebt vom Bleiben bei Christus,
vom Stehen zu ihm.*

Papst Benedikt XVI.

Taufe

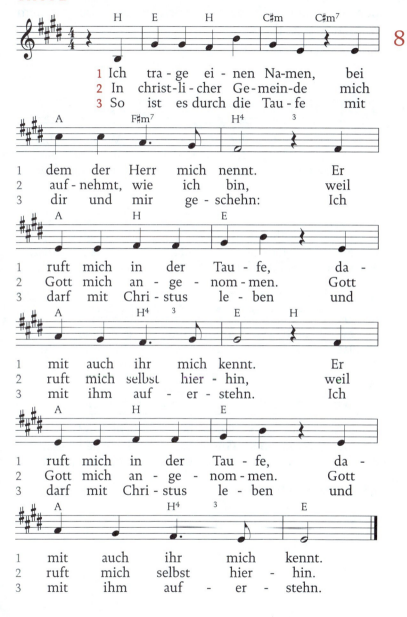

839

839 4 So trag ich meinen Namen, / bei dem du, Herr, mich nennst, |: und weiß, dass du mich immer / mit meinem Namen kennst. :|

T: Rolf Krenzer, M: Peter Janssens

840

1 Der Geist, der alle Wesen schafft, / verleiht dem Wasser Lebenskraft, / es heilt, was krank und elend war; / macht Leib und Seele licht und klar.

2 Ein Quell der Gnade sich ergießt / aus deinem Herzen, Jesus Christ: / Das Bad der Taufe macht uns rein / und senkt uns Gottes Leben ein.

3 Dem ewgen Vater, der uns liebt, / dem Sohn, der uns sein Leben gibt, / dem Geist, der Liebe uns verleiht, / sei, was wir sind und tun, geweiht.

T: Friedrich Dörr 1973, M: Köln 1741

841 TAUFE

1. O Seligkeit, getauft zu sein, / in Christus eingesenket! / Am Leben der Dreieinigkeit / ward Anteil mir geschenket. / Ich bin der Kirche Christi Glied. / Ein Wunder ists, wie das geschieht. / Ich bete an und glaube.

2 An Jesu Christi Priestertum / hab ich nun teil in Gnaden. / Zum Opferdienst, zum Gotteslob / hat er mich eingeladen. / Ich bin gesalbt zum heilgen Streit, / bin Christi Königreich geweiht. / Ihm will ich leben, sterben.

3 Fest soll mein Taufbund immer stehn, / ich will die Kirche hören, / sie soll mich allzeit gläubig sehn / und folgsam ihren Lehren. / Dank sei dem Herrn, der mich aus Gnad / in seine Kirch berufen hat; / nie will ich von ihr weichen.

4 Dein Tod am Kreuz, Herr Jesu Christ, / ist für uns ewges Leben; / vom Grab du auferstanden bist, / hast uns die Schuld vergeben. / Dein Volk, o Herr, dich lobt und preist, / denn aus dem Wasser und dem Geist / wurden wir neu geboren.

T: 1. u. 2. Strophe: Johannes Pinsk (Johanna Engelmann) († 1957), 3. Strophe: Christoph Bernhard Verspoell 1810, 4. Strophe: Neufassung Karl Günther Peusquens, Köln, M: nach „Gesangbuch beim römisch-katholischen Gottesdienst" von Chrysant Joseph Bierbaum, Münster 1810

842

1 Gott, der du alles Leben schufst
2 Wir bitten dich, Herr Jesus Christ,

1 und uns durch Christus zu dir rufst,
2 weil du ein Freund der Kinder bist,

1 wir danken dir für dieses Kind
2 nimm dich des jungen Lebens an,

1 und alles Glück, das nun beginnt.
2 dass es behütet wachsen kann.

3 So segne nun auch dieses Kind / und die, die seine Nächsten sind. / Wo Schuld belastet, Herr, verzeih. / Wo Angst bedrückt, mach Hoffnung frei.

4 Gott, der du durch die Taufe jetzt / im Glauben einen Anfang setzt, / gib auch den Mut zum nächsten Schritt. / Zeig uns den Weg und geh ihn mit.

_{T: Detlev Block 1978, M: nach Nürnberg 1676}

> *Einer hat diesen, ein anderer jenen Beinamen.*
> *Für uns aber ist das die eine große Wirklichkeit*
> *und der eine große Name:*
> *Christ sein und Christ heißen.*
>
> GREGOR VON NAZIANZ

EUCHARISTIE

843

1 Pan-ge, lin-gua, glo-ri-ó-si cór-po-ris my-sté-ri-um, san-gui-nís-que pre-ti-ó-si, quem in mun-di pré-ti-um fru-ctus ven-tris ge-ne-ró-si rex ef-fú-dit gén-ti-um.

2 Tan-tum er-go sa-cra-mén-tum ve-ne-ré-mur cér-nu-i, et an-tí-quum do-cu-mén-tum no-vo ce-dat rí-tu-i, prae-stet fi-des supp-le-mén-tum sén-su-um de-fé-ctu-i.

3 Ge-ni-tó-ri Ge-ni-tó-que laus et ju-bi-lá-ti-o, sa-lus, ho-nor, vir-tus quo-que sit et be-ne-dí-cti-o. Pro-ce-dén-ti ab u-tró-que com-par sit lau-dá-ti-o. A-men, A-men, A-men.

T: Thomas von Aquin 1263/1264, M: Franz Witt († 1888)

844

1. Herr, du bist das Brot des Lebens,
Quell der Gnade, höchstes Gut;
wo all unsre Müh vergebens,
reichst du uns dein Fleisch und Blut.
Lass mit dir uns Gastmahl halten,
unser Herz nach dir gestalten,

2. Mit den Zöllnern und den Sündern
hältst du Mahl, du lädst sie ein,
zeigst Erbarmen mit uns allen,
niemand soll verloren sein;
stellst den Menschen in die Mitte
und erhörst der Schwachen Bitte,

3. Du lädst uns zum Mahl der Liebe
und ersehnst, uns nah zu sein.
Willst uns am Altar vereinen,
reichst uns Brot und gibst uns Wein.
Willst dich selbst an uns verschenken,
dich in unser Herz versenken,

1	mach	uns	dei - nem	Bil - de	gleich,
2	dei - ne	Lie - be	wirkt al - lein,
3	dass	des	Va - ters	Gna - den - kraft

1	zu	uns	komm	des	Va - ters	Reich!
2	kei - ner	wirft	den	er - sten	Stein!
3	licht - voll	in	uns	strömt	und	schafft.

4 Du willst deinen Frieden geben, / stiftest einen neuen Bund. / Dein Gebot, es wirke weiter / auf dem ganzen Erdenrund. / Daran wird man uns erkennen / und uns deine Jünger nennen: / wenn ein jeder Liebe gibt, / so wie du uns selbst geliebt!

5 Hilf das Gottesreich uns bauen, / Herr, du bist's, der in uns schafft. / Lass auf uns herab stets tauen / deines Geistes Gnadenkraft; / wirf doch alle Zwietracht nieder, / eine deines Leibes Glieder; / eine sie, wie du, Herr Christ, / einig mit dem Vater bist.

T: 1.+5. Strophe: Friedrich Hüttemann 1945, 2.-4. Strophe: Maria Elisabeth Reiter 2009, M: Strassburger Gesangbuch 1789

T: Liturgie, M und S: Jacques Berthier 1978

Ü: Wir beten dich an, o Christus.

846

1 Ihr Völker all, erfreuet euch mit Jubelschall. Aus einem Mund lobsingt dem Herrn von Herzensgrund.
2 Kommt all herein, esst von dem Brot und trinkt den Wein! Die Nacht entflieht, ein Licht bricht auf, ein Jubellied!
3 O Christ, schau an das Wunder groß, das Gott getan! O Zeichen klar, so hochgelobt und wunderbar!

1-6 Ave Jesu, wahres Manna, Christe Jesu! Du Gotteslamm, von dem uns Heil und Rettung kam!

4 Singt ohne End mit süßem Lied dem Sakrament! / Verlass uns nicht, du große Lieb, du wahres Licht! / Ave …

5 Sein Gnad und Macht hat Himmelsspeis dem Menschen bracht: / Den selgen Wein, das Himmelsbrot schenkt Gott allein. / Ave …

6 Im Frieden dein und ohne Schuld lass uns hier sein! / Auf dich vertraun, in selger Lieb dich ewig schaun! / Ave …

T: Maria Luise Thurmair 1960, M: 14 Jh., Köln (Brachel) 1623

1. Du, Herr, hast dich gegeben zur Speise für das Leben als unser täglich Brot. Du bist auf unsern Wegen mit deiner Kraft zugegen. Durch dich sind wir befreit vom Tod.

2. Der Tod, den du gestorben, hat Leben uns erworben, das du mit Nahrung hegst. Dass wir von dir nicht lassen, lass uns dein Wort erfassen, mit dem du unser Herz bewegst.

3 Dein Fleisch ist unsre Speise / auf unsres Lebens Reise, / dein Blut ist unser Trank, / dass wir als Zeugen leben, / dem Nächsten Liebe geben. / Mit uns sagst du dem Vater Dank.

4 Einst werden diese Zeichen / dem wahren Antlitz weichen, / das du uns zeigen willst. / Was auf dem Weg verborgen, / erhellt der neue Morgen, / an dem du unsre Sehnsucht stillst.

T: Josef Seuffert 1969, M: 15. Jh., geistlich um 1505, Heinrich Issak bei Georg Forster 1539

4 Wir glauben, Herr, und wollen dir vertraun, / dass wir dich einst anbetend dürfen schaun. / Heilig…

5 Wir bitten dich, erbarm dich, großer Gott, / und segne uns in diesem Himmelsbrot. / Heilig…

T: Landshuter Gesangbuch 1777, M: Norbert Hauner 1777

EUCHARISTIE

849

1 O heil-ger Leib des Herrn, für un-ser Heil und Le-ben am Kreuz da-hin-ge-ge-ben, hier bist du uns nicht fern: o heil-ger Leib des Herrn.

2 Du willst uns Spei-se sein, um mit uns schon auf Er-den ein Leib und Geist zu wer-den im Mahl von Brot und Wein: du willst uns Spei-se sein.

3 Du un-ser O-ster-lamm, du hast dein Blut ver-gos-sen; dein Herz ist auf-ge-schlos-sen, aus dem uns Le-ben kam: du un-ser O-ster-lamm.

4 Du wahres Himmelsbrot, / vom Vater uns gegeben, / wer dich isst, der wird leben; / du weckst ihn auf vom Tod: / du wahres Himmelsbrot.

5 Du Hirt, von Gott gesandt, / um sicher durch die Zeiten / das Volk des Herrn zu leiten / in das verheißne Land: / du Hirt, von Gott gesandt.

6 Du bist das Licht der Welt. / Du bist zu uns gekommen, / und die dich aufgenommen, / die sind durch dich erhellt: / du bist das Licht der Welt.

7 O Licht vom ewgen Licht, / du lebst in uns verborgen, / bis uns der helle Morgen / der Herrlichkeit anbricht: / o Licht vom ewgen Licht.

T: Friedrich Dörr 1954 /1971, M: Gerhard Kögel 2012

GESÄNGE

850

Du bist so fern. Du bist so nah. Du bist so an-ders und doch da. Du bist im Le-ben. Du bist im Tod. Du gibst dich uns in Wein und Brot. Du bist im Le-ben. Du bist im Tod. Du bist die Lie-be, gu-ter Gott!

T und M: Norbert M. Becker

851

Durch die-ses Brot wird es ge-schehn, dass wir mit Chri-stus auf-er-stehn.

T: Liturgie, M: nach Georg Joseph 1657

Als Kehrvers zu den Strophen von „Gottheit tief verborgen" *(Nr. 497)* oder zur Psalmodie im V. Ton

T: Negro Spiritual, M: Negro Spiritual aus den USA

Ü: Lasst uns gemeinsam Brot brechen (Wein trinken / Gott preisen) auf unseren Knien. Wenn ich auf meine Knie falle, mit meinem Gesicht zur aufgehenden Sonne, o Herr, hab Erbarmen mit mir.

Was uns betrifft, dürfen wir die Eucharistie nie von dem Armen und den Armen nie von der Eucharistie trennen.

MUTTER TERESA

Trauung

853

1. Gott, wir preisen deine Wunder, / die es in der Schöpfung gibt, / und das größte ist darunter, / dass ein Mensch den andern liebt. / So hast du die Welt verschönt / und mit Gnade uns gekrönt.

2 Nun erhöre unsre Bitte / und mach dein Versprechen wahr: / Segne Anfang, Ziel und Mitte / auch an diesem Ehepaar. / Sei du selber früh und spät / Schutz und Schirm, der mit ihm geht.

3 Gib, dass sie sich glücklich machen / und vertrauen, Frau und Mann, / dass im Weinen und im Lachen / ihre Liebe reifen kann / und auch in Enttäuschung nicht / die versprochne Treue bricht.

4 Dass die Herzen nicht ersterben, / mach sie für einander wach; / lass sie täglich um sich werben / und sich finden hundertfach. / Einer, so wills dein Gebot, / sei des andern täglich Brot.

5 Lass sie mehr und mehr dem gleichen, / der dein Bild ist: Jesus Christ; / immer neu die Hand sich reichen, / weil du lauter Hoffnung bist. / Guter Gott, verlass sie nie, / trage und vollende sie.

T: Detlev Block 1978, M: Benediktinerabtei Grüssau 1939

TOD UND VOLLENDUNG

854

1. Lasst uns den Herrn erheben und vor sein Antlitz ziehn,
denn Christus ist das Leben und Sterben nur Gewinn!
Er hat den Tod vernichtet, hat Hoffnung uns gebracht,
Gebeugte aufgerichtet mit seiner milden Macht.

2. Du brachest alle Ketten / des Todes, Herre Christ, / da du, die Welt zu retten, / vom Grab erstanden bist. / Wer könnte dich auch halten, / welch Siegel, welcher Stein? / Du schlossest die Gewalten / der Finsternis selbst ein.

3. Gepriesen sei die Stunde, / da Lazarus nur schlief! / Das Wort aus deinem Munde / zu neuem Heil ihn rief. / Doch einst wird jeder Riegel / des Totenreichs gesprengt, / gelöst der Gräber Siegel / und Freiheit uns geschenkt.

4. Posaunen werden tönen / und Engel ziehen aus. / Die Erde wird erdröhnen / im wilden Sturmgebraus: / Dein Geist fährt auf uns nieder / in seinem Siegeslauf / und weckt die toten Glieder / zu neuem Leben auf.

854

5 Du Trost in allem Leiden, / der unsern Tod besiegt, / du willst mit Glanz umkleiden, / was noch im Staube liegt. / Wir tragen dir zum Throne / des Lobes Gaben hin, / weil du in deinem Sohne / uns schon den Sieg verliehn!

T: Albert Höfer, M: Melchior Teschner 1614

855

K 1 Kaum ein Wort kann jetzt be-
2 Wut und Lee - re schrei'n zum
3 Le - ben hast du uns ver-

1 schrei-ben, was wir füh - len, was uns
2 Him - mel! Le - ben scheint jetzt oh - ne
3 hei - ßen! Kaum zu glau - ben, die-ses

1 drängt. Gu - ter Gott, wa - rum das
2 Sinn. Tie - fer kann ein Schmerz kaum
3 Wort! Zwei-fel dringt in un - ser

1 Lei - den? Die - ser
2 tref - fen. Wo bist du,
3 Den - ken, Ohn-macht

1 Tod? Wa - rum die Welt?
2 Gott? Wo soll ich hin?
3 schwemmt die Hoff - nung fort.

TOD UND VOLLENDUNG

855

A 1-3 Hör du die Klage, sieh unsre Trauer!
Sieh unsre Angst und unsre Not!
Frage um Frage bewegt unsre Herzen.
Wend dich uns zu! Sei bei uns, Gott!

T und M: Nobert M. Becker

856

1 Du kannst nicht tiefer fallen als nur in Gottes Hand, die er zum Heil uns allen barmherzig ausgespannt.
2 Es münden alle Pfade durch Schicksal, Schuld und Tod doch ein in Gottes Gnade trotz aller unsrer Not.
3 Wir sind von Gott umgeben auch hier in Raum und Zeit und werden in ihm leben und sein in Ewigkeit.

T: Arno Pötzsch 1941, M: Melchior Vulpius 1609

857

K/A We-der Tod noch Le - ben tren-nen uns von Got-tes Lie - be, die in Je - sus Chri-stus ist.

K 1 Wenn ich ge - stor - ben bin
2 Wenn ich ver - lo - ren bin

1 und ver - lo - ren, wird man mich
2 und ver - las - sen, wirst du mich

1 sen - ken in dei - ne Er - de; **Kv**
2 hal - ten in dei - nen Hän - den. **Kv**

3 Wenn ich verlassen bin und vergessen, / wirst du mich nennen bei meinem Namen. **Kv**

4 Wenn ich vergessen bin und vergangen, / wirst du mich bergen in deiner Treue. **Kv**

T: Lothar Zenetti 1971, M: Stefan Ulrich Kling 2010

858

Ich weiß, dass mein Er - lö - ser lebt, **Va**
Hal - le - lu - ja, Hal - le - lu - ja!

T: Ijob 19,25, M: Gerhard Kronberg

MARIA

859

1. Maria ist voll Freude in dieser Gnadenzeit, / mit ihr sind auch wir Christen zum Osterlob bereit. / Ihr Sohn ist auferstanden, / er hat besiegt den Tod; / der aus ihr Mensch geworden, ist nun erhöht zu Gott.

2 Wer Christus folgt im Glauben, / der lebt schon jetzt im Licht, / den können überwinden / die Dunkelheiten nicht. / In Wort und Sakramenten / begegnen wir dem Herrn; / so lasst uns wie Maria / dem Höchsten dienen gern.

3 Die Jünger sind versammelt / und beten um den Geist, / den Jesus vor dem Sterben / den Freunden schon verheißt. / Maria ist bei ihnen, / erfüllt von Gottes Kraft, / die aus der Schar der Jünger / die Kirche Christi schafft.

4 Maria, Gottes Mutter, / sei uns Fürsprecherin, / trag alle unsre Bitten / zu deinem Sohne hin. / Wenn unsre Krüge leer sind, / schenkst du uns neuen Mut, / du weist uns hin auf Jesus: / „Was er euch sagt, das tut!"

T: Gerhard Kögel 2008, M: Melchior Teschner 1613

860

K/A Gruß dir, Mutter, in Gottes Herrlichkeit,

Mutter Gottes, Mutter der Christenheit,

Stern der Hoffnung und Quell der Seligkeit.

Gruß dir, Mutter, reich an Barmherzigkeit, o Maria.

K 1 Du Maria bist Gottes treue Magd,
   2 Gruß dir, Jungfrau, du Gottes heiliges Zelt.

1 hast auf sein Wort im Glauben Ja gesagt.
2 In deinem Schoß barg sich der Herr der Welt,

1 Selig bist du, weil du ihm ganz vertraut,
2 der herrscht zur Rechten auf des Vaters Thron;

1 du Magd des Herrn, du Mutter und du Braut,
2 der Schöpfung Herr und König ward dein Sohn,

1 o Maria. Kv
2 o Maria. Kv

860

3 K Hilf, o Mutter, Zuflucht in allem Leid, / sei unser Trost und Quell der Fröhlichkeit. / Auf Gottes Wort lass gläubig uns vertraun, / bis wir mit dir den Herrn im Lichte schaun, o Maria. Kv

4 K Gott der Vater schuf dich nach seinem Plan. / Es nahm der Sohn aus dir die Menschheit an. / Die Kraft des Geistes hat dich ganz erfüllt; / die Liebe Gottes ist in dir enthüllt, o Maria. Kv

T: Josef Klein 1951/1973 nach „Salve Mater Misericordiae" 14. Jh., M: Joseph Pothier (†1923)

861

1 Mäd-chen du in Is-ra-el, klei-ne Toch-ter Got-tes, durch dich wur-de Na-za-ret Hoff-nung al-ler Men-schen.
2 Du ver-trau-test auf das Wort, das Gott einst ge-spro-chen, das Pro-phe-ten sa-gen ließ: neu wird die-se Er-de.

3 Was nie zu erwarten war, / hast du uns gegeben, / der dein Ein und Alles war, / wurde aller Bruder.

4 Richte nun auch unsern Blick / auf das Heil der Erde, / dass wir leben so wie er, / offen füreinander.

T: Diethard Zils, M: Albe Vidaković

862

1. Ave Maria klare, du lichter Morgenstern! Du bist ein Freud fürwahre des Himmels und der Erd, erwählt von Ewigkeit, zu sein die Mutter Gottes zum Trost der Christenheit.

2. Ohn Sünd bist du empfangen, wie dich die Kirche ehrt, bist von der falschen Schlangen geblieben unversehrt. O Jungfrau rein und zart, dein Lob kann nicht aussprechen, was je erschaffen ward.

3. Ein Gruß ward dir gesendet vom allerhöchsten Gott, durch Gabriel vollendet, der war des Grußes Bot. „Du sollst ein Mutter sein, ein Jungfrau sollst du bleiben, ein Jungfrau keusch und rein.

4. Es wird dich übertauen / des Allerhöchsten Kraft, / Gesegnete der Frauen, / in reiner Jungfrauschaft. / Gott selbst, er wird dein Sohn; / du sollst ihn Jesus nennen, / und ewig ist sein Thron."

5. Da sprach die Jungfrau reine: / „Ich bin des Herren Magd. / Sein Will gescheh alleine. / Es sei, wie du gesagt." / Christ wohnt in ihrem Schoß, / gar lieblich ruht er drinnen; / ihr Freude, die war groß.

862

6 Dies Lob sei dir gesungen, / Frau, hochgebenedeit. / Von dir ist uns entsprungen / der Brunn der Seligkeit. / Empfiehl uns deinem Sohn / und bitte für uns Sünder / allzeit an Gottes Thron.

T und M: Olmütz um 1500, Mainz 1947

863

1. Gott ist ganz lei-se, willst du ihn hö-ren, wer-de ganz still, wie Ma-ri-a es war. Viel-leicht hörst du dann die Bot-schaft des En-gels:
2. Gott ist das Licht. Soll es dir leuch-ten, schau-e in dich, wie Ma-ri-a es tat. Viel-leicht spürst du dann die Bot-schaft des En-gels:
3. Gott ist die Lie-be. Willst du sie spü-ren, öff-ne dein Herz, wie Ma-ri-a es tat. Viel-leicht spürst du dann die Bot-schaft des En-gels:

1-3 Du bist voll Gna-de, der Herr ist mit dir.

T und M: Franz Kett

1 Sei gegrüßt, du Gnadenreiche, / in des Himmels Herrlichkeit! / Sei gegrüßt, du Engelgleiche, / aus dem Tale dieser Zeit!

2 Gnade ist dein ganzes Wesen, / gnadenvoll ist deine Hand. / Alles wird zum Heil genesen, / wenn es deine Güte fand.

3 Du bist aller Himmel Zierde, / auserwählt zum Königtum. / Du trägst aller Kronen Würde / durch dein stilles Heiligtum!

4 Du hast uns das Licht geboren, / die Erlösung und das Heil. / Was vor Zeiten war verloren, / ward uns neu durch dich zuteil.

5 Alles hast du einst empfangen, / was noch nie ein Mensch empfing. / Durch das Leid bist du gegangen, / wie noch keine Mutter ging.

6 Holde Jungfrau, Makellose, / wunderrein in Ewigkeit, / schöne Blume, Gottes Rose, / blühende Verborgenheit!

7 Lass von deinem hohen Bilde / uns ein ferner Abglanz sein, / hingegeben deiner Milde / und erhellt von deinem Schein.

8 Bitte für uns, wenn die Sünde / uns in ihrem Banne hält, / dass die Seele heimwärts finde / aus der Fremde dieser Welt.

9 Lass uns nicht aus deinen Händen, / wenn das Leben von uns geht, / dass wir uns in Gott vollenden / wie ein ewiges Gebet.

T: Georg Thurmair 1935, M: Benediktinerabtei Grüssau 1939

865

1 Maria, Maienkönigin, wir kommen dich zu grüßen. O holde Freudenspenderin, sieh uns zu deinen Füßen! O holde Freudenspenderin, sieh uns zu deinen Füßen!

2 Nichts glich an Schönheit einstens dir, nichts dir an Tugendglanze; nun prangst du als die schönste Zier dort in der Heiligen Kranze. Nun prangst du als die schönste Zier dort in der Heiligen Kranze.

3 Wir möchten gern, o Jungfrau mild, auch unsre Herzen schmücken und deiner Tugend holdes Bild in unsre Seele drücken, und deiner Tugend holdes Bild in unsre Seele drücken.

T: unbekannt, M: Anselm Schubiger († 1888)

866

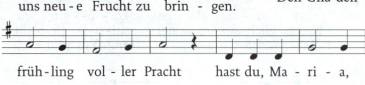

1 Im Mai-en hebt die Schöp-fung an
die Er-de hat sich auf-ge-tan,
zu blü-hen und zu sin-gen;
uns neu-e Frucht zu brin-gen.
Den Gna-den-früh-ling vol-ler Pracht hast du, Ma-ri-a,
uns ge-bracht. Dir soll das Lob er-klin-gen.

2 Du bist das blütenreiche Land, / die segensvolle Erde, / an der Gott Wohlgefallen fand, / du allzeit Unversehrte. / Du trugst – o wunderbares Los – / den Gottessohn in deinem Schoß, / dass uns Erlösung werde.

3 Du allerschönster Rosenstrauch, / der je auf Erden blühte, / befruchtet durch des Geistes Hauch, / betaut von Gottes Güte: / den Heiland, der aus dir entsprang, / du nahmst ihn auf mit Lobgesang / und liebendem Gemüte.

4 Als Weizenkorn gab sich dein Sohn / in Erdenleid und Sterben, / um uns, als seines Todes Lohn, / das Leben zu erwerben. / Sein Leib uns nährt, sein Blut uns tränkt – / der Sohn, den du der Welt geschenkt, / macht uns zu Himmelserben.

T: Friedrich Dörr 1973, M: nach dem Clausener Gesangbuch, Trier 1653

867

1. Maria, Himmelskönigin, / der Menschen treue Helferin: / Du Bayerns hohe Schutzfrau bist, / das Land und Volk dir eigen ist. / Patronin voller Güte, / das Bayernland behüte.

2. Einst grüßte dich in heilger Stund / Gott selber durch des Engels Mund. / Beim Aveläuten klingt dies Wort / von Haus zu Haus, von Ort zu Ort. / Patronin voller Güte, / das Bayernland behüte.

3 Viel schöne Kirchen, dir geweiht, / verkünden deine Herrlichkeit. / Von Häusern und vom Wegesrand / schaust segnend du auf Volk und Land. / Patronin voller Güte …

4 Oft hat in schicksalsschwerer Zeit / dein gläubig Volk sich dir geweiht. / Du bist ihm Trost und sichrer Hort, / in Angst und Not ein Zufluchtsort. / Patronin voller Güte …

T: Friedrich Dörr 1981, M: nach Liedflugschrift Innsbruck 1640

868

1. Nun sind wir alle frohgemut, so will es Gott gefallen.
Der Herr ist seinem Volke gut, nun soll ein Lob erschallen.
Wir grüßen dich in deinem Haus, du Mutter aller Gnaden.
Nun breite deine Hände aus, dann wird kein Feind uns schaden!

2 Es lobt das Licht und das Gestein / gar herrlich dich mit Schweigen. / Der Sonne Glanz, des Mondes Schein / will deine Wunder zeigen. / Wir aber kommen aus der Zeit / ganz arm in deine Helle / und tragen Sünde, tragen Leid / zu deiner Gnadenquelle.

3 Wir zünden froh die Kerzen an, / dass sie sich still verbrennen, / und lösen diesen dunklen Bann, / dass wir dein Bild erkennen. / Du Mutter und du Königin, / der alles hingegeben, / das Ende und der Anbeginn, / die Liebe und das Leben!

868

4 Lass deine Lichter hell und gut / an allen Straßen brennen! / Gib allen Herzen rechten Mut, / dass sie ihr Ziel erkennen! / Und führe uns in aller Zeit / mit deinen guten Händen, / um Gottes große Herrlichkeit / in Demut zu vollenden!

T: Georg Thurmair 1935/1974, M: Adolf Lohmann 1936

869

1 Glor-würd-ge Königin, himm-li-sche Frau, milde Für-spre-che-rin, reinste Jungfrau! Wende, o hei-li-ge Mitt-le-rin du, deine barm-her-zi-gen Augen uns zu!

2 Mutter der Gütigkeit, Mutter des Herrn, / über die Himmel weit leuchtender Stern! / Wende, o weiseste Führerin du, / deine barmherzigen Augen uns zu!

3 Pforte der Seligkeit, strahlender Schild, / Schutzwehr der Christenheit, furchtbar und mild! / Wende, o mächtige Schützerin du, / deine barmherzigen Augen uns zu!

4 Mutter in Todesnot, Mutter des Lichts, / wenn uns die Hölle droht, fürchten wir nichts, / wendest du, führend zur seligen Ruh, / deine barmherzigen Augen uns zu!

T: nach Alfons von Liguori, M: Kirchliche Volksweise vor 1830

3 Wohlan denn, o Jungfrau, der Jungfrauen Bild, / von Tugenden strahlend, mit Gnaden erfüllt, / mit Sternen geschmücket, die Sonne dich kleidet, / die Engel, den Himmel dein Anblick erfreut!

4 Die Sterne verlöschen; die Sonn, die jetzt brennt, / wird einstens verdunkeln, und alles sich endt. / Du aber wirst strahlen noch lang nach der Zeit / in himmlischer Glorie durch all Ewigkeit.

T und M: aus Lothringen, 1927 aufgezeichnet durch Louis Pinck

MARIA

871

1. O Mutter der Barmherzigkeit! Sei, Königin, gegrüßet! Des Lebens Trost und Süßigkeit, durch die uns Gnade fließet! Zu dir, o Mutter, rufen wir, mit Tränen seufzen wir zu dir, mit Tränen seufzen wir zu dir.
2. O wende doch dein Angesicht auf uns vom Himmelsthrone! Versage uns dein Fürwort nicht bei Jesus, deinem Sohne! Nach diesem Leben zeig uns ihn und sei für uns die Mittlerin, und sei fur uns die Mittlerin!
3. Wir sehn auf dich in Angst und Not, in Trübsal und in Leiden; o tröste uns und bitt bei Gott, wenn wir von hinnen scheiden! Erwirb uns Sieg im letzten Streit, o Mutter der Barmherzigkeit, o Mutter der Barmherzigkeit!

T: Landshuter Gesangbuch 1777, M: Michael Haydn (†1806)

872

1 Wun-der-schön präch-ti-ge, ho-he und mäch-ti-ge, lieb-reich hold-se-li-ge, himm-li-sche Frau, Gut, Blut und Le-ben will ich dir ge-ben; al-les, was im-mer ich hab, was ich bin, geb ich mit Freu-den, Ma-ri-a, dir hin.

der ich mich e-wig-lich wei-he herz-in-nig-lich, Leib dir und See-le zu ei-gen ver-trau!

2 Sonnenumglänzete, Sternenbekränzete, / Leuchte und Trost auf der nächtlichen Fahrt! / Vor der verderblichen Makel der Sterblichen / hat dich die Allmacht des Vaters bewahrt. / Selige Pforte warst du dem Worte, / als es vom Throne der ewigen Macht / Gnade und Rettung den Menschen gebracht.

3 Schuldlos Geborene, einzig Erkorene, / du Gottes Tochter und Mutter und Braut, / die aus der Reinen Schar Reinste wie keine war, / die selbst der Herr sich zum Tempel gebaut! / Du Makellose, himmlische Rose, / Krone der Erde, der Himmlischen Zier, / Himmel und Erde, sie huldigen dir!

T: nach verschiedenen Fassungen des 19. Jh., M: Gesangbuch Einsiedeln 1773

873

1 Maria, Jungfrau schön! Zu dir wir bitten gehn.
2 Vor deines Sohnes Thron bitt, dass er uns verschon.
3 Du stehst für uns bereit, Mutter der Christenheit!

1-7 Mutter und Jungfrau rein, in jeder Not und Pein vergiss nicht mein!

4 Lass uns nicht hilflos fort, / verleih dein kräftig Wort! /
|: Mutter und Jungfrau … :|

5 Tu deine Hilfe kund / dem ganzen Erdenrund! /
|: Mutter und Jungfrau … :|

6 Durch dich bewahr uns Gott / vor Sünd und aller Not! /
|: Mutter und Jungfrau … :|

7 Und einstens im Gericht / verlass, verlass uns nicht! /
|: Mutter und Jungfrau … :|

T: unbekannt, M: aus Franken

874

1. Rosenkranzkönigin, Jungfrau voll Gnade, lehre uns wandeln auf himmlischem Pfade! Freudig erheben wir unser Gebet zu dir, Jungfrau voll Gnade! Rosenkranzkönigin, Rosenkranzkönigin, Jungfrau voll Gnade, Jungfrau voll Gnade!

2. Rosenkranzkönigin, Mutter, du reine, hilf, dass dir unser Herz ähnlich erscheine! Schirme uns allezeit treulich in Kampf und Streit, Mutter, du reine! Rosenkranzkönigin, Rosenkranzkönigin, Mutter, du reine, Mutter, du reine!

3. Rosenkranzkönigin, Fürstin, du hehre, bitte bei deinem Sohn, dass er gewähre, was von dem Himmel kommt und uns zum Heile frommt! Fürstin, du hehre! Rosenkranzkönigin, Rosenkranzkönigin, Fürstin, du hehre, Fürstin, du hehre!

4 Rosenkranzkönigin, höchste der Frauen, / schirme, die deiner Macht freudig vertrauen! / Lass sie in Leid und Pein / ganz dir empfohlen sein, / höchste der Frauen! / Rosenkranzkönigin, Rosenkranzkönigin, / höchste der Frauen, höchste der Frauen!

874

5 Rosenkranzkönigin, Mutter der Freuden, / von Gott erwählt in der Fülle der Zeiten. / Du warst des Herrn Gezelt, / gebarst das Heil der Welt, / Mutter der Freuden! / Rosenkranzkönigin, Rosenkranzkönigin, / Mutter der Freuden, Mutter der Freuden!

6 Rosenkranzkönigin, Mutter der Schmerzen, / wie dunkel stand das Kreuz dir überm Herzen, / da dein Sohn litt und starb, / Leben im Tod erwarb, / Mutter der Schmerzen! / Rosenkranzkönigin, Rosenkranzkönigin, / Mutter der Schmerzen, Mutter der Schmerzen!

7 Rosenkranzkönigin, glorreich Geehrte, / die der erhöhte Sohn himmlisch verklärte. / Aus deiner Herrlichkeit / neige dich unserm Leid, / glorreich Geehrte! / Rosenkranzkönigin, Rosenkranzkönigin, / glorreich Geehrte, glorreich Geehrte!

T: 1.–4. Strophe: J.B. Tafratshofer (†1889), 5.–7. Strophe: Maria Luise Thurmair 1981, M: Kloster Wettenhausen

875

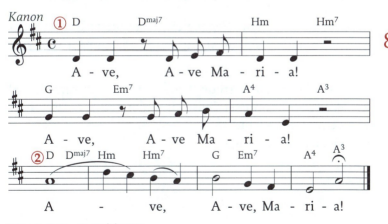

T: Liturgie, M: Hans-Jörg Böckeler 1989

ENGEL

876

1 Dem Schöp-fer Gott sei Dank ge-bracht,
2 Sankt Ga-bri-el, dein Him-mels-bot,

1 dass er zum Lo-be sei-ner Macht
2 sei un-ser Trost in je-der Not,

1 das En-gel-heer er-schaf-fen hat
2 wenn die Ver-wir-rung uns um-weht,

1 und sie uns schickt zu Hilf und Rat.
2 dass uns dein Wort nicht un-ter-geht.

3 Sankt Rafael, dein Wegbegleit, / sei unser Rat zu jeder Zeit, / bis in der Welt es Abend wird, / dass unser Weg sich nicht verirrt.

4 Sankt Michael, dein treuer Held, / begleite uns im Kampf der Welt, / wenn unser Geist dir widerstrebt, / dass unser Herz dem Guten lebt.

T: Georg Thurmair 1940, M: Loys Bourgeois 1551

HEILIGE

877

1. Gelobt sei Gott in aller Welt, gelobt durch die zwölf Zeugen, die er zu Boten hat bestellt, die Tag und Nacht nicht schweigen. Er selbst hat sie hinausgesandt, dass alles Volk und jedes Land das Wort des Heils erfahre.

2. Sie gingen hin durch Volk und Land, / die Botschaft zu verkünden, / dass Jesus Christ vom Tod erstand, / den neuen Bund zu gründen, / dass uns der Vater so geliebt / und in dem Sohn das Wort uns gibt / durch seiner Zeugen Worte.

3. Voll Mut bezeugten sie den Herrn, / wohin sie immer kamen, / ertrugen Schmach und Schläge gern / für Jesu Christi Namen, / erlitten Zwang und Ungemach / und folgten ihrem Meister nach / und sind für ihn gestorben.

4. Sie sind der Kirche fester Grund, / darauf wir sicher stehen; / durch sie wird allen Zeiten kund / des Heilgen Geistes Wehen. / Zwölf Fischer holen Menschen ein, / zwölf Säer Gottes Wort ausstreun, / zwölf Hirten halten Wache.

T: Maria Luise Thurmair 1970, M: Melchior Vulpius 1609

878

1 In Jubel, Herr, wir dich erheben / ob deiner Zeugen Herrlichkeit, / die sich mit ihrem ganzen Leben / dir treu bis in den Tod geweiht. / Du warst ihr Glaube, Jesu Christ, / du warst ihr Glaube und ihr höchstes Gut. / Um deinetwillen gaben sie ihr Blut.

2 Ihr Leben haben sie verloren, / zur Erde fiel es samengleich; / aus ihrem Blute sind geboren / die neuen Zeugen für dein Reich. / Wie lautres Gold sind sie geprüft, / wie lautres Gold nahm sie der Herr zu sich / als ein vollkommen Opfer ewiglich.

3 O selig, die den Kampf vollendet, / die widerstanden bis zum Tod. / Ihr Trauern hat der Herr gewendet, / des Lebens Kron er ihnen bot. / Mit ihrem Herrn, den sie geliebt, / mit ihrem Herrn, dem sie gefolgt im Leid, / stehn sie als Sieger in der Herrlichkeit.

T: Maria Luise Thurmair 1940, M: Stefan Ulrich Kling 2009

1 Gott sei durch euch gepriesen, ihr Jungfraun auserwählt;
euch hat er Huld erwiesen, da er sich euch vermählt.
Ihr habt den Ruf vernommen zur mitternächtgen Zeit,
und als der Herr gekommen, da fand er euch bereit.

2 Ihr habt in eurem Leben / auf Gott allein geschaut; / ihr wart ihm ganz ergeben / wie ihrem Herrn die Braut. / Ihr seid der Welt ein Zeichen, / das Gott uns allen bot: / in Liebe ohnegleichen / schenkt sich ein Mensch an Gott.

3 Ihr Jungfraun, seid gepriesen: / ihr macht es offenbar, / dass mächtig sich erwiesen, / was hier ohnmächtig war; / und die uns töricht schienen, / sind weise, kühn und groß. / Gott selbst vermählt sich ihnen, / und herrlich ist ihr Los.

T: Maria Luise Thurmair 1972, M: Melchior Teschner 1613

Nicht alle Heiligen haben den gleichen Weg.
Aber alle kommen bei Gott an.

JOHANNES VIANNEY

1 Sankt Josef, Spross aus Davids Stamm, / gerecht und fromm im Leben! / Nach Gottes Plan ein Engel kam, / Verheißung dir zu geben: / „Nimm deine Braut; sie trägt den Sohn, / der herrschen wird auf Davids Thron / und der sein Volk erlöst."

2 Du nimmst den Ruf im Glauben an, / erfüllst den Dienst mit Schweigen. / An deiner Hand wächst der heran, / vor dem sich Engel beugen. / Er tritt aus deiner Hut heraus / und bleibt in seines Vaters Haus. / Und du erkanntest ihn.

3 Wie du Maria und ihr Kind / in deinem Schutz geborgen, / wirst du, solang wir Pilger sind, / für Christi Kirche sorgen. / Dass sie erstarke und gedeih / und Christus in ihr mächtig sei: / dazu, Sankt Josef, hilf!

T: EGB 1973, M: Erhard Quack 1940

1. Josef, Erwählter, dem der Herr vertraute, höre uns heute deine Größe preisen: Siehe, der Mutter gab er zum Gemahl dich, nannte dich Vater.

2. Wortlos erfüllst du Gottes dunklen Willen, tust ohne Frage, was er dir gebietet, demütig dienst du seinem großen Plane, treu und beharrlich.

3. Weil du gehorchtest, / wurdest du erhoben. / Christus verlieh dir / Seligkeit und Leben. / Er, der die Kleinen, / vor der Welt Geringen, / seliggepriesen.

4. Lob sei dem Vater / auf dem höchsten Throne, / Lob sei dem Sohne, / Gott, aus Gott geboren, / Lob sei dem Geiste, / der von beiden ausgeht, / immer und ewig.

T: Abtei Münsterschwarzach, Stundenbuch, M: Johann Crüger 1653

O Herr, ich wollte, ich wäre ein Mensch nach deinem allerliebsten Willen.

ALBERT DER GROSSE

882

1. O ihr großen Glaubenszeugen, / Erste der Apostelschar, / Ihr gabt hin selbst euer Leben, / lebtet Christus ganz zu eigen, / auch in Drangsal und Gefahr. / euch zum Heil und uns zum Segen, / Petrus, Fels der Christenheit, / Paulus, Lehrer allezeit.

2 Liebe zu dem Herrn erhöhte / euren Mut und stärkte euch; / sie entflammte eure Rede, / machte euch an Taten reich. / Keine Mühsal, keine Leiden / konnten euch von Jesus scheiden, / nicht Verfolgung, Angst und Not, / nicht Gefahr, nicht Schwert, nicht Tod.

3 Petrus, tritt beim Hirt der Hirten / für die Herde bittend ein, / dass er suche die Verirrten / und sie führe zu sich heim. / Dir, auf den die Kirch gebauet, / ist die Herde anvertrauet. / Weide sie nach Christi Wort, / sei ihr Hirte, sei ihr Hort!

4 Lehr, o Paulus, großer Lehrer, / uns im Glauben tätig sein; / unermüdlicher Bekehrer, / gieß uns deinen Eifer ein, / unsre Eigensucht zu dämpfen, / einen guten Kampf zu kämpfen, / dass auch uns dereinst als Lohn / wird zuteil die Lebenskron!

T: 1.,3.,4. Strophe: Markus Magin, 2. Strophe: Siona 1832, M: Bamberg 1732, bei Melchior Ludolf Herold 1808

883

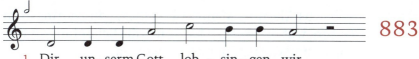

1. Dir, unserm Gott, lobsingen wir,
2. Sankt Ulrich, Hirte, Gottesmann,
3. Sankt Afra, dich verehren wir,

1. du bist uns nah, wir trauen dir.
2. ziehst mutig deinem Volk voran,
3. die Liebe Christi glüht in dir,

1. Segne dein Volk, schütz Land und Leute,
2. sorgst für die Schwachen und die Armen,
3. bist treu bis in den Tod geblieben,

1. auf Augsburgs Kirche schaue heute.
2. zeigst uns, dass Gott ist voll Erbarmen.
3. hilf uns, Gott und die Menschen lieben.

4. Sankt Simpert, unser Schutzpatron, / steh für uns ein an Gottes Thron, / bitt für die Kinder und die Frauen, / hilf uns, die Kirche zu erbauen.

5. Kreszentia, du kluge Frau, / auf unser ganzes Bistum schau, / du bist vertraut mit Leid und Schmerzen, / spürst Gottes Geist in deinem Herzen.

6. Petrus Kanisius, voll Mut / verteidigst du des Glaubens Gut, / der Ehre Gottes gilt dein Streben, / führst Menschen auf den Weg zum Leben.

7. Heiliger Magnus, sei geehrt, / du hast das Böse abgewehrt, / hast unserm Land das Wort verkündet, / den Glauben fest darauf gegründet.

883

8 Albertus Magnus, Mann voll Geist, / durchdringst im Glauben, was du weißt, / lehrst uns die Schöpfung zu verstehen / und Gottes Spur in ihr zu sehen.

9 Gott, du bist groß und reich an Gnad, / hilf folgen uns der Heilgen Pfad, / hast sie zum Vorbild uns gegeben, / zeig uns durch sie den Weg ins Leben.

T: Gerhard Kögel 2008, M: Caspar Ulenberg 1603, nach Genf 1542

Die Strophen 1 und 9 sollen die Liedstrophe des jeweiligen Heiligen umrahmen.

884

1 Strei - ter in Not, Hel - fer bei Gott! Du Bi - schof und Held, von Gott aus - er - wählt, mit Glau-bens-kraft be - seelt!

2 Drang - sal und Leid schwert-har - ter Zeit be - sieg - te dein Flehn. Das Reich blieb be-stehn, das Gott uns aus - er - sehn.

3 Ar - men in Not brachst du das Brot, hast Hil - fe ge - währt und Frie - den be-schert, von Lie - bes - kraft ver-zehrt.

1-6 Bit - te für uns, bit - te für uns, Sankt Ul - rich, Sankt Ul - rich!

884

4 Weise im Rat, mannhaft an Tat / und mächtig im Wort, der Heimat ein Hort, / bleib es auch immerfort. / Bitte für uns ...

5 Vater so mild, Wehr uns und Schild / für Wahrheit und Recht, dass rein wir und echt, / nie sind der Lüge Knecht. / Bitte für uns ...

6 Mitten im Sturm bleib uns ein Turm / der Zuflucht und Kraft, die Rettung uns schafft / aus aller Nöte Haft. / Bitte für uns ...

T: 1. Strophe: Arthur Piechler, 2.–6. Strophe: Germana Förster 1955, M: Arthur Piechler (†1974)

885

1 Von Gott berufen in den Dienst der Kirche, wurdest du Diener seines heilgen Volkes, Künder der Wahrheit und des Friedens Bote, heiliger Ulrich.

2 Mann des Gebetes, stets mit Gott verbunden, schöpftest du freudig aus dem Quell des Lebens im Opfermahle, das der Herr gestiftet, Wasser des Heiles.

3 Als guter Hirte zogst du durch die Lande, um allem Volke Gottes Wort zu künden, um aufzurichten Kranke und Bedrängte, Armen zu helfen.

885

4 Als Krieg und Feinde Land und Volk bedrohten, / warst du ein Vorbild felsenfesten Glaubens, / bliebst unerschrocken, voll des Heilgen Geistes, / nahe den Deinen.

5 Bleib deiner Kirche väterlicher Schutzherr, / ruf alle Herzen auf zum Dienst der Liebe. / Im Sturm der Zeiten, in der Not des Lebens / hilf uns, Sankt Ulrich.

6 Lob sei dem Vater, der dich auserwählte, / Lob sei dem Sohne, der dich uns gesandt hat, / Lob sei dem Geiste, der dir Kraft verliehen: / Lob dem Dreieinen.

T: Friedrich Dörr 1979, M: Johann Crüger 1653

886

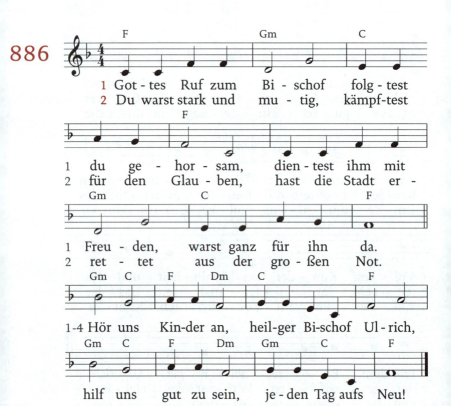

1 Gottes Ruf zum Bischof folgtest du gehorsam, dientest ihm mit Freuden, warst ganz für ihn da.

2 Du warst stark und mutig, kämpftest für den Glauben, hast die Stadt errettet aus der großen Not.

1-4 Hör uns Kinder an, heilger Bischof Ulrich, hilf uns gut zu sein, jeden Tag aufs Neu!

3 Du warst gut und freundlich zu den armen Menschen, / hast geteilt mit ihnen Liebe, Leben, Brot. / Hör uns …

4 Hier in unsrer Kirche singen wir dir Lieder, / preisen deine Größe, feiern heut dein Fest. / Hör uns …

T: Franz Guggenberger und Team, M: Hartmut Wortmann

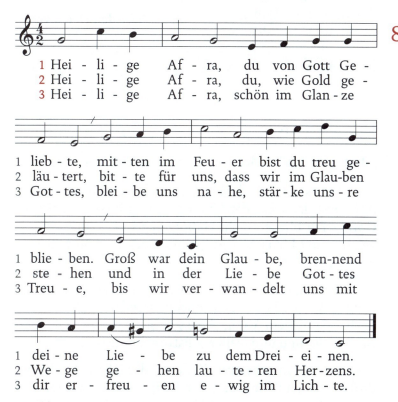

887

1 Hei-li-ge Af-ra, du von Gott Ge-liebte, mitten im Feu-er bist du treu geblieben. Groß war dein Glau-be, bren-nend deine Lie-be zu dem Drei-ei-nen.

2 Hei-li-ge Af-ra, du, wie Gold ge-läu-tert, bit-te für uns, dass wir im Glau-ben ste-hen und in der Lie-be Got-tes We-ge ge-hen lau-te-ren Her-zens.

3 Hei-li-ge Af-ra, schön im Glan-ze Got-tes, blei-be uns na-he, stär-ke uns-re Treu-e, bis wir ver-wan-delt uns mit dir er-freu-en e-wig im Lich-te.

T: M. Adelgart Gartenmeier 1997, M: Johann Crüger 1653

888

1. Dich rief vor lan-gen Zei - ten, Sankt Sim-pert,
den Weg ihm zu be - rei - ten am vor-be-
Got - tes Wort,
stimm-ten Ort.
Du hast den Herrn ver-kün - det, als Hirt von Gott ge-sandt, die Kir-che fest be-grün-det in un-serm Volk und Land.

2. Du kennst das Leid der Kinder, / befreist sie aus der Not; / du rührst das Herz der Sünder / und führst sie heim zu Gott. / Dir blieben nicht verborgen / in Pest und Kriegsgefahr / der Menschen Angst und Sorgen: / oft halfst du wunderbar.

3. Gefahren gibt's heut viele, / die Jugendlichen drohn, / in Schule, Arbeit, Freizeit: / wie schnell sind sie verlorn. / Bitt du bei Gott, dem Vater, / dass er sie führ und leit, / du Bischof, Freund und Helfer, / Patron für unsre Zeit.

4. Wenn uns in schweren Zeiten / des Bösen Macht bedroht, / dann hilf uns mutig streiten, / erwirk uns Kraft von Gott. / Gib, dass wir voll Vertrauen, / wie du in deiner Zeit, / am Reiche Gottes bauen, / für Christi Dienst bereit.

T: 1., 2. und 4. Strophe Friedrich Dörr 1980, 3. Strophe Robert Flossmann 2007, M: vor 1526, Michael Töpler 1832

IV. Gottesdienstliche Feiern

LOBPREIS GOTTES
    Lob dem Dreieinigen Gott 891
    Lob dem Herrn der Zeit und Ewigkeit 892
    Lob dem Gott in unserer Mitte 893

EUCHARISTISCHE ANBETUNG 894

FEIER UND VEREHRUNG DER EUCHARISTIE MIT KINDERN 895

HERZ-JESU-ANDACHT 896

ÖLBERGANDACHT 897

ANDACHT VON DEN SIEBEN WORTEN JESU AM KREUZ 898

MARIENANDACHT IN DER OSTERZEIT 899

MARIENLOB
    Maria empfängt Gottes Sohn 900
    Maria besucht Elisabet 901
    Maria unter dem Kreuz 902
    Jungfrau, Mutter Gottes mein 903

LITANEI VOM HEILIGEN JOSEF 904

BISTUMSPATRONE ULRICH – AFRA – SIMPERT
    Tagzeitenliturgie zu den Bistumspatronen 905
    Heiliger Ulrich 906
    Heilige Afra 907
    Heiliger Simpert 908
    Gebet auf die Fürsprache des Heiligen Simpert ... 909
    Litanei zu den Bistumspatronen 910

Taizé-Gebet 911
Gebete zum Schulgottesdienst
    Zum Beginn eines neuen Schuljahres 912
    Zum Abschluss eines Schuljahres 913
Bei einer Wallfahrt 914
Toten-Rosenkranz 915

Lobpreis Gottes

LOB DEM DREIEINIGEN GOTT 891

v Gott, allmächtiger Vater,
alles, was ist,
kommt von dir und kehrt zu dir zurück.
A Dir sei Preis und Dank und Ehre. *(Nr. 670,8)*
v Jesus Christus,
du bist der Weg zum Leben in Fülle.
A Dir sei Preis und Dank und Ehre.
v Heiliger Geist,
in unserer Schwachheit kommst du uns zu Hilfe
und führst uns zum Ziel.
A Dir sei Preis und Dank und Ehre.
v Ehre sei dem Vater und dem Sohn und dem Heiligen Geist,
A wie im Anfang, so auch jetzt und alle Zeit
und in Ewigkeit. Amen.

LOB DEM HERRN DER ZEIT UND EWIGKEIT 892

v Du Gott von Ewigkeit,
aus dir kommt alles, was ist,
von dir und durch dich empfangen wir den Glauben.
A Lobet den Herrn, preist seine Huld und Treue. *(Nr. 401)*
oder: „Laudate omnes gentes" (Nr. 386)
v Du Gott unserer Zukunft,
zu dir kehrt alles zurück,
du bist der Grund unserer Hoffnung
und von dir erwarten wir, was wir ersehnen.
A Lobet den Herrn, preist seine Huld und Treue.
v Du Gott aller Gegenwart,
du bist in allem, was ist.
In dir leben wir, bewegen wir uns und sind wir.

892   Du bist die Liebe,
und Liebe ist unsere Antwort auf deine Gegenwart.
A Lobet den Herrn, preist seine Huld und Treue.
V Dein ist die Zeit und die Ewigkeit,
dein ist die Macht und die Herrlichkeit
in alle Ewigkeit.
A Amen.

893   LOB DEM GOTT IN UNSERER MITTE

V Gott, du Freund der Menschen,
du schenkst, was wir zum Leben brauchen,
und legst uns deine Freude ins Herz.
A Du bist in unserer Mitte.
V Gott, du Retter der Menschen,
du kennst auch unsere Trauer und Angst
und hörst unseren Schrei nach Trost und Befreiung.
A Du bist in unserer Mitte.
V Gott, du Zukunft der Menschen,
du weißt um unsere Sehnsucht
und erfüllst uns mit Hoffnung auf das Leben in Fülle.
A Du bist in unserer Mitte.
V Gott werde verherrlicht
durch die Kirche und durch Christus Jesus
in allen Generationen, für ewige Zeiten.
A Amen.

Eucharistische Anbetung 894

Eröffnung 1
LIED ZUR AUSSETZUNG: *„Das Heil der Welt" (Nr. 498); „Gottheit tief verborgen" (Nr. 497)*

Lobpreis
Lt Jesus Christus, unser Herr,
  du bist mitten unter uns und nährst uns mit dem,
  was wir zum Leben brauchen.
  Dein Leib stärkt uns auf dem Weg zum Vater.
A Gepriesen bist du in Ewigkeit.
Lt Jesus Christus, unser Freund,
  du hast dein Leben für uns am Kreuz hingegeben.
  In deinem Leib lässt du uns an deiner erlösenden Liebe
  teilhaben.
A Gepriesen bist du in Ewigkeit.
Lt Jesus Christus, König des Himmels,
  du lädst uns ein zum himmlischen Hochzeitsmahl.
  In deinem Leib gibst du uns schon jetzt einen
  Vorgeschmack auf die Freude des kommenden Festes.
A Gepriesen bist du in Ewigkeit.
Lt Hochgelobt und gebenedeit sei das allerheiligste
  Sakrament des Altares
A von nun an bis in Ewigkeit. Amen.

Quelle des Lebens 2
LIED: *„Du bist das Brot, das den Hunger stillt" (Nr. 793); „O heilger Leib des Herrn" (Nr. 849)*

L Jesus sagt: Ich bin das lebendige Brot, das vom Himmel herabgekommen ist. Wer von diesem Brot isst, wird in Ewigkeit leben. Joh 6,51

894

2   Lt Christus ist das Brot des Lebens. Er schenkt uns, was wir zum Leben brauchen, und lässt unser Leben gelingen. Zu ihm rufen wir:
V Du Quelle der Gnade,
A schenke uns dein Leben.
V Du Brot vom Himmel,
A schenke uns dein Leben.
V Du unsere Nahrung,
V Du Licht in der Finsternis,
V Du Heil der Kranken,
V Du Trost der Trauernden,
V Du Kraft der Sterbenden,
V Du unsere Hoffnung,
V Du unsere Freude,
V Du unser Weg,
V Du Wahrheit,
V Du Leben im Tod,

Lt Herr Jesus Christus, du bist mitten unter uns. Im Zeichen des Brotes schauen wir deine Gegenwart. Von dir erhoffen wir die Vollendung des Lebens mit dem Vater und dem Heiligen Geist in der Herrlichkeit des Himmels.
A Amen.

3   ## ZEICHEN DER EINHEIT
LIED: *„Dank sei dir Vater" (Nr. 484); „Also sprach beim Abendmahle" (Nr. 281)*

L Jesus sagt: Alle sollen eins sein: Wie du, Vater, in mir bist und ich in dir bin, sollen auch sie in uns sein, damit die Welt glaubt, dass du mich gesandt hast. Joh 17,21

Lt Christus ist eins mit dem Vater im Heiligen Geist. Er ruft auch uns zur Einheit zusammen. Zu ihm beten wir:
V Christus, du bist das Brot des Lebens.
A Lass uns eins sein.
V Bewahre uns in der Einheit mit dir und dem Vater.
A Lass uns eins sein.
V Schenke uns Sehnsucht nach der Einheit unter allen deinen Jüngern.
V Lass uns gemeinsam den einen Glauben bekennen.
V Lass uns gemeinsam unseren Glauben feiern.
V Lass uns in der Eintracht der Familie Gottes leben.
V Hilf uns, Einheit in aller Verschiedenheit zu leben.
V Gib uns Verständnis für anders denkende Menschen.
V Hilf uns, trennende Mauern zwischen Menschen einzureißen.
V Nimm alles von uns, was die Gemeinschaft zerstört.
V Nimm von uns Streit und Zwietracht.
V Gib uns Kraft, zu unserer Meinung zu stehen.
V Hilf uns, uns selbst anzunehmen.
V Lass uns dir immer ähnlicher werden.
V Lass uns deine Gegenwart in uns und allen Menschen erkennen.
V Sammle die Menschen aller Völker zum Gastmahl des ewigen Lebens.

Lt Herr Jesus Christus, aus vielen Körnern ist ein Brot geworden. So sammle auch deine Kirche von den Enden der Erde in dein Reich. Dir sei die Herrlichkeit und die Macht in Ewigkeit.
A Amen.

894.4 VERMÄCHTNIS DER LIEBE

LIED: *„Das Weizenkorn muss sterben" (Nr. 210); „O selger Urgrund allen Seins" (Nr. 359)*

L Jesus sagt: Es gibt keine größere Liebe, als wenn einer sein Leben für seine Freunde hingibt. Joh 15,13

Lt Im Sakrament der Eucharistie feiern wir die Hingabe Jesu für uns Menschen. Unter der Gestalt des Brotes erkennen wir seine verschenkende Liebe und rufen zu ihm:

V Christus, du bist das Brot des Lebens.
A Erfülle uns mit deiner Liebe.
V Im gebrochenen Brot gibst du uns Anteil an deinem Leben, deinem Sterben und deiner Auferweckung.
A Erfülle uns mit deiner Liebe.
V Du bist aus Liebe für uns Mensch geworden.
V Du hast die Menschenfreundlichkeit Gottes verkündet.
V Du hast die Sorge um den Menschen in den Mittelpunkt gestellt.
V Du hast dich der Verachteten angenommen.
V Du hast dir Zeit für die Menschen in Not genommen.
V Du hast die Schönheit und Würde der Menschen geachtet.
V Du bist für die Wahrheit eingetreten.
V Du hast Kranke geheilt.
V Du hast Trauernde getröstet.
V Du hast dich klein gemacht.
V Du bist zum Diener aller geworden.
V Du hast Spott ertragen.
V Du bist deiner Sendung bis zum Ende treu geblieben.
V Du bist vom Tod ins Leben hinübergegangen.
V Du bist uns zum Vater vorausgegangen.
V Du hast uns den Heiligen Geist gesandt.
V Du weckst in uns den Glauben.

V Du stärkst in uns die Hoffnung.
V Du entzündest in uns die Liebe.

Lt Herr Jesus Christus, in deinem Leben, Sterben und Auferstehen zeigst du uns: Gott ist Liebe. Wir vertrauen darauf: Wer in der Liebe bleibt, bleibt in Gott und Gott bleibt in ihm. Vollende uns in deiner Liebe, dass wir immer mehr mit dir und mit allen Menschen verbunden werden. Wir beten dich an und preisen dich, heute und alle Tage.
A Amen.

Abschluss
Lied zum Segen: *„Sakrament der Liebe Gottes" (Nr. 495)*

Eucharistischer Segen

Feier und Verehrung der Eucharistie mit Kindern

Nach dem Empfang der heiligen Kommunion kannst du dich setzen oder auch eine Zeit lang knien. Versuche, ganz still zu werden. Du kannst dazu die Augen schließen. Mach dir bewusst, was jetzt geschieht: in der heiligen Kommunion bist du mit Jesus und den anderen Menschen in der Kirche verbunden.

So kannst du mit Jesus sprechen:
Jesus, du bist jetzt bei mir. Ich freue mich. Ich darf spüren, wie sehr du mich liebst. Ich gehöre zu dir – zusammen mit allen, die an dich glauben. Ich möchte immer mit dir verbunden sein, so wie die Reben mit dem Weinstock verbunden sind.

895

1   Danke Jesus für das Geschenk der heiligen Kommunion! Wofür möchtest du ihm ganz persönlich danken (z. B. für deine Eltern und Geschwister, für Freunde und Verwandte...)?
Worum möchtest du Jesus bitten?

So kannst du dein Gebet abschließen:
Jesus, ich danke dir, dass ich dich empfangen durfte. In der heiligen Kommunion gibst du mir Kraft. Lass mich immer tiefer mit dir und mit allen Christen verbunden sein. Amen.

2   ### WIR KOMMEN ZU JESUS

V Jesus, du bist das Brot des Lebens.
A Stärke uns!
V Du bist der gute Hirte.
A Führe uns!
V Du bist das Licht der Welt.
A Erleuchte uns!
V Du bist der Weinstock.
A Bleibe in uns!
V Du bist der Weg, die Wahrheit und das Leben.
A Begleite uns!
V Du bist die Auferstehung und das Leben.
A Lebe in uns!
V Jesus, du hast von Gott, deinem Vater, gesprochen.
A Lehre uns!
V Du hast die Jünger berufen.
A Rufe uns!
V Du hast mit Sündern gegessen.
A Vergib uns!
V Du hast Kranke geheilt.
A Heile uns!
V Du hast den Sturm auf dem See gestillt.
A Ermutige uns!
V Du hast Tote auferweckt.

A Tröste uns!
V Du bist für uns gestorben und auferstanden.
A Erlöse uns und mach uns frei!

WIR FREUEN UNS AN JESUS

(V) Wir freuen uns, Herr Jesus Christ,
 weil du ein Mensch geworden bist.
(A) Wir danken dir, Herr Jesus Christ,
 dass du für uns gestorben bist.
(V) Wir preisen dich, Herr Jesus Christ,
 dass du vom Tod erstanden bist.
(A) Wir freuen uns, Herr Jesus Christ,
 dass du erhöht im Himmel bist.
(V) Wir trauen uns, Herr Jesus Christ,
 weil Gottes Geist uns Beistand ist.
(A) Wir loben dich, Herr Jesus Christ,
 weil Gottes Reich im Kommen ist.

WIR BITTEN JESUS

Lt Herr Jesus Christus, im Zeichen des Brotes bist du in unserer Mitte. Höre auf unsere Bitten:
V Wir bitten dich für alle, die an dich glauben.
A Lass sie immer mehr eins werden.
V Wir bitten dich für unseren Papst, die Bischöfe, Priester und Diakone und für alle, die in der Kirche mitarbeiten.
A Schenke ihnen Kraft für ihre Aufgabe.
V Wir bitten dich für unsere Eltern und Geschwister, Verwandten und Freunde.
A Beschütze sie und segne sie für das Gute, das sie uns tun.
V Wir bitten dich für die Menschen, die in Not sind: die Armen, die Opfer von Kriegen und Gewalt, die Flüchtlinge.
A Lass sie nicht allein und steh ihnen bei.

895 V Wir bitten dich für die Kranken.
4 A Sei ihnen nahe und mache sie wieder gesund.
V Wir bitten dich für unsere Verstorbenen.
A Lass sie für immer in deinem Licht leben.
Lt Denn du, Jesus, liebst uns und bist unser Freund. Unsere Sorgen sind auch die deinen. Wir danken dir.
A Amen.

896 Herz-Jesu-Andacht

1 ERÖFFNUNG
LIED: *„Du König auf dem Kreuzesthron" (Nr. 799)*

Lt Im Namen des Vaters und des Sohnes und des Heiligen Geistes.
A Amen.

Lt Christus lädt uns in dieser Stunde in seine Nähe ein: „Kommt alle zu mir!" Wenn wir seiner Einladung folgen und uns ihm nähern, öffnet sich für uns die unerschöpfliche Quelle seines Herzens.
A Herr Jesus Christus, / aus deinem Herzen strömt für alle der Reichtum des göttlichen Erbarmens. / Wir danken dir, dass wir dir nahe sein dürfen. / Wir bitten dich: Lass uns ausruhen bei dir. / Erfülle unser Herz mit neuer Kraft zum Leben und zum Lieben.

Lt Herz Jesu, du Geschenk der Versöhnung,
A erbarme dich unser.
Lt Herz Jesu, du Feuer der Liebe,
Lt Herz Jesu, du Quelle des Lebens,
Lt Herz Jesu, du Ziel unserer Sehnsucht,

Jesus – Die Einladung Gottes   896

L Jesus spricht: Kommt alle zu mir, die ihr euch plagt und schwere Lasten zu tragen habt. Ich werde euch Ruhe verschaffen. Nehmt mein Joch auf euch und lernt von mir; denn ich bin gütig und von Herzen demütig; so werdet ihr Ruhe finden für eure Seele. Denn mein Joch drückt nicht und meine Last ist leicht. Mt 11,28–30

Stille

Lt Jesus lädt alle Menschen ein: „Kommt zu mir!" Sein Herz schlägt besonders für die Geplagten und Belasteten.

GESANG: *„O Herz des Königs aller Welt" (Nr. 369); „Misericordias Domini" (Nr. 657,6)*

V Ihr Überlasteten und Überforderten,
A kommt alle zu mir.
V Ihr Ruhelosen und Getriebenen,
A kommt alle zu mir.
V Ihr Gehetzten und Gejagten,
V Ihr Geknechteten und Versklavten,
V Ihr Gedemütigten und Ausgebeuteten,
V Ihr Lebensmüden und Ausgebrannten,
V Ihr nach Leben Dürstenden,
V Ihr vom Wohlstand Übersättigten,
V Ihr von Zwängen Verfolgten,
V Ihr in Schuld Verstrickten,
V Ihr vom Leben Enttäuschten,

Lt Herr Jesus Christus,
  du bist gütig und von Herzen demütig.
  Du bist die Einladung Gottes an uns Menschen.
A Bilde unser Herz nach deinem Herzen.

896   Jesus – Die herzliche Liebe Gottes

3   L Liebe Brüder, wir wollen einander lieben; denn die Liebe ist aus Gott und jeder, der liebt, stammt von Gott und erkennt Gott. Wer nicht liebt, hat Gott nicht erkannt; denn Gott ist die Liebe. Die Liebe Gottes wurde unter uns dadurch offenbart, dass Gott seinen einzigen Sohn in die Welt gesandt hat, damit wir durch ihn leben. 1 Joh 4,7–9

Stille

Lt Gott hat ein Herz für uns Menschen, weil er die Liebe ist. Wenn wir auf Jesus schauen, dürfen wir Gott ins Herz blicken.

GESANG: *„Vom Vater, der die Liebe ist" (Nr. 792); „Ubi caritas" (Nr. 445)*

V Gott, wir rühmen dich. Du bist voller Liebe. Jede menschliche Liebe kommt von dir und führt zu dir hin.
A Wir haben die Liebe, die Gott zu uns hat, erkannt und gläubig angenommen.
V Gott, wir danken dir. Dein göttliches Herz schlägt in Jesus, der unser Bruder geworden ist. Es schlägt für uns.
A Wir haben die Liebe, die Gott zu uns hat, erkannt und gläubig angenommen.
V Gott, wir bitten dich: Erfülle uns mit deinem Geist. Dann können wir deine Liebe weiter schenken und so von dir Zeugnis geben.
A Wir haben die Liebe, die Gott zu uns hat, erkannt und gläubig angenommen.

Lt Herr Jesus Christus,
im Schauen auf dich sehen wir den Vater.
Du bist die Liebe Gottes.
A Bilde unser Herz nach deinem Herzen.

JESUS – DIE BARMHERZIGKEIT GOTTES 896

L Als Jesus im Haus des Zöllners Matthäus beim Essen war, kamen viele Zöllner und Sünder und aßen zusammen mit ihm und seinen Jüngern. Als die Pharisäer das sahen, sagten sie zu seinen Jüngern: Wie kann euer Meister zusammen mit Zöllnern und Sündern essen? Er hörte es und sagte: Nicht die Gesunden brauchen den Arzt, sondern die Kranken. Darum lernt, was es heißt: Barmherzigkeit will ich, nicht Opfer. Denn ich bin gekommen, um die Sünder zu rufen, nicht die Gerechten. Mt 9,10–13

Stille

Lt Jesus verurteilt die Sünder nicht. Er hält Tischgemeinschaft mit ihnen. So verkündet er die Barmherzigkeit Gottes, die ohne Grenzen ist.

GESANG: *„Im Herzen Jesu" (Nr. 801); „Herz Jesu, Gottes Opferbrand" (Nr. 371)*

V Jesus, du suchst die Nähe zu Menschen, die ausgegrenzt sind. Befreie uns aus unserer Voreingenommenheit
A und schenke uns die Weite deines Herzens.
V Jesus, du isst mit Menschen, die deinen Ruf ruinieren. Befreie uns aus der Angst um uns selbst
A und schenke uns die Freiheit deines Herzens.
V Jesus, du rufst die Sünder, dir ganz zu vertrauen. Befreie uns aus unserem Misstrauen
A und schenke uns die Heilkraft deines Herzens.
V Jesus, du erbarmst dich der Menschen, die nicht zum Leben kommen. Befreie uns aus unserer Gleichgültigkeit
A und schenke uns das Mitleid deines Herzens.

896
4
V Jesus, du handelst in Vollmacht an denen, die sich deinem Ruf öffnen.
Befreie uns aus unserer Verschlossenheit
A und schenke uns die Güte deines Herzens.
V Jesus, du bist radikal in deiner Liebe.
Befreie uns aus unserer Halbherzigkeit
A und schenke uns die Fülle deines Herzens.

Lt Herr Jesus Christus,
durch dich erfahren wir, was Erbarmen ist.
Du bist die Barmherzigkeit Gottes.
A Bilde unser Herz nach deinem Herzen.

5 JESUS – DIE QUELLE DES HEILES
L Als sie aber zu Jesus kamen und sahen, dass er schon tot war, zerschlugen sie ihm die Beine nicht, sondern einer der Soldaten stieß mit der Lanze in seine Seite, und sogleich floss Blut und Wassser heraus. Denn das ist geschehen, damit sich das Schriftwort erfüllte: Man soll an ihm keine Gebein zerbrechen. Und ein anderes Schriftwort sagt: Sie werden auf den blicken, den sie durchbohrt haben. Joh 19,33–34.36–37

Stille

Lt Jesus verheißt den Menschen eine Quelle, aus der das Leben strömt. Am Kreuz hat sich seine Verheißung erfüllt. Sein geöffnetes Herz wird zum vollendeten Zeichen: Jesus hat sich ganz und gar verschenkt. In seiner wehrlosen Liebe hat er Hass und Tod überwunden.

GESANG: *„All meine Quellen entspringen in dir"* (Nr. 397); *„Jesus Christus, das Leben der Welt"* (Nr. 798)

V Herr Jesus Christus, **896**
aus Liebe hast du dich am Kreuz für uns alle hingegeben.
A Erfülle uns mit dem Reichtum deiner Liebe.
V Aus deinem durchbohrten Herzen entspringen die Sakramente der Kirche.
A Stärke alle Getauften durch den Empfang deines Leibes und Blutes.
V Dein Herz steht offen für alle.
A Sei die Quelle, aus der wir das Leben schöpfen.

Lt Herr Jesus Christus, aus dir können wir Leben und Freude schöpfen. Du bist die Quelle des Heiles.
A Bilde unser Herz nach deinem Herzen.

JESUS – DER FRIEDE GOTTES

L Am Abend dieses ersten Tages der Woche, als die Jünger aus Furcht vor den Juden die Türen verschlossen hatten, kam Jesus, trat in ihre Mitte und sagte zu ihnen: Friede sei mit euch! Nach diesen Worten zeigte er ihnen seine Hände und seine Seite. Da freuten sich die Jünger, dass sie den Herrn sahen. Joh 20,19f.

Stille

Lt Der auferstandene Herr tritt in die Mitte seiner Jünger. Sein Gruß heißt: Schalom – Friede. Seine verklärten Wunden künden die Botschaft, dass die Liebe das Böse und den Tod besiegt. Daher sollen wir uns um ein Leben in Frieden und Versöhnung bemühen.

GESANG: *„Christe Salvator" (Nr. 791); „Herr, gib uns deinen Frieden" (Nr. 834)*

896
6
- V Herz Jesu, du Ort des Friedens,
- A Lob und Dank sei dir.
- V Herz Jesu, du Geschenk der Versöhnung,
- A Lob und Dank sei dir.
- V Herz Jesu, du Vorbild der Gewaltlosigkeit,
- V Herz Jesu, du Ursprung der Liebe,
- V Herz Jesu, du Freude der Glaubenden,
- V Herz Jesu, du Hoffnung der Sünder,
- V Herz Jesu, du Anker der Sterbenden,
- V Herz Jesu, du Tür zum Herzen des Vaters,
- V Herz Jesu, für immer geöffnet für uns,

Lt Herr Jesus Christus,
in deinem Tod und deiner Auferstehung
hast du Himmel und Erde versöhnt.
Du bist der Friede Gottes.
A Bilde unser Herz nach deinem Herzen.

→ ANBETUNG IN STILLE

7 **ABSCHLUSS**
- V Jesus, du bist die Einladung Gottes an uns Menschen.
- A Empfange uns.
- V Du bist die Liebe Gottes.
- A Erfülle uns.
- V Du bist die Barmherzigkeit Gottes.
- A Hab Erbarmen mit uns.
- V Du bist die Quelle des Heiles.
- A Belebe uns.
- V Du bist der Friede Gottes.
- A Versöhne uns.
- V Jesus, in dir leben wir, bewegen wir uns und sind wir.
- A Du bist unser Ein und Alles.

896

→ Die Andacht kann mit dem eucharistischen Segen abgeschlossen werden oder mit der folgenden Segensbitte:

7

SEGENSBITTE
Lt Der Friede Gottes, der alles Begreifen übersteigt,
bewahre unsere Herzen und Gedanken in der
Gemeinschaft mit Christus Jesus.
Das gewähre uns der dreieinige Gott,
der Vater und der Sohn und der Heilige Geist.
A Amen.

ENTLASSUNGSRUF
Lt Gelobt sei Jesus Christus
A in Ewigkeit. Amen.

Ölbergandacht

897

ERÖFFNUNG
LIED: *„Bleibet hier und wachet mit mir" (Nr. 286)*

1

Lt Im Namen des Vaters und des Sohnes und des Heiligen Geistes.
A Amen.

Lt Am Abend vor seinem Leiden und Sterben feiert Jesus mit seinen Jüngern ein Mahl. Anschließend gehen sie zum Ölberg hinaus. Dort wird man Jesus gefangen nehmen und sein Leidensweg beginnt. Er bittet die Jünger, mit ihm zu wachen und zu beten.
Wachend und betend wollen auch wir bei Jesus sein – gerade in dieser äußersten Stunde seines Lebens.

897 Meine Seele ist zu Tode betrübt

2 **L** Sie kamen zu einem Grundstück, das Getsemani heißt, und er sagte zu seinen Jüngern: Setzt euch und wartet hier, während ich bete. Und er nahm Petrus, Jakobus und Johannes mit sich. Da ergriff ihn Furcht und Angst, und er sagte zu ihnen: Meine Seele ist zu Tode betrübt. Bleibt hier und wacht!
Mk 14,32–34

Lt Jesus hat Angst. Weil er Mensch ist wie wir, löst der Gedanke an den Tod in ihm Furcht aus. Doch er bleibt seiner Sendung treu. Aus Liebe zu seinem Vater und uns Menschen nimmt er die Todesangst auf sich.

Stille

Lt Angst gehört zu unserem Leben. Wir haben Angst vor einem schwierigen Gespräch, vor einer Prüfung, vor einer Operation. Wir fürchten uns vor dem Sterben. Oft wissen wir nicht, warum Gott uns die Angst zumutet. Aber wir sind nicht allein. Seit Jesus am Ölberg Todesangst ausgestanden hat, ist er allen nahe, die sich ängstigen.

V Herr Jesus Christus, sei du uns nahe.
A Sei du uns nahe.
V In unserer Angst vor einer Krankheit
A sei du uns nahe.
V In unserer Angst vor dem Zerbrechen einer Beziehung
V In unserer Angst vor der Zukunft
V In unserer Angst vor dem Leben
V In unserer Angst vor dem Tod
V In allen unseren Ängsten

897

V Herr Jesus Christus, schenke uns Mut und Zuversicht.
A Schenke uns Mut und Zuversicht.
V Wenn wir vor schwierigen Entscheidungen stehen,
A schenke uns Mut und Zuversicht.
V Wenn wir eine neue Aufgabe übernehmen sollen,
V Wenn wir glauben, etwas nicht zu können,
V Wenn es uns an Selbstvertrauen fehlt,
V Wenn wir keine Kraft mehr haben,
V Wenn wir nicht mehr weiterwissen,

→ Das folgende Christusgebet wird – ähnlich wie das Ave Maria beim Rosenkranz – mehrmals wiederholt (z.B. fünf Mal).

V Sei gepriesen, Herr Jesus Christus,
Sohn des lebendigen Gottes.
Du bist der Erlöser der Welt, unser Herr und Heiland,
der am Ölberg Todesangst ausgestanden hat.
A Komm, Herr Jesus, und steh uns bei,
dass wir alle Zeit mit dir leben und in das Reich deines Vaters gelangen. Amen.

LIED: O Herr, du bist am Ölberg / geplagt von Angst und Qual, / wirst in den Tod nun gehen, / so ist es deine Wahl. / Verlass uns nicht im Leiden / und schenk uns neuen Mut. / Stärk uns in dem Vertrauen: / in dir wird alles gut.

(Nr. 767,1)

DEIN WILLE GESCHEHE

L Und er ging ein Stück weiter, warf sich auf die Erde nieder und betete, dass die Stunde, wenn möglich, an ihm vorübergehe. Er sprach: Abba, Vater, alles ist dir möglich. Nimm diesen Kelch von mir! Aber nicht, was ich will, sondern was du willst, soll geschehen. Mk 14,35 f.

897

3

Lt Keiner will leiden – auch Jesus nicht. Er ahnt, was ihm bevorsteht. Er bittet den Vater, dass ihm der Leidensweg erspart bleibt. Zugleich stellt er vertrauensvoll seinen eigenen Willen unter den Willen Gottes. Wenn das Heil der Menschen seine Hingabe bis zum Tod notwendig macht, wird er den Leidensweg auf sich nehmen.

Stille

Lt Manchmal wird uns im Leben etwas Schweres zugemutet. Wir fragen nach dem „Warum" – und finden keine Antwort. Der Wille Gottes ist für uns nicht immer verständlich. Jesus ermutigt uns, ganz auf Gott zu vertrauen.

V Herr Jesus Christus, lehre uns, Gott zu vertrauen.
A Lehre uns, Gott zu vertrauen.
V Wenn wir ratlos sind,
A lehre uns, Gott zu vertrauen,
V Wenn wir nach dem „Warum" fragen,
V Wenn etwas gegen unseren Willen geht,
V Wenn wir mit unseren Möglichkeiten am Ende sind,
V Wenn wir keinen Ausweg sehen,
V Wenn wir glauben, es hat keinen Sinn mehr,

V Herr Jesus Christus, zeig uns den Willen des Vaters.
A Zeig uns den Willen des Vaters.
V In unseren Überlegungen
A zeig uns den Willen des Vaters.
V In unseren Entscheidungen
V In unserem Handeln
V Durch unser Beten
V Durch das Hören auf dein Wort
V In der Stille

V Sei gepriesen, Herr Jesus Christus, **897**
Sohn des lebendigen Gottes. 3
Du bist der Erlöser der Welt, unser Herr und Heiland,
der sich in den Willen des Vaters gefügt hat.
A Komm, Herr Jesus, und steh uns bei,
dass wir alle Zeit mit dir leben
und in das Reich deines Vaters gelangen. Amen.

LIED: Du bittest deinen Vater: / Nimm diesen Kelch von mir! / Doch wenn es ist dein Wille, / nehm ich ihn an von dir. / Hilf uns, Gott zu vertrauen, / wenn wir im Dunkeln gehn, / nach seinem Willen fragen, / lehr uns, ihn zu verstehn. *(Nr. 767,2)*

WACHT UND BETET 4

L Und er ging zurück und fand sie schlafend. Da sagte er zu Petrus: Simon, du schläfst? Konntest du nicht einmal eine Stunde wach bleiben? Wacht und betet, damit ihr nicht in Versuchung geratet. Der Geist ist willig, aber das Fleisch ist schwach. Mk 14,37 f.

Lt Jesus hat Petrus, Johannes und Jakobus in seine Gemeinschaft gerufen. Sie wollen ihm in Treue nachfolgen auf seinem Weg. Aber in dieser entscheidenden Stunde überkommt sie die Müdigkeit und sie schlafen ein.
Jesus weiß um die menschliche Schwachheit. Deshalb fordert er seine Jünger auf, wachsam zu sein und im Gebet bei Gott Zuflucht zu nehmen.

Stille

897
4

Lt Wir können unseren Mitmenschen ihr Leid nicht abnehmen – auch denen nicht, die wir lieben. Oft können wir nicht mehr tun, als einfach bei ihnen zu sein. Das ist nicht immer leicht: aufmerksam zu sein für einen, der es schwer hat, mit ihm die Fragen und den Schmerz auszuhalten, in seiner Nähe zu bleiben. Die Aufforderung Jesu, zu wachen und zu beten, gilt daher auch uns.

V Herr Jesus Christus, lass uns wachsam sein.
A Lass uns wachsam sein.
V Wo jemand uns braucht,
A lass uns wachsam sein.
V Wo jemand es schwer hat,
V Wo wir in der Gefahr sind, von deinem Weg abzuweichen,
V Für die versteckten Hilferufe unserer Mitmenschen,
V Für die Einsamkeit in unserer Umgebung,
V Für die Zeichen der Zeit,

V Herr Jesus Christus, lass uns nicht in Versuchung geraten.
A Lass uns nicht in Versuchung geraten.
V Wenn wir den bequemeren Weg gehen wollen,
A lass uns nicht in Versuchung geraten.
V Wenn wir uns den anderen anpassen,
V Wenn wir eine Auseinandersetzung scheuen,
V Wenn unsere Ideale an Kraft verlieren,
V Wenn wir unserer Überzeugung untreu werden,
V Wenn wir müde werden im Glauben,

V Sei gepriesen, Herr Jesus Christus,
Sohn des lebendigen Gottes.
Du bist der Erlöser der Welt, unser Herr und Heiland,
der seine Jünger aufgefordert hat,
zu wachen und zu beten.

A Komm, Herr Jesus, und steh uns bei,
dass wir alle Zeit mit dir leben
und in das Reich deines Vaters gelangen. Amen.

LIED: Du hoffst, dass deine Freunde / jetzt stehen treu zu dir. / Doch findest du sie schlafend, / du tadelst sie dafür. / Lass wach uns sein im Herzen, / wenn Müdigkeit uns droht. / Hilf beten uns und glauben / in der Versuchung Not. *(Nr. 767,3)*

DIE STUNDE IST GEKOMMEN

L Und er kam zum dritten Mal und sagte zu ihnen: Schlaft ihr immer noch und ruht euch aus? Es ist genug. Die Stunde ist gekommen; jetzt wird der Menschensohn den Sündern ausgeliefert. Steht auf, wir wollen gehen! Seht, der Verräter, der mich ausliefert, ist da. Mk 14,41 f.

Lt Schon nähern sich die Männer, die Jesus festnehmen wollen. Judas hat sie hergeführt. Soll Jesus fliehen? Entschlossen liefert er sich seinen Gegnern aus. Denn die „Stunde" ist da, die Zeit, um aus dieser Welt zum Vater hinüberzugehen.

Stille

Lt In unserem Leben gibt es Stunden, von denen wir uns wünschen, dass sie uns erspart bleiben: eine schwierige Aussprache, das Eingestehen eigener Schuld, ein notwendiger ärztlicher Eingriff, die Nachricht vom Tod eines lieben Menschen. Das Beispiel Jesu bestärkt uns, solchen Stunden nicht auszuweichen. Auch sie können uns näher zu Gott bringen.

897 V Herr Jesus Christus, verlass uns nicht.
5 A Verlass uns nicht.
V Wo sich in unserem Leben etwas zuspitzt,
A verlass uns nicht.
V Wo wir etwas Schwieriges auf uns zukommen sehen,
V Wo wir von anderen angegriffen werden,
V Wo Freunde uns im Stich lassen,
V Wo wir keinen Ausweg mehr sehen,

V Herr Jesus Christus, gib uns Entschlossenheit.
A Gib uns Entschlossenheit.
V Wenn wir zögern, einen schwierigen Weg zu gehen,
A gib uns Entschlossenheit.
V Wenn wir nicht absehen können, wohin ein Weg uns führt,
V Wenn wir in der Gefahr sind, unangenehmen Wegen auszuweichen,
V Wenn wir uns schwer tun, uns festzulegen,
V Wenn eine Entscheidung ansteht,
V Wenn andere von unseren Entscheidungen abhängig sind,

V Sei gepriesen, Herr Jesus Christus,
Sohn des lebendigen Gottes.
Du bist der Erlöser der Welt, unser Herr und Heiland,
der sein Schicksal bewusst auf sich genommen hat.
A Komm, Herr Jesus, und steh uns bei,
dass wir alle Zeit mit dir leben
und in das Reich deines Vaters gelangen. Amen.

LIED: Die Stunde ist gekommen, / du musst den Weg nun gehn. / Du gehst ihn ganz entschlossen, / kein Zögern ist zu sehn. / Hilf uns, das Leid zu tragen, / wie du es hast getan. / In allen unsren Nöten / geh du uns selbst voran. *(Nr. 767,4)*

Abschluss 897

Lt Herr Jesus Christus,
  du hast am Ölberg Todesangst ausgestanden.
A Sei allen nahe, die Angst haben.
Lt Du hast dich in den Willen des Vaters gefügt.
A Mach uns immer mehr bereit, den Willen Gottes zu erfüllen.
Lt Du hast deine Jünger aufgefordert, zu wachen und zu beten.
A Lass uns wachsam sein in der Stunde der Versuchung.
Lt Du hast dein Schicksal bewusst auf dich genommen.
A Lass uns entschlossen die Wege gehen, auf die Gott uns führt.
Lt Im Geist Jesu und mit seinen Worten bitten wir Gott:
A Vater unser…

Segensbitte

Lt Gott, der Herr, segne unser Leben – mit seinen Höhen und Tiefen, seinen Ängsten und Freuden.
A Amen.
Lt Er segne alle, die uns nahe stehen – unsere Angehörigen und Freunde, Nachbarn und Kollegen.
A Amen.
Lt Er segne die Menschen, die einen schweren Weg gehen müssen, und alle, die sie dabei begleiten.
A Amen.

Entlassungsruf

Lt Gelobt sei Jesus Christus
A in Ewigkeit. Amen.

Lied: *„Hört das Lied der finstern Nacht" (Nr. 288)*

898 Andacht von den sieben Worten Jesu am Kreuz

1 **ERÖFFNUNG**
   LIED: *„O du hochheilig Kreuze" (Nr. 294,1-3)*

   Lt Im Namen des Vaters und des Sohnes und des Heiligen Geistes.
   A Amen.

   Lt Herr Jesus Christus, du hast gesagt:
   Wo zwei oder drei in meinem Namen versammelt sind,
   da bin ich mitten unter ihnen.
   Wir glauben, Herr, dass du jetzt in unserer Mitte bist.
   Du sprichst zu uns mit deinen Worten am Kreuz.
   Wir hören auf dich und bekennen mit Petrus:
   A Herr, du hast Worte des ewigen Lebens.

   Lt Wir schauen auf zu dir, dem Gekreuzigten.
   Du gibst am Kreuz dein Leben für uns
   und zeigst uns so, was wir dir bedeuten.
   Wir wollen dir heute gemeinsam danken –
   für deine Tat, für deine Liebe,
   für dein Vermächtnis in deinen sieben Worten.
   A Herr, du hast Worte des ewigen Lebens.

   Lt Der Hauptmann von Kafarnaum hat einst gesagt:
   „Sprich nur ein Wort, dann wird mein Diener gesund."
   In jeder Eucharistiefeier bekennt deine Gemeinde:
   Sprich nur ein Wort, und meine Seele wird gesund.
   Herr, wir brauchen die heilende Kraft deines Wortes.
   Wir brauchen deine Nähe, deine Botschaft vom Kreuz.
   A Herr, du hast Worte des ewigen Lebens.

LIED: O Herr, an deinem Kreuze / wird für uns offenbar / **898**
das Wunder deiner Liebe. / Was du sagst, das ist wahr. / 1
Herr, sprich zu uns, wir hören, / befrei uns aus dem Tod. /
Gib, dass wir uns bekehren / zu dir, dem guten Gott.

(Nr. 771,1)

ERSTES WORT 2

L Jesus betete am Kreuz: Vater, vergib ihnen, denn sie wissen nicht, was sie tun. Lk 23,34

Stille

Lt Jesus, dein erstes Wort am Kreuz ist ein Gebet,
ist ein Wort der Feindesliebe:
„Vater, vergib ihnen, denn sie wissen nicht, was sie tun."
Du, der ans Kreuz Gehängte, betest für deine Henker.
Du bittest nicht um ein Gericht über sie.
Kein Gedanke der Rache, keine Spur von Hass.
Alles an dir ist Erbarmen.
Du bittest um Vergebung, rufst nach Versöhnung.
Du hast ein Herz auch für deine Feinde.
Nur so wächst Schalom, der Friede in unserer Welt.
Jesus, deine Bitte wirkt ansteckend.
So betet Stephanus sterbend:
„Herr, rechne ihnen diese Sünde nicht an!"

Lt Herr Jesus Christus,
Sohn des lebendigen Gottes,
wir beten dich an und preisen dich.
A Wir sagen dir Dank in der Gemeinschaft deiner Kirche,
denn durch dein Erbarmen am Kreuz
hast du die ganze Welt erlöst.

898
2
V Jesus, du bist großmütig im Verzeihen.
Wir sind nicht selten nachtragend.
A Danke, Herr, für dein Erbarmen.
V Du lehrst in der Bergpredigt, sogar die Feinde zu lieben.
Uns fällt Feindesliebe schwer.
A Danke, Herr, für dein Erbarmen.
V Du zeigst uns am Kreuz, wie man Menschen verzeiht:
Wir sollen aufrichtig für sie beten.
A Danke, Herr, für dein Erbarmen.
V Du sagst: „Selig, die Frieden stiften."
Friede aber ist nur möglich, wenn wir verzeihen.
A Danke, Herr, für dein Erbarmen.

LIED: O Herr, an deinem Kreuze, / da bist du uns ganz nah. / Wer könnte je begreifen, / was dort für uns geschah? / Du bittest für uns Sünder / und lädst uns alle ein, / einander zu vergeben, / und Fried wird endlich sein. *(Nr. 771,2)*

3 ## ZWEITES WORT

L Einer der beiden Verbrecher am Kreuz sprach: Jesus, denk an mich, wenn du in dein Reich kommst. Jesus antwortete ihm: Amen, ich sage dir: Heute noch wirst du mit mir im Paradies sein. Lk 23,42 f.

Stille

Lt Jesus, dein zweites Wort am Kreuz ist die Antwort
auf die Bitte eines Verbrechers: „Jesus, denk an mich."
Der Verbrecher streitet seine Schuld in keiner Weise ab.
Er gibt seine Schuld ohne Einschränkung zu.
Er bereut, was er im Leben gesündigt hat.
„Jesus, denk an mich", so bittet er voll Vertrauen.
Du, Jesus, schenkst ihm mehr, als er erwarten kann.

Du schenkst ihm Hoffnung und neues Leben. **898**
Du schenkst ihm Freundschaft und ewige Zukunft: 3
„Heute noch wirst du mit mir im Paradies sein,
in meiner Herrlichkeit."
Was bist du für ein barmherziger Richter!

Lt Herr Jesus Christus,
Sohn des lebendigen Gottes,
wir beten dich an und preisen dich.
A Wir sagen dir Dank in der Gemeinschaft deiner Kirche,
denn durch dein Erbarmen am Kreuz hast du die ganze
Welt erlöst.

V Jesus, du sagst: „Ich bin nicht gekommen, Gerechte zu
rufen, sondern Sünder." Wir alle sind Sünder.
A Danke, Herr, für das Geschenk deiner Freundschaft.
V Du gehst dem Verlorenen nach, bis du ihn findest,
und wären seine Sünden auch noch so schwer.
A Danke, Herr, für das Geschenk deiner Freundschaft.
V Du liebst nicht die Sünde, aber den Sünder.
Deine Liebe lässt uns heimfinden zu Gott.
A Danke, Herr, für das Geschenk deiner Freundschaft.
V Ein einziges Wort der Umkehr genügt,
und du öffnest die Tore des Himmels.
A Danke, Herr, für das Geschenk deiner Freundschaft.

LIED: O Herr, an deinem Kreuze / bist du der Gute Hirt, / begleitest den Verlornen, / bis er gefunden wird. / Schenkst ihm dann deine Liebe / für alle Ewigkeit, / führst ihn zu deinem Reiche, / in deine Seligkeit. *(Nr. 771,3)*

898 DRITTES WORT

4

L Bei dem Kreuz Jesu standen seine Mutter und die Schwester seiner Mutter, Maria, die Frau des Klopas, und Maria von Magdala. Als Jesus seine Mutter sah und bei ihr den Jünger, den er liebte, sagte er zu seiner Mutter: Frau, siehe, dein Sohn! Dann sagte er zu dem Jünger: Siehe, deine Mutter! Und von jener Stunde an nahm sie der Jünger zu sich. Joh 19,25–27

Stille

Lt Jesus, dein drittes Wort am Kreuz
ist ein Wort der Ermutigung an die Deinen.
Zwei Menschen verlieren unter dem Kreuz das Liebste:
deine Mutter ihren einzigen Sohn,
dein Lieblingsjünger seinen besten Freund.
Du, Jesus, zeigst ihnen den Weg, wie es weitergeht:
Hört niemals auf, füreinander da zu sein.
Immer steht neben euch einer, der euch braucht.
Wo Menschen in deinem Geist füreinander einstehen –
wie Maria und dein treuer Jünger –
entsteht eine neue Familie, die Kirche.
Am Kreuz schenkst du ihr Maria als Mutter.
Glücklich, wer zu dieser Familie gehören darf.

Lt Herr Jesus Christus,
Sohn des lebendigen Gottes,
wir beten dich an und preisen dich.
A Wir sagen dir Dank in der Gemeinschaft deiner Kirche,
denn durch dein Erbarmen am Kreuz
hast du die ganze Welt erlöst.

V Jesus, der Tod schafft oft schmerzliche Trennung.
Die Bibel sagt: Die Liebe aber hört niemals auf.

A Danke, Herr, für deine Liebe und Treue.
V Darum steht deine Mutter zu dir, dem Gekreuzigten.
  Ihre Liebe zu dir bleibt über den Tod hinaus lebendig.
A Danke, Herr, für deine Liebe und Treue.
V Du denkst an deine neue Familie, die Kirche.
  Sie braucht liebende Gestalten wie Maria.
A Danke, Herr, für deine Liebe und Treue.
V Daran sollen die Menschen deine Jünger erkennen,
  dass sie einander lieben und einander dienen.
A Danke, Herr, für deine Liebe und Treue.

LIED: O Herr, an deinem Kreuze / siehst du die große Pein / des Freundes und der Mutter. / Du lässt sie nicht allein. / Du zeigst den Weg der Treue, / befreist sie aus dem Schmerz. / Geheimnis aller Liebe: / wenn einer schenkt sein Herz.
(Nr. 771,4)

VIERTES WORT

L In der neunten Stunde rief Jesus mit lauter Stimme: Eloï, Eloï, lema sabachtani?, das heißt übersetzt: Mein Gott, mein Gott, warum hast du mich verlassen? Mk 15,34

Stille

Lt Jesus, dein viertes Wort am Kreuz ist wieder ein Gebet.
  Du betest mit den Psalmworten deines Volkes.
  Sie sind eine erschütternde, fast verzweifelte Klage.
  Du kennst die Not der Verlassenheit von Gott.
  Du kennst die furchtbare Frage: Warum?
  Warum schweigt Gott, wenn Menschen verhungern?
  Warum schweigt Gott, wenn Menschen gefoltert werden?
  Warum schweigt Gott zu deinem grausamen Tod?
  Für uns, um unseretwillen, rufst du zu Gott.

898
5

Aber weil du „mein Gott, mein Gott" sagst,
weil du in dieser Verlassenheit noch betest,
darum ist letztlich doch alles, auch das Schlimmste,
aufgehoben und geborgen in Gott.

Lt Herr Jesus Christus,
Sohn des lebendigen Gottes,
wir beten dich an und preisen dich.
A Wir sagen dir Dank in der Gemeinschaft deiner Kirche,
denn durch dein Erbarmen am Kreuz
hast du die ganze Welt erlöst.

V Jesus, du ermutigst uns, in unserer Not
vor Gott zu klagen, so wie du es getan hast.
A Danke, Herr, für deine Klage.
V Auch wir dürfen fragen:
Warum schweigst du, Gott?
Warum müssen so viele unschuldig leiden?
A Danke, Herr, für deine Klage.
V Selbst dir, dem ewigen Sohn Gottes,
ist das Wort „Vater" fremd geworden.
A Danke, Herr, für deine Klage.
V Bist du vielleicht deshalb für uns Mensch geworden,
um alle Warum-Fragen mit uns zu teilen?
A Danke, Herr, für deine Klage.

Lied: O Herr, an deinem Kreuze / erfahren wir das Leid / in seinem ganzen Schrecken: / die Gott-Verlassenheit. / Du trägst für uns das Grauen, / den Schmerz der dunklen Nacht, / und stärkst in uns Vertrauen / in deine Gottes-Macht.

(Nr. 771,5)

FÜNFTES WORT   898

L Danach, als Jesus wusste, dass nun alles vollbracht war, sagte er, damit sich die Schrift erfüllte: Mich dürstet. Ein Gefäß mit Essig stand da. Sie steckten einen Schwamm mit Essig auf einen Ysopzweig und hielten ihn an seinen Mund.
Joh 19,28 f.

Stille

Lt Jesus, dein fünftes Wort am Kreuz ist ein Ruf
   nach Wasser, nach Erbarmen, nach Liebe.
   Dein Ruf vom Kreuz herab „Mich dürstet"
   wird nie mehr verstummen.
   Menschen neben uns dürsten
   nach Verständnis und Liebe,
   nach Anerkennung und Mitgefühl.
   Viele hungern nach Solidarität und Gerechtigkeit.
   Wo immer ein Mensch in dieser Welt leidet,
   wo einer hungert und dürstet nach Liebe,
   dort bist du, Herr, verborgen und uns ganz nah.

Lt Herr Jesus Christus,
   Sohn des lebendigen Gottes,
   wir beten dich an und preisen dich.
A Wir sagen dir Dank in der Gemeinschaft deiner Kirche,
   denn durch dein Erbarmen am Kreuz hast du die ganze Welt erlöst.

V Jesus, du rufst nach Wasser.
   Dein Hilfeschrei geht durch die ganze Geschichte.
A Danke, Herr, für deinen Hilferuf.
V Wo Menschen dürsten nach Liebe, dürstest du mit.
   Wo sie hungern nach Gerechtigkeit, bist du zugegen.
A Danke, Herr, für deinen Hilferuf.

898
6

V Du sagst: „Was ihr für einen meiner geringsten Brüder
getan habt, das habt ihr mir getan."
So nahe bist du uns.
A Danke, Herr, für deinen Hilferuf.
V Menschen warten auch heute auf Zuwendung.
Unsere Aufmerksamkeit könnte Wunder wirken.
A Danke, Herr, für deinen Hilferuf.

LIED: O Herr, an deinem Kreuze / rufst du in deiner Not: / Mich dürstet, ich verlange / nach Menschen und nach Gott. / Dein Ruf wird nicht verstummen, / dringt auch zu uns heran. / Du wirst uns einmal fragen, / was wir für dich getan. *(Nr. 771,6)*

7 ## SECHSTES WORT

Lt Als Jesus von dem Essig genommen hatte, sprach er: Es ist vollbracht! Joh 19,30

Stille

Lt Jesus, dein sechstes Wort am Kreuz
ist ein unbeschreiblicher Trost für uns.
„Es ist vollbracht" bedeutet:
Du hast am Kreuz a l l e s vollbracht.
Was für uns eines Tages einfach zu enden scheint,
was wir nur als Stückwerk hinterlassen können,
das führst du, Jesus, zu einem vollen Ende,
zur Vollendung in deiner Herrlichkeit.
Herr, dein vorletztes Wort am Kreuz macht uns Mut.
Keiner von uns muss sich ängstigen oder verzweifeln.
Denn du, Herr, wirst selber vollenden,
was du einst in der Taufe mit uns begonnen hast.

Lt Herr Jesus Christus,
  Sohn des lebendigen Gottes,
  wir beten dich an und preisen dich.
A Wir sagen dir Dank in der Gemeinschaft deiner Kirche,
  denn durch dein Erbarmen am Kreuz
  hast du die ganze Welt erlöst.

V Jesus, wir leiden darunter, dass vieles im Leben
  unvollkommen und unvollendet bleibt.
A Danke, Herr, für dein Werk der Vollendung.
V Wir schauen zu sehr auf Leistung und Erfolg.
  Wenn Erfolge ausbleiben, werden wir mutlos.
A Danke, Herr, für dein Werk der Vollendung.
V Du sagst: „Getrennt von mir könnt ihr nichts
  vollbringen."
  Mit dir aber bringen wir reiche Frucht.
A Danke, Herr, für dein Werk der Vollendung.
V Auch wenn wir mit leeren Händen vor Gott erscheinen,
  du stehst für uns ein am Tag der Entscheidung.
A Danke, Herr, für dein Werk der Vollendung.

LIED: O Herr, an deinem Kreuze / rufst du: Es ist vollbracht. / Was vielen scheint ein Ende, / ist Anfang voller Macht. / Dein Kreuz ist Siegeszeichen, / vernichtet Sünd und Tod / und schenkt uns neues Leben / durch dich, den wahren Gott. *(Nr. 771,7)*

SIEBTES WORT

L Und Jesus rief laut: Vater, in deine Hände lege ich meinen Geist. Nach diesen Worten hauchte er den Geist aus. Lk 23,46

Stille

898
8

Lt Jesus, dein letztes Wort am Kreuz
   ist wie dein erstes Wort ein Gebet:
   „Vater, in deine Hände lege ich meinen Geist."
   Herr, lehre uns beten, wie du gebetet hast.
   Lass uns tun, was auch du getan hast:
   alles in die Hände des Vaters legen.
   Wir danken dir, Jesus, für dein letztes Gebet.
   Du verkündest uns sterbend, was am Ende zählt:
   die Liebe, die niemals mehr aufhören wird,
   die Liebe, die uns liebt mit unendlicher Liebe.

Lt Herr Jesus Christus,
   Sohn des lebendigen Gottes,
   wir beten dich an und preisen dich.
A Wir sagen dir Dank in der Gemeinschaft deiner Kirche,
   denn durch dein Erbarmen am Kreuz
   hast du die ganze Welt erlöst.

V Jesus, viele sind einsam, fühlen sich wie verloren.
   Sie suchen einen Halt, eine letzte Geborgenheit.
A Danke, Herr, für dein Gottvertrauen.
V Du schenkst die Gewissheit, dass am Grund eines
   Abgrunds Gott auf uns wartet wie ein liebender Vater.
A Danke, Herr, für dein Gottvertrauen.
V Du sagst: Niemand kann euch der Hand meines Vaters
   entreißen.
   Wir sind in seiner Hand und wir bleiben in seiner Hand.
A Danke, Herr, für dein Gottvertrauen.
V Dein Vertrauen am Kreuz bestärkt auch uns im Vertrauen:
   Nichts vermag uns zu trennen von der Liebe Gottes.
A Danke, Herr, für dein Gottvertrauen.

LIED: O Herr, an deinem Kreuze / sprichst du zum Vater dein: / Ich leg in deine Hände / mein Leben und mein Sein. / Du schenkst uns neue Hoffnung / durch dieses letzte Wort: / Die Liebe wird nicht sterben, / sie dauert ewig fort. *(Nr. 771,8)*

ABSCHLUSS

Lt Jesus Christus, gekreuzigter und auferstandener Herr,
A wir danken für deine ermutigenden Worte am Kreuz.
Lt Wir danken für dein Angebot von Versöhnung und Frieden.
A Wir danken für deine Freundschaft über den Tod hinaus.
Lt Wir danken für deinen Auftrag, einander zu lieben.
A Wir danken für deine Klage in der Verlassenheit von Gott.
Lt Wir danken für deinen Durst nach menschlicher Hilfe.
A Wir danken für dein Werk der Vollendung an uns.
Lt Wir danken für dein ansteckendes Gottvertrauen.
A Herr, deine Worte am Kreuz begleiten uns.
 Deine Worte am Kreuz ermutigen uns.
 Deine Worte am Kreuz tragen uns.
 Wir bitten dich, Herr: Segne uns,
 damit auch wir ein Segen sein dürfen für andere.

Lt Der Herr segne und behüte uns.
 Er zeige uns sein Angesicht und erbarme sich unser.
 Er wende uns sein Antlitz zu und schenke uns Frieden.
 Der Herr segne uns im Zeichen des Kreuzes
 jetzt und in Ewigkeit.
A Amen.

LIED: „O du hochheilig Kreuze" *(Nr. 294, 4.6.9)*

899 Marienandacht in der Osterzeit

1 ERÖFFNUNG
Lied: *„Lasst uns erfreuen herzlich sehr, Halleluja" (Nr. 533)*

Lt Im Namen des Vaters und des Sohnes und des Heiligen Geistes.
A Amen.

Lt In den fünfzig Tagen der Osterzeit feiern wir das zentrale Geheimnis unseres Glaubens: Gott hat seinen Sohn vom Tod auferweckt und ihn zu seiner Rechten erhöht. Durch die Sendung des Geistes bleibt der Auferstandene den Seinen nahe und schenkt ihnen Anteil an seinem österlichen Leben.
Maria war mit den Aposteln Zeugin des Auferstandenen. Ihr wurde die Erfahrung geschenkt: Gott ist treu im Leben und im Tod. Er lässt uns im Tod nicht allein. Seine Liebe ist stärker als der Tod. Mit den Aposteln und der ganzen Kirche bittet sie um Gottes Leben spendenden Geist.

2 MARIA, ZEUGIN DES AUFERSTANDENEN
Lt Freue dich, Maria, du Mutter des Lichtes: Jesus Christus ist aus dem Grab erstanden
A und hat die Nacht des Todes besiegt. Halleluja.

L Nach dem Sabbat kamen in der Morgendämmerung des ersten Tages der Woche Maria aus Magdala und die andere Maria, um nach dem Grab zu sehen. Plötzlich entstand ein gewaltiges Erdbeben; denn ein Engel des Herrn kam vom Himmel herab, trat an das Grab, wälzte den Stein weg und setzte sich darauf. Seine Gestalt leuchtete wie ein Blitz und sein Gewand war weiß wie Schnee. Die Wächter begannen vor Angst zu zittern und fielen wie tot zu Boden. Der Engel aber sagte zu den Frauen: Fürchtet euch nicht! Ich weiß, ihr sucht Jesus, den Gekreuzigten. Er ist nicht hier; denn er ist auferstanden, wie er gesagt hat. Kommt her und seht euch die Stelle an, wo er lag. Dann geht schnell zu seinen Jüngern und sagt ihnen: Er ist von den Toten auferstanden. Mt 28,1-7a

899
2

V Sei gegrüßt, Maria, Zeugin des Auferstandenen. Wie du wollen auch wir zu österlichen Menschen werden. Wir rufen zu dir:
V Zeig uns den Auferstandenen.
A Zeig uns den Auferstandenen.
V In den Nächten der Trauer
A zeig uns den Auferstandenen.
V In den Nächten der Angst
V In den Nächten des Zweifels
V In den Nächten der Verlassenheit
V In den Nächten der Ratlosigkeit
V In den Nächten des Krankseins
V In der Nacht des Sterbens

V In der Gemeinschaft der Kirche
A zeig uns den Auferstandenen.
V In unserer Gemeinde
A zeig uns den Auferstandenen.
V In unserer Familie
V In unserem Alltag
V In unserer Arbeit
V In unseren Begegnungen
V In unseren Gesprächen
V In unserer Suche nach Gott

V Mit dir freuen wir uns, Maria.
A Mit dir freuen wir uns, Maria.

899
2

V Gott hat deinen Sohn vom Tod auferweckt.
A Mit dir freuen wir uns, Maria.
V Er hat den Tod besiegt und das Leben neu geschaffen.
V Er führt uns aus dem Dunkel ins Licht.
V Er ruft uns aus der Bedrängnis in die Freiheit.
V Er wischt alle Tränen ab.
V Er wendet das Leid in Segen.
V Er verwandelt unser Klagen in Tanzen.
V Er legt uns ein neues Lied auf die Lippen.
V Er macht alles neu.

Lt Allmächtiger, ewiger Gott, durch die Auferstehung deines Sohnes hast du den Schmerz und die Trauer seiner Mutter Maria in Freude verwandelt.
A Voll Freude danken wir dir in diesen österlichen Tagen und rühmen das Werk deiner Gnade.
Lt Du hast Maria die tröstende Gewissheit geschenkt, dass dein Sohn durch das Dunkel des Todes in das Licht des Lebens hinübergegangen ist.
A Du hast mit ihr auch uns die Hoffnung geschenkt, dass wir zum neuen Leben auferstehen.
Lt Mit den Aposteln bezeugt sie uns, dass deine Liebe stärker ist als der Tod.
A Darum preisen wir dich in österlicher Freude und bitten dich: Erfülle uns mit neuem Lebensmut durch die Auferstehung deines Sohnes und lass uns wie Maria zur unvergänglichen Osterfreude gelangen.

LIED: Maria ist voll Freude in dieser Gnadenzeit, / mit ihr sind auch wir Christen zum Osterlob bereit. / Ihr Sohn ist auferstanden, er hat besiegt den Tod; / der aus ihr Mensch geworden, ist nun erhöht zu Gott.
(Nr. 859,1)

Maria, Mutter des Erlösers 899

Lt Freue dich, Maria, du Mutter des Lichtes: Gott hat dich zur Mutter des Erlösers erwählt.
A Wer ihm nachfolgt, hat das ewige Leben. Halleluja.

L Jesus sagte: Ich bin das Licht der Welt. Wer mir nachfolgt, wird nicht in der Finsternis umhergehen, sondern wird das Licht des Lebens haben. Joh 8,12

V Sei gegrüßt, Maria, Mutter des Erlösers. Du hilfst uns, das göttliche Leben zu bewahren, das uns in Taufe, Firmung und Eucharistie geschenkt worden ist. Wir bitten dich um deine Fürsprache:
V In der Taufe sind wir hineingetaucht in das neue Leben.
A Hilf uns, das Geschenk der Taufe zu bewahren.
V In der Taufe haben wir Christus als Gewand angelegt.
A Hilf uns, das Geschenk der Taufe zu bewahren.
V In der Taufe sind wir Brüder und Schwestern Jesu Christi geworden.
A Hilf uns, das Geschenk der Taufe zu bewahren.
V In der Firmung wurden wir besiegelt durch die Gabe Gottes, den Heiligen Geist.
A Hilf uns, aus der Kraft des Geistes zu leben.
V In der Firmung haben wir die Kraft erhalten, Christus immer ähnlicher zu werden.
A Hilf uns, aus der Kraft des Geistes zu leben.
V In der Firmung wurden wir berufen, Zeugnis für Christus abzulegen.
A Hilf uns, aus der Kraft des Geistes zu leben.
V In der Feier der Eucharistie werden wir beschenkt mit dem Brot des Lebens und dem Kelch des Heiles.
A Hilf uns, mit Christus verbunden zu bleiben.
V In der Feier der Eucharistie erhalten wir Anteil an der Verheißung des ewigen Lebens.

899

3
- A Hilf uns, mit Christus verbunden zu bleiben.
- V In der Feier der Eucharistie werden wir immer neu mit Christus und seiner Kirche vereint.
- A Hilf uns, mit Christus verbunden zu bleiben.

Lt Allmächtiger, ewiger Gott, in deiner fürsorgenden Liebe wirkst du unser Heil: In den österlichen Sakramenten schenkst du uns das neue, unvergängliche Leben deines Sohnes, den Maria geboren hat.

A Voll Freude danken wir dir in diesen österlichen Tagen und rühmen das Werk deiner Gnade.

Lt Du hast Maria vom ersten Augenblick ihres Lebens an erwählt und begnadet. In der Taufe beschenkst du auch uns mit deiner Gnade und nimmst uns an als deine Söhne und Töchter.

A Maria war erfüllt vom Heiligen Geist. In der Firmung gibst du auch uns Anteil an den Gaben deines Geistes.

Lt Maria hat Jesus Christus geboren, den du uns gesandt hast als das Leben der Welt. In der Feier der Eucharistie empfangen wir dieses Leben.

A Darum preisen wir dich in österlicher Freude und bitten dich: Gib, dass alle Christen in ihrem Leben den österlichen Sakramenten treu bleiben, die sie im Glauben empfangen haben.

LIED: Wer Christus folgt im Glauben, der lebt schon jetzt im Licht; / den können überwinden die Dunkelheiten nicht. / In Wort und Sakramenten begegnen wir dem Herrn; / so lasst uns wie Maria dem Höchsten dienen gern. *(Nr. 859,2)*

4 MARIA INMITTEN DER BETENDEN KIRCHE
- Lt Freue dich, Maria, du Mutter des Lichtes: Gott, der Herr, hat dich mit seinem Geist erfüllt
- A und dich zum Urbild der Kirche gemacht. Halleluja.

L Dann kehrten sie vom Ölberg, der nur einen Sabbatweg von Jerusalem entfernt ist, nach Jerusalem zurück. Als sie in die Stadt kamen, gingen sie in das Obergemach hinauf, wo sie nun ständig blieben: Petrus und Johannes, Jakobus und Andreas, Philippus und Thomas, Bartholomäus und Matthäus, Jakobus, der Sohn des Alphäus, und Simon, der Zelot, sowie Judas, der Sohn des Jakobus. Sie alle verharrten dort einmütig im Gebet, zusammen mit den Frauen und mit Maria, der Mutter Jesu, und mit seinen Brüdern. Apg 1,12–14

V Sei gegrüßt, Maria, inmitten der betenden Kirche. Du hilfst uns, offen zu werden für das Wirken des Heiligen Geistes. Bitte mit uns:
V Um den Geist des Glaubens
A für uns alle, die wir Gott suchen.
V Um den Geist der Hoffnung
A für uns alle, die wir nach der Zukunft fragen.
V Um den Geist der Liebe
A für uns alle, die wir einander anvertraut sind.
V Um den Geist der Weisheit
A für alle Verantwortlichen in Kirche und Gesellschaft.
V Um den Geist der Einsicht
A für alle, die nach der Wahrheit suchen.
V Um den Geist des Rates
A für alle, die verunsichert sind.
V Um den Geist der Erkenntnis
A für alle, die nach dem Willen Gottes leben wollen.
V Um den Geist der Stärke
A für alle, die einen neuen Anfang suchen.
V Um den Geist der Frömmigkeit
A für alle, die Christus nachfolgen.
V Um den Geist der Gottesfurcht
A für alle, die Macht über andere haben.

899
4

Lt Allmächtiger, ewiger Gott, du hast uns in der Urkirche ein wunderbares Beispiel der Eintracht vor Augen gestellt: die Mutter Jesu mit den Aposteln einmütig im Gebet versammelt.
A Voll Freude danken wir dir in diesen österlichen Tagen und rühmen das Werk deiner Gnade.
Lt Bei der Menschwerdung deines Sohnes hast du den Heiligen Geist auf Maria herabgesandt.
A Am Pfingstfest hast du sie erneut mit der Gabe von oben erfüllt zusammen mit den Aposteln.
Lt Gestärkt mit den Gaben des Heiligen Geistes hoffen wir auf die Vollendung bei Gott, die Maria schon geschenkt ist.
A Darum preisen wir dich in österlicher Freude und bitten dich: Erfülle uns mit deinem Geist, mit der Glut der Liebe, dem Schatz deiner Gaben und der Kraft zum Zeugnis.

LIED: Die Jünger sind versammelt und beten um den Geist, / den Jesus vor dem Sterben den Freunden schon verheißt. / Maria ist bei ihnen, erfüllt von Gottes Kraft, / die aus der Schar der Jünger die Kirche Christi schafft. *(Nr. 859,3)*

5   MARIA, FÜRSPRECHERIN BEI GOTT
Lt Freue dich, Maria, du Mutter des Lichtes: Gott hat dich in den Himmel erhoben
A und dich uns zur Fürsprecherin gegeben. Halleluja.

L Am dritten Tag fand in Kana in Galiläa eine Hochzeit statt und die Mutter Jesu war dabei. Auch Jesus und seine Jünger waren zur Hochzeit eingeladen. Als der Wein ausging, sagte die Mutter Jesu zu ihm: Sie haben keinen Wein mehr. Jesus erwiderte ihr: Was willst du von mir, Frau? Meine Stunde ist noch nicht gekommen. Seine Mutter sagte zu den Dienern: Was er euch sagt, das tut! Joh 2,1–5

899

v Sei gegrüßt, Maria, Fürsprecherin bei Gott. Du bist die Patronin unseres Landes. Vertrauensvoll wenden wir uns an dich:
v Für unseren Papst N., für unseren Bischof N. und für alle Bischöfe,
A steh du für sie ein.
v Für die Priester und Diakone,
A steh du für sie ein.
v Für alle Ordensleute,
v Für alle Frauen und Männer, die sich für die Kirche einsetzen,
v Für alle, die nach ihrer Berufung fragen,
v Für alle, die sich auf die Feier der Sakramente vorbereiten,
v Für alle Menschen, die glauben möchten,
v Für alle, die in unserem Land Verantwortung tragen,
v Für alle, die durch ihre Schaffenskraft anderen dienen,
v Für alle, die keine Arbeit haben,
v Für unsere Familien,
v Für alle Kinder und Jugendlichen,
v Für die Kranken,
v Für alle, die Leid zu tragen haben,

v Im Bemühen, den christlichen Glauben weiterzugeben,
A bitt Gott für uns, Maria.
v In der Suche nach dem richtigen Weg für die Kirche
A bitt Gott für uns, Maria.
v In der Sorge um die Einheit der Christen
v Im Bemühen um den Frieden in unserem Land
v Im Kampf um Gerechtigkeit für alle Menschen
v Im Dienst an den Schwachen und Kranken
v Im Ringen um Versöhnung
v Im Einsatz für die Bewahrung der Schöpfung
v In allen unseren persönlichen Anliegen und Sorgen

899

<small>5</small> Lt Allmächtiger, ewiger Gott, du hast uns in Jesus Christus deine Herrlichkeit gezeigt und uns Maria geschenkt als Vorbild des Glaubens und der Hoffnung.

A Voll Freude danken wir dir in diesen österlichen Tagen und rühmen das Werk deiner Gnade.

Lt Von Maria lernen wir, dich über alles zu lieben.

A Ihr Beispiel ermutigt uns, dein Wort zu betrachten und den Brüdern und Schwestern zu dienen.

Lt Du hast Maria aufgenommen in die Herrlichkeit des Himmels. Sie tritt bei dir für uns ein.

A Darum preisen wir dich in österlicher Freude und bitten dich: Bewahre uns auf ihre Fürsprache vor allem Bösen. Schenke uns dein Erbarmen in dieser Zeit und stärke uns in der Hoffnung auf die Herrlichkeit.

LIED: Maria, Gottes Mutter, sei uns Fürsprecherin, / trag alle unsre Bitten zu deinem Sohne hin. / Wenn unsre Krüge leer sind, schenkst du uns neuen Mut, / du weist uns hin auf Jesus: „Was er euch sagt, das tut!"   *(Nr. 859,4)*

<small>6</small> ABSCHLUSS

Lt Freu dich und frohlocke, Jungfrau Maria, Halleluja,

A denn der Herr ist wahrhaft auferstanden, Halleluja.

Lt Lasset uns beten. – Allmächtiger Gott, durch die Auferstehung deines Sohnes, unseres Herrn Jesus Christus, hast du die Welt mit Jubel erfüllt. Lass uns durch seine jungfräuliche Mutter Maria zur unvergänglichen Osterfreude gelangen. Darum bitten wir durch Christus, unsern Herrn.

A Amen.

SEGENSBITTE – ENTLASSUNGSRUF

LIED: *„Freu dich, du Himmelskönigin"* (Nr. 525)

Marienlob

Maria empfängt Gottes Sohn 900

L Im sechsten Monat wurde der Engel Gabriel von Gott in eine Stadt in Galiläa namens Nazaret zu einer Jungfrau gesandt. Der Name der Jungfrau war Maria. Der Engel trat bei ihr ein und sagte: Sei gegrüßt, du Begnadete, der Herr ist mit dir. Sie erschrak über die Anrede und überlegte, was dieser Gruß zu bedeuten habe. Da sagte der Engel zu ihr: Fürchte dich nicht, Maria; denn du hast bei Gott Gnade gefunden. Du wirst ein Kind empfangen, einen Sohn wirst du gebären: dem sollst du den Namen Jesus geben. Maria sagte zu dem Engel: Wie soll das geschehen, da ich keinen Mann erkenne? Der Engel antwortete ihr: Der Heilige Geist wird über dich kommen, und die Kraft des Höchsten wird dich überschatten. Deshalb wird auch das Kind heilig und Sohn Gottes genannt werden. Da sagte Maria: Ich bin die Magd des Herrn; mir geschehe, wie du es gesagt hast. Danach verließ sie der Engel. Lk 1,26.27ac.28-31.34.35.38

V Durch den Engel Gabriel tritt Gott in das Leben Marias. Maria glaubt dem Wort Gottes und lässt sich voll Vertrauen darauf ein. – Maria, wir grüßen dich.
A Bitte für uns bei deinem Sohn.
V Maria, du wirst von Gott angesprochen.
A Bitte für uns, dass wir bereit sind für den Anruf Gottes.
V Maria, du erkennst in dem Engel den Boten Gottes.
A Bitte für uns, dass wir entdecken, wo Gott uns begegnen will.
V Maria, du fragst nach und ringst um eine Antwort.
A Bitte für uns, dass wir uns den Möglichkeiten Gottes öffnen.
V Maria, du wirst vom Heiligen Geist erfüllt.
A Bitte für uns, dass wir für Gottes Geist empfänglich sind.

900 V Maria, du vertraust und überlässt dich ganz Gott und seinem Willen.
A Bitte für uns, dass wir Gott immer mehr vertrauen.
V Maria, du bringst den Sohn Gottes zur Welt.
A Bitte für uns, dass Christus immer neu in uns geboren wird.
V Gott, du bist groß und unbegreiflich. Nach deinem Willen ist dein ewiges Wort im Schoß der Jungfrau Maria Mensch geworden. Gläubig bekennen wir, dass unser Erlöser wahrer Gott und wahrer Mensch ist. Mache uns würdig, Anteil zu erhalten an seinem göttlichen Leben.
A Amen.

901 **MARIA BESUCHT ELISABET**
L Nach einigen Tagen machte sich Maria auf den Weg und eilte in eine Stadt im Bergland von Judäa. Sie ging in das Haus des Zacharias und begrüßte Elisabet. Als Elisabet den Gruß Marias hörte, hüpfte das Kind in ihrem Leib. Da wurde Elisabet vom Heiligen Geist erfüllt und rief mit lauter Stimme: Gesegnet bist du mehr als alle anderen Frauen und gesegnet ist die Frucht deines Leibes. Wer bin ich, dass die Mutter meines Herrn zu mir kommt? In dem Augenblick, als ich deinen Gruß hörte, hüpfte das Kind vor Freude in meinem Leib. Selig ist die, die geglaubt hat, dass sich erfüllt, was der Herr ihr sagen ließ. Da sagte Maria: Meine Seele preist die Größe des Herrn, und mein Geist jubelt über Gott, meinen Retter. Und Maria blieb etwa drei Monate bei ihr; dann kehrte sie nach Hause zurück. Lk 1,39–47.56

V Maria macht sich auf den Weg zu Elisabet. Beide dürfen das Wirken Gottes in ihrem Leben erfahren. – Maria, wir grüßen dich.
A Bitte für uns bei deinem Sohn.

901

V Maria, du trägst das Mensch gewordene Wort Gottes in deinem Schoß.
A Bitte für uns um die Bereitschaft, das Wort Gottes zu den Menschen zu tragen.
V Maria, du erfährst Gottes Gegenwart in der Begegnung mit Elisabet.
A Bitte für uns um die Aufmerksamkeit für Gottes Nähe in unserem Miteinander.
V Maria, du glaubst an die Erfüllung der Verheißungen Gottes.
A Bitte für uns um Vertrauen auf sein Wort.
V Maria, du preist Gott für das Große, das er an dir getan hat.
A Bitte für uns um Dankbarkeit für sein gnädiges Handeln an uns.
V Maria, du bleibst bei Elisabet und lässt sie nicht allein.
A Bitte für uns um die Gnade, einander treu zu bleiben.
V Allmächtiger, ewiger Gott, vom Heiligen Geist geführt eilte Maria, die deinen Sohn im Schoß trug, zu ihrer Verwandten Elisabet. Hilf auch uns, den Eingebungen deines Geistes zu folgen, damit wir vereint mit Maria deine Größe preisen.
A Amen.

Maria unter dem Kreuz

902

L Bei dem Kreuz Jesu standen seine Mutter und die Schwester seiner Mutter, Maria, die Frau des Klopas, und Maria von Magdala. Als Jesus seine Mutter sah und bei ihr den Jünger, den er liebte, sagte er zu seiner Mutter: Frau, siehe, dein Sohn! Dann sagte er zu dem Jünger: Siehe, deine Mutter! Und von jener Stunde an nahm sie der Jünger zu sich.

Joh 19,25–27

902 V Maria begleitet Jesus auf seinem Weg bis unter das Kreuz.
– Maria, wir grüßen dich.
A Bitte für uns bei deinem Sohn.
V Maria, selbst unter dem Kreuz erweist du dich als Jüngerin deines Sohnes.
A Bitte für uns, dass wir den Weg Jesu mitgehen bis ans Ende.
V Maria, du leidest mit deinem Sohn am Kreuz.
A Bitte für uns, dass wir die Augen vor dem Leid anderer nicht verschließen.
V Maria, du hältst unter dem Kreuz aus.
A Bitte für uns, dass wir an Gott nicht irre werden, wenn wir uns von ihm verlassen fühlen.
V Maria, dir vertraut Jesus am Kreuz den Jünger als Sohn an.
A Bitte für uns, dass wir füreinander Verantwortung übernehmen.
V Maria, du trauerst um deinen Sohn.
A Bitte für uns, dass wir in der Trauer getröstet werden.
V Allmächtiger Gott, du hast der Mutter Jesu die Kraft verliehen, unter dem Kreuz zu stehen und das Leiden ihres Sohnes zu teilen. Hilf uns, täglich unser Kreuz anzunehmen, damit wir auch an der Auferstehung unseres Herrn Jesus Christus teilhaben.
A Amen.

903 JUNGFRAU, MUTTER GOTTES MEIN

(V) Jungfrau, Mutter Gottes mein,
lass mich ganz dein eigen sein!
Dein im Leben, dein im Tod,
dein in Unglück, Angst und Not,
dein in Kreuz und bittrem Leid,
dein für Zeit und Ewigkeit!

903

(A) Jungfrau, Mutter Gottes mein,
    lass mich ganz dein eigen sein!
(V) Mutter, auf dich hoff und baue ich;
    Mutter, zu dir ruf und seufze ich;
    Mutter, du gütigste, steh mir bei!
    Mutter, du mächtigste, Schutz mir leih!
(A) O Mutter, so komm, hilf beten mir!
    O Mutter, so komm, hilf streiten mir!
    O Mutter, so komm, hilf leiden mir!
    O Mutter, so komm, und bleib bei mir!
(V) Du kannst mir ja helfen, o Mächtigste;
    du willst mir ja helfen, o Gütigste;
    du musst mir nun helfen, o Treueste;
    du wirst mir auch helfen, Barmherzigste.
(A) O Mutter der Gnade, der Christen Hort,
    du Zuflucht der Sünder, des Heiles Port,
    du Hoffnung der Erde, des Himmels Zier,
    du Trost der Betrübten, ihr Schutzpanier.
(V) Wer hat je umsonst deine Hilf angefleht?
    Wann hast du vergessen ein kindlich Gebet?
    Drum ruf ich beharrlich in Kreuz und in Leid:
    Maria hilft immer, sie hilft jederzeit.
(A) Ich ruf voll Vertrauen in Leiden und Tod:
    Maria hilft immer in jeglicher Not!
    So glaub ich und lebe und sterbe darauf:
    Maria hilft mir in den Himmel hinauf.
    Jungfrau, Mutter Gottes mein,
    lass mich ganz dein eigen sein! Amen.

904 Litanei vom heiligen Josef

1 V/A Herr, erbarme dich.
  V/A Christus, erbarme dich.
  V/A Herr, erbarme dich.

  V Christus, höre uns.
  A Christus, erhöre uns.

  V Gott Vater im Himmel,
  A erbarme dich unser.
  V Gott Sohn, Erlöser der Welt,
  V Gott Heiliger Geist,
  V Heiliger dreifaltiger Gott,

2 V Vater im Himmel, du willst, dass durch deinen Sohn dein Reich in diese Welt komme. Der heilige Josef war offen für deinen Willen und dein Wirken. Im Blick auf sein Leben rufen wir: Vater im Himmel, dein Reich komme.
  A Vater im Himmel, dein Reich komme.
  V Josef hat voll Sehnsucht auf Gottes Kommen gewartet.
  A Vater im Himmel, dein Reich komme.
  V Josef wollte Maria nicht bloßstellen.
  V Josef hat im Traum auf Gottes Stimme gehört.
  V Josef hat Maria zu sich genommen.
  V Josef ist mit Maria nach Betlehem gezogen, in die Stadt Davids.
  V Josef hat Jesus den Namen gegeben.
  V Josef hat Jesus nach Jerusalem in den Tempel gebracht.
  V Josef hat mit seiner Familie Schutz in Ägypten gesucht.
  V Josef ist mit Maria und Jesus nach Israel gezogen.
  V Josef hat mit Maria Jesus erzogen.
  V Josef hat Jesus im Tempel wiedergefunden.
  V Josef hat Jesus wachsen und reifen gesehen.

904

V Heiliger Josef,
A bitte für uns.
V Du Spross aus Davids Geschlecht,
A bitte für uns.
V Du Licht der Patriarchen,
V Du Bräutigam der Mutter Gottes,
V Du Beschützer der heiligen Jungfrau,
V Du Nährvater des Sohnes Gottes,
V Du Beschirmer Christi,
V Du Haupt der Heiligen Familie,

V Du gerechter Josef,
A bitte für uns.
V Du keuscher Josef,
A bitte für uns.
V Du weiser Josef,
V Du großmütiger Josef,
V Du gehorsamer Josef,
V Du getreuer Josef,
V Du starker Josef,
V Du mutiger Josef,
V Du feinfühliger Josef,
V Du aufmerksamer Josef,

V Du Spiegel der Geduld,
A bitte für uns.
V Du Freund der Armut,
A bitte für uns.
V Du Vorbild der Arbeiter,
V Du Beispiel des häuslichen Lebens,
V Du Beschützer der Jungfrauen,
V Du Stütze der Familien,
V Du Trost der Bedrängten,

904

5
- v Du Hoffnung der Kranken,
- v Du Patron der Sterbenden,
- v Du Schrecken der bösen Geister,
- v Du Schutzherr der Kirche,

6
- v Lamm Gottes, du nimmst hinweg die Sünde der Welt;
- a Herr, verschone uns.
- v Lamm Gottes, du nimmst hinweg die Sünde der Welt;
- a Herr, erhöre uns.
- v Lamm Gottes, du nimmst hinweg die Sünde der Welt;
- a Herr, erbarme dich.

v Gott, du hast den heiligen Josef zum Bräutigam der Mutter deines Sohnes erwählt. Auf seine Fürsprache bitten wir dich: Beschütze uns auf unserem Lebensweg, schenke uns einmal eine gute Sterbestunde und führe uns nach dieser Zeit in deine Herrlichkeit. Darum bitten wir durch Christus, unseren Herrn.
a Amen.

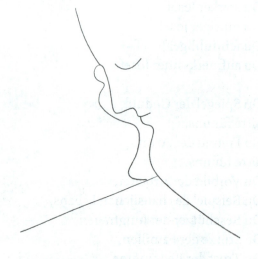

Bistumspatrone Ulrich – Afra – Simpert

Tagzeitenliturgie zu den Bistumspatronen 905

Hymnus 1
→ Lied: „Dir unserem Gott lobsingen wir" *(Nr. 883)* – Strophe zum jeweiligen Bistumspatron

Psalmodie
Erster Psalm 2

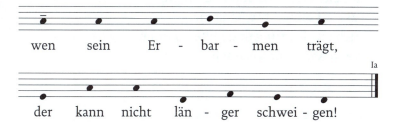

Wen Gottes Herrlichkeit erfüllt, wen sein Erbarmen trägt, der kann nicht länger schweigen!

T: Jutta Maier, M: Stefan Ulrich Kling

→ Ps 145 (Nr. 76,2)

Psalmoration 3

Lt Gott,
der heilige/die heilige N. hat in Wort und Tat
das Evangelium deines Sohnes bezeugt.
Lass auch uns in seinem/ihrem Geist
zu Zeugen deiner Güte und Barmherzigkeit werden.

905

Zweiter Psalm

4

Mit-ten in Angst und be-drän-gen-der Not
schenkt Got-tes Na-me dir Stär-ke und Trost.

Ia

T: Jutta Maier, M: Heide Rösch

→ Ps 80 (Nr. 48,2)

5 ### Psalmoration

Lt Heiliger Gott,
der Glaube unseres Bistumspatrons/unserer
Bistumspatronin N. wurde geprüft
in Zeiten der Not und Bedrängnis.
Lass auf seine/ihre Fürsprache
auch uns Rettung und Hilfe erfahren,
wenn wir deinen Namen anrufen.

Gesang aus dem Neuen Testament
Heiliger Ulrich/Heiliger Simpert

6

Wohl dem, der Men-schen zu Chri-stus
führt, zum Reich-tum der Fül-le Got-tes.

VIh

T: Jutta Maier, M: Stefan Ulrich Kling

→ Kol 1,12–20 (Nr. 633,9)

Heilige Afra

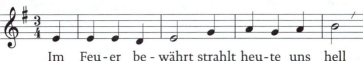

Im Feu-er be-währt strahlt heu-te uns hell dein Zeug-nis der Lie-be zu Chri-stus, dem Herrn.

T: Jutta Maier, M: Stefan Ulrich Kling

→ Kol 1,12–20 (Nr. 633,9)

Schriftlesung

Die Kurzlesungen zu den Bistumspatronen finden sich in: *Die Feier des Stundengebetes. Eigenfeiern des Bistums Augsburg.* Anstelle der im Stundenbuch enthaltenen Kurzlesung kann gegebenenfalls auch eine Lesung vom jeweiligen Fest gewählt werden. Sie finden sich im *Mess-Lektionar. Die Schriftlesungen für die Eigenfeiern des Bistums Augsburg.*

Responsorium

K/A Inmitten dei-ner Kir-che, Herr,

be-rufst du Men-schen heu-te dir zu die-nen.

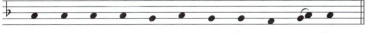

K Zum Lo-be und zum Zeug-nis dei-ner Lie-be

905

9   A be-rufst du Menschen heu-te dir zu die-nen.

K Singt das Lob des Va-ters und des Soh-nes und des Hei-li-gen Gei-stes.

A Inmitten dei-ner Kir-che, Herr, be-rufst du Menschen heu-te dir zu die-nen.

T: Jutta Maier, M: nach einem gregorianischen Modell

10   MAGNIFICAT ODER BENEDICTUS
→ „Der Herr hat Großes an uns getan, sein Name" *(Nr. 631,3)* – Magnificat *(Nr. 631,4)*
→ „Licht aus der Höhe leuchte allen" *(Nr. 617,1)* – Benedictus *(Nr. 617,2)*

11   FÜRBITTEN/BITTEN – VATERUNSER

12   ORATION
Die Orationen zu den Bistumspatronen werden dem Stundenbuch oder dem Messbuch entnommen.

13   SEGEN UND ENTLASSUNG

Heiliger Ulrich 906

Eröffnung 1
LIED: *„Dir, unserm Gott, lobsingen wir" (Nr. 883, 1.2.9)*

Lt Im Namen des Vaters und des Sohnes und des Heiligen Geistes.
A Amen.

Lt Gepriesen bist du, Gott, unser Vater.
Du bist der ewige Hirte, der seine Herde nicht verlässt.
A Dir sei Lob und Preis und Ehre.
Lt Gepriesen bist du, Gott, unser Vater.
Du berufst Menschen, die in der Nachfolge deines Sohnes dein Volk leiten und ihm dienen.
A Dir sei Lob und Preis und Ehre.
Lt Gepriesen bist du, Gott, unser Vater.
Du hast in schwerer Zeit den heiligen Ulrich zum Bischof der Kirche von Augsburg berufen.
A Dir sei Lob und Preis und Ehre.
Lt Ehre sei dem Vater und dem Sohn und dem Heiligen Geist.
A Wie im Anfang, so auch jetzt und alle Zeit und in Ewigkeit. Amen.

LIED: *„Von Gott berufen in den Dienst der Kirche" (Nr. 885,1)*

Hirte der Kirche 2

L Ein halbes Jahrhundert lang diente der heilige Ulrich der Kirche von Augsburg als umsichtiger Bischof. Alle vier Jahre reiste der Heilige auf einem zweirädrigen Ochsenkarren durch sein Bistum und besuchte die Pfarreien. Er sah nach dem Rechten, überprüfte das seelsorgliche Wirken der Geistlichen, verkündete die Frohbotschaft, feierte

906
2

mit den Gläubigen Eucharistie und spendete das Sakrament der Firmung. Traf er auf Not, gab er auch von seiner Habe.

Lt Gott, du Hirte deines Volkes, die Liebe deines Sohnes drängte Bischof Ulrich, sich auf den Weg zu den Menschen zu machen. Auf seine Fürsprache bitten wir dich:
V Gib, dass in der Kirche einer dem anderen dient.
A Erfülle unseren Papst, unseren Bischof und die Gemeinschaft der Bischöfe mit deinem Geist.
V Berufe Priester und Diakone zum Dienst an deinem Volk.
A Lass sie unermüdlich der Welt deine froh machende Botschaft verkünden.
V Mache unsere Pfarrgemeinden zu Orten, wo Menschen deiner Liebe begegnen können.
A Hilf allen Getauften, dass sie von dir Zeugnis geben.
V Rüttle uns auf aus aller Gleichgültigkeit.
A Mache uns treu in deinem Dienst.

Lt Gott, du Hirte deiner Gläubigen, du hast den heiligen Ulrich zum treu sorgenden Bischof der Kirche von Augsburg berufen. Hilf uns, dass auch wir einander in der Gemeinschaft der Glaubenden mit unseren Gaben dienen. Darum bitten wir durch Christus, unseren Herrn.
A Amen.

Lt Heiliger Ulrich, Hirte der Kirche,
A bitte für uns.

LIED: *„Als guter Hirte"* (Nr. 885,3)

Vater der Armen

906

3

L Schon zu Lebzeiten wurde der heilige Ulrich als Vater der Armen und Waisen verehrt. Hungernde erhielten von seinem Tisch Speisen. Er gründete ein Spital und besuchte regelmäßig die Kranken. Am Ende seines Lebens vermachte er den Hilfsbedürftigen einen Teil seines Besitzes.

Lt Barmherziger Gott, im Leben des heiligen Ulrich ist deine Güte zu den Menschen sichtbar geworden. Im Vertrauen auf seine Fürsprache bitten wir dich:
V Du Arzt für Leib und Seele,
A heile die Kranken in unserer Gemeinde.
V Du hast mit allen Erbarmen.
A Richte die Erschöpften auf. Nimm dich derer an, die eine schwere Last zu tragen haben.
V Du bist die Zuflucht und die Kraft der Schwachen.
A Steh den Obdachlosen bei und schenke allen, die auf der Flucht sind, Heimat und Geborgenheit.
V Du hast das Elend deines Volkes gesehen.
A Gib uns die Bereitschaft, zu teilen und Not zu lindern.

Lt Barmherziger Gott, du hast dem heiligen Ulrich ein Herz für die Notleidenden geschenkt. Erhöre unser Gebet und mach uns offen für die Nöte der Menschen unserer Tage. Darum bitten wir durch Christus, unseren Herrn.
A Amen.

Lt Heiliger Ulrich, Vater der Armen,
A bitte für uns.

LIED: *„Bleib deiner Kirche" (Nr. 885,5)*

906 MANN DES GEBETES

4

L Bischof Ulrich sorgte sich um eine würdige Feier des Gottesdienstes, mit großer Feierlichkeit beging er besonders die Heilige Woche. Er errichtete Kirchen und war ein großer Förderer der Klöster. Überall in seinem Bistum sollte Gott in Gebet und Gottesdienst verherrlicht werden.

Lt Allmächtiger Gott, aus dem Gebet und der Feier der Eucharistie schöpfte der heilige Ulrich die Kraft für seinen Dienst. Auf seine Fürsprache erhöre unser Gebet:
V Du hast uns Grund gegeben, dich zu loben und dir zu danken.
A Schenke uns ein dankbares Herz, das deine Größe preist.
V Du hast uns deinen Geist gegeben, den Geist, in dem wir rufen: „Abba, Vater".
A Erbarme dich aller, die nicht mehr beten können.
V Du rufst dein Volk im Neuen Bund zusammen.
A Durchdringe deine Kirche in der Feier der Eucharistie immer neu mit deinem göttlichen Leben.
V Du hast uns den Glauben an dich ins Herz eingesenkt.
A Gib, dass wir ihn mit Zuversicht bekennen und mit Freude feiern.

Lt Gott, du Quelle des Heils, lenke unsere Herzen zu dir, dass wir im Gebet deine Nähe suchen und uns in der Feier des Gottesdienstes mit deiner Liebe beschenken lassen. Darum bitten wir durch Christus, unseren Herrn.
A Amen.

Lt Heiliger Ulrich, Mann des Gebetes,
A bitte für uns.

LIED: *„Mann des Gebetes" (Nr. 885,2)*

Werkzeug des Friedens 906

L Der heilige Ulrich nahm seine Verantwortung als Reichsfürst sehr ernst. Noch nach mehr als 1000 Jahren erinnert sich das Abendland an den Verteidiger Augsburgs gegen die anstürmenden Ungarn. Durch seinen Mut und seine Stärke half er, die Gefahr abzuwehren und die Menschen vor Unheil zu schützen. Im Streit zwischen König Otto und dessen Neffen Liutolf stiftete der heilige Ulrich Frieden.

Lt Gott des Friedens, du hast Bischof Ulrich mit dem Geist der Weisheit erfüllt, ihm Mut und Tatkraft gegeben. Auf seine Fürsprache erhöre unsere Bitten:
V Stärke die Kirche mit deinem Heiligen Geist.
A Mache sie zum Werkzeug deines Friedens für alle Menschen.
V Erbarme dich der Völker, die unter Aufständen, Kriegen oder Unterdrückung leiden.
A Gib ihnen Freiheit und Frieden.
V Schenke den Mächtigen der Erde Weisheit und Klugheit.
A Lass sie die rechten Entscheidungen treffen zum Wohl der Menschen.
V Hilf uns, die Aufgaben unserer Zeit zu erfüllen.
A Gib, dass wir dir und einander mit ganzer Kraft dienen.

Lt Gott des Friedens, du hast den heiligen Ulrich zum Boten deines Friedens gemacht. Gib, dass auch wir die Einheit und den Frieden als deinen Auftrag erkennen und nach Kräften fördern. Darum bitten wir durch Christus, unseren Herrn.
A Amen.

Lt Heiliger Ulrich, Stifter des Friedens,
A bitte für uns.

LIED: *„Als Krieg und Feinde" (Nr. 885,4)*

906 ZEUGE DES LEBENS

6

L In seiner Todesstunde ließ sich der heilige Ulrich auf ein Aschenkreuz am Boden legen als Zeichen seiner Demut. Noch im Sterben bezeugte er den Glauben, dass im Kreuz Jesu Christi das Leben zu finden ist.

Lt Gott des Lebens, du hast dem heiligen Ulrich bei seinem Sterben die Gnade geschenkt, sein Leben vertrauensvoll in deine Hände zu legen. Auf seine Fürsprache rufen wir zu dir:
V Für unsere Verstorbenen:
A Nimm sie auf in dein Reich und birg sie für immer in deiner Liebe.
V Für alle, die heute sterben müssen:
A Schenke ihnen die Erfahrung deiner liebenden Nähe.
V Für alle, die um einen Menschen trauern:
A Nimm dich ihrer an und tröste sie.
V Für uns selbst:
A Steh uns bei, dass du uns wach und bereit findest, wenn du uns rufst.

Lt Gott des Lebens, der heilige Ulrich war erfüllt von der Hoffnung auf das ewige Leben. Lass auch uns in dieser Zuversicht unseren Weg gehen und schenke uns einst die Fülle des Lebens. Darum bitten wir durch Christus, unseren Herrn.
A Amen.

Lt Heiliger Ulrich, Zeuge des Lebens,
A bitte für uns.

LIED: *„Lob sei dem Vater"* (Nr. 885,6)

ABSCHLUSS
→ Litanei zum heiligen Ulrich *(Nr. 910,4.5.10.11)*

906
7

SCHLUSSGEBET
Lt Gott, du bist reich an Erbarmen. Du hast deinem Volk in einer Zeit schwerer Not den heiligen Ulrich als tatkräftigen Bischof geschenkt. Seine Fürsprache helfe uns, die Gefahren unserer Zeit in der Kraft des Glaubens zu bestehen. Darum bitten wir durch Christus, unseren Herrn.
A Amen.

SEGENSBITTE
Lt Der gütige Gott, der den heiligen Ulrich zur Vollendung geführt hat, segne uns und bewahre uns vor allem Unheil.
A Amen.
Lt Das Vorbild des heiligen Ulrich lehre uns und seine Fürsprache helfe uns, Gott und den Menschen zu dienen.
A Amen.
Lt Heute gedenken wir voller Freude des heiligen Ulrich; Gott führe uns nach diesem Leben zur ewigen Gemeinschaft mit ihm.
A Amen.

ENTLASSUNGSRUF
Lt Gelobt sei Jesus Christus
A in Ewigkeit. Amen.

LIED: *„Streiter in Not, Helfer bei Gott" (Nr. 884)*

907 Heilige Afra

1   Lt Die heilige Afra ist die älteste unserer Bistumspatrone. In der Zeit der Christenverfolgung hielt sie unbeirrbar am Glauben fest und erlitt das Martyrium.

2   L Lasst euch durch die Feuersglut, die zu eurer Prüfung über euch gekommen ist, nicht verwirren, als ob euch etwas Ungewöhnliches zustoße. Statt dessen freut euch, dass ihr Anteil an den Leiden Christi habt; denn so könnt ihr auch bei der Offenbarung seiner Herrlichkeit voll Freude jubeln. Wenn ihr wegen des Namens Christi beschimpft werdet, seid ihr selig zu preisen; denn der Geist der Herrlichkeit, der Geist Gottes, ruht auf euch. Wenn einer von euch leiden muss, soll es nicht deswegen sein, weil er ein Mörder oder Dieb ist, weil er Böses tut oder sich in fremde Angelegenheiten einmischt. Wenn er aber leidet, weil er Christ ist, dann soll er sich nicht schämen, sondern Gott verherrlichen, indem er sich zu diesem Namen bekennt. 1 Petr 4,12–16

3   V Gott, du hast der heiligen Afra die Gnade des Glaubens geschenkt.
    A Gott, wir danken dir für das Geschenk des Glaubens.
    V Sie hat sich von dir rufen lassen.
    A Gott, wir danken dir für das Geschenk des Glaubens.
    V Sie hat sich bekehrt und die Taufe empfangen.
    A Gott, wir danken dir für das Geschenk des Glaubens.

4   V Gott, du hast die heilige Afra zum Zeugnis für ihren Glauben ermutigt.
    A Gib uns Kraft zum Zeugnis.
    V Sie hat den Glauben durch ihr Leben bezeugt.
    A Gib uns Kraft zum Zeugnis.

V Sie hat dem Glauben ein Gesicht gegeben.
A Gib uns Kraft zum Zeugnis.

V Gott, du hast die heilige Afra mit dem Geist der Stärke erfüllt.
A Stärke uns mit deiner Kraft.
V In der Verfolgung blieb sie dem Glauben an Jesus Christus treu.
A Stärke uns mit deiner Kraft.
V Der Glaube war ihr kostbarer als ihr irdisches Leben.
A Stärke uns mit deiner Kraft.
V Tapfer ertrug sie die Qualen des Martyriums.
A Stärke uns mit deiner Kraft.

V Gott, du hast die heilige Afra durch das Martyrium hindurch in die Freiheit geführt.
A Führe uns in die Freiheit.
V In ihrer Ohnmacht bringst du deine göttliche Kraft zur Vollendung.
A Führe uns in die Freiheit.
V Du hast ihr den Kranz des Lebens geschenkt.
A Führe uns in die Freiheit.
V Ihr Blut wurde zum Samenkorn des Glaubens in unserem Land.
A Führe uns in die Freiheit.

Lt Herr, unser Gott, du offenbarst uns in der Bedrängnis die Macht deines Erbarmens. Von dir empfing die heilige Afra die Gnade, das Martyrium zu bestehen. Stärke auch uns mit deiner Kraft und lass uns in aller Not auf deine Hilfe vertrauen. Darum bitten wir durch Christus, unseren Herrn.
A Amen.

908 Heiliger Simpert

1   Lt Der heilige Simpert ist neben dem heiligen Ulrich und der heiligen Afra Patron des Bistums und der Stadt Augsburg. Er wirkte als Bischof an der Wende zum neunten Jahrhundert. Viele Menschen haben sich in ihren Nöten seiner Fürsprache anvertraut.

2   L Jesus zog durch alle Städte und Dörfer, lehrte in ihren Synagogen, verkündete das Evangelium vom Reich und heilte alle Krankheiten und Leiden. Mt 9,35

3   Lt Gott des Erbarmens, du hast Mitleid mit den Menschen. In den Zeichen und Wundertaten deines Sohnes zeigst du uns, worauf wir hoffen dürfen: einmal wirst du alle Not wenden; der Tod wird nicht mehr sein, keine Trauer, keine Klage, keine Mühsal.
   A Dir sei Lob und Preis und Ehre.
   V Du hast den heiligen Simpert zum Anwalt für Menschen bestellt, deren Leben bedroht ist. Auf seine Fürsprache erhörst du die Gebete vieler, die zu dir rufen in Krankheit, Leid und Gefahren.
   A Wir danken dir für dein heilvolles Wirken in der Welt.
   V Gib deiner Kirche die Kraft, sich immer neu für das Leben der Menschen einzusetzen, gerade dort, wo es gefährdet ist.
   A Mach uns zu Zeugen deiner Liebe.
   V Bewahre die Menschen davor, eigenmächtig über das Leben ungeborener Kinder, alter oder kranker Menschen zu verfügen.
   A Mach uns zu Zeugen deiner Liebe.
   V Beschütze die Kinder vor dem Bösen, zeige den Jugendlichen Wege zu einem gelingenden Leben.

V Lass uns in den hungernden, einsamen und kranken Menschen das Bild deines Sohnes erkennen.
V Verwandle Leid und Tod der Welt durch deine Liebe in neues Leben.

Lt Allmächtiger Gott, zu allen Zeiten versammelst du dir ein Volk und rufst es in die Gemeinschaft deines Sohnes.
A Dir sei Lob und Preis und Ehre.
V Du hast dem heiligen Simpert die Freude geschenkt, den Bau unseres Domes zu vollenden und Klöster zu gründen. In der Kraft deines Geistes hat er die Kirche von Augsburg auf Jesus Christus als dem Grundstein auferbaut.
A Wir danken dir für sein geistvolles Wirken in der Kirche.
V Schenke unserem Bischof N. die Kraft, die Kirche von Augsburg nach deinem Willen zu leiten.
A Erbaue deine Kirche.
V Erfülle die Seelsorger, die Ordensleute, die Missionare unseres Bistums und alle, die im Dienst der Kirche stehen, mit deinem Geist.
A Erbaue deine Kirche.
V Schenke allen, die sich um die Zukunft der Kirche sorgen, das Vertrauen in deine Verheißungen.
V Ermutige uns zum Zeugnis für deine Wahrheit und schenke der Kirche Wachstum.
V Lass uns lebendige Steine im Bau deiner Kirche bleiben.

Lt Gütiger Gott, du hast den heiligen Simpert mit dem Geist der Wahrheit und der Liebe erfüllt und ihn befähigt, dein Volk zu leiten. Höre auf seine Fürsprache, lass uns nach seinem Vorbild leben und stets deine Hilfe erfahren. Darum bitten wir durch Christus, unseren Herrn.
A Amen.

909 Gebet auf die Fürsprache des heiligen Simpert

Der heilige Simpert ist der Patron der Kinder und Jugendlichen.

Herr, du Gott des Erbarmens und der Liebe,
du hast den heiligen Bischof Simpert berufen,
den Menschen als guter Hirte zu dienen
und ihnen deine Güte erfahrbar zu machen.

Auf seine Fürsprache bitten wir dich:
Schau auf alle Kinder und Jugendlichen.
Schütze sie vor den Gefahren unserer Zeit
und lass sie erfahren, dass du sie liebst.
Schenke ihnen Heimat und Wegweisung
in deiner Kirche.
Lass sie erkennen, was du mit ihnen vorhast,
damit sie den Sinn ihres Lebens entdecken und ergreifen.
Stärke ihren Glauben und ihre Bereitschaft,
dir und ihren Mitmenschen zu dienen.

Segne alle, die in der Jugendseelsorge tätig sind.
Schenke ihnen Freude an ihrer Arbeit.
Lass sie Vorbild sein für die Kinder und Jugendlichen.
Gib ihnen ein offenes Ohr für die Bedürfnisse der
jungen Menschen
und das rechte Wort zur rechten Zeit.
Darum bitten wir dich durch Christus, unsern Herrn.

Heiliger Simpert, Patron der Kinder und Jugendlichen und
der Jugendarbeit unserer Diözese Augsburg, bitte für uns!

Bischöfliches Jugendamt, Bund der deutschen katholischen Jugend im Bistum Augsburg

Litanei zu den Bistumspatronen

910

V/A Herr, erbarme dich.   1
V/A Christus, erbarme dich.
V/A Herr, erbarme dich.
V   Christus, höre uns.
A   Christus, erhöre uns.

V   Gott Vater im Himmel,   2
A   erbarme dich unser.
V   Gott Sohn, Erlöser der Welt,
V   Gott Heiliger Geist,
V   Heiliger dreifaltiger Gott,

Kehrvers: *„Selig der Mensch, der seine Freude hat" (Nr. 31,1)*   3

V Heiliger Ulrich, du Hirte deines Volkes,   4
A bitte für uns.
V Du tatkräftiger Bischof,
A bitte für uns.
V Du entschiedener Christ,
V Du aufmerksamer Hörer auf das Wort Gottes,
V Du unermüdlicher Seelsorger,
V Du mutiger Kämpfer für die Freiheit,
V Du freigebiger Freund der Armen,
V Du einfühlsamer Tröster der Kranken,
V Du geduldiger Vermittler im Streit, – Kv

V Heiliger Ulrich, du Vorbild aller, die in der Kirche Verantwortung tragen,   5
A steh ihnen bei.
V Dem Papst und den Bischöfen,
A steh ihnen bei.

910
5
- V Den Priestern und Diakonen,
- V Den Mitarbeitern und Mitarbeiterinnen in der Seelsorge,
- V Den Männern und Frauen, die in den Pfarrgemeinden mitwirken,
- V Den Theologen und Theologinnen an den Hochschulen,
- V Den Religionslehrern und -lehrerinnen an den Schulen,
- V Denen, die unter dem Rückgang des Glaubens leiden,
- V Denen, die enttäuscht oder verbittert sind,
- V Denen, die die Schätze der Kirche bewahren,
- V Denen, die neue Wege beschreiten, – Kv

6
- V Heilige Afra, du Jüngerin Christi,
- A bitte für uns.
- V Du zu Christus Bekehrte,
- A bitte für uns.
- V Du in die Nachfolge Gerufene,
- V Du mutig Bekennende,
- V Du kraftvoll Glaubende,
- V Du unbeirrt Hoffende,
- V Du leidenschaftlich Liebende,
- V Du im Feuer Standhafte,
- V Du Märtyrin, – Kv

7
- V Heilige Afra, du Freundin der Leidenden,
- A tritt für sie ein.
- V Du Freundin aller verfolgten Christen,
- A tritt für sie ein.
- V Du Freundin der Opfer von Fanatismus und Unbarmherzigkeit,
- V Du Freundin der Bedrängten und Bedrohten,
- V Du Freundin aller, die verleumdet werden,
- V Du Freundin aller, die gedemütigt werden,
- V Du Freundin aller, die misshandelt und ausgebeutet werden,

V Du Freundin der Kinder, denen Gewalt angetan wird,
V Du Freundin der Frauen, die zur Prostitution gezwungen werden,
V Du Freundin aller, die in ihrer Not alleine stehen, – Kv

V Heiliger Simpert, du Freund des Lebens,
A bitte für uns.
V Du Wegbereiter für Christus,
A bitte für uns.
V Du Erbauer der Kirche,
V Du Mitarbeiter am Reich Gottes,
V Du Verkünder des Evangeliums,
V Du Mann der Tat,
V Du Anwalt der Kinder und Jugendlichen,
V Du Helfer in vielen Nöten,
V Du Vorbild im Glauben, – Kv

V Heiliger Simpert, von Gottes Geist erfüllt,
A erwirke uns Gottes Kraft.
V Wenn unser Glaubenszeugnis gefordert ist,
A erwirke uns Gottes Kraft.
V Wenn wir zur Hoffnung anstiften sollen,
V Wenn unsere Liebe gefragt ist,
V Wenn Christus uns in seine Nachfolge ruft,
V Wenn wir zur Mitarbeit in der Kirche gerufen sind,
V Wenn Menschen uns um Hilfe bitten,
V Wenn wir für das Leben Partei ergreifen,
V Wenn Kinder unsere Stimme brauchen,
V Wenn Jugendliche auf Verständnis hoffen,
V Wenn Not uns herausfordert,
V Wenn wir dem Frieden dienen wollen,
V Wenn Versöhnung notwendig ist, – Kv

910

10
- V Heiliger Ulrich, heilige Afra, heiliger Simpert, ihr Vorbilder im Glauben,
- A geht uns voran.
- V Wenn wir uns unsicher in die Zukunft vortasten,
- A geht uns voran.
- V Wenn wir die Zeichen der Zeit nicht deuten können,
- V Wenn wir vor Herausforderungen zurückschrecken,
- V Wenn wir von Gewohntem Abschied nehmen müssen,
- V Wenn wir Sicherheiten aufgeben müssen,
- V Wenn wir unser Licht unter den Scheffel stellen,
- V Wenn unser Salz schal geworden ist,
- V Wenn wir zu wenig das Gute sehen,
- V Wenn Egoismus die Einheit spaltet,
- V Wenn Vorurteile das Verstehen behindern,
- V Wenn wir anderen den Weg zum Glauben versperren,
- V Wenn wir das Ziel aus dem Auge verlieren, – Kv

11
- V Ihr heiligen Patrone unseres Bistums,
- A ermutigt uns.
- V Dass wir in Christus leben,
- A ermutigt uns.
- V Dass wir uns ihm nähern,
- V Dass wir uns in seinem Namen versammeln,
- V Dass wir seine Worte und Taten bedenken,
- V Dass wir seinen Tod und seine Auferstehung feiern,
- V Dass wir der Kraft des Evangeliums trauen,
- V Dass wir das Wort Christi verkünden,
- V Dass wir mit ihm handeln,
- V Dass wir auf sein Mitgehen bauen,
- V Dass wir um seines Erbarmens willen den Armen beistehen,
- V Dass wir um seiner Treue willen einander annehmen,
- V Dass wir um seines Kreuzes willen vergeben,

V Dass wir um seiner Auferstehung willen dem Leben dienen,
V Dass wir in seiner Liebe wachsen,
V Dass wir seinen Frieden finden,
V Dass wir wahrhaft Kirche Christi sind, – Kv

V Allmächtiger Vater, du hast die Kirche von Augsburg dem Schutz der Heiligen Ulrich, Afra und Simpert anvertraut. Höre auf ihre Fürsprache und führe deine Gläubigen in der Kraft des Heiligen Geistes auf dem Weg durch die Zeit durch Christus, unseren Herrn.
A Amen.

Taizé-Gebet

In der ökumenischen Brüdergemeinschaft von Taizé in Frankreich entstand eine meditative Form des Gottesdienstes, die von vielen Pfarrgemeinden übernommen wurde. Das „Taizé-Gebet" ist geprägt von kurzen mehrstimmigen Gesängen, die mehrfach wiederholt werden. Kerzenlicht und eine Ikone tragen zu einer gesammelten Atmosphäre bei. Oft wird das Gebet in ökumenischer Offenheit gefeiert.

Eröffnung

Das Gebet beginnt mit einem oder zwei Gesängen, die der Sammlung der Mitfeiernden dienen: z.B. „Laudate omnes gentes" *(Nr. 386)*; „Bleibet hier und wachet mit mir" *(Nr. 286)*

911 PSALM

2 Jesus sprach die überlieferten Gebete seines Volkes; auch die Christen griffen von Anfang an darauf zurück. In den Psalmen kommt das menschliche Leben in seiner ganzen Vielfalt zur Sprache.
Ein oder zwei Mitfeiernde singen oder sprechen die Psalmverse, nach jedem Abschnitt antwortet die Gemeinde mit dem Halleluja oder einem anderen geeigneten Kehrvers.

Psalm 34,2-9 mit Kehrvers: z.B. „Halleluja" *(Nr. 174,2)*; „Misericordias Domini" *(Nr. 657,6)*

V Ich will den Herrn allezeit preisen;
immer sei sein Lob in meinem Mund.
Meine Seele rühme sich des Herrn;
die Armen sollen es hören und sich freuen. Kv

V Verherrlicht mit mir den Herrn,
lasst uns gemeinsam seinen Namen rühmen.
Ich suchte den Herrn, und er hat mich erhört,
er hat mich all meinen Ängsten entrissen. Kv

V Blickt auf zu ihm, so wird euer Gesicht leuchten,
und ihr braucht nicht zu erröten.
Da ist ein Armer; er rief, und der Herr erhörte ihn.
Er half ihm aus all seinen Nöten. Kv

V Der Engel des Herrn umschirmt alle,
die ihn fürchten und ehren,
und er befreit sie.
Kostet und seht, wie gütig der Herr ist;
wohl dem, der zu ihm sich flüchtet! Kv

→ oder ein anderer geeigneter Psalm, wobei auch einzelne Verse ausgewählt werden können.

Schriftlesung

911

In der biblischen Lesung spricht Gott selbst zu seinem Volk. Es empfiehlt sich, einprägsame Bibeltexte auszuwählen, die nicht zu lang sind und keiner Erklärung bedürfen.

L Kommt alle zu mir, die ihr euch plagt und schwere Lasten zu tragen habt. Ich werde euch Ruhe verschaffen. Nehmt mein Joch auf euch und lernt von mir; denn ich bin gütig und von Herzen demütig; so werdet ihr Ruhe finden für eure Seele. Denn mein Joch drückt nicht, und meine Last ist leicht. Mt 11,28–30

→ oder ein anderes Schriftwort, das dem Anlass der Feier oder der Zeit des Kirchenjahres entspricht. Es eignen sich besonders auch die Lesungen aus der Tagzeitenliturgie.

Antwortgesang

Die Gemeinde antwortet auf das gehörte Gotteswort: z.B. „Meine Hoffnung und meine Freude" *(Nr. 365)*

Stille

In einer längeren Zeit der Stille (5–10 Minuten) verweilen die Mitfeiernden in der Gegenwart Gottes und geben dem Geist Christi Raum. Hilfreich kann es sein, die Zeit der Stille mit einem Hinweis einzuleiten: „Wir beten längere Zeit in Stille."

Lobpreis oder Fürbitten

Im Lobpreis werden die Heilstaten Gottes gefeiert; in den Fürbitten weitet sich das Gebet auf die ganze Menschheit aus. Die einzelnen Preisungen oder Bitten werden von einem oder abwechselnd von zwei Mitfeiernden vorgetragen und von allen mit einem gesungenen Gebetsruf beantwortet. Die Mitfeiernden können auch weitere Preisungen oder Bitten frei aussprechen.

911 LOBPREIS

6
- V Jesus Christus, du bist das Licht der Welt, du erleuchtest unsere Finsternis. Wir rufen zu dir:
- A „Adoramus te, o Christe" *(Nr. 845)*; oder ein anderer geeigneter Ruf
- V Du bist das Brot des Lebens, du stillst unseren Hunger nach Liebe und Geborgenheit.
- V Du bist der gute Hirte, du führst uns auf die Weide des ewigen Lebens.
- V Du bist die Tür, durch dich haben wir Zugang zum Vater.
- V Du bist der Weinstock, du lässt unser Leben fruchtbar sein.
- V Du bist die Auferstehung und das Leben, du nimmst uns die Angst vor dem Sterben.
- V Du bist der Weg, die Wahrheit und das Leben, mit dir gelangen wir ans Ziel.

FÜRBITTEN

- V Für alle, die auf der weiten Welt an dich glauben. Herr, wir bitten dich:
- K/A „Kyrie" *(Nr. 154)*
- V Für die Verantwortlichen in den christlichen Kirchen, die dein Volk leiten, bitten wir dich:
- V Für die Notleidenden auf unserer Erde, die Hungernden, die Opfer von Gewalt und Naturkatastrophen bitten wir dich:
- V Für alle, die auf der Flucht sind oder fern von ihrer Heimat leben müssen, bitten wir dich:
- V Für unsere Familien, unsere Pfarrgemeinden, für alle, die auf unser Gebet vertrauen, bitten wir dich:
- V Um die Einheit im Glauben und im Zeugnis für dein Evangelium bitten wir dich:
- V Um mehr Gerechtigkeit und einen Ausgleich zwischen Reich und Arm bitten wir dich:

V Um Frieden und Versöhnung zwischen den Völkern, in den Familien, in den Herzen der Menschen bitten wir dich:

911
6

Vaterunser

7

Im Vaterunser, dem Gebet des Herrn, fasst die Gemeinde ihre Gebetsanliegen zusammen. Es kann gemeinsam gesprochen oder gesungen werden (z.B. *Nr. 661,8*).

Abschluss

8

Die Feier schließt mit einem Gebet oder mit einer Segensbitte.

V Jesus, Licht unserer Herzen, seit deiner Auferstehung kommst du durch den Heiligen Geist immer zu uns. Wo wir auch sind, stets erwartest du uns. Und du sagst: „Kommt alle zu mir, die ihr euch plagt und schwere Lasten zu tragen habt. Ich werde euch Ruhe verschaffen."
oder:
V Gesegnet sei, wer Gott und Jesus Christus sucht. Gesegnet sei, wer im Herzen einfach ist, gemäß dem Evangelium.
→ oder ein anderes geeignetes (Segens-)Gebet

GESÄNGE: *z.B.* „Te Deum laudamus, wir loben dich" *(Nr. 407)*; „Confitemini Domino, quoniam bonus" *(Nr. 618,2)*

> *Gott,*
> *du bedarfst nicht unseres Lobes,*
> *es ist ein Geschenk deiner Gnade,*
> *dass wir dir danken.*
> *Unser Lobpreis kann deine Größe nicht mehren,*
> *doch uns bringt er Segen und Heil*
> *durch unseren Herrn Jesus Christus.*
>
> Messbuch, Präfation für Wochentage IV

Gebete zum Schulgottesdienst

912 ZUM BEGINN EINES NEUEN SCHULJAHRES

Lt Zu Beginn des neuen Schuljahres wollen wir Gott danken für die vergangenen Ferientage und ihn um seinen Segen bitten für die kommende Zeit.
V Gott, wir danken dir für die Tage der Ferien.
A Gott, wir danken dir.
V Gott, wir danken dir für alles Schöne,
das wir erleben durften.
A Gott, wir danken dir.
V Gott, wir danken dir, dass wir uns erholen konnten.
V Gott, wir danken dir für unsere Familien und für unsere Freunde, mit denen wir viel Zeit verbringen konnten.
V Gott, wir danken dir für alles Gute, das uns andere Menschen getan haben.
V Gott, wir danken dir, dass wir zur Schule gehen dürfen.

Lt Gott, wir bitten dich für die kommende Schulzeit:
V Steh uns zur Seite in frohen und in schwierigen Tagen.
A Steh uns bei und segne uns.
V Hilf uns, Freundinnen und Freunde zu finden und miteinander eine Gemeinschaft zu werden.
A Steh uns bei und segne uns.
V Lass uns gesund bleiben und behüte uns vor allen Gefahren.
V Schenke uns Freude am Lernen. Lass uns den Mut nicht verlieren, wenn etwas misslingt.
V Gib unseren Lehrerinnen und Lehrern gute Ideen, wenn sie uns unterrichten. Lass sie Verständnis und Geduld haben.
V Begleite unsere Eltern, die uns lieben und für uns sorgen.
Lt Guter Gott, erhöre unser Gebet. Begleite uns alle mit deinem Segen durch das kommende Schuljahr. Lass uns da-

rauf vertrauen, dass du mit uns bist durch Christus, unseren Herrn.
A Amen.

ZUM ABSCHLUSS EINES SCHULJAHRES

Lt Wir stehen am Ende dieses Schuljahres. Wir schauen zurück und blicken voraus. Gott ist mit uns durch dieses Jahr gegangen. Wir vertrauen darauf, dass er uns auch im kommenden Schuljahr begleiten wird. Zu ihm beten wir:
V Guter Gott, wir haben im vergangenen Jahr viel Schönes erlebt.
A Gott, wir danken dir für dieses Jahr.
V Wir durften Neues lernen. Wir haben Freunde gefunden, unsere Lehrer und Lehrerinnen waren für uns da.
A Danke, dass du bei uns warst. Wir loben und preisen dich.
V Nicht alles ist uns in diesem Jahr gelungen: Wir haben miteinander gestritten und keine Rücksicht aufeinander genommen.
A Gott, verzeihe uns, was nicht gut war.
V Wir haben anderen weh getan und zu wenig auf sie geachtet.
A Gib uns die Kraft zur Versöhnung und zum Frieden.
V Manchmal haben wir unsere Zeit vertrödelt, anstatt sie zu nutzen.
A Zeige uns, was wichtig ist im Leben.
V Jetzt liegen die Ferien vor uns. Wir dürfen uns erholen. Wir freuen uns schon darauf.
A Gott, geh mit uns durch die kommende Zeit. Schenke uns deinen Segen. Amen.

914 Bei einer Wallfahrt

Lt Herr, unser Gott, du bist immer mit uns auf dem Weg. Darauf vertrauen wir, wenn wir uns heute aufmachen zur Wallfahrt nach N.
V Wir bitten dich: Geh mit uns auf unserem Weg.
A Geh mit uns auf unserem Weg.
V Erleuchte unsere Augen,
dass wir den Weg zu dir und zueinander finden.
A Geh mit uns auf unserem Weg.
V Mach unsere Schritte fest,
dass wir von deinem Weg nicht abweichen.
V Öffne unsere Ohren, dass wir dein Wort hören.
V Öffne unseren Mund, dass wir von dir sprechen.
V Schenke uns ein achtsames Herz,
dass wir auf unserem Weg einander dienen.
Lt Gott, wir bitten dich: Segne und behüte uns. Bewahre uns auf unserem Weg vor Unheil und Schaden. Begleite uns zum Ziel unserer Wallfahrt und lass uns deine Gegenwart erfahren. Darum bitten wir durch Christus, unseren Herrn.
A Amen.

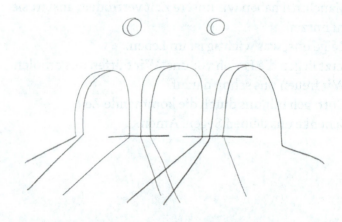

Toten-Rosenkranz 915

ERÖFFNUNG 1

V Im Namen des Vaters und des Sohnes und des Heiligen Geistes.
A Amen.

V Wir sind zum Rosenkranz im Gedenken an den verstorbenen/die verstorbene N. N. versammelt. Im Lied rufen wir den Heiligen Geist als Tröster auf uns herab.

LIED: *„Komm, Schöpfer Geist" (Nr. 351)*

LESUNG 2

L Jetzt erkenne ich unvollkommen, dann aber werde ich durch und durch erkennen, so wie auch ich durch und durch erkannt worden bin. Für jetzt bleiben Glaube, Hoffnung und Liebe, diese drei, doch am größten unter ihnen ist die Liebe. 1 Kor 13,12b.13

Stille

ROSENKRANZGEBET 3

V Wir danken Gott für den Glauben, die Hoffnung und die Liebe des/der Verstorbenen. Wir bitten, dass Gott all das heilen und vergeben möge, was in seinem/ihrem Leben unvollendet, unheil und bruchstückhaft geblieben ist. Wir hoffen, dass Gott sein/ihr Leben in der Ewigkeit vollende.
A Ich glaube an Gott …

915 Jesus, der als König herrscht

4 Vater unser im Himmel …
Gegrüßet seist du, Maria …
– Jesus, der als König herrscht.
Herr, gib ihm/ihr die ewige Ruhe …

V Herr Jesus Christus, du bist als der Gottesknecht den Weg der Erniedrigung zu Ende gegangen bis zum Tod am Kreuz. Der Vater hat dich zu seiner Rechten erhöht und als König eingesetzt. Wir bitten dich, den König des Lebens, für N.: Schenke ihm/ihr das Leben in Fülle.
A Schenke ihm/ihr das Leben in Fülle.

LIEDRUF: *„Der Herr ist mein Licht und mein Heil"* (Nr. 38,1); *„Bonum est confidere in Domino"* (Nr. 809)

5 Jesus, der in seiner Kirche lebt und wirkt
Vater unser im Himmel …
Gegrüßet seist du, Maria …
– Jesus, der in seiner Kirche lebt und wirkt.
Herr, gib ihm/ihr die ewige Ruhe …

V Herr Jesus Christus, du bist in deiner Kirche gegenwärtig. Durch Taufe, Firmung und Eucharistie hast du N. in die Gemeinschaft der Glaubenden aufgenommen und ihn/sie dazu berufen, das Heil zu erlangen. Wir bitten dich, den Herrn der Kirche: Schenke ihm/ihr das Leben in Fülle.
A Schenke ihm/ihr das Leben in Fülle.

LIEDRUF

6 Jesus, der wiederkommen wird in Herrlichkeit
Vater unser im Himmel …
Gegrüßet seist du, Maria …

– Jesus, der wiederkommen wird in Herrlichkeit.
Herr, gib ihm/ihr die ewige Ruhe …

V Herr Jesus Christus, du preist jene Knechte selig, die der Herr wach und treu in ihrem Dienst findet, wenn er kommt. Wir danken dir für alle Mühe, die N. aufgebracht hat, und für seine/ihre Treue. Wir bitten dich, den König der kommenden Herrlichkeit: Schenke ihm/ihr das Leben in Fülle.
A Schenke ihm/ihr das Leben in Fülle.

LIEDRUF

Jesus, der richten wird die Lebenden und die Toten
Vater unser im Himmel …
Gegrüßet seist du, Maria …
– Jesus, der richten wird die Lebenden und die Toten.
Herr, gib ihm/ihr die ewige Ruhe …

V Herr Jesus Christus, du kennst unser Herz. Tag für Tag leben wir aus der Barmherzigkeit des Vaters. Führe N. in die Arme des barmherzigen Vaters und lass ihn/sie teilhaben am himmlischen Festmahl. Wir bitten dich, den Richter der Lebenden und der Toten: Schenke ihm/ihr das Leben in Fülle.
A Schenke ihm/ihr das Leben in Fülle.

LIEDRUF

Jesus, der alles vollenden wird
Vater unser im Himmel …
Gegrüßet seist du, Maria …
– Jesus, der alles vollenden wird.
Herr, gib ihm/ihr die ewige Ruhe …

915
8

V Herr Jesus Christus, durch deinen Tod und deine Auferstehung hast du uns erlöst. Trotzdem bleibt unser Leben und Lieben in vielem bruchstückhaft und unvollkommen. Du aber hast die Macht zu ergänzen, was uns fehlt. In deine Hände legen wir das Leben von N. Wir bitten dich, den Vollender der Welt: Schenke ihm/ihr das Leben in Fülle.
A Schenke ihm/ihr das Leben in Fülle.

LIEDRUF

9 ABSCHLUSS

SCHLUSSGEBET
V Gott, du hast deine Heiligen der Macht des Todes entrissen und mit neuem Leben beschenkt. Vereint mit den Engeln loben und preisen sie deine Herrlichkeit. Wir bitten dich: Schenke unseren Verstorbenen dieses neue Leben. Nimm sie auf in die Gemeinschaft der Heiligen und gib ihnen das Glück, dich zu schauen und zu loben.
A Amen.

SEGENSBITTE
V Der Glaube an die Auferstehung von den Toten stärke uns.
Die Hoffnung auf ein Wiedersehen im Angesicht Gottes tröste uns.
Die Liebe über den Tod hinaus verbinde uns, die Lebenden, mit den Verstorbenen.
Das gewähre uns der dreieinige Gott, der Vater und der Sohn und der Heilige Geist.
A Amen.

LIED: *„Jesus lebt" (Nr. 336); „Maria, breit den Mantel aus" (Nr. 534)*

Register und Rechte

ALPHABETISCHES VERZEICHNIS
   DER GESÄNGE .... S. 1251

VERZEICHNIS BIBLISCHER GESÄNGE ... S. 1274
   Psalmen → Nr. 30
   Psalmlieder .... S. 1274
   Alttestamentliche Cantica .... S. 1274
   Neutestamentliche Cantica .... S. 1275

VERZEICHNIS BIBLISCHER TEXTE .... S. 1275

VERZEICHNIS DER
GEISTLICHEN IMPULSE .... S. 1279

RECHTE .... S. 1280

Alphabetisches Verzeichnis der Gesänge

G	Gesang	Lit	Litanei	PsL	Psalmlied
gre	gregorianisch	m	mehrsprachig	Res	Respon-
Kan	Kanon	ö	ökumenische Fassung		sorium
KL	Kyrie-Litanei	(ö)	gering abweichende	R	Ruf
Kv	Kehrvers/Antiphon		ökumenische Fassung		
L	Lied	Ps	Psalm		

Nr.		Titel
436	ö	**A**ch bleib mit deiner Gnade (L)
242	ö	Adeste fideles (L)
845		Adoramus te O Christe (Kv , Taizé)
117		Adventus et Quadragesimae (G, gre)
116		Agnus Dei I (gre)
111		Agnus Dei VIII (gre)
119		Agnus Dei XVII (gre)
107		Agnus Dei XVIII (gre)
126		Alban-Messe (G, gre)
619,2		All ihr Werke des Herrn, preiset den Herrn (G zu Dan 3,57)
397		All meine Quellen entspringen in dir (Kan, Lonquich)
426		All meine Quellen entspringen in dir (Kv, Heiß)
818		Alle meine Quellen entspringen in dir (L)
526		Alle Tage sing und sage (L)
645,5		Alle wurden erfüllt mit Heiligem Geist (Kv zu Ps 147)
170	ö	Allein Gott in der Höh sei Ehr (L)
65,3	ö	Alleluia (6. Ton, gre Ps 117), ⟶ Halleluja
174,1		Alleluia (Kv, Taizé), ⟶ Halleluja
87		Aller Augen warten auf dich (Kv)
455	ö	Alles meinem Gott zu Ehren (L)
619,1		Alles, was Odem hat (Kan zu Dan 3,57 ff, Rothenberg)
616,5		Alles, was Odem hat, lobe den Herrn (Kv zu Ps 150, Joppich)
666,1		Alma Redemptóris Mater (gre)
246	ö	Als ich bei meinen Schafen wacht (L)
281		Also sprach beim Abendmahle (L)
781		Am Pfingstfest um die dritte Stunde (L)
729		Amen (Kan, Becker)
201,3		Amen (Kan, mündl. überliefert)
201,2		Amen (Kv, Haugen)
178,1		Amen, … wir glauben (Kv)
124		Asperges me (G, gre)

346		Atme in uns, Heiliger Geist (L)
820		Auf dein Wort, Herr, lass uns vertrauen (G)
36,1		Auf dich haben unsere Väter vertraut (Kv zu Ps 22)
141		Auf, lasst uns jubeln dem Herrn (Kv)
631,2		Auf, werde Licht, Jerusalem (Kv)
644,3		Auferstanden ist der Herr, Halleluja (Kv)
511		Aus der Tiefe rufe ich zu dir (Kv)
283	ö	Aus der Tiefe rufe ich zu dir (L)
759		Aus der Tiefe rufen wir zu dir (L)
761		Aus der Tiefe unsrer Todesangst (KL)
312,5		Aus der Tiefe zogst du mich empor (Kv)
86	(ö)	Aus meines Herzens Grunde (L)
277	(ö)	Aus tiefer Not schrei ich zu dir (L)
85	ö	Ausgang und Eingang, Anfang und Ende (Kan)
875		Ave, Ave Maria (Kan)
529		Ave Maria, gratia plena (Kv, gre)
537		Ave Maria, gratia plena (L)
862		Ave Maria klare (L)
527		Ave Maria zart (L)
520		Ave, maris stella (L)
666,2		Ave Regina caelórum (gre)
70,1		**B**aut der Herr nicht das Haus (Kv zu Ps 127)
418	(ö)	Befiehl du deine Wege (L)
312,3		Behüte mich, Gott, behüte mich (Kv, Langer)
649,2		Behüte mich, Gott, behüte mich (Kv zu Ps 16)
82		Behutsam leise nimmst du fort (L)
518	ö	Beim Herrn ist Barmherzigkeit und reiche Erlösung (Kv)
639,3		Beim Herrn ist Barmherzigkeit, bei ihm ist Erlösung (Kv zu Ps 130)
282	ö	Beim letzten Abendmahle (L)
266		Bekehre uns, vergib die Sünde (G)
639,5		Bekehre uns, vergib die Sünde (Kv zu Jes 55,6 ff)
631,5		Benedic anima mea, Domino (Kv, gre)
623,7		Benedictus (1. Ton – deutsch)
617,2		Benedictus (5. Ton – deutsch)
410		Benedictus Dominus, Deus meus (Kv, gre)
65,4		Benedixisti, Domine, terram tuam (Kv zu Ps 117, gre)
226		Bereitet den Weg des Herrn (Kv)
562,1		Betet an den Leib des Herrn (Kv zu Lit Anbetung Jesu Christi)
663	ö	Bevor des Tages Licht vergeht (L)
453	ö	Bewahre uns, Gott, behüte uns, Gott (L)
48,1		Biete deine Macht auf, Herr, unser Gott (Kv zu Ps 80)
40,1		Bis in den Himmel reicht deine Liebe, Herr (Kv zu Ps 36,6–11)

94		Bleib bei uns, Herr (L)
325		Bleibe bei uns, du Wandrer durch die Zeit (L)
286	ö	Bleibet hier und wachet mit mir (Kv)
809		Bonum est confidere (Kv)
826	ö	Brich dem Hungrigen dein Brot (L)
378		Brot, das die Hoffnung nährt (L)
319	ö	**C**hrist fuhr gen Himmel (L)
318	ö	Christ ist erstanden (L)
208	ö	Christe, du Lamm Gottes (Braunschweig 1528)
204	ö	Christe, du Lamm Gottes (Graz 1602)
791		Christe Salvator (Kv)
532		Christi Mutter stand mit Schmerzen (L)
312,1		Christus das Licht (R)
789		Christus, das Licht der Welt (Kan)
795		Christus, der den Tod bezwang (L)
507	ö	Christus, der ist mein Leben (L)
90		Christus, du bist der helle Tag (L)
370		Christus, du Herrscher (L)
546		Christus, du Licht vom wahren Licht (L)
307,7		Christus, du Sohn des lebendigen Gottes (Res zu Karfreitag)
616,8		Christus, du Sohn des lebendigen Gottes (Res zu Laudes)
181,2	(ö)	Christus, erhöre uns … erhöre uns (Fürbittruf)
305,2		Christus Erlöser, Christus Befreier (Kv)
644,6		Christus gestern, Christus heute (Kv)
639,8		Christus hat für euch gelitten (G zu 1 Petr 2,21)
586,5		Christus, höre uns (R, Hl. Messe)
566,2		Christus, höre uns (R, Lauretanische Lit)
775		Christus ist erstanden (L)
333	(ö)	Christus ist erstanden. Halleluja (Kv)
644,1		Christus ist erstanden, Halleluja (Res)
636,4		Christus ist geboren, Halleluja (Res)
629,6		Christus Jesus war Gott gleich (G zu Phil 2,6)
560,1		Christus Sieger, Christus König (Kv zu Lit Christusrufe)
629,5		Christus Sieger, Christus König (Kv zu Phil 2,6 ff)
658,4		Christus, von den Toten erstanden (Fürbittruf)
657,5		Christus war für uns gehorsam bis zum Tod (Kv, AzS)
287		Christus war für uns gehorsam bis zum Tod (Kv, Wilson)
618,2		Confitemini Domino, quoniam bonus (Kv, Taizé)
122		Credo III (gre)
177,1		Credo in unum Deum (Kv, Lécot)
180,1		Credo in unum Deum (Kv zu Credo)

473		**D**a pacem, Domine (Kv, gre)
88,2		Dank dir, Vater für die Gaben (Kan)
484	ö	Dank sei dir, Vater, für das ewge Leben (L)
830		Danke, Gott, guter Gott (Kv)
406	ö	Danket, danket dem Herrn, denn er ist so freundlich (Kan)
558,1		Danket dem Herrn, denn er ist gütig (Kv zu Lit vom Heilswirken)
804		Danket dem Herrn, denn er ist gut (L)
444		Danket dem Herrn, denn ewig währt seine Liebe (Kv)
404	(ö)	Danket dem Herrn, er hat uns erhöht (Kv)
402	ö	Danket Gott, denn er ist gut (L)
633,9		Dankt dem Vater mit Freude (G zu Kol 1,12)
633,8		Dankt dem Vater mit Freude (Kv zu Kol 1,12 ff)
755		Das alte Jahr vergangen ist (L)
498		Das Heil der Welt, Herr Jesus Christ (L)
630,2		Das Heil und die Herrlichkeit (G zu Offb 19)
707		Das ist dein Tag, Herr Jesus Christ (L)
335		Das ist der Tag, den der Herr gemacht (Kv)
703,3		Das ist der Tag, den der Herr gemacht (Kv, Weber)
716,8		Das ist der Tag, den der Herr gemacht (Kv, Weber)
66,1		Das ist der Tag, den der Herr gemacht (Kv zu Ps 118)
329		Das ist der Tag, den Gott gemacht (L)
465		Das Jahr steht auf der Höhe (L)
745		Das Licht einer Kerze (L)
636,1		Das Licht leuchtet in der Finsternis (Kv zu Joh 1,1 ff)
210		Das Weizenkorn muss sterben (L)
255		Das Wort wurde Fleisch und wohnte bei uns (Kv)
389		Dass du mich einstimmen lässt in deinen Jubel, o Herr (L)
657,3		Dein Erbarmen, o Herr, will ich in Ewigkeit preisen (Kv zu Ps 103)
381	ö	Dein Lob, Herr, ruft der Himmel aus (L)
232		Dein Reich komme, ja dein Reich komme! Maranatha (Kv)
708		Dein Tag, o Herr, uns hell anbricht (L)
630,4		Dein Wort ist Licht und Wahrheit (Res)
716,6		Dein Wort, o Herr, geleitet uns (Kv)
716,7		Dein Wort, o Herr, ist Licht (Kv)
201,1		Deinen Tod, o Herr (R, Janssens)
312,4	ö	Dem Herrn will ich singen (Kv, Rohr)
624,2	ö	Dem Herrn will ich singen (Kv zu Ex 15,1 ff)
800		Dem Herzen Jesu singe (L)
876		Dem Schöpfer Gott sei Dank gebracht (L)
540		Den Engel lasst uns preisen (L)
646,2		Den Geist seines Sohnes hat Gott (Kv)
395	ö	Den Herren will ich loben (L)
257		Der du die Zeit in Händen hast (L)

469		Der Erde Schöpfer und ihr Herr (L)
840		Der Geist, der alle Wesen schafft (L)
347		Der Geist des Herrn erfüllt das All (L)
646,1		Der Geist des Herrn erfüllt den Erdkreis (Res)
790		Der Gott war gleich von Ewigkeit (L)
67,1		Der Herr behütet dich vor allem Bösen (Kv zu Ps 121)
802	(ö)	Der Herr bricht ein um Mitternacht (L)
653,5		Der Herr der Scharen steht uns bei (Kv zu Ps 46)
432		Der Herr hat Großes an uns getan. Da waren (Kv)
631,3		Der Herr hat Großes an uns getan, sein Name (Kv, Praßl)
69,1		Der Herr hat Großes an uns getan, sein Name (Kv zu Ps 126)
60,1		Der Herr hat uns befreit (Kv zu Ps 111)
307,2		Der Herr hat uns mit seinem Blut erkauft (Kv)
77,1		Der Herr ist erhaben (Kv zu Ps 146)
37,1	ö	Der Herr ist mein Hirt (Kv zu Ps 23)
38,1	ö	Der Herr ist mein Licht und mein Heil (Kv zu Ps 27)
76,1	ö	Der Herr ist nahe allen, die ihn rufen (Kv zu Ps 145)
45,1		Der Herr krönt das Jahr mit seinem Segen (Kv zu Ps 65)
835		Der Herr schenkt seinem Volk den Frieden (Kv)
632,4		Der Herr segne uns (G, Segensbitte Vesper)
32,1		Der Herr sprach zu mir: Mein Sohn bist du (Kv zu Ps 2)
517	ö	Der Herr vergibt die Schuld (Kv)
452		Der Herr wird dich mit seiner Güte segnen (L)
635,7		Der Himmel freue sich ... Herr ist uns erschienen (Kv zu Ps 96)
635,6		Der Himmel freue sich ... Herr ist uns geboren (Kv zu Ps 96)
711		Der im ewgen Lichte wohnt (KL)
164		Der in seinem Wort uns hält (KL)
305,3		Der Kelch, den wir segnen (Kv)
299		Der König siegt, sein Banner glänzt (L)
100	ö	Der Lärm verebbt (L)
93	ö	Der Mond ist aufgegangen (L)
79,1		Der Name des Herrn ist erhaben (Kv zu Ps 148)
661,5		Der Name des Herrn sei gepriesen vom Aufgang (Res zu Abendlob)
616,3		Der Name des Herrn sei gepriesen, von nun an (Kv zu Dan 3,52 ff)
62,1		Der Name des Herrn sei gepriesen, von nun an (Kv zu Ps 113)
710		Der vom Grab erstand (KL)
888		Dich rief vor langen Zeiten, Sankt Simpert (L)
624,5		Die Freude an Gott ist unsere Kraft, Halleluja (Kv)
332	ö	Die ganze Welt, Herr Jesu Christ (L)
447,2		Die Gott suchen (Kan)
704	ö	Die güldene Sonne (L)

412		Die Herrlichkeit des Herrn bleibe ewiglich (Kan)
488		Die ihr auf Christus getauft seid (Kv)
64,1		Die ihr ihn fürchtet, vertraut auf den Herrn (Kv zu Ps 115)
482	ö	Die Kirche steht gegründet (L)
749		Die Menschen, die leben im Dunkeln (L)
83		Die Nacht ist vergangen (L)
220	ö	Die Nacht ist vorgedrungen (L)
870		Die Schönste von allen (L)
622,2		Die Wüste und das trockene Land (G zu Jes 35)
214		Dies Brot ist mein Leib für das Leben der Welt (Kv)
305,4	ö	Dies ist mein Gebot: Liebet einander (Kv)
103		Dieser Tag ist Christus eigen (L)
167		Dir Gott im Himmel Preis und Ehr (L)
670,8		Dir sei Preis und Dank und Ehre (Kv)
883		Dir, unserm Gott, lobsingen wir (L)
183		Dir Vater Lobpreis werde (L)
786		Dreifaltiger verborgner Gott (L)
793		Du bist das Brot, das den Hunger stillt (L)
264,2		Du bist das Licht, die Völker zu erleuchten (Kv)
625,6		Du bist der Ruhm Jerusalems (Kv)
373		Du bist Licht und du bist Leben (Kv)
59,1		Du bist Priester auf ewig (Kv zu Ps 110)
850		Du bist so fern (L)
629,1		Du führst mich hinaus ins Weite (Kv zu Ps 30)
648		Du große Herrin, schönste Frau (L)
323		Du hast mein Klagen in Tanzen verwandelt (Kv, Falk)
327		Du hast mein Klagen in Tanzen verwandelt (Kv, Hönerlage)
185		Du hast, o Herr, dein Leben (L)
310,8		Du hast uns erlöst durch dein Kreuz (Kv)
652,1		Du hast uns erlöst mit deinem Blut (Res)
847		Du, Herr, hast dich gegeben (L)
547		Du, Herr, hast sie für dich erwählt (L)
794	(ö)	Du höchstes Licht, du ewger Schein (L)
856		Du kannst nicht tiefer fallen (L)
254		Du Kind, zu dieser heilgen Zeit (L)
799		Du König auf dem Kreuzesthron (L)
96		Du lässt den Tag, o Gott, nun enden (L)
615		Du Licht des Himmels, großer Gott (L)
95		Du Licht vom Lichte (Kv)
146		Du rufst uns, Herr, an deinen Tisch (L)
161		Du rufst uns, Herr, trotz unsrer Schuld (KL)
770		Du schweigst, Herr (L)
182		Du sei bei uns in unsrer Mitte (Kv)

269	Du Sonne der Gerechtigkeit (L)
209	Du teilst es aus mit deinen Händen (L)
639,7	Durch Christi Wunden sind wir geheilt (Kv zu 1 Petr 2,21 ff)
851	Durch dieses Brot (Kv)
730	Durch ihn und mit ihm und in ihm (Ruf, Lécot)
308,2	**E**cce lignum crucis (R)
413	Ehre, Ehre sei Gott in der Höhe (L)
168,2	Ehre Gott in der Höhe (G, H. Schubert)
173,2	Ehre sei Gott in der Höhe (G, GGB)
166	Ehre sei Gott in der Höhe (G, Haselböck)
131	Ehre sei Gott in der Höhe (G, Paulus-Messe)
636,5	Ehre sei Gott in der Höhe (Kv)
715	Ehre sei Gott in der Höhe (L, Becker)
714	Ehre sei Gott in der Höhe (G, Kronenberger)
528	Ein Bote kommt, der Heil verheißt (L)
382	Ein Danklied sei dem Herrn (L)
837	Ein Haus steht wohl gegründet (L)
478	Ein Haus voll Glorie schauet (L)
756 (ö)	Ein Kind geborn zu Betlehem (L)
301	Ein reines Herz erschaffe mir, o Gott (Kv)
35,1	Ein Tag sagt es jubelnd dem andern: Herrlich ist Gott (Kv zu Ps 19)
479	Eine große Stadt ersteht (L)
102	Eine ruhige Nacht und ein seliges Ende (Kan)
250 ö	Engel auf den Feldern singen (L)
664,5	Er befiehlt seinen Engeln (Kv zu Ps 91)
774 ö	Er ist erstanden, Halleluja (L)
268 ö	Erbarme dich, erbarm dich mein (L)
639,1	Erbarme dich meiner, o Gott (Kv zu Ps 51)
411	Erde, singe, dass es klinge (L)
467 ö	Erfreue dich, Himmel, erfreue dich Erde (L)
353	Erhabene Dreifaltigkeit (L)
439	Erhör, o Gott, mein Flehen (L)
181,3	Erhöre uns, Christus (R)
632,1	Erhöre uns, Herr, erhöre uns (R)
814	Erhöre uns, Herr, unser Gott (L)
243 (ö)	Es ist ein Ros entsprungen (L)
750	Es kam die gnadenvolle Nacht (L)
236 ö	Es kommt ein Schiff, geladen (L)
768 (ö)	Es sungen drei Engel ein süßen Gesang (Res)
549 ö	Es wird sein in den letzten Tagen (L)

134		**F**lorian-Messe (G)
525		Freu dich, du Himmelskönigin (L)
337		Freu dich, erlöste Christenheit (L)
312,6		Freudig lasst uns schöpfen lebendige Wasser (Kv)
747		Freut euch im Herrn, denn er ist nah (L)
654,2		Freut euch mit Jerusalem, der heiligen Stadt (Kv)
56,1	ö	Freut euch: Wir sind Gottes Volk (Kv zu Ps 100)
651,5	ö	Freut euch: Wir sind Gottes Volk (Kv zu Ps 34)
68,1		Friede sei in deinen Mauern (Kv zu Ps 122)
73,1		Friede sei in deinen Mauern (Kv zu Ps 133)
633,5		Frieden verkündet der Herr seinem Volk (Kv zu Ps 85)
548		Für alle Heilgen in der Herrlichkeit (L)
292	ö	Fürwahr, er trug unsre Krankheit (L)
649,7		**G**ebenedeit bist du unter den Frauen (Kv zu Eph 1,3 ff)
536		Gegrüßet seist du, Königin (L)
650,1		Gegrüßet seist du Maria (Res)
728		Geheimnis des Glaubens (R, Becker)
454		Geht in alle Welt, Halleluja (Kv)
350		Geist der Zuversicht, Quelle des Trostes (Kan)
252	ö	Gelobet seist du, Jesu Christ (L)
328	(ö)	Gelobt sei Gott im höchsten Thron (L)
877		Gelobt sei Gott in aller Welt (L)
796		Gelobt sei Jesus Christus (L)
375	(ö)	Gelobt seist du, Herr Jesu Christ (L)
559		Gelobt seist du, mein Herr (R zum Sonnengesang)
780	ö	Gen Himmel aufgefahren ist (L)
616,4		Gepriesen bist du, Herr (G zu Dan 3,52)
649,8		Gepriesen sei Gott, der Gott und Vater (G zu Eph 1,3)
825	ö	Gleichwie mich mein Vater gesandt hat (G)
114		Gloria I (gre)
109		Gloria VIII (gre)
105		Gloria XV (gre)
169		Gloria, Ehre sei Gott (L)
713		Gloria, Gloria in excelsis Deo (Kan, J. Berthier)
168,1	ö	Gloria, gloria, in excelsis Deo (Kan, Taizé)
173,1		Gloria, gloria, in excelsis Deo (Kv, Lécot)
779		Glorreiche Himmelskönigin (L)
869		Glorwürdge Königin (L)
705		Gnädigster Erbarmer (L)
539	ö	Gott, aller Schöpfung heilger Herr (L)
706		Gott, behüte uns (L)
821		Gott, dein guter Segen (L)

842		Gott, der du alles Leben schufst (L)
499		Gott, der nach seinem Bilde (L)
160		Gott des Vaters ewger Sohn (KL)
817		Gott, du Geheimnis, ewig unergründet (L)
616,1		Gott, du mein Gott, dich suche ich (Kv zu Ps 63)
468	ö	Gott gab uns Atem, damit wir leben (L)
43,1		Gott hat dich gesegnet auf ewig (Kv zu Ps 45)
230	ö	Gott, heilger Schöpfer aller Stern (L)
172	ö	Gott in der Höh sei Preis und Ehr (L)
354	ö	Gott ist dreifaltig einer (L)
863		Gott ist ganz leise (L)
387	ö	Gott ist gegenwärtig (L)
464	ö	Gott liebt diese Welt (L)
399	ö	Gott loben in der Stille (L)
477		Gott ruft sein Volk zusammen (L)
879		Gott sei durch euch gepriesen (L)
215	(ö)	Gott sei gelobet und gebenedeiet (L)
340		Gott steigt empor, Erde jauchze (Kv)
853		Gott, wir preisen deine Wunder (L)
506		Gott, wir vertraun dir diesen Menschen an (L)
429	ö	Gott wohnt in einem Lichte (L)
737		Gottes Lamm (G, Inwood/Eham)
734		Gottes Lamm, Herr Jesu Christ (L, österliche Bußzeit)
733		Gottes Lamm, Herr Jesu Christ (L, Thurmair)
886		Gottes Ruf zum Bischof (L)
259		Gottes Stern, leuchte uns (L)
450	ö	Gottes Wort ist wie Licht (Kan)
497		Gottheit tief verborgen (L)
380	ö	Großer Gott, wir loben dich (L)
832		Großer König aller Völker (L)
860		Gruß dir, Mutter (G)
622,1		**H**abt Mut, ihr Verzagten (Kv zu Jes 35)
300,2		Hágios ho Theós (R)
174,2		Halleluja (1. Ton, ostkirchlich)
174,3		Halleluja (1. Ton, Rohr)
630,1		Halleluja (5. Ton, Kv zu Offb 19,1 ff)
174,5		Halleluja (5. Ton, Seuffert)
174,4		Halleluja (5. Ton, weihnachtlich)
244		Halleluja (5. Ton, weihnachtlich)
544,1		Halleluja (5. Ton, weihnachtlich, Kv zu Mt 5,3–10)
175,1		Halleluja (6. Ton, Bozen-Brixen)
175,2	ö	Halleluja (6. Ton, gre)
643,5	ö	Halleluja (6. Ton, gre)

175,3		Halleluja (6. Ton, Kronberg)
174,6		Halleluja (6. Ton, Lesbordes)
174,7		Halleluja (6. Ton, Rohr)
174,8		Halleluja (6. Ton, Zihlmann)
175,5		Halleluja (7. Ton, gre)
175,4		Halleluja (7. Ton, Rohr)
176,2	ö	Halleluja (8. Ton, gre)
176,1		Halleluja (8. Ton, Limburg)
175,6		Halleluja (8. Ton, O'Carroll / Walker)
312,9		Halleluja (8. Ton, Osternacht)
584,8	ö	Halleluja (9. Ton, gre)
643,1	ö	Halleluja (9. Ton, gre)
717,1		Halleluja (Kan, Frankreich)
718	(ö)	Halleluja (L, Lafferty)
719		Halleluja (R, Fischbach)
717,3		Halleluja (R, Rommelspacher)
717,2	ö	Halleluja (R, Schubert)
322		Halleluja … Ihr Christen, singet hocherfreut (G)
483	ö	Halleluja…Ihr seid das Volk (L)
776		Halleluja lasst uns singen (L)
742		Hebt euch, ihr Tore (Kv)
633,3		Hebt euch, ihr Tore, hebt euch (Kv zu Ps 24)
127	ö	Heilig (G, Alban-Messe)
195		Heilig (G, Alstott)
135		Heilig (G, Florian-Messe)
138	ö	Heilig (G, Goller)
129		Heilig (G, Mainzer-Dom-Messe)
197		Heilig (G, Offele)
132		Heilig (G, Paulus-Messe)
190		Heilig (G, Proulx)
193		Heilig (G, Quack)
194		Heilig (G, Rohr)
200		Heilig (G, Sperling)
196	ö	Heilig (G, Steinau 1726)
192,1		Heilig (Kan, Gabriel)
191		Heilig (Kan, H. Florenz)
198		Heilig bist du, großer Gott (L)
724		Heilig, heilig, dreimal heilig (L)
388		Heilig, heilig, heilig, heilig ist der Herr (L)
727		Heilig, heilig, heilig ist der Herr des Himmels (L)
725		Heilig, heilig, Herr (L, Ritter)
199	ö	Heilig ist Gott in Herrlichkeit (L)
887		Heilige Afra, du von Gott Geliebte (L)

308,5		Heiliger Gott! Heiliger starker Gott (R)
300		Heiliger Herre Gott, heiliger starker Gott (R)
660		Heiteres Licht (L)
665,1		Herr, auf dich vertraue ich (Res)
89	ö	Herr, bleibe bei uns; denn es will Abend werden (Kan)
92		Herr, bleibe bei uns, Halleluja (R)
823		Herr Christ, mach uns zum Dienst bereit (L)
427	ö	Herr, deine Güt ist unbegrenzt (L)
466		Herr, dich loben die Geschöpfe (L)
428	ö	Herr, dir ist nichts verborgen (L)
844		Herr, du bist das Brot des Lebens (L)
431		Herr, du bist ein Schild für mich (Kv)
52,1		Herr, du bist König über alle Welt (Kv zu Ps 93)
456		Herr, du bist mein Leben (L)
312,7	ö	Herr, du hast Worte ewigen Lebens (Kv)
584,4	ö	Herr, du hast Worte ewigen Lebens (Kv)
126		Herr, erbarme dich (Alban-Messe)
152		Herr, erbarme dich (Bisegger)
157	ö	Herr, erbarme dich (Janssens)
181,1	ö	Herr, erbarme dich (Kv, Seuffert)
556,1		Herr, erbarme dich (Kv zu Allerheiligenlit)
565,1		Herr, erbarme dich (Kv zu Heilig-Geist-Lit)
128		Herr, erbarme dich (Mainzer-Dom-Messe)
130		Herr, erbarme dich (Paulus-Messe)
153	(ö)	Herr, erbarme dich (Rohr)
134		Herr, erbarme dich unser (Florian-Messe)
137	ö	Herr, erbarme dich unser (Leopold-Messe)
151		Herr, erbarme dich unser (Quack)
229		Herr, erhebe dich, hilf uns (Kv)
720		Herr, erhöre unser Beten (R)
834	ö	Herr, gib uns deinen Frieden (Kan)
448	(ö)	Herr, gib uns Mut zum Hören (L)
435		Herr, ich bin dein Eigentum (L)
147	ö	Herr Jesu Christ, dich zu uns wend (L)
176,3		Herr Jesus, dir sei Ruhm und Ehre (Kv)
163	(ö)	Herr Jesus, Sohn des lebendigen Gottes (KL)
508		Herr, lehre uns, dass wir sterben müssen (L)
552	ö	Herr, mach uns stark (L)
98		Herr, mein Beten steige zu dir auf (Kv)
363		Herr, nimm auch uns zum Tabor mit (L)
614,1		Herr, öffne meine Lippen (G)
819		Herr, öffne mir die Herzenstür (L)
222	ö	Herr, send herab uns deinen Sohn (L)

617,4	Herr, sende uns deinen Geist (Kv)
640,1	Herr, unser Gott, bekehre uns (Res)
414	Herr, unser Herr, wie bist du zugegen (L)
33,1	Herr, unser Herrscher, wie gewaltig ist dein Name (Kv zu Ps 8)
34,1	Herr, wer darf Gast sein in deinem Zelt (Kv zu Ps 15)
184	Herr, wir bringen in Brot und Wein (G)
449	Herr, wir hören auf dein Wort (L)
371	Herz Jesu, Gottes Opferbrand (L)
290 (ö)	Herzliebster Jesu, was hast du verbrochen (L)
635,4	Heute erstrahlt ein Licht über uns (Kv zu Ps 72)
635,3	Heute ist uns der Heiland geboren (Kv zu Ps 72)
831 ö	Hewenu schalom alejchem (L)
440 ö	Hilf, Herr meines Lebens (L)
828 (ö)	Himmel, Erde, Luft und Meer (L)
384	Hoch sei gepriesen unser Gott (L)
726	Hochheilig, heilig, heilig (L)
291 ö	Holz auf Jesu Schulter (L)
53,1	Hört auf die Stimme des Herrn (Kv zu Ps 95)
288 ö	Hört das Lied der finstern Nacht (L)
621	Hört, eine helle Stimme ruft (L)
240 ö	Hört, es singt und klingt mit Schalle (L)
279	Hosanna dem Sohne Davids (KL)
302,2	Hosanna dem Sohne Davids (R)
302,3	Hosanna, hosanna, hosanna in der Höhe (R)
41,1	**I**ch bin arm und gebeugt (Kv zu Ps 40)
652,2	Ich bin das Licht der Welt (Kv)
491 (ö)	Ich bin getauft und Gott geweiht (L)
629,3	Ich gehe meinen Weg vor Gott (Kv zu Ps 116)
787	Ich glaube an den einen Gott (L)
178,2	Ich glaube an Gott (Credo, GGB)
177,2	Ich glaube an Gott (Credo, Gouzes)
179	Ich glaube an Gott (Credo, N. Schmid)
310,2	Ich lege mich nieder und ruhe in Frieden (Kv)
99	Ich liege, Herr, in deiner Hut (L)
383	Ich lobe meinen Gott, der aus der Tiefe mich holt (L)
400 (ö)	Ich lobe meinen Gott von ganzem Herzen (L)
657,7	Ich sagte: In der Mitte meiner Tage (G zu Jes 38,10)
75,1	Ich schreie zu dir, o Herr. Meine Zuflucht bist du (Kv zu Ps 142)
624,3	Ich singe dem Herrn ein Lied (G zu Ex 15,1)
256 ö	Ich steh an deiner Krippe hier (L)
422 ö	Ich steh vor dir mit leeren Händen, Herr (L)
651,3	Ich suchte den Herrn, und er hat mich erhört (Kv zu Ps 34)
839	Ich trage einen Namen (L)

858	Ich weiß, dass mein Erlöser (Kv)
501	Ich weiß, dass mein Erlöser lebt (Kv)
358 ö	Ich will dich lieben, meine Stärke (L)
716,2	Ich will dich rühmen, Herr (Kv)
433,1	Ich will dir danken, weil du meinen Namen kennst (Kan)
339	Ihr Christen, hoch erfreuet euch (L)
542	Ihr Freunde Gottes allzugleich (L)
234,1	Ihr Himmel, tauet den Gerechten (Kv)
751	Ihr Hirten, erwacht (L)
248 (ö)	Ihr Kinderlein, kommet (L)
654,1	Ihr seid der Tempel Gottes (Res)
846	Ihr Völker all (L)
636,2	Im Anfang war das Wort (G zu Joh 1,1)
905,7	Im Feuer bewährt (Kv)
216 ö	Im Frieden dein, o Herre mein (L)
801	Im Herzen Jesu schenkt uns Gott (L)
443	Im Jubel ernten, die mit Tränen säen (Kv)
569,1	Im Kreuz ist Heil … Christus ist Sieger (R zu Lit Verstorbene)
563,1	Im Kreuz ist Heil, im Kreuz ist Leben (R zu Lit vom Leiden Jesu)
296	Im Kreuz ist Heil, im Kreuz ist Leben (R)
623,6	Im Kreuz Jesu Christi finden wir Heil (Kv)
866	Im Maien hebt die Schöpfung an (L)
641,2	Im Namen unseres Herrn (R)
659,1	Im Namen unseres Herrn (R)
480	In den Tagen des Herrn sollen Gerechtigkeit blühen (Kv)
47,1	In den Tagen des Herrn sollen Gerechtigkeit blühen (Kv zu Ps 72)
91	In dieser Nacht (L)
253 ö	In dulci jubilo (L)
815	In Gottes Namen fahren wir (L)
878	In Jubel, Herr, wir dich erheben (L)
658,1	In manus tuas (Kv)
516	In paradísum dedúcant (G, gre)
905,9	Inmitten deiner Kirche, Herr (Res)
331	Ist das der Leib, Herr Jesus Christ (L)
123	Ite, missa est II (gre)
112	Ite, missa est VIII (gre)
591,5	Ite, missa est XIII (gre)
120	Ite, missa est XVII (gre)
591,7	Ite, missa est, Alleluia I (gre)
813 ö	**Ja**, ich will euch tragen (L)
251 ö	Jauchzet, ihr Himmel, frohlocket, ihr Engel, in Chören (L)

553	ö	Jerusalem, du hochgebaute Stadt (L)
338		Jerusalem, du neue Stadt (L)
284		Jerusalem, Jerusalem, bekehre dich zum Herrn (Kv)
150		Jerusalem, rühme den Herrn (Kv)
78,1		Jerusalem, rühme den Herrn (Kv zu Ps 147)
362	m	Jesus Christ, you are my life (G)
798		Jesus Christus, das Leben der Welt (Kan)
366		Jesus Christus, guter Hirte (L)
367		Jesus, dir leb ich (L)
492		Jesus, du bist hier zugegen (L)
769		Jesus, du mein Heil und Leben (L)
740		Jesus, du mein Leben (L)
561		Jesus, du Sohn des lebendigen Gottes (R zu Lit Anrufung)
336		Jesus lebt, mit ihm auch ich (L)
765	ö	Jesus zieht in Jerusalem ein (L)
881		Josef, Erwählter, dem der Herr vertraute (L)
643,3		Jubelt dem Herrn, alle Lande, Halleluja (Kv zu Ps 118)
49,1		Jubelt Gott zu, der unsre Stärke ist (Kv zu Ps 81)
55,1		Jubelt, ihr Lande, dem Herrn (Kv zu Ps 98)
398	ö	Jubilate Deo (Kan, Praetorius)
855		**K**aum ein Wort kann jetzt beschreiben (G)
833		Keinen Tag soll es geben (L)
227	(ö)	Komm, du Heiland aller Welt (L)
783		Komm, Gott des Lebens, Heilger Geist (L)
342		Komm, Heilger Geist, der Leben schafft (L)
784		Komm, Heilger Geist, mit deiner Kraft (G)
148	ö	Komm her, freu dich mit uns, tritt ein (L)
344		Komm herab, o Heil'ger Geist (G)
634,6		Komm Herr Jesus, Maranatha (R)
451	ö	Komm, Herr, segne uns, dass wir uns nicht trennen (L)
349	ö	Komm, o Tröster, Heilger Geist (L)
351		Komm, Schöpfer Geist, kehr bei uns ein (L)
752	ö	Kommet, ihr Hirten (L)
140		Kommt herbei, singt dem Herrn (L)
716,3		Kommt, lasst uns jubeln (Kv)
805	ö	König ist der Herr (L)
212		Kostet, kostet und seht: Gut ist der Herr (Kv)
39,1		Kostet, kostet und seht: Gut ist der Herr (Kv zu Ps 34)
270	ö	Kreuz, auf das ich schaue (L)
221		Kündet allen in der Not (L)
556,2		Kýrie (gre, Allerheiligenlit)
619,5		Kýrie (ostkirchlich)
156	ö	Kýrie (Taizé, Kyrie 1)

154		Kýrie (Taizé, Kyrie 10)
155	ö	Kýrie (Ukraine)
113		Kýrie I (gre)
108		Kýrie VIII (gre)
121		Kýrie XI / B (gre)
104		Kýrie XVI (gre)
117		Kýrie XVII (gre)
513		Kýrie XVIII (gre, Requiem)
136		**L**amm Gottes (G, Florian-Messe)
207		Lamm Gottes (G, Gelineau)
139	ö	Lamm Gottes (G, Goller)
133		Lamm Gottes (G, H. Schubert)
205		Lamm Gottes (G, Kieffer)
206		Lamm Gottes (G, Schindler)
46,1		Lass dein Angesicht über uns leuchten (Kv zu Ps 67)
773		Lass mich deine Leiden singen (L)
446	ö	Lass uns in deinem Namen, Herr (L)
181,1		Lasset zum Herrn uns beten (Fürbittruf)
854		Lasst uns den Herrn erheben (L)
533	(ö)	Lasst uns erfreuen herzlich sehr, Halleluja (L)
489	ö	Lasst uns loben, freudig loben (L)
391		Laudate Dominum de caelis (Kv)
394		Laudate Dominum, laudate Dominum (Kv)
386	ö	Laudate omnes gentes, laudate Dominum (Kv)
137		Leopold-Messe (G)
852		Let us break bread together (L)
617,1		Licht aus der Höhe, leuchte allen (Kv)
159		Licht, das uns erschien (KL)
716,1		Licht und Leben (Kv)
149	(ö)	Liebster Jesu, wir sind hier (L)
176,5		Lob dir, Christus, König und Erlöser (Kv, Amtmann)
584,9		Lob dir, Christus, König und Erlöser (Kv, Rohr)
739	ö	Lob sei dem Herrn (G)
797		Lob sei dir, Christus, du ewiger König (L)
392	ö	Lobe den Herren, den mächtigen König der Ehren (L)
58,1		Lobe den Herrn, meine Seele (Kv zu Ps 104)
81	(ö)	Lobet den Herren alle, die ihn ehren (L)
401		Lobet den Herrn, preist seine Huld und Treue (Kv)
408	ö	Lobet und preiset, ihr Völker, den Herrn (Kan)
258	ö	Lobpreiset all zu dieser Zeit (L)
396	ö	Lobt froh den Herrn, ihr jugendlichen Chöre (L)
806		Lobt Gott, den Herrn, ihr Menschen all (L)
247	(ö)	Lobt Gott, ihr Christen alle gleich (L)

264,1		Lumen ad revelationem gentium (Kv, gre)
312,1		Lumen Christi (R)
514,1		Lux aetérna (G, gre)
113		Lux et origo (G, gre)
219		**M**ache dich auf und werde licht (Kan)
218	ö	Macht hoch die Tür, die Tor macht weit (L)
360		Macht weit die Pforten in der Welt (L)
861		Mädchen du in Israel (L)
634,4		Magnificat (2. Ton – deutsch)
644,4		Magnificat (7. Ton – deutsch)
631,4		Magnificat (9. Ton – deutsch)
631,8		Magníficat ánima méa Dóminum (8. Ton – lateinisch)
390		Magnificat, magnificat (Kan, Taizé)
128		Mainzer Dom-Messe (G)
472		Manchmal feiern wir mitten im Tag (L)
522		Maria aufgenommen ist (L)
534		Maria, breit den Mantel aus (L)
521		Maria, dich lieben ist allzeit mein Sinn (L)
224	ö	Maria durch ein Dornwald ging (L)
867		Maria, Himmelskönigin (L)
859		Maria ist voll Freude (L)
873		Maria, Jungfrau schön (L)
865		Maria, Maienkönigin (L)
530		Maria, Mutter unsres Herrn (L)
524		Meerstern, ich dich grüße. O Maria hilf (L)
143	ö	Mein ganzes Herz erhebet dich (L)
650,2		Mein Geist jubelt über Gott (Kv)
293		Mein Gott, mein Gott, warum hast du mich verlassen (Kv)
829		Mein Gott, wie schön ist deine Welt (L)
649,5		Mein Herz ist bereit, o Gott (Kv zu Ps 57)
625,2		Mein Herz ist voll Freude über den Herrn (Kv zu 1 Sam 2,1 ff)
421		Mein Hirt ist Gott der Herr (L)
361	ö	Mein schönste Zier und Kleinod bist (L)
623,3		Meine Augen fließen über (G zu Jer 14,17)
437	ö	Meine engen Grenzen (L)
307,5		Meine Hilfe und mein Retter bist du (Kv)
365	ö	Meine Hoffnung und meine Freude, meine Stärke (Kv)
716,4		Meine Seele dürstet nach dir (Kv)
420		Meine Seele dürstet nach dir, mein Gott (Kv)
650,3		Meine Seele, preise den Herrn (Kv)
57,1		Meine Seele, preise den Herrn (Kv zu Ps 103)
631,4		Meine Seele preist die Größe des Herrn (siehe auch Magnificat)
810		Menschen auf dem Weg durch die dunkle Nacht (L)

245		Menschen, die ihr wart verloren (L)
461	(ö)	Mir nach, spricht Christus, unser Held (L)
657,6		Misericordias Domini (Kv zu Jes 38,10 ff)
108		Missa de Angelis (G, gre)
104		Missa Mundi (G, gre)
744	ö	Mit Ernst, o Menschenkinder (L)
763		Mit Jesus auf dem Weg (L)
162	ö	Mit lauter Stimme (KL)
905,4		Mitten in Angst und bedrängender Not (Kv)
503	(ö)	Mitten wir im Leben sind (L)
84	ö	Morgenglanz der Ewigkeit (L)
372	ö	Morgenstern der finstern Nacht (L)
568		Mutter Gottes, wir rufen zu dir (G zu Lit Grüssauer Marienrufe)
42,1		**N**ach Gott, dem Lebendigen (Kv zu Ps 42 u. 43)
502	ö	Näher, mein Gott, zu dir (L)
827		Nahe wollt der Herr uns sein (G)
631,6		Natus est nobis hodie Salvator (Kv, gre)
721		Nimm an, o Vater, Brot und Wein (L)
188		Nimm, o Gott, die Gaben, die wir bringen (L)
434	ö	Noch ehe die Sonne am Himmel stand (L)
348	(ö)	Nun bitten wir den Heiligen Geist (L)
403	(ö)	Nun danket all und bringet Ehr (L)
405	ö	Nun danket alle Gott mit Herzen (L)
778		Nun freue dich, du Christenheit (L)
777	ö	Nun freut euch hier und überall (L)
241	(ö)	Nun freut euch, ihr Christen (L)
822		Nun gebe Gott uns seinen Segen (L)
638		Nun ist sie da, die rechte Zeit (L)
144	ö	Nun jauchzt dem Herren, alle Welt (L)
500		Nun lässest du, o Herr (L)
393	ö	Nun lobet Gott im hohen Thron (L)
101	(ö)	Nun ruhen alle Wälder (L)
385	ö	Nun saget Dank und lobt den Herren (L)
738		Nun segne, Herr, uns allzumal (L)
754	ö	Nun sei uns willkommen (Kan)
509		Nun sich das Herz von allem löste (L)
868		Nun sind wir alle frohgemut (L)
487	ö	Nun singe Lob, du Christenheit (L)
551	ö	Nun singt ein neues Lied dem Herren (L)
665,3		Nunc dimittis (3. Ton – deutsch)

238	ö	**O** du fröhliche (L)
294		O du hochheilig Kreuze (L)
732		O du Lamm Gottes (G, Molitor)
202		O du Lamm Gottes, das getragen (G)
772		O du mein Volk, was tat ich dir (G)
471		O ewger Gott, wir bitten dich (L)
758		O göttliches Geheimnis groß (L)
628		O Gott, dein Wille schuf die Welt (L)
627,1		O Gott, komm mir zu Hilfe (G)
289	(ö)	O Haupt voll Blut und Wunden (L)
231	ö	O Heiland, reiß die Himmel auf (L)
213		O heilge Seelenspeise (L)
849		O heilger Leib des Herrn (L)
352		O heiligste Dreifaltigkeit (L)
771		O Herr, an deinem Kreuze (L)
271	ö	O Herr, aus tiefer Klage (L)
767		O Herr, du bist am Ölberg (L)
273	ö	O Herr, nimm unsre Schuld (L)
233	ö	O Herr, wenn du kommst, wird die Welt wieder neu (L)
807	(ö)	O Herr, wir loben und preisen dich (Kv)
369		O Herz des Königs aller Welt (L)
764		O höre, Herr, erhöre mich (G)
882		O ihr großen Glaubenszeugen (L)
377	ö	O Jesu, all mein Leben bist du (L)
485	ö	O Jesu Christe, wahres Licht (L)
746		O komm, o komm, Emmanuel (L)
736		O Lamm Gottes, das die Sünden (L)
735		O Lamm Gottes, erstanden (L)
203	ö	O Lamm Gottes unschuldig (L)
334		O Licht der wunderbaren Nacht (L)
368		O lieber Jesu, denk ich dein (L)
523		O Maria, sei gegrüßt (L)
267	ö	O Mensch, bewein dein Sünde groß (L)
871		O Mutter der Barmherzigkeit (L)
359		O selger Urgrund allen Seins (L)
841		O Seligkeit, getauft zu sein (L)
295		O Traurigkeit, o Herzeleid (L)
510	ö	O Welt, ich muss dich lassen (L)
766		Öffne die Tore, Jerusalem (L)
447,1		Öffne meine Augen, dass sie sehen die Wunder (Kan)
824		Öffne meine Augen, Herr (L)
634,2		Ostende nobis Domine (Kan)
494		**P**ange, lingua, gloriosi (L, gre)
843		Pange, lingua, gloriosi (L, Witt)

589,3	Pater noster (G, gre)
130	Paulus-Messe (G)
712	Preis dir, o Gott, auf höchstem Thron (L)
171	Preis und Ehre Gott dem Herren (L)
493	Preise, Zunge, das Geheimnis (L)
666,3	**R**egina caeli (gre)
512	Réquiem aetérnam (G, gre)
634,3	Richtet euch auf und erhebt euer Haupt (Kv)
234,2	Rorate caeli desuper (Kv, gre)
874	Rosenkranzkönigin (L)
176,4	Ruhm und Preis und Ehre sei dir (R)
762	**S**ag ja zu mir, wenn alles nein sagt (G)
531	Sagt an, wer ist doch diese (L)
495	Sakrament der Liebe Gottes (L)
666,4	Salve Regina (gre)
115	Sanctus I (gre)
110	Sanctus VIII (gre)
118	Sanctus XVII (gre)
106	Sanctus XVIII (gre)
880	Sankt Josef, Spross aus Davids Stamm (L)
889	Sankt Martin, dir ist anvertraut (L)
545 ö	Sankt Martin … ritt durch Schnee und Wind (L)
364 ö	Schönster Herr Jesu, Herrscher aller Herren (L)
433,2	Schweige und höre (Kan)
490	Segne dieses Kind (L)
535	Segne du, Maria, segne mich, dein Kind (L)
816 ö	Segne, Herr, was deine Hand (Kan)
88,1	Segne, Vater, diese Gaben (Kan)
308,3	Seht, das Holz des Kreuzes (R)
262	Seht ihr unsern Stern dort stehen (L)
263	Seht, unser König kommt (Kv)
864	Sei gegrüßt, du Gnadenreiche (L)
567	Sei gegrüßt, Maria, du lichter Meeresstern (G zu Marienlob-Lit)
649,1	Sei gegrüßt, Maria, voll der Gnade (Kv zu Ps 16)
557	Sei hier zugegen, Licht unseres Lebens (G zu Lit Gegenwart Gottes)
664,1	Sei mir gnädig, Herr, und höre auf mein Flehen (Kv zu Ps 4)
308,4	Sei uns gegrüßt, du heiliges Kreuz (R)
811	Sei unser Gott, der alle Welt (L)
665,2	Sei unser Heil, o Herr, derweil wir wachen (Kv)
65,1	Seine Gnade währet durch alle Zeit (Kv zu Ps 117)
61,1	Selig der Mensch, der gütig (Kv zu Ps 112)

31,1		Selig der Mensch, der seine Freude hat (Kv zu Ps 1)
544,2		Selig, die arm sind vor Gott (G zu Mt 5,3)
651,8		Selig, die arm sind vor Gott (G zu Mt 5,3)
651,7		Selig, die bei dir wohnen Herr (Kv zu Mt 5,3 ff)
653,3		Selig, die bei dir wohnen Herr (Kv zu Ps 84)
458	ö	Selig seid ihr, wenn ihr einfach lebt (L)
459		Selig seid ihr, wenn ihr Wunden heilt (L)
275		Selig, wem Christus auf dem Weg begegnet (L)
71,1		Selig, wer Gott fürchtet und auf seinen Wegen geht (Kv zu Ps 128)
785		Send deinen Geist, Herr Jesus Christ (L)
165		Send uns deines Geistes Kraft (KL)
312,2		Sende aus deinen Geist (Kv)
645,3		Sende aus deinen Geist (Kv zu Ps 104)
782		Sende, Herr Jesus, uns deinen Heilgen Geist (Kan)
757		Sieh, dein Licht will kommen (L)
622,4		Sieh, der Herr kommt in Herrlichkeit (Kv)
649,4		Siehe, ich bin die Magd des Herrn (Kv zu Ps 57)
743		Siehe, kommen wird der Herr (Kv)
189		Siehe, wir kommen, kommen mit Jauchzen (Kv)
753	ö	Singen wir mit Fröhlichkeit (L)
808	ö	Singet, danket unserm Gott (L)
376		Singt dem Herrn, alle Länder der Erde (Kv)
54,1		Singt dem Herrn, alle Länder der Erde (Kv zu Ps 96)
803	ö	Singt dem Herrn, alle Völker der Erde (G)
409	ö	Singt dem Herrn ein neues Lied (L)
716,5	ö	Singt dem Herrn ein neues Lied (Kv, Trautwein)
280		Singt dem König Freudenpsalmen (L)
631,1	ö	Singt, ihr Christen, singt dem Herrn (Kv)
80,1		Singt, singt, singt dem Herrn (Kv zu Ps 149)
44,1		Singt unserm Gott, ja singt ihm (Kv zu Ps 47)
298		So sehr hat Gott die Welt geliebt (Kan, Vogel)
640,2		So sehr hat Gott die Welt geliebt (Kv, GGB)
623,5		So spricht der Herr: Bekehrt euch (Kv)
425	ö	Solang es Menschen gibt auf Erden (L)
481	ö	Sonne der Gerechtigkeit (L)
261	ö	Stern über Betlehem (L)
249	ö	Stille Nacht, heilige Nacht (L)
417		Stimme, die Stein zerbricht (L)
884		Streiter in Not (L)
550		Ströme lebendigen Wassers (Kv)
457		Suchen und fragen, hoffen und sehn (L)
639,6		Sucht den Herrn, solange er sich finden lässt (G zu Jes 55,6)
321		Surrexit Dominus vere. Alleluia (Kan, Taizé)

496	**T**antum ergo sacramentum (L, gre)
330	Tanze, du Erde, vor dem Antlitz des Gottes Jakobs (Kv)
63,1	Tanze, du Erde, vor dem Antlitz des Gottes Jakobs (Kv zu Ps 114)
462	Tanzen, ja tanzen wollen wir (L)
158	Tau aus Himmelshöhn (KL)
741	Tauet, Himmel den Gerechten (L)
379	Te Deum laudamus (R, gre)
407	Te Deum laudamus, wir loben dich (Kan)
586,6	Te rogámus, audi nos (Fürbittruf, gre)
419	Tief im Schoß meiner Mutter gewoben (L)
228 ö	Tochter Zion (L)
656	Tod und Vergehen (L)
486	Tu es Petrus (Kv, gre)
345,1	Tui amoris ignem (Kv, Taizé)
285	**U**bi caritas et amor, Deus ibi est (Kv, gre)
445 ö	Ubi caritas et amor, ubi caritas (Kv, Taizé)
623,2	Um deines Namen willen (Kv zu Jer 14,17 ff)
274	Und suchst du meine Sünde (L)
748	Und Unsrer Lieben Frauen (L)
709 (ö)	Unser Leben sei ein Fest (L)
723	Unsere Gaben bringen wir (Kv)
50,1	Unsere Tage zu zählen (Kv zu Ps 90)
504	**V**ater im Himmel, höre unser Klagen (L)
308,1	Vater, in deine Hände empfehle ich meinen Geist (Kv)
589,2	Vater unser (Heilige Messe)
731 (ö)	Vater unser (Janssens)
661,8	Vater unser (ostkirchlich)
632,2	Vater unser (Stundengebet)
341	Veni, creator Spiritus (L)
343	Veni Sancte Spiritus (G, gre)
345,2	Veni, Sancte Spiritus (Kv)
345,1	Veni Sancte Spiritus (Kv, Taizé → Tui amoris ignem)
631,7	Veníte et vidéte locum (Kv)
276	Verbirg dein Gesicht vor meinen Sünden (Kv)
475 ö	Verleih uns Frieden gnädiglich (Kv)
812 ö	Vertraut den neuen Wegen (L)
320	Victimae paschali laudes (G, gre)
125	Vidi aquam (Kv zu Ps 118, gre)
374	Volk Gottes, zünde Lichter an (L)
415 ö	Vom Aufgang der Sonne bis zu ihrem Niedergang (Kan)

237	(ö)	Vom Himmel hoch, da komm ich her (L)
792		Vom Vater, der die Liebe ist (L)
324		Vom Tode heut erstanden ist (L)
310,1		Von den Ketten des Todes befreit uns der Herr (Kv)
885		Von Gott berufen in den Dienst (L)
430	ö	Von guten Mächten treu und still umgeben (L)
310,4		Vor den Pforten der Unterwelt rette mein Leben (Kv)
657,1		Vor dir ist auch die Finsternis nicht finster (Kv zu Ps 139)
554	ö	**W**achet auf, ruft uns die Stimme (L)
760		Wacht auf, ihr Christen! Seid bereit (L)
416	ö	Was Gott tut, das ist wohlgetan (L)
186		Was uns die Erde Gutes spendet (L)
857		Weder Tod noch Leben (G, Kling)
905,2		Wen Gottes Herrlichkeit erfüllt (Kv)
470	ö	Wenn das Brot, das wir teilen, als Rose blüht (L)
463	ö	Wenn ich, o Schöpfer, deine Macht (L)
474		Wenn wir das Leben teilen wie das täglich Brot (L)
460	ö	Wer leben will wie Gott auf dieser Erde (L)
424	(ö)	Wer nur den lieben Gott lässt walten (L)
423	ö	Wer unterm Schutz des Höchsten steht (L)
260		Werde licht, Jerusalem, Halleluja (Kv)
441		Wie deines Auges Stern behüte mich (Kv)
312,8		Wie der Hirsch verlangt nach frischem Wasser (Kv)
890		Wie der Schein dem Licht voraus (L)
72,1		Wie ein gestilltes Kind bei seiner Mutter (Kv zu Ps 131)
51,1		Wie groß sind deine Werke, o Herr (Kv zu Ps 92)
74,1		Wie könnte ich dich je vergessen, Jerusalem (Kv zu Ps 137)
357	(ö)	Wie schön leuchtet der Morgenstern (L)
97		Wie Weihrauch steige mein Gebet (Kv, Kircher)
661,2		Wie Weihrauch steige mein Gebet (Kv zu Ps 141)
438		Wir, an Babels fremden Ufern (L)
848		Wir beten an dich, wahrer Mensch und Gott (L)
297	ö	Wir danken dir, Herr Jesu Christ (L)
180,2		Wir glauben an den einen Gott (Credo)
355	ö	Wir glauben Gott im höchsten Thron (L)
788		Wir glauben und bekennen (L)
211	ö	Wir rühmen dich, König der Herrlichkeit (L)
305,1		Wir rühmen uns im Kreuz unsres Herrn (Kv)
223	ö	Wir sagen euch an den lieben Advent (L)
505	ö	Wir sind nur Gast auf Erden (L)
187		Wir weihn der Erde Gaben (L)
722		Wir weihn, wie du geboten (L)
326	ö	Wir wollen alle fröhlich sein (L)

225	ö	Wir ziehen vor die Tore der Stadt (L)
442	ö	Wo die Güte und die Liebe wohnt (G)
305,5	(ö)	Wo die Güte und die Liebe wohnt (Kv)
836		Wo Menschen sich vergessen (L)
838		Wo zwei oder drei in meinem Namen (Kan)
145		Wohin soll ich mich wenden (L)
905,6		Wohl dem, der Menschen zu Christus führt (Kv)
543	ö	Wohl denen, die da wandeln (L)
653,8		Würdig bist du, unser Herr (G zu Offb 4,11)
653,7		Würdig ist das Lamm (Kv zu Offb 4,11 ff)
872		Wunderschön prächtige (L)

272		**Z**eige uns, Herr, deine Allmacht und Güte (L)
239	ö	Zu Betlehem geboren (L)
142	ö	Zu dir, o Gott, erheben wir (L)
664,3		Zu nächtlicher Stunde preiset den Herrn (Kv zu Ps 134)
642		Zum Mahl des Lammes schreiten wir (L)
515	ö	Zum Paradies mögen Engel dich geleiten (Kv)

Aus dem Eigenteil sind die Gesänge folgender Abschnitte für die Feier der Liturgie geeignet (Li): Nr. 707 – 740; 741 – 785; 839 – 842; 843 – 852; 853; 854 – 857; 859 – 875; 876; 877 – 890.

Verzeichnis biblischer Gesänge

a) Psalmen
Übersicht der abgedruckten Psalmen → vor Nr. 30

b) Psalmlieder

Ps 19	Dein Lob, Herr, ruft der Himmel aus:	Nr. 381
Ps 23	Mein Hirt ist Gott, der Herr:	Nr. 421
Ps 25	Zu dir, o Gott, erheben wir:	Nr. 142
Ps 34	Lob sei dem Herrn:	Nr. 739
Ps 36	Herr, deine Güt ist unbegrenzt:	Nr. 427
Ps 51	Erbarme dich, erbarm dich mein:	Nr. 268
	O höre, Herr, erhöre mich:	Nr. 764
Ps 61	Erhör, o Gott, mein Flehen:	Nr. 439
Ps 90	Noch ehe die Sonne am Himmel stand:	Nr. 434
Ps 91	Wer unterm Schutz des Höchsten steht:	Nr. 423
Ps 95	Kommt herbei, singt dem Herrn:	Nr. 140
Ps 98	Nun singt ein neues Lied:	Nr. 551
Ps 99	König ist der Herr:	Nr. 805
Ps 100	Nun jauchzt dem Herren, alle Welt:	Nr. 144
Ps 117	Lobt Gott, den Herrn, ihr Menschen all:	Nr. 806
	Nun lobet Gott im hohen Thron:	Nr. 393
Ps 118	Danket dem Herrn, denn er ist gut:	Nr. 804
	Nun saget Dank und lobt den Herren:	Nr. 385
Ps 119	Wohl denen, die da wandeln:	Nr. 543
Ps 130	Aus der Tiefe rufe ich zu dir:	Nr. 283
	Aus der Tiefe rufen wir zu dir:	Nr. 759
	Aus tiefer Not schrei ich zur dir:	Nr. 277
Ps 136	Danket Gott, denn er ist gut:	Nr. 402
Ps 137	Wir, an Babels fremden Ufern:	Nr. 438
Ps 138	Mein ganzes Herz erhebet dich:	Nr. 143
Ps 139	Gott, du Geheimnis, ewig unergründet:	Nr. 817
	Herr, dir ist nichts verborgen:	Nr. 428
	Tief im Schoß meiner Mutter gewoben:	Nr. 419
Ps 148	Erfreue dich, Himmel:	Nr. 467

c) Alttestamentliche Cantica

Ex 15,1 ff	Ich singe dem Herrn ein Lied:	Nr. 624,3
1 Sam 2,1 ff	Mein Herz ist voll Freude über den Herrn:	Nr. 625,3
Jes 35 ff	Die Wüste und das trockene Land:	Nr. 622,2
Jes 38,10 ff	In der Mitte meiner Tage:	Nr. 657,7

Jes 55,6 ff	Sucht den Herrn, solange er sich finden lässt: Nr. 639,6
Jer 14,17 ff	Meine Augen fließen über: Nr. 623,3
Dan 3,52 ff	Gepriesen bist du, Herr, du Gott unsrer Väter: Nr. 616,4
Dan 3,57 ff	All ihr Werke des Herrn, preiset den Herrn: Nr. 619,2

d) Neutestamentliche Cantica

Mt 5,3 ff	Selig, die arm sind vor Gott: Nr. 651,8
Lk 1,46–55	Magnificat – Lobgesang Mariens: Nr. 631,4; Nr. 634,4; Nr. 644,4; Nr. 631,8 (lat.); Nr. 395 (Lied)
Lk 1,68–79	Benedictus – Lobgesang des Zacharias: Nr. 617,2; Nr. 623,7; Nr. 384 (Lied)
Lk 2,29–32	Nunc dimittis – Lobgesang des Simeon: Nr. 665,3; Nr. 500 (Lied)
Joh 1,1 ff	Im Anfang war das Wort: Nr. 636,2
Eph 1,3 ff	Gepriesen sei Gott, der Gott und Vater: Nr. 649,8
Kol 1,12 ff	Dankt dem Vater mit Freude: Nr. 633,9
Phil 2,6 ff	Christus Jesus war Gott gleich: Nr. 629,6
1 Petr 2,21 ff	Christus hat für euch gelitten: Nr. 639,8
Offb 4,11 ff	Würdig bist du, unser Herr: Nr. 653,8
Offb 19,1.2.5 ff	Das Heil und die Herrlichkeit: Nr. 630,2

Verzeichnis biblischer Texte

Unter den angegebenen Randnummern finden Sie eine Auswahl der im Buch enthaltenen Kurzlesungen:

Gen 1,27	Gott schuf also den Menschen: Nr. 678,4
Ex 20,2–17	(in Auszügen) Die Zehn Gebote: Nr. 29,6
Num 6,24–26	Der Herr segne dich: Nr. 13,1
1 Chr 29,10–11	Gepriesen bist du, Herr, Gott unseres Vaters: Nr. 679,1
Neh 8,9.10	Heute ist ein heiliger Tag zu Ehren des Herrn: Nr. 616,7
Tob 13,2a.3–4	Gepriesen sei Gott, der in Ewigkeit lebt: Nr. 679,1

Ps 22,7–9	Ich aber bin ein Wurm und kein Mensch: Nr. 683,7
Ps 22,15–17	Ich bin hingeschüttet wie Wasser: Nr. 683,9
Ps 34,2–9	Unter Gottes Schutz: Nr. 911,2
Ps 91,11–12	Denn er befiehlt seinen Engeln: Nr. 676,5
Ps 103,1–2	Lobe den Herrn, meine Seele: Nr. 679,1
Ps 104,24	Herr, wie zahlreich sind deine Werke: Nr. 680,4
Ps 142,2–3	Mit lauter Stimme schrei ich: Nr. 680,7
Jes 40,3–5	Bahnt für den Herrn einen Weg: Nr. 25,4 A
Jes 50,6	Ich hielt den Rücken denen hin, die mich schlugen: Nr. 683,6
Jes 53,3–4	Er wurde verachtet: Nr. 680,5
Jes 53,4–5	Er hat unsere Krankheit getragen: Nr. 683,2
Jes 53,6b–7	Der Herr lud auf ihn die Schuld: Nr. 683,3
Jes 55,10–11	Wie Regen und Schnee vom Himmel fällt: Nr. 584,1
Jes 56,1	Wahrt das Recht und sorgt für Gerechtigkeit: Nr. 680,1
Jer 14,9	Du bist in unserer Mitte: Nr. 664,7
Jer 29,11	Denn ich, ich kenne meine Pläne: Nr. 677,4
Joël 2,12–13	Kehrt um zu mir von ganzem Herzen: Nr. 623,4
Mt 5,3–12	Die Seligpreisungen: Nr. 29,2
Mt 6,31–34	Macht euch keine Sorgen: Nr. 626,3
Mt 7,7–8	Bittet, dann wird euch gegeben: Nr. 679,6
Mt 9,10–13	Ich bin gekommen, die Sünder zu rufen: Nr. 896,4
Mt 9,35	Jesus verkündete das Evangelium vom Reich: Nr. 908,2
Mt 9,37–38	Die Ernte ist groß: Nr. 678,2
Mt 11,28–30	Kommt, alle zu mir: Nr. 896,2; Nr. 911,3
Mt 19,21	Wenn du vollkommen sein willst: Nr. 607
Mt 28,1–7a	Ihr sucht Jesus, den Gekreuzigten. Er ist auferstanden …: Nr. 899,2
Mt 28,18–20	Mir ist alle Macht gegeben im Himmel: Nr. 676,7
Mk 1,14–15	… Die Zeit ist erfüllt, das Reich Gottes ist nahe: Nr. 677,1
Mk 14,32–34	Bleibt hier und wacht: Nr. 897,2
Mk 14,35 f.	Meine Seele ist zu Tode betrübt: Nr. 897,3
Mk 14,37 f.	Wacht und betet: Nr. 897,4
Mk 14,41 f.	Jetzt wird der Menschensohn den Sündern ausgeliefert: Nr. 897,5
Mk 15,34	Mein Gott, warum hast du mich verlassen: Nr. 898,5
Lk 1,26–31. 34.35.38	Du hast bei Gott Gnade gefunden, Maria: Nr. 900
Lk 1,39–47.56	Selig ist die, die geglaubt hat: Nr. 901
Lk 1,78–79	Durch die barmherzige Liebe unseres Gottes: Nr. 675,1
Lk 2,1–20	Die Geburt Jesu: Nr. 26,4
Lk 4,16–21	Heute hat sich das Schriftwort (…) erfüllt: Nr. 585,2

Lk 11,9	Bittet, dann wird euch gegeben: Nr. 14
Lk 11,27–28	Selig die Frau, deren Leib dich getragen: Nr. 676,4
Lk 17,15–16	Einer von ihnen aber kehrte um: Nr. 679,3
Lk 19,1–10	Jesus im Haus des Zöllners Zachäus: Nr. 599,1
Lk 22,19–20	Jesus nahm Brot, sprach das Dankgebet: Nr. 675,6
Lk 23,26	Als sie Jesus hinausführten, ergriffen sie einen Mann: Nr. 683,5
Lk 23,27–28	Es folgte eine große Menschenmenge: Nr. 683,8
Lk 23,33–34	Sie kamen zur Schädelhöhe; dort kreuzigten sie ihn: Nr. 684,2
Lk 23,34	Vater, vergib ihnen: Nr. 898,2
Lk 23,42 f.	Heute noch wirst du mit mir im Paradies sein: Nr. 898,3
Lk 23,44–46	Es war etwa um die sechste Stunde: Nr. 684,3
Lk 23,46	Vater, in deine Hände lege ich meinen Geist: Nr. 898,8
Lk 23,53–55	Und Josef aus Arimathäa nahm ihn vom Kreuz: Nr. 684,5
Lk 24,13–15.27–32	Sie erkannten ihn, als er das Brot brach: Nr. 703,2
Joh 1,14	Das Wort ist Fleisch geworden: Nr. 675,2
Joh 2,1–5	Am dritten Tag fand in Kana in Galiläa: Nr. 649,9; Nr. 899,5
Joh 6,32–33.51	…Ich bin das lebendige Brot: Nr. 675,8
Joh 6,51	Wer von diesem Brot ist, wird in Ewigkeit leben: Nr. 894,2
Joh 6,54–55	Wer mein Fleich isst und mein Blut trinkt: Nr. 676,1
Joh 8,12	Ich bin das Licht der Welt: Nr. 24,4; Nr. 899,3
Joh 13,34–35	Ein neues Gebot gebe ich euch: Nr. 677,6
Joh 14,6	Ich bin der Weg: 28,3 B
Joh 14,26	Der Beistand aber, der Heilige Geist: 675,5
Joh 14,27	Frieden hinterlasse ich euch: 680,2
Joh 15,13	Es gibt keine größere Liebe, …: Nr. 894,2
Joh 17,21	Alle sollen eins sein: Nr. 677,9; Nr. 894,3
Joh 19,14–16	Es war am Rüsttag: Nr. 683,1
Joh 19,23–24	Die Soldaten nahmen seine Kleider: Nr. 684,1
Joh 19,25–27	Bei dem Kreuz Jesu standen seine Mutter …: Nr. 894,4; Nr. 902
Joh 19,25–27a	Bei dem Kreuz Jesu standen seine Mutter: Nr. 683,4
Joh 19,28 f.	Mich dürstet: Nr. 898,6
Joh 19,30	Es ist vollbracht: Nr. 898,7
Joh 19,33–34	…und sogleich floß Blut: Nr. 676,3
Joh 19,33–34.36–37	…stieß mit der Lanze in seine Seite, und sogleich floss Blut und Wasser heraus: Nr. 896,5
Joh 19,38	Josef aus Arimathäa war ein Jünger Jesu: Nr. 684,4
Joh 20,19 f.	Friede sei mit euch: Nr. 896,6

Apg 1,11	Ihr Männer von Galiläa: Nr. 680,9	
Apg 1,12–14	Sie alle verharrten dort einmütig im Gebet: Nr. 899,4	
Röm 6,8–11	Sind wir mit Christus gestorben: Nr. 624,4	
Röm 10,9–11	Wenn du mit deinem Mund bekennst: Nr. 630,3	
Röm 12,1–2	Angesichts des Erbarmens Gottes: Nr. 639,9	
Röm 13,11–13	Die Stunde ist gekommen, aufzustehen: Nr. 622,3	
Röm 14,7–9	Keiner von uns lebt sich selber: Nr. 657,8	
1 Kor 11,26	Sooft ihr von diesem Brot esst: Nr. 580	
1 Kor 12,4–7	Es gibt verschiedene Gnadengaben: Nr. 678,1	
1 Kor 13,12b.13	Doch am größten unter ihnen ist die Liebe: Nr. 915,2	
1 Kor 15,1–5	Ich erinnere euch an das Evangelium: Nr. 643,7	
1 Kor 15,3–5	Denn vor allem habe ich euch überliefert: Nr. 675,4	
2 Kor 1,18–22	Gott ist treu: Nr. 584,5	
Gal 4,4–5	Als die Zeit erfüllt war, sandte Gott: Nr. 625,5	
Eph 1,13	Durch Jesus Christus habt auch ihr das Wort: Nr. 570,3	
Eph 2,19–20	Ihr seid also jetzt nicht mehr Fremde: Nr. 677,8	
Eph 4,29–32	Über eure Lippen komme kein böses Wort: Nr. 651,9	
Phil 4,4–7	Freut euch im Herrn zu jeder Zeit: Nr. 25,4 B	
Kol 3,12–17	Ihr seid von Gott geliebt: Nr. 27,5	
1 Thess 4, 13–14	Wir wollen euch über die Verstorbenen nicht in Unkenntnis lassen: Nr. 680,8	
1 Thess 5,9–10	Gott hat uns nicht für das Gericht seines Zornes: Nr. 667,3	
1 Tim 4,14	Vernachlässige die Gnade nicht: Nr. 603	
Tit 3,4–7	Als die Güte und Menschliebe Gottes: Nr. 645,8	
Jak 5,14–15	Ist einer von euch krank?: Nr. 602	
1 Petr 2,3–5	Ihr habt erfahren, wie gütig der Herr ist: Nr. 653,9	
1 Petr 2,9	Ihr seid ein auserwähltes Geschlecht: Nr. 661,4	
1 Petr 2,24	Christus hat unsere Sünden mit seinem Leib: Nr. 675,3	
1 Petr 4,12–16	Freut euch, dass ihr Anteil an den Leiden Christi habt: Nr. 907,2	
1 Joh 1,1–4	Was von Anfang an war: Nr. 636,3	
1 Joh 4,7–9	Gott ist die Liebe: Nr. 896,3	
Offb 7,9–10	Ich sah eine große Schar aus allen Nationen: Nr. 676,6	
Offb 14,13	Selig die Toten: Nr. 28,3 A	

Verzeichnis der geistlichen Impulse

701 Morgenlob. Dich preist am Morgen unser Lied, hrsg. von Paul Ringseisen, Stuttgart 2009, S. 21.

706 Metzger, Max Josef, Christuszeuge in einer zerrissenen Welt. Briefe aus dem Gefängnis 1934-1944, hrsg. von Klaus Kienzler, Freiburg 1991, S. 124.

714 Minuten der Stille, hrsg. von Bonaventura Josef Schweizer, Augsburg ⁹1989, S. 385.

763 Seel, Bernd, Du schenkst uns diese gute Zeit. Morgen- und Tischgebete für Gruppen, Maria Laach, 2007, S. 36.

764 Regens Wagner Institut, Dillingen.

771 Lechner, Odilo / Schütz, Ulrich, Mit den Heiligen durch das Jahr, Freiburg 1987, S. 193.

774 Le Fort, Gertrud von, Ostern, in: Aufzeichnungen und Erinnerungen, Einsiedeln 1952, S. 114.

803 Zink, Jörg, Wie wir beten können, Stuttgart 1970, S. 260.

838 Ratzinger, Joseph / Benedikt XVI., Priester aus innerstem Herzen, München 2007, S. 310.

842 Lechner, Odilo / Schütz, Ulrich, Mit den Heiligen durch das Jahr, Freiburg 1987, S. 16.

852 Zeit mit Gott. Ein Stundenbuch II, hrsg. von Franz-Josef Bode, Stuttgart 2005, S. 396.

879 Lechner, Odilo / Schütz, Ulrich, Mit den Heiligen durch das Jahr, Freiburg 1987, S. 100.

881 Schott-Messbuch für die Wochentage. Teil II, Freiburg [u.a.], S. 1588.

890 Johannes Paul / Jawień, Andrzej, Der Laden des Goldschmieds. Meditationen über das Sakrament der Ehe, die sich vorübergehend zum Drama wandeln, Freiburg ⁴1980, S. 86.

911,8 Präfation für Wochentage IV, in: Das Messbuch deutsch für alle Tage des Jahres außer der Karwoche, Einsiedeln u. a. ²1988, S. 446–447.

Rechte

ALLGEMEINE RECHTENACHWEISE

FARBABBILDUNGEN
Michelangelo Buonarotti (1475–1564)
„Erschaffung des Adam" (ca. 1508–1512), Ausschnitt
Sixtinische Kapelle, Rom
Servizio fotografico Musei Vaticani © Musei Vaticani

Kruzifix aus Erp bei Euskirchen (Eifel) um 1170, Ausschnitt
Nussbaum mit Resten alter Fassung
© Kolumba, Köln. Foto: Lothar Schnepf

MELODIEN UND TEXTE
Wir haben uns bemüht, die Rechte an Melodien und Texten zu ermitteln, die Erlaubnis zum Abdruck einzuholen und den Nachweis entsprechend anzugeben. Es ist uns nicht in allen Fällen gelungen. Wir wären Ihnen dankbar, wenn Sie uns im Einzelfall darauf aufmerksam machen würden.

Die biblischen Texte sind, zum Teil in bereits bearbeiteter Fassung, der Einheitsübersetzung der Heiligen Schrift entnommen. Die Rechte liegen bei der Katholischen Bibelanstalt, Stuttgart.

Der Verband der Diözesen Deutschlands (VDD), Bonn, hält u.a. alle Rechte an Texten und Melodien, deren Urhebernachweis mit den Abkürzungen EGB (Einheitsgesangbuch) und / oder GGB (Gemeinsames Gebet- und Gesangbuch) versehen sind. Die Wahrnehmung der Rechte erfolgt über die Katholische Bibelanstalt, Stuttgart.

Die Ständige Kommission für die Herausgabe der gemeinsamen Liturgischen Bücher im deutschen Sprachgebiet erteilte für die aus diesen Büchern entnommenen Texte die Abdruckerlaubnis. Die darin enthaltenen biblischen Texte sind Bestandteil der von den Bischofskonferenzen des deutschen Sprachgebietes approbierten Einheitsübersetzung der Heiligen Schrift.

Das Deutsche Liturgische Institut, Trier, erteilte die Abdruckgenehmigung für Werke, die aus den folgenden Büchern entnommen wurden: „Wort-Gottes-Feier. Werkbuch für die Sonn- und Festtage" und „Versammelt in Seinem Namen. Tagzeitenliturgie-Wort-Gottes-Feier-Andachten an Wochentagen. Werkbuch".

Rechteverzeichnis Stammteil (Nr. 1–684)

Im Allgemeinen werden die Rechte an den geschützten Werken von den jeweils dort genannten Urhebern wahrgenommen. Für den Fall, dass die Rechteinhaber davon abweichen, sind diese nachstehend aufgeführt:

Verzeichnis der Rechteinhaber

R1	Abtei Neuburg, Heidelberg
R2	Anton Böhm & Sohn, Augsburg
R3	Arbeitsgemeinschaft Ökumenisches Liedgut, Trier
R4	Ateliers et Presses de Taizé, Taizé-Communauté
R5	Bärenreiter Verlag, Kassel
R6	Benediktinerabtei Königsmünster, Meschede
R7	Benediktinerkloster Mariastein, Schweiz
R8	Bernward Mediengesellschaft, Hildesheim
R9	Butzon & Bercker, Kevelaer
R10	C. F. Peters / Edition Schwann, Frankfurt a. M., Leipzig, London, New York
R11	Carl Hanser Verlag, München
R12	Carus-Verlag, Stuttgart
R13	Christkatholischer Medienverlag, Allschwil
R14	Claude Fraysse / Alain Bergèse, Frankreich (1976), Rechte für D/A/CH: SCM Hänssler, Holzgerlingen
R15	Dehm Verlag, Limburg
R16	Deutsche Provinz der Jesuiten, München
R17	Deutscher Verlag für Musik, Leipzig
R18	Dialog Verlag Presse und Medienservice, Münster
R19	Diözesancaritasverband Eichstätt
R20	Diözese Bozen-Brixen
R21	Diözese Essen
R22	Diözese Gurk, Klagenfurt
R23	Diözese Linz
R24	Diözese Mainz
R25	Diözese Regensburg
R26	Diözese Rottenburg-Stuttgart
R27	Diözese Würzburg
R28	Dolce Musica Edizione, Zürich
R29	Don Bosco Medien, München
R30	Edition GL, Neuss
R31	Editions de Sylvanès, Sylvanès

R32	Editions P. Lethielleux, Paris
R33	Erzdiözese Salzburg
R34	Fidula-Verlag, Boppard/Rhein
R35	Gemeinschaft Emmanuel, Altötting
R36	GIA Publications Inc., Rechte für D/A/CH: Small Stone Media Germany GmbH
R37	Gooi en Sticht, Utrecht
R38	Groupe Fleurus-Mame, Paris
R39	Gustav Bosse Verlag, Kassel
R40	Gütersloher Verlagshaus, Gütersloh
R41	Hansisches Druck- und Verlagshaus, Frankfurt a. M.
R42	Interkerkelijke Stichting voor het Kerklied, Leidschendam
R43	Kloster Fahr, Schweiz
R44	Lahn-Verlag, Kevelaer
R45	Laus Edizioni Musicali, Rom
R46	Liturgie- und Gesangbuchkonferenz der evangelisch-reformierten Kirchen der deutschsprachigen Schweiz, Zürich
R47	Ludwig Doblinger (Bernhard Herzmansky) KG, Wien
R48	Maranatha! Music (1972), Rechte für D/A/CH: Small Stone Media Germany GmbH
R49	Maristen Druck & Verlag, Furth
R50	Matthias Grünewald, Verlag der Schwabenverlag AG, Ostfildern
R51	MBK – Evangelisches Jugend- und Missionswerk, Bad Salzuflen
R52	MCA Music Limited (1970), Universal/MCA Music Limited. This Arrangement © 2012 Universal/MCA Music Limited. Used by Permission of Music Sales Limited, London
R53	Mechthild Schwarz Verlag, Ditzingen
R54	Medien-Verlag Bernhard Gregor, Niederaula
R55	Möseler Verlag, Wolfenbüttel
R56	Mother Teresa Center, San Ysidro
R57	Musik und Wort, Aschau a. Inn
R58	Musikverlag Haus der Musik Klaus Heizmann, Wiesbaden
R59	N.V. De Oude Linden, Tongerlo
R60	Norsk Musikforlag A/S, Oslo, Rechte für D/A/CH: Polyhymnia Buch- und Musikverlag, Allersberg
R61	Oregon Catholic Press Publication, Rechte für D/A/CH: Small Stone Media Germany GmbH
R62	Oxford University Press, Oxford, Rechte für D/A/CH: Boosey & Hawkes Bote & Bock, Berlin
R63	Patmos e.V., München
R64	Peter Janssens Musik Verlag, Telgte-Westfalen
R65	Piper Verlag, München

R66	Präsenz-Verlag, Gnadenthal
R67	Rechtsnachfolge Anton Wesely
R68	Rechtsnachfolge Gerhard Kronberg
R69	Rechtsnachfolge Gottfried Schille
R70	Rechtsnachfolge Hans Jacob Højgaard
R71	Rechtsnachfolge Johannes Aengenvoort
R72	Rechtsnachfolge Johannes Overath
R73	Rechtsnachfolge Karl Norbert Schmid
R74	Rechtsnachfolge Karl Paul Niebuhr
R75	Rechtsnachfolge Peter Plank
R76	Rechtsnachfolge Rudolf Thomas
R77	Rechtsnachfolge Walther Lipphardt
R78	Rugginenti Editore, Milano
R79	SAS La Froidfontaine, Solesmes
R80	Schwabenverlag AG, Ostfildern
R81	SCM Hänssler, Holzgerlingen
R82	Scripture in Song / Maranatha! Music (1978), Rechte für D/A/CH: Small Stone Media Germany GmbH
R83	Stiftung Glaube und Wissen, Heiligkreuztal
R84	Strube Verlag, München
R85	Studio SM, Varades
R86	Suhrkamp Verlag, Berlin
R87	Theologischer Verlag, Zürich
R88	tvd-Verlag, Düsseldorf
R89	Uni-Druck, Starnberg
R90	Vandenhoeck & Ruprecht, Göttingen
R91	Verband der Diözesen Deutschlands (VDD), Bonn / Rechtswahrnehmung durch Katholische Bibelanstalt, Stuttgart
R92	Verein für die Herausgabe des Katholischen Kirchengesangbuches der Schweiz, Zug
R93	Verein Kultur-Liturgie-Spiritualität, Mainz
R94	Verlag C. H. Beck, München
R95	Verlag Dr. J. Butz, Bonn
R96	Verlag Haus Altenberg, Düsseldorf
R97	Verlag Herder, Freiburg
R98	Verlag Katholisches Bibelwerk, Stuttgart
R99	Verlag Singende Gemeinde, Wuppertal
R100	Verlagsgruppe Droemer Knaur, München
R101	Verlagsgruppe Random House, München
R102	Vier Türme Verlag, Abtei Münsterschwarzach
R103	Erzdiözese Köln
R104	Für die Nutzung in kirchenamtlichen Publikationen: siehe R91, für alle anderen Nutzungen: Rechte beim Urheber

Verzeichnis der Einzelrechte

B:	Bearbeitung, Textunterlegung, Einrichtung	M:	Melodie	T:	Text
		OT:	Originaltext	Ü:	Übersetzung
		S:	Satz	Z:	Zitat

2,1	T:	R97	21,5	T:	R27	85	T:	R53
5,5	T:	R26	22,1	T:	R41		M:	R53
6,1	T:	R54	31,1	M:	R91	87	M:	R88
6,6	T:	R97	33,1	M:	R67	89	M:	R5
7,3	Ü:	R75	35,1	M:	R91	90	T:	R19
7,5	Ü:	R65	36,1	M:	R91	92	T:	R84
7,6	T:	R63	37,1	M:	R96		S:	R84
7,7	Ü:	R101	41,1	M:	R102	94	T:	R12
8,9	T:	R90	44,1	M:	R91		T:	R12
9,2	OT:	R74	46,1	M:	R102	95	M:	R31
	Ü:	R11	48,1	M:	R91		S:	R31
9,3	T:	R18	49,1	M:	R102	96	T:	R12
9,4	Ü:	R100	51,1	M:	R98	97	M:	R12
9,6	Ü:	R16	52,1	M:	R89		S:	R12
9,7	T:	R92	53,1	M:	R104	98 Z	Ü:	R97
10,2	T:	R9	54,1	M:	R104	100	T:	R84
10,4	Ü:	R16	55,1	M:	R97	102	M:	R5
11,1	T:	R97	56,1	M:	R97	103	M:	R1
11,2	T:	R41	57,1	M:	R92	126	M:	R97
11,3	T:	R97	59,1	M:	R98	127	M:	R97
11,4	T:	R28	60,1	M:	R97	128	M:	R97
13,3	T:	R97	62,1	M:	R104	129	M:	R97
13,4	Ü:	R97	63,1	M:	R102	130	M:	R12
14,5	T:	R18	65,1	M:	R97	131	M:	R12
15,1	T:	R18	65,4	M:	R79	132	M:	R12
15,3	T:	R94	66,1	M:	R96	133	M:	R12
15,4	T:	R18	68,1	M:	R91	134	M:	R23
16,1	T:	R51	69,1	M:	R104	135	M:	R23
16,2	T:	R18	70,1	M:	R91	136	M:	R23
16,6	T:	R27	72,1	M:	R104	137	M:	R23
17,3	T:	R49	73,1	M:	R91	138	M:	R23
18,3	T:	R9	74,1	M:	R30	139	M:	R23
19,1	T:	R50	76,1	M:	R104	140	T:	R39
19,3	T:	R80	80,1	M:	R104	141	M:	R97
19,6	T:	R4	83	T:	R43	146	T:	R84
20,4	Ü:	R97		M:	R102		M:	R12
21,1	T:	R8	84	M:	R97	148	T:	R97

	M:	R97	174,7	M:	R97	210	T:	R84
151	M:	R97	174,8	M:	R92	211	T:	R97
152	M:	R92	175,1	M:	R20	214	M:	R72
153	M:	R97	175,3	M:	R12	219	M:	R66
154	M:	R4	175,4	M:	R97	220	M:	R5
	S:	R4	175,6	M:	R61	221	T:	R19
155	S:	R12	177,1	M:	R32	223	T:	R97
156	M:	R4	177,2	M:	R31		M:	R97
	S:	R4	179	M:	R73	225	T:	R69
157	M:	R64	180,1	M:	R91		M:	R17
	S:	R64	180,2	M:	R91	226	M:	R97
158	T:	R97	181,1	M:	R96	227	T:	R87
	M:	R97		S:	R96	229	M:	R96
159	T:	R97	181,2	M:	R96	230	B:	R3
	M:	R91		S:	R96	232	M:	R95
	S:	R91	182	T:	R88	233	T:	R66
160	T:	R97		M:	R88		M:	R66
	M:	R97	183	T:	R97	234,2	M:	R79
161	T:	R97	184	T:	R64	240	T:	R5
	M:	R97		M:	R64	250	T:	R97
162	T:	R10	185	T:	R97		S:	R5
	M:	R10	186	T:	R19	254	M:	R5
163	T:	R97	187	T:	R97	255	M:	R104
	M:	R97	188	M:	R52	259	T:	R12
164	T:	R97	189	M:	R12		M:	R12
	M:	R97	190	M:	R36	261	T:	R39
165	T:	R97	191	M:	R15		M:	R39
	M:	R97	193	M:	R97	262	T:	R39
166	M:	R12	194	M:	R97		S:	R5
168,1	M:	R4	195	M:	R61	263	M:	R96
168,2	M:	R12	199	T:	R97	266	T:	R97
169	T:	R57	200	M:	R91	267	B:	R3
	M:	R57	201,1	M:	R64	268	T:	R97
171	T:	R97	201,2	M:	R36	269	Ü:	R102
	M:	R97		S:	R36	270	T:	R84
173,1	M:	R32	202	M:	R97		M:	R12
173,2 Z	T:	R97	203	B:	R3	271	T:	R97
174,1	M:	R4	205	M:	R104		M:	R97
	S:	R4	206	M:	R91	273	T:	R99
174,2	S:	R12	207	M:	R4		M:	R99
174,3	M:	R97		S:	R4	274	T:	R81
174,5	B:	R97	209	T:	R84		M:	R81
174,6	M:	R32		M:	R84	276	M:	R30

279	T:	R97	340	M:	R97		M:	R88
	M:	R97	342	T:	R19	384	T:	R97
281	T:	R97		M:	R24	385	T:	R46
283	T:	R88	344	T:	R97	386	M:	R4
	M:	R88	345,1	M:	R4		S:	R4
286	M:	R4		S:	R4	389	T:	R66
	S:	R4	345,2	M:	R4		M:	R66
287	M:	R91		S:	R4	390	M:	R4
288	T:	R17	346	T:	R35		S:	R4
	M:	R17		Ü:	R35	392	B:	R3
288 Z	T:	R56		M:	R35	394	M:	R4
291	T:	R84	347	T:	R97		S:	R4
	M:	R59	348	T:	R97	395	T:	R97
292	T:	R84	349	T:	R97	397	M:	R12
293	M:	R71	350	M:	R4	399	T:	R99
298	M:	R12	353	Ü:	R102	400	T:	R14
301	M:	R91	354	T:	R97		M:	R14
302,2	M:	R97	355	T:	R86	401	M:	R97
302,3	M:	R47		M:	R5	404	M:	R97
305,3	M:	R102	357	B:	R3	407	T:	R64
305,4	M:	R12	360	M:	R97		M:	R64
305,5	B:	R3	362	T:	R103	409	T:	R97
307,5	M:	R104		T:	R45		M:	R97
307,7	M:	R102		M:	R45	410	M:	R79
308,1	M:	R77	365	T:	R4	412	T:	R82
308,3	M:	R22		M:	R4		M:	R82
308,4	M:	R76		S:	R4	414	T:	R97
310,2	M:	R104	368	T:	R19	415	M:	R55
310,4	M:	R91	370	T:	R7	417	T:	R84
310,8	M:	R91		M:	R12		M:	R60
312,2	M:	R92	371	T:	R97	419	T:	R84
312,4	M:	R97		M:	R97		M:	R42
312,5	M:	R104	373	T:	R23	420	M:	R97
312,7	M:	R97		M:	R23	421	M:	R10
321	M:	R4	375	M:	R2	422	T:	R97
324	T:	R43	376	M:	R104		M:	R37
327	M:	R91	377	T:	R97	425	T:	R84
329	T:	R19	378	T:	R64		M:	R42
330	M:	R102		M:	R64	426	M:	R104
334	T:	R97	380	B:	R3	427	T:	R97
335	M:	R96	381	T:	R97	428	T:	R97
338	Ü:	R102	382	M:	R2	430	T:	R40
339	M:	R97	383	T:	R88	431	M:	R91

432	M:	R12	466	Ü:	R46	535	M:	R25
433,2	T:	R6	467	T:	R97	539	T:	R83
434	T:	R58	468	T:	R84	540	T:	R97
	M:	R58		M:	R88	543	B:	R3
435	T:	R97	469	T:	R97	546	Ü:	R102
437	T:	R44	472	T:	R64		M:	R97
	M:	R44		M:	R64	548	B:	R13
438	T:	R88	473	M:	R79		M:	R62
440	T:	R39	474	M:	R38	549	T:	R84
	M:	R39	474 Z	T:	R16		M:	R17
441	M:	R12	477	T:	R19	550	M:	R104
442	B:	R3	478	T:	R97	551	T:	R97
443	T:	R88	479	T:	R92	552	T:	R12
	M:	R88		M:	R97		M:	R62
445	M:	R4	481	B:	R3	557	T:	R97
	S:	R4	483	T:	R48		M:	R37
446	T:	R84		M:	R48	558	T:	R29
	M:	R84		S:	R48		M:	R104
448	T:	R84	484	T:	R97	561	T:	R33
	M:	R84	485	B:	R3		M:	R12
449	T:	R97	487	T:	R97		S:	R12
	M:	R97	489	T:	R97	565	T:	R97
450	T:	R21		B:	R3		M:	R91
	M:	R21		M:	R97	576,1	T:	R33
451	T:	R84	490	T:	R34	576,2	T:	R33
	M:	R84		M:	R34	582,6	M:	R97
451 Z	T:	R4	491	T:	R19	584,4	M:	R97
452	T:	R44	492	T:	R97	584,9	M:	R97
453	T:	R84	495	T:	R19	592,5 Z	T:	R56
	M:	R12	497	T:	R97	594,7	T:	R16
455	T:	R97	499	T:	R97	594,8	T:	R29
456	OT:	R78	500	T:	R97	598,6	T:	R92
	M:	R78	501	M:	R104	599,2	T:	R29
457	T:	R88	505	T:	R97	606,3	T:	R92
	M:	R85		M:	R97	615	T:	R19
458	T:	R64	507	T:	R3		M:	R97
	M:	R64	508	T:	R84	616,1	M:	R104
	S:	R64		M:	R81	616,3	M:	R104
460	T:	R97	509	M:	R70	616,4	M:	R104
462	T:	R84	511	M:	R22	617,1	M:	R102
	M:	R12	517	M:	R96	617,4	M:	R102
464	T:	R84	521	T:	R19	618,2	M:	R4
	M:	R84	530	T:	R97		S:	R4

619,1	M:	R5	643,3	M:	R97
619,2	M:	R96	644,3	M:	R97
621	Ü:	R102	645,3	M:	R92
622,1	M:	R91	645,5	M:	R104
623,2	M:	R91	646,2	M:	R102
623,6	M:	R89	648	Ü:	R102
624,2	M:	R97	649,4	M:	R104
625,2	M:	R91	649,5	M:	R104
625,4	M:	R91	649,7	M:	R91
625,6	M:	R91	650,2	M:	R91
628	T:	R19	650,3	M:	R92
629,1	M:	R68	651,3	M:	R104
629,3	M:	R97	651,5	M:	R97
630,1	B:	R97	651,7	M:	R97
631,1	T:	R97	653,3	M:	R97
	M:	R97	653,5	M:	R91
631,2	M:	R97	654,2	M:	R104
631,3	M:	R104	656	T:	R102
631,5	M:	R79		M:	R12
631,6	M:	R79	657,1	M:	R104
631,7	M:	R79	657,3	M:	R71
632,1	T:	R93	657,5	M:	R102
	M:	R93	657,6	M:	R4
	S:	R93		S:	R4
633,3	M:	R104	658,1	M:	R4
633,5	M:	R91		S:	R4
633,8	M:	R104	659,1	T:	R93
634,2	M:	R4		M:	R93
634,3	M:	R97	660	T:	R97
634,6	M:	R102	661,2	M:	R102
635,3	M:	R97	661,5	T:	R102
635,4	M:	R97		M:	R102
636,1	M:	R91	661,8	S:	R12
636,2	M:	R91	663	T:	R19
638	T:	R97	664,1	M:	R102
639,1	M:	R97	664,3	M:	R102
639,5	T:	R97	664,5	M:	R12
	M:	R91	670,8	M:	R12
639,6	M:	R91		S:	R12
639,7	M:	R91			
639,8	M:	R91			
641,2	T:	R93			
	M:	R93			

Verzeichnis der nicht genannten Autoren

Nachstehend aufgeführte Autoren sind bei den geschützten Werken nicht genannt. Die Rechte liegen jeweils bei den Urhebern. Weicht der Rechteinhaber davon ab, so ist dieser in Klammern angegeben.

2,2	T:	Steffel, Wolfgang (R91)
6,3	Ü:	Vellguth, Klaus
9,1	T:	Brixner, Wolf / Hellmich-Brixner, Olga
20,2	Ü:	Vellguth, Klaus
22,3	Ü:	Vellguth, Klaus
26	T:	Fuchs, Guido (R91)
139 Z	Ü:	Grote, Andreas
288 Z	Ü:	Schulte, Sabine
576,1	T:	AG Gotteslob-EG-Salzburg (R33)
576,2	T:	AG Gotteslob-EG-Salzburg (R33)
592,5 Z	Ü:	Gschwind, Andreas
641,4	Ü:	Berger, Rupert (R97)
673	T:	Holzbach, Alexander (R91)
674	T:	Albrecht, Alois (R91)
675,1	T:	Albrecht, Alois (R91)
675,2	T:	Albrecht, Alois (R91)
675,3	T:	Albrecht, Alois (R91)
675,4	T:	Kobale, Johanna (R91)
675,5	T:	Kaiser, Ulrich (R91)
675,6	T:	Albrecht, Alois (R91)
675,7	T:	Albrecht, Alois (R91)
675,8	T:	Albrecht, Alois (R91)
675,9	T:	Albrecht, Alois (R91)
676,1	T:	Albrecht, Alois (R91)
676,2	T:	Albrecht, Alois (R91)
676,3	T:	Holzbach, Alexander (R91)
676,4	T:	Kobale, Johanna (R91)
676,5	T:	Kobale, Johanna (R91)
676,6	T:	Kobale, Johanna (R91)
676,7	T:	Böntert, Stefan (R91)
676,8	T:	Böntert, Stefan (R91)
677,1	T:	Böntert, Stefan (R91)
677,2	T:	Böntert, Stefan (R91)
677,3	T:	Böntert, Stefan (R91)
677,4	T:	Albrecht, Alois (R91)
677,5	T:	Albrecht, Alois (R91)
677,6	T:	Böntert, Stefan (R91)
677,7	T:	Böntert, Stefan (R91)
677,8	T:	Böntert, Stefan (R91)
677,9	T:	Holzbach, Alexander (R91)

678,1	T:	Holzbach, Alexander (R91)			
678,2	T:	Holzbach, Alexander (R91)			
678,3	T:	Holzbach, Alexander (R91)			
678,4	T:	Steffel, Wolfgang (R91)			
680,2	T:	Remfert, Heinrich (R91)			
680,4	T:	Kaiser, Ulrich (R91)			
680,7	T:	Remfert, Heinrich (R91)			
680,8	T:	Jürgens, Stefan (R91)			
680,9	T:	Albrecht, Alois (R91)			
682	T :	Albrecht, Alois (R91)			
683	T :	Stiren, Josef (GGB 2010) (R91)			
684	T :	Stiren, Josef (GGB 2010) (R91)			

Bei den folgenden Werken sind die Angaben EGB (Einheitsgesangbuch) und GGB (Gemeinsames Gebet- und Gesangbuch) nicht aufgeführt. Die Rechte liegen ganz oder teilweise beim Verband der Diözesen Deutschlands (VDD), Bonn, und werden durch die Katholische Bibelanstalt, Stuttgart, wahrgenommen.

1 T	181,3 T	471 T	577 T	603 T	654,1 M
2 T	M	476 T	580 T	604 T	654,3 T
10,5 T	193 T	512 T	580,1 T	606 T	658,3 T
14,1 T	196 T	515 T	580,2 T	607 T	658,4 T
14,7 T	M	M	580,3 T	608 T	M
14,8 T	217 T	519 T	581 T	608,2 T	658,6 T
19,4 T	217,4 T	531 T	584 T	609 T	661,1 T
22,4 T	235 T	534 T	586,4 T	610,1 T	661,7 T
23 T	265,1 T	538 T	587,1 T	612 T	662 T
24 T	265,2 T	541 T	588,1 T	613 T	667,1 T
25 T	278 T	542 T	591 T	614,1 M	667,2 T
27 T	296 T	556 T	592 T	618,3 M	668 T
28 T	302,1 T	M	T	618,5 T	669 T
29 T	303 T	560,1 M	592,5 T	626 T	670 T
29,1 T	304 T	560,2 M	593 T	629,5 M	671 T
29,2 T	306 T	564 T	595 T	630,4 M	672 T
29,3 T	307 T	566 T	596 T	632,2 T	679,1 T
29,4 T	308 T	M	597 T	M	679,3 T
29,5 T	309 T	570 T	598 T	633,7 M	679,6 T
29,6 T	310,1 T	571 T	599 T	636,4 M	680,1 T
29,7 T	311 T	572 T	600 T	636,6 T	680,3 T
30 T	312 T	573 T	601 T	640,1 M	680,5 T
124 T	317 T	574 T	602,1 T	644,5 T	681 T
125 T	356 T	575 T	602,5 T	650,1 M	681,3 T
	454 T	576 T	602,6 T	652,3 T	

Rechteverzeichnis Eigenteil (ab Nr. 700)

Farbabbildungen

Eröffnungsbild im Diözesanteil Augsburg,
S. 960 „Maria Knotenlöserin (um 1700), St. Peter am Perlach, Augsburg"
© Bürgerverein St. Peter am Perlach e.V., Augsburg

Vorwort

S. 5   Vorwort Anmerkung 1: Vgl. AEM Nr. 19; GORM Nr. 39
S. 6   Vorwort Anmerkung 2: Joseph Ratzinger /Papst Benedikt XVI., „Im Angesicht der Engel will ich dir singen", in: ders, Theologie der Liturgie. Die sakramentale Begründung christlicher Existenz (= JRGS 11), Freiburg 2010, S. 561.

Verzeichnis der Rechteinhaber – Gesänge

RE1   Anton Böhm & Sohn Musikverlag, Augsburg
RE2   Ateliers et Presses de Taizé, Taizé-Communauté
RE3   Bärenreiter Verlag, Kassel
RE4   Becker, Norbert M.
RE5   Benediktiner Abtei Grüssau-Bad Wimpfen
RE6   Bischöfliches Ordinariat Klagenfurt
RE7   Bischöfliches Seelsorgeamt Passau
RE8   Block, Detlev
RE9   Butzon & Bercker, Kevelaer (Peuples qui marchez…)
RE10 Carus-Verlag, Salzburg
RE11 Deutsche Provinz der Jesuiten, München
RE12 Diözesancaritasverband Eichstätt
RE13 Diözese Rottenburg-Stgt, Rottenburg a.N.
RE14 Diözese Trier, Trier
RE15 Eckert, Eugen
RE16 Editione Dolce Musica, Zürich
RE17 Eham, Markus
RE18 Erzbistum Köln
RE19 Fidula-Verlag, Boppard/Rhein
RE20 Fischbach, Klaus

REGISTER UND RECHTE   1292

RE21 Flossmann, Robert. Augsburg
RE22 Gartenmeier, Sr. Adelgart
RE23 Gooi en Sticht, Utrecht (NL)
RE24 Guggenberger, Franz. Augsburg
RE25 Gustav Bosse Verlag, Kassel (Menschen im Dunkeln)
RE26 Heinzl, Sr. Leonore OSF
RE27 Herder Verlag, Freiburg
RE28 Hertzsch, Klaus Peter
RE29 Hüttemann, Friedrich
RE30 KiMu Kinder Musik Verlag GmbH, Pulheim
RE31 Kling, Stefan Ulrich. Augsburg / Fidula-Verlag Holzmeister GmbH, Boppard am Rhein
RE32 Kling, Stefan Ulrich. Augsburg
RE33 Kloster Mariastein, Metzerlen-Mariastein
RE34 Kögel, Gerhard. Augsburg
RE35 Kronenberger, Albrecht. Neustadt
RE91 Kronberg-Göhler, Ingrid. Nördlingen
RE36 Kyamanywa, Bernhard (Mfurahini, Haleluya)
RE37 Lahn Verlag, Kevelaer
RE38 Lutherischer Weltbund, Genf
RE39 Magin, Markus. Speyer
RE40 Maier, Jutta. Mindelheim
RE41 „Maranatha! Musik", (Seek Ye First) Rechte für D/A/CH: Small Stone Media Germany GmbH
RE42 Menschenkinder Verlag, Münster
RE43 Merseburger Verlag, Kassel
RE44 Mundorgel Verlag, Köln/Waldbröl (Freut euch, ihr Christen)
RE45 Neue Stadt Verlag, München
RE46 Niebler, Stefan. Polling
RE47 Offele, Winfried
RE48 Okonek, Klaus. Berlin
RE49 „Oregon Catholic Press Publication", für D/A/CH: Small Stone Media Germany GmbH
RE50 Peter Janssens Musik Verlag, Telgte-Westfalen
RE51 Planyavsky, Peter
RE52 Präsenz-Verlag, Gnadental
RE53 Promultis Verlag, München
RE54 Raile, Hans Joachim. Bad Honnef
RE55 Rechtsnachfolge Friedrich Kienecker
RE56 Rechtsnachfolge Maria Luise und Georg Thurmair
RE57 Reiter, Maria Elisabeth. Zusmarshausen
RE58 Religionspädagogische Arbeitshilfen GmbH, Landshut
RE59 Ritter, Hermann. Buchloe-Honsolgen

RE60 Robert Haas Musikverlag, Kempten
RE61 Rommelsbacher, Stephan. Trier
RE62 Rösch, Heide. Senden
RE63 Schweizer, Rolf
RE64 Strube Verlag GmbH, München
RE65 Studio SM, Varades
RE66 Takt-Böckeler Verlag, Krefeld
RE67 tvd-Verlag, Düsseldorf
RE68 Uni-Druck, Starnberg
RE69 Verband der Diözesen Deutschlands, Bonn
RE70 Verlag G.F. Callenbach, Nijkerk, Holland
RE71 Verlag Haus Altenberg, Düsseldorf
RE72 Verlag Junge Gemeinde, Leinfelden-Echterdingen
RE73 Verlag Singende Gemeinde, Wuppertal
RE74 Vier-Türme-Verlag GmbH, Verlag, Münsterschwarzach: Entnommen aus: Benediktinisches Antiphonale
RE75 Voggenreiter Verlag, Bonn/Möseler Verlag, Wolfenbüttel
RE76 Wortmann, Hartmut. Olpe-Stachelau
RE77 Würzburg, 1931
RE78 Zeller, Alois. Augsburg
RE79 Zuber, Werner

Verzeichnis der Rechteinhaber – Texte

RE80 Ateliers et Presses de Taizé, Taizé-Communauté
RE81 Bischöfliches Jugendamt Augsburg
RE82 Deutsche Provinz der Jesuiten Provinzialat, München (P. Theo Schmidkonz)
RE83 Esch, Daniel. Augsburg
RE84 Groll, Thomas. Augsburg
RE85 Kögel, Gerhard. Aystetten
RE86 Maier, Jutta. Mindelheim
RE87 Müller, Ulrich. Friedberg
RE88 Verband der Diözesen Deutschlands, Bonn
RE89 VG Wort (Tilmann, Klemens)
RE90 Zisterzienserinnenabtei Oberschönenfeld, Gessertshausen (Sr. Annuntiata Müller O.Cist)

Verzeichnis der Einzelrechte – Gesänge

703,3	M: RE7	729	M: RE4	782	T: RE52
706	M: RE4	731	M: RE50	783	T: RE12
	T: RE15	733	T: RE27	784	T: RE48
707	T: RE12		M: RE27		T: RE54
708	T: RE27	734	T: RE27	785	T: RE29
709	T: RE50	735	T: RE27	786	T: RE12
	M: RE50	737	M: RE49	787	T: RE27
710	M: RE27		S: RE17		M: RE27
	T: RE56	738	T: RE77	788	T: RE14
711	T: RE27	739	T: RE27	789	T: RE3
	M: RE27		M: RE27		M: RE73
713	M: RE2	740	T: RE27	790	M: RE32
714	M: RE35	742	M: RE68		T: RE34
715	T: RE4	743	M: RE27	791	M: RE2
	M: RE4	745	T: RE50		S: RE2
716,1	M: RE51		M: RE50	792	T: RE12
716,2	M: RE10	747	T: RE12	793	T: RE67
716,3	M: RE10	749	T: RE25		M: RE67
716,4	M: RE6		M: RE70	795	T: RE27
716,5	M: RE64	753	T: RE69		M: RE32
716,6	M: RE32	754	M: RE3	797	T: RE12
	P: RE46	757	T: RE27	798	M: RE63
716,7	M: RE10		M: RE27	799	T: RE12
716,8	M: RE7	758	T: RE27	800	T: RE55
717,2	M: RE27		T: RE78	801	T: RE4
717,3	M: RE61	760	T: RE12		M: RE4
718	S: RE41	761	T: RE27	803	T: RE50
	M: RE41		M: RE27		M: RE50
	T: RE44	762	T: RE64		S: RE50
719	M: RE20	763	M: RE4	805	T: RE27
720	T: RE79		S: RE4	807	T: RE27
	M: RE79	764	T: RE27		M: RE27
721	T: RE27	765	T: RE64	808	T: RE64
723	T: RE79		M: RE64		M: RE64
	M: RE79	766	T: RE33	809	M: RE2
725	T: RE59	767	T: RE34		S: RE2
	M: RE59	770	T: RE27	810	T: RE9
727	T: RE45	771	T: RE11		M: RE65
	M: RE45	774	M: RE36	811	M: RE37
728	M: RE4		T: RE38		T: RE64
	S: RE4	778	T: RE69	812	T: RE28

813	M:	RE3	846	T:	RE27		M:	RE76

813	M: RE3
814	T: RE12
816	M: RE75
817	T: RE16
818	T: RE26
	M: RE26
820	T: RE37
	M: RE47
821	T: RE42
	M: RE42
822	T: RE16
823	T: RE10
	M: RE43
824	T: RE33
	M: RE91
825	M: RE10
826	T: RE43
	M: RE43
827	M: RE23
	T: RE27
829	T: RE27
	M: RE27
830	T: RE60
	M: RE60
832	M: RE11
	T: RE11
833	M: RE67
	T: RE67
834	M: RE30
835	M: RE71
836	T: RE67
	M: RE67
838	M: RE52
839	T: RE50
	M: RE50
840	T: RE12
841	T: RE18
	T: RE27
842	T: RE8
844	T: RE29
	T: RE57
845	M: RE2
	S: RE2

846	T: RE27
847	T: RE71
849	T: RE12
	M: RE34
850	T: RE4
	M: RE4
853	M: RE5
	T: RE8
854	T: RE27
855	T: RE4
	M: RE4
856	T: RE72
857	T: RE19
	M: RE19
	M: RE31
858	M: RE10
859	T: RE34
860	T: RE27
861	T: RE67
863	T: RE58
	M: RE58
864	M: RE5
	T: RE27
866	T: RE12
867	T: RE12
868	T: RE27
	M: RE27
874	T: RE27
875	M: RE66
876	T: RE27
877	T: RE27
878	T: RE27
	M: RE32
879	T: RE27
880	M: RE27
	T: RE69
881	T: RE74
882	M: RE39
883	T: RE34
884	T: RE1
	M: RE1
885	T: RE12
886	T: RE24

	M: RE76
887	T: RE22
888	T: RE12
	T: RE21
889	T: RE13
890	T: RE53
905,2	M: RE32
	T: RE40
905,4	T: RE40
	M: RE62
905,6	M: RE32
	T: RE40
905,7	M: RE32
	T: RE40
905,9	M: RE32
	T: RE40

Verzeichnis der Einzelrechte – Texte

700	RE84
701	RE84
703	RE87
891	RE83
892	RE83
893	RE83
894	RE83
895	RE85
896	RE85
897	RE85
897	RE89: Christusgebet (Sei gepriesen, Herr Jesus Christus …)
898	RE82
899	RE87
900	RE90
901	RE90
902	RE90
904	RE88 – Bearb. RE83
905	RE86
906	RE87
907	RE87
908	RE87
909	RE81
910	RE86
911	RE83 – Abschluss RE80
912	RE87
913	RE85
914	RE87
915	RE86